U0884531

海南风情

2010 年 7 月 1 日，沪宁城际铁路正式开通

哈尔滨冰雪节

北京风光

玉树重建

美丽的大连

江西艺术中心全景

上海世博会

舟曲风光

桂林山水

天津国际邮轮母港

四川城市风光

河南淮河大河

满洲里机场

2011

中国区域经济发展年鉴

China Development Yearbook for Regional Economy

杜　鹰　主编

中国财政经济出版社

图书在版编目（CIP）数据

中国区域经济发展年鉴．2011/杜鹰主编．—北京：中国财政经济出版社，2011．12
ISBN 978－7－5095－3326－0

Ⅰ．①中…　Ⅱ．①杜…　Ⅲ．①区域经济发展－中国－2011－年鉴　Ⅳ．①F127－54

中国版本图书馆CIP数据核字（2011）第267050号

责任编辑：肖　蕾　　　　责任校对：胡永立
封面设计：张德林

中国财政经济出版社出版
URL：http：//www.cfeph.cn
E－mail：cfeph@cfeph.cn
（版权所有　翻印必究）
社址：北京市海淀区阜成路甲28号　邮政编码：100142
营销中心电话：88190406　北京财经书店电话：64033436　84041336
北京富生印刷厂印刷　各地新华书店经销
787×1092毫米　16开　33.5印张　842 000字
2011年12月第1版　2011年12月北京第1次印刷
定价：250.00元
ISBN 978－7－5095－3326－0/F·2816
（图书出现印装问题，本社负责调换）
质量投诉电话：88190744

《中国区域经济发展年鉴》

编　委　会

主　编

杜　鹰　国家发展和改革委员会　副主任

副主编

范恒山　国家发展和改革委员会地区经济司　司长
师荣耀　国家发展和改革委员会办公厅　主任
贾　杰　中国财政经济出版社　社长兼总编辑

编　委

邹　勇　国家发展和改革委员会地区经济司　副巡视员
李应明　国家发展和改革委员会西部开发司　副司长
文振富　国家发展和改革委员会东北振兴司　司长
张立宪　中国财政经济出版社　副总编辑
蒋力歌　北京市发展和改革委员会　委员
杨振江　天津市发展和改革委员会　副主任
于　明　河北省发展和改革委员会　副主任
王晓胜　山西省发展和改革委员会　副主任
乔　木　内蒙古自治区发展和改革委员会　副主任
张小普　辽宁省发展和改革委员会　党组副书记、副主任
张　克　吉林省发展和改革委员会　副主任
郑丽萍　黑龙江省发展和改革委员会　副主任
吴建融　上海市发展和改革委员会　副主任
樊海宏　江苏省发展和改革委员会　副主任
刘　亭　浙江省发展和改革委员会　副主任

刘荣华　安徽省发展和改革委员会　副主任
石建平　福建省发展和改革委员会　副主任
叶柏青　江西省发展和改革委员会　副主任
薛　克　山东省发展和改革委员会　副主任、党组副书记
常建华　河南省发展和改革委员会　副主任
王玉祥　湖北省发展和改革委员会　副主任
杨世芳　湖南省发展和改革委员会　副主任
余云州　广东省发展和改革委员会　副主任
邱祖强　广西壮族自治区发展和改革委员会　副主任
林回福　海南省发展和改革委员会　主任
罗清泉　重庆市发展和改革委员会　副主任
郑　备　四川省发展和改革委员会　副主任
张应伟　贵州省发展和改革委员会　主任
李承宗　云南省发展和改革委员会　副主任
徐建昌　西藏自治区发展和改革委员会　副主任
权永生　陕西省发展和改革委员会　总工程师
张忠敬　甘肃省发展和改革委员会　副主任
曹文虎　青海省发展计划委员会　主任
吴占东　宁夏回族自治区发展和改革委员会　副主任
李洪波　新疆维吾尔自治区发展计划委员会　副主任
刘新兰　新疆生产建设兵团发展和改革委员会　主任
韩宪章　石家庄市发展和改革委员会　主任
郭向文　沈阳市发展和改革委员会　副主任
吕　强　大连市发展和改革委员会　副主任
吴相道　长春市发展和改革委员会　副主任
韩　平　哈尔滨市发展和改革委员会　副主任
朱师钧　杭州市发展和改革委员会　副主任
詹荣胜　宁波市发展和改革委员会　副主任
林钟德　福州市发展和改革委员会　主任
潘力方　厦门市发展和改革委员会　副主任
尹清忠　济南市发展和改革委员会　副主任
李希琨　青岛市发展和改革委员会　副主任
杨东方　郑州市发展和改革委员会　副主任
王清华　武汉市发展和改革委员会　副主任
朱志刚　长沙市发展和改革委员会　副主任

陈浩钿　广州市发展和改革委员会　副主任
吴德林　深圳市发展和改革局　副局长
任晓今　西安市发展和改革委员会　副主任

特约编辑

丁林桥	于合军	王　君	王凤仁	王亚东
王好东	王志兵	王发坤	石　磊	平志强
冉红斌	仪庆林	冯　燕	葛　岩	乔长恩
毕晓升	孙志文	潘好亮	葛明华	郭　沛
李伟红	王硕佟	李环泉	李金泽	芦玉春
李胜祥	李惠芳	吴九奇	肖　挺	肖辉利
陈世平	陈水清	陈顺龙	林　津	欧阳旭
陆建康	孟国钧	周　蓓	周　霖	胡爱民
郎道先	荀志谦	张水清	张善坤	郝大庆
柯　岩	梁小洪	柳国祥	段亚瑛	柴川阳
唐　华	唐新华	平志强	殷君伯	杜道亮
董建民	成伟光	焦广辉	谭　虹	潘汉民
魏济章	樊维斌	马德富	郑国平	刘一兵
杜道亮				

编写人员名单

张全胜	李伟红	陈德茸	高　妍	万照根
马永利	马豫宁	雷霆华	王　敏	王　珂
王　莹	王　虹	王　琦	王　涛	王叶青
王亚东	王庆卫	王志兵	王建平	王新怀
王茂全	王锦文	王敬欢	王晨晔	方曙光
毛永庆	巴桑旦周	宁　宇	牛剑平	邓勤田
龙　勤	叶　俊	兰　玉	兰亭亭	石　磊
石　峰	武红梅	白廷龙	吉仁太	乔长恩
朱　亮	朱　彬	朱文治	朱志刚	朱明生
朱爱群	孙立志	孙志文	孙富文	孙海康
刘垭昕	师荣耀	刘　马	刘　贞	刘　岳
刘　淳	刘　鹏	刘永存	刘君信	刘学增
刘金良	刘晏良	刘维宁	刘耀方	成　伟

许海萍　李　宁　李　晶　李　珊　李　椿
李　娜　李卫民　张洪武　刘　馨　刘　勃
李伏军　栾　奕　吴　静　代红霞　李胜祥
李汉新　李学升　李荣凯　李茂涛　李富元
杜学丽　余　坤　肖　挺　肖俭明　时丽艳
沈寿康　邹　军　邹　勇　吴自强　吴卓立
吴绍法　吴树林　吴新平　陈　钢　陈　蓉
陈文丽　陈水清　陈顺龙　陈新国　张　玲
张　浩　张　洋　张　东　张美淑　张道新
张晓惠　张彩虹　林　津　林旭霞　罗书森
罗祖勇　罗建华　周毅仁　欧阳旭　欧茶鸿
郑立新　孟国钧　杨　勇　杨　辉　杨兵伟
杨荫凯　杨雅莉　郎道先　荆　科　金新仁
赵　波　赵文华　赵玉聪　赵炎培　赵延池
赵建荃　柳国祥　段亚瑛　娄振华　夏卿胜
聂爱华　贾贺敬　柴　冰　郭占祥　郭金华
高已梁　殷君伯　徐泰平　徐满平　康健林
唐　斌　唐洪贵　黄　琴　黄鸿鸿　游　峰
傅本铨　焦广辉　董海燕　程　艳　程　俊
程　峰　雷　电　解守志　雷霆华　蔡汝斌
赛　勇　谭　敏　颜　艳　潘汉民　缪　为
黎琴芳　魏济章　樊维斌　詹　翔　范火娣
唐中赋　马文杰　杨　桀　潘玛莉　熊丽君
杨安民　孙　新　江　洪　彭实诚

编辑小组

组长：周毅仁　王彦浩

成员：杨荫凯　陈学斌　张建民　黎琴芳　李春根　张德林　肖　蕾

地址：北京市海淀区阜成路甲 28 号新知大厦 9 层 909

邮编：100142

电话：010－88190909　88190946

传真：010－88190946

网址：http://www.cfeph.com.cn

E－mail：xiaolei@cfeph.cn

目录

文献法规篇

综　合　篇

东部地区篇

中部地区篇

西部地区篇

东北地区篇

计划单列市篇

省会城市篇

民族自治州篇

专题研究篇

统计资料篇

文献法规篇

政府工作报告

——2011年3月5日在第十一届全国人民代表大会第四次会议上

国务院总理　温家宝

各位代表：

现在，我代表国务院，向大会作政府工作报告，请各位代表审议，并请全国政协委员提出意见。

一、“十一五”时期国民经济和社会发展的回顾

“十一五”时期是我国发展进程中极不平凡的五年。面对国内外复杂形势和一系列重大风险挑战，中国共产党团结带领全国各族人民，全面推进改革开放和现代化建设，国家面貌发生了历史性变化。

——这五年，我国社会生产力、综合国力显著提高。我们有效应对国际金融危机冲击，保持经济平稳较快发展，胜利完成“十一五”规划的主要目标和任务，国民经济迈上新的台阶。国内生产总值达到39.8万亿元，年均增长11.2%，财政收入从3.16万亿元增加到8.31万亿元。载人航天、探月工程、超级计算机等前沿科技实现重大突破。国防和军队现代化建设取得重大成就。

——这五年，各项社会事业加快发展、人民生活明显改善。教育、科技、文化、卫生、体育事业全面进步。城镇新增就业5771万人，转移农业劳动力4500万人；城镇居民人均可支配收入和农村居民人均纯收入年均分别实际增长9.7%和8.9%；覆盖城乡的社会保障体系逐步健全。

——这五年，改革开放取得重大进展。重点领域和关键环节改革实现新突破，社会主义市场经济体制更加完善。去年对外贸易总额达到2.97万亿美元，开放型经济水平快速提升。

——这五年，我国国际地位和影响力显著提高。我们在国际事务中发挥重要的建设性作用，有力维护国家主权、安全和发展利益，全方位外交取得重大进展。我们成功举办北京奥运会、上海世博会，实现了中华民族的百年梦想。

这些辉煌成就，充分显示了中国特色社会主义的优越性，展现了改革开放的伟大力量，极大增强了全国各族人民的自信心和自豪感，增强了中华民族的凝聚力和向心力，必将激励我们在新的历史征程上奋勇前进。

五年来，我们主要做了以下工作：

（一）加强和改善宏观调控，促进经济平稳较快发展。我们注重把握宏观调控的方向、重点和力度，牢牢掌握经济工作的主动权。“十一五”前期，针对投资增长过快、贸易顺差过大、流动性过剩，以及结构性、输入性物价上涨等问题，采取正确的政策措施，有效防止了苗头性问题演变成趋势性问题、局部性问题演变成全局性问题。近两年，面对百年罕见的国际金融危机冲击，我们沉着应对，科学决策，果断实行积极的财政政策和适度宽松的货币政策。坚持实施一揽子计划，大规模增加政府支出和实行结构性减税，大范围实施重点产业调整振兴规划，大力推进自主创新和加强科技支撑，大幅度提高社会保障水平。坚持扩大内需的战略方针，采取鼓励消费的一系列政策措施，增加城乡居民特别是低收入群众收入，

消费规模持续扩大，结构不断升级。实施两年新增4万亿元的投资计划，其中，新增中央投资1.18万亿元。保障性安居工程、农村民生工程和社会事业投资占43.7%，自主创新、结构调整、节能减排和生态建设占15.3%，重大基础设施建设占23.6%，灾后恢复重建占14.8%。政府投资引导带动社会投资，国内需求大幅增加，有效弥补外需缺口，较短时间内扭转经济增速下滑趋势，在世界率先实现回升向好，既战胜了特殊困难、有力地保障和改善了民生，又为长远发展奠定了坚实基础。

（二）毫不放松地做好“三农”工作，巩固和加强农业基础。中央财政“三农”投入累计近3万亿元，年均增幅超过23%。彻底取消农业税和各种收费，结束了农民种田交税的历史，每年减轻农民负担超过1335亿元。建立种粮农民补贴制度和主产区利益补偿机制，农民的生产补贴资金去年达到1226亿元。对重点粮食品种实行最低收购价和临时收储政策，小麦、稻谷最低收购价提高了25%到40%。严格保护耕地。着力推进农业科技进步。粮食产量屡创历史新高，去年达到54641万吨，连续7年增产；农民人均纯收入达到5919元，实现持续较快增长。农村综合改革稳步推进，集体林权制度改革、国有农场管理体制改革全面推开。农业农村基础设施加快建设，完成7356座大中型和重点小型水库除险加固，解决2.15亿农村人口饮水安全问题，农民的日子越过越好，农村发展进入一个新时代。

（三）大力推进经济结构调整，提高经济增长质量和效益。一是加快产业结构调整和自主创新。积极推进企业技术改造和兼并重组，工业特别是装备制造业总体水平和竞争力明显提高。战略性新兴产业迅速成长。加快建设国家创新体系，实施知识创新工程和技术创新工程，突破了一批产业发展急需的前沿技术、核心技术和关键装备技术，一大批科研成果实现了产业化。服务业快速发展，在国内生产总值中占比提高2.5个百分点。基础设施建设明显加快，五年建成铁路新线1.6万公里，新增公路63.9万公里，其中高速公路3.3万公里，新建、改扩建机场33个，新建和加固堤防1.7万公里。二是扎实推进节能减排、生态建设和环境保护。提出到2020年我国控制温室气体排放行动目标和政策措施，制定实施节能减排综合性工作方案。大力发展清洁能源，新增发电装机容量4.45亿千瓦，其中水电9601万千瓦、核电384万千瓦。关停小火电机组7210万千瓦，淘汰了一批落后的煤炭、钢铁、水泥、焦炭产能。推进林业重点生态工程建设，完成造林2529万公顷。综合治理水土流失面积23万平方公里，加强重点流域水污染防治、大气污染防治和工业“三废”治理。大力发展循环经济。五年累计，单位国内生产总值能耗下降19.1%，化学需氧量、二氧化硫排放量分别下降12.45%、14.29%。三是促进区域经济协调发展。落实区域发展总体战略，颁布实施全国主体功能区规划，制定西部大开发新十年指导意见和一系列区域发展规划，推出促进西藏和四省藏区、新疆等民族地区跨越式发展的新举措。中西部和东北地区发展加快，经济增速等主要指标超过全国平均水平；东部地区经济结构不断优化，自主创新和竞争力逐步提高；地区间基本公共服务差距趋于缩小，各具特色的区域发展格局初步形成。

（四）坚定不移深化改革开放，增强经济社会发展内在活力。财政转移支付制度逐步完善，县级基本财力保障机制初步建立。增值税转型全面实施，成品油价格和税费改革顺利推进，资源税改革启动试点，内外资企业税制全面统一。国有大型商业银行股份制改革顺利完成，政策性金融机构改革、农村信用社改革积极推进；平稳解决上市公司股权分置问题，创业板、股指期货和融资融券顺利推出，债券市场稳步发展；深入推进保险业改革开放；人民币汇率形成机制改革有序推进，跨境贸易人民币结算试点不断扩大。国有企业公司制股份制改革、国有资产监管体制改革取得积极进展。邮政体制改革加快推进。制定实施促进中小企业发展和民间投资的一系列政策，非公有制经济发展环境不断改善，多种所有制经济共同发展。

不断拓展对外开放的广度和深度。进出口总额年均增长 15.9%，结构不断优化。贸易顺差连续两年下降，2010 年比上年减少 6.4%。利用外资水平进一步提高。企业“走出去”步伐明显加快，累计对外直接投资 2200 亿美元，对外工程承包和劳务合作营业额 3352 亿美元。积极参与全球经济治理机制改革和区域合作机制建设，多边、双边经贸合作继续深化。对外援助规模持续扩大。对外开放有力促进了经济发展和结构调整，增加了就业，吸收了先进技术和管理经验，大大提高了我国的国际地位。

（五）加快发展社会事业，切实保障和改善民生。始终坚持经济发展与社会发展相协调，围绕改善民生谋发展。把就业放在经济社会发展的优先位置。加强职业培训和就业服务，促进高校毕业生、农村转移劳动力、城镇就业困难人员就业，做好退役军人就业安置工作。实施劳动合同法和就业促进法，普遍提高最低工资标准，推动建立和谐劳动关系。覆盖城乡的社会保障体系建设取得突破性进展，城镇职工基本养老保险实现省级统筹，实施养老保险关系跨省转移接续办法，连续 7 年提高企业退休人员基本养老金水平，年均增长 10%，新型农村社会养老保险试点覆盖 24% 的县。积极稳妥推进医药卫生体制改革，全面建立城镇居民基本医疗保险制度、新型农村合作医疗制度，惠及 12.67 亿城乡居民。最低生活保障制度实现全覆盖，城乡社会救助体系基本建立，社会福利、优抚安置、慈善和残疾人事业取得新进展。全国社会保障基金积累 7810 亿元，比五年前增加 5800 多亿元。大力实施保障性住房建设和棚户区改造，使 1100 万户困难家庭住上了新房。我们要持之以恒，努力让全体人民老有所养、病有所医、住有所居。

制定和实施国家中长期教育改革和发展规划纲要。五年全国财政教育支出累计 4.45 万亿元，年均增长 22.4%。全面实现城乡免费义务教育，所有适龄儿童都能“不花钱、有学上”。义务教育阶段教师绩效工资制度全面实施。中等职业教育对农村经济困难家庭、城市低收入家庭和涉农专业的学生实行免费。加快实施国家助学制度，财政投入从 2006 年的 18 亿元增加到 2010 年的 306 亿元，覆盖面从高等学校扩大到中等职业学校和普通高中，共资助学生 2130 万名，还为 1200 多万名义务教育寄宿生提供生活补助。加快农村中小学危房改造和职业教育基础设施建设。全面提高高等教育质量和水平，增强高校创新能力。制定并实施国家中长期科学和技术发展规划纲要，中央财政科技投入 6197 亿元，年均增长 22.7%，取得了一系列重大成果。大力加强基层医疗卫生服务能力建设。国家财政安排专项资金，改造和新建 2.3 万所乡镇卫生院、1500 所县医院、500 所县中医院和 1000 所县妇幼保健院，建立了 2400 所社区卫生服务中心。制定并实施国家中长期人才发展规划纲要。人口规划目标顺利实现。文化体制改革取得重要进展。公共文化服务体系建设明显加快，文化产业蓬勃发展。哲学社会科学和新闻出版、广播影视、文学艺术繁荣进步。城乡公共体育设施建设加快，全民健身活动蔚然成风。法制建设全面推进，“五五”普法顺利完成。创新和加强社会管理，社会保持和谐稳定。

抗击汶川特大地震等严重自然灾害的斗争取得重大胜利，汶川灾后恢复重建三年任务两年基本完成，玉树强烈地震和舟曲特大山洪泥石流灾后恢复重建有序推进。经过灾难的洗礼，中国人民更加成熟、自信、坚强，中华民族百折不挠、自强不息的伟大精神不可战胜。

五年来，我们不断深化行政管理体制改革，加快转变政府职能，全面完成了新一轮政府机构改革，深入推进依法行政，建设法治政府和服务型政府，推进政务公开，加强行政问责，坚持不懈地开展反腐败斗争，政府自身建设取得积极进展。

过去五年，我们是一步一个脚印走过来

的，中国人民有理由为此感到自豪！五年的成绩来之不易。这是以胡锦涛同志为总书记的党中央总揽全局、正确领导的结果，是全党全国各族人民共同努力奋斗的结果。在这里，我代表国务院，向全国各族人民，向各民主党派、各人民团体和各界人士，表示诚挚感谢！向香港特别行政区同胞、澳门特别行政区同胞、台湾同胞和海外侨胞，表示诚挚感谢！向关心和支持中国现代化建设的各国政府、国际组织和各国朋友，表示诚挚感谢！

我们清醒地认识到，我国发展中不平衡、不协调、不可持续的问题依然突出。主要是：经济增长的资源环境约束强化，投资与消费关系失衡，收入分配差距较大，科技创新能力不强，产业结构不合理，农业基础仍然薄弱，城乡区域发展不协调，就业总量压力和结构性矛盾并存，制约科学发展的体制机制障碍依然较多；服务业增加值和就业比重、研究与试验发展经费支出占国内生产总值比重没有完成"十一五"规划目标。一些群众反映强烈的问题没有根本解决，主要是：优质教育、医疗资源总量不足、分布不均；物价上涨压力加大，部分城市房价涨幅过高；违法征地拆迁等引发的社会矛盾增多；食品安全问题比较突出；一些领域腐败现象严重。我们一定要以对国家和人民高度负责的精神，通过艰苦细致的工作和坚持不懈的努力，加快解决这些问题，让人民满意！

回顾"十一五"时期的政府工作，我们进一步加深了以下几个方面的认识和体会。

一是必须坚持科学发展。我们战胜各种严峻挑战，靠的是发展；各领域取得的一切成就和进步，靠的是发展；解决前进道路上的困难和问题，仍然要靠发展。我国仍处于并将长期处于社会主义初级阶段，必须坚持以经济建设为中心，坚持科学发展。要以人为本，把保障和改善民生作为一切工作的出发点和落脚点，坚定不移走共同富裕道路，使发展成果惠及全体人民；坚持统筹兼顾，促进城乡、区域、经济社会协调发展；加快转变经济发展方式，大力推进自主创新，节约资源和保护环境，使经济社会发展与人口资源环境相协调，提高发展的全面性、协调性和可持续性。

二是必须坚持政府调控与市场机制有机统一。健全的市场机制，有效的宏观调控，都是社会主义市场经济体制不可或缺的重要组成部分。市场作用多一些还是政府作用多一些，必须相机抉择。在应对国际金融危机冲击中，我们加强和改善宏观调控，及时纠正市场扭曲，弥补市场失灵，防止经济出现大的起落，实践证明是完全正确的。我们必须不断完善社会主义市场经济体制，充分发挥市场在资源配置中的基础性作用，激发经济的内在活力，同时，科学运用宏观调控手段，促进经济长期平稳较快发展。

三是必须坚持统筹国内国际两个大局。在经济全球化深入发展和对外开放不断深化的条件下，我国经济同世界经济的联系日益紧密，互动和依存不断增强。必须树立世界眼光，加强战略思维，善于从国际形势发展变化中充分把握发展机遇，稳妥应对风险挑战，利用好国内国际两个市场、两种资源，统筹处理好国内发展与对外开放关系，真正做到内外兼顾、均衡发展。

四是必须坚持把改革开放作为经济社会发展的根本动力。改革开放是实现国家强盛、人民幸福的必由之路，必须贯穿社会主义现代化建设全过程。我们要以更大的决心和勇气推进改革，提高改革决策的科学性，增强改革措施的协调性，全面推进经济、政治、文化、社会等各方面改革创新，从根本上破除体制机制障碍，最大限度解放和发展生产力，促进社会公平正义。要坚持把改善人民生活作为正确处理改革发展稳定关系的结合点，把改革的力度、发展的速度和社会可承受的程度统一起来，以改革促进和谐稳定，确保人民安居乐业、社会安宁有序、国家长治久安。

二、"十二五"时期的主要目标和任务

根据《中共中央关于制定国民经济和社

会发展第十二个五年规划的建议》，我们编制了《国民经济和社会发展第十二个五年规划纲要（草案）》，提交大会审议。

“十二五”是全面建设小康社会的关键时期，是深化改革开放、加快转变经济发展方式的攻坚时期。从国际看，世界多极化、经济全球化深入发展，和平、发展、合作仍是时代潮流。国际金融危机影响深远，世界经济结构加快调整，全球经济治理机制深刻变革，科技创新和产业转型孕育突破，发展中国家特别是新兴市场国家整体实力步入上升期。从国内看，我国发展的有利条件和长期向好的趋势没有改变，工业化、信息化、城镇化、市场化、国际化深入发展，市场需求潜力巨大，资金供给充裕，科技和教育水平整体提升，劳动力素质提高，基础设施日益完善，政府宏观调控和应对重大挑战的能力明显增强，社会大局保持稳定。综合判断国际国内形势，我国发展仍处于可以大有作为的重要战略机遇期。

我们要高举中国特色社会主义伟大旗帜，以邓小平理论和“三个代表”重要思想为指导，深入贯彻落实科学发展观，适应国内外形势新变化，顺应各族人民过上更好生活新期待，以科学发展为主题，以加快转变经济发展方式为主线，深化改革开放，保障和改善民生，巩固和扩大应对国际金融危机冲击成果，促进经济长期平稳较快发展和社会和谐稳定，为全面建成小康社会打下具有决定性意义的基础。

——我们要推动经济发展再上新台阶。今后五年，我国经济增长预期目标是在明显提高质量和效益的基础上年均增长7%。按2010年价格计算，2015年国内生产总值将超过55万亿元。要继续加强和改善宏观调控，保持价格总水平基本稳定，把短期调控政策和长期发展政策结合起来，坚持实施扩大内需战略，充分挖掘我国内需的巨大潜力，加快形成消费、投资、出口协调拉动经济增长的新局面。

——我们要加快转变经济发展方式和调整经济结构。坚持走中国特色新型工业化道路，推动信息化和工业化深度融合，改造提升制造业，培育发展战略性新兴产业。加快发展服务业，服务业增加值在国内生产总值中的比重提高4个百分点。积极稳妥推进城镇化，城镇化率从47.5%提高到51.5%，完善城市化布局和形态，不断提升城镇化的质量和水平。继续加强基础设施建设，进一步夯实经济社会发展基础。大力发展现代农业，加快社会主义新农村建设。深入实施区域发展总体战略和主体功能区战略，逐步实现基本公共服务均等化。促进城乡、区域良性互动，一二三产业协调发展。

——我们要大力发展社会事业。坚持优先发展教育，稳步提升全民受教育程度。坚持自主创新、重点跨越、支撑发展、引领未来的方针，完善科技创新体系和支持政策，着力推进重大科学技术突破。研究与试验发展经费支出占国内生产总值比重达到2.2%，促进科技成果更好地转化为生产力。适应现代化建设需要，加强人才培养，努力造就规模宏大的高素质人才队伍。大力加强文化建设，推动文化改革发展实现新跨越，满足人民群众不断增长的精神文化需求。大力发展体育事业。进一步深化医药卫生体制改革，健全基本医疗卫生制度，加快实现人人享有基本医疗卫生服务的目标。创新社会管理体制机制，加强社会管理法律、体制、能力建设，确保社会既充满活力又和谐稳定。

——我们要扎实推进资源节约和环境保护。积极应对气候变化。加强资源节约和管理，提高资源保障能力，加大耕地保护、环境保护力度，加强生态建设和防灾减灾体系建设，全面增强可持续发展能力。非化石能源占一次能源消费比重提高到11.4%，单位国内生产总值能耗和二氧化碳排放分别降低16%和17%，主要污染物排放总量减少8%至10%，森林蓄积量增加6亿立方米，森林覆盖率达到21.66%。切实加强水利基础设施建设，推进大江大河重要支流、湖泊和中小河流治理，明显提高基本农田灌溉、水资源有效利用水平和防洪能力。

——我们要全面改善人民生活。坚持把增加就业作为经济社会发展的优先目标，为全体劳动者创造公平的就业机会，五年城镇新增就业4500万人。坚持和完善按劳分配为主体、多种分配方式并存的分配制度，努力实现居民收入增长和经济发展同步、劳动报酬增长和劳动生产率提高同步，逐步提高居民收入在国民收入分配中的比重，提高劳动报酬在初次分配中的比重，加快形成合理的收入分配格局。城镇居民人均可支配收入和农村居民人均纯收入年均实际增长超过7%。提高扶贫标准，减少贫困人口。加快完善社会保障制度，进一步提高保障水平。城乡基本养老、基本医疗保障制度实现全覆盖，提高并稳定城乡三项基本医疗保险参保率，政策范围内的医保基金支付水平提高到70%以上，全国城镇保障性住房覆盖面达到20%左右。坚持计划生育基本国策，逐步完善政策，促进人口长期均衡发展，人均预期寿命提高1岁，达到74.5岁。

——我们要全面深化改革开放。更加重视改革顶层设计和总体规划，大力推进经济体制改革，积极稳妥地推进政治体制改革，加快推进文化体制、社会体制改革，不断完善社会主义市场经济体制，扩大社会主义民主，完善社会主义法制，使上层建筑更加适应经济基础发展变化，为科学发展提供有力保障。坚持和完善基本经济制度，营造各种所有制经济依法平等使用生产要素、公平参与市场竞争、同等受到法律保护的体制环境。加快财税金融体制改革，积极构建有利于转变经济发展方式的财税体制，构建组织多元、服务高效、监管审慎、风险可控的金融体系。深化资源性产品价格和环保收费改革，建立健全能够灵活反映市场供求关系、资源稀缺程度和环境损害成本的资源性产品价格形成机制。实施更加积极主动的开放战略，培育参与国际合作与竞争新优势，进一步形成互利共赢的开放新格局。

——我们要不断加强政府自身改革建设。政府的一切权力都是人民赋予的，必须对人民负责，为人民谋利益，接受人民监督；必须最广泛地动员和组织人民依法管理国家和社会事务，管理经济和文化事业；必须坚持依法治国基本方略，加强维护群众利益的法制建设，推进依法行政；必须实行科学、民主决策，建立健全决策、执行、监督既相互制约又相互协调的运行机制，确保权力正确行使；必须从制度上改变权力过分集中而又得不到制约的状况，坚决惩治和预防腐败；必须保障人民的民主权利和合法权益，维护社会公平正义。

总之，经过未来五年努力，实现“十二五”规划的各项目标，我国的综合国力就会有更大的提升，人民生活就会有更大的改善，国家面貌就会发生更大的变化。

三、2011年的工作

2011年，是“十二五”开局之年，做好今年的工作对于完成“十二五”各项目标任务至关重要。过去一年，我们的各项工作取得了很大成绩。国内生产总值增长10.3%，居民消费价格涨幅控制在3.3%，城镇新增就业1168万人，国际收支状况有所改善。这为做好今年的工作打下了良好基础。

今年，我国发展面临的形势仍然极其复杂。世界经济将继续缓慢复苏，但复苏的基础不牢。发达经济体经济增长乏力，失业率居高难下，一些国家主权债务危机隐患仍未消除，主要发达经济体进一步推行宽松货币政策，全球流动性大量增加，国际大宗商品价格和主要货币汇率加剧波动，新兴市场资产泡沫和通胀压力加大，保护主义继续升温，国际市场竞争更加激烈，不稳定不确定因素仍然较多。我国经济运行中一些长期问题和短期问题相互交织，体制性矛盾和结构性问题叠加在一起，加大了宏观调控难度。我们要准确判断形势，保持清醒头脑，增强忧患意识，做好应对风险的准备。

今年国民经济和社会发展的主要预期目标是：国内生产总值增长8%左右；经济结构进一步优化；居民消费价格总水平涨幅控制在4%左右；城镇新增就业900万人以上，城镇登记失业率控制在4.6%以内；国际收支状况继续改善。总的考虑是，为转变经济发展方式创造良好环境，引导各方面把工作着力点放在加快经济结构调整、提高发展质量和效益上，放在增加就业、改善民生、促进社会和谐上。

实现上述目标，要保持宏观经济政策的连续性、稳定性，提高针对性、灵活性、有效性，处理好保持经济平稳较快发展、调整经济结构、管理通胀预期的关系，更加注重稳定物价总水平，防止经济出现大的波动。

继续实施积极的财政政策。保持适当的财政赤字和国债规模。今年拟安排财政赤字9000亿元，其中中央财政赤字7000亿元，继续代地方发债2000亿元并纳入地方预算，赤字规模比上年预算减少1500亿元，赤字率下降到2%左右。要着力优化财政支出结构，增加“三农”、欠发达地区、民生、社会事业、结构调整、科技创新等重点支出；压缩一般性支出，严格控制党政机关办公楼等楼堂馆所建设，出国（境）经费、车辆购置及运行费、公务接待费等支出原则上零增长，切实降低行政成本。继续实行结构性减税。依法加强税收征管。对地方政府性债务进行全面审计，实施全口径监管，研究建立规范的地方政府举债融资机制。

实施稳健的货币政策。保持合理的社会融资规模，广义货币增长目标为16%。健全宏观审慎政策框架，综合运用价格和数量工具，提高货币政策有效性。提高直接融资比重，发挥好股票、债券、产业基金等融资工具的作用，更好地满足多样化投融资需求。着力优化信贷结构，引导商业银行加大对重点领域和薄弱环节的信贷支持，严格控制对“两高”行业和产能过剩行业贷款。进一步完善人民币汇率形成机制。密切监控跨境资本流动，防范“热钱”流入。加强储备资产的投资和风险管理，提高投资收益。

今年，重点要做好以下几方面工作。

（一）保持物价总水平基本稳定

当前，物价上涨较快，通胀预期增强，这个问题涉及民生、关系全局、影响稳定。要把稳定物价总水平作为宏观调控的首要任务，充分发挥我国主要工业品总体供大于求、粮食库存充裕、外汇储备较多等有利条件，努力消除输入性、结构性通胀因素的不利影响，消化要素成本上涨压力，正确引导市场预期，坚决抑制价格上涨势头。要以经济和法律手段为主，辅之以必要的行政手段，全面加强价格调控和监管。一是有效管理市场流动性，控制物价过快上涨的货币条件。把握好政府管理商品和服务价格的调整时机、节奏和力度。二是大力发展生产，保障主要农产品、基本生活必需品、重要生产资料的生产和供应。落实“米袋子”省长负责制和“菜篮子”市长负责制。三是加强农产品流通体系建设，积极开展“农超对接”，畅通鲜活农产品运输“绿色通道”。完善重要商品储备制度和主要农产品临时收储制度，把握好国家储备吞吐调控时机，搞好进出口调节，增强市场调控能力。四是加强价格监管，维护市场秩序。特别要强化价格执法，严肃查处恶意炒作、串通涨价、哄抬价格等不法行为。五是完善补贴制度，建立健全社会救助和保障标准与物价上涨挂钩的联动机制，绝不能让物价上涨影响低收入群众的正常生活。

（二）进一步扩大内需特别是居民消费需求

扩大内需是我国经济发展的长期战略方针和基本立足点，也是促进经济均衡发展的根本途径和内在要求。

积极扩大消费需求。继续增加政府用于改善和扩大消费的支出，增加对城镇低收入居民和农民的补贴。继续实施家电下乡和以旧换新政策。加强农村和中小城市商贸流通、文化体育、旅游、宽带网络等基础设施建设。大力促进文化消费、旅游消费和养老消费。推动农村商业连锁经营和统一配送，优化城镇商业网点布局，积极发展电子商务、网络购物、地理信息等新型服务业态。大力整顿和规范市场秩序，切实维护消费者权益。深入开展打击侵犯知识产权和制售假冒伪劣商品的专项治理行动。

大力优化投资结构。认真落实国务院关于鼓励引导民间投资新36条，抓紧制定公开透明的市场准入标准和支持政策，切实放宽市场准入，真正破除各种有形和无形的壁垒，鼓励和引导民间资本进入基础产业和基础设施、市政公用事业、社会事业、金融服务等领域，推动民营企业加强自主创新和转型升级，鼓励和引导民间资本重组联合和参与国有企业改革，加强对民间投资的服务、指导和规范管理，促进社会投资稳定增长和结构优化。充分发挥政府投资对结构调整的引导作用，优先保证重点在建、续建项目的资金需求，有序启动"十二五"规划重大项目建设。防止盲目投资和重复建设。严格执行投资项目用地、节能、环保、安全等准入标准，提高投资质量和效益。

（三）巩固和加强农业基础地位

坚持把"三农"工作放在重中之重，在工业化、城镇化深入发展中同步推进农业现代化，巩固和发展农业农村好形势。

确保农产品供给，多渠道增加农民收入。要把保障粮食安全作为首要目标，毫不放松地抓好农业生产。稳定粮食种植面积，支持优势产区生产棉花、油料、糖料等大宗产品。大力发展畜牧业、渔业、林业。切实抓好新一轮"菜篮子"工程建设，大中城市郊区要有基本的菜地面积和生鲜食品供给能力。强化农业科技支撑，发展壮大农作物种业，大规模开展高产创建。继续实施粮食最低收购价政策，今年小麦最低收购价每50公斤提高5到7元，水稻最低收购价每50公斤提高9到23元。大力发展农村非农产业，壮大县域经济，提高农民职业技能和创业、创收能力，促进农民就地就近转移就业。提高扶贫标准，加大扶贫开发力度。

大兴水利，全面加强农业农村基础设施建设。重点加强农田水利建设、中小河流治理、小型水库和病险水闸除险加固以及山洪地质灾害防治。完善排灌设施，发展节水灌溉，加固河流堤岸，搞好清淤疏浚，消除水库隐患，扩大防洪库容。通过几年努力，全面提高防汛抗旱、防灾减灾能力。大力推进农村土地开发整理，大规模建设旱涝保收高标准农田，加快全国新增千亿斤粮食生产能力建设。加强农村水电路气房建设，大力改善农村生产生活条件，努力为农民建设美好家园。

加大"三农"投入，完善强农惠农政策。财政支出重点向农业农村倾斜，确保用于农业农村的总量、增量均有提高；预算内固定资产投资重点用于农业农村基础设施建设，确保总量和比重进一步提高；土地出让收益重点投向农业土地开发、农田水利和农村基础设施建设，确保足额提取、定向使用。今年中央财政用于"三农"的投入拟安排9884.5亿元，比上年增加1304.8亿元。继续增加对农民的生产补贴，新增补贴重点向主产区、重点品种、专业大户、农民专业合作组织倾斜。增加中央财政对粮食、油料、生猪调出大县的一般性转移支付，扩大奖励补助规模和范围。引导金融机构增加涉农信贷投放，确保涉农贷款增量占比不低于上年。加大政策性金融对"三农"的支持力度。健全政策性农业保险制度，建立农业再保险和巨灾风险分散机制。

深化农村改革，增强农村发展活力。坚持和完善农村基本经营制度，健全覆盖耕地、林地、草原等家庭承包经营制度。有序推进农村土地管理制度改革。探索建立耕地保护补偿机制。继续推进农村综合改革。全面实施村级公益事业建设一事一议财政奖补，大幅增加奖补资金规模。加快发展农民专业合作组织和农业社会化服务体系，提高农业组织化程度。年底前，在全国普遍建立健全乡镇或区域性农业技术推广、动植物疫病防控、农产品质量监管等公共服务机构。

解决13亿中国人的吃饭问题始终是头等大事，任何时候都不能掉以轻心。我们有信心也有能力办好这件大事。

（四）加快推进经济结构战略性调整

这是转变经济发展方式的主攻方向。要推动经济尽快走上内生增长、创新驱动的轨道。

调整优化产业结构。加快构建现代产业体

系，推动产业转型升级。一是改造提升制造业。加大企业技术改造力度，重点增强新产品开发能力和品牌创建能力，提高能源资源综合利用水平、技术工艺系统集成水平，提高产品质量、技术含量和附加值。推动重点行业企业跨地区兼并重组。完善落后产能退出机制和配套政策。二是加快培育发展战略性新兴产业。积极发展新一代信息技术产业，建设高性能宽带信息网，加快实现“三网融合”，促进物联网示范应用。大力推动节能环保、新能源、生物、高端装备制造、新材料、新能源汽车等产业发展。要抓紧制定标准，完善政策，加强创新能力建设，发挥科技型中小企业作用，促进战略性新兴产业健康发展，加快形成生产能力和核心竞争力。三是大力发展服务业。加快发展生产性服务业，积极发展生活性服务业。大力发展和提升软件产业。着力营造有利于服务业发展的市场环境，加快完善促进服务业发展的政策体系。尽快实现鼓励类服务业用电、用水、用气、用热与工业基本同价。四是加强现代能源产业和综合运输体系建设。积极推动能源生产和利用方式变革，提高能源利用效率。推进传统能源清洁利用，加强智能电网建设，大力发展清洁能源。统筹发展、加快构建便捷、安全、经济、高效的综合运输体系。坚持陆海统筹，推进海洋经济发展。

促进区域协调发展。全面落实各项区域发展规划。坚持把实施西部大开发战略放在区域发展总体战略的优先位置，认真落实西部大开发新十年的政策措施和促进西藏、新疆等地区跨越式发展的各项举措。全面振兴东北地区等老工业基地，继续推进资源型城市转型。大力促进中部地区崛起，进一步发挥承东启西的区位优势。积极支持东部地区率先发展，在体制机制创新和发展方式转变上走在全国前列。更好发挥深圳等经济特区、上海浦东新区、天津滨海新区在改革开放中先行先试的作用。加大力度支持革命老区、民族地区、边疆地区发展，颁布实施2011—2020年中国农村扶贫开发纲要，启动集中连片特殊困难地区扶贫开发攻坚工程，加快贫困地区脱贫致富步伐。

积极稳妥推进城镇化。坚持走中国特色城镇化道路，遵循城市发展规律，促进城镇化健康发展。坚持科学规划，严格管理。加强城市基础设施和公共服务设施建设，增强城镇综合承载能力，提高管理和服务水平。因地制宜，分步推进，把有稳定劳动关系并在城镇居住一定年限的农民工，逐步转为城镇居民。对暂不具备落户条件的农民工，要解决好他们在劳动报酬、子女就学、公共卫生、住房租赁、社会保障等方面的实际问题。要充分尊重农民在进城和留乡问题上的自主选择权，切实保护农民承包地、宅基地等合法权益。城镇化要同农业现代化和新农村建设相互促进，这是必须坚持的正确方向。

加强节能环保和生态建设，积极应对气候变化。突出抓好工业、建筑、交通运输、公共机构等领域节能。继续实施重点节能工程。大力开展工业节能，推广节能技术，运用节能设备，提高能源利用效率。加大既有建筑节能改造投入，积极推进新建建筑节能。大力发展循环经济。推进低碳城市试点。加强适应气候变化特别是应对极端气候事件能力建设。建立完善温室气体排放和节能减排统计监测制度。加快城镇污水管网、垃圾处理设施的规划和建设，推广污水处理回用。加强化学品环境管理。启动燃煤电厂脱硝工作，深化颗粒物污染防治。加强海洋污染治理。加快重点流域水污染治理、大气污染治理、重点地区重金属污染治理和农村环境综合整治，控制农村面源污染。继续实施重大生态修复工程，加强重点生态功能区保护和管理，实施天然林资源保护二期工程，落实草原生态保护补助奖励政策，巩固退耕还林还草、退牧还草等成果，大力开展植树造林，加强湿地保护与恢复，推进荒漠化、石漠化综合治理。完善防灾减灾应急预案，加快山洪地质灾害易发区调查评价、监测预警、防治应急等体制建设。

（五）大力实施科教兴国战略和人才强国战略

科技、教育和人才是国家发展的基础和根本，必须始终放在重要的战略位置。

坚持优先发展教育。推动教育事业科学发展，为人们提供更加多样、更加公平、更高质量的教育。2012 年财政性教育经费支出占国内生产总值比重达到 4%。加快发展学前教育。公办民办并举，增加学前教育资源，抓紧解决“入园难”问题。促进义务教育均衡发展。加强义务教育阶段学校标准化建设，公共资源配置重点向农村和城市薄弱学校倾斜。以流入地政府和公办学校为主，切实保障农民工随迁子女平等接受义务教育。支持民族地区教育发展，做好“双语”教学工作。全面推进素质教育。加快教育改革，切实减轻中小学生过重课业负担，注重引导和培养孩子们独立思考、实践创新能力。保证中小学生每天一小时校园体育活动。大力发展职业教育。引导高中阶段学校和高等学校办出特色，提高教育质量，增强学生就业创业能力。加强重点学科建设，加快建设一批世界一流大学。支持特殊教育发展。落实和完善国家助学制度，无论哪个教育阶段，都要确保每个孩子不因家庭经济困难而失学。

全面加强人才工作。以高层次和高技能人才为重点，加快培养造就一大批创新型科技人才和急需紧缺人才。加大人才开发投入，推进重大人才工程。深化选人用人制度改革，努力营造平等公开、竞争择优的制度和社会环境，激励优秀人才脱颖而出，创造人尽其才的良好局面。

大力推进科技创新。加快实施国家科技重大专项，突破一批核心关键技术，提升重大集成创新能力。加强基础研究、前沿技术研究，增强原始创新能力。推动建立企业主导技术研发创新的体制机制。鼓励企业共同出资开展关键共性技术研发，共担风险、共享成果，对符合国家战略方向的项目，政府要从政策和资金上给予支持。深化科技管理体制改革，促进科技资源优化配置、高效利用和开放共享。激励科研院所、高等学校和广大科技人员以多种形式与企业合作。保持财政科技投入稳定增长，提高科研经费使用效率。坚定不移地实施国家知识产权战略，提升知识产权的创造、应用、保护、管理能力，激发全社会创新活力。

（六）加强社会建设和保障改善民生

经济越发展，越要重视加强社会建设和保障改善民生。

千方百计扩大就业。继续实施更加积极的就业政策。今年中央财政拟投入 423 亿元，用于扶助和促进就业。要适应我国劳动力结构特点，大力发展劳动密集型产业、服务业、小型微型企业和创新型科技企业，努力满足不同层次的就业需求。继续把高校毕业生就业放在首位，做好重点人群就业工作。加强职业技能培训，鼓励自主创业。加强公共就业服务，健全统一规范灵活的人力资源市场。加快就业信息网络建设，实现全国互联互通。加强劳动保障监察执法，完善劳动争议处理机制，依法维护劳动者权益，构建和谐劳动关系。

合理调整收入分配关系。这既是一项长期任务，也是当前的紧迫工作。今年重点采取三方面措施：一是着力提高城乡低收入群众的基本收入。稳步提高职工最低工资、企业退休人员基本养老金和城乡居民最低生活保障标准。建立健全职工工资正常增长机制，严格执行最低工资制度。二是加大收入分配调节力度。提高个人所得税工薪所得费用扣除标准，合理调整税率结构，切实减轻中低收入者税收负担。有效调节过高收入，加强对收入过高行业工资总额和工资水平的双重调控，严格规范国有企业、金融机构高管人员薪酬管理。三是大力整顿和规范收入分配秩序。坚决取缔非法收入。加快建立收入分配监测系统。通过持续不断的努力，尽快扭转收入分配差距扩大趋势，努力使广大人民群众更多分享改革发展成果。

加快健全覆盖城乡居民的社会保障体系。将新型农村社会养老保险试点范围扩大到全国 40% 的县。推进城镇居民养老保险试点，解决集体企业退休人员养老保障的历史遗留问题，建立企业退休人员基本养老金正常调整机制。

积极推进机关和事业单位养老保险制度改革。将国有企业、集体企业“老工伤”人员纳入工伤保险制度。完善城乡低保制度。继续多渠道增加社会保障基金。将孤儿养育、教育和残疾孤儿康复等纳入财政保障范围。继续推进残疾人社会保障体系和服务体系建设。加快推进社会保障管理信息化。发挥商业保险在完善社会保障体系中的作用。大力发展慈善事业。

坚定不移地搞好房地产市场调控。加快健全房地产市场调控的长效机制，重点解决城镇中低收入家庭住房困难，切实稳定房地产市场价格，满足居民合理住房需求。一是进一步扩大保障性住房建设规模。今年要再开工建设保障性住房、棚户区改造住房共1000万套，改造农村危房150万户。重点发展公共租赁住房。中央财政预算拟安排补助资金1030亿元，比上年增加265亿元。各级政府要多渠道筹集资金，大幅度增加投入。抓紧建立保障性住房使用、运营、退出等管理制度，提高透明度，加强社会监督，保证符合条件的家庭受益。二是进一步落实和完善房地产市场调控政策，坚决遏制部分城市房价过快上涨势头。制定并向社会公布年度住房建设计划，在新增建设用地计划中，单列保障性住房用地，做到应保尽保。重点增加中小套型普通商品住房建设。规范发展住房租赁市场。严格落实差别化住房信贷、税收政策，调整完善房地产相关税收政策，加强税收征管，有效遏制投机投资性购房。加强房地产市场监测和市场行为监管，严厉查处各类违法违规行为。三是建立健全考核问责机制。稳定房价和住房保障工作实行省级人民政府负总责，市县人民政府负直接责任。有关部门要加快完善巡查、考评、约谈和问责制度，对稳定房价、推进保障性住房建设工作不力，从而影响社会发展和稳定的地方，要追究责任。

推进医药卫生事业改革发展。今年是医改三年实施方案的攻坚年，要确保完成各项目标任务。一是在基层全面实施国家基本药物制度。建立完善基本药物保障供应体系，加强药品监管，确保用药安全，切实降低药价。二是抓好公立医院改革试点。鼓励各地在医院管理体制、医疗服务价格形成机制和监管机制等方面大胆探索。完善医疗纠纷调处机制，改善医患关系。三是提高基本医疗保障水平。稳定提高城镇职工、居民医保参保率和新农合参合率。今年要把新农合和城镇居民医保财政补助标准提高到200元。四是完成农村三级卫生服务网络和城市社区卫生服务机构建设任务。今年全国人均基本公共卫生服务经费标准提高到25元。加强重大传染病、慢性病、职业病、地方病和精神疾病的预防控制和规范管理。加强妇幼保健工作，继续推进妇女宫颈癌、乳腺癌免费检查和救治保障试点。认真做好艾滋病防治工作。大力发展中医药和民族医药事业，落实各项扶持政策。五是鼓励社会资本举办医疗机构。放宽社会资本和外资举办医疗机构的准入范围。完善和推进医生多点执业制度，鼓励医生在各类医疗机构之间合理流动和在基层开设诊所，为人民群众提供便捷的医疗卫生服务。

全面做好人口和计划生育工作。继续稳定低生育水平。做好流动人口计划生育服务管理工作。加强出生缺陷干预，进一步扩大免费孕前优生健康检查试点，做好孕产妇和婴幼儿保健工作。农村妇女住院分娩率达到95%以上。实施新一轮妇女儿童发展纲要，切实保护妇女和未成年人权益。加快建立健全老年人社会服务体系，加强公益性养老服务设施建设。

加强和创新社会管理。强化政府社会管理职能，广泛动员和组织群众依法参与社会管理，发挥社会组织的积极作用，完善社会管理格局。以城乡社区为载体，以居民需求为导向，整合人口、就业、社保、民政、卫生、文化等社会管理职能和服务资源，实现政府行政管理与基层群众自治有效衔接和良性互动。加快建立健全维护群众权益机制、行政决策风险评估和纠错机制，加强信访、人民调解、行政调解、司法调解工作，拓宽社情民意表达渠道，切实解决乱占耕地、违法拆迁等群众反映强烈的问题。加强和完善公共安全体系。健全突发事件应急体制，提高全社会危机管理和抗风险能力。加强信息安全和保密工作，完善信息网络管理。加强社会治安综合治理，严密防范、依法打击各类违法犯罪活动。落实企业安全生产和产品质量主体责任，坚决遏制重特大安全生产事故。完善食品安全监管体制机制，健全法制，严格标准，完善监测评估、检验检测体系，强化地方政府监管责任，加强监管执法，全面提高食品安全保障水平。

各级政府一定要把社会管理和公共服务摆到更加重要的位置，切实解决人民群众最关心最直接最现实的利益问题。

（七）大力加强文化建设

文化对民族和国家的影响更深刻、更久远。要更好地满足人民群众多层次多样化文化需求，发挥文化引导社会、教育人民、推动发展的功能，增强民族凝聚力和创造力。加强公民道德建设，在全社会树立中国特色社会主义的共同理想和信念，加快构建传承中华传统美德、符合社会主义精神文明要求、适应社会主义市场经济的道德和行为规范。加强诚信体系建设，建立相关制度和法律法规。增强公共文化产品供给和服务能力，重点加强中西部地区和城乡基层的文化基础设施建设，继续实施文化惠民工程。扶持公益性文化事业，加强文化遗产保护、利用和传承。进一步繁荣哲学社会科学。发展新闻出版、广播影视、文学艺术、档案事业。加强对互联网的利用和管理。深化文化体制改革，积极推进经营性文化单位转企改制。大力发展文化产业，培育新型文化业态，推动文化产业成为国民经济支柱性产业。大力开展全民健身活动，促进群众体育和竞技体育协调发展。加强对外文化体育交流与合作，不断扩大中华文化国际影响力，让博大精深的中华文化再展辉煌。

（八）深入推进重点领域改革

继续推进国有经济战略性调整，健全国有资本有进有退、合理流动机制。完善国有金融资产、非经营性资产和自然资源资产监管体制，加强境外国有资产监管。继续鼓励、支持和引导非公有制经济发展。健全财力与事权相匹配的财税体制，清理和归并专项转移支付项目，增加一般性转移支付，健全县级基本财力保障机制。在一些生产性服务业领域推行增值税改革试点，推进资源税改革。深化预算管理制度改革，全面编制政府性基金预算，扩大国有资本经营预算范围，试编社会保险基金预算。继续深化金融企业改革，加快建立现代金融企业制度。加快培育农村新型金融机构。继续大力发展金融市场，鼓励金融创新。推进利率市场化改革。扩大人民币在跨境贸易和投资中的使用。推进人民币资本项下可兑换工作。加强和改善金融监管，建立健全系统性金融风险防范预警体系和处置机制。完善成品油、天然气价格形成机制和各类电价定价机制。推进水价改革。研究制定排污权有偿使用和交易试点的指导意见。价格改革要充分考虑人民群众特别是低收入群众的承受能力。按照政事分开、事企分开、管办分开、营利性与非营利性分开的要求，积极稳妥地分类推进事业单位改革。

（九）进一步提高对外开放水平

中国的发展离不开世界。要积极发展互利互惠的多双边经贸关系，不断拓展新的开放领域和空间。继续推动多哈回合谈判，反对各种形式的保护主义，促进国际经济秩序朝着更加公正、合理、共赢的方向发展。

切实转变外贸发展方式。在大力优化结构和提高效益的基础上，保持对外贸易稳定增长。无论是一般贸易还是加工贸易出口，都要继续发挥劳动力资源优势，都要减少能源资源消耗，都要向产业链高端延伸，都要提高质量、档次和附加值。积极扩大自主品牌产品出口。大力发展服务贸易和服务外包，不断提高服务贸易的比重。坚持进口和出口并重，扩大先进技术设备、关键零部件和能源原材料进口，促进从最不发达国家和主要顺差来源国增加进口，逐步改善贸易不平衡状况，妥善处理贸易摩擦。

推动对外投资和利用外资协调发展。加快实施“走出去”战略，完善相关支持政策，简化审批手续，为符合条件的企业和个人到境外投资提供便利。鼓励企业积极有序开展跨国经营。加强对外投资的宏观指导，健全投资促进和保护机制，防范投资风险。坚持积极有效利用外资的方针，注重引进先进技术和人才、智力资源，鼓励跨国公司在华设立研发中心，切实提高利用外资的总体水平和综合效益。抓紧修订外商投资产业目录，鼓励外资投向高新技术、节能环保、现代服务业等领域和中西部地区。

（十）加强廉政建设和反腐败工作

建设廉洁的政府是一项持久而又紧迫的任务，是人民的殷切期望。要加快解决反腐倡廉建设中的突出问题，扎实推进惩治和预防腐败体系建设，把查办大案要案作为反腐败的重要举措，同时更加注重制度建设。一是认真治理政府工作人员以权谋私和渎职侵权问题。针对工程建设、土地使用权出让和矿产资源开发、国有产权交易、政府采购等重点领域存在的问题，加大查处违法违纪案件工作力度，坚决惩处腐败分子。二是切实加强廉洁自律，认真贯彻执行《廉政准则》，落实领导干部收入、房产、投资以及配偶子女从业、移居国（境）外等情况定期报告制度，自觉接受监督。加强审计和监察工作。加大对行政机关领导干部和国有企业、事业单位负责人的监督力度。三是坚决反对铺张浪费和形式主义。要精简会议、文件，清理和规范各种达标、评比、表彰以及论坛、庆典等活动，从经费上严加控制。规范公务用车配备管理并积极推进公务用车制度改革。加快实行财政预算公开，让人民知道政府花了多少钱，办了什么事。各级政府都要努力为人民办事；每一个公务员都要真正成为人民的公仆。

各位代表！

巩固和发展各民族大团结，是国家长治久安、繁荣昌盛的根本保证，是各族人民的根本利益所在。要坚持和完善民族区域自治制度，全面落实中央支持少数民族和民族地区发展的政策措施。制定实施扶持人口较少民族发展、推进兴边富民行动和发展少数民族事业五年规划。让我们团结奋进，共同谱写中华民族繁荣发展的历史新篇章！

全面贯彻党的宗教工作基本方针，深入落实《宗教事务条例》，发挥宗教界人士和信教群众在促进经济发展、社会和谐中的积极作用。

继续加强侨务工作，保护侨胞的正当权益，保护归侨和侨眷的合法权益，充分发挥他们在促进祖国统一和民族振兴中的独特作用。

各位代表！

建立巩固的国防，建设强大的人民军队，是维护国家主权、安全、发展利益和全面建设小康社会的重要保障。要紧紧围绕党和国家工作大局，着眼有效履行新世纪新阶段我军历史使命，全面加强军队革命化现代化正规化建设，不断提高以打赢信息化条件下局部战争能力为核心的完成多样化军事任务的能力。坚持把思想政治建设摆在首位。积极开展信息化条件下的军事训练。加快全面建设现代后勤步伐。推动军民融合式发展，加强国防科研和武器装备建设。积极稳妥地推进国防和军队改革。坚持依法治军、从严治军。坚决完成抢险救灾等急难险重任务。建设现代化武装警察力量，增强执勤、处置突发事件和反恐维稳能力。加强国防动员和后备力量建设，巩固和发展军政军民团结。

各位代表！

我们将坚定不移地贯彻“一国两制”、“港人治港”、“澳人治澳”、高度自治的方针，全力支持香港、澳门两个特别行政区发展经济，改善民生。支持香港巩固和提升国际金融、贸易、航运中心地位。支持澳门建设世界旅游休闲中心，促进经济适度多元发展。充分发挥香港、澳门在国家整体发展战略中的独特作用。进一步提高内地与港澳合作的机制化水平，支持粤港澳深化区域合作，实现互利共赢。在中华民族伟大复兴的历史进程中，祖国内地人民将与港澳同胞携手奋进，共享伟大祖国的尊严与荣耀！

我们将坚持新形势下发展两岸关系、促进祖国和平统一的大政方针和各项政策。继续推进两岸协商，积极落实两岸经济合作框架协议，加强产业合作，加快新兴产业、金融等现代服务业合作发展，支持有条件的大陆企业赴台投资。支持海峡西岸经济区在推进两岸交流合作中发挥先行先试作用。深入开展两岸社会各界交流，积极拓展两岸文化教育合作。增进两岸政治互信，巩固两岸关系和平发展的政治基础，共同维护两岸关系和平发展的良好局面。我们坚信，只要海内外中华儿女继续共同努力奋斗，祖国和平统一大业一定能够实现！

各位代表！

我们将继续高举和平、发展、合作的旗帜，坚持独立自主的和平外交政策，坚持走和平发展道路，坚持奉行互利共赢的开放战略，坚持推动建设持久和平、共同繁荣的和谐世界，为我国现代化建设创造更加有利的外部环境和条件。

我们要保持与主要大国关系健康稳定发展，积极推进对话合作，扩大共同利益和合作基础。坚持“与邻为善，以邻为伴”的周边外交方针，深化同周边国家的睦邻友好合作关系，推进区域次区域合作进程。增进同广大发展中国家的传统友好合作关系，进一步落实和扩大合作成果，推进合作方式创新和机制建设。积极开展多边外交，以二十国集团峰会等为主要平台，加强宏观经济政策协调，推动国际经济金融体系改革，促进世界经济强劲、可持续、平衡增长，在推动解决热点问题和全球性问题上发挥建设性作用，履行应尽的国际责任和义务。中国政府和人民愿与国际社会一道，共同应对风险挑战，共同分享发展机遇，为人类和平与发展的崇高事业做出新贡献！

各位代表！

回顾过去，我们创造了不平凡的光辉业绩；展望未来，我们对国家的锦绣前程充满信心！让我们在以胡锦涛同志为总书记的党中央领导下，紧紧抓住历史机遇，勇敢面对各种挑战，开拓进取，团结奋斗，扎实工作，努力实现“十二五”时期良好开局，把中国特色社会主义伟大事业继续推向前进！

国务院办公厅关于进一步支持甘肃经济社会发展的若干意见

2010 年 5 月 2 日　国办发〔2010〕29 号

各省、自治区、直辖市人民政府，国务院各部委、各直属机构：

甘肃是我国西北地区重要的生态屏障和战略通道，在全国发展稳定大局中具有重要地位。改革开放特别是实施西部大开发战略以来，甘肃经济社会发展取得很大成就，正处在加快发展的重要阶段。由于自然、地理、历史等原因，甘肃经济社会发展还面临许多困难和问题，与全国的差距仍在拉大，需要国家给予支持。为进一步支持甘肃经济社会发展，经国务院同意，现提出以下意见：

一、支持甘肃经济社会发展的总体要求

（一）充分认识支持甘肃经济社会发展的重要意义。甘肃位于西北地区的中心地带，是黄河、长江的重要水源涵养区，是多民族交汇融合地区，是中原联系新疆、青海、宁夏、内蒙古的桥梁和纽带，对保障国家生态安全、促进西北地区民族团结、繁荣发展和边疆稳固，具有不可替代的重要作用。甘肃国土面积广阔、生态地位重要，但自然条件严酷、生态环境脆弱；地处交通要冲、区位优势明显，但基础设施薄弱、瓶颈制约严重；资源相对富集、工业基础较好，但产业竞争力不强、自我发展能力不足；人力资源丰富、技术力量较强，但社会事业落后、贫困问题突出；历史文化厚重、发展潜力巨大，但体制机制不活、开放程度较低。支持甘肃经济社会发展事关实施西部大开发战略全局，是构建西北地区生态屏障、促进可持续发展的客观需要；是维护大局稳定、保障国家安全的战略举措；是缩小区域发展差距、实现全面建设小康社会目标的必然要求。

（二）指导思想。以邓小平理论和“三个代表”重要思想为指导，深入贯彻落实科学发展观，坚定不移地实施西部大开发战略，进一步解放思想，开拓创新，着力加快基础设施建设步伐，逐步消除瓶颈制约；着力加强生态建设和环境保护，构建资源节约型和环境友好型社会；着力改善和保障民生，提高基本公共服务水平；着力发展壮大特色优势产业，增强自我发展能力；着力深化改革和扩大开放，增强发展的动力和活力，努力建设工业强省、文化大省和生态文明省，以新思路、新举措走出一条符合自身实际、具有甘肃特色的跨越式发展道路，推动经济社会又好又快发展。

（三）基本原则。

——坚持立足当前，着眼长远发展。既要抓紧解决当前经济社会发展的突出矛盾，积极应对国际金融危机挑战，又要谋划事关全局和长远发展的重大战略问题，创新发展的体制机制。

——坚持科学发展，转变发展方式。要以生态建设与环境保护为前提，以转变经济发展方式和发展循环经济为切入点，促进经济社会与人口、资源、环境协调发展。

——坚持以人为本，注重改善民生。要把解决贫困问题和提高各族群众的生活水平作为一切工作的出发点和落脚点，着力解决群众最关心、最直接、最切身的民生问题。

——坚持统筹兼顾，突出战略重点。要统筹城乡、区域和经济社会发展，加快重点产

业、重点领域和重点地区发展，着力培育新的经济增长点，增强自我发展能力。

——坚持自力更生，加大支持力度。要发扬艰苦奋斗精神，立足自身努力加快发展。针对甘肃发展中的实际困难和问题，国家进一步加大支持和帮助力度。

（四）战略定位和重点发展战略。

甘肃发展的战略定位是，连接欧亚大陆桥的战略通道和沟通西南、西北的交通枢纽，西北乃至全国的重要生态安全屏障，全国重要的新能源基地、有色冶金新材料基地和特色农产品生产与加工基地，中华民族重要的文化资源宝库，促进各民族共同团结奋斗、共同繁荣发展的示范区。

——实施“中心带动、两翼齐飞、组团发展、整体推进”的区域发展战略。充分发挥兰州等中心城市辐射带动作用，积极打造陇东、河西两大能源基地，构建各具特色的组团式发展格局，全面推进区域协调发展。

——实施以加强薄弱环节为重点的基础设施建设战略。加强综合交通运输体系建设，打通资源能源运输通道，加强水利工程建设，提升经济社会发展的基础设施保障能力。

——实施以节水和治沙为重点的生态安全战略。建立健全水资源管理体制，全面推进节水型社会建设。加强重点地区生态建设与环境保护，加快实施生态补偿，加大对生态功能区转移支付力度，建设生态文明示范区。

——实施以改善民生为重点的社会发展战略。以“两州两市”（甘南藏族自治州、临夏回族自治州、定西市、陇南市）为重点，大力推进扶贫开发，加快脱贫致富步伐，大幅度提高基本公共服务水平。

——实施以优势资源开发转化为重点的产业发展战略。加快建设能源化工、有色冶金、装备制造、农产品生产与加工等产业基地，着力发展循环经济，突出发展新能源、新材料，积极发展文化产业、旅游业和物流业，构建具有甘肃特色的现代产业体系。

（五）发展目标。

——到2015年，人均地区生产总值缩小与西部地区平均水平的差距，城乡居民收入接近西部地区平均水平，贫困人口大幅减少，基础设施条件得到明显改善，生态环境恶化的趋势得到有效遏制，特色优势产业得到较快发展，循环经济形成规模，单位地区生产总值能耗实现预期目标。

——到2020年，基本实现全面建设小康社会目标。人均地区生产总值接近西部地区平均水平，综合运输体系基本建成，生态建设和环境保护取得突破性进展，基本公共服务能力大幅提高，人民群众生活水平和科学文化素质显著提高，建成我国发展循环经济的省级示范区，科学发展、和谐发展、可持续发展的能力显著增强，实现经济发展、山川秀美、民族团结、社会和谐。

二、优化空间布局，促进区域协调发展

（六）大力支持兰（州）白（银）核心经济区率先发展。建设兰（州）白（银）都市经济圈，积极推进兰州新区、白银工业集中区发展，做大做强石油化工、有色冶金、装备制造、新材料、生物制药等主导产业，把兰白经济区建设成为西陇海兰新经济带重要支点，西北交通枢纽和物流中心，在全省乃至西北地区发挥“率先、带动、辐射、示范”的中心作用。

（七）着力推动平（凉）庆（阳）、酒（泉）嘉（峪关）经济区加快发展。加快陇东煤炭、油气资源开发步伐，积极推进煤电化一体化发展，构建以平凉、庆阳为中心，辐射天水、陇南的传统能源综合利用示范区。加快酒泉、嘉峪关一体化进程，积极发展风能、太阳能等新能源及装备制造产业，构建新能源开发利用示范区，形成甘肃东西两翼齐飞的经济增长新格局。

（八）全面促进区域功能组团协调发展。按照“功能定位、合理布局，组团发展、整体推进”的原则，重点打造一批区域功能组团。祁连山生态补偿区，实行强制性保护，建

立生态补偿机制。武威张掖河西走廊绿色经济区，着力加强防沙治沙，大力发展新能源和生态农业。“两州两市”扶贫攻坚区，加大政策倾斜和资金支持力度，加快脱贫致富步伐。金昌、白银等为重点的循环经济区，大力推行清洁生产，提高能源资源利用效率。加快天水区域中心城市建设，促进关中—天水经济区发展。

三、加强基础设施建设，消除发展瓶颈制约

（九）公路建设。加快推进国家高速公路建设，尽快打通断头路，促进国家高速公路网络形成。开工建设永登（徐家磨）至古浪、安西至星星峡（甘新界）等国家高速公路，积极开展雷家角至西峰、兰州南绕城、营盘水至武威、临洮至渭源、白疙瘩（甘蒙界）至明水（甘新界）、大石碑（甘陕界）至天水、兰州至朗木寺、延安至天水至武都等高速公路项目前期工作。加大国省干线公路改造力度，建设敦煌至当金山口、岷县至合作等二级公路，省内国道达到二级以上技术标准，所有县城通二级以上公路。启动建制村通沥青（水泥）路建设。加强旅游景区与干线公路的连接。加快推进兰州、酒（泉）嘉（峪关）、天水、张掖、平凉等公路运输枢纽及物流园区建设，提高农村客运站覆盖率。

（十）铁路建设。加快建设贯通东西、连接南北的铁路大通道，积极推进兰渝铁路、西（安）平（凉）铁路建设，新开工建设兰新铁路第二双线，加快推进宝鸡至兰州客运专线、银川至兰州增建二线、兰州至成都、干塘至武威、兰州至张掖铁路增建三四线、兰州铁路枢纽改造和兰州集装箱中心站建设。抓紧开展兰州至合作、天水至哈达铺、敦煌至格尔木、额济纳至哈密等项目前期工作，开展西宁至成都、平凉至庆阳铁路论证工作。适时启动兰州市城市轨道交通建设。

（十一）民航建设。增强兰州机场枢纽功能，加快兰州机场改扩建，合理规划建设兰州国际航空港，积极开辟兰州至日韩、港澳等国际和地区航线。改扩建敦煌、嘉峪关和庆阳机场，新建夏河、陇南、张掖、武威、金昌等机场，适时实施天水机场迁建工程，开展新建平凉机场前期论证工作。鼓励在甘肃设立通用航空公司，建设通航起降点，提升航空应急救援能力。

（十二）水利建设。坚持全面节水与适度调水相结合，加快引洮供水一期、盐环定扬黄续建等骨干水利工程建设，抓紧实施引洮供水二期及受益区配套建设等重点工程，开展引哈济党、靖远双永供水等项目前期论证工作，全面完成病险水库除险加固任务。积极推动中小型水源建设，提高工业能源基地及城镇供水保障能力。加快大中型灌区节水改造和大型灌排泵站更新改造，完善灌区末级渠系配套。实施渭河、泾河、洮河等中小河流综合治理，加强城镇防洪体系建设和山洪灾害防治。

（十三）城镇基础设施建设。进一步加快城镇道路、供水、供气、供热、垃圾和污水处理、再生水回用、园林绿化等基础设施建设。积极推进兰州新区、白银工业集中区基础设施建设。支持重点城市发展热电联产。加快信息基础设施和数字化城市管理信息系统建设，提升国道、省道移动通信覆盖水平，扩大农村通信覆盖面，提高信息安全和应急保障能力。

（十四）加大基础设施建设投入。中央预算内投资以及其他中央专项资金要加大对甘肃的投入力度。统筹考虑甘肃交通等重大基础设施建设项目的中央投资补助。将部分符合条件的公益性项目国债转贷资金逐步转为拨款。中央安排的病险水库除险加固、农村饮水安全、大中型灌区配套改造以及生态环境、社会事业、基层政权等公益性建设项目，免除县（市）级和甘南、临夏自治州州级配套资金。

四、加强生态建设和环境保护，构建西北地区生态安全屏障

（十五）加大祁连山冰川和生态系统保护力度。启动实施祁连山生态环境保护和建设规划。加快推进退牧还草、天然林保护等重点生态工程，在重点生态脆弱区和重要生态区继续稳步推进退耕还林工程建设，巩固退耕还林还草成果，加强自然保护区建设管理。科学实施人工增雨雪，加强对森林、草原、湿地、荒漠等生态系统和野生动植物资源的保护，逐步恢复和增强水源涵养能力。逐步将祁连山自然保护区核心区的农牧民转为生态管护人员，加快缓冲区农村剩余劳动力转移。研究建设祁连山生态补偿试验区。

（十六）加快石羊河、黑河、疏勒河流域综合治理。大力推进石羊河流域重点治理工程，启动实施石羊河流域防沙治沙及生态恢复项目，确保民勤不成为第二个罗布泊。巩固黑河流域综合治理成果，保护天然湿地。加强敦煌水资源合理利用与生态保护，强化水资源管理，优化用水结构，采取高效节水、适度调水等综合手段恢复月牙泉和西湖湿地生态功能。积极实施三大内陆河流域盐碱化及沙化治理工程，加快推进河西走廊北部风沙区防沙治沙工作，建设防风固沙大型综合防护林体系。大力推广张掖节水型社会建设经验，合理配置生活、生产和生态用水，建立“以电控水、以水定地”的水权制度，支持建设以河西地区为重点的节水型社会示范区。加强流域生态恢复技术体系的研发和推广。

（十七）实施甘南重要水源补给区生态恢复与保护。全面启动甘南黄河重要水源补给区生态保护和建设规划，进一步加大退牧还草、牧区水利、暖棚养殖、饲草料基地、草原鼠害防治和游牧民定居等综合治理项目实施力度。研究建立甘南湿地自然保护区，加强湿地保护，恢复水源涵养功能。支持白龙江流域水土流失治理和地质灾害防治工作。

（十八）推进黄土高原地区和陇南山地水土流失综合治理。稳步实施黄土高原地区综合治理规划，推进退耕还林、天然林保护、三北防护林、坡改梯和小流域坝系工程，积极建设黄河中上游生态修复以及渭河、泾河流域水土保持综合治理等重点生态项目。加大滑坡、泥石流等灾害防治力度，继续实施长江上游水土保持重点防治工程和小水电代燃料项目。统筹规划，加快推进“两江一水”（白龙江、白水江、西汉水）流域生态保护与建设。

（十九）加强环境保护治理力度。坚持预防为主、综合治理，远近结合、标本兼治，着力解决重点流域水污染、矿区环境污染、城市大气污染、农村面源污染和土壤污染等突出环境问题。加大兰州等重点城市大气污染防治和清洁生产支持力度。加快实施水污染防治工程，提高城镇污水处理率和垃圾无害化处理率。推进城市垃圾等固体废物和医疗垃圾等危险废物集中处置设施建设。开展农村环境综合整治。加强兰州等重点城市地质灾害防治工作，研究建立地质灾害防治长效机制。

五、夯实农业发展基础，加快建设社会主义新农村

（二十）大力发展旱作节水农业。积极推广全膜双垄沟播、膜下滴灌等高效旱作节水技术，建设一批旱作节水农业示范区。合理调整种植结构，发展耐旱节水品种。积极发展现代设施农业，推广日光温室和塑料大棚，推动河西走廊星火产业带高效节水设施农业科技示范工程与科技发展支撑体系建设，大力发展高效农业。推进基本农田建设，稳步提升粮食生产水平，提高农业综合生产能力。

（二十一）突出发展特色优势农业。支持以定西为主的马铃薯贸工农一体化示范区建设，扶持马铃薯良种繁育体系和贮藏库建设，将马铃薯种植纳入政策性保险补贴范围。加强河西走廊杂交玉米等农作物制种基地建设。加快发展中药材、酿酒原料、林果、蔬菜等产业。积极发展油橄榄、核桃、花椒、食用百合、苦水玫瑰、黄花菜、鲑鳟鱼等地方特色产品。大力发展草食畜牧业，扶持畜禽标准化规模养殖、品种改良和野生动物繁育，加强动物防疫体系建设。积极发展沙产业。加大对农业产业化龙头企业和农民专业合作经济组织的支持力度，重点建设一批现代农业示范农场。支

持张掖、武威、定西特色农副产品加工循环经济基地建设。

（二十二）强化农村基础设施建设。加快实施农村安全饮水工程，到2013年基本解决农村饮水安全问题。加强集雨水窖、节水灌溉等小型农田水利设施建设。加快农村和国有农场公路“通达工程”和“通畅工程”建设，基本实现乡镇通油路、建制村通公路。积极发展农村小水电，鼓励开发利用可再生能源。实施小水电代燃料工程。大力发展农村沼气，加强养殖场沼气工程建设。加强农业技术推广，建立健全农村科技服务体系和信息服务网络。加强农村社会化服务体系和农产品专业市场建设，推动农产品冷链物流发展，全面落实鲜活农产品“绿色通道”政策。

（二十三）积极发展县域经济和劳务经济。统筹城乡规划，集约利用土地，完善城镇基础设施，加强产业布局，促进特色产业向城镇集中，引导更多农民进入城镇，增强县域经济发展活力。整合培训资源，依托现有机构和设施在兰州设立农村劳动力转移就业培训基地，加强农村劳动力转移就业和创业能力培训。加大“阳光工程”、“雨露计划”、“西部农民创业促进工程”等农村劳动力转移培训工程实施力度。积极开拓劳务市场，扶持发展劳务中介组织，加强输入地和输出地的协作，着力打造劳务品牌。鼓励农民就近就地转移就业，支持完善农民创业园，扶持外出务工农民回乡创业。全面加强农民工权益保障。加快户籍制度改革，积极研究制定有稳定职业和固定居所的农民转为城镇居民的办法。

六、加大扶贫开发力度，尽快改变贫困地区落后面貌

（二十四）甘南、临夏少数民族地区。加快实施甘南黄河重要水源补给生态功能区生态保护与建设工程，构筑高原生态安全屏障。抓紧引洮济合、引洮入潭、青走道水电站、石门河引水等工程前期工作，尽早开工建设。积极发展高原草原旅游、回藏风情旅游，打造九色甘南香巴拉和临夏穆斯林风情旅游品牌。进一步加大临夏州基础设施和商贸流通设施建设力度，积极推进清真食品、民族特需用品生产加工基地建设。实施刘家峡、盐锅峡、八盘峡水库库区水土治理项目，支持移民安置区生产生活设施建设和产业发展。扶持保安、撒拉等人口较少民族发展。加强和政县古动物化石保护，提升古动物化石博物馆展示服务水平。

（二十五）定西、陇南等特殊困难地区。定西市要大力发展马铃薯产业，建设全国重要的脱毒种薯、商品薯生产基地及精深加工基地，延伸产业链，带动薯农脱贫致富。充分发挥定西药材资源丰富、品质优良的优势，建设全国优质中药材药源基地、饮片加工基地和交易市场。加强渭河源头生态保护与建设，支持建设引洮供水一期配套工程。陇南市要加快发展以黄金、铅锌为主的有色冶金工业，以中药材、油橄榄、核桃、花椒为主的特色农业，以及水电、生态旅游产业，增强自我发展能力。加快汶川地震灾后恢复重建步伐，研究解决灾区长远发展问题。

（二十六）革命老区。庆阳等革命老区要依托石油、煤炭等资源优势，适当扩大原油就地加工规模，把产业发展与农民增收致富结合起来。积极推动小杂粮等特色农产品基地建设，大力发展香包、刺绣、民间剪纸等民俗文化创意产业。大力发展红色旅游。启动实施会宁县城及北部乡镇供水工程，抓紧解决环县苦咸水地区农村饮水安全问题。

（二十七）加强扶贫开发工作。加大中央扶贫资金投入力度，扩大扶贫小额信贷规模，稳步推进易地扶贫搬迁和生态移民。研究探索创新对口支援方式，进一步加大定点扶贫、东西协作扶贫力度。

七、加快发展社会事业，着力保障和改善民生

（二十八）优先发展教育。巩固“两基”攻坚成果，全面完成“两基”攻坚任务。合理调整中小学校布局，加强寄宿制学校建设，

实施中小学校舍安全工程。改善少数民族地区基础教育办学条件，推进民汉合校，加强“双语”教育。扩大中等职业教育规模，建设一批职业院校和公共实训基地，逐步对农村家庭经济困难学生和涉农专业学生免除学费。积极推进校企合作、半工半读的培养模式，支持与东部地区合作发展中等职业教育学校。增加部门院校和外地高校在甘肃的招生规模，支持甘肃高校改善办学条件。加大对教师队伍特别是农村教师队伍建设的支持，加强师资队伍培训，开展东中部省市教师对口支援。支持高校发挥科研和人才优势，参与重大产业项目科技攻关。

（二十九）完善城乡医疗卫生服务体系。推进医药卫生体制改革。重点建设农村卫生服务体系和城市社区卫生服务体系，加强地市级医院建设。支持中（藏）医院建设，扶持中（藏）医事业发展。完善城镇居民基本医疗保险制度、新型农村合作医疗制度和城乡医疗救助制度。加大大骨节病、高氟病等地方病防治力度。加大投入力度，做好鼠疫防控工作。支持妇幼保健机构设施建设，实行农村孕产妇住院分娩补助政策，降低孕产妇和婴幼儿死亡率。加强卫生专业技术人员和乡村医生培养培训工作。进一步完善农村计划生育家庭奖励扶助制度、“少生快富”工程和计划生育特别扶助制度，推进基层人口和计划生育服务网络建设，加快建立西北人口信息中心。

（三十）大力发展文化体育事业。加大公共文化设施建设投入，建立基层公共文化体育服务经费保障机制。重点建设地市级图书馆、文化馆，加强省市级博物馆、文物大县和重点遗址博物馆建设。继续实施全国文化信息资源共享工程、广播电视西新工程、村村通工程和农村数字电影放映工程。将临夏州及张家川、肃南、肃北和阿克塞等自治县纳入西新工程。加强少数民族语言节目译制、制作播映和覆盖能力建设，改善市、县广播影视基础条件。支持丝绸之路整体申遗及沿线重要遗址保护，加大重点文物保护和少数民族文化遗产抢救力度。支持非物质文化遗产保护，加大对濒危非物质文化遗产的抢救力度。建立古籍保护工作机制，完善古籍保护设施条件。建设一批基层群众性体育活动场馆，大力开展全民健身活动，积极推进临洮体育训练基地建设。

（三十一）加强就业和社会保障。开展城乡劳动力技能培训，落实针对就业困难人员的各项就业援助政策，帮扶零就业家庭人员实现就业。加强公共就业与社会保障服务信息网络建设、人力资源市场基础设施及社会保障服务中心建设。提高失业保险基金统筹层次。积极推进新型农村社会养老保险试点，落实被征地农民社会保障政策。积极发展多层次的养老服务，加快建设基本养老服务体系。完善社会救助和社会福利服务体系，确保低收入群体基本生活和基本医疗。加强社会福利机构和社区服务设施建设，强化养老和孤残儿童护理员队伍建设。大力推进残疾人社会保障和服务体系建设。加大城镇廉租住房、农村危房改造等保障性住房建设，合理确定补助范围和补助标准。支持推进国有林区、垦区及城镇棚户区改造。

八、大力推进能源基地建设，增强经济发展后劲

（三十二）加快陇东煤电化建设。加强煤炭资源勘探和开发利用，逐步建成一批大型煤炭矿区，高起点、高水平地建设国家大型煤炭生产基地。加大对陇东地区煤炭资源勘查的政策支持力度。延伸煤炭产业链，实施煤电联营，建设大型电站，先行启动建设崇信、平凉二期等一批条件具备的电厂项目，开展正宁、环县电厂前期论证工作。有序发展煤化工产业，规模化开发利用煤层气。推进庆阳长庆桥、平凉华亭和崆峒产业聚集区建设。

（三十三）大力发展河西新能源。加快建设以酒（泉）嘉（峪关）为中心的风电、以敦煌为重点的太阳能发电示范基地，力争到2020年建成千万千瓦级以上风电基地、百万千瓦级以上太阳能发电基地，配套建设稳定风电送出的电源项目。支持大型风电制造企业在酒泉建设风电装备生产基地，支持建设数字风机设备和太阳能光伏、光热产品研发制造基地。积极研究当地用电补贴政策。适时发展核电，实现风电、太阳能发电、核电互补。加快与我国核能发展相适应的核电配套工程建设，加大核电站核乏燃料后处理技术的研究开发力度，稳妥推进大型商用核乏燃料后处理项目。加快太阳能光热光电技术、浅层地能热泵技术在建筑中应用。

（三十四）提升油气资源开发利用能力。加快陇东西峰、华池、镇原、环县以及玉门等油田勘探开发步伐。支持玉门老油田发展，提高经济开采年限。充分利用省内外两种资源，进一步提高石油加工转化能力、原油加工质量标准和附加值，建设战略性石化工业基地。加快实施兰州石化大型碳五综合利用、550万吨/年蒸馏装置技术改造和汽柴油质量升级，庆阳石化300万吨/年炼油集中搬迁改造等工程，力争到2020年甘肃炼油能力达到2000万吨以上。支持兰州180万立方米原油商业储备库和100万立方米原油生产运行库建设，建设300万立方米国家石油储备基地，打造西部大型石油、化工原料集散地，建成国家重要的石油储备基地。做好涩宁兰输气管道复线、兰州至郑州至长沙成品油管道、庆阳石化成品油外输管道等油气管道建设。

（三十五）加强电网建设。加快实施农网、城网改造工程和无电地区电力建设，完善省内330千伏电网。配合能源基地建设，加快主网架规划，拓展区外市场，形成西北电网中心枢纽。加强甘肃省内及省际750千伏网架建设，优先建设河西和陇东南750千伏输变电线路，实现与新疆联网。研究论证2020年外送能力和电力市场，完善风电和太阳能发电的外送方案。

九、大力发展特色优势产业，推进产业结构优化升级

（三十六）全面提升有色冶金产业。鼓励重点骨干企业加快发展，支持白银公司发展铜铅锌生产及加工，金川公司发展镍钴铜与贵金属精深加工，兰铝、连铝、华鹭铝业发展铝型材、铝合金等深加工，酒钢公司发展碳钢镀锌板、不锈钢薄板、中板等深加工，甘肃稀土公司发展稀土新材料及延伸产业链。在不扩大现有产能的前提下，支持钨、钼矿产品深加工，建设张掖钨钼生产基地。将金川公司和白银公司纳入煤电冶联营及大用户直购电政策范围。建设有色金属新材料产业和研发基地。

（三十七）做大做强装备制造业。积极实施技术创新工程，加快调整产品结构，重点发展数控和专用机床、集成电路、中高压电气、石油钻采炼化设备等优势产品，做大做强一批重点企业，形成以兰州石化通用设备、电机制造，天水电工电器、机床制造、电子信息为主的装备制造产业集群。

（三十八）支持老工业基地转型升级。加快重点行业、重点骨干企业的技术改造，支持资源枯竭城市改造传统产业，培育替代产业。积极承接产业转移，建设接续替代产业园区，支持白银公司等开展危机矿山找矿及区域内资源整合。启动实施白银棚户区改造工程。支持解决政策性关闭破产国有企业历史遗留的社会保障问题，积极推进厂办大集体改革试点，逐步增加企业离退休人员的养老金。

（三十九）大力发展循环经济。抓紧启动实施《甘肃省循环经济总体规划》，重点建设七大循环经济基地，努力形成循环经济产业集群。推进石化、有色、化工、建材等传统行业清洁生产，从源头控制污染和保护环境。推动企业向产业园区集中，实现集聚生产、集中治污、集约发展，提高能源、水资源和废弃物的循环利用率。支持和鼓励矿产资源开采加工企业提高采矿回收率、选矿回收率、共伴生矿综合利用率，加强冶炼渣、尾矿等大宗工业固体废弃物综合利用，提升节能降耗和资源综合利用水平。大力实施重点节能工程，通过技术减排、结构减排、管理减排等措施，确保实现节能减排目标。

（四十）积极发展战略性新兴产业。在加

快发展风能、太阳能等新能源的同时，积极发展新材料、生物医药、节能环保等新兴战略产业。推进新型有色金属合金材料、稀土材料、新型化工材料、电池材料等新材料产业化发展。加快发展生物制药，建设兰州生物医药产业基地。建设规范化中药材种植、中药饮片加工和特色中藏药生产基地，积极发展特色中成药和藏药，积极推进国家新药和中药保护品种产业化。支持重离子加速器治癌装置等医疗器械产业发展。发展节能环保装备制造业，推广高效节能产品，增强节能环保装备产业竞争力。

（四十一）扶持壮大文化产业和旅游产业。加大对文化产业发展的扶持力度，支持敦煌艺术、麦积山石窟艺术等历史文化遗产的挖掘开发，做大做强以“丝路花雨”、“大梦敦煌”等为代表的歌舞、影视、戏剧、动漫文化品牌，培育《读者》等一批具有较强竞争力的大型文化企业集团。支持建设兰州创意文化产业园、庆阳农耕和民俗文化产业园、临夏民族文化产业园和丝绸之路文化产业带。加大旅游产业投入，加强旅游基础设施建设，完善景区内外交通条件和公共服务设施，重点支持丝绸之路、敦煌莫高窟、甘南香巴拉、黄河风情、麦积山、崆峒山、黄河石林等精品旅游线路和一批精品旅游景区建设，积极推进庆阳、会宁、腊子口、哈达铺等红色旅游基地建设，加快白龙江、小陇山、祁连山林区森林旅游发展。扩大旅游产业经营范围，扶持旅游产品开发。拓宽投融资渠道，积极吸收社会资本参与文化、旅游产业发展。

（四十二）加快发展现代服务业。积极推进兰州商贸物流中心、兰州集装箱节点站、天水现代物流园和武威煤炭集疏运中心等项目建设。大力推进县城超市及配送中心、乡镇超市、村连锁农家店等现代流通网络建设。建立完善农产品市场信息服务体系、物流配送体系及质量安全监管体系。培育和发展金融产业，积极引进金融机构，扶持城市商业银行、农村信用社等地方性金融机构发展。对农村金融机构执行较低的存款准备金率，对符合条件的金融机构，适当加大支农再贷款支持力度。建立健全政府投融资平台。支持有条件的企业发行股票和企业债券，创造条件发行中小企业集合债券。积极稳妥地发展期货市场。大力发展会展业，办好兰州投资贸易洽谈会。积极发展劳动密集型服务业，增加就业岗位。

十、深化体制改革，提高对内对外开放水平

（四十三）加快体制机制创新。大力推进国有企业改革，加强地方企业与中央企业的战略合作，培育具有国际竞争力的大型骨干企业。积极鼓励、支持和引导非公有制经济发展，加大对中小企业发展支持力度，鼓励民间资本参与基础设施、公用事业和社会事业等领域的建设。对从事国家重点扶持和鼓励发展产业项目的企业，按照税收法律法规的规定享受税收优惠政策。积极推进投资体制改革，降低民间资本市场准入门槛，简化项目审批程序，创造良好投资环境。深化行政管理体制改革，加快转变政府职能，加强政务公开。

（四十四）深化水资源管理体制改革。按照地表水、地下水“统一调度、定额管理、有偿使用、市场调节”的原则，逐步建立水权分配体系和配水、用水定额管理制度，支持建立水权转换制度，规范水权交易办法，不断完善水价形成机制。推进工业企业清洁生产和水资源循环利用，鼓励再生水利用，落实水资源费征收使用管理办法。推进城乡水务一体化，统筹水务综合管理，创新基层水利工程管理机制。发挥农民用水协会作用，明晰小型水利工程的产权，调动农民和社会力量参与水利建设和设施管护的积极性。

（四十五）完善土地和矿产资源政策。坚持保护耕地和节约、集约用地，推进土地整治。鼓励对沙地、荒山、荒滩、戈壁等未利用土地开发利用。加快各级土地利用总体规划修编工作，合理确定兰州新区建设用地规模和布局。加大中央地质勘查基金、国土资源大调查

资金对甘肃的投入力度。做好陇东地区、中部地区和河西地区能源基地后备资源勘查工作，优先开展陇东、玉门油气资源勘查。

（四十六）加大人才开发力度。坚持人才强省和科技兴省的路线，加大对特色农业、新农村建设、中小企业引智项目的支持力度，积极引进科技、教育、卫生等行业紧缺人才，加大技能人才培养。鼓励发达省（市）高等院校、科研院所、大型企业等单位及社会组织通过合作办学等方式，为甘肃经济社会发展培养培训各类专业技术人才。扶持发展远程教育，大力发展继续教育，建立连通市（州）和县（区）的继续教育培训网络。积极吸引海外高层次留学人才，加强留学人员创业园建设。

（四十七）积极扩大对内对外开放。支持兰州高新技术开发区、经济技术开发区增容扩区，研究推进天水、金昌、酒（泉）嘉（峪关）、张掖经济技术开发区和白银高新技术产业开发区升级为国家级开发区。深化区域协作，全面推进向西开放，积极发展内陆开放型经济，支持兰州等城市作为加工贸易梯度转移重点承接地区，大力发展保税加工和保税物流，支持在甘肃符合条件的地区设立海关特殊监管区域，提升甘肃的对外开放水平。积极推动实施“走出去”战略，支持企业到境外投资办厂，参股、并购境外矿产企业，建立生产加工基地或稳定的原料供应基地。

国务院各有关部门要按照职能分工，明确目标任务，研究支持甘肃经济社会发展的具体措施，指导甘肃进一步破解发展难题。中央财政要加大对甘肃的均衡性转移支付和民族地区转移支付力度。有关部门要把实施相关政策措施列入重要议事日程，抓紧制订细化工作方案，指导甘肃编制相关重要规划，深化重大项目的前期工作。甘肃省要继续发扬自力更生、艰苦奋斗的精神，切实加强组织领导，完善工作机制，明确工作责任，制订实施方案，加强与国务院有关部门的沟通衔接。要抓住机遇，解放思想，坚定信心，开拓创新，求真务实，扎实工作，努力开创甘肃经济社会发展的新局面。

国务院关于长江三角洲地区区域规划的批复

2010年5月12日 国函［2010］38号

上海市、江苏省、浙江省人民政府，发展改革委：

发展改革委《关于报送长江三角洲地区区域规划（送审稿）的请示》（发改地区［2009］2678号）收悉。现批复如下：

一、原则同意《长江三角洲地区区域规划》（以下简称《规划》），请认真组织实施。长江三角洲地区区位条件优越，自然禀赋优良，经济基础雄厚，体制比较完善，城镇体系完整，科教文化发达，一体化发展基础较好，是我国综合实力最强的区域，具有在高起点上加快发展的优势和机遇。要把《规划》实施作为应对国际金融危机的重要举措，把扩大内需与经济增长、社会建设、民生改善和提高开放水平结合起来，为促进全国经济平稳较快发展发挥更大作用。

二、《规划》实施要高举中国特色社会主义伟大旗帜，以邓小平理论和"三个代表"重要思想为指导，深入贯彻落实科学发展观，进一步解放思想，坚持改革开放，着力推进经济结构战略性调整，着力增强自主创新能力，着力促进城乡区域协调发展，着力提高资源节约和环境保护水平，着力促进社会和谐，在科学发展、和谐发展、率先发展、一体化发展方面走在全国前列，努力将长江三角洲地区建设成为实践科学发展观的示范区、改革创新的引领区、现代化建设的先行区、国际化发展的先导区，为我国全面建设小康社会和实现现代化作出更大贡献。

三、上海市、江苏省、浙江省人民政府要加强对《规划》实施的组织领导，制定实施方案，完善工作机制，落实工作责任，在国家有关部门的指导下，按照《规划》确定的功能定位和发展重点，做好区域内相关规划的修编调整，抓紧推进相关工作。要充分发挥长江三角洲地区区域合作协调机制的作用，建立健全泛长江三角洲地区合作机制，协调解决《规划》实施过程中遇到的重大问题。要进一步加强与其他地区的紧密合作，促进生产要素跨地区自由流动，实现人口和产业有序转移。

四、国务院有关部门要按照职能分工，加强对《规划》实施的指导，研究制定贯彻落实《规划》的具体措施，在专项规划编制、项目安排、体制创新等方面给予积极支持。要加强部门之间的沟通协调，为促进长江三角洲地区加快发展创造良好的政策环境。

五、发展改革委要加强对《规划》实施情况的跟踪分析和监督检查，会同两省一市人民政府做好《规划》实施情况的评估工作。要加强《规划》与国家总体规划和相关专项规划的衔接，注重研究新情况、解决新问题、总结新经验，重大问题及时向国务院报告。

新形势下，加快长江三角洲地区发展，事关全国改革开放和现代化建设大局，对提升我国的整体实力和国际竞争力具有重要意义。两省一市人民政府和国务院有关部门要以《规划》实施为契机，解放思想，开拓进取，真抓实干，努力推动长江三角洲地区在更高起点上争创新优势、实现新跨越。

长江三角洲地区区域规划

2010 年 5 月

长江三角洲地区（以下简称“长三角地区”）是我国综合实力最强的区域，在社会主义现代化建设全局中具有重要的战略地位和突出的带动作用。改革开放以来，长三角地区锐意改革，开拓创新，实现了经济社会发展的历史性跨越，已经成为提升国家综合实力和国际竞争力、带动全国经济又好又快发展的重要引擎。当前，长三角地区处于转型升级的关键时期，从实施国家区域发展总体战略和应对国际金融危机出发，必须进一步增强综合竞争力和可持续发展能力。为实现长三角地区又好又快发展，带动长江流域乃至全国全面协调可持续发展，依据《国务院关于进一步推进长江三角洲地区改革开放和经济社会发展的指导意见》，制定本规划。

本规划的范围包括上海市、江苏省和浙江省，区域面积 21.07 万平方公里。规划以上海市和江苏省的南京、苏州、无锡、常州、镇江、扬州、泰州、南通，浙江省的杭州、宁波、湖州、嘉兴、绍兴、舟山、台州 16 个城市为核心区，统筹两省一市发展，辐射泛长三角地区。规划期为 2009—2015 年，展望到 2020 年。

本规划是指导长三角地区未来一个时期发展改革的纲领性文件和编制相关规划的依据。

一、发展基础与背景

改革开放以来，长三角地区经济社会发展取得了举世瞩目的巨大成就，已成为全国发展基础最好、体制环境最优、整体竞争力最强的地区之一，具有在高起点上加快发展的优势和机遇。

（一）优势条件

区位条件优越。位于亚太经济区、太平洋西岸的中间地带，处于西太平洋航线要冲，具有成为亚太地区重要门户的优越条件。地处我国东部沿海地区与长江流域的结合部，拥有面向国际、连接南北、辐射中西部的密集立体交通网络和现代化港口群，经济腹地广阔，对长江流域乃至全国发展具有重要的带动作用。

自然禀赋优良。属于我国东部亚热带湿润地区，四季分明，水系发达，淡水资源丰沛，地势平坦，土壤肥沃，港口岸线及沿海滩涂资源丰富，具有适宜发展的自然条件。

经济基础雄厚。农业基础良好，制造业和高技术产业发达，服务业发展较快，经济发展水平全国领先，是我国综合实力最强的区域。

体制比较完善。较早地建立起社会主义市场经济体制基本框架，是完善社会主义市场经济体制的主要试验地。已率先建立起开放型经济体系，形成了全方位、多层次、高水平的对外开放格局。

城镇体系完整。上海建设国际大都市目标明确，在长三角地区的核心地位突出。南京、苏州、无锡、杭州、宁波等特大城市在区域乃至全国占有重要地位。区域内城镇密集，一批各具特色的城市具有很强的发展活力。目前，核心区城镇化水平超过 60%，具备了跻身世界级城市群的基础。

科教文化发达。区域内集中了大批高等院校和科研机构，拥有上海、南京、杭州等科教名城和南京、苏州、镇江、扬州、南通、徐州、淮安、杭州、宁波、绍兴、金华、衢州等国家历史文化名城，人力资源优势显著，文化底蕴深厚，具有率先建成创新型区域的坚实基础。

一体化发展基础较好。地域相邻，文化相融，人员交流和经济往来密切，形成了多层次、宽领域的合作交流机制，具备了一体化发展的良好条件。

（二）机遇和挑战

在新的历史条件下，长三角地区发展面临着前所未有的机遇。经济全球化和区域经济一体化深入发展，国际产业向亚太地区转移方兴未艾，亚太区域合作与交流日益密切；我国仍处在重要的战略机遇期，工业化、信息化、城镇化、市场化、国际化不断深入，国家扩大内需的政策加快实施；国家区域发展总体战略深入推进，特别是党中央国务院高度重视长三角地区发展，进一步加大支持力度，长三角地区一体化发展势头强劲。这些都为长三角地区又好又快发展提供了有利条件和广阔空间。

同时，区域内尚未解决的结构性矛盾与国际金融危机的影响交织在一起，长三角地区进一步发展困难加大，一些深层次矛盾和问题亟待解决。区域内各城市发展定位和分工不够合理，区域整体优势尚未充分发挥；交通、能源、通信等重大基础设施还没有形成有效的配套与衔接，促进要素合理流动的制度环境和市场体系有待完善；产业层次不高，现代服务业发展相对滞后，产业水平和服务功能有待提升；外贸依存度偏高，贸易结构还需优化；自主创新能力不够强，国际竞争力尚需提高；土地、能源匮乏，资源环境约束日益明显；社会事业发展不平衡，城乡公共服务水平还有较大差距；行政管理、社会管理体制等方面改革还不到位，改革攻坚的任务仍然繁重。这些都给长三角地区进一步发展带来严峻的挑战。

二、战略定位与发展目标

（一）指导思想

高举中国特色社会主义伟大旗帜，以邓小平理论和“三个代表”重要思想为指导，深入贯彻落实科学发展观，进一步解放思想，坚持改革开放，着力推进经济结构战略性调整，着力增强自主创新能力，着力促进城乡区域协调发展，着力提高资源节约和环境保护水平，着力促进社会和谐，在科学发展、和谐发展、率先发展、一体化发展方面走在全国前列，努力建设成为实践科学发展观的示范区、改革创新的引领区、现代化建设的先行区、国际化发展的先导区，为我国全面建设小康社会和实现现代化作出更大贡献。

（二）战略定位

亚太地区重要的国际门户。围绕上海国际经济、金融、贸易和航运中心建设，打造在亚太乃至全球有重要影响力的国际金融服务体系、国际商务服务体系、国际物流网络体系，提高开放型经济水平，在我国参与全球合作与对外交流中发挥主体作用。

全球重要的现代服务业和先进制造业中心。围绕培育区域性综合服务功能，加快发展金融、物流、信息、研发等面向生产的服务业，努力形成以服务业为主的产业结构，建设一批主体功能突出、辐射带动能力强的现代服务业集聚区。加快区域创新体系建设，大力提升自主创新能力，发展循环经济，促进产业升级，提升制造业的层次和水平，打造若干规模和水平居国际前列的先进制造产业集群。

具有较强国际竞争力的世界级城市群。发挥上海的龙头作用，努力提升南京、苏州、无锡、杭州、宁波等区域性中心城市国际化水平，走新型城市化道路，全面加快现代化、一体化进程，形成以特大城市与大城市为主体，中小城市和小城镇共同发展的网络化城镇体系，成为我国最具活力和国际竞争力的世界级城市群。

（三）发展目标

当前和今后一段时间，必须准确把握国际国内经济形势，坚定信心，齐心协力，携手应对国际金融危机带来的挑战，认真落实中央加强和改善宏观调控的各项政策措施，把扩大内需与经济增长、社会建设、民生改善和提高开放水平结合起来，加快转变发展方式，为促进全国经济平稳较快发展发挥更大作用。

到 2015 年，率先实现全面建设小康社会的目标。服务业比重进一步提高，产业结构明显优化；创新能力显著增强，科技进步对经济增长的贡献率大幅提升；区域分工和产业布局趋于合理，对外开放水平明显提高；单位地区生产总值能耗进一步降低，主要污染物排放总量得到有效控制；社会保障体系覆盖城乡，公共服务能力显著增强；城乡居民人均收入进一步提高，人民生活明显改善。人均地区生产总值达到8.2万元（核心区10万元），服务业比重达到48%（核心区50%），城镇化水平达到67%（核心区70%左右），研发经费支出占地区生产总值比重达到2.5%（核心区3%）。

到2020年，力争率先基本实现现代化。形成以服务业为主的产业结构，三次产业协调发展；在重要领域科技创新接近或达到世界先进水平，对经济发展的引领和支撑作用显著增强；区域内部发展更加协调，形成分工合理、各具特色的空间格局；生态环境明显改善，单位地区生产总值能耗接近或达到世界先进水平，形成人与自然和谐相处的良好局面；社会保障水平进一步提高，实现基本公共服务均等化；人民生活更加富裕，生活质量显著提高。人均地区生产总值达到11万元（核心区13万元），服务业比重达到53%（核心区55%），城镇化水平达到72%（核心区75%左右）。

二、区域布局与协调发展

按照优化开发区域的总体要求，统筹区域发展空间布局，形成以上海为核心，沿沪宁和沪杭甬线、沿江、沿湾、沿海、沿宁湖杭线、沿湖、沿东陇海线、沿运河、沿温丽金衢线为发展带的“一核九带”空间格局，推动区域协调发展。

（一）优化总体布局

以上海为发展核心。优化提升上海核心城市的功能，充分发挥国际经济、金融、贸易、航运中心作用，大力发展现代服务业和先进制造业，加快形成以服务业为主的产业结构，进一步增强创新能力，促进区域整体优势的发挥和国际竞争力的提升。

沪宁和沪杭甬沿线发展带。包括沪宁、沪杭甬交通沿线的市县。优化城市功能，提升创新能力，严格控制环境污染重、资源消耗大的产业发展，保护开敞生态空间，改善环境质量，建成高技术产业带和现代服务业密集带，形成国际化水平较高的城镇集聚带，服务长三角地区乃至全国发展。

沿江发展带。包括长江沿岸市县。充分发挥黄金水道的优势及沿江交通通道的作用，合理推进岸线开发和港口建设，引导装备制造、化工、冶金、物流等产业适度集聚，加快城镇发展，注重水环境保护与生态建设，建成特色鲜明、布局合理、生态良好的基础产业发展带和城镇集聚带，成为长江产业带的核心组成部分，辐射皖江城市带，并向长江中上游延伸。

沿湾发展带。包括环杭州湾的市县。依托现有产业基础和港口条件，积极发展高技术、高附加值的制造业和重化工业，建设若干现代化新城区，注重区域环境综合治理，建成分工明确、布局合理、功能协调的现代制造业密集带和城镇集聚带，带动长三角南部地区的全面发展。

沿海发展带。包括沿海市县。依托临海港口，培育和发展临港产业，建设港口物流、重化工和能源基地，带动城镇发展，合理保护和开发海洋资源，形成与生态保护相协调的新兴临港产业和海洋经济发展带，辐射带动苏北、浙西南地区经济发展。

宁湖杭沿线发展带。包括宁湖杭交通沿线的市县。充分考虑资源环境容量和生态保护要求，重点发展高技术、轻纺家电、旅游休闲、现代物流、生态农业等产业，积极培育城镇集聚区，形成生态产业集聚、城镇发展有序的新型发展带，拓展长三角地区向中西部地区辐射带动的范围。

沿湖发展带。包括环太湖地区。坚持生态优先原则，以保护太湖及其沿岸生态环境为前提，严格控制土地开发规模和强度，优化产业布局，适度发展旅游观光、休闲度假、会展、研发等服务业和特色生态农业，成为全国重要的旅游休闲带、区域会展中心和研发基地。

沿东陇海线发展带。包括东陇海沿线的市县。大力发展劳动密集型产业，积极发展对外贸易，建设资源加工产业基地，成为振兴苏北、带动我国陇海兰新沿线地区经济发展的重要区域。

沿运河发展带。包括运河沿岸市县。依托人文底蕴深厚、生态环境良好的优势，大力发展旅游休闲、文化创意等服务业，积极发展生态产业，改善人居环境，成为独具特色的运河文化生态产业走廊。

沿温丽金衢线发展带。包括温州—丽水—金华—衢州高速公路沿线的市县。发挥毗邻海峡西岸经济区、生态环境良好、民营经济发达的优势，重点发展日用商品、汽车机电制造和商贸物流业，大力发展生态农业，建设浙中城市群，成为连接长三角地区和海峡西岸经济区的纽带。

（二）推动区域协调发展

加快核心区发展。以上海为龙头，南京、杭州为两翼，增强高端要素集聚和综合服务功能，提高自主创新能力和城市核心竞争力。核心区其他城市要抓住上海优先发展现代服务业和先进制造业的机遇，协同推进产业升级、技术创新和集约发展，增强现代产业和人口集聚能力。推动城市之间的融合，加快形成世界级城市群。

促进苏北、浙西南地区发展。充分利用苏北地区的土地、劳动力和能源资源优势，建立长三角地区优质农产品、能源、先进制造业基地和承接劳动密集型产业转移基地。充分利用浙西南地区民营经济发达的优势和山区资源条件，建设长三角地区先进制造业基地、绿色农产品基地和生态休闲旅游目的地。加快连云港、盐城、温州等发展潜力较大地区的发展，形成新的经济增长点，带动江苏沿海、东陇海沿线和浙江温台沿海、金衢丽高速公路沿线地区发展。依托上海设在盐城的三个农场，建设承接上海产业转移基地。强化核心区与苏北、浙西南地区基础设施的共建共享，延伸城际轨道交通和高速公路，加强上海港与南北两翼港口的合作共建，充分发挥核心区的辐射服务与产业链延伸功能，促进区域共同发展。

四、城镇发展与城乡统筹

坚持走新型城镇化道路，增强城市功能，构建完备的城镇体系，推进城乡一体化发展，建设具有较强国际竞争力的世界级城市群。

（一）完善和提升各类城市功能

提升上海核心地位。进一步强化上海国际大都市的综合服务功能，充分发挥服务全国、联系亚太、面向世界的作用，进一步增强高端服务功能，建成具有国际影响力和竞争力的大都市。加大自主创新投入，形成一批国际竞争力较强的产业创新基地和科技研发中心，发挥自主创新示范引领作用，带动长三角地区率先建成创新型区域。充分发挥上海浦东新区作为国家综合配套改革试验区的带动作用，率先形成更具活力、更加开放的发展环境。依托虹桥综合交通枢纽，构建面向长三角、服务全国的商务中心。优化功能分工，中心城区重点发展现代服务业，郊区重点建设先进制造业、高技术产业和现代农业基地，积极发展生产性服务业，形成合理的产业布局，带动产业转型与升级。

嘉定新城。依托沪宁高速等交通网络，重点发展以汽车产业为依托的现代服务业，建设集科研教育、运动休闲、生活居住、商业贸易、文化娱乐、旅游度假和都市工业等功能于一体的现代化城区。松江新城。依托沪杭高速等交通网络，以高技术产业为支撑、现代服务业为导向，建设长三角地区重要的高等教育基地、适宜居住的生态园林城区、具有历史文化底蕴的旅游城区。临港新城。依托集装箱国际深水枢纽港、国际航空枢纽港，建设以现代装备制造为核心的重要产业基地、具有海港特色的旅游目的地和综合型滨海新城。

完善区域性中心城市功能。进一步提升南京、杭州等区域性中心城市的综合承载能力和服务功能，错位发展，扩大辐射半径，带动区域整体发展。

——南京。发挥沿江港口、历史文化和科教人才资源优势，建设先进制造业基地、现代服务业基地和长江航运物流中心、科技创新中心。加快南京都市圈建设，促进皖江城市带发展，成为长三角辐射带动中西部地区发展的重要门户。

——苏州。发挥区位、产业和人文优势，进一步强化与上海的紧密对接，建设高技术产业基地、现代服务业基地和创新型城市、历史文化名城和旅游胜地。

——无锡。充分发挥产业、山水旅游资源优势，建设国际先进制造业基地、服务外包与创意设计基地和区域性商贸物流中心、职业教育中心、旅游度假中心。

——杭州。充分发挥科技优势和历史文化、山水旅游资源，建设高技术产业基地和国际重要的旅游休闲中心、全国文化创意中心、电子商务中心、区域性金融服务中心。建设杭州都市圈。

——宁波。发挥产业和沿海港口资源优势，推动宁波—舟山港一体化发展，建设先进制造业基地、现代物流基地和国际港口城市。

增强其他重要城市实力。按照区域总体布局的要求，充分发挥自身优势，形成特色鲜明、功能互补、具有竞争力的核心区城市。常州，发挥产业和科教优势，建设以装备制造、新能源、新材料为主的先进制造业基地和重要的创新型城市。镇江，依托长江港口和山水旅游、历史文化资源优势，建设以装备制造、精细化工、新材料、新能源、电子信息为主的先进制造业基地、区域物流中心和旅游文化名城。扬州，发挥历史文化和产业优势，建设以电子、装备制造、新材料、新能源为主的先进制造业基地和生态人文宜居城市。泰州，发挥滨江优势，建设以医药、机电、造船、化工、新材料、新能源为主的先进制造业基地，成为长江南北联动发展的枢纽、滨江生态宜居旅游城市。南通，发挥滨江临海优势，建设以海洋装备、精细化工为主的先进制造业基地和综合性物流加工基地，建设江海交汇的现代化国际港口城市。湖州，发挥临湖和生态优势，建设高技术产业引领的先进制造业基地和文化创意、旅游休闲城市，成为连接中部地区的重要节点城市。嘉兴，发挥临沪和沿湾优势，建设高技术产业、临港产业和商贸物流基地，成为运河沿岸重要的港口城市。绍兴，发挥传统文化和产业优势，建设以新型纺织、生物医药为主的先进制造业基地和国际文化旅游城市。舟山，发挥海洋和港口资源优势，建设以临港工业、港口物流、海洋渔业等为重点的海洋产业发展基地，与上海、宁波等城市相关功能配套的沿海港口城市。台州，发挥民营经济发达的优势，建设以汽摩、船舶、医药、石化为主的先进制造业基地，成为民营经济创新示范区。

依托核心区，引导苏北、浙西南地区产业和人口有序集聚，加快城市发展。连云港，建设综合性交通枢纽、以重化工为主的临港产业基地和国际性海港城市。徐州，建设以工程机械为主的装备制造业基地、能源工业基地、现代农业基地和商贸物流中心、旅游中心，成为淮海经济区的中心城市。盐城，建设先进制造业基地、能源基地和现代农业示范区、重要生态湿地旅游目的地，成为沿海地区现代工商城市。淮安，建设区域性交通枢纽、商贸物流中心、先进制造业基地和历史文化旅游目的地。宿迁，建设新兴工业和商贸基地、绿色生态和创新创业城市。温州，建设以装备制造为主的先进制造业基地、商贸物流为主的现代服务业基地、国家重要枢纽港和民营经济创新示范区，成为连接海峡西岸经济区的重要节点城市。金华，建设国际商贸物流中心和高技术产业基地，加快以金华—义乌为核心的浙中城市群发展。衢州，重点发展装备制造、新材料、职业教育、商贸物流、文化旅游，建设省际重要节点城市。丽水，建设绿色农产品基地、特色制造业基地和生态文化休闲旅游目的地，建成浙西南重要的区域性中心城市。

鼓励发展中小城镇。依托现有中小城市和

重点中心镇，建设网络化的城镇体系。发挥各自比较优势，大力发展县域经济，突出发展特色，增强县域经济实力。着重发展一批经济实力雄厚、竞争力较强、发展空间较大的县（市），努力提高发展层次和质量，促进产业结构优化和空间集约利用。依托现有产业基础，重点培育一批工贸型小城镇。依托机场、港口、铁路和高速公路，发展一批交通节点型小城镇。依托独特的自然和人文资源，打造若干国内外知名度较高的旅游型小城镇。促进重点中心镇发展，将有条件的重点中心镇培育成为小城市。

（二）优化城镇人口布局

引导人口合理分布。科学编制和实施人口分布规划，引导和鼓励人口向沿江、沿湾、沿海以及主要交通沿线、资源环境承载能力强的重点城镇转移，适度提高人口集聚度。创新流动人口服务管理体制，完善常住人口调控管理制度，引导人口有序流动。合理控制沪宁和沪杭甬沿线特大城市人口增长，积极引导重点生态保护区的人口逐步向外迁移。

调控城镇人口规模。上海市中心城常住人口控制在1000万以内，嘉定、松江和临港三个新城常住人口规模发展到80万—100万。南京、杭州市区常住人口不超过700万，苏州、无锡、常州、徐州、宁波、温州等城市市区常住人口规模不超过400万，镇江、扬州、泰州、南通、连云港、盐城、淮安、湖州、嘉兴、绍兴、台州、金华、衢州等城市市区常住人口规模发展到100万—200万，宿迁、舟山、丽水等城市市区以及一批基础较好、潜力较大的县级市发展成为50万—100万人口的城市，适度扩大小城镇人口规模，形成大、中、小城市和小城镇协调发展的城镇格局。

（三）推进城乡一体化

提高城乡规划水平。切实加强城乡规划管理，加快城乡一体化建设，创造人与自然和谐发展的宜居环境。加强城乡规划与土地利用总体规划及各级各类区域规划、专项规划的相互衔接。加强分类指导，合理划定功能分区，优化城乡建设空间布局，做好村庄建设规划，严格控制新增建设用地规模，促进城乡集约发展。

统筹城乡基础设施建设。推动城市基础设施向农村延伸，提高城乡基础设施一体化水平。统筹建设城乡供排水、供气、供电、通信、垃圾污水处理和区域性防洪排涝、治污工程等重大基础设施。加快实施农村饮水安全工程，加强中小河流治理及湖泊河网水环境整治，保障农村饮用水安全。加快建成覆盖城乡、方便快捷的公交客运网络和现代商贸物流网络。实施农村清洁工程，改善农村卫生条件和人居环境。

促进城乡基本公共服务均等化。建立和完善基本公共服务均等化的保障机制，把社会事业建设重点转向农村，统筹城乡教育、卫生、文化、就业和社会保障发展，优化公共资源在城乡之间的配置，提升农村公共事业建设的财政保障水平，率先实现城乡基本公共服务均等化。

五、产业发展与布局

推进产业结构优化升级，加快发展现代服务业，推进信息化与工业化融合，培育一批具有国际竞争力的世界级企业和品牌，建设全球重要的现代服务业中心和先进制造业基地。

（一）优先发展现代服务业

面向生产的服务业。推进上海国际航运中心建设，依托区域综合交通运输网络，大力发展现代物流业。推进上海国际金融中心建设，进一步健全金融市场体系，加快金融产品、服务、管理和组织机构创新，促进金融业发展。扶持和培育工业设计、节能服务、战略咨询、成果转化等技术创新型服务企业，大力发展科技服务业。规范发展法律咨询、会计审计、工程咨询、认证认可、信用评估、广告会展等商务服务业。整合建立区域内综合性的软件和信息服务公共技术平台，培育创新型特色化的软件服务和信息服务企业，积极发展增值电信业务、软件服务、计算机信息系统集成和互联网产业，大力发展服务外包产业。

面向民生的服务业。立足历史人文、山水风情、江南风貌、江海风光、现代都市等特色旅游资源，大力发展旅游业，进一步拓展市场、整合资源，建设世界一流水平的旅游目的地。加快发展广播影视、新闻出版、邮政、电信、商贸、文化、体育和休闲娱乐等服务业。运用信息技术和现代经营方式改造提升传统商贸业，加快现代商贸业发展。积极扶持文化科技、音乐制作、艺术创作、动漫游戏等文化创意产业发展。

上海重点发展金融、航运等服务业，成为服务全国、面向国际的现代服务业中心。南京重点发展现代物流、科技、文化旅游等服务业，成为长三角地区北翼的现代服务业中心。杭州重点发展文化创意、旅游休闲、电子商务等服务业，成为长三角地区南翼的现代服务业中心。苏州重点发展现代物流、科技服务、商务会展、旅游休闲等服务业，无锡重点发展创意设计、服务外包等服务业，宁波重点发展现代物流、商务会展等服务业。苏北和浙西南地区主要城市在改造提升传统服务业的基础上，加快建设各具特色的现代服务业集聚区。

（二）做强做优先进制造业

电子信息产业。按照立足优势、加快研发、强化协作、促进集群的原则，加快建设世界级电子信息产业基地。发挥区域在电子信息研发、设计、制造及服务方面的综合优势，加快拥有自主知识产权的核心技术研发，促进集成电路、软件、新型平板显示器件、激光显示关键材料与器件、新型电子元器件、电子专用设备仪器制造等产业发展。加强区域产业协作配套能力和分工体系建设，努力打造自主品牌。以国家电子信息产业基地或产业园为依托，打造通信、计算机及网络、数字音视频等产业集群。

以上海、南京、杭州为中心，沿沪宁、沪杭甬线集中布局。沿沪宁线重点发展具有自主知识产权的通信、软件、计算机、微电子、光电子类产品制造，形成以上海、南京、苏州、无锡为主的研发设计与生产中心，以常州、镇江等为主要生产基地的电子信息产业带；沿沪杭甬线以上海、杭州、宁波为研发设计与生产中心，整合嘉兴、湖州、绍兴、台州等地的相关产业，构建国内重要的软件、通信、微电子、新型电子元器件、家电产业生产基地。扬州、泰州、南通、温州、金华、衢州等在巩固发展电子材料、电子元器件产业的基础上，以产业协作配套为重点，开拓计算机网络和外部设备等新产品领域，加快信息产业发展。

装备制造业。按照提升水平、重点突破、整合资源、加强配套的原则，加快建设具有世界影响的装备制造业基地。发挥大型机械、成套设备及汽车、船舶研发制造等方面的优势，巩固提升装备制造业水平，力争在大型电力设备、交通设备、数控机床以及大型加工设备等关键技术和规模生产上取得突破。依托重大工程建设，积极引导企业整合相关资源，组建具有国际竞争力的大型企业集团。采取产业链接、技术外溢和资本扩张等形式，进一步加强区内外产业配套协作。

以上海为龙头，沿沪宁、沪杭甬线及沿江、沿湾和沿海集聚发展。以上海、南京、杭州为先导，苏州、无锡、宁波、徐州、台州等为骨干，提升机械装备制造业水平和核心竞争力。上海、南京、杭州、宁波、台州和盐城积极发展轿车产业，形成区域性轿车研发生产基地。以苏州、常州、扬州和金华为重点，加快形成国内重要的客车生产基地。鼓励开展新能源汽车研发和生产。以上海、南京、常州为重点，加快形成轨道交通产业基地。围绕汽车整车制造，鼓励沿海、沿江等地区发展汽车零部件生产，形成汽车零部件产业带。以上海、南通、舟山等为重点，建设大型修造船及海洋工程装备基地。结合上海地区船舶工业结构调整和黄浦江内部船厂搬迁，重点建设长兴岛造船基地。

钢铁产业。按照提高产业集中度、提升国际竞争力、构建循环经济产业链的原则，推动钢铁产业集约式发展。依托区域现有大型钢铁企业，通过跨地区、跨行业的兼并重组和战略联盟，促进企业集团化发展。实施产品差异化战略，调整产品结构，增强高端产品的国际竞争力。大力发展和运用节能、节水、环保等技术，积极推广新一代可循环钢铁流程工艺技术，构建钢铁循环经济产业链。

依托上海、江苏的大型钢铁企业，积极发展精品钢材。推进钢铁产业结构调整，充分利用海港的有利条件，在不增加现有产能的前提下，结合大型钢铁企业搬迁和淘汰落后生产能力，在连云港等沿海具备条件的地方建设新型钢铁基地。

石化产业。按照立足优势、突破创新、促进集聚、清洁生产的原则，加快建设具有国际竞争力的石化产业基地。充分利用区域石化产业发展基础及沿江临海的区位优势，进一步优化发展石化产业。大力开发核心技术和专有技术，调整产品结构，重点发展精细化工及有机化学新材料。加快现有化工园区整合，推动产业集聚升级。

在充分考虑资源环境承载能力的基础上，依托现有大型石化企业加快建设具有国际水平的上海化工区、南京化学工业园区和宁波—舟山化工区，发挥沿海地区深水岸线和管道运输优势建设利用境外资源合作加工的大型石化基地，进一步壮大炼油、乙烯生产规模，建设大型基础石化产业密集区。发挥泰州、盐城、宁波、嘉兴、温州等滨海或临江区位优势，集中布局，优化发展精细化工。充分利用淮安岩盐和盐城矿盐资源，发展盐化工。

（三）加快发展新兴产业

生物医药产业。充分利用区域医药生产门类齐全的优势，以生物基因工程和现代中药为重点，打造集研发、生产、销售及信息服务为一体的产业链，形成自主创新能力较强、具备一定国际竞争力的生物医药产业密集区。

建成上海生物及新型医药研发与生产中心，加快建设上海、泰州、杭州国家生物产业基地，进一步做强无锡“太湖药谷”等品牌，建设南京、苏州、连云港、杭州、湖州、金华等中医药、化学原料药和生物医药研发生产基地，加快以上海临港新城、盐城、宁波、舟山等为重点的海洋生物产业发展。

新材料产业。依托区域内雄厚的科研实力及产业基础，与电子信息、冶金、汽车、建筑、化工等产业配套衔接，大力发展信息新材料、金属和非金属新材料、纤维新材料、纳米材料、半导体照明用材料、新型建筑材料以及特种工程材料等产业。

以上海为核心，沿江、沿湾为重点区域，发展各类新材料产业。加快建设上海、苏州、杭州、宁波新材料研发中心和宁波、连云港国家新材料高技术产业基地，无锡、常州、镇江、泰州、南通、徐州、湖州、嘉兴、绍兴、台州、金华、衢州等城市积极建设新材料研发转化生产基地。

新能源产业。充分利用技术优势和发展基础，加大新能源技术研发和生产投入，鼓励发展可再生能源和清洁能源，开发利用风能、太阳能、地热能、海洋能、生物质能等可再生能源、发展燃气蒸汽联合循环发电等。在沪宁、沪杭甬等沿线大城市，加快新能源技术研发基地建设。在南通、盐城、舟山、台州、温州等沿海地区以及杭州湾地区，大力发展风能发电。鼓励发展以风电、核电和光伏为主的新能源装备制造，提高零部件研发设计和生产加工能力。优化发展太阳能光伏电池及原材料制造业。

民用航空航天产业。充分依托上海民用航空航天产业研发、制造和综合集成能力较强的优势，利用已有的支线飞机和大型客机的研制基础和国际合作经验，积极推动民用飞机制造业、航空运输业和航空服务业协同发展。全面推进国家民用航天产业基地建设，大力发展卫星导航、卫星通信、卫星遥感和相关设备制造业与服务业，加快航天技术向新材料与新能源、节能技术、信息技术、特种制造、特种装备等领域延伸拓展。

（四）巩固提升传统产业

农业。加快转变农业发展方式，推进农业科技进步与创新，发挥国有农场的示范作用，大力发展高产、优质、高效、生态、安全的现代农业，率先实现农业现代化。稳定发展粮食生产，加强粮食生产能力建设。改造和提升传统农业，大力提高农业机械化水平和土地集约利用水平，支持创建名优品牌，发展循环农业。充分发挥沿海地区滩涂资源丰富和山区生态优势，建立现代农业示范区。依托沿江靠海的优势，发展现代渔业。完善农产品质量安全体系，大力发展无公害、绿色、有机农产品，推进良好农业规范认证。建设优势农产品产业带和规模化养殖基地，积极引导农产品加工业发展，大力支持农业产业化经营和标准化生产，培育一批带动能力强的龙头企业。鼓励扩大农产品出口，进一步做大做强外向型农业。积极发展农村新型合作组织，健全农业经营和流通服务体系。

纺织服装业。以提升档次、打造品牌为重点，建成集研发、制造、展销、贸易等多功能于一体的国际纺织及服装设计制造中心。上海重点发展服装设计和贸易，苏州、无锡、南通、常州、杭州、宁波、湖州、温州重点发展服装及面料生产、研发、展销等，鼓励扬州、泰州、盐城、湖州、嘉兴、绍兴、金华等地发展现代纺织业，积极提升产业层次和产品档次，促进传统纺织业向周边地区转移。

旅游产业。加强旅游合作，联手推动形成“一核五城七带”的旅游业发展空间格局。以上海为核心，发展上海都市旅游，打造长三角地区旅游集散枢纽。以南京、苏州、无锡、杭州、宁波五城市为节点，培育和开发都市工业旅游、农业旅游、休闲旅游、文化旅游、会展旅游、水上旅游等新型品牌。积极开发以连云港—盐城—南通—上海—嘉兴—宁波—舟山—台州—温州为主的滨海海韵渔情旅游带，以苏州—无锡—常州—湖州为主的环太湖水乡风情旅游带，以上海—嘉兴—杭州—绍兴—宁波为主的杭州湾历史文化旅游带，以南京—镇江—扬州—泰州—南通—上海为主的长江风光旅游带，以杭州—嘉兴—苏州—无锡—常州—镇江—扬州—淮安—宿迁—徐州为主的古运河风情文化旅游带，以杭州—千岛湖—黄山为主的名山名水旅游带，以温州—丽水—金华—衢州为主的山水休闲旅游带。

六、自主创新与创新型区域建设

以关键领域和核心技术创新为突破口，增强自主创新能力，形成优势互补、资源共享、互利共赢的具有国际竞争力的区域创新体系，率先在全国建成创新型区域。

（一）建设区域创新体系

强化企业的创新主体地位。加强以企业为主体的技术创新体系建设，加大政府对企业创新的支持力度，通过财税、金融等政策引导企业增加研发投入，加强企业创新能力建设。到2015年企业研发投入占全社会研发投入的比重达85%以上。开展自主创新产品的互认或联合认定，将自主创新产品纳入政府采购目录，支持科技创新型企业发展。创新产学研合作模式，建立产学研主体之间成果共创、信息互通、利益共享的机制。鼓励发展产学研联盟等多种形式的合作，重点围绕船舶、冶金、石化、风电、太阳能光伏、软件等产业建设一批具有国际先进水平的产业技术研究机构。支持高等院校、科研院所开放科技资源，与企业联合兴办研发机构、博士后工作站、成果转化基地等产学研合作组织。积极推进国际产学研合作，吸引和集聚国外先进技术和人才等创新要素，推动本土企业研发国际化和外资企业研发本土化。

完善区域科技创新平台。选择若干创新基础较好的地区开展自主创新试点，探索有利于促进区域自主创新一体化的财政、税收、金融等有关政策。以国家重点实验室、工程实验室、工程（技术）研究中心等为重点，建设研究实验体系。以科技文献情报资源、自然科技资源共享等为重点，加强科技公共支撑体系建设。依托高等院校、科研院所和骨干企业，建设一批技术创新服务平台。建立若干区域性重点科技园区，引导高技术产业、研发机构和融资平台向高新园区集聚，构建布局合理、开放高效的区域创新资源共享网络。加强区域创新合作机制建设，促进科技资源开放共享，推进科技资质互认，加强科技基础条件平台建设。到2015年，规划建设科技公共服务平台300个左右，创业投融资规模突破1000亿元。

（二）提高技术创新能力

加快关键领域与核心技术创新。以加快突破核心技术瓶颈、显著增强科技国际竞争力为目标，积极承担民用大型飞机、极大规模集成电路制造装备及成套工艺、新医药、重大疾病防治、核心电子器件、高端通用芯片及基础软件产品等国家重大科技专项，开展电子信息、生物医药、新能源、重大装备、纺织、石化、钢铁冶金等战略产业的重大科技联合攻关，研制一批具备国家乃至国际先进水平的重大战略产品，培育一批具有自主知识产权的世界品牌。在电子信息、机械装备、汽车、船舶等具有一定优势的产业领域，推动建立一批产业技术联盟，协作突破核心技术瓶颈。以高等院校和科研机构为主体，加强基础研究，开展联合攻关，全面提高原始创新能力。加大资源整合力度，形成一批优势学科领域、研究基地和跨地区产业共性技术科研机构。加强科研机构与高等院校合作，促进创新资源共享。

共建重大产业技术创新链。在软件与服务、集成电路、新一代移动通信、生物医药等高技术产业领域，上海逐步向研发、设计、高端制造转型，南京、苏州、杭州等城市侧重测试和制造。在汽车制造、先进装备制造等重要支柱产业领域，以上海为主体加强自主知识产权、核心产品和核心技术研发，南京、苏州、无锡、杭州、宁波等城市在研发、设计环节加强与上海的对接。在纺织、服装等传统特色产业领域，充分发挥上海的科研、高端制造优势，苏南地区、环杭州湾地区在研发、设计和深度加工方面加强与上海的对接。

（三）营造有利于自主创新的政策环境

建立科技创新投融资体系。落实国家激励自主创新的有关政策措施，建立以政府科技投入为引导，企业、社会投入为主体的市场化科技创新投融资体系。加大财政对共性技术研发、引进技术消化吸收再创新、初创型科技中小企业的支持力度，确保财政科技投入增长高于财政经常性收入增长幅度。研究制定鼓励创业投资发展政策，完善退出、收益保障和风险承担机制。强化政府资金引导作用，结合产业发展特点，推动建立一批创业投资机构。充分发挥天使基金和种子基金的引导作用，支持高科技初创企业发展。设立中小企业信用再担保资金和中小科技企业发展专项引导资金，培育壮大中小科技企业。鼓励保险机构开发科技保险险种，积极探索科技型企业开展股权出质登记，支持符合条件的科技型企业上市。

完善创新服务支撑体系。大力发展各类科技中介服务机构，充分发挥其在自主创新中的桥梁作用。加强专业性和面向区域产业技术创新的服务体系建设，创新科技中介服务机构管理模式和运营机制，推动科技中介资源跨区域共享。强化专利、商标、版权等知识产权保护，加强对外资企业收购内资企业的知识产权保护，切实保护自主产权和民族品牌。

培养和引进创新型人才。加大创新型人才培养力度，建立创新型人才培养基地。加强国际交流合作，完善人才培养模式，培育适应国际科技创新需要的人才。开辟创新型人才引进的“绿色通道”，积极引进高层次创新型人才，研究制定引进高层次创新型人才鼓励政策，对外籍在华创业人才放宽在参与创新、享受所获成果方面的政策限制。加强创新型人才社会化服务平台建设，为创新型人才提供培训、交流、咨询、法律等配套服务。强化创新型人才开发的政策协调和制度衔接，拓宽高等院校、科研机构与企业之间创新型人才流动渠道。

七、基础设施建设与布局

推进跨区域重大基础设施一体化建设，提升交通、能源、水利、信息等基础设施的共建共享和互联互通水平，形成分工合作、功能互补的基础设施体系，增强区域发展支撑能力。

（一）完善交通通道建设

沪宁和沪杭通道。依托沪宁、沪杭铁路和高速公路，优化运输结构，提升运输效率和通过能力，建设铁路、公路、水运相结合的主通道。建设京沪高速铁路沪宁段、沪宁和常苏嘉城际轨道交通、沪杭客运专线、沪苏湖铁路、杭州—黄山铁路以及沪杭磁悬浮交通，提升快速客运能力。改造京杭运河江南段、苏申内外港线、湖嘉申航道、杭申航道等国家和省级干线航道，增强水运货运能力。

沿长江通道。依托长江航道，构建综合型的交通运输通道，强化与长江中上游的联系。推进长江口12.5米深水航道向上延伸工程建设。改扩建宁通（南京—南通）、京沪高速公路，加快建设泰州—常州过江通道。建设南京—芜湖—安庆铁路、沿江铁路、淮扬镇铁路及过江通道，加快宁启铁路、新长铁路扩能改造及过江通道建设。

沿海通道。依托沿海港口和海运，加强崇明过江通道、崇明—启东长江公路通道建设，加快甬台温高速公路改扩建，建设连盐（淮）、沪通、甬台温、金甬、金台等铁路，规划建设跨杭州湾通道，完善沿海交通运输大通道体系。

宁湖杭通道。依托宁杭高速公路，加快宁杭客运专线建设，支撑宁湖杭发展带的发展。加强与上海的联系，建设湖州—乍浦铁路。

杭甬通道。依托杭甬高速公路和杭甬铁路，建设支撑杭州湾南翼产业和城镇发展以及连接宁波—舟山港的重要出海通道。加快杭甬客运专线、宁波铁路枢纽北环线以及疏港铁路建设，整治杭甬运河，加强沿杭州湾南岸城市间及陆岛间联系，提高沿海港口集疏运能力。

东陇海通道。依托陇海铁路和连霍高速公路，构建中西部地区至连云港港的重要出海通道。加快建设郑徐客运专线徐州段并规划延伸至连云港，增强对中西部地区的辐射带动作用并支撑沿线产业发展。

浙西南通道。依托浙赣和金温铁路、金丽温和杭金衢高速公路，建设金温铁路扩能工程、九景衢铁路、杭州长沙客运专线和杭新景高速公路，加强与长三角西南地区的联系并支撑沿线产业发展。

（二）加快综合枢纽建设

综合运输枢纽建设。重点建设上海、南京、连云港、徐州、杭州、宁波全国性综合运输枢纽，加强苏州、无锡、常州、镇江、扬州、泰州、南通、盐城、湖州、嘉兴、金华、温州、衢州等区域性综合运输枢纽建设。强化各种交通运输方式的衔接，特别是加强铁路客运专线、城际铁路和干线铁路建设及其与港口、空港、城市轨道交通等的衔接。

——上海。增强航运和航空能力，提升上海铁路枢纽地位，提高国际客货运和集装箱中转的比例，优化物流节点布局，增强物流网络统筹协调功能，建成海陆空一体化的大型综合运输枢纽和现代物流中心。

——南京。积极发展铁路、公路、水运、航空综合交通，完善服务长江流域的大宗散货江海联运，以及服务长三角地区北部及其周边地区的国际物流功能，进一步提高客货运能力，建成江陆空综合运输枢纽和长江中下游综合性现代物流中心。

——徐州。完善徐州铁路、公路枢纽功能，充分发挥徐州港的功能和作用，建设铁路、公路、水运联运的综合性运输枢纽和区域物流中心。

——连云港。加快连云港港建设，尽快形成“一体两翼”的发展格局，强化港口对中西部地区的辐射能力，建成我国重要的综合交通枢纽和物流中心，成为辐射带动力强的新亚欧大陆桥东方桥头堡。

——杭州。加快杭州铁路东站综合交通枢纽建设，强化服务长三角地区南部及其周边地区的国际物流功能。配合旅游发展，强化客运功能，建成陆空水联运综合运输枢纽和空港型物流中心。

——宁波。结合梅山保税港区和宁波铁路枢纽建设，优化集疏运系统，强化货运枢纽功能，尤其是大宗散货海进江中转、海铁联运运输功能，建成海陆联运的综合运输枢纽和全国性大型物流中心。

港口枢纽与配套港口群建设。加强港口枢纽之间的协调，整合现有港口，加快以上海为中心，以江苏、浙江港口为两翼的上海国际航运中心建设。

——上海港。以建设上海国际航运中心为目标，进一步提升上海港主枢纽港的功能地位，重点加快建设洋山深水港区集装箱泊位和通往主要集装箱港区的内河集装箱运输通道及配套港区，以及洋山港区 LNG、油品码头，进一步扩大上海港的吞吐能力。

——宁波—舟山港。推进宁波—舟山港一体化进程，发展集装箱运输和大宗散货中转运输，建设宁波—舟山港大吨位、专业化铁矿石码头和原油码头，推进宁波梅山保税区 10 万吨级以上集装箱码头建设，完善铁矿石、原油、煤炭、粮油等大宗散货接卸转运系统和集装箱运输系统。

——南京以下长江下游港口。以开辟集装箱支线运输为主，加强南京、镇江、苏州、南通港口间的分工协调，重点建设太仓集装箱干线港和江海联运中转枢纽港，完善集装箱支线港。加快长江口深水航道和沿江海进江矿石码头建设，形成铁矿石转运系统。

——江苏沿海港口群。加快连云港港 30 万吨级深水航道建设，规划建设原油、矿石等大型专业化深水泊位，大力发展集装箱干线运输。以连云港港为核心，联合南通港、盐城港共同建设沿海港口群，大力发展国际航运和现代物流，增强为中西部服务的能力，建设成为上海国际航运中心北翼重要组成部分。

——浙南沿海港口群。围绕温州港深水航道建设，推进乐清港、状元岙、大小门岛港区建设。发展台州港临港产业，重点建设大陈岛、大麦屿等港区。以能源、原材料等大宗散货和集装箱运输为主，建成辐射赣东、闽北等地区的重要对外交流口岸。

航空枢纽与配套机场群建设。以扩大空港设施能力为重点，优化航空运输网络为主线，提高国际竞争力为目标，加快区域航空枢纽中心建设，形成大型国际枢纽机场—区域枢纽机场—国内小型枢纽机场合理布局、分工协作的航线网络和机场群。

——上海航空枢纽港。建成以浦东机场为主、虹桥机场为辅的上海航空枢纽港。浦东机场侧重于国际航线，加强设施建设，提高中转能力，发展成为国际航空网络的主枢纽之一。虹桥机场侧重于国内航线，适度发展台港澳航线，发展成为国内航空网络的主枢纽。加强两机场间交通设施建设，提高通达效率。

——南京和杭州国际机场。优化南京禄口机场和杭州萧山机场航线布局，大力开辟国内航线，适时增辟国际客运和国际货运航线，客货并举，内外并重，不断增加航线和加密航班，建成区域枢纽机场。

——苏南和宁波国际机场。积极推进苏南硕放国际机场的改扩建工程，重点增加国内客运和国际货运航线，建成国家干线机场、苏南一类航空口岸和区域枢纽机场。加快宁波栎社国际机场扩建工程建设，大力发展国际货运航线，形成以货为主、客货兼顾的区域性国际干线机场。

新建、调整、改造一批中小型机场。新建苏中江都机场和淮安机场，迁建连云港机场，调整南通、嘉兴机场运输功能，改造扩建常州、徐州、盐城、台州机场，形成区域客货运输航空网络。

（三）推进能源基础设施建设

煤炭。重点建设宁波—舟山、连云港、盐城等沿海煤港，南京、镇江、扬州、泰州、南通等沿江煤港及徐州沿运河煤港，有选择地建设煤炭储备、配送基地，提高煤炭安全供应能力，基本满足区内煤炭需求。疏浚京杭运河苏北段，使全线达到二级标准，将大运河煤炭运力提高20%左右。

油气。重点建设宁波—舟山石油中转港口，完善宁波北—上海、宁波北—南京的输油管道，规划建设日照—仪征输油管道连云港支线。在沿海规划布局油气储备基地，加强舟山等油气储备基地建设。加快洋山港区、大榭港区油品码头、台州大陈岛石油储运设施建设。开展区域石油流通枢纽和天然气交易中心建设的可行性研究，推动长三角地区天然气主干管网互连互通，保障区域能源供应。

重点推进LNG项目建设，建成金坛大型天然气储气库，扩建上海五号沟LNG应急事故站。加快形成并完善环太湖天然气管网，完善苏中、苏北天然气管网，加快建设宁波—台州—温州和金华—丽水—温州天然气管网。

电力。重点在沿海、沿江和天然气管道沿线地区新建或扩建电源点。扩建田湾核电站，建设浙江三门核电站，研究在具备条件的地方新建核电站的可行性。加快电网建设和改造，扩大西电东送、皖电东送和北电南送接收规模，为启东—崇明岛—上海过江电缆通道的建设创造条件。预留通道走廊，确保西电东送工程顺利实施。

新能源。建设上海崇明等20万千瓦—30万千瓦、江苏沿海500万千瓦、浙江沿海100万千瓦风电项目。加强潮汐能、洋流能的开发。积极利用太阳能、生物质能及集中型沼气等技术成熟的新能源。在沿海滩涂资源丰富的地区发展太阳能光伏发电。到2015年，新能源在能源结构中的比重提高到4%左右。

（四）改善水利基础设施

按照水资源和水环境承载能力，统筹协调区域水利基础设施建设，构筑防洪防台抗旱减灾体系、水资源合理配置和高效利用体系、饮用水安全保障体系以及水生态环境保护体系。继续实施太湖、淮河、长江中下游崩岸治理和沿海防浪堤及防护林等重点工程，加快长江口和钱塘江综合整治开发。加强城市防洪排涝能力建设，完成病险水库除险加固、灌区续建配套与节水改造和城乡饮用水安全工程，加快小型农田水利设施建设，加强低洼易涝地区和山洪灾害易发区综合治理。加快水源工程等水资源调蓄和配置工程建设，建设沿海淡水通道。继续加强重点地区、重点城市水生态修复工程建设。加快水资源实时监控系统建设，完善跨界水资源监测体系。加强水资源统一管理，完善流域水资源管理体制。

（五）健全信息基础设施

加快区域空间信息基础设施建设。在完善信息资源共建共享机制和统一数据标准的基础上，建立完整的地理空间信息库，逐步提高地理空间信息社会化应用与共享程度，不断满足国民经济和社会发展的需求，建成区域地理空间信息分发与交换中心，构建地理空间信息基础数据的汇交、分发服务和交换体系，带动各领域信息系统的建设，促进信息资源共享与应用。

完善信息网络基础设施。继续优化现有网络结构，挖掘网络潜力，适应信息网络技术发展的需要引进新技术，加快新一代移动通信、下一代互联网、地面数字电视等系统建设。积极推进“三网融合”，提高网络资源综合利用和信息交互能力。加强网络安全设施建设和网络安全管理，实施区域无线电协同监管。

加快重点工程和信息港建设。重点推进一批综合性网络应用工程、公益性信息服务工程、信息化与工业化融合工程等重点应用项目建设。大力推进区域交通、社会保障等“一卡通”工程。促进区域政务信息资源开发、应用与共享。加快城市空间信息基础设施建设，用5—10年时间，建设若干智能型现代化城市，将长三角地区主要城市建成区域性信息港。

八、资源利用与生态环境保护

实行最严格的耕地保护制度，提高土地节约集约利用水平，加强环境保护和生态建设，推进资源节约型和环境友好型社会建设，全面提高区域可持续发展能力。

（一）合理利用土地资源

严格保护耕地。坚持保护耕地的基本国策，切实保护耕地特别是基本农田，提高耕地质量。加大土地复垦、开发整理力度，建设高标准基本农田。到2015年，核心区保有耕地面积不少于333万公顷，常住人口口粮确保自给。

提高建设用地节约集约利用水平。在充分尊重农民意愿的前提下，有条件的地方引导农民居住向城镇和中心村集中。严格控制城镇和农村居住用地增长，全面提高土地利用效率。努力转变用地方式，积极推进工业向园区集中、土地利用向适度规模经营集中。在严格执行土地用途管制的基础上，促进农村集体建设用地依法流转。在严禁跨省域易地占补平衡的前提下，探索耕地占补平衡的有效途径。以提高工业用地产出效率为重点，制定区域产业用地标准，提高新上工业项目入区入园门槛。在符合规划、不改变原用途的前提下，对提高土地利用率和增加容积率的工业用地，原则上不再增收土地价款。科学规划，合理布局，统筹安排农业、生态和建设等各类用地。

保障生态用地。对重要生态功能保护区、区域生态走廊和其他生态地位重要的地区，实施限制性保护。对自然保护区、森林公园、湿地公园、重要集中式饮用水水源地和重要水源涵养区、浙江南部地区海拔500米以上山体、江苏以及浙江的湖州和嘉兴两市海拔200米以上的山体、沿海湿地等区域实施严格的保护。对于重要湿地、重要水源地外围和输水通道两侧地区、长江和钱塘江干流、城市间的重要生态斑块、浙江西部海拔200米—500米之间的山体、江苏以及浙江湖州和嘉兴两市海拔50米—200米之间的地带，严格控制土地开发强度，禁止开展导致生态退化的各种生产活动，鼓励发展生态型产业，有针对性地新建自然保护区和海洋特别保护区，改善区域生态环境质量。加强林地和草地保护，防止非法占用。

优化区域土地资源配置。按照区域总体布局框架，实行差别化土地政策，统筹保有耕地，优化用地布局。沪宁和沪杭甬沿线发展带，划定基本农田保护区，采取最严格的措施保护基本农田；优化土地利用结构，加大土地整理、复垦力度，着力提高土地产出率；严格控制上海、南京、苏州、无锡、杭州、宁波的城市建设用地增量。沿江、沿湾和沿海发展带，优先安排建设用地指标，科学利用滩涂资源，满足重点产业发展和基础设施建设需求。宁湖杭发展带以及其他沿路发展轴带，确保基本农田保护面积和生态保护面积，保留足够的自然生态空间，适度安排建设用地，促进城市与产业有序集聚和发展。沿湖发展带优先满足保护生态的要求，实施有效的土地用途管制，控制土地开发强度。其他地区适当调高基本农田保护率，严格控制建设用地占用耕地的规模。科学编制规划，合理有序开发利用滩涂和低丘缓坡资源，努力增加耕地和建设用地。

（二）加强生态建设与环境保护

加强饮用水源地保护。重点保护集中式饮用水水源地水质安全，对长江干流、长江口、太湖、洪泽湖、淀山湖、黄浦江、太浦河、杭嘉湖水网、钱塘江干支流、瓯江及中小湖泊和水库等，划分水源保护区，完善饮用水水源保护区分级管理制度，制定保护范围、保护要求及水源地环境综合整治方案。加强南水北调东线调水水源保护区与望虞河、新孟河、通榆河、淮沭新河、浙北太湖取水、浙东引水等输水通道的水污染控制和水质保护，严格控制调水水源保护区沿线的开发建设，提高污废水排放标准。建立健全流域和水系上下游地区互利共赢的饮用水源保护运行机制。加强地下水资源保护，遏制地下水超采，切实防治地面沉降和海水倒灌。基本解决污染严重和水量供应不足的水源地水质和水量保障问题，调水水源地水质达到相应水质功能目标要求。

继续加强水污染防治。坚持预防与治理相结合，按照水功能区水质达标要求，控制污染物排放总量，加强对重要污染源的监控，关闭持续排放有毒有机污染物的企业，建立点源达标排放的长效管理机制，强化跨省、市界断面水质达标管理，确保跨界水环境水质达标。重点整治长江、太湖、淮河、钱塘江和城市水污染，加快城镇污水和垃圾处理设施建设。制定和实施化工、医药、印染、造纸等重污染行业环境准入标准，完善排污费征收和使用制度，加大环保执法力度。加快编制沿江、沿湖、环湾及沿海地区尾水达标排放规划。有效控制长江口、杭州湾陆源污染物排海，实施海域环境综合整治，加强海岸带生态系统的保护和修复，实施重要渔场生境保护，推广生态海水养殖，逐步改善海域环境质量，恢复海洋生态服务功能。加强海洋环境监测体系建设，建立重点区域赤潮（绿潮）预警防治体系，健全海上重大污染突发事故应急体系。完善水污染区域联防联控机制。到2015年，全部淘汰国家产业政策明令禁止的落后生产能力，城镇污水集中处理率达到80%以上，实施化学需氧量和氨氮排放量总量控制，近岸海域水质恶化的趋势得到控制。

推进区域大气污染防治。以“西气东输”、“西电东送”为契机，大力推进能源结构调整，实行煤炭使用总量控制，改善区域大气环境质量。推进火电厂的燃气工程建设，加速中小型锅炉燃气或电力对煤的替代。加快关停小火电，逐步淘汰单机容量5万千瓦以下的常规小火电机组和大电网覆盖范围内服役期满的单机容量在10万千瓦以下的常规燃煤凝汽火电机组。严格按环保要求限制新建、扩建燃煤火电厂（机组）。继续加大重点污染源的二氧化硫治理力度，有效削减火电厂二氧化硫排放量，加快烟气脱硫工程建设，控制工业炉窑二氧化硫排放，积极发展清洁煤燃烧技术。加强火电厂氮氧化物污染治理。大力发展新能源，在上海开展低碳经济试点。加快区域大气监测网络建设，建立健全区域大气污染联防联控机制。到2015年，二氧化硫排放量削减8%，城市空气质量明显好转，酸雨污染得到缓解。

加强固体废物环境管理。建立健全固体废物全过程管理体系，提高固体废物处置能力。强化危险废物监管制度，加快建设处置设施。在典型电子废物集中处置区域开展污染调查与风险评价，建立电子废物回收体系，加强对拆解利用的资质许可管理。强化城市污水处理厂和垃圾填埋场的环境监管，推进污水厂污泥、垃圾填埋场滤液的无害化处理处置。到2015年，形成工业危险废物和医疗废物100%由产生单位或交有资质单位无害化利用或处置的能力。

开展农村环境综合整治。大力推进农业面源污染防治和土壤污染治理与修复，提高化肥、农药、农膜等农用化学品的利用率和秸秆综合利用率，推进畜禽规模化饲养和标准化养殖小区建设，控制规模化养殖场的污染物排放，提高畜禽粪便资源化率，鼓励与推广发展无公害、绿色及有机农业。按照建设社会主义新农村的总体要求，实施农村环保小康行动计划，推进农村环境综合治理。加强村庄整治，建立村庄环境卫生长效管理机制，着力解决农村安全用水、清洁能源、卫生公厕、污水和垃圾处理等问题，不断改善农村人居环境。结合创建国家生态市（区、县）、国家园林城市（县、城镇）、环境优美乡镇及生态村，全面推进农村环境基础设施建设。

加强生态建设。由长江干流、洪泽湖—入海水道、富春江—钱塘江三条生态水廊，以及连云港—盐城—南通—崇明岛东滩—宁波象山—台州—温州沿海湿地、骆马湖—高邮湖—邵伯湖—茅山—天目山—千岛湖—浙西山地，共同构成“三横两纵”生态网架。加强自然保护区、生态功能区、水源涵养区等保护与建设，实施海洋生态修复，加强沿海、沿江防护林体系建设，实现自然生态空间的链接，扩大区域生态空间，增强生态服务功能，保障区域生态安全。加强崇明生态岛保护和建设。开展区域生态环境补偿机制试点，设立浙江湖州、丽水生态文明建设示范区。

九、社会事业与公共服务

以改善民生为重点，加强社会事业建设，

推进义务教育、公共卫生、公共文化等基本公共服务均等化，促进经济社会协调发展，形成人民幸福安康、社会和谐进步的良好局面。

（一）优先发展教育事业

推进义务教育均衡发展。合理配置义务教育资源，优化学校布局，高水平、高质量普及九年义务教育。完成中小学校舍安全工程，推进义务教育阶段学校标准化建设。逐步解决常住人口子女平等接受义务教育问题，加大对欠发达地区学校的投入力度，推进城乡、区域之间义务教育均衡发展。

大力发展职业教育。继续扩大职业教育规模，提高职业教育质量，重点发展中等职业教育，加快建立完善的区域职业教育培训体系。结合区域产业特色，加快常州科教城和无锡、盐城、温州等职业教育园区建设，支持有条件的地区建设公共实训基地。完善工学结合、顶岗实习的人才培养模式，在人才紧缺的专业领域推行职业院校与企业共同培养人才。

提升高等教育发展水平。继续加强“985工程”和“211工程”建设，重点支持复旦大学、上海交通大学、南京大学、浙江大学等重点高校创建世界一流大学。大力支持重点学科建设，建成一批高水平、有特色的学科群，推动若干高校进入国内一流大学行列。推进中外合作办学，拓展国际交流，引进优质教育资源。发挥现有高等院校集中、高等教育发达的优势，显著提升高等院校科技创新与服务能力。

深化教育改革。鼓励开展各项教育改革试点，探索教育发展新路子。加强教育合作，建立区域间优质教育资源共享机制。以培养学生理想情操、创新精神和实践能力为重点，更新教育观念和教学方法，创新人才培养模式，全面实施素质教育。完善以政府投入为主、多渠道筹措教育经费的投入体制。大力发展民办教育，推动公办教育和民办教育相互促进、共同发展。落实高等学校办学自主权，加快建立现代大学制度。建立完善的现代国民教育体系和终身教育体系，率先基本实现教育现代化。

（二）提升医疗卫生服务水平

加强公共卫生体系建设。建立健全疾病预防控制、健康教育、妇幼保健、精神卫生、应急处置、采供血、卫生监督和计划生育等专业公共卫生服务网络，加强重大传染病、慢性病、地方病、职业病和出生缺陷疾病的防控以及职业卫生和食品安全监管工作，提高突发公共卫生事件应急处置能力，建立疾病预防控制联防联控机制，着力构建覆盖城乡的公共卫生服务体系。适度扩大公共卫生服务范围，针对区域突出的公共卫生问题，在中央规定的服务项目基础上增加公共卫生服务内容。

优化医疗卫生资源配置。建立健全基层医疗卫生服务体系，推动医疗卫生资源向城市社区和农村基层倾斜，完善以社区卫生服务为基础的新型城市医疗卫生服务体系。在大中城市建立以三级综合医院为龙头，二级综合医院、专科医院、护理院和康复医院为骨干的现代医疗服务体系。加快建立健全以县级医院为龙头、乡镇卫生院为骨干、村卫生室为基础的农村三级医疗卫生服务网络。逐步建立城市医院与社区卫生服务机构、农村医疗卫生机构分工协作和对口支援机制，形成结构合理、分工明确、防治结合、覆盖城乡、运转有序的医疗卫生服务体系。探索建立区域化、集中化的血液采集服务网络。坚持中西医并重的原则，以上海、江苏、浙江国家中医研究基地为龙头，形成我国中医创新集聚区，推动中医药产业发展。

深化医药卫生体制改革。着眼于实现人人享有基本医疗卫生服务的目标，坚持公共医疗卫生的公益性质，实行政事分开、管办分开、医药分开、营利性与非营利性分开，加快医药卫生体制改革。建设公共卫生服务体系、医疗服务体系、医疗保障体系和药品供应保障体系，建立覆盖城乡居民的基本医疗卫生制度。强化政府责任，建立政府主导的多元卫生投入机制，鼓励和引导社会资本发展医疗卫生事业。推进公立医院改革试点，积极探索公立医院管理、运行和监管的有效形式。

（三）加快文化事业发展

提升公民文明素质。广泛开展社会主义核心价值体系宣传普及活动和群众性精神文明创建活动，大力弘扬爱国主义、集体主义、社会主义思想。建设学习型社会，全面提升公民文化水平。以增强诚信意识为重点，进一步加强社会公德、职业道德、家庭美德和个人品德建设，形成文明健康的社会风尚。

积极发展文化事业。切实增加公益性文化事业投入，在大中城市建设一批功能实用、标准较高、覆盖面广的文化基础设施。加强社区和乡村文化设施建设，重点实施乡镇文化站等基础文化设施覆盖工程。推进全国文化信息资源共享工程基层服务点建设。加强文化遗产保护与传承，保护历史文化名城、街区、村镇、重要文物和非物质文化遗产，进一步扩大对外文化交流。积极发展体育事业，加快构建全民健身服务体系。到2015年，率先建成覆盖城乡的公共文化服务体系。

大力发展文化产业。加快文化产业基地和区域性特色文化产业群建设，扶持一批发展潜力大、市场前景好的文化产业，建设一批实力雄厚、具有较强竞争力和影响力的文化企业集团，提高文化产业规模化、集约化和专业化水平。深化文化体制改革，放宽市场准入条件，推进文化创新，实施高端文化人才引进工程，激励优秀文化产品创作，形成积极向上、特色鲜明、结构优化、科技含量高的文化产业体系。加强文化市场综合执法能力建设。到2015年，文化产业增加值占地区生产总值的4%以上。

（四）完善就业和社会保障体系

建立市场化的就业促进体系。全面落实促进就业的各项优惠政策，健全统一规范的劳动用工制度和就业管理服务网络，加快建设覆盖城乡劳动者的就业、失业登记制度和城乡统一的人力资源市场，营造城乡劳动力就业公平竞争、同工同酬、同等待遇的良好环境，引导劳动力在地区、城乡之间合理有序流动。加强职业技能培训，加快培养一批高素质、专业化的高技能人才，提升劳动者职业技能和综合素质。

加快建立覆盖城乡的社会保障体系。继续完善企业职工基本养老保险制度，推进新型农村养老制度建设，探索建立城镇居民养老保险制度，切实做好被征地农民就业培训和社会保障工作，率先实现养老保险关系无障碍转移。到2015年，城乡养老保险制度基本实现全覆盖。推进城镇居民基本医疗保险、城镇职工基本医疗保险和新型农村合作医疗制度建设，全面建立统筹城乡、保障基本医疗、满足多层次需要的医疗保障体系，积极探索医疗保险关系转移接续和异地结算，实现全民医保。完善失业保险制度，扩大工伤保险覆盖面。完善自然灾害生活救助制度和农村五保供养制度，健全教育救助、医疗救助等专项救助制度，率先建立较为完善、覆盖城乡的社会救助体系。发展适度普惠型社会福利事业，扩大社会福利覆盖范围。大力发展各类慈善组织。

十、体制改革与制度创新

进一步发挥上海浦东综合配套改革示范作用，着力推进重点领域和关键环节改革攻坚，在新的更高起点上再创体制机制新优势，率先建立完善的社会主义市场经济体制。

（一）深化行政管理体制改革

切实转变政府职能。按照政企分开、政资分开、政事分开以及政府与中介组织分开的原则，合理界定政府职责范围，充分发挥市场在资源配置中的基础性作用，鼓励公民和社会组织参与公共事务管理，让政府、市场、企业和中介组织各司其职、各负其责。进一步强化政府社会管理和公共服务职能，加强政府社会治安、公共应急等能力建设，提高科教文卫、就业和社会保障等社会服务水平。合理匹配地方各级政府事权和财力，增强公正履行职责的能力。加快推进事业单位分类改革，理顺政府与事业单位的关系。按照市场化方向加快行业协会、商会改革，推动建立区域性行业协会。

创新政府管理方式。深化行政审批制度改

革，继续清理和调整行政审批项目和部门收费，逐步实行审批管理“零收费”制度。建立和完善跨部门统一互联的电子政务平台，积极推行网上办公。完善行政监督制度，推进区域电子监察系统网络建设。完善政府信息发布制度，推进政府信息公开与资源共享，充分发挥政务信息对经济社会活动和人民群众生产生活服务的引导作用。强化行政规划和行政指导，推行现代行政管理方式，降低行政成本，提高工作效率。

深化政府机构改革。支持上海率先实行职能有机统一的大部门体制，完善农业服务、综合交通协调、社会保障与人力资源管理、食品药品安全监管等体制机制。优化政府管理层次，加快江苏、浙江省直管县（市）体制改革，扩大县级政府经济社会管理权限，增强市、县（市）政府提供公共服务的能力。明确行政执法权限，完善行政执法程序，规范行政执法行为。健全基层行政管理体制，对江苏、浙江具备一定人口规模和经济实力的中心镇赋予部分县级经济社会管理权限，探索中心镇行政综合执法管理体制改革。研究建立区域统一的政府绩效管理制度，完善政府绩效管理体系。

（二）推进非公有制经济发展和国有企业改革

推动非公有制经济科学发展。落实鼓励、支持和引导非公有制经济发展的各项政策措施，推进公平准入，改善融资条件。支持非公有制经济按照国家产业政策，积极发展低污染、低能耗、高附加值产业，提升产业层次，优化企业结构。推动非公有制经济制度创新，积极发展股份制经济，实施中小企业改制上市培育工程，鼓励民营资本参与国有大型企业和垄断企业改革，支持有条件的企业并购重组。改进对非公有制企业的服务和监管，加强执行劳动合同、工资报酬、劳动保护和社会保险等法律法规的监督检查，切实维护企业职工合法权益。到2015年，上海、江苏非公有制经济比重明显提高，浙江非公有制经济发展质量进一步提升。

深化国有企业改革。推动国有资本向重要行业、优势企业和企业主营业务集聚，加快技术、人才等要素资源向优势企业集中，积极培育市场竞争力强、有影响力的企业集团和行业排头兵。积极引进战略投资者，鼓励国有企业采取股权转让、增资扩股、合资合作、战略协作等方式进行跨区域、跨所有制重组，促进国有企业投资主体多元化。健全现代企业制度，完善公司法人治理结构，建立外部董事制度，健全经营管理者市场选聘机制。鼓励竞争性行业中的国有全资控股企业实施股份制改造，推进有条件的企业整体上市或主业资产上市，推动符合产业发展方向、主业清晰的国有控股上市公司采取定向增发、并购重组等方式继续发展壮大。深化国有企业内部体制改革，加快形成适应竞争的激励约束机制。

（三）加快市场体系建设

推动市场一体化。建立统一开放的人力资源、资本、技术等各类要素市场，实现生产要素跨区域合理流动和资源优化配置。建立区域统一的人力资源市场，完善人才评价体系和人力资源开发配置机制，建立有利于人才交流的户籍、住房、教育、人事管理和社会保险关系转移制度。建立区域统一的资本市场，推动产权交易市场合作，支持银行等金融机构跨地区经营，加快金融机构组织创新，建立中央与地方共同监管、各负其责的机制。建立区域统一的技术市场，实施统一的技术标准，实行高技术企业与成果资质互认制度。开展异地购票、异地托运、异地交费及异地“一卡通”业务。共同开发旅游市场，打造旅游整体品牌。全面开通鲜活农产品运输“绿色通道”。

进一步整顿和规范市场秩序。清理和修订阻碍要素合理流动的法规和政策，努力营造公平合理、平等互利、统一规范的市场环境。打击各种违法经营活动，规范市场主体行为和市场竞争秩序。清理整顿对企业的乱收费、乱罚款和各种摊派。加强价格监管，禁止价格欺诈、价格操纵等行为。加强区域信用体系建设，以完善信贷、纳税、合同履约等信用记录为重点，推进区域社会信用信息交换共享，规范信用服务行业发展，开展联合监督管理，构建“信用长三角”。

（四）开展重大改革试验

深化上海浦东综合配套改革试点，总结和推广相对成熟、行之有效的经验和做法。开展科技创新综合改革试验，建设一批国家级创新创业平台和载体。推进上海国家级信息化与工业化融合试验区建设。对具备一定条件和较大规模的城市赋予立法权。在国家批准的范围内，开展城镇建设用地增加和农村建设用地减少挂钩试点。建设苏州城乡一体化发展示范区，设立江苏盐城沿海滩涂综合开发试验区和浙江舟山海洋综合开发试验区。建立浙江嘉善县域科学发展示范点。根据国家有关部署开展环境税试点，探索开征物业税，创新出口退税负担机制。研究制定互利共赢的财政政策，有序推动异地联合兴办开发区。设立区域发展促进基金，主要用于跨省市基础设施建设、生态建设和环境治理，以及产业升级、科技研发、人才引进、创新能力建设等方面，资金由长三角地区自行筹集。探索上海服务长三角地区的非上市公众公司股份转让的有效途径。实施股权投资基金先行先试政策，积极推进股权投资企业发展。开展太湖流域综合管理体制改革试点。稳步推进排污权有偿使用和交易制度改革，开展排污权跨产业调剂交易改革试点。

（五）加强法制环境建设

加强区域内地方性法规、规章和规范性文件的制定、清理、审查备案工作的协作，形成区域相对统一的法制环境。制定和实施区域协调统一的依法行政考核指标体系，全面推进依法行政。加强城市管理行政执法规范化建设，进一步规范行政执法行为，建立健全信息共享和动态跟踪制度，推进相对集中行政处罚权和综合行政执法试点，建立健全行政执法争议协调机制，严厉查处节能减排、环境保护、市场秩序维护等方面的违法行为。建立健全政府信息公开工作考核、社会评议、年度报告、责任追究等制度，推进政府信息公开。

十一、对外开放与合作

立足长三角，服务全国，面向世界，充分利用国际国内两个市场、两种资源，在更大范围、更广领域、更高层次上参与国际合作与竞争，全面融入世界经济体系，实现开放型经济的新跨越，打造服务亚太乃至全球的重要国际门户。

（一）提高开放型经济水平

转变对外贸易发展方式。优化加工贸易结构，推动加工贸易转型升级。引导加工贸易企业加强研发设计和营销服务。鼓励内资企业融入加工贸易配套产业链，加快由代加工向代设计、由贴牌向自主品牌转变。按照国家有关规定，理顺加工贸易管理体制，完善加工贸易政策环境，构建加工贸易信息平台。建立健全出口品牌培育机制，扶持自主品牌和具有自主知识产权的高附加值产品出口。加强出口基地建设，支持机电、软件、轻纺产品和农产品出口基地发展壮大，加快公共技术平台、商务平台和信息服务平台建设，率先推行符合国际惯例的质量、安全、环保、技术、劳工等标准，完善考核制度，强化企业社会责任。鼓励能源、原材料、先进技术和装备、关键零部件进口，发布重要商品进口信息，指导企业有序进口。在江苏连云港建设进口资源加工基地。加快上海国际贸易中心建设。支持昆山花桥国际商务区设立机电产品国际展示交易平台。

提高利用外资水平。改善投资环境，创新外商投资管理方式，试行外商投资企业格式化审批，推动投资便利化。引导外资投向高技术产业、基础设施领域和高端制造环节，提高国际资源要素的聚集层次和承接国际产业转移的技术层次。在符合《反垄断法》有关规定且不影响国家安全的前提下，鼓励外商投资企业采取并购、参股、结成战略同盟等方式参与国内企业改组改造，加快引进国际先进技术、管理经验和智力资源。

实施企业“走出去”战略。健全和完善

“走出去”支持服务平台，及时发布境外投资信息，加强贸易投资实务培训、国际经营人才和知识产权管理人才培训，加大对境外投资的商品通关、人员进出境及资金融通的扶持力度。鼓励有实力的企业到境外开发资源，在海外建立生产加工基地、营销网络和研发中心。完善相关金融政策，支持企业采用境外投资并购、境外上市等方式“走出去”。下放境外投资审批权限，简化审批手续，为企业营造更宽松的“走出去”环境。鼓励具备条件的国内商业银行进一步扩展海外网点和业务，为企业境外并购提供融资服务。选择有条件的企业开展国际贸易人民币结算试点。

推进大通关建设。深化口岸管理体制改革，完善口岸联络协调机制，推进电子口岸互联互通和资源共享，建立大通关电子口岸统一信息平台。积极推进分类通关改革，建设上海、南京、杭州、宁波四个直属海关“大通关协作区域”，实现跨关区申报、审单、验放，加快区域内进出口货物流动。推进海关特殊监管区域整合和业务流程再造，简化货物流转的环节和手续，加强关检业务协作和物流信息共享。

（二）加强国内外区域合作

加强泛长三角合作。长三角周边的安徽等地区具有区位、自然资源、劳动力资源的比较优势，与长三角地区经济联系紧密，是长三角地区产业转移和直接辐射区。构建互联互通的基础设施体系和资源要素市场体系，强化上海及南京、杭州等中心城市的辐射功能，促进要素跨地区自由流动，实现人口和产业有序转移。加强长三角地区与周边地区的联合与协作，建立服务长三角地区的能源原材料、重要农产品生产和休闲旅游基地，实现优势互补。建立健全泛长三角合作机制，编制南京都市圈、淮海经济区区域规划，促进周边地区加快发展。

加强以长江流域为重点的区域合作。充分发挥长江黄金水道的作用，加强南京、镇江、苏州、南通等沿江港口与中上游港口合作，加快形成沿江铁路、公路、水路协调发展的综合运输大通道，促进长江上、中、下游地区的要素流动与产业协作，形成重要的沿江城镇和产业密集带。加强与中西部及其他地区之间的经贸联系，拓宽合作领域，提高合作层次，扩大地区间人才、技术、能源、原材料等方面的合作，鼓励长三角地区优势企业走向全国，促进其他地区加快发展。在连云港探索设立国家东中西区域合作示范区。

加强与港澳台地区合作。进一步拓展长三角与港澳台的经贸和科技合作。加强与港澳台的投资及贸易往来，充分利用香港作为拓展国际业务的基地和平台，进一步带动长三角地区深度融入国际市场。加强证券期货市场与港澳台资本市场的互动合作，促进互惠互利和共同发展。引进港澳台资本参与地方金融机构改造重组，推进对港澳地区贸易项下使用人民币计价、结算的试点，加强境内外币支付系统建设，鼓励符合条件的企业到香港上市融资。加强与港澳台地区的产学研合作，支持联合开展科技攻关和共建创新平台。鼓励共同建立自主知识产权和品牌，共同开拓国际市场。加大落实内地与港澳更紧密经贸关系安排力度。

加强国际经济合作。抓住上海世博会机遇，积极拓展经济、贸易、科技、文化、旅游等领域对外交流。进一步加强与东北亚、欧元区以及美英等世界发达国家和地区的合作。建立健全政府、企业、行业组织间贸易摩擦联动应对机制，更好、更快地融入世界经济体系，成为全球产业链中的重要一环，提升长三角乃至我国在世界的影响力。大力发展国际服务外包，以服务外包示范城市为重点，加快推进服务外包载体建设，积极发展信息技术、金融业务流程、医药流程等服务外包业务，加快建设苏南、环杭州湾国际服务外包产业带。

十二、规划组织实施

两省一市人民政府要切实加强对规划实施的组织领导，落实工作责任，明确工作分工，完善工作机制，制定切实可行的实施方案。要充分发挥长三角区域合作协调机制的作用，加强联系互动，推动规划实施。要加强与国务院有关部门的沟通衔接，按本规划要求落实各项任务和措施，努力实现规划确定的目标。

国务院有关部门要按照职能分工，加强对规划实施的指导，深入调查研究，研究制定贯彻实施本规划的具体政策措施，及时指导地方解决规划实施中的重大问题。

国家发展和改革委员会要加强对规划实施情况的分析评估和监督检查，做好与国家总体规划和相关专项规划的衔接与协调，及时将实施情况向国务院报告。进一步完善规划实施的公众参与和民主监督机制，做好规划及相关信息的公开工作。

实现长三角地区又好又快发展，事关国家改革开放和现代化建设大局。两省一市人民政府和国务院各有关部门要以实施规划为契机，解放思想，开拓进取，加强合作，真抓实干，创造性地开展工作，努力促进长三角地区在高起点上争创新优势、实现新跨越。

国务院关于做好玉树地震灾后恢复重建工作的指导意见

2010年5月24日　国发［2010］14号

各省、自治区、直辖市人民政府，国务院各部委、各直属机构：

玉树地震灾后恢复重建任务十分艰巨繁重，并面临高寒缺氧、施工期短、交通不便、生态脆弱和建筑资源严重不足等特殊困难。为科学、依法、统筹，有力、有序、有效地推进恢复重建各项工作，现提出以下意见：

一、总体要求

（一）指导思想。充分认识玉树地震灾后恢复重建的重要意义和特殊性，以科学发展观为指导，发挥社会主义制度的优越性；从玉树实际出发，借鉴汶川地震灾后恢复重建的成功经验，坚持以人为本，把保障民生放在优先位置，尊重民族文化习俗和宗教信仰，注重生态环境保护；以灾区各级政府为主导、广大干部群众为主体，中央大力支持，各方积极援助；精心规划、精心组织、精心实施，又好又快地完成灾后恢复重建任务。

（二）基本原则。

1. 科学重建、规划先行。认真做好灾害评估、资源环境承载力评价等前期工作，在全面调研、科学论证、合理避让灾害隐患的基础上，确定适宜重建区域。综合考虑经济社会、自然地理、生态环境、民族宗教等各方面因素，依照国家有关法律法规，科学制定灾后恢复重建规划。坚持安全、适用、省地、节俭的原则，有计划、分步骤、因地制宜地开展恢复重建工作。

2. 统筹兼顾、突出重点。优先恢复重建城乡居民住房和学校、医院等公共服务设施，抓紧恢复基础设施功能和生产生活秩序。同步统筹规划实施受损宗教活动场所的恢复重建。灾后恢复重建工作要与促进民族地区经济社会发展相结合，与扶贫开发和改善生产生活条件相结合。

3. 保护生态、体现特色。灾后恢复重建要把保护生态环境放在重要位置，按照构筑青藏高原生态屏障的要求，与三江源自然保护区生态保护建设统筹推进。要特别注重保护民族宗教文化遗产，充分体现当地民族特色和地域风貌。

4. 自力更生、多方支持。灾区各级政府要加强组织领导，动员广大干部群众自力更生、艰苦奋斗，建设美好家园。国务院有关部门要大力支持，同时发挥社会各界援助的积极性，多方形成合力，共同推进灾后恢复重建。

（三）重建目标。力争用三年时间基本完成恢复重建主要任务，使灾区基本生产生活条件和经济社会发展全面恢复并超过灾前水平，生态环境切实得到保护和改善，又好又快地重建新校园、新家园，为建设生态美好、特色鲜明、经济发展、安全和谐的社会主义新玉树奠定坚实基础。

二、主要任务

（一）城乡居民住房。把恢复重建城乡居民住房摆在突出和优先的位置，先行开展农村住房恢复重建。要尽快完成房屋及建筑物受损程度鉴定，明确维修加固和重建任务。对可以修复的，要抓紧开展维修加固；对需要重建的，要尊重群众意愿，选择适宜的重建形式和建筑样式。要抓紧规划设计，合理确定抗震设防标准和技术规范。建设选址要避开重大灾害隐患地带。农牧区居民住房的恢复重建，要与新农村新牧区建设相结合，统筹规划牧民定居点，提供多样化设计样式，加强施工技术指导，改进建筑结构，提高建筑质量。城镇居民住房的恢复重建，要制定好城镇总体规划，优化空间布局，完善配套设施，推动适用新型建筑材料和建造技术的应用。

（二）公共服务设施。优先安排教育、卫生等公共服务设施的恢复重建，严格执行强制性建设标准规范，把学校、医院建成最安全、最牢固、群众最放心的建筑。合理调整学校布局，加强中小学寄宿制学校、中等职业学校和幼儿园建设，改善“双语”教学条件。恢复重建州县乡医疗卫生机构和计划生育机构，加强基本医疗和公共卫生服务体系建设。抓好公共文化科技、广播电影电视、体育设施恢复重建。恢复重建社会福利、社会救助、残疾人服务、劳动就业和社会保障等设施。统筹安排恢复重建宗教活动场所，加强民族、宗教文化遗产的抢救和保护。在基本完成公共服务设施建设后，按照节俭实用的要求，恢复重建各级行政机关办公设施。

（三）基础设施。重点恢复重建主要干线公路、农村公路、民航、邮政设施。恢复重建公众通信网，提高应急通信、运输通信保障能力。在全面恢复当地供电能力的基础上，尽快开展与电网主网互联工程的前期工作，推动地热、太阳能等可再生能源利用，提高能源综合保障能力。加快水利基础设施和安全饮水工程恢复重建。加快市政公用设施恢复重建，增强供水、排水能力，配套建设污水、垃圾处理设施。

（四）市场服务体系。加快恢复市场服务体系基本功能，保障灾区群众基本生活需要，提高市场供应能力。恢复重建集贸市场、商业网点和生产资料交易市场，以及粮油储运设施。加快重建金融机构基层网络，全面恢复金融服务功能。

（五）地方特色产业。在严格保护生态的前提下，抓紧恢复灾区各类生产设施，推进农牧、商贸旅游等地方特色产业恢复重建，努力拓宽就业渠道，提高群众收入水平。结合发展绿色有机、高原特色产品的需要，优化农业、畜牧业发展布局，恢复提升生产能力。抓好牧区小水利、草场围栏、畜禽圈舍以及动植物病虫害防控、农技服务等设施的恢复重建。加快修复旅游景区景点和旅游基础设施，提升旅游服务质量和水平。加大对农副产品加工、民族特色加工业的扶持力度。

（六）生态环境和防灾减灾。坚持自然恢复与人工治理相结合，逐步修复生态系统。围绕三江源自然保护区生态保护建设，重点加强天然林保护、退牧还草等重点生态工程实施力度，加快开展水源涵养区、自然保护区管护设施恢复重建。加快水源地和土壤污染治理，妥善做好废墟清理和各类废物无害化处理与再利用工作。恢复重建地质灾害、气象灾害和次生灾害监测系统，提高防灾减灾能力。

三、保障措施

（一）统一思想认识。玉树地震灾后恢复重建工作，事关灾区紧迫的民生问题和长远发展，事关三江源地区生态保护，事关民族团结和社会和谐稳定，具有重要和深远的意义。受自然条件差、经济欠发达等因素的制约，玉树灾后恢复重建面临许多特殊困难，对此要有充分认识。各地区、各部门要把思想统一到党中央、国务院的决策部署上来，以高度的政治责任感和紧迫感，全力做好灾后恢复重建工作。

（二）科学编制规划。在对地震灾害损失进行全面系统调查评估和资源环境承载力评价的基础上，充分听取灾区群众意见和建议，组织专家对重大问题进行深入论证，科学编制灾后恢复重建总体规划和各专项规划。要统一规划、整体设计、突出重点、分步推进，有力有序有效地开展灾后恢复重建各项工作。

（三）加强组织领导。青海省、四川省人民政府对玉树地震灾后恢复重建工作负总责，国务院有关部门按照职能分工加强指导和做好相关协调工作。青海省要建立强有力的领导机构和现场指挥调度系统，明确任务，落实责任，创新机制，统建与分建相结合，科学高效地组织实施。国务院成立玉树地震灾后恢复重建组，协调有关部门大力支持，密切配合，及时帮助解决灾后恢复重建中的有关问题。青海省、四川省要会同有关部门，对灾后恢复重建的各项保障工作统筹考虑，统一指挥，科学调度，有序推进，在确保质量和安全的前提下，加快恢复重建进度。

（四）加大政策支持。鉴于玉树地震受灾地区的特殊困难，灾后恢复重建所需资金以中央财政安排为主，同时采取更加优惠的税收、金融、土地、环保、就业、扶贫等政策措施，统筹使用社会各界捐赠资金，加大对恢复重建支持力度。青海省、四川省要克服困难，适当集中财力用于恢复重建。受灾地区各级政府要统筹兼顾，合理安排，精打细算，节俭办事，管好用好各类资金，全力投入灾后恢复重建工作。

（五）多方合力推进。东西部扶贫协作、支援藏区的对口省市和中央有关企业，要组织工程技术人员和具有高原施工经验的建筑施工力量支持恢复重建。青海省、四川省要在灾区开展以工代赈，并组织省内力量，大力支持灾区建设。鼓励相邻地区的设计、施工力量参与恢复重建。

（六）加强实施保障。青海省、四川省要根据灾后恢复重建对建材、运输、电力、用水等实施保障条件的需要，及早做好需求量的测算，摸清本省和周边地区生产供应情况，在有关部门配合下，制定相应保障方案，逐项加以落实。提前启动建材生产供应工作，支持加快物资运输集散场站建设，合理确定运输方式，开辟绿色通道，保障运输畅通。加快受损电力设施修复，保障恢复重建用电需要。加强建材市场和运输价格监督管理工作。

（七）强化监督检查。青海省、四川省要加强对恢复重建资金、物资各环节的监督检查，确保资金和物资安全，确保工程质量；坚持公开透明，及时公布恢复重建进展情况和资金物资使用情况，自觉接受社会监督。国务院有关部门要加强对恢复重建的监督检查，开展全过程跟踪审计。

（八）保护健康安全。严防灾区传染疫病发生，加强灾区群众和参建人员的健康保护和高原病防治工作。组织开展心理救援，做好灾区干部群众的心理疏导和精神抚慰。防范余震及各类次生灾害，确保灾区群众和参建人员安全。

（九）做好宣传工作。加强新闻宣传，弘扬伟大的抗震救灾精神，弘扬各民族共同团结奋斗、共同繁荣发展的主旋律，大力宣传恢复重建中涌现出来的先进集体和模范人物，鼓舞和激励各族干部群众同心协力、团结互助、顽强拼搏，克服一切艰难险阻，共同夺取灾后恢复重建全面胜利。

国务院关于支持玉树地震灾后恢复重建政策措施的意见

2010 年 5 月 27 日 国发［2010］16 号

各省、自治区、直辖市人民政府，国务院各部委、各直属机构：

为支持和帮助玉树地震灾区恢复重建，统筹和引导社会各方面力量，又好又快重建新校园、新家园，建设社会主义新玉树，保证用三年时间基本完成恢复重建主要任务，使灾区基本生产生活条件和经济社会发展全面恢复并超过灾前水平，现就支持玉树地震灾后恢复重建有关政策措施提出以下意见：

一、基本原则

支持玉树地震灾后恢复重建，要充分考虑玉树地震灾区的特殊困难，既要与汶川地震灾后恢复重建政策措施和中央支持藏区发展、游牧民定居、生态移民等政策相衔接，更要从玉树地区灾后恢复重建实际情况出发，进一步加大政策优惠和支持力度。

（一）中央为主、多方支援。灾后恢复重建所需资金以中央财政资金为主，同时包括省级财政资金、社会捐赠资金以及居民和企业少量自筹资金。

（二）统筹考虑、突出重点。根据受灾程度，统筹做好不同受灾地区的恢复重建工作。将人口数量多、损失严重的极重灾区玉树县结古镇作为恢复重建工作的重点，同时兼顾玉树县隆宝镇、仲达乡、安冲乡、巴塘乡 4 个重灾乡镇。对一般灾区和灾害影响区乡镇，支持城乡居民倒损住房以及受损学校、医院等公共服务设施重建和修复。

（三）总量包干、分类控制。中央财政对灾后恢复重建资金实行“总量包干，分类控制”的管理办法，由地方政府根据规划项目和轻重缓急统筹做好中央财政资金、省级财政资金、捐赠资金和其他自筹资金的安排使用。

二、主要政策

（一）以中央财政为主安排灾后恢复重建资金

中央财政安排的资金包括：一般预算收入资金、车购税专项收入资金和中央国有资本经营预算收入资金。根据重建目标和任务，中央财政资金分 2010 年、2011 年、2012 年三年安排。其中，2010 年安排 90 亿元，明、后两年继续做相应安排。中央财政安排的其他有关专项资金也要向受灾地区适当倾斜。

青海省要通过调整支出结构安排资金用于恢复重建。中央有关部门及红十字会、慈善总会等接收的捐赠资金，要直接拨付到青海省，连同青海省接收的捐赠资金，统一纳入灾后恢复重建规划，由青海省统筹安排用于恢复重建。此外，加上居民和企业少量自筹资金，共同组成以中央财政为主的灾后恢复重建资金。

按照灾后恢复重建的主要任务，灾后恢复重建资金的使用主要采取项目投资、居民个人补助、资本金注入、贴息等方式，用于以下几个方面：

1. 居民住房恢复重建。对玉树地震灾区城乡居民（含中央垂直管理部门职工）倒塌和严重损坏住房重建，按照政府保障基本住房需求原则安排资金；对一般受损住房维修加固，适当安排资金给予补助。具体补助标准和方式由受灾地区人民政府区分不同情况确定。

2. 城镇建设。恢复重建破坏严重需整体重建或新建的城镇道路、桥梁，城镇供水、供气、供热以及污水垃圾处理等市政公用设施及配套管网等。

3. 公共服务设施恢复重建。恢复重建教育、卫生、科技、地震、计划生育、广电、文化文物、体育、劳动就业与社会保障、社会福利、基层政权、公检法司等公共服务设施。其中恢复重建教育、卫生设施优先安排社会捐赠资金，重点用于新建。

对宗教活动场所，按灾后恢复重建规划和现有管理程序，分寺院、活佛和教职人员生活住所以及文物等进行恢复重建。

4. 基础设施恢复重建。恢复重建灾区范围内主要干线公路、农村公路以及受损民航设施、公众通信网和应急通信设施、邮政服务设施，以及水利、电力电网等设施。

5. 产业恢复重建。支持恢复重建玉树工商企业、金融网点，恢复农业、畜牧业生产能力，发展环保型产业和特色文化、旅游等产业，建设工业集中区基础设施。

6. 其他恢复重建。恢复重建农牧区（林区）生产生活设施，支持以工代赈、震后废物及建筑垃圾处理、三江源生态环境保护、灾毁土地整治、气象监测预警、地质灾害防治、综合减灾等社会公益性项目建设。

（二）税收政策

减轻企业税收负担：

对受灾地区损失严重的企业，免征灾后恢复重建期所在年度的企业所得税；对受灾地区企业取得的抗震救灾和灾后恢复重建款项和物资，以及与抗震救灾有关的减免税金及附加收入，免征企业所得税；在5年内免征受灾地区农村信用社企业所得税；对受灾地区企业、单位或支援受灾地区重建的企业、单位，进口国内不能满足供应并直接用于灾后重建的大宗物资、设备等，在3年内给予进口税收优惠。

减轻个人税收负担：

对受灾地区个人接受捐赠的款项、取得的各级政府发放的救灾款项，以及参与抗震救灾的一线人员，按照地方各级政府及其部门规定标准取得的与抗震救灾有关的补贴收入，免征个人所得税。

支持受灾地区基础设施、房屋建筑物等恢复重建：

1. 对政府为受灾居民组织建设的安居房建设用地，免征城镇土地使用税，转让时免征土地增值税。

2. 对地震中住房倒塌的农（牧）民重建住房占用耕地的，在规定标准内的部分免征耕地占用税。

3. 由政府组织建设的安居房，对所签订的建筑工程勘察设计合同、建筑安装工程承包合同、产权转移书据、房屋租赁合同，免征印花税。

4. 对在地震中损毁的应缴而未缴契税的居民住房，不再征收契税；对受灾居民购买安居房，免征契税。

5. 经省级人民政府批准，对经有关部门鉴定因地震灾害损毁的房产、土地，免征灾后恢复重建期所在年度的房产税和城镇土地使用税。

鼓励社会各界支持抗震救灾和灾后恢复重建：

1. 对单位和个体经营者将自产、委托加工或购买的货物，通过公益性社会团体、县级以上人民政府及其部门捐赠给受灾地区的，免征增值税、城市维护建设税及教育费附加。

2. 对企业、个人通过公益性社会团体、县级以上人民政府及其部门向受灾地区的捐赠，允许在当年企业所得税前和当年个人所得税前全额扣除。

3. 对财产所有人将财产（物品）直接捐赠或通过公益性社会团体、县级以上人民政府及其部门，捐赠给受灾地区或受灾居民所书立的产权转移书据，免征印花税。

4. 对专项用于抗震救灾和灾后恢复重建、能够提供由县级以上人民政府或其授权单位出具的抗震救灾证明的新购特种车辆，免征车辆购置税。符合免税条件但已经征税的特种车辆，退还已征税款。

促进就业：

1. 受灾地区的企业在新增加的就业岗位中，招用当地因地震灾害失去工作的人员，与其签订1年以上期限劳动合同并依法缴纳社会保险费的，经县级人力资源社会保障部门认定，按实际招用人数和实际工作时间予以定额依次扣减营业税、城市维护建设税、教育费附加和企业所得税。定额标准为每人每年4000元，可上下浮动20%，由灾区省级人民政府根据本地实际情况具体确定。

2. 受灾地区因地震灾害失去工作后从事个体经营的人员，以及因地震灾害损失严重的个体工商户，按每户每年8000元的限额依次扣减其当年实际应缴纳的增值税、营业税、城市维护建设税、教育费附加和个人所得税。

上述税收政策执行期限与国务院确定的灾后恢复重建期一致，适用范围为国务院确定的受灾地区范围。

（三）金融政策

支持金融机构尽快全面恢复金融服务功能：

加快修复基层金融网点，保障支付清算、国库和邮政汇兑系统的安全运营，鼓励受灾地区金融机构适当减免客户账户查询、挂失和补办、转账等收费。

鼓励银行业金融机构加大对受灾地区信贷投放：

1. 加大对受灾地区金融机构的资金支持力度。根据受灾地区恢复重建的实际需求，增加对受灾地区的再贷款（再贴现）额度，并对支农再贷款执行优惠利率，在现行支农再贷款利率水平上再降低1个百分点。对受灾地区地方法人金融机构执行倾斜的准备金政策。允许受灾地区金融机构提前支取特种存款，增加信贷资金来源。

2. 对受灾地区实施倾斜和优惠的信贷政策。对灾前已经发放、灾后不能按期偿还的各项贷款延长还款期限，在2011年6月底前不催收催缴、不罚息，不作为不良记录，不影响其继续获得受灾地区其他信贷支持。

3. 加大对受灾地区重点基础设施、城乡居民住房、农牧业、中小企业和因灾失业人员的信贷支持力度。对因灾失业人员和吸纳受灾群众就业达到一定比例的劳动密集型中小企业，参照下岗失业人员小额担保贷款政策执行。

加强受灾地区信用环境建设：

1. 保护受灾地区客户合法权益。加快整理核实受灾地区金融机构客户基本信息；对暂时无主客户的债权，另账保存；依法确认和保护遇难者账户资金、金融资产所有权和继承权；加快保险理赔进度，提高理赔效率。

2. 对于符合现行核销、重组和减免规定的贷款，按照相关政策和程序及时核销、重组和减免。

实行外债减免政策：

对政府外债项目因地震造成的损失，给予债务减免，所需还款资金由中央财政承担。

（四）土地政策

1. 免收新增建设用地土地有偿使用费和土地出让收入。对受灾地区为安置受灾居民新建各类安置住房以及非地震受灾地区为安置受灾居民新建各类安置住房；对受灾地区的行政机关、学校等事业单位，各类企业、人民团体、社会团体等单位，因地震造成房屋倒塌、毁损需要在原地区重建或迁至异地重建的，免收新增建设用地土地有偿使用费和土地出让收入。

2. 划拨土地。凡利用政府投资、社会捐助以及自筹资金为受灾群众重建住房、基础设施、公益设施等，可采用划拨方式供地。对在原址重建的工业或其他经营性项目用地，无论投资性质，土地不再重新出让，可按原方式使用土地；对易地重建的工业企业和按规划需要整体搬迁的工业企业，县级人民政府在收回其原有土地使用权的基础上，可采取划拨方式供地；对易地重建或按规划需要整体搬迁的其他经营性项目用地，同一宗地只有一个用地意向者的，可采用协议出让方式供地。

3. 降低地价。在未对因灾降低的地价标准进行调整之前，对投资规模大、促进地区经济发展作用明显的新建工业或大型商业设施等项目用地，可根据实际情况降低地价标准，报省级国土资源管理部门备案。

4. 保证灾后恢复重建用地。对灾后恢复重建需要的新增建设用地计划指标，在国家下达的土地利用年度计划指标中优先安排，指标不足的，可预先安排使用。对规划异地重建的城镇和村庄，凡废弃村庄和城镇具备复垦条件的，可以使用城乡建设用地增减挂钩周转指标。对抢险救灾和灾后恢复重建用地，可根据需要先行使用或安排供地。涉及农用地转用和土地征收的，可以边建设边报批；涉及占用耕地的，可以边占边补。

（五）收费和基金减免政策

在地震灾区恢复重建过程中，一律免收属于中央收入的各类行政性收费和政府性基金。其中，对在地震灾区建设安居房、廉租住房及原址重建住房和加固住房，免收的全国性行政事业性收费包括防灾地下室易地建设费等项目；免收的全国性政府性基金包括城市基础设施配套费、散装水泥资金、新型墙体材料专项基金、城市教育附加费、地方教育附加、城镇公用事业附加等项目。

（六）教育特别资助政策

1. 对生源地为青海玉树地震重灾区的高等教育阶段全日制在校生和高中阶段学生，从2010年4月至2011年7月，发放国家助学金或生活费补助，并免除一个学年的学费。所需新增资金由中央财政负担。

2. 对恢复重建期内迁出省外和玉树州外就读的初中和高中阶段的重灾区学生，从2010年秋季学期起全部免除学费和住宿费，并发放生活费补助，所需资金以中央财政综合定额补助为主，迁入迁出地政府适当负担。

3. 对继续在灾区就读的义务教育阶段学生，执行现有的经费保障和补助政策。

（七）就业援助和社会保险政策

加大就业援助：

1. 将省级人民政府确定的因地震灾害出现的就业困难人员，按规定及时纳入就业援助的对象范围，优先保证受灾地区零就业家庭至少有一人就业。

2. 将本地就业困难人员正在参与的抗震救灾相关工作，按规定纳入现有和新开发的公益性岗位认定范围，时限为三个月。对从事公益性岗位工作的就业困难人员，按规定提供岗位补贴和社会保险补贴。

3. 对受灾地区企业在重建中吸收就业困难人员的，按规定给予相应的社会保险补贴。

4. 对从事灵活就业的就业困难人员，按规定享受社会保险补贴。

5. 对因灾中断营业后重新开业的个体工商户，按规定给予小额担保贷款扶持。

6. 省级人民政府在确保失业保险基金按时足额发放的前提下，对受灾地区企业采取适当降低失业保险费率等措施。

7. 按规定对受灾地区从事个体经营的有关人员三年内免收管理类、登记类和证照类等有关行政事业性收费。

8. 受灾地区企业恢复生产、公路和农田水利等基础设施以及对口支援项目建设，要优先吸纳当地受灾群众。要组织引导好受灾群众参加以工代赈和生产自救活动。

9. 鼓励东部沿海等地区支持和帮助受灾地区高校毕业生、农牧民、少数民族劳动者转移就业。对东部沿海等地区各类企业（单位）招用灾区劳动者，与之签订劳动合同并缴纳社会保险费的，按其为灾区劳动者实际缴纳的基本养老保险费、基本医疗保险费和失业保险费给予补贴，补贴期限最长不超过一年，所需资金从东部沿海等地区就业专项资金中安排。对转移就业的劳动者给予一次性交通补贴，所需资金从受灾地区就业专项资金中安排。上述两项政策审批的截止时间为2011年底。

10. 对受灾地区实行就业援助所需相关资金，按规定从就业专项资金中列支，中央财政通过专项转移支付给予适当支持。

保障工伤保险待遇支付：

1. 为解决受灾地区工伤保险基金收不抵支问题，对参加工伤保险的职工伤亡的，在核实伤亡人数、伤残等级及具体待遇标准的基础上，按规定支付相关待遇，所需资金通过地方尽快实行市级或省级统筹、动用历年结余、加大基金调剂力度解决。

2. 对未参加工伤保险伤亡职工的待遇支付，由职工所在企业（单位）负责解决，企业（单位）无力支付或已不存在，并符合救助条件的，可通过相关的社会捐助、社会救助制度予以帮助。

保障养老保险待遇支付：

1. 对受灾较重、暂停生产的企业，允许缓缴社会保险费；对因地震灾害无法恢复生产，经法院或有关部门宣告关闭破产企业欠缴的基本养老保险费，应按国家有关规定使用破产财产清偿，不足部分应按规定报批后予以核销。

2. 加大省级基本养老保险基金对地震灾区的调剂力度，确保地震灾区基本养老金按时足额发放。

3. 支持玉树自治州全面开展新型农村社会养老保险试点工作，从当地试点启动之日起，政府对符合领取条件的参保人全额支付基础养老金，中央财政按照每人每月 55 元给予补助。参保农牧民因地震灾害造成缴费困难的，由本人向经办机构提出申请，经审核同意后，个人缴费可以缓缴。

保障受灾困难人员基本生活：

对受灾地区符合《失业保险条例》规定的失业人员，按时足额发放失业保险金；符合享受城乡居民最低生活保障、农村五保供养、临时生活救助等条件的人员，按规定纳入相应保障范围，享受相关政策待遇。

（八）扶贫政策

1. 中央财政进一步加大扶贫开发支持力度，在安排财政扶贫专项资金和财政扶贫贷款贴息资金时向灾区倾斜，由地方根据实际情况对灾区农村贫困群众予以支持，帮助其尽快恢复发展生产。

2. 适当提高贫困村基础设施建设、贫困户住房建设的补助标准，解决贫困家庭灾后恢复重建面临的突出困难。

3. 加大以工代赈力度，鼓励灾区群众投身灾后恢复重建，参与建筑废墟清理、住房建设、农牧区小型基础设施修复等灾后恢复重建任务。

（九）援建及援助政策

1. 中央企业要积极承担社会责任，充分利用自身在人才、技术、管理等方面的优势，提供规划编制、勘察、设计、施工以及人力培训等方面支持。

2. 东部省市和中央国家机关对口支援青海藏区工作要优先在玉树灾区启动实施。

3. 原有东西扶贫协作支援省要重点做好支持玉树灾区工作。

4. 青海省要组织省内财力、物力、人力支援灾区建设。

以上援建及援助项目除对口支援省市确认为自愿、无偿援助的项目外，按照市场运作、保本微利原则实施，所需资金由青海省从灾后恢复重建包干资金中解决。

无论是中央企业还是援建省市，在组织实施援建及援助项目中，要尽量多吸纳灾区劳动者就业。受灾地区人民政府要做好就业指导和岗位培训等工作。

三、工作要求

（一）统一认识，加强领导

各地区、各部门要从全局和政治的高度充分认识玉树地震灾后恢复重建工作的重要性、艰巨性和长期性，切实把思想和行动统一到党中央、国务院各项决策部署上来，强化领导、精心谋划、周密部署，把大力支持灾后恢复重建工作作为当前一项重要任务，切实抓紧抓好。

（二）明确责任，密切配合

受灾地区省级人民政府对灾后恢复重建工作负总责，要立即全面部署灾后恢复重建工作，明确相关部门责任、分工和工作要求。国务院有关部门要各司其职、各负其责，加强指导和做好相关工作。

（三）细化政策，完善办法

国务院有关部门要尽快制订有关政策措施的具体实施办法，明确政策措施适用范围和执行期限，根据灾后恢复重建进展情况和实际需要，及时调整和完善各项政策措施。受灾地区省级人民政府要结合本地区实际制订贯彻实施具体操作办法，便于各项政策措施执行。同时，国务院有关部门要会同受灾地区省级人民政府做好灾后恢复重建与受灾群众过渡性安置统筹衔接工作，提早组织和保障好受灾群众过冬所需棉帐篷、火炉及燃料等物资。

（四）强化监督，确保效果

财政部、审计署等部门要按照职能分工，加强对灾后恢复重建资金使用和相关政策措施执行情况全过程监督，确保资金按照规定用途使用和各项政策措施执行到位，确保提高资金使用和政策措施执行效果，并指导受灾地区人民政府加强资金使用和政策措施执行监督检查。受灾地区人民政府要把加强资金使用和政策措施执行监督检查作为灾后恢复重建的一项重要工作，制定监督措施，明确监督责任，狠抓落实。

国务院关于前海深港现代服务业合作区总体发展规划的批复

2010年8月26日 国函［2010］86号

广东省人民政府、发展改革委：

发展改革委《关于报送前海深港现代服务业合作区总体发展规划的请示》（发改地区［2010］1814号）收悉。现批复如下：

一、原则同意《前海深港现代服务业合作区总体发展规划》（以下简称《规划》），请认真组织实施。

二、《规划》实施要高举中国特色社会主义伟大旗帜，深入贯彻落实科学发展观，在“一国两制”框架下，进一步深化粤港紧密合作，以现代服务业发展促进产业结构优化升级，为我国构建对外开放新格局，为全国转变经济发展方式，实现科学发展发挥示范带动作用。要充分发挥香港国际经济中心的优势和作用，利用前海粤港合作平台，推进与香港的紧密合作和融合发展，逐步把前海建设成为粤港现代服务业创新合作示范区，在全面推进香港与内地服务业合作中发挥先导作用。要加强统筹规划，集中优势资源，发展总部经济，促进现代服务业的集聚发展，增强资源配置和集约利用能力，把前海深港现代服务业合作区建设成为全国现代服务业的重要基地和具有强大辐射能力的生产性服务业中心，引领带动我国现代服务业的发展升级。要进一步发挥经济特区先行先试作用，以前海现代服务业的开放发展为契机，积极探索促进现代服务业发展的体制机制，为全国现代服务业的创新发展提供新经验。

三、广东省人民政府要切实加强对《规划》实施的组织领导，完善工作机制，落实工作责任，按照本规划确定的发展定位和产业发展重点，积极创造条件，抓紧推进规划实施工作，充分发挥前海现代服务业对珠三角产业升级的引领带动作用。深圳市人民政府要根据本批复的精神，抓紧组织落实《规划》实施工作。要坚持高起点，高标准，统一规划，统筹协调，整体推进，分步实施，要进一步健全民主法制，充分利用全国人大授予的经济特区立法权，为前海现代服务业的发展创造优良的法治环境，超出授权范围的立法要按规定报批。

四、国务院有关部门要结合各自职能，进一步加强对前海开发建设的支持和指导，建立由发展改革委牵头，国务院有关部门、香港特别行政区、广东省、深圳市等有关方面参加的协调机制，帮助解决《规划》实施过程中遇到的问题，在相关政策实施、项目安排、体制机制创新等方面给予积极支持，为促进前海现代服务业的集聚发展创造良好的政策环境。要加强对《规划》实施情况的跟踪分析，做好督促检查和评估工作。在实施过程中，要注意研究新情况、解决新问题、总结新经验，重大问题及时向国务院报告。

发挥深港比较优势，在前海发展现代服务业，是新时期改革开放的重大举措。各有关方面要高度重视前海开发的重要意义，以规划实施为契机，开拓创新，密切配合，扎实工作，共同推动现代服务业的创新发展，不断探索科学发展的新模式。

国家发展改革委关于印发前海深港现代服务业合作区总体发展规划的通知

2010年10月10日 发改地区［2010］2415号

各省、自治区、直辖市及计划单列市人民政府，国务院各部委、各直属机构：

《前海深港现代服务业合作区总体发展规划》（以下简称《规划》）已经国务院批准。根据《国务院关于前海深港现代服务业合作区总体发展规划的批复》（国函［2010］86号）精神，现将《规划》印发你们，并就有关事项通知如下：

一、前海位于深圳西部、珠江口东岸，毗邻港澳，区域优势独特，发展潜力巨大。广东省、深圳市和国务院有关部门要认真领会国务院对《规划》的批复精神，抓住深圳经济特区成立30年的契机，把规划实施同提高对外开放水平、推进体制机制创新和探索科学发展的新模式结合起来，进一步深化粤港紧密合作，共同推动现代服务业的创新发展，逐步把前海建设成为现代服务业体制机制创新区、现代服务业发展集聚区、香港与内地紧密合作的先导区和珠三角地区产业升级的引领区，最终实现把前海打造成为粤港现代服务业创新合作示范区的战略目标。

二、请广东省切实加强对《规划》实施的组织领导，落实《规划》提出的各项任务。要建立相应工作机制，落实工作责任，按照本规划确定的发展定位和产业重点，协调推进前海深港现代服务业合作区建设。要落实好前海管理机构享有相当于计划单列市管理权限的政策，积极创造条件，下放审批权限，简化审批程序，出台配套支持政策，推动建立促进前海现代服务业集聚发展的体制机制。

三、深圳市是前海深港现代服务业合作区建设的主体，要抓紧制定具体实施方案，并组织落实各项工作。一是要创新前海开发建设管理模式，坚持高起点，高标准，统筹规划，分步实施，在财税管理、土地管理、规划管理、用人机制等方面探索建立集中管理灵活高效的体制机制，发挥行政管理与市场化运作的结合优势，又好又快地推进前海开发建设。二是加快推进前海保税港区、港深西部快速轨道、穗莞深城际轨道以及前海口岸综合功能区等重大项目的规划建设。三是要充分利用全国人大授予的经济特区立法权，为前海现代服务业的发展创造优良的法律环境，超出授权范围的立法要按规定报批。根据国家相关法律规定和实际需要，设置相应的法治机构，引进民间商事调解机构，加强深港司法合作。

四、请国务院有关部门结合各自职能，进一步加强对前海开发建设的支持和指导。根据国务院批复精神，我委将牵头组建由国务院有关部门、香港特别行政区、广东省、深圳市等各方参加的协调机制，帮助解决《规划》实施过程中遇到的问题，在相关政策实施、项目安排、体制机制创新等方面给予积极支持，为促进前海现代服务业的集聚发展创造良好的政策环境。同时，加强对《规划》实施情况的跟踪分析，做好督促检查和实施评估工作；及时研究新情况、解决新问题、总结新经验，重大问题向国务院报告。

发挥深港比较优势，在前海发展现代服务业，是新时期改革开放的重大举措，是中央决心把经济特区办得更好一如既往支持经济特区大胆探索、先行先试、发挥作用的具体体现。

各有关方面要高度重视前海开发的重要战略意义，以规划实施为契机，开拓创新，密切配合，扎实工作，共同推动现代服务业的创新发展，不断探索科学发展的新模式。

附：《前海深港现代服务业合作区总体发展规划》

附：

前海深港现代服务业合作区总体发展规划

2010 年 10 月

深圳经济特区成立 30 年来，按照党中央、国务院的决策部署，充分利用毗邻香港的区位优势，勇当改革开放的排头兵，在我国体制创新和制造业引进开放中发挥了历史性的先导作用。当前是我国全面落实科学发展观、加快转变经济发展方式的重要时期，推进现代服务业的开放与合作，是我国进一步深化改革、扩大开放的战略选择，也是深圳经济特区在新时期的新使命。《珠江三角洲地区改革发展规划纲要(2008—2020 年)》（以下简称《规划纲要》）和《深圳市综合配套改革总体方案》（以下简称《总体方案》）要求深圳先行先试，以前海为载体，推进粤港澳现代服务业紧密合作。为此，特制定前海深港现代服务业合作区总体发展规划。

前海位于深圳西部、珠江口东岸，毗邻港澳，规划面积 15 平方公里，规划期至 2020 年。本规划是指导前海深港合作发展现代服务业的行动纲领和编制相关专项规划的依据。

一、总体思路

充分发挥经济特区先行先试作用，利用粤港两地比较优势，进一步深化粤港紧密合作，在前海合作发展现代服务业，以现代服务业的发展促进产业结构优化升级，为我国构建对外开放新格局、建立更加开放经济体系作出有益的探索，为全国转变发展方式、实现科学发展发挥示范带动作用。

（一）重要意义

——有利于实现国家对外开放战略的新要求，培育参与全球竞争新优势。合作发展现代服务业是我国提高开放型经济水平的内在要求。利用香港服务业发达的优势，着力加强与港澳合作，在前海高起点高水平发展现代服务业，在重点领域率先取得突破，有利于提高服务业国际化水平、增强国际竞争优势和国际资源配置能力，为我国制造业参与国际竞争提供更好的服务支撑。

——有利于以现代服务业促进产业转型升级，探索加快转变经济发展方式新模式。大力发展现代服务业，是加快经济发展方式转变的有效途经。前海以现代服务业的跨越式发展，重点引进和培育一批具有国际影响力和区域服务能力的生产性服务企业，打造功能突出的现代服务业集聚地，不仅有利于促进珠三角世界级制造业基地转型升级，形成现代服务业和先进制造业双轮驱动的现代产业体系，同时有利于为我国转变经济发展方式探索新模式。

——有利于提升区域合作水平，打造粤港澳合作新载体。粤港澳地区是我国的重要国际门户，推进粤港澳紧密合作是提升我国区域合作水平的重要内容。前海位于粤港澳地区的核心节点，通过合作发展现代服务业，培育区域性现代服务业中心，打造粤港澳合作新载体，有利于加快粤港澳经济融合，全面提升粤港澳整体竞争力，为全国区域经济的开放合作与协调发展闯出新路。

——有利于在“一国两制”框架下，探索深化与香港合作的新途径。现代服务业在香港经济中具有举足轻重的地位，不断扩大市场腹地，是香港经济发展的内在需求。在前海合作发展现代服务业，推动《关于建立更紧密经贸关系的安排》（以下简称CEPA）深化实施，加快实现香港服务业与内地市场对接，拓展香港服务业的发展空间，有利于发挥两个市场、两种机制的优势，增强香港经济活力和抗风险能力，巩固提升香港国际经济中心城市地位，维护香港长期繁荣稳定，实现两地的共同繁荣发展。

——有利于继续发挥深圳经济特区先行先试作用，积累科学发展新经验。继续发挥改革开放引领作用是经济特区在新时期的新使命。以前海合作发展现代服务业为契机，利用香港国际化优势，借鉴国际上的适用先进经验，形成深圳新的政策优势和体制机制优势，以政策体制创新促进深圳发展模式的创新，为实现科学发展积累新经验。

（二）合作基础

——区位环境。前海具有独特的区位优势和基础条件，位于珠三角区域发展主轴与沿海功能拓展带的十字交汇处，紧临深港两个机场、深圳——中山跨江通道、深圳西部港区和深圳北站，广深沿江高速公路贯通其中，具备良好的海陆空交通条件和突出的综合交通优势，在粤港澳区域内具有重要战略地位。

——政策环境。《规划纲要》和《总体方案》明确要求深圳加强与香港更紧密合作，加快推进前海的规划建设和体制创新。《粤港合作框架协议》进一步确定前海作为粤港重点合作区。深港两地已在基础设施、产业发展、环境保护、要素流动等方面相继签署了一系列合作文件，初步形成了前海深港合作的政策框架。

——产业环境。香港作为国际金融、贸易、航运中心，是全球服务业最发达的地区之一，服务业占GDP比重92.3%，服务贸易出口总值位列全球城市前10名。深圳服务业发展迅猛，服务业的基础和综合实力不断增强，服务业增加值占GDP的53.2%，已具备了和香港在较高水平上合作发展的能力。深港两地的服务业发展优势和珠三角世界级制造业基地的巨大需求，为深港合作发展现代服务业提供强有力的产业支撑。

——法律环境。全国人大常委会授予深圳经济特区立法权。深圳根据授权在金融、专业服务等现代服务业领域率先进行了立法探索，积累了立法经验。前海可充分利用经济特区立法权，进行先行先试和制度创新，营造适合服务业开放发展的法律环境。

——创新环境。深圳探索建立了有利于改革创新的体制机制，形成了鼓励创新的浓厚氛围，培养聚集了一批勇于创新、善于创新的人才，是我国产业创新最为活跃的地区之一，为前海现代服务业的创新发展奠定了良好基础。

（三）战略定位

前海合作发展现代服务业的指导思想和战略定位：高举中国特色社会主义伟大旗帜，以邓小平理论和“三个代表”重要思想为指导，深入贯彻科学发展观，坚持开放合作、互利共赢，体制创新、科学高效，高端引领、集约发展，统筹规划、辐射示范的原则，在“一国两制”框架下，深化与香港合作，构建更具活力的体制机制，以生产性服务业为重点，推动现代服务业集聚发展，促进珠三角地区产业结构优化升级，提升粤港澳合作水平，努力打造粤港现代服务业创新合作示范区。

——现代服务业体制机制创新区。积极探索促进现代服务业发展的体制机制，营造符合国际惯例的产业发展环境，为全国现代服务业的创新发展探索新路径，为建立开放型经济体系创造新经验。

——现代服务业发展集聚区。集中优势资源，汇聚高端要素，发展总部经济，促进现代服务业的集聚发展，增强资源配置和集约利用能力，建成全国现代服务业的重要基地和具有强大辐射能力的生产性服务业中心，引领带动我国现代服务业的发展升级。

——香港与内地紧密合作的先导区。积极落实CEPA有关安排，先行先试，不断探索香港服务业与内地合作的新模式，不断拓展合作领域，联手开拓国际市场，在全面推进香港与内地服务业合作中发挥先导作用。

——珠三角地区产业升级的引领区。深港联手打造现代服务业高地，不断提升服务水平，完善服务功能，增强辐射能力，引领带动珠三角地区产业结构优化升级，加快构建现代产业体系。

（四）发展目标

到 2020 年，建成基础设施完备、国际一流的现代服务业合作区，具备适应现代服务业发展需要的体制机制和法律环境，形成结构合理、国际化程度高、辐射能力强的现代服务业体系，聚集一批具有世界影响力的现代服务业企业，成为亚太地区重要的生产性服务业中心，在全球现代服务业领域发挥重要作用，成为世界服务贸易重要基地。

（五）产业布局

根据前海的基础条件和产业发展要求，积极发挥前海口岸联通深港的优势，沿前海湾形成特色鲜明、有机关联的“三片一带”布局。

——商务中心片区。商务中心片区位于双界河以南、海滨大道以北，借鉴世界先进城市中心区建设和国际化管理的经验，重点发展金融、信息、贸易、会计等现代服务业，吸引企业总部集聚发展，打造集中展示深港都会区形象的核心区。

——保税港片区。保税港片区位于铲湾路以南，以前海湾保税港区为依托，重点发展现代物流、航运服务、供应链管理、创新金融等服务业。

——综合发展片区。综合发展片区位于海滨大道以南、铲湾路以北，承接商务中心片区和保税港片区的功能拓展，实现与保税港片区、商务中心片区的协调发展，成为集聚性强、功能复合的综合型产业发展区。

——滨海休闲带。滨海休闲带位于听海路以西的滨海地区，大力推进环前海湾滨海生活岸线建设，打造集生态性、景观性、文化性为一体的高品质滨海公共活动区。

二、加快金融业发展

在国家金融监管机构指导下，根据国家金融业对外开放的总体部署，按照开放合作原则，在 CEPA 框架下，广东省先行先试范围内，研究探讨深入推进深港金融合作，研究适当降低香港金融机构和金融业务准入门槛，支持金融改革创新项目在前海先行先试。营造良好的金融生态环境，吸引各类金融机构在前海集聚发展。增强金融辐射服务能力，努力将前海建设成为国家对外开放的试验示范窗口。

（一）推动以跨境人民币业务为重点的金融领域创新合作

继续扩大跨境人民币业务试点，发挥深圳作为跨境人民币业务试点地区的区位优势，促进香港人民币离岸市场的发展。探索资本项目对外开放和人民币国际化路径，在 CEPA 框架下，由有关部门制定深港银行跨境贷款业务试点方案，在风险可控条件下，尝试开展试点。按照有关外商直接投资管理原则，开展外商投资企业的外方股东以人民币跨境直接投资试点。鼓励符合 CEPA 关于“香港服务提供者”定义的金融机构在前海设立国内总部、分支机构。支持设立融资租赁公司、汽车金融公司、消费金融公司以及小额贷款公司等有利于增强市场功能的机构。促进以金融机构战略转型和深港金融深度合作为核心的银行领域创新合作。鼓励银行业金融机构在前海通过金融产品、业务流程及内部管理机制等方面的创新支持现代服务业发展，加大对高科技产业的信贷支持。支持设立担保、再担保机构和为中小企业服务的金融机构，加快建立多领域、多层次融资方式相互配套的中小企业融资服务体系，探索建立中小企业金融服务监管新机制。

（二）稳步推进深港资本市场合作

根据国家金融业对外开放总体规划，循序渐进地推动深圳资本市场对外开放，逐步扩大和深化深港两地证券市场合作，优势互补，互利双赢。支持符合条件的在香港上市的内地企业到深圳上市；支持深港两地证券交易所分别推出跟踪对方指数的交易型开放式指数基金（ETF）等产品。支持符合条件的香港金融机构在前海设立合资证券公司、合资证券投资咨询公司和合资基金管理公司；支持在深圳设立的符合条件的合资证券公司扩大业务范围。积极探索在深圳设立的证券公司、基金管理公司在香港的分支机构开展境内证券投资业务。加强深港两地金融业高端专业人才的培训、业务交流和创新合作。支持深圳高新区进入股权代办转让系统扩大试点范围，支持深圳科技型中小企业加快改制上市步伐，进入市场融资。

（三）大力推进保险创新发展试验区建设

支持保险改革创新项目在前海先行先试。根据国家保险监督管理政策法规，研究支持香港保险机构进入前海的政策，研究适当放宽香港居民及机构进入前海保险中介市场的准入限制。探索在前海开展自保公司、相互制保险公司等新型保险公司试点，大力发展再保险市场。继续推进科技保险试点工作，为科技企业提供风险保险服务。支持在前海开展商业车险定价机制和保险营销体制改革试点。鼓励有条件的深港两地保险机构在产品开发、渠道开拓和理赔服务等方面开展资源整合与业务合作。

三、发展现代物流业

按照深港共建全球性物流中心的目标，促进深港两地现代物流业的深度合作，形成高端物流业的集聚区，打造亚太地区有重要影响的供应链管理中心和航运衍生服务基地，强化对珠三角地区制造业生产组织服务能力。

（一）打造区域生产组织中枢和国际供应链管理中心

前海保税港区可借鉴国际通行做法，积极探索海关特殊监管区域的政策和制度创新。完善市场准入机制和政策配套机制，重点发展提供融资咨询、融资担保、结算、通关、信息管理及相关增值服务的供应链管理企业。鼓励引进为电子商务交易提供物流及相关增值业务的综合服务型企业。支持深圳港成为商品整车进出口码头，发展汽车滚装物流服务。鼓励区内企业承接采购、销售等相关外包服务，搭建国际采购、国际配送和全球集拼分拨管理平台。

（二）积极发展港口航运配套服务

依托香港国际航运中心，推动深港两地海空港紧密合作，拓展港口服务功能，在前海打造港深国际航运服务平台，为香港航运经营者拓展国际航运服务提供便利。支持发展航空交易市场，开展航材租赁、航材交易、民用飞机融资租赁等多种创新服务。积极引进航运业务管理中心、单证管理中心、结算中心、航运中介等在前海设立机构，开展业务。推动航运航空金融创新发展，支持组建航运产业基金、航运金融租赁公司、航运保险机构，促进民用飞机及航材金融租赁业务的发展。允许注册在前海，有离岸国际贸易需求、经营业绩和信用良好的企业在境内银行先期开设离岸专用账户或特殊账户。支持在前海服务航空、航运的金融租赁公司进入银行间市场拆借资金和发行债券。

四、发展信息服务业

统筹规划建设信息基础设施，发展软件和信息技术服务、信息内容服务，全面提升信息传输服务能力。加快推进网络经济与实体经济的融合发展，运用信息技术渗透引领制造业的发展升级。

（一）高水平发展信息传输服务业

大力发展下一代电信网、广播电视网和互联网等新一代信息传输服务业。在促进“三网融合”上先行先试，建设具有国际先进水平的数字化城区。积极推动基础网络运营企业与媒体、增值服务企业之间的合作。加强内地电信运营商与香港电信运营商合作，探索开拓新业务。突出发展互联网增值服务、移动通信增值服务，吸引国内外优秀的增值业务提供商、内容提供商和系统集成商落户前海。

（二）大力发展软件和信息技术服务业

鼓励发展系统集成、信息技术咨询及运营服务。大力发展高可信计算、智能网络技术、云计算等技术与应用。加快软件产业集聚发展，推动在前海建设深圳软件园深港分园，形成具有重要影响的软件和信息服务业园区。支持行业应用软件的研发和应用，促进软件产业在物流、金融等领域形成系统集成和行业解决方案的综合优势。加快发展移动电子商务、移动多媒体、移动搜索、移动支付等新业务。

（三）全力打造南方物流信息交换中枢和国际电子商务中心

支持物联网关键软件技术研发和产业化，加快推动“物联网”发展。建立深港物流信息分类与编码、采集、交换以及安全等方面的标准体系，加强交通、口岸、银行、工商、税务等相关部门的物流信息资源共享，建设物流公共信息平台，构建南方物流信息交换中枢。鼓励物流企业加强智能交通、物流管理软件等新技术的研发、创新能力建设，提高物流运作管理水平。加快建立布局合理的数字证书安全认证体系，推进电子签名与认证在物流信息交换和电子商务中的应用。大力发展电子商务，建设安全、便捷、支持多币种的商务交易应用服务平台，加强与国际大型电子商务平台的对接，打造前海国际电子商务中心。

（四）大力发展信息内容服务业

大力发展数据分析和咨询服务，积极引进国际数据服务高端企业，大力培育本土企业，不断提升国际化水平，建设区域性数据分析和咨询服务中心。发展集宽带通信、移动多媒体广播电视和数字电视等新技术于一体的综合业务新媒体。加强互联网数字内容服务的深度开发和利用，吸引国内外知名互联网企业在前海设立总部、地区总部等，在网络游戏、网络音乐、网络视频、网络媒体、网络广告等细分市场做优做强。组织实施先进的移动互联网内容产品专项、网络游戏引擎开发与平台专项等。积极开发网络内容、动画、游戏等衍生产品和服务，促进相关产业发展。

五、发展科技服务和其他专业服务

在前海汇聚科技服务和其他专业服务资源，构建区域性科技创新服务中心和生产性专业服务基地，为珠三角地区产业升级和自主创新提供有力支撑。

（一）优先发展科技创新服务

以珠三角地区的创新需求为导向，积极推动深港科技服务合作。支持香港科研组织在前海设立附属机构，参与国家和地方科技专项，探索深港科技财政资金支持创新服务的新模式。支持发展深港跨境检验检测服务，探索海关监管新模式，为深港两地科技创新提供便利服务。大力发展高技术服务，支持构建技术转移平台和创业投资平台，鼓励设立技术评估、产权交易、成果转化等科技服务机构，支持开展研发及工业设计、分析试验等研发设计服务，加快深港创新圈建设，促进珠三角地区技术转移和创新成果转化。

（二）大力发展创意设计服务

发挥深圳设计之都的优势，制定深港合作发展文化创意产业指导目录，建设高起点、高水平、代表未来产业发展方向的文化创意产业园区，吸引国内外知名设计机构和知名文化中介服务机构入驻，推动文化创意产业发展，打造国际文化创意中心。

（三）大力发展专业服务

适当放宽准入条件，探索下放审批权限。积极发展规划、认证、管理、企业发展战略、企业形象设计、市场营销与品牌运作等高端咨询服务和会展服务，加快发展人才资源服务，鼓励发展建筑及工程服务，支持发展医疗卫生服务，支持香港服务提供者在前海以独资、合资、合作等多种形式设立专业服务机构，提供个性化和高端专业服务。研究优化审批流程，缩减审批期限，适度发展会计和法律服务。

六、推进区域合作

在粤港合作框架和粤港合作联席会议机制下，不断深化深港政府间合作，研究制定合作推动前海发展的政策措施、推广计划等。积极探索前海重点行业监管的合作机制和模式。加强深港法律界的交流与合作。支持香港公益性法定机构在前海设立服务平台。支持探索香港人士参与前海管理的形式和途径。鼓励深港工商企业界和专业服务人士开展多种形式的交流合作。设立前海合作发展论坛，搭建探讨前海合作的开放性平台。发挥前海区域生产性服务业中心的优势，主动服务引领珠三角地区的产业发展和转型升级，积极推动深莞惠一体化进程，加强区域内交通等基础设施同城化建设。加强与国内经济中心城市的互动合作，进一步拓宽合作领域，促进国内服务业升级发展。加强与国际服务业发达城市的交流合作，积极承接国际产业转移，大力引进跨国企业的区域性总部。积极发挥前海作为国家与东盟合作重要载体的作用，大力发展服务贸易，不断创新合作形式，拓展合作领域和空间。

七、保障措施

（一）加强基础设施保障

1. 交通设施建设。以广深沿江高速—深港西部通道、广深高速、机荷高速、深中过江通道为依托，连接区域高速公路系统。推进南坪快速、海滨大道的规划建设，加强前海与深圳市其他重点地区的交通联系。结合穗莞深城际轨道线的规划建设，深入开展港深机场联络线的前期研究工作，加强前海与香港和珠三角地区的交通联系。结合港深西部快速轨道和前海航站楼建设，将前海口岸规划建设成集口岸查验、交通枢纽、商业办公为一体的综合功能区。进一步优化完善城市道路。构筑高标准的主干路网系统，建设高密度的内部道路网络，提高道路景观设计水平。落实公交优先政策，以轨道交通为骨干，大力发展常规公交。配套建设公交接驳场站，加强轨道交通与常规公交的衔接，实现“零距离换乘”。优化完善慢行交通系统，建设高品质的步行空间。

2. 重大市政设施建设。按照分质供水原则，规划建设前海供水管网，提供高品质的饮用水。依托南山污水处理厂二期工程，在前海建设完善的污水处理设施和中水回用系统。按排洪渠100年一遇、海堤200年一遇的防洪防潮标准，全面提高防洪防潮能力。规划建设节能、集约的电力供应和能源保障系统，推进智能电网建设。高水平建设信息基础设施，积极发展下一代广播电视网，加快部署下一代互联网，推广光纤入户和3G网络，构建具有国际水准的互联网、通信网络和广播电视网，促进信息基础设施与其他设施的共建共享。

3. 生态环境保护。以双界河、桂庙渠、铲湾渠三条河道为依托，充分利用大、小南山和前海湾滨海岸线，形成纵深的生态绿廊。严格执行环境功能区划和水功能区划，严格建设项目环境准入，加大排入前海湾的各水体污染治理力度，不断改善前海湾水质条件和空气质量，提升前海的环境水平。大力发展绿色交通、绿色建筑，积极推动可再生能源、节水和水循环利用等项目建设，将前海建设为以低能耗、低污染、低排放为标志的节能环保型城区。

（二）开发管理

加强深港合作，按照生产性服务业的产业特点和发展规律，创新开发管理模式，高标准建设，高效能管理，建设国际一流的现代服务业集聚区。

1. 开发管理模式。坚持整体规划、统筹推进、政府主导、市场运作的原则，有序推进前海开发。成立前海建设领导机构，负责统筹协调前海开发建设和管理的重大问题。按照精简高效、机制灵活的原则成立管理机构，探索完善法定机构运作模式，负责前海管理、开发工作。组建前海开发公司，负责区内土地一级开发和基础设施建设。充分发挥市场机制的作用，吸引国内外现代服务业企业聚集前海。支持探索特定项目租赁开发、商业机构独资和合资合作开发等多种合作形式。

2. 发展管理体制。努力探索促进现代服务业集聚发展的体制机制，鼓励深圳对政策法规没有明确规定的领域，借鉴国际经验，先行先试，通过特区立法规范管理；鼓励深圳对国家只作原则性规定的领域，制定相应的实施细则，探索发展。对国家已做出明确规定的领域，在非金融类产业项目的审批管理上，赋予前海管理机构相当于计划单列市的管理权限。对特殊领域如金融行业，监管部门可设立专门机构直接监管，支持创新实践。

（三）政策措施

积极探索有利于现代服务业集聚发展的体制机制和政策，将前海打造成为全球营商环境最佳的地区之一。

1. 营造规范高效的政府服务环境。加强深港政府在公共服务领域的合作，共同推进前海服务业发展。加强深港在城市管理方面的交流与合作，提高城市管理的国际化水平。构建高效廉洁的服务型管理机构，减少和规范行政审批，在企业设立、经营许可、人才引进、产权登记等方面提供便捷高效的一站式服务。

2. 打造社会主义法治建设示范区。严格依法管理区内的经济活动；在全国人大授予的经济特区立法权限范围内，制定促进前海现代服务业规范发展的法规；加强深港商事民间调解机制的合作；按照国家的法律法规，进一步健全有关法制工作机制。

3. 财税支持政策。在国家税制改革框架下，充分发挥前海在探索现代服务业税收体制改革中的先行先试作用，促进深港合作，为现代服务业发展和吸引各类高层次人才到前海工作创造良好的社会和经济环境。注册在深圳的保险企业向注册在前海的企业提供国际航运保险业务取得的收入，免征营业税；注册在前海的企业从事离岸服务外包业务取得的收入，免征营业税；注册在前海的符合规定条件的现代物流企业享受试点物流企业按差额征收营业税的政策；积极研究完善融资租赁企业的税收政策，条件具备时，可在前海试点；结合国家电子商务示范城市建设的优惠政策，探索鼓励电子商务发展的财税政策。完善技术先进型服务企业认定标准，经认定的技术先进型服务企业按15%的优惠税率征收企业所得税，其发生的职工教育培训经费按不超过企业工资总额8%的比例据实在企业所得税税前扣除。

4. 土地支持政策。根据前海开发建设的需要，在不突破土地利用总体规划确定的建设用地规模、不影响河口泄洪纳潮安全、不破坏海洋生态环境的前提下，可依法适当围填海，用于发展建设。

5. 合作提供便捷的口岸服务环境。加强深港口岸合作，创新海关、检验检疫、边检等口岸部门监管合作模式，探索建立口岸监管结果共享机制。加快“电子口岸”建设，加快“大通关”进程，为前海的人员、货物和车辆出入境创造更加便捷的通关服务环境。

6. 社会保障服务衔接。鼓励在教育、医疗、社会保障等方面开展合作，为境外人员到内地工作和生活提供便利。前海企业应与聘用的台、港、澳人员签订劳动合同，并按照规定缴纳社会保险费。内地社会保险经办机构依法为香港雇员提供优质、高效、便捷的社会保险管理服务。

7. 营造优良的人才环境。建立健全有利于现代服务业人才集聚的机制，研究制定各类吸引高层次、高技能服务业人才的配套措施，加强深港两地的信息交流和人才培训，积极探索两地从业人员的资格互认，营造良好、便利的工作和生活环境，加大对教育和培训的投入力度，充分发挥高等学校、职业院校和相关科研机构的作用，加强生产性、生活性服务业相关学科专业建设，加快形成与前海现代服务业集聚发展相适应的技能人才和创新人才培养体系，为前海现代服务业合作区建设提供人才支撑。

广东省和国务院有关部门要充分认识深港在前海合作发展现代服务业的重大意义，切实加强规划实施的组织领导，结合各自职能，制定支持前海现代服务业发展的具体政策措施。建立由发展改革委牵头，国务院有关部门、香港特别行政区、广东省、深圳市等各方参加的协调机制，加强对前海合作发展中重大问题的指导和协调，加强实施情况的检查督促和经验总结。深圳市要进一步完善工作机制，落实工作责任，抓紧推进规划的组织实施。

在前海合作发展现代服务业，是新时期改革开放的重大举措，要以规划实施为契机，进一步解放思想，开拓创新，继续发挥经济特区先行先试的引领作用，再铸特区新辉煌。

国务院关于中西部地区承接产业转移的指导意见

2010年8月31日 国发［2010］28号

各省、自治区、直辖市人民政府，国务院各部委、各直属机构：

产业转移是优化生产力空间布局、形成合理产业分工体系的有效途径，是推进产业结构调整、加快经济发展方式转变的必然要求。当前，国际国内产业分工深刻调整，我国东部沿海地区产业向中西部地区转移步伐加快。中西部地区发挥资源丰富、要素成本低、市场潜力大的优势，积极承接国内外产业转移，不仅有利于加速中西部地区新型工业化和城镇化进程，促进区域协调发展，而且有利于推动东部沿海地区经济转型升级，在全国范围内优化产业分工格局。为进一步指导中西部地区有序承接产业转移，完善合作机制，优化发展环境，规范发展秩序，现提出以下意见：

一、总体要求

（一）指导思想。深入贯彻落实科学发展观，紧紧抓住国际国内产业分工调整的重大机遇，以市场为导向，以自愿合作为前提，以结构调整为主线，以体制机制创新为动力，着力改善投资环境，促进产业集中布局，提升配套服务水平；着力在承接中发展，提高自主创新能力，促进产业优化升级；着力加强环境保护，节约集约利用资源，促进可持续发展；着力引导劳动力就地就近转移就业，促进产业和人口集聚，加快城镇化步伐；着力深化区域合作，促进要素自由流动，实现东中西部地区良性互动，逐步形成分工合理、特色鲜明、优势互补的现代产业体系，不断增强中西部地区自我发展能力。

（二）基本原则。

——坚持市场导向，减少行政干预。遵循市场规律，尊重各类企业在产业转移中的主体地位，充分发挥市场配置资源的基础性作用；注重规划和政策引导，改善投资环境，完善公共服务，规范招商引资行为。

——坚持因地制宜，加强分类指导。从各地实际情况出发，立足比较优势，合理确定产业承接发展重点，防止低水平重复建设；进一步优化产业空间布局，引导产业集聚，推动重点地区加快发展。

——坚持生态环保，严格产业准入。加强生态建设，注重环境保护，强化污染防治，严禁污染产业和落后生产能力转入；发展循环经济，推进节能减排，促进资源节约集约利用，提高产业承载能力。

——坚持深化改革，创新体制机制。深化重点领域和关键环节改革，破解发展瓶颈，优化发展环境，增强发展活力和动力；扩大对内对外开放，加强区域互动合作，建立利益共享机制，实现良性竞争、互利共赢。

二、因地制宜承接发展优势特色产业

依托中西部地区产业基础和劳动力、资源等优势，推动重点产业承接发展，进一步壮大产业规模，加快产业结构调整，培育产业发展新优势，构建现代产业体系。

（三）劳动密集型产业。承接、改造和发展纺织、服装、玩具、家电等劳动密集型产业，充分发挥其吸纳就业的作用。引进具有自主研发能力和先进技术工艺的企业，吸引内外资参与企业改制改组改造，推广应用先进适用技术和管理模式，加快传统产业改造升级，建设劳动密集型产业接替区。

（四）能源矿产开发和加工业。积极吸引国内外有实力的企业，大力发展能源矿产资源开发和精深加工产业，加快淘汰落后产能。在有条件的地区适当承接发展技术水平先进的高载能产业。加强资源开发整合，允许资源富集地区以参股等形式分享资源开发收益。

（五）农产品加工业。发挥农产品资源丰富的优势，积极引进龙头企业和产业资本，承接发展农产品加工业、生态农业和旅游观光农业。推进农业结构调整和发展方式转变，加快农业科技进步，完善农产品市场流通体系，提升产业化经营水平。

（六）装备制造业。引进优质资本和先进技术，加快企业兼并重组，发展壮大一批装备制造企业。积极承接关联产业和配套产业，加大技术改造投入，提高基础零部件和配套产品的技术水平，鼓励有条件的地方发展新能源、节能环保等产业所需的重大成套装备制造，提高产品科技含量。

（七）现代服务业。适应新型工业化和居民消费结构升级的新形势，大力承接发展商贸、物流和文化、旅游等产业。积极培育软件及信息服务、研发设计、质量检验、科技成果转化等生产性服务企业，发展相关产业的销售、财务、商务策划中心，推动服务业与制造业有机融合、互动发展。依托服务外包示范城市及省会等中心城市，承接国际服务外包，培育和建立服务贸易基地。

（八）高技术产业。发挥国家级经济技术开发区、高新技术产业开发区的示范带动作用，承接发展电子信息、生物、航空航天、新材料、新能源等战略性新兴产业。鼓励有条件的地方加强与东部沿海地区创新要素对接，大力发展总部经济和研发中心，支持建立高新技术产业化基地和产业“孵化园”，促进创新成果转化。

（九）加工贸易。改善加工贸易配套条件，提高产业层次，拓展加工深度，推动加工贸易转型升级，鼓励加工贸易企业进一步开拓国际市场，加快形成布局合理、比较优势明显、区域特色鲜明的加工贸易发展格局。发挥沿边重点口岸城镇区位和资源优势，努力深化国际区域合作，鼓励企业在“走出去”和“引进来”中加快发展。

三、促进承接产业集中布局

加强规划统筹，优化产业布局，引导转移产业向园区集中，促进产业园区规范化、集约化、特色化发展，增强重点地区产业集聚能力。

（十）引导转移产业向园区集中。把产业园区作为承接产业转移的重要载体和平台，加强园区交通、通信、供水、供气、供电、防灾减灾等配套基础设施建设，增强园区综合配套能力，引导转移产业和项目向园区集聚，形成各具特色的产业集群。发挥园区已有重点产业、骨干企业的带动作用，吸引产业链条整体转移和关联产业协同转移，提升产业配套能力，促进专业化分工和社会化协作。

（十一）规范发展产业园区。统筹规划产业园区建设，合理确定产业定位和发展方向，形成布局优化、产业集聚、用地集约、特色明显的产业园区体系。支持符合条件的产业园区扩区升级。支持发展条件好的产业园区拓展综合服务功能，促进工业化与城镇化相融合。因地制宜发展特色产业园区，大力推进园区整合发展，避免盲目圈地布点和重复建设，防止一哄而起。

（十二）发挥重点地区引领和带动作用。按照推动形成主体功能区的要求，合理调整产业布局，在中西部地区着力培育和壮大一批承载能力强、发展潜力大、经济实力雄厚的重点经济区（带），促进产业集聚发展，发挥规模效应，提高辐射带动能力。

四、改善承接产业转移环境

完善基础设施保障，加强公共服务平台建

设，打破地区封锁，消除地方保护，为承接产业转移营造良好的环境。

（十三）完善承接地交通基础设施。加强区域间交通干线和区域内基础交通网建设，加快发展多式联运，构建便捷高效的综合交通运输体系。促进物流基础设施资源整合和有效利用，完善现代物流体系，进一步降低物流成本。

（十四）强化公共服务支撑。发展跨区域产业技术创新战略联盟，建立完善公共信息、公共试验、公共检测、技术创新等服务平台，规范发展技术评估、检测认证、产权交易、成果转化等中介机构。加快社会诚信体系建设，建立区域间信用信息共享机制。

（十五）改善营商环境。规范政府行为，防止越位和错位，不得采取下硬性指标等形式招商引资，清理各种变相优惠政策，避免盲目投资和过度竞争。整顿和规范市场秩序，促进投资贸易便利化。推进依法行政，加强知识产权保护，完善法制环境，保障投资者权益。

五、加强资源节约和环境保护

将资源承载能力、生态环境容量作为承接产业转移的重要依据，加强资源节约和环境保护，推动经济发展与资源、环境相协调。

（十六）严把产业准入门槛。产业承接必须符合区域生态功能定位，严禁国家明令淘汰的落后生产能力和高耗能、高排放等不符合国家产业政策的项目转入，避免低水平简单复制。全面落实环境影响评价制度，对承接项目的备案或核准严格执行有关能耗、物耗、水耗、环保、土地等标准，做好水资源论证、节能评估审查、职业病危害评价等工作。加强承接产业转移中的环境监测。

（十七）推进资源节约集约利用。加强耕地资源保护，防止在承接产业转移中侵占基本农田。制定相关行业建设用地控制标准，加强多层标准厂房建设，提高土地投资强度和用地密度。加强水资源保护和合理利用，建立和推行用水定额管理制度，大力提高废污水处理回用率。鼓励企业采用节能、节水、节材、环保先进适用技术，改造生产流程及实施相关项目建设，降低单位产出的能源资源消耗。鼓励和支持承接产业转移园区发展循环经济。

（十八）加大污染防治和环境保护力度。加强产业园区污染集中治理，建设污染物集中处理设施并保证其正常运行，实现工业废弃物循环利用。大力推行清洁生产，加大企业清洁生产审核力度。严格执行污染物排放总量控制制度，实现污染物稳定达标排放，完善节能减排指标、监测和考核体系。加强对生态系统的保护，着力改善生态环境。

六、完善承接产业转移体制机制

完善政府管理与服务，提高行政效能，深化经济体制改革，推动区域合作向纵深发展，创新产业承接模式，探索建立合作发展、互利共赢新机制。

（十九）深化行政管理和经济体制改革。加快转变政府职能，减少行政审批，简化办事程序，提高服务效率。推动相关行政许可跨区域互认，做好转移企业工商登记协调衔接。继续推进国有企业改革，大力发展非公有制经济，进一步放宽市场准入，扩大民间投资的领域和范围。发展和完善土地、资本、劳动力、技术等要素市场，促进生产要素优化配置。加快资源型产品价格和环保收费改革。

（二十）创新园区管理模式和运行机制。鼓励中西部地区通过委托管理、投资合作等多种形式与东部沿海地区合作共建产业园区，积极探索承接产业转移新模式，实现优势互补、互利共赢。支持中西部毗邻城市之间合作共建产业园区，创新管理体制和运行机制，实现资源整合、联动发展。

（二十一）加强区域互动合作。推动建立省际间产业转移统筹协调机制、重大承接项目促进服务机制等，引导和鼓励东部沿海地区产业向中西部地区有序转移。充分发挥行业协会、商会的桥梁和纽带作用，搭建产业转移促进平台。提升各类大型投资贸易会展活动的质量和水平。在中西部条件较好的地方设立承接产业转移示范区，充分发挥其典型示范和辐射带动作用。做好产业转移与对口支援、对口帮扶工作的衔接。

七、强化人力资源支撑和就业保障

大力发展职业教育和培训，促进农村劳动力转移，加强人才开发和就业服务，完善社会保障制度，为承接产业转移提供必要的人力资源和智力支持。

（二十二）加强职业技能培训。加快职业教育基础能力建设步伐，健全职业教育培训网络，重点建设一批高水平职业院校，推进公共实训基地建设。落实就读中等职业学校逐步免学费政策和职业培训补贴政策。支持职业院校面向产业转移需要，新增和调整相关专业，定向培养中高级技工和熟练工人。落实农民工培训补贴政策，切实做好农民工培训工作。

（二十三）完善就业和社会保障服务。健全就业服务体系，培育和完善统一开放、竞争有序的人力资源市场。鼓励各地引导社会资金投资建设适合农民工租住的住房，改善农民工居住条件。支持农村劳动力转移就业和返乡创业，加快建立和完善社会保险关系转移接续机制。

（二十四）引进高层次人才。创新高层次人才引进、使用、激励和服务保障机制，积极为高层次人才搭建创新创业平台。推动人才合理流动，实行来去自由的政策，吸引东部沿海地区和海外高层次人才根据本人意愿在中西部地区落户。

八、加强政策引导和支持

为进一步改善中西部地区投资环境，引导和支持产业有序转移和科学承接，在财税、金融、投资、土地等方面给予必要的政策支持。

（二十五）财税政策。中央财政通过加大转移支付等政策，支持中西部地区改善民生和促进基本公共服务均等化，优化产业承接环境。对中西部地区符合条件的国家级经济技术开发区和高新技术开发区公共基础设施项目贷款实施财政贴息。对投资中西部地区国家鼓励类产业和外商投资优势产业的项目，在投资总额内进口的自用设备，按规定免征关税。完善和规范物流企业营业税差额纳税办法。

（二十六）金融政策。鼓励和引导金融机构对符合条件的产业转移项目提供信贷支持。鼓励金融机构在风险可控的前提下为东部地区企业并购、重组中西部地区企业提供支持。支持中西部地区金融机构参与全国统一的同业拆借市场、票据市场、债券市场、外汇市场和黄金市场的投融资活动。鼓励和引导外资银行到中西部地区设立机构和开办业务。有序推进村镇银行、贷款公司等新型农村金融机构试点工作。支持符合条件的企业发行企业债券、中期票据、短期融资券、企业集合债券和上市融资。

（二十七）产业与投资政策。修订产业结构调整指导目录和政府核准投资项目目录，强化对产业转移的引导和支持。根据中西部地区产业发展实际，研究制定差别化产业政策，适当降低中西部地区鼓励类产业门槛，适当下放核准权限。根据《外商投资产业指导目录》修订情况，加快修订《中西部地区外商投资优势产业目录》，增加劳动密集型产业类别。对符合国家产业政策的产业转移项目，根据权限优先予以核准或备案。支持在有条件的地方建设国家高技术产业基地。鼓励省级技术改造等财政专项资金优先用于符合条件的产业转移项目。支持中西部地区根据产业发展和自主创业的需要，设立产业投资基金和创业投资基金。

（二十八）土地政策。在坚持节约集约用地的前提下，进一步加大对中西部地区新增建设用地年度计划指标的支持力度，优先安排产业园区建设用地指标。严格执行工业用地最低出让价标准，进一步完善体现国家产业政策导向的最低价标准实施政策。探索工业用地弹性出让和年租制度。

（二十九）商贸政策。支持在条件成熟的

地区设立与经济发展水平相适应的海关特殊监管区域或保税监管场所。支持有条件的沿边地区设立边境经济合作区、跨境经济合作区。培育和建设一批加工贸易梯度转移重点承接地。对加工贸易重点企业给予贷款支持。加大对“大通关”建设和口岸建设的支持力度，推进中西部地区与东部省份的区域通关改革。

（三十）科教文化政策。鼓励东部地区转让先进技术，大力发展跨区域产业技术创新联盟，促进中西部地区完善产业技术创新体系。加大对产业园区技术创新体系建设、知识产权运用以及自主知识产权产业化的支持力度，提高集成创新和再创新能力。鼓励东部地区高校、科研机构、企业与中西部地区开展多种形式的产学研合作，推动有条件的企业在中西部地区建立研发机构和中试基地。支持中西部地区高等学校提升人才培养与创新服务能力，结合产业转移重点办好特色专业。支持中西部地区文化产业振兴发展，加强公共文化服务体系建设，合理开发利用和保护历史文化资源，营造良好的人文环境。

引导和支持中西部地区承接产业转移，是深入实施西部大开发和促进中部地区崛起战略的重大任务。各地区、各部门要进一步统一思想，提高认识，切实加强工作指导，认真落实各项政策措施。中西部地区要结合自身实际，制定具体实施方案，完善各项配套措施，有序推进承接产业转移工作。国务院有关部门要按照职能分工，加强协作配合，在政策实施、体制创新等方面给予指导和支持，注意研究新情况、解决新问题，推动中西部地区承接产业转移工作健康开展。

国务院办公厅印发关于进一步支持甘肃经济社会发展若干意见重点工作分工方案的通知

2010年10月17日 国办函［2010］143号

甘肃省人民政府，国务院有关部门：

《关于进一步支持甘肃经济社会发展若干意见重点工作分工方案》（以下简称《分工方案》）已经国务院同意，现印发给你们，请认真落实。

各有关部门要认真贯彻落实《国务院办公厅关于进一步支持甘肃经济社会发展的若干意见》（国办发［2010］29号）精神，按照《分工方案》要求，对涉及本部门的工作抓紧制定具体措施，认真抓好落实。同一项工作涉及多个部门的，部门间要密切协作，牵头部门要加强组织协调。甘肃省人民政府要积极发挥主体作用，加强与有关部门的衔接沟通。发展改革委要认真做好统筹协调工作，按年度将重点工作完成情况汇总报国务院。国务院办公厅将对有关政策措施的落实情况适时开展督促检查。

关于进一步支持甘肃经济社会发展若干意见重点工作分工方案

一、优化空间布局，促进区域协调发展

（一）大力支持兰（州）白（银）核心经济区率先发展。建设兰（州）白（银）都市经济圈，积极推进兰州新区、白银工业集中区发展，做大做强石油化工、有色冶金、装备制造、新材料、生物制药等主导产业，把兰白经济区建设成为西陇海兰新经济带重要支点，西北交通枢纽和物流中心。（发展改革委、工业和信息化部、交通运输部、铁道部、住房城乡建设部、国土资源部、商务部、财政部、科技部、环境保护部、能源局、国资委、中国石油天然气集团公司负责。列第一位者为牵头部门或单位，下同）

（二）着力推动平（凉）庆（阳）、酒（泉）嘉（峪关）经济区加快发展。加快陇东煤炭、油气资源开发步伐，构建以平凉、庆阳为中心的传统能源综合利用示范区。加快酒泉、嘉峪关一体化进程，积极发展风能、太阳能等新能源及装备制造产业，构建新能源开发利用示范区。（发展改革委、财政部、国土资源部、环境保护部、能源局、国资委、中国石油天然气集团公司负责）

（三）全面促进区域功能组团协调发展。建设武威张掖河西走廊绿色经济区，着力加强防沙治沙，大力发展新能源和生态农业。加大对“两州两市”扶贫攻坚区政策倾斜和资金支持力度。建设金昌、白银等为重点的循环经济区，大力推行清洁生产。加快天水区域中心城市建设，促进关中—天水经济区发展。（发

展改革委、财政部、工业和信息化部、环境保护部、水利部、农业部、林业局、扶贫办、住房城乡建设部负责）

二、加强基础设施建设，消除发展瓶颈制约

（四）加快推进国家高速公路建设，尽快打通断头路，促进国家高速公路网络形成。开工建设永登（徐家磨）至古浪、安西至星星峡（甘新界）等国家高速公路，积极开展雷家角至西峰、兰州南绕城、营盘水至武威、临洮至渭源、白疙瘩（甘蒙界）至明水（甘新界）、大石碑（甘陕界）至天水、兰州至朗木寺、延安至天水至武都等高速公路项目前期工作。加大国省干线公路改造力度，建设敦煌至当金山口、岷县至合作等二级公路，省内国道达到二级以上技术标准，所有县城通二级以上公路。启动建制村通沥青（水泥）路建设。加强旅游景区与干线公路的连接。加快推进兰州、酒（泉）嘉（峪关）、天水、张掖、平凉等公路运输枢纽及物流园区建设，提高农村客运站覆盖率。（交通运输部、发展改革委、财政部、国土资源部、环境保护部负责）

（五）加快建设贯通东西、连接南北的铁路大通道。积极推进兰渝铁路、西（安）平（凉）铁路建设，新开工建设兰新铁路第二双线，加快推进宝鸡至兰州客运专线、银川至兰州增建二线、兰州至成都、干塘至武威、兰州至张掖铁路增建三四线、兰州铁路枢纽改造和兰州集装箱中心站建设。抓紧开展兰州至合作、天水至哈达铺、敦煌至格尔木、额济纳至哈密等项目前期工作，开展西宁至成都、平凉至庆阳铁路论证工作。适时启动兰州市城市轨道交通建设。（铁道部、发展改革委、财政部、环境保护部、国土资源部、住房城乡建设部负责）

（六）加快兰州机场改扩建，合理规划建设兰州国际航空港，开辟兰州至日韩、港澳等国际和地区航线。改扩建敦煌、嘉峪关和庆阳机场，新建夏河、陇南、张掖、武威、金昌等机场，适时实施天水机场迁建工程，开展新建平凉机场前期论证工作。鼓励在甘肃设立通用航空公司，建设通航起降点，提升航空应急救援能力。（民航局、发展改革委、财政部、环境保护部、海关总署、国土资源部、旅游局负责）

（七）加快引洮供水一期、盐环定扬黄续建等骨干水利工程建设，抓紧实施引洮供水二期及受益区配套建设等重点工程，开展引哈济党、靖远双永供水等项目前期论证工作，全面完成病险水库除险加固任务。积极推动中小型水源建设。加快大中型灌区节水改造和大型灌排泵站更新改造，完善灌区末级渠系配套。实施中小河流综合治理，加强城镇防洪体系建设和山洪灾害防治。（水利部、发展改革委、财政部、国土资源部、环境保护部、农业部负责）

（八）加快城镇道路、供水、供气、供热、垃圾和污水处理、再生水回用、园林绿化等基础设施建设。积极推进兰州新区、白银工业集中区基础设施建设。支持重点城市发展热电联产。加快信息基础设施和数字化城市管理信息系统建设，提高信息安全和应急保障能力。（发展改革委、住房城乡建设部、财政部、环境保护部、水利部、能源局、工业和信息化部、科技部、国土资源部负责）

（九）中央预算内投资以及其他中央专项资金要加大对甘肃的投入力度。统筹考虑甘肃交通等重大基础设施中央投资补助。将部分符合条件的公益性项目国债转贷资金逐步转为拨款。中央安排的病险水库除险加固、农村饮水安全、大中型灌区配套改造以及生态环境、社会事业、基层政权等公益性建设项目，免除县（市）级和甘南、临夏州州级配套资金。（发展改革委、财政部、交通运输部、铁道部、民航局、水利部、林业局、教育部、卫生部等有关部门负责）

三、加强生态建设和环境保护，构建西北地区生态安全屏障

（十）启动实施祁连山生态环境保护和建

设规划，研究建设祁连山生态补偿试验区，加强自然保护区建设管理。加快推进退牧还草、天然林保护等重点生态工程，在重点生态脆弱区和重要生态区继续稳步推进退耕还林工程建设。建立生态补偿机制。科学实施人工增雨雪。逐步将祁连山自然保护区核心区的农牧民转为生态管护人员，加快缓冲区农村剩余劳动力转移。（发展改革委、财政部、环境保护部、水利部、人力资源社会保障部、林业局、气象局负责）

（十一）加快石羊河、黑河、疏勒河流域综合治理。大力推进石羊河流域重点治理工程，启动实施石羊河流域防沙治沙及生态恢复项目。巩固黑河流域综合治理成果，保护天然湿地。加强敦煌水资源合理利用与生态保护，强化水资源管理，优化用水结构，恢复月牙泉和西湖湿地生态功能。积极实施三大内陆河流域盐碱化及沙化治理工程，建设防风固沙大型综合防护林体系。支持建设以河西地区为重点的节水型社会示范区。加强流域生态恢复技术体系的研发和推广。（水利部、发展改革委、环境保护部、农业部、国土资源部、林业局、科技部负责）

（十二）加快实施甘南黄河重要水源补给生态功能区生态保护与建设工程。进一步加大退牧还草、牧区水利、暖棚养殖、饲草料基地、草原鼠害防治和游牧民定居等综合治理项目实施力度；研究建立甘南湿地自然保护区；支持白龙江流域水土流失治理和地质灾害防治工作。（发展改革委、环境保护部、财政部、农业部、水利部、林业局、国土资源部、科技部负责）

（十三）推进黄土高原地区和陇南山地水土流失综合治理。稳步实施黄土高原地区综合治理规划，推进退耕还林、天然林保护、三北防护林、坡改梯和小流域坝系工程、黄河中上游生态修复以及渭河、泾河流域水土保持综合治理等重点生态项目。加大滑坡、泥石流等灾害防治力度，继续实施长江上游水土保持重点防治工程和小水电代燃料项目。统筹规划，加快推进“两江一水”（白龙江、白水江、西汉水）流域生态保护与建设。（水利部、发展改革委、环境保护部、财政部、农业部、国土资源部、林业局负责）

（十四）加大环境保护治理力度。加快实施水和固体废物污染防治工程，加快推进城市生活垃圾和危险废物等固体废物集中处置设施建设，提高无害化处理率；加大兰州等重点城市大气污染防治和清洁生产支持力度。研究建立地质灾害防治长效机制。开展农村环境综合整治。（环境保护部、发展改革委、住房城乡建设部、财政部、工业和信息化部、国土资源部、水利部、农业部负责）

四、夯实农业发展基础，加快建设社会主义新农村

（十五）大力发展旱作节水农业，积极推广全膜双垄沟播、膜下滴灌等高效旱作节水技术，建设一批旱作节水农业示范区。推进基本农田建设，积极发展现代设施农业，推动河西走廊星火产业带高效节水设施农业科技示范工程与科技发展支撑体系建设。大力发展高效农业。（发展改革委、财政部、农业部、国土资源部、水利部、科技部负责）

（十六）突出发展特色优势农业。扶持马铃薯良种繁育体系和贮藏库建设，将马铃薯种植纳入政策性保险补贴范围。加强河西走廊杂交玉米等农作物制种基地建设。加快发展中药材、酿酒原料、林果、蔬菜等产业。积极发展油橄榄、核桃、花椒、食用百合、苦水玫瑰、黄花菜、鲑鳟鱼等地方特色产品。大力发展草食畜牧业，扶持畜禽标准化规模养殖、品种改良和野生动物繁育，加强动物防疫体系建设。积极推动小杂粮等特色农产品基地建设。积极发展沙产业。加大对农业产业化龙头企业和农民专业合作经济组织的支持力度，重点建设一批现代农业示范农场。支持特色农副产品加工循环经济基地建设。（农业部、发展改革委、财政部、科技部、林业局、工业和信息化部、质检总局负责）

（十七）加快实施农村安全饮水工程，到2013年基本解决农村饮水安全问题。加强集雨水窖、节水灌溉等小型农田水利设施建设。积极发展农村小水电，鼓励开发利用可再生能源。大力发展农村沼气。（水利部、发展改革委、财政部、农业部、能源局负责）

（十八）加快农村和国有农场公路“通达工程”和“通畅工程”建设，基本实现乡镇通油路、建制村通公路。（交通运输部、发展改革委、财政部负责）

（十九）加强农业技术推广，建立健全农村科技服务体系和信息服务网络。加强农村社会化服务体系和农产品专业市场建设，推动农产品冷链物流发展，全面落实鲜活农产品“绿色通道”政策。（农业部、发展改革委、交通运输部、科技部、财政部、商务部负责）

（二十）整合培训资源，依托现有机构和设施在兰州设立农村劳动力转移就业培训基地，加强农村劳动力转移就业和创业能力培训。加大“阳光工程”、“雨露计划”、“西部农民创业促进工程”等农村劳动力转移培训工程实施力度。扶持发展劳务中介组织，支持完善农民创业园，鼓励农民就近就地转移就业。（人力资源社会保障部、发展改革委、财政部、教育部、农业部、扶贫办负责）

（二十一）加快户籍制度改革，积极研究制定有稳定职业和固定居所的农民转为城镇居民的办法。（公安部、发展改革委、人力资源社会保障部负责）

五、加大扶贫开发力度，尽快改变贫困地区落后面貌

（二十二）抓紧引洮济合、引洮入潭、青走道水电站、石门河引水等工程前期工作，尽早开工建设。实施刘家峡、盐锅峡、八盘峡水库库区水土治理项目，支持移民安置区生产生活设施建设和产业发展。加强渭河源头生态保护与建设。支持建设引洮供水一期配套工程。启动实施会宁县城及北部乡镇供水工程，抓紧解决环县苦咸水地区农村饮水安全问题。（水利部、发展改革委、环境保护部、林业局、扶贫办负责）

（二十三）积极发展高原草原旅游、回藏风情旅游，打造九色甘南香巴拉和临夏穆斯林风情旅游品牌。大力发展红色旅游。加强和政县古动物化石保护，提升古动物化石博物馆展示服务水平。（旅游局、发展改革委、文物局、财政部、国土资源部、国家民委负责）

（二十四）加大临夏州基础设施和商贸流通设施建设力度，积极推进清真食品、民族特需用品生产加工基地建设。扶持保安、撒拉等人口较少民族发展。（发展改革委、商务部、国家民委、住房城乡建设部、财政部、工业和信息化部负责）

（二十五）大力发展定西市马铃薯产业，建设全国重要的脱毒种薯、商品薯生产基地及精深加工基地，支持以定西为主的马铃薯贸工农一体化示范区建设。发挥定西药材资源丰富、品质优良的优势，建设全国优质中药材药源基地、饮片加工基地和交易市场。（农业部、发展改革委、中医药局、林业局、工业和信息化部、商务部、环境保护部负责）

（二十六）促进陇南市加快发展以黄金、铅锌为主的有色冶金工业，支持水电、生态旅游产业发展。发展以中药材、油橄榄、核桃、花椒为主的特色农业。（工业和信息化部、发展改革委、能源局、旅游局、林业局负责）

（二十七）加快陇南等地区汶川地震灾后恢复重建步伐，研究解决灾区长远发展问题。（发展改革委、财政部、住房城乡建设部、扶贫办负责）

（二十八）庆阳等革命老区依托石油、煤炭等资源优势，适当扩大原油就地加工规模，把产业发展与农民增收致富结合起来。（能源局、发展改革委、工业和信息化部、国资委、中国石油天然气集团公司负责）

（二十九）加大中央扶贫资金投入力度，扩大扶贫小额信贷规模，稳步推进易地扶贫搬迁和生态移民，研究探索创新对口支援方式，进一步加大定点扶贫、东西协作扶贫力度。

（扶贫办、发展改革委、财政部负责）

六、加快发展社会事业，着力保障和改善民生

（三十）巩固“两基”攻坚成果，全面完成“两基”攻坚任务。合理调整中小学校布局，加强寄宿制学校建设，实施中小学校舍安全工程。改善少数民族地区基础教育办学条件，推进民汉合校，加强“双语”教育。扩大中等职业教育规模，建设一批职业院校和公共实训基地。逐步对农村家庭经济困难学生和涉农专业学生免除学费。增加部门院校和外地高校在甘肃的招生规模，支持甘肃高校改善办学条件。（教育部、发展改革委、财政部、人力资源社会保障部、国家民委负责）

（三十一）支持高校发挥科研和人才优势，参与重大产业项目科技攻关。（科技部、教育部、发展改革委、工业和信息化部负责）

（三十二）推进医药卫生体制改革。重点建设农村卫生服务体系和城市社区卫生服务体系，加强地市级医院建设。支持中（藏）医院建设，扶持中（藏）医事业发展。加大骨节病、高氟病等地方病防治力度。支持妇幼保健机构设施建设，实行农村孕产妇住院分娩补助政策。加强卫生专业技术人员和乡村医生培养培训工作。完善城镇居民基本医疗保险制度、新型农村合作医疗制度和城乡医疗救助制度。加大投入力度，做好鼠疫防控工作。（发展改革委、卫生部、中医药局、财政部、人力资源社会保障部、民政部、农业部、质检总局负责）

（三十三）进一步完善农村计划生育家庭奖励扶助制度、“少生快富”工程和计划生育特别扶助制度，加强基层人口和计划生育服务网络建设，加快建立西北人口信息中心。（人口计生委、发展改革委、财政部负责）

（三十四）继续实施全国文化信息资源共享工程。重点建设地市级图书馆、文化馆，加强省市级博物馆、文物大县和重点遗址博物馆建设。支持丝绸之路整体申遗及沿线重要遗址保护，加大重点文物保护和少数民族文化遗产抢救力度。支持非物质文化遗产保护，加大对濒危非物质文化遗产的抢救力度，建立古籍保护工作机制，完善古籍保护设施条件。（文化部、文物局、发展改革委、财政部、国家民委负责）

（三十五）继续实施广播电视西新工程、村村通工程和农村数字电影放映工程。将临夏州及张家川、肃南、肃北和阿克塞等自治县纳入西新工程。加强少数民族语言节目译制、制作播映和覆盖能力建设，改善市、县广播影视基础条件。（广电总局、发展改革委、财政部、国家民委、文化部负责）

（三十六）加大公共文化设施建设投入，建立基层公共文化体育服务经费保障机制。建设一批基层群众性体育活动场馆，大力开展全民健身活动，积极推进临洮体育训练基地建设。（发展改革委、财政部、文化部、体育总局负责）

（三十七）落实针对就业困难人员的各项就业援助政策，帮扶零就业家庭人员实现就业。提高失业保险基金统筹层次。积极推进新型农村社会养老保险试点，落实被征地农民社会保障政策。加强公共就业与社会保障服务信息网络建设、人力资源市场基础设施及社会保障服务中心建设。（人力资源社会保障部、财政部、发展改革委负责）

（三十八）积极发展多层次的养老服务，加快建设基本养老服务体系。完善社会救助和社会福利服务体系。加强社会福利机构和社区服务设施建设，强化养老和孤残儿童护理员队伍建设。（民政部、发展改革委、财政部、人力资源社会保障部、住房城乡建设部、卫生部负责）

（三十九）大力推进残疾人社会保障和服务体系建设。（中国残联、发展改革委、财政部、教育部、民政部、人力资源社会保障部、卫生部负责）

（四十）加大城镇廉租住房、农村危房改造等保障性住房建设，合理确定补助范围和补助标准。支持推进国有林区、垦区及城镇棚户

区改造。启动实施白银棚户区改造工程。（发展改革委、财政部、住房城乡建设部、农业部、民政部、林业局、扶贫办负责）

七、大力推进能源基地建设，增强经济发展后劲

（四十一）加强煤炭资源勘探和开发利用，逐步建成一批大型煤炭矿区，高起点、高水平地建设国家大型煤炭生产基地。延伸煤炭产业链，实施煤电联营，建设大型电站，先行启动建设崇信、平凉二期等一批条件具备的电厂项目，开展正宁、环县电厂前期论证工作。有序发展煤化工产业，规模化开发利用煤层气。推进庆阳长庆桥、平凉华亭和崆峒产业聚集区建设。（能源局、发展改革委、环境保护部、国土资源部、财政部、工业和信息化部、国资委负责）

（四十二）加快建设以酒（泉）嘉（峪关）为中心的风电、以敦煌为重点的太阳能发电示范基地，力争到2020年建成千万千瓦级以上风电基地、百万千瓦级以上太阳能发电基地，配套建设稳定风电送出的电源项目。支持大型风电制造企业在酒泉建设风电装备生产基地，支持建设数字风机设备和太阳能光伏、光热产品研发制造基地。积极研究当地用电补贴政策。适时发展核电，实现风电、太阳能发电、核电互补。加快与我国核能发展相适应的核电配套工程建设，加大核电站乏燃料后处理技术的研究开发力度，稳妥推进大型商用核乏燃料后处理项目。加快太阳能光热光电技术、浅层地能热泵技术在建筑中应用。（能源局、发展改革委、工业和信息化部、住房城乡建设部、财政部、环境保护部、国土资源部、国资委、中国核工业集团公司负责）

（四十三）加大对陇东地区煤炭资源勘查的政策支持力度。加快陇东西峰、华池、镇原、环县以及玉门等油田勘探开发步伐。（国土资源部、能源局、国资委、中国石油天然气集团公司负责）

（四十四）支持玉门老油田发展，提高经济开采年限。建设战略性石化工业基地。加快实施兰州石化大型碳五综合利用、550万吨/年蒸馏装置技术改造和汽柴油质量升级，庆阳石化300万吨/年炼油集中搬迁改造等工程，力争到2020年甘肃炼油能力达到2000万吨以上。（能源局、发展改革委、工业和信息化部、环境保护部、国资委、中国石油天然气集团公司负责）

（四十五）支持兰州180万立方米原油商业储备库和100万立方米原油生产运行库建设，建设300万立方米国家石油储备基地，打造西部大型石油、化工原料集散地，建成国家重要的石油储备基地。做好涩宁兰输气管道复线、兰州至郑州至长沙成品油管道、庆阳石化成品油外输管道等油气管道建设。（发展改革委、能源局、环境保护部、国资委、中国石油天然气集团公司负责）

（四十六）加强电网建设。加快实施农网、城网改造工程和无电地区电力建设，加强甘肃省内及省际750千伏网架建设，优先建设河西和陇东南750千伏输变电线路，实现与新疆联网。研究论证2020年外送能力和电力市场，完善风电和太阳能发电的外送方案。（能源局、发展改革委、国资委、国家电网公司负责）

八、大力发展特色优势产业，推进产业结构优化升级

（四十七）全面提升有色冶金产业。鼓励重点骨干企业加快发展，支持钨、钼矿产品深加工，建设张掖钨钼生产基地。建设有色金属新材料产业和研发基地。（发展改革委、工业和信息化部、国土资源部、国资委、科技部、环境保护部负责）

（四十八）做大做强装备制造业。积极实施技术创新工程，加快调整产品结构，做大做强一批重点企业，形成以兰州石化通用设备、电机制造，天水电工电器、机床制造、电子信息为主的装备制造产业集群。（发展改革委、工业和信息化部、国资委、科技部、能源局负责）

（四十九）加快重点行业、重点骨干企业

的技术改造，支持资源枯竭城市改造传统产业，培育替代产业。积极承接产业转移，建设接续替代产业园区。支持白银公司等开展危机矿山找矿及区域内资源整合。（工业和信息化部、发展改革委、国资委、商务部、国土资源部、科技部、环境保护部负责）

（五十）支持解决政策性关闭破产国有企业历史遗留的社会保障问题。积极推进厂办大集体改革试点，逐步增加企业离退休人员的养老金。（人力资源社会保障部、财政部、国资委等有关部门负责）

（五十一）抓紧启动实施《甘肃省循环经济总体规划》，推进石化、有色、化工、建材等传统行业清洁生产，推动企业向产业园区集中，实现集聚生产、集中治污、集约发展，提高能源、水资源和废弃物的循环利用率。大力实施重点节能工程。（发展改革委、工业和信息化部、环境保护部、科技部、财政部、国土资源部、能源局负责）

（五十二）积极发展新材料、生物医药、节能环保等战略性新兴产业。推进新型有色金属合金材料、稀土材料、新型化工材料、电池材料等新材料产业化发展。加快发展生物制药，建设兰州生物医药产业基地。建设规范化中药材种植、中药饮片加工和特色中藏药生产基地，积极发展特色中成药和藏药，积极推进国家新药和中药保护品种产业化。支持重离子加速器治癌装置等医疗器械产业发展。发展节能环保装备制造业，增强节能环保装备产业竞争力。（发展改革委、工业和信息化部、科技部、卫生部、中医药局、环境保护部、财政部、国资委负责）

（五十三）加大对文化产业发展的扶持力度，支持历史文化遗产的挖掘开发，培育《读者》等一批具有较强竞争力的大型文化企业集团。在有效保护的基础上，大力发展香包、刺绣、民间剪纸等民俗文化创意产业。支持建设兰州创意文化产业园、庆阳农耕和民俗文化产业园、临夏民族文化产业园和丝绸之路文化产业带。（文化部、发展改革委、新闻出版总署、文物局负责）

（五十四）加大旅游产业投入，加强旅游基础设施建设，完善景区内外交通条件和公共服务设施，重点支持一批精品旅游线路和景区建设，积极推进红色旅游基地建设，加快森林旅游发展。扩大旅游产业经营范围，扶持旅游产品开发。拓宽投融资渠道，积极吸收社会资本参与文化、旅游产业发展。（发展改革委、财政部、旅游局、文化部、文物局、住房城乡建设部、环境保护部、商务部、林业局、农业部负责）

（五十五）积极推进兰州商贸物流中心、兰州集装箱节点站、天水现代物流园和武威煤炭集疏运中心等项目建设。大力推进县城超市及配送中心、乡镇超市、村连锁农家店等现代流通网络建设。大力发展会展业，办好兰州投资贸易洽谈会。（发展改革委、商务部、铁道部负责）

（五十六）建立完善农产品市场信息服务体系、物流配送体系及质量安全监管体系。（商务部、农业部、发展改革委、工业和信息化部、质检总局负责）

（五十七）支持有条件的企业发行股票和企业债券，支持发行中小企业集合债券。积极稳妥地发展期货市场。（发展改革委、证监会、人民银行、银监会负责）

（五十八）培育和发展金融产业，积极引进金融机构，扶持城市商业银行、农村信用社等地方性金融机构发展。对农村金融机构执行较低的存款准备金率，对符合条件的金融机构，适当加大支农再贷款支持力度。建立健全政府投融资平台。（人民银行、银监会负责）

九、深化体制改革，提高对内对外开放水平

（五十九）大力推进国有企业改革，加强地方企业与中央企业的战略合作，培育具有国际竞争力的大型骨干企业。（国资委、发展改革委负责）

（六十）积极鼓励、支持和引导非公有制

经济发展，加大对中小企业发展支持力度，鼓励民间资本参与基础设施、公用事业和社会事业等领域的建设。（工业和信息化部、发展改革委、财政部、住房城乡建设部、教育部负责）

（六十一）对从事国家重点扶持和鼓励发展产业项目的企业，按照税收法律法规的规定享受税收优惠政策。（财政部、税务总局负责）

（六十二）逐步建立水权分配体系和配水、用水定额管理制度，支持建立水权转换制度，规范水权交易办法，不断完善水价形成机制。（水利部、发展改革委、国土资源部、农业部、住房城乡建设部负责）

（六十三）推进工业企业清洁生产和水资源循环利用，鼓励再生水利用，落实水资源费征收使用管理办法。推进城乡水务一体化，统筹水务综合管理，创新基层水利工程管理机制。发挥农民用水协会作用，明晰小型水利工程的产权，调动农民和社会力量参与水利建设和设施管护的积极性。（发展改革委、财政部、水利部、住房城乡建设部、环境保护部、工业和信息化部负责）

（六十四）支持甘肃开展农村土地整治工作。鼓励对沙地、荒山、荒滩、戈壁等未利用土地开发利用。合理确定兰州新区建设用地规模和布局。加大中央地质勘查基金、国土资源大调查资金对甘肃的投入力度。做好陇东地区、中部地区和河西地区能源基地后备资源勘查工作，优先开展陇东、玉门油气资源勘查。（国土资源部、林业局、农业部负责）

（六十五）加大对特色农业、新农村建设、中小企业引智项目的支持力度。积极引进科技、教育、卫生等行业紧缺人才，加大技能人才培养。积极吸引海外高层次留学人才，加强留学人员创业园建设。（人力资源社会保障部、财政部、发展改革委、教育部、中央农办、农业部、科技部、外专局负责）

（六十六）鼓励发达省（市）高等院校、科研院所、大型企业等单位及社会组织通过合作办学等方式，为甘肃经济社会发展培养培训各类专业技术人才。扶持发展远程教育，大力发展继续教育，建立连通市（州）和县（区）的继续教育培训网络。（人力资源社会保障部、中央组织部、教育部、外专局负责）

（六十七）支持兰州高新技术开发区、经济技术开发区增容扩区，研究推进酒（泉）嘉（峪关）、张掖经济技术开发区和白银高新技术产业开发区升级为国家级开发区。（商务部、科技部、国土资源部、环境保护部、住房城乡建设部、发展改革委、工业和信息化部负责）

（六十八）支持兰州等城市作为加工贸易梯度转移重点承接地区，大力发展保税加工和保税物流，支持在甘肃符合条件的地区设立海关特殊监管区域。支持企业到境外投资办厂，参股、并购境外矿产企业，建立生产加工基地或稳定的原料供应基地。（商务部、发展改革委、财政部、海关总署、工业和信息化部负责）

国务院关于支持舟曲灾后恢复重建政策措施的意见

2010 年 10 月 18 日　国发［2010］34 号

各省、自治区、直辖市人民政府，国务院各部委、各直属机构：

为统筹引导各方面力量，支持和帮助遭受特大山洪泥石流灾害的舟曲灾后恢复重建，使灾区基本生产生活条件和经济社会发展全面恢复并超过灾前水平，山洪地质灾害综合防治取得明显成效，建设更加美好的新舟曲，现就支持舟曲灾后恢复重建有关政策措施提出以下意见：

一、基本原则

（一）中央为主、多方协作。考虑到舟曲县是民族地区和国家级贫困县，灾后恢复重建资金安排以中央财政资金为主，甘肃省要加大投入力度，统筹安排社会捐赠资金、银行贷款、居民和企业自筹资金等，形成合力。

（二）突出重点、兼顾一般。根据受灾程度，重点支持舟曲县受灾严重的城关镇居民住房、公共服务、基础设施以及灾害防治等方面恢复重建，同时兼顾舟曲县江盘乡等其他受灾乡镇恢复重建。

（三）注重衔接、统筹安排。舟曲县是汶川地震 51 个重灾县之一，舟曲山洪泥石流灾后恢复重建政策措施要与汶川地震灾后恢复重建政策措施相衔接，从灾区实际情况出发，统筹安排恢复重建工作。

（四）总量包干、分类控制。中央财政对灾后恢复重建资金实行“总量包干，分类控制”的管理办法，由地方政府根据规划项目和轻重缓急，统筹做好中央财政资金、省级财政资金、社会捐赠资金、银行贷款和其他自筹资金的安排使用。

二、主要政策

（一）以中央财政为主安排灾后恢复重建资金。

中央财政安排的资金包括：一般预算收入资金、车购税专项收入资金和中央国有资本经营预算收入资金。根据灾后恢复重建规划，中央财政资金分年度安排。

甘肃省要通过调整支出结构集中财力用于恢复重建。民政部及红十字会、慈善总会等接收的捐赠资金，连同甘肃省接收的捐赠资金，统一纳入灾后恢复重建规划，由甘肃省统筹安排用于恢复重建。此外，加上银行贷款、居民和企业自筹资金等，共同组成灾后恢复重建资金。

根据舟曲受灾及恢复重建实际情况，灾后恢复重建资金用于以下几个方面：

1. 居民住房恢复重建。包括灾区倒塌和严重损坏的城乡居民（含中央垂直管理部门职工）住房恢复重建，以及一般受损住房经鉴定需除险加固的补助。具体政府补贴标准按国家有关政策确定。

2. 城乡基础设施恢复重建。包括整体破坏严重需重建或新建，以及局部受损需修复的道路（干线公路、乡村公路、城镇道路、机耕道等），供水、供气、供热、污水垃圾处理等公用设施及配套管网，邮政服务设施，通信网络，电力电网，乡村供水、防洪灌溉、水文等水利设施的恢复重建。

3. 公共服务设施恢复重建。包括教育、

医疗卫生、文化体育、广播电视、就业与社会保障、社会管理（含中央垂直管理部门）等公共服务设施恢复重建。其中教育、卫生设施恢复重建优先安排社会捐赠资金。

4. 灾害防治。包括泥石流、滑坡、塌方等地质灾害、山洪灾害隐患排查及监测预警体系建设，急需的山洪、泥石流等灾害综合防治和白龙江堰塞河道疏通整治、灾后废弃物及淤泥处理等。对山洪、地质灾害以及白龙江流域的系统性、全面性防治纳入甘肃及舟曲中长期发展规划和国家相关专项规划中统筹考虑。

5. 产业恢复重建。包括恢复重建舟曲工商企业、金融网点，恢复农牧业、林业生产能力，发展环保型产业和特色文化、旅游等产业。

6. 生态环境等恢复重建。包括天然林保护、退耕还林、森林病虫害防治等生态环境保护及治理，灾毁土地整治以及规划确定的其他恢复重建任务。

（二）税收政策。

1. 减轻企业税收负担。

（1）对灾区损失严重的企业，免征灾后恢复重建期所在年度的企业所得税。

（2）对灾区企业取得的抢险救灾和灾后恢复重建款项和物资，以及税收法律、法规和国务院批准的减免税金及附加收入，免征企业所得税。

（3）在5年内免征灾区农村信用社企业所得税。

（4）对灾区企业、单位或支援灾区的企业、单位，进口国内不能满足供应并直接用于灾后恢复重建的大宗物资、设备等，给予进口税收优惠。

2. 减轻个人税收负担。对灾区个人接受捐赠的款项、取得的各级政府发放的救灾款项，以及参与抢险救灾的一线人员按照地方各级政府及其部门规定标准取得的与抢险救灾有关的补贴收入，免征个人所得税。

3. 支持灾区基础设施、房屋建筑物等恢复重建。

（1）对政府为受灾居民组织建设的安居房建设用地，免征城镇土地使用税，转让时免征土地增值税。

（2）对灾区住房倒塌的农（牧）民重建住房占用耕地的，在规定标准内的部分免征耕地占用税。

（3）由政府组织建设的安居房，对所签订的建筑工程勘察设计合同、建筑安装工程承包合同、产权转移书据、房屋租赁合同，免征印花税。

（4）对因灾损毁的应缴而未缴契税的居民住房，不再征收契税；对受灾居民购买安居房，免征契税。

（5）经甘肃省人民政府批准，对经有关部门鉴定因灾损毁的房产、土地，免征灾后恢复重建期所在年度的房产税和城镇土地使用税。对经批准免税的纳税人已缴税款可以在以后年度的应缴税款中抵扣。

4. 鼓励社会各界支持抢险救灾和灾后恢复重建。

（1）对单位和个体经营者将自产、委托加工或购买的货物，通过公益性社会团体、县级以上人民政府及其部门捐赠给受灾地区的，免征增值税、城市维护建设税及教育费附加。

（2）对企业、个人通过公益性社会团体、县级以上人民政府及其部门向灾区的捐赠，允许在当年企业所得税前和当年个人所得税前全额扣除。

（3）对财产所有人将财产（物品）直接捐赠或通过公益性社会团体、县级以上人民政府及其部门，捐赠给灾区或受灾居民所书立的产权转移书据，免征印花税。

（4）对专项用于抢险救灾和灾后恢复重建、能够提供由县级以上人民政府或其授权单位出具的抢险救灾证明的新购特种车辆，免征车辆购置税。符合免税条件但已经征税的特种车辆，退还已征税款。

5. 促进就业。

（1）受灾地区企业在新增加的就业岗位中，招用当地因灾失去工作的人员，与其签订一年以上期限劳动合同并依法缴纳社会保险费的，经县级人力资源社会保障部门认定，按实际招用人数和实际工作时间予以定额依次扣减营业税、城市维护建设税、教育费附加和企业所得税。定额标准为每人每年4000元，可上下浮动20%，由甘肃省人民政府根据本地实际情况具体确定。

（2）灾区因灾失去工作后从事个体经营的人员，以及因灾损失严重的个体工商户，按每户每年8000元的限额依次扣减其当年实际应缴纳的增值税、营业税、城市维护建设税、教育费附加和个人所得税。

以上税收优惠政策，凡未注明具体期限的，执行期限与国务院确定的灾后恢复重建期一致，适用范围为国务院确定的受灾地区范围。如果纳税人按规定既享受以上税收优惠政策，也享受国家支持汶川地震灾后恢复重建税收优惠政策，可由纳税人自主选择适用政策，但两项政策不得叠加使用。

（三）金融政策。

1. 支持金融机构尽快全面恢复金融服务功能。加快修复基层金融网点，保障支付清算、国库、现金发行、统计、征信和邮政汇兑系统的安全运营，鼓励受灾地区金融机构适当减免客户账户查询、挂失和补办、转账等收费。

2. 鼓励银行业金融机构加大对灾区信贷投放。

（1）加大对灾区金融机构的资金支持力度。根据灾区恢复重建的实际需求，增加对灾区的再贷款（再贴现）额度，继续对支农再贷款执行优惠利率，对灾区金融机构发放的支农再贷款在现行支农再贷款利率（一年期2.88%）基础上下调0.99个百分点，重点用于支持灾区农房重建；继续对灾区地方法人金融机构执行倾斜的准备金政策。

（2）对灾区实施倾斜和优惠的信贷政策。对灾前已经发放的各类汶川地震恢复重建贷款、因灾不能按期偿还的，不催收催缴、不罚息，不作为不良记录，不影响其继续获得灾区其他信贷支持。鼓励金融机构充分考虑借款人的实际情况，参照有关规定积极采取多种有效方式和措施实施贷款重组。

（3）加大对灾区重点基础设施、城乡居民住房、农牧业、中小企业和因灾失业人员的信贷支持力度。对因灾失业人员和吸纳受灾群众就业达到一定比例的劳动密集型中小企业，参照下岗失业人员小额担保贷款政策执行。

3. 加强灾区信用环境建设。

（1）保护灾区客户合法权益。加快整理核实灾区金融机构客户基本信息；对暂时无主客户的债权，另账保存；依法确认和保护遇难者账户资金、金融资产所有权和继承权；加快保险理赔进度，提高理赔效率。

（2）对于符合现行核销规定的贷款，按照相关政策和程序及时核销。鼓励和支持金融机构对因灾形成的不良债务实施有效重组，帮助企业和个人恢复生产和偿债能力。金融机构应坚持市场化、法制化、可持续的原则做好灾区恢复重建的金融支持与服务工作，注意防范金融风险和道德风险。

（3）加大宣传引导。充分利用柜台、媒体等有效渠道，加强政策宣传，强化还款意识，使受灾群众充分认识到灾后恢复重建贷款与重建补助、扶贫资金的本质区别，积极引导受灾群众树立“谁贷款、谁还本、谁付息”的理念，增强借贷企业和个人的信用观念。

4. 实施住房重建优惠信贷服务政策。

（1）对于有政府出资设立的担保公司（或担保基金）提供全额担保以及借款人提供完全符合银行要求的抵押物、质物的农房重建贷款，其贷款利率下限为贷款基准利率的0.6倍，具体利率水平由商业银行根据风险管理原则自主确定。鼓励银行业金融机构根据农户收入状况与特点，提供灵活多样的贷款偿还方式，减轻农户的本金偿还压力。

（2）城镇灾区个人住房贷款利率下限为贷款基准利率的0.6倍，最低首付款比例为10%，具体利率水平和首付款比例由商业银行根据风险管理原则自主确定。

5. 实行外债减免政策。对政府外债项目因灾造成的损失，给予债务减免，所需还款资金由中央财政承担。

（四）产业政策。

大力支持符合国家产业政策、当地资源环境条件、灾后恢复重建规划的特色优势产业发展。重点恢复重建生态旅游、特色农副产品加工、商贸物流、特色文化等产业以及少数民族特需商品和民族手工艺品等的生产。

（五）土地政策。

1. 免收新增建设用地土地有偿使用费和土地出让收入。对灾区为安置受灾居民新建各类安置住房以及非受灾地区为安置受灾居民新建各类安置住房；灾区的行政机关、学校等事业单位，各类企业、人民团体、社会团体等单位因灾造成房屋倒塌、毁损，需要在原地进行重建或迁至异地重建的，免收新增建设用地土地有偿使用费，需要占用国有土地的，免收土地出让收入。

2. 实行特殊供地方式。凡利用政府投资、社会捐助以及自筹资金为受灾群众重建住房、基础设施、公益设施等，可采用划拨方式供地。对因灾毁按规划需要整体搬迁的工业企业，县级人民政府在收回其原有土地使用权的基础上，可采取划拨方式供地；对在当地市县范围内易地重建的工业企业或其他经营性项目用地，同一宗地只有一个用地意向者的，可采用协议出让方式供地，并挂牌公示。

3. 降低地价。在未对因灾降低的地价标准进行调整之前，对投资规模大、促进地区经济发展作用明显的新建工业或大型商业设施等项目用地，可根据实际情况降低地价标准，报省级国土资源管理部门备案。

4. 保证灾后恢复重建用地。对灾后恢复重建需要的新增建设用地计划指标，在国家下达的土地利用年度计划指标中优先安排，指标不足的，可预先安排使用。对规划异地重建的城镇和村庄，凡废弃村庄和城镇具备复垦条件的，可以使用城乡建设用地增减挂钩周转指标。对抢险救灾和灾后恢复重建用地，可根据需要先行使用或安排供地。涉及农用地转用和土地征收的，可以边建设边报批；涉及占用耕地的，可以边占边补，实行占补平衡。

5. 建立建设用地审批快速通道。根据灾区各类用地的特殊要求，减少审批环节，简化报批材料，调整审批程序，保证及时高效用地。

6. 加大土地整治力度。支持灾区开展土地整治，统筹安排灾毁土地的整理复垦，地方可统筹使用中央按因素法分配的新增建设用地土地有偿使用费、省级留成的新增建设用地土地有偿使用费等资金重点开展灾毁耕地复垦，中央将给予适当补助。

此外，对灾后重建项目依法开展环境影响评价，环境保护部要开辟环评绿色通道，简化相关手续，协调相关环评机构开展对口支援。

（六）收费和基金减免政策。

在灾区恢复重建过程中，一律免收属于中央收入的各类行政事业性收费和政府性基金。对在灾区建设安居房、廉租住房及原址重建住房和加固住房，一律免收防空地下室易地建设费、城市基础设施配套费、散装水泥专项资金、新型墙体材料专项基金、教育费附加、地方教育附加、城镇公用事业附加等各类行政事业性收费和政府性基金。

（七）教育特别资助政策。

1. 对生源地为舟曲县的普通高校全日制本专科学生，由相关高校及高校所在地给予适当资助。中央财政安排后续资助经费时对接收较为集中的省份给予倾斜。

2. 对恢复重建期内迁出舟曲县就读的普通高中灾区学生，从2010年秋季学期起全部免除学费和住宿费，并发放生活费补助，所需资金以中央财政综合定额补助为主，迁入迁出地政府适当负担。

3. 中央财政在安排农村义务教育特设岗位教师计划时，考虑灾区因素向甘肃适当倾斜。

（八）就业援助和社会保险政策。

1. 加大就业援助力度。

（1）将甘肃省人民政府确定的因灾出现

的就业困难人员，按规定及时纳入就业援助的对象范围，优先保证灾区零就业家庭至少有一人就业。

（2）将本地就业困难人员正在参与的抗灾救灾相关工作，按规定纳入现有和新开发的公益性岗位认定范围，时限为三个月。对从事公益性岗位工作的就业困难人员，按规定提供岗位补贴和社会保险补贴。

（3）对灾区企业在重建中吸收就业困难人员的，按规定给予相应的社会保险补贴。

（4）对从事灵活就业的就业困难人员，按规定享受社会保险补贴。

（5）对因灾中断营业后重新开业的个体工商户，按规定给予小额担保贷款扶持。

（6）甘肃省人民政府在确保失业保险基金按时足额发放的前提下，对灾区企业采取适当降低失业保险费率等措施。

（7）按规定对灾区从事个体经营的有关人员三年内免收管理类、登记类和证照类等有关行政事业性收费。

（8）灾区企业恢复生产、公路和农田水利等基础设施以及对口支援项目建设，需优先吸纳当地受灾群众。地方政府要组织引导好受灾群众参加以工代赈和生产自救活动。

（9）鼓励东部沿海等地区支持和帮助灾区劳动者转移就业。对东部沿海等地区各类企业（单位）招用灾区劳动者，与之签订劳动合同并缴纳社会保险费的，按其为灾区劳动者实际缴纳的基本养老保险费、基本医疗保险费和失业保险费给予补贴，补贴期限最长不超过一年，所需资金从东部沿海等地区就业专项资金中安排。对转移就业的劳动者给予一次性交通补贴，所需资金从灾区就业专项资金中安排。上述两项政策审批截止时间为2011年底。

（10）对灾区实行就业援助所需相关资金，按规定从就业专项资金中列支，中央财政通过专项转移支付给予适当支持。

2. 保障工伤保险待遇支付。

（1）为解决灾区工伤保险基金收不抵支问题，对参加工伤保险的职工伤亡的，在核实伤亡人数、伤残等级及具体待遇标准的基础上，按规定支付相关待遇，所需资金通过地方尽快实行市级或省级统筹、动用历年结余、加大基金调剂力度解决。

（2）对未参加工伤保险伤亡职工的待遇支付，由职工所在企业（单位）负责解决，企业（单位）无力支付或已不存在，并符合救助条件的，可通过相关的社会捐助、社会救助制度予以帮助。

3. 保障养老保险待遇支付。

（1）对受灾较重、暂停生产的企业，允许缓缴社会保险费；对因灾无法恢复生产，经法院或有关部门宣告关闭破产企业欠缴的基本养老保险费，应按国家有关规定使用破产财产清偿，不足部分应按规定报批后予以核销。

（2）加大省级基本养老保险基金对灾区的调剂力度，确保灾区基本养老金按时足额发放。

（3）支持舟曲县全面开展新型农村社会养老保险试点工作，确保新农保养老金按时足额发放。参保农民因灾造成缴费困难的，由本人向新农保经办机构提出申请，经审核同意后可以缓缴。

4. 保障医疗保险待遇支付。

（1）抓紧恢复灾区各项医疗保障制度，妥善解决受灾群众看病就医问题。

（2）伤员应急救治工作完成后，受灾群众的医疗费用原则上通过现行社会保障制度解决。

（3）今年内可在灾区实行过渡性医疗照顾措施，向受灾群众免费提供基本医疗卫生服务，包括一般常见病、传染病和卫生防疫。

（4）2011年至2012年灾区困难群众参加城镇居民基本医疗保险和新型农村合作医疗所需的个人缴费，由城乡医疗救助资金帮助解决。

5. 保障受灾困难人员基本生活。对灾区符合《失业保险条例》规定的失业人员，按时足额发放失业保险金；符合享受城乡居民最低生活保障、农村五保供养、临时生活救助等条件的人员，按规定纳入相应保障范围，享受相关政策待遇。

（九）扶贫政策。

1. 中央财政进一步加大扶贫开发支持力度，在安排财政扶贫专项资金和财政扶贫贷款贴息资金时向灾区倾斜，由地方根据实际情况对灾区贫困农村和农村贫困家庭予以倾斜支持，解决其灾后恢复重建面临的突出困难，帮助其尽快恢复发展生产。

2. 加大以工代赈力度，鼓励灾区群众投身灾后恢复重建，参与建筑废墟清理、住房建设、小型基础设施修复等灾后恢复重建任务。

舟曲县其他未受特大山洪泥石流灾害直接影响的地区继续执行国家支持汶川地震灾后恢复重建的有关政策。

三、工作要求

（一）提高认识，加强领导。各地区、各部门要充分认识舟曲特大山洪泥石流灾害灾后恢复重建的重要性，切实把思想和行动统一到党中央、国务院各项决策部署上来，强化领导、精心谋划、周密部署，把大力支持舟曲灾后恢复重建工作作为当前一项重要任务，切实抓紧抓好。

（二）明确责任，协调配合。甘肃省人民政府对灾后恢复重建工作负总责，要立即全面部署灾后恢复重建工作，明确责任、分工和工作要求。国务院有关部门要各司其职、各负其责，指导做好相关工作。

（三）细化政策，完善措施。国务院有关部门要尽快制订有关政策措施的具体实施办法，明确政策措施适用范围、操作程序和执行期限，根据灾后恢复重建进展情况和实际需要，及时调整和完善各项政策措施。甘肃省人民政府要结合本地区实际制订贯彻实施的具体操作办法，便于各项政策措施执行。

（四）强化监督，狠抓落实。国务院有关部门要按照职责分工，加强对舟曲灾后恢复重建政策措施执行情况的监督检查，并督促和指导灾区人民政府加强监督检查工作，确保灾后恢复重建资金规范管理、有效使用，确保各项政策措施落实到位，取得实效。灾区人民政府要切实承担起监督检查工作的主体责任，把监督检查的任务要求纳入恢复重建工作的总体部署，加强组织领导，健全工作机制，狠抓各项政策措施的全面落实。

国务院关于大小兴安岭林区生态保护与经济转型规划（2010—2020年）的批复

2010年11月1日　国函［2010］119号

发展改革委：

你委《关于报送大小兴安岭林区生态保护与经济转型规划（2010—2020年，修改稿）的请示》（发改东北［2010］2412号）收悉。现批复如下：

一、原则同意你委组织编制的《大小兴安岭林区生态保护与经济转型规划（2010—2020年）》（以下简称《规划》），请认真组织实施。

二、大小兴安岭林区是我国北方重要生态屏障，在国家生态建设全局中具有特殊重要地位。《规划》实施要坚持以生态建设为主的林业发展战略，以增强生态功能、提高生态效益为基本目标，统筹协调推进林区生态保护、经济转型、体制改革和以改善民生为重点的社会建设，着力转变林区发展方式，努力提高人民生活水平，走出一条在保护中发展、在发展中保护的林区可持续发展之路。

三、加强林区生态保护与建设。结合编制森林采伐限额，大幅度调减木材产量，从2011年起，林区采伐量减少到295万立方米。可采资源基本枯竭的黑龙江大小兴安岭林区要全面停止主伐；内蒙古大兴安岭林区要大幅调减采伐量，逐步停止天然林主伐。实行森林分类经营，按照《国家级公益林区划界定办法》在大小兴安岭林区进行补充区划界定。强化森林管护与保护，加快森林资源培育，加强对自然保护区和湿地的保护与建设，开展环境综合治理。加强森林生态功能区保护和建设，将大小兴安岭符合条件的地区纳入国家生态功能区转移支付（试点）范围。

四、优化林区局场和城镇布局。遵循减轻林区生态环境压力、降低林区行政成本、改善人民生产生活条件、促进集聚发展的原则，科学合理调整林区局场和城镇布局。到2020年，在现有基础上撤并林场290个。提升加格达奇、伊春、黑河、呼伦贝尔等四个中心城市功能，大力扶持发展《规划》确定的小城市和重点镇，引导林区产业、人口向中小城市和重点镇集聚。

五、加快林区产业转型升级。以增加就业为基本出发点，构筑以生态为主导的现代林区绿色产业体系，实现由林业经济向林区经济转变的经济转型。全面提升绿色食品、林木深加工、商贸服务等优势产业，积极培育生态文化旅游、北药、清洁能源等新兴产业，控制发展与生态保护相冲突的产业，优化林区产业布局，实现集聚发展。大小兴安岭森林生态功能区范围内森林覆盖率高于70%的县（旗、区）参照资源枯竭城市财政转移支付政策。在中央预算内投资中安排专项资金，支持大小兴安岭林区发展能够充分吸纳就业的接续替代产业以及支持林区开展“以煤代木”。

六、改善林区基础设施。加快林区公路、铁路、航空运输等交通基础设施建设。在中心城市和部分小城市加快建设一批热电联产项目。将林区电网纳入区域大电网统一管理运营，到2015年，基本解决林区无电区域供电问题。结合林区城镇化建设，大力改善饮水、供热、垃圾污水处理等生活设施。加强森林防火、有害生物防治等森林保护和管护设施建设。

七、加快林区社会事业发展。重点完善林区社会保障体系，扩大社会保险覆盖范围。落实各项促进就业再就业的政策措施，拓宽就业渠道，增加就业岗位。整合资源、优化布局，加大林区中小学、医院、文化场馆等设施建设力度，提高林区教育水平，改善医疗卫生条件，繁荣文化事业，促进林区社会事业全面发展。

八、推进林区管理体制改革和对外开放。用5年左右的时间，完成将地方行政管理、森林资源管理和企业经营分开的改革。稳步推进森林资源管理体制改革，深化国有森工企业改革。扩大对俄、蒙合作，加快口岸及合作区建设。

九、严格实施《规划》。发展改革委要会同有关部门加强对规划实施的指导、支持和监督检查，进一步落实和完善各项政策措施，加大支持力度，为大小兴安岭林区生态保护与经济转型创造良好的政策环境，确保规划目标的实现。

大小兴安岭林区生态保护与经济转型规划（2010—2020年）

大小兴安岭林区是祖国北方重要生态屏障，保护着东北黑土地不受风沙的侵蚀，在国家生态建设全局中具有特殊重要地位。由于多年的高强度采伐，大小兴安岭森林资源破坏严重，采伐抚育失调。为切实加强林区生态保护，转变林区发展方式，从以生产木材为主向以保护生态为主转变，着力改善民生，走出一条在保护中发展、在发展中保护的林区可持续发展之路，依据《国务院关于进一步实施东北地区等老工业基地振兴战略的若干意见》（国发［2009］33号），制定本规划。

规划范围：大小兴安岭林区的50个县（市、旗、区），其中，黑龙江省39个县（市、区），内蒙古自治区11个旗（市、区）。规划区国土总面积43万平方公里，总人口818万人，林业职工55万人。（详见附图、附表）

规划期为2010—2020年。

一、生态屏障地位和面临问题

大小兴安岭林区是我国面积最大、纬度最高、国有林最集中、生态地位最重要的森林生态功能区和木材资源战略储备基地，在维护国家生态安全、应对气候变化、保障国家长远木材供给等方面具有不可替代的作用。60年来，林区累计生产木材10.5亿立方米，上缴利税290亿元，为国家经济建设做出了巨大贡献。长期的高强度开发，导致林区生态功能退化、可采林木资源锐减、林区民生困难、经济社会发展滞缓等矛盾和问题凸显，迫切需要从建设生态文明和全面小康社会的战略全局高度来推动解决。

（一）生态屏障地位极其重要

——是我国维护生态安全的重要屏障。大小兴安岭抵御着西伯利亚寒流和蒙古高原旱风的侵袭，使来自东南方的太平洋暖湿气流在此涡旋，具有调节气候、保持水土的重要功能，为东北平原、华北平原营造了适宜的农牧业生产环境，庇护了全国1/10以上的耕地和最大的草原。大小兴安岭林区是嫩江、黑龙江水系及其主要支流的重要源头和水源涵养区，为中下游地区提供了宝贵的工农业生产和生活用水，大大降低了旱涝灾害发生几率。大小兴安岭具有森林、草原、湿地等多样的生态系统，适生着各类野生植物近千种、野生动物300多种，是我国保护生物多样性的重点地区，在国家生态保护总体战略中具有特殊地位。

——是我国应对气候变化的重要支撑区。大小兴安岭林区森林覆盖率高，有林地所占比例大，活立木蓄积量大，是我国重要的碳汇区，在吸收二氧化碳、减缓气候变暖方面具有重要作用。保护大小兴安岭林区生态、增加碳汇，对于我国积极应对全球气候变化，践行与发展水平相适应的国际义务，赢得更大发展空间，树立负责任大国形象显得尤为重要。

——是我国储备木材资源的战略基地。我国经济社会发展对木材需求量不断增加，立足现有林地面积解决木材后备资源问题已成为紧迫而重大的战略任务。在我国各大林区中，大小兴安岭林区面积最大、地形地势相对平坦、人口相对较少、木材材质好，最适宜建设成为国家木材资源战略储备基地，对维护国家长远木材安全具有重大意义。

（二）面临问题十分突出

——生态系统破坏严重，自然灾害频繁发生。与开发初期相比，大小兴安岭林区林缘向北退缩了100多公里，湿地面积减少了一半以上，多年冻土退缩，土壤侵蚀加剧，地表径流时间缩短，水土流失严重，局部地区沙化加剧，洪涝、干旱、森林火灾和病虫等自然灾害频发，生态功能严重退化。

——可采资源难以为继，森林质量大幅下降。黑龙江省的大兴安岭地区，可采成过熟林资源由开发初期的4.6亿立方米下降到2008年的0.21亿立方米，已经到了无木可采的地步。森林龄组结构严重失衡，黑龙江国有林区幼中龄林占85%，单位面积蓄积量下降50%以上。但为维持林区财政收入和职工最基本的生存需要，部分正处于生长旺盛期的中龄林也被列入采伐指标，涸泽而渔式的采伐再不停止，大小兴安岭林区将会名存实亡。

——产业结构极其单一，经济发展严重滞后。长期以来，林区经济是典型的“木头财政”，接续替代产业发展缓慢，且多数起点低、规模小。当前黑龙江大小兴安岭林区主营收入的60%仍然来自木材销售，对木材的依存度依然很高。随着可采资源的逐步枯竭，传统林业经济逐渐萎缩，林区经济发展陷入困境。

——林区职工生活困苦，民生问题十分突出。由于可采资源锐减，林区经济发展滞缓，就业形势严峻，职工生活困难。林业职工年平均收入不足所在省（区）城镇职工平均收入的50%。在长期计划经济体制下，林区自办社会，居民居住条件极其简陋，棚户区面积近1800万平方米。相当一部分职工仍然居住在开发初期建设的“板夹泥”危旧房中。

——基础设施建设滞后，生产生活极为不便。林区开发初期执行“边生产、边建设”、“先生产、后生活”的方针，基础设施靠林区自己办社会建设，投入较少。更因林区发展相对独立封闭，基础设施建设投入长期依靠森工企业，致使基础设施和公共服务设施严重滞后，林区路网密度小、等级低，弃养路、断头路多，林区电网孤立落后，部分林场（所）尚未通电，大多数林场（所）没有安全供水设施。

——体制机制矛盾凸显，发展活力明显不足。大小兴安岭林区政企不分问题十分突出，林区政府机构和职能不健全，大部分森工企业仍承担教育、卫生和公、检、法等社会服务职能，企业办社会负担沉重。资源管理权和经营权不清，森工企业既是森林资源的管理者，又是森林资源的经营者，对森林资源经营管理无法形成有效的监督。

国家实施“天保”工程以来，大小兴安岭林区“资源危机、经济危困”的状况有所缓解。但林区生态保护、经济转型和民生改善的任务仍然十分艰巨，需要长期坚持不懈地努力。实施东北地区等老工业基地振兴战略以来，林区已成为最薄弱的一个领域。因此，推动大小兴安岭林区生态保护与经济转型，对确保我国生态安全，加快林区全面建设小康社会步伐和振兴东北老工业基地，具有重大意义。

二、指导思想、原则与目标

（一）指导思想

以邓小平理论和“三个代表”重要思想为指导，全面贯彻落实科学发展观，坚持以生态建设为主的林业发展战略，以增强生态功能、提高生态效益为基本目标，统筹林区生态保护、经济转型、改革开放与民生改善。加强林区生态修复与保护，加快转变经济发展方式，努力推进体制改革和对外开放，着力提高基本公共服务水平，促进林区全面协调可持续发展。

（二）基本原则

生态主导，保护优先。把保护与修复林区生态系统作为首要任务，严格控制森林资源采伐强度，逐步停止主伐，加强森林经营，强化森林管护，提升森林质量。严格限制林区矿产资源开发。

合理布局，集聚发展。将林业局场布局调整、小城镇建设、产业发展、基础设施改善、棚户区改造有机结合，逐步形成点状开发，集聚发展的空间开发新格局。

以人为本，改善民生。着力解决林区群众最关心、最迫切、最现实的民生问题，努力促进就业，增加居民收入，完善社会保障体系，提高基本公共服务水平，改善林区生产生活条件。

改革先行，增强活力。以林区行政管理体制改革和资源管理体制改革为突破口，实现政、事、企分开，破除制约林区发展的体制机制障碍，为林区生态保护和经济转型提供制度保障。

（三）规划目标

到2020年，林区森林生态功能大幅提升，生态主导型经济体系基本建立，居民收入和公共服务水平显著提高，大小兴安岭林区成为生态环境优良、产业特色鲜明、社会文明和谐、人民生活富裕的社会主义新林区。

生态保护：森林面积比2009年增加170万公顷，森林覆盖率提高4个百分点，林木蓄积量增加4亿立方米，占全国新增林木蓄积量的30%以上。

经济发展：经济发展方式明显转变，非传统木材生产增加值占地区生产总值比重上升到80%，人均地区生产总值达到30000元以上。

社会发展：城镇居民人均可支配收入和农村居民人均纯收入分别达到25000元和10000元以上。城镇登记失业率控制在4%以内，林业职工社会保障覆盖率达到100%，集中供暖比例达到85%以上，饮用水达标率100%。

表1　大小兴安岭林区生态保护与经济转型目标规划表

指　标	单位	2009年	2020年
一、生态保护目标			
1. 森林面积	万公顷	2838	3010
2. 森林覆盖率	%	66	70
3. 活立木蓄积量	万立方米	212000	252000
4. 郁闭度0.4以上林分面积占森林面积比例	%	88	93
5. 单位有林地蓄积	立方米/公顷	81	94
6. 自然保护区面积	万公顷	722	775
二、经济发展目标			
1. 人均地区生产总值	元	18000	30000
2. 三产比例	%	38:34:28	24:35:41
3. 非传统木材生产增加值所占比重	%	60	80
三、社会发展目标			
1. 城镇居民人均可支配收入	元	11000	25000
2. 农村居民人均纯收入	元	5000	10000
3. 城镇登记失业率	%	10	4
4. 集中采暖户数比例	%	35	85
5. 安全饮水达标率	%	66	100

三、加强林区生态保护与建设

按照保护优先、分类经营的原则，通过人工造林、封山育林、森林经营、湿地恢复等措施，对森林生态系统、湿地生态系统实行全面、全方位保护，提高生态功能，促进林区生态持续好转。

（一）调减森林采伐量

从2011年起，结合编制森林采伐限额，大幅度调减木材产量，使木材产量稳定在资源能够承载的范围内。可采资源基本枯竭的黑龙江大小兴安岭林区要全面停止主伐；内蒙古大兴安岭林区要大幅调减采伐量，逐步停止天然林主伐。

表2　木材产量调减方案

	木材产量（万立方米）		调减比例（%）
	2009年	2011年	
黑龙江大兴安岭林管局	149	72	52
黑龙江森工总局伊春林管局	136	36	74
黑龙江森工总局八个林业局	99	23	77
黑龙江地方国有林业局	63	37	41
内蒙古大兴安岭森工集团	230	110	52
内蒙古地方国有林业局	43	17	60

（二）实行森林分类经营

按照《国家级公益林区划界定办法》在大小兴安岭林区进行补充区划界定。国家级公益林，要以发挥生态效益为核心，落实专人管护，优先安排营造林任务，全面禁止商品性采伐，林地内禁止矿产资源勘探与开发，尽快实现休养生息。商品林，要在保障生态功能的基础上，科学合理地进行经营，有效发挥经济效益。公益林和商品林中的天然林均不得皆伐。

（三）强化森林管护与保护

实行森林资源管护全覆盖，根据管护面积、管护难易程度，明确管护标准，合理确定管护人员数量，建立健全管护队伍。对每个管护人员，要明确管护范围、对象、目标、任务和职责，完善管护制度。对交通不便，人员活动稀少的远山区，以封禁管护为主，将分散的林区居民相对集中，减少人的活动对森林的破坏。对人口相对稠密，交通便利的林农交错区、近山区，以巡护管护为主。在林区各主要出入口，要设置护林哨卡、远程监控等设施，加快改善管护条件。完善预防、扑救、保障三大体系，提升森林防火水平和应急能力，保障森林资源安全。健全监测预警体系、检疫检查体系和控灾减灾体系，强化森林病虫害防治工作。

（四）加快森林资源培育

大力开展植树造林，以火烧迹地、采伐迹地、疏林地、宜林荒山荒地等为重点，采取人工造林、人工促进天然更新等措施，恢复和发展森林植被。加强森林经营，积极开展中幼龄林抚育，对郁闭度0.8以上的过密林分进行疏伐，对郁闭度0.5以下的稀疏林分进行补植，对林相残破或病虫害严重、林分生长发育差、无培养前途的低质低效林进行改造，调整林分林龄结构、树种结构、林层结构，增加林分生长量，提高林分质量。到2020年，完成人工造林138万公顷，中幼林抚育889万公顷。

专栏1　森林资源培育任务

黑龙江大小兴安岭林区：完成人工造林69万公顷，封山育林350万公顷，中幼林抚育484万公顷，森林改建培育190万公顷，改造低质低效林376万公顷，改培优质大径材商品林78万公顷。

内蒙古大兴安岭林区：完成人工造林69万公顷，封山育林103万公顷，中幼林抚育405万公顷，补植182万公顷，改造低质低效林44万公顷，改培优质大径材商品林60万公顷。

（五）加强自然保护区和湿地的保护与建设

加强自然保护区保护管理设施建设，提高保护管理能力和水平。构建布局合理、类型齐全、功能完善的自然保护区体系，重点建设寒温带针叶林生态系统和温带红松针阔混交林生态系统、森林湿地生态系统，以及珍稀濒危野生生物类型、地质遗迹类型的自然保护区。建立一批集生态环境监测、野生动物救护、鸟类环境、科学研究等为一体的多功能保护区。研究推动具备条件的自然保护区升级为国家级自然保护区。

构建由湿地、湿地自然保护区和生态廊道组成的湿地及其生物多样性保护体系，加强界江界河以及湿地生物多样性保护，恢复湿地植被和湿地生态系统，充分发挥湿地的多种效益。积极支持五大连池国家级自然保护区申报世界自然遗产。开展冻土带调查与研究，合理保护与开发冻土带资源。

专栏2　重点自然保护区建设

黑龙江大小兴安岭林区：新增国家级保护区面积114万公顷，国家级保护区面积达到218万公顷；新建省级自然保护区22个，新增省级保护区面积103万公顷。到2020年，国家级、省级、地区级自然保护区总数达到62个，其中：国家级23个，省级39个。保护区总面积393万公顷，占黑龙江大小兴安岭林区面积的18%。

内蒙古大兴安岭林区：到2020年，国家级自然保护区达到20个、自治区（部）级8个。保护区总面积210万公顷，占内蒙古大兴安岭林区面积的11%。

（六）开展环境综合治理

加强水土流失综合治理，构建以小流域为单元的水土流失治理和动态监测体系，依法防止新的人为水土流失。在大小兴安岭南坡等水土流失严重地区，采取生物措施与工程措施相结合的治理方式，建设堤、坝、涵洞等水土保持设施，在斜坡、丘顶营造防护林，在江、河、沟塘岸边营造护岸林，在农区积极改造坡耕地、大力营造农田防护林，控制水土流失，恢复植被和生态系统。建立水土保持监测与信息系统，提高林区水土流失动态监测和管理能力。加大矿区生态综合治理，积极开展沙金过采区及废弃地的生态环境修复与整治。

（七）加强森林生态功能区保护和建设

对于规划范围内的森林生态功能区，按照国家对主体功能区的要求，控制人口规模，引导人口向中心城镇集聚。坚持“保护优先、适度开发、点状发展”，重点依托园区、交通干线规模化、集约化发展特色产业。禁止无序采矿，严格限制发展矿产加工业。

专栏3　大小兴安岭森林生态功能区范围

黑龙江省：北安市、逊克县、伊春市市辖区、铁力市、通河县、庆安县、绥棱县、呼玛县、塔河县、漠河县、加格达奇区、松岭区、新林区、呼中区、嘉荫县、孙吴县、黑河市市区（瑷辉区）、嫩江县、五大连池市。

内蒙古自治区：牙克石市、根河市、额尔古纳市、鄂伦春自治旗、阿尔山市、阿荣旗、莫力达瓦达斡尔族自治旗。

四、优化林区局场和城镇布局

综合考虑林区局场、人口分布现状和局场职能转变等因素，以减轻林区生态环境压力、改善人民生产生活条件为目标，科学合理调整林区局场和城镇布局，撤并部分局场，加快小城镇建设，促进林区人口集聚。

（一）调整林区局场布局

按照有利于森林资源的保护和管理、有利于林区人民的生产生活、有利于集中建设基础设施、有利于中小城镇发展的原则，充分考虑林区局场管理范围的历史沿革、自然界线、地形地势和道路交通特点，突出林区局场森林资源保护和管理职能，根据实际情况，科学有序地实施林区局场调整。

辖区内无作业任务或地处偏远深山的林业局、林场要坚决撤并；经营面积小于20万公顷、有林地面积小于10万公顷，林业局之间距离不足20公里的林业局，原则上要撤并整合；每个林业局保留5—8个林场，对于辖区范围超过40万公顷的林业局根据实际情况，可适当增加1—2个林场。到2020年，在现有基础上撤并林场290个，其中黑龙江省230个，内蒙古自治区60个。林区局场调整工作由地方政府负总责，鼓励结合林区行政管理体制改革，选择适当地区先行试点，积极稳妥加以推进。调整后的林业局、林场要与林区小城镇建设紧密结合、相互促进，努力实现基础设施和公共服务的资源共享和高效利用，进一步提升林区城镇化水平。

（二）优化林区城镇布局

完善林区中心城市的职能，发挥中心城市在林区经济转型中的引领作用，加快建设一批小城市和重点镇，引导林区局场和人口向中小城市和重点镇集聚。

提升林区四个中心城市功能。完善加格达奇、伊春、黑河、呼伦贝尔（海拉尔）等城市的政治、经济、文化、交通、对外合作等功能，构筑林区产业转型载体和园区建设的平台，生态保护和森林资源管理的中心，对外经济联系和文化交流的窗口，辐射和带动林区经济和社会发展的区域性中心城市。依托中心城市，积极探索林区体制改革、对外开放、区域合作的新模式，促进林区人口、产业集聚发展，改善林区生产生活环境。

重点扶持一批小城市加快发展。选择若干个人口较多、产业基础较好、区位有利、交通便利的小城市（县级），建设成为发展特色产业的重点集聚区，社会、文化和教育等功能的集中地，林区人口安置的重要集聚区。

专栏4 中心城市的发展方向

加格达奇：大兴安岭岭东的重要交通枢纽和商贸物流中心、旅游中心城市，重点发展生态休闲旅游、林木产品精深加工、绿色食品加工、物流等产业。

伊春：小兴安岭林区旅游中心城市，重点发展木材精深加工、森林生态旅游、绿色食品、清洁能源等产业。

黑河：中俄经贸合作中心城市和重要口岸，重点发展绿色食品加工、边境旅游、能源、原材料、物流等产业。

呼伦贝尔（海拉尔）：大兴安岭岭西的旅游中心城市、主要交通枢纽和商贸物流中心，重点发展旅游、能源、化工、农畜产品加工等产业。

专栏5 重点扶持发展的12个小城市

漠河：边境旅游城市，以“北极村”、黑龙江源头和边境为依托，重点发展生态旅游业、特色农产品加工业、林木产品精深加工业、对俄经贸物流业。

塔河：森工城市、森林保护教育基地，重点发展林木产品精深加工业、生物质能源、物流业。

呼中：生态旅游城市，重点发展度假旅游业、野生浆果加工业。

铁力：森工城市，重点发展生态旅游、生物制药、绿色食品、林木制品精深加工业。

嫩江：交通节点城市，重点发展绿色食品加工、农副产品加工、物流业。

五大连池：生态旅游城市，重点发展旅游休闲业、绿色农产品加工业、矿泉水。

北安：交通节点城市，重点发展商贸业、大宗农畜产品物流业、农畜产品深加工业。

阿尔山：旅游度假城市，对蒙开放的重要通道，重点发展温泉冰雪特色旅游业、物流业。

牙克石：森工城市，重点发展绿色食品加工业、林木精深加工业、生物制药业、生态冰雪旅游业。

根河：森工城市、旅游新城，重点发展木材精深加工、生态旅游、绿色食品加工等产业。

扎兰屯：旅游城市，重点发展旅游业、农畜产品加工业、商贸物流业。

额尔古纳：口岸城市，重点发展生态旅游。

大力推进林区重点镇建设。结合林场调整，每个县（旗、区）重点培育和扶持1—2个重点镇，建设成为林区移民的安置点、特色产业发展集中点、旅游客流的集散点、基本生活服务的集聚地。

专栏6 重点扶持发展的70个重点镇

综合型：呼玛镇、新林镇、呼中镇、奇克镇、孙吴镇、庆安镇、绥棱镇、通河镇、免渡河镇、乌尔其汉镇、阿里河镇、那吉镇、霍尔奇镇、尼尔基镇、红彦镇、巴彦托海镇、巴雁镇、晨明镇、铁力镇、五岔沟镇、科尔沁镇、多宝山镇、罕达汽镇

旅游型：碧水镇、呼源镇、古莲镇、龙镇、四海店镇、满归镇、阿龙山镇、柴河镇、图里河镇、甘河镇、莫尔道嘎镇、白狼镇、桃山镇、朗乡镇

边贸型：韩家园镇、名山镇、黑山头镇、室韦镇、天池镇、乌云镇、乌拉嘎镇、朝阳镇、车陆镇

交通型：翠岗镇、劲涛镇、盘古镇、古源镇、科洛镇、西岗子镇、通北镇、双丰镇

商贸型：图强镇、塔源镇、壮志镇、辰清镇、双山镇、赵光镇、双泉镇、平安镇、金河镇、蘑菇气镇、大杨树镇、亚东镇、塔温敖宝镇、成吉思汗镇、浩良河镇、劲松镇

五、加快林区产业转型升级

坚持以经济转型促进生态保护，加快转变经济发展方式，大力调整产业结构。充分发挥林区自然资源禀赋好、生态环境优良、劳动力资源丰富的优势，积极发展绿色、生态和大量吸纳就业的产业，构筑以生态为主导的现代林区绿色产业体系，实现由林业经济向林区经济转型。

（一）全面提升优势产业

大力发展绿色食品产业。充分利用林上和林下资源，按照规模化、集约化、绿色化的发展方向，积极吸纳林区人口转移和劳动力就业，把林区建设成为我国北方绿色生态食品、特色畜禽产品生产和加工基地。扶持发展食用菌产业和特色山野菜产业；合理保护和开发野生林产品资源，提高蓝莓等野生浆果产业化水平；积极发展以有机大豆为主的特色种植业，建设全国脱毒马铃薯繁种基地和无公害大豆等生产基地；发展貂、狐等珍贵皮毛动物和鹿、林蛙等特种经济动物养殖业，建设林区特色珍稀动物养殖基地。

专栏7 重点扶持的绿色生态产业基地

有机食用菌种植基地：在大兴安岭地区、伊春、黑河市、呼伦贝尔市、阿尔山市和科尔沁右翼前旗建设以有机黑木耳、蘑菇等为主的食用菌种植基地。

野生蓝莓、红豆产地保护基地：在大兴安岭地区、伊春、呼伦贝尔市和瑷珲建设野生蓝莓、红豆产地保护基地。

特色山野菜生产和加工基地：在扎兰屯、牙克石、阿荣旗、阿尔山、伊春、黑河等地建设蕨菜、黄花菜、金针菜、卜留克等特色山野菜产品生产和加工基地。

优质马铃薯育种基地：在黑河、大兴安岭地区、呼伦贝尔市和科尔沁右翼前旗建设全国优质马铃薯育种基地。

高纬寒地特色浆果基地：在黑河建设欧洲花楸、俄罗斯无刺大果沙棘、穗醋栗等基地。

野生动物养殖基地：在鄂伦春自治旗、额尔古纳市、鄂温克旗、新林区、黑河市等地建设鹿、野猪、狐、貂等标准化养殖基地。

做优林木深加工产业。坚持森林资源保护与利用的有机结合，以市场需求为导向，培育壮大科技含量高、附加值高、资源利用率高的林木精深加工产业。积极发展循环经济，提高采伐、造材、加工剩余物及废旧木质材料的综合利用水平，实现林木资源的多环节加工增值。延长林木加工产业链条，在林区形成初级产品、中端产品和高端产品各有侧重的产业链。在黑河、加格达奇、伊春、海拉尔、牙克石、根河、扎兰屯等地，扶持若干家具有较强市场竞争力和品牌优势的大型木材精深加工企业，提高产品加工度和档次。支持原料林基地建设，以解决木材采伐量大幅度调减后原料缺口问题。

积极发展林区商贸服务业。适应林区经济转型和社会发展需要，依托中心城市、小城市和重点镇，构建全方位、多层次、便捷的商贸物流网络体系。提高加格达奇、黑河、海拉尔、伊春、牙克石市等城市中转物流设施能力。在黑河、漠河、阿尔山、额尔古纳等口岸城市，形成集转口、过境、加工贸易、货物集散、国际商务为一体的口岸物流中心。围绕林区特色产品，构建大型跨区域绿色食品交易市场、毛皮交易市场、北药产品集散市场、木材精加工产品和苗木交易市场，提升集聚辐射能力，形成全国林特产品集散基地。进一步提升批发零售经销模式，培育壮大连锁经营、统一配送、电子商务等现代化经营模式。大力推进超市、便利店、专卖店、大卖场等新型业态向中小城镇延伸。加大物流基础设施建设力度，培育若干个集运输、仓储、检验、包装等功能于一体的综合型物流企业。

（二）积极培育新兴产业

壮大生态文化旅游业。突出森林、湿地、草原和冰雪等林区特色旅游资源，加大区域合作，构建区域旅游联盟，共同开发精品旅游线路，完善景区景点和旅游基础设施，打造国内外知名的生态旅游目的地，建设避暑、度假、康体和健身等休闲旅游胜地。挖掘狩猎部落、民族文化、文化遗址、民俗风情等民族和民俗文化旅游资源，建设北方多民族、多文化生活体验基地。围绕中俄、中蒙边境景观、异域风情、界河等资源，发展边境旅游，建设边境观光基地。重点建设一批旅游小城镇，开发一批以乡村度假为特色的乡村旅游项目。加大区域旅游通道、重点旅游景区景点的道路建设，提高旅游中心城镇与景区、景点的通达水平。加快建设不同档次的星级宾馆、绿色环保酒店、经济型酒店和家庭旅馆等，提高游客接待能力和服务水平。

扶持发展北药产业。充分利用林区“绿色药库”资源优势，重点发展刺五加、五味子、防风、龙胆草和鹿、蜂等北方林区独具特色中药材的标准化种植和养殖，扩大规模，加大野生道地药材保护力度，建设北药特色原料供应基地。加强自主创新和产品研发，积极与国内知名中药企业和科研院所开展技术合作，实现北药生产技术现代化、质量标准化、产品规模化和品牌化，提升北药的精深加工水平，推动产品结构升级，建设现代化的北药生产加工基地。

培育发展清洁能源产业。因地制宜发展生物质能、风能和太阳能等新能源，切实提高清洁能源在林区能源生产和消费结构中的比重，解决林区替代能源的问题。鼓励企业利用林业抚育剩余物、养殖业废弃物、林区灌木、秸秆、木材加工中产生的废弃物等发展生物质能源。在伊春、黑河、大兴安岭、鹤岗、萝北、海拉尔、牙克石、鄂温克旗、科尔沁右翼前旗等具备条件的地方建设若干个中小型风电场或分布式能源系统。在偏远地区采用电网延伸、风能与太阳能互补发电等方式，解决生产和居民生活用电问题。

（三）控制发展与生态保护相冲突的产业

在自然保护区、森林公园、风景名胜区、地质遗迹保护区（地质公园）依法限制或者禁止开展矿产资源勘查开发活动。在生态功能区内发展矿产采掘业，要加强环境保护，提高区内矿山企业采选技术准入条件，强化土地复垦和环境整治义务。已经进行开采和深加工的企业，要积极应用新工艺和高新技术，提高资源综合利用和环保水平，实行清洁生产。今后矿产资源加工项目必须依托现有接替产业集聚区建设。

严格限制在林区发展对生态和环境影响大的产业，尤其是高污染、高耗能的重化工业的发展。淘汰关闭技术落后、污染严重、无后备资源的矿山开采和加工企业，逐步减少矿山的数量。禁止新建对生态环境产生不可恢复破坏性影响的矿产资源开采项目。

（四）优化林区产业布局

发挥各城镇及区域的产业基础和比较优势，建设各具特色的产业园区和产业集聚区，引导林区产业向各城镇和园区集聚。特色产业的精深加工、商贸、物流、信息、对外合作、旅游服务中心等主要在中心城市发展；中间产品加工、绿色农林产品加工业、特色商品的集散、旅游服务节点等要向小城市集聚；产业链初端环节、原材料供应、商贸集市要向重点镇集聚。积极推动林区基础条件好、符合相关规定的开发区和工业园区扩区或升级为国家级开发区。相关转型项目及集聚区建设要依法开展环境影响评价。

专栏8 接替产业集聚区

大兴安岭对俄经济贸易合作区：医药、食品饮料、轻工、林木加工、国际仓储物流。

黑河边境经济合作区：新兴基础原材料加工和国际物流中心。

瑷珲对俄进出口加工集聚区：林木精深加工、农产品精深加工、医药、电子产业。

伊春生态产业集聚区：森林食品、北药、家具、小木制工艺品、物流等产业。

鹤岗接替产业集聚区：木材加工、绿色食品、生物制药、新能源。

嘉荫边境经济合作园区：木材加工、生态农业、国际商贸和物流业。

呼伦贝尔经济开发区：农畜产品加工、新型建材。

牙克石接替产业集聚区：生物制药、木材加工、绿色食品。

鄂伦春接替产业集聚区：民族特色产品、野生及农畜产品和林木精深加工。

鄂温克接替产业集聚区：绿色食品加工、新能源、商贸物流等产业。

科右前旗接替产业集聚区：农畜产品加工、制药、化工、建材等产业。

六、改善林区基础设施

加快形成林区与周边地区以及与俄、蒙贯通的交通运输通道建设。结合林区城镇建设，大力改善供水、取暖、供电等生活设施，提升林区林政基础设施水平。

（一）完善林区交通设施

加快林区公路建设。把公益性林区道路纳入国家和地方交通建设规划，道路产权和日常养护逐步移交地方管理。以提高林区的路网密度、改善林区对内对外通达性为目标，重点建设通场公路、防火和专用通道，提高林区路网的养护等级。积极推进高等级公路、进出口通道和资源运输通道建设，提高林区对外联系的通达能力。到2020年，林区的县际和森工企业所属的林业局所在地之间公路以及其他县乡公路、重要的国防公路、旅游公路和通往工业园区公路的服务水平和能力显著提高，形成上连省区道、外连周边地市、覆盖林区的公路交通网络。

改造铁路运输通道。加强林区既有铁路改造，根据资源开发和边贸发展需要，加快主要干线、后方通道及延伸线的建设。实施滨洲线扩能改造工程，推进对俄通道建设。

发展航空运输。充分考虑林区地广人稀的特点，完善机场布局，大力发展支线航空。搞好海拉尔机场改（扩）建项目建设，尽快启动加格达奇机场建设，研究论证扎兰屯、五大连池机场建设问题。增加通往国内中心城市的航班航线，研究开辟与俄、蒙、日、韩等国家的国际航线，构建连接中心城市、辐射周边、便捷高效的航空运输体系。

专栏9　交通改扩建项目

公路：国家高速公路牙克石至海拉尔段、新林北至扎兰屯段，国道111复线加格达奇至嫩江段，其他干线公路黑河—加格达奇—根河—海拉尔段、加格达奇—漠河段。

铁路：建设满归—古莲—洛古河、韩家园—呼玛—黑河、扎兰屯—阿荣旗、五大连池—北安铁路等，实施滨洲线、富裕至古莲铁路、滨北铁路、嫩江—漠河扩能改造工程；规划研究建设莫旗—讷河—五大连池铁路、扎兰屯—柴河—阿尔山铁路等。

机场：改（扩）建海拉尔机场、加快建设加格达奇机场。

（二）加强林区电网改造

将林区电网纳入区域大电网统一管理运营。加大林区电网改造力度，增加可再生能源分布式供电系统，提高林区电网整体供电能力，改善供电的可靠性，降低电网能耗。到2015年，基本解决林区无电区域供电问题。

（三）加快林区生活设施建设

饮水安全设施。搞好饮用水源地（水井）、给排水管网、水质净化处理等基础设施建设。力争在2—3年时间内，解决饮水供给不足和饮用水不安全问题。

供热设施。结合林区局场调整、中小城镇建设和棚户区改造工程，解决和改善林区集中供热能力和效率问题。在中心城市和部分小城市建设一批热电联产项目。集中建设和改造城镇供热锅炉、供热管道、换热站等设施，逐步使林区城镇由独立供热向集中供热转变。鼓励使用保温、隔热的新型建筑材料，发展节能型住房。推广“以煤代木”项目，逐渐减少林区日常生活对木材的消耗（林区居民每年用于取暖消耗的木材量约600万立方米）。

专栏10　林区热电联产项目

伊春2×15万千瓦热电联产项目，黑河、嫩江、逊克2×30万千瓦热电联产项目，加格达奇2×13.5万千瓦热电联产项目，鹤岗2×30万千瓦热电联产项目和20万千瓦矸石二期发电项目，海拉尔2×20万千瓦热电联产项目，根河2×20万千瓦热电联产项目，扎兰屯2×20万千瓦热电联产项目，莫力达瓦旗2×20万千瓦热电联产项目，阿荣旗2×15万千瓦热电联产项目，鄂伦春旗2×20万千瓦热电联产项目，阿尔山2×15万千瓦热电联产项目。

垃圾、污水处理设施。在各级中小城镇建设不同等级的垃圾处理场、污水处理厂，配套建设垃圾收集及清运系统、污水管网等公用设施。到2020年，规划区所有县（旗）城和城市建成污水处理厂和垃圾处理场。

（四）改善森林保护和管护设施

森林防火设施建设。大幅提高森林防火装备水平、改善基础设施条件，增强预警、监测、应急处置和扑救能力，实现火灾防控现代化、管理工作规范化、队伍建设专业化、扑救工作科学化。到2015年，林火监测率达到98%以上，瞭望覆盖率达到95%以上，防火公路密度达到5米/公顷，森林火灾受害率控制在1‰以下。

林业有害生物防治设施建设。重点建设监测预警、检疫御灾、防治减灾、应急防控等设施，提高危险性林业有害生物灾害的预防和除治能力。到2015年林业有害生物成灾率控制在4.5‰以下。

林业管护设施建设。优化调整木材检查站布局，对现有木材检查站进行维修和改建。加大现代高新技术设备投入，配齐执法装备。以森林资源监测中心、中心站为依托，完善监测设施设备，设立固定监测样地，开展监测技术研究，建立监测数据处理信息库，形成较完整的森林资源及生态状况监测网络体系。

七、加快林区社会事业发展

健全林区社会保障体系，逐步扩大覆盖面。按照集中建设，全面覆盖的原则，加大林区中小学校、医院、卫生院、文化场馆建设，促进林区社会事业的全面发展。

（一）完善社会保障体系

扩大社会保险覆盖范围，对于完成政企分开改革的林区，将林区企业职工和居民纳入当地基本养老保险、基本医疗保险、失业保险、工伤保险等社会保险制度体系。建立企业退休人员基本养老金标准正常调整机制，逐步将“老工伤”人员纳入工伤保险统筹管理。健全最低生活保障制度，确保林区低保对象的基本生活。妥善做好低收入困难群体采暖工作。加大林区特困户、残疾人等弱势群体救助力度，保证救助资金及时足额到位。

（二）促进就业和再就业

完善和落实各项就业再就业的政策措施，拓宽就业渠道，增加就业岗位。发挥政府投资项目和重大项目建设对就业的带动作用，扶持劳动密集型产业、服务业、中小企业和非公有制经济发展，提高企业吸纳就业的能力。建立健全公共就业服务体系，增强各县（市、旗、区）和乡镇公共就业服务能力。积极开发公益性岗位。完善创业服务体系建设，发挥好小额担保贷款政策的积极作用，积极支持推动创业，以创业促就业。进一步完善就业援助制度，加大对“4050”人员、零就业家庭的帮扶力度和中央财政转移支付力度。以服务林区森林资源管护和接续替代产业发展为目标，整合就业培训资源，依托职业学校建立技能培训基地，统筹安排各类劳动力技能培训专项资金。

（三）提高教育水平

结合林区小城镇规划和建设，整合、优化配置教育资源，合理调整中小学校布局，根据人口密度和服务半径均衡布点小学，就近入学，依托小城镇和重点镇布点初中，依托中小城市布点高中，实现规模办学。加快林区各类学校危旧房改造，建立健全校舍维修改造长效机制。开展中小学现代远程教育和信息化建设，着力提高教育质量。到2020年，林区中小学入学率均达到100%，高中阶段毛入学率达到90%以上。根据林区生态建设和产业发展需要，整合现有资源，加强以职业教育为主的高等院校建设，有计划地增设一批专业，为林区生态保护和经济转型培养各类实用人才和专业人才。

（四）改善医疗卫生条件

优化配置卫生资源，完善卫生设施，提高医疗技术水平，建设素质优良的卫生队伍，形成覆盖全林区居民的基本医疗卫生制度，实现人人享有基本医疗卫生服务。构建设施齐全、功能完备、服务优良的县（旗、区）、乡、村（林区站所）三级医疗卫生服务体系。搞好林区县（旗、区）级医院整合改造，按规划建设县级综合性医院，完善基层医疗卫生服务体系，落实基层医疗卫生机构的政府投入政策。完善疾病预防控制和医疗救治体系，提高林区疾病预防控制和应对突发公共卫生事件的能力。

专栏 11　医疗卫生机构建设项目

黑龙江省：重点将大兴安岭、伊春、黑河地市级医院改造升级。大兴安岭森工林区改扩建9个县级综合医院，37个乡镇卫生院、8个社区卫生服务中心，8个标准化卫生监督所，加强三县四区疾控中心及系统建设。伊春森工林区和森工总局改扩建县级医院24个，新建林场卫生所24个，新建社区医疗服务中心9个。黑河等地方林区建设16个县（市）医院、及其所属乡镇卫生院（林场、农场卫生所）、社区医疗服务中心。建设大兴安岭地区精神病防治院和伊春市精神病防治院。

内蒙古自治区：重点扩建地市级综合医院2个，改造县级医院10个、中蒙医院5个、卫生监督所30个、疾病预防控制中心11个、结核病防治院5个、妇幼保健所11个、中心血库10个、急救中心11个。建设呼伦贝尔市精神卫生中心和兴安盟精神卫生中心。

（五）繁荣文化事业

挖掘、保护和传承具有历史和地域特色的民族传统文化。加强公共文化基础设施建设，按照政府主导、社会参与、公益服务、共建共享的原则，着力建设以基层文化馆（站）、图书馆、全国文化信息资源共享工程服务点等为重点的公益性文化设施，继续实施好全国文化信息资源共享工程、县级图书馆、文化馆修缮、乡镇综合文化站设备购置等重大文化工程，逐步建成覆盖林区的公共文化服务网络，切实保障林区居民的基本文化权益。加强少数民族文化遗产保护，建立鄂伦春族、鄂温克族、达斡尔族文化生态保护区，实施整体性保护。搞好广播电视村村通工程，提高广播电视覆盖率。以林区国家森林公园为依托，建设生态文明教育基地。

八、推进林区管理体制改革和对外开放

坚持政、事、企分开的改革方向，加快推进林区管理体制改革。加大对俄、对蒙经贸合作，扩大林区对外开放，增强发展活力。

（一）加快林区管理体制改革

推进政企、事企分开的改革。用5年左右的时间，完成将地方行政管理、森林资源管理和企业经营分开的改革。进一步完善林区各级地方政府行政机构设置，健全各项政府职能。将林管局、森工企业从现在的合一体制中分离出来，林管局改制为资源管理机构，森工企业全部实行自主经营。剥离森工企业承担的教育、卫生、社会保险、广播电视、城建环卫等社会职能，其机构人员交由地方政府统一管理，行政事业经费纳入地方财政预算。分离森工企业已建立的水、电、气等具有经营性质的事业单位，并逐步改制为独立的经营主体，参与市场竞争。

稳步推进森林资源管理体制改革。坚持国有森林资源的公有制，按照责权利统一的原则，与“政事企分开”改革同步实施。实行资源管理与生产经营分开，构建以国有林管理机构为主体的森林资源管理体制。继续搞好伊春国有林区林权制度改革试点。

继续深化国有森工企业改革。国有森工企业要按照社会主义市场经济发展的要求，加快主辅分离改革，建立充满生机活力的新机制。通过股份制改革，推动国有资本的流动，促进企业经营机制的转换，按照专业化协作的原则进行企业重组，推动建立现代企业制度。采取改制、出售、兼并重组和股份合作等多种形式，搞活森工企业集团所属的中小企业。对一些严重资不抵债、产品技术水平低的企业，按法定程序实施破产。

（二）积极扩大林区对外开放

扩大对俄蒙合作。以边境贸易为基础，依托中俄、中蒙边境经济合作区，发展加工贸易及服务贸易。提升对俄木材精深加工和劳务输

出等合作层次。积极开展对蒙资源利用合作。积极拓展与俄、蒙的跨境旅游合作。巩固完善与俄、蒙联合防火合作机制。

加快口岸及合作区建设。加快黑河、逊克、嘉荫、黑山头、室韦等口岸的改扩建，完善口岸海关、检验检疫、安监、道路、通讯、电力等基础设施建设和升级改造。推动漠河、呼玛、孙吴口岸发展。改善林区对俄蒙口岸运输通道的通畅条件。依托主要口岸，建设中俄、中蒙综合加工园区、特色加工园区、物流园区等，深化林区与俄、蒙在货物进出口贸易方面的合作。

九、健全政策保障体系

充分发挥现有相关政策的效能，研究制定促进林区生态保护与经济转型的新政策，保障规划目标和重点任务的实现。

（一）促进林区体制改革的配套政策

妥善解决体制改革的相关成本。建立和完善与政府行政管理体制相配套的财政体制。森林资源管理机构运行经费按事权划分纳入财政预算。分离企业办社会职能所发生的费用，按照国家有关规定处理。妥善解决国有林区森工企业历史遗留问题。鼓励国有林区自行组织先行改革，对改革彻底、效果明显的，中央财政在安排天然林保护资金时予以奖励支持。

（二）完善林区生态保护政策

对纳入天然林保护工程实施范围的国有林，由中央财政安排管护费。对国有森林资源实施抚育经营政策，提高森林质量和生态功能。实施无林地造林和低质、低效林改培政策，增加森林面积，提高森林质量及生态功能。将林区防扑火、国家级自然保护区（湿地）管护、航空护林、森林病虫害防治、森林调查等公益性事业的运营经费全额纳入财政预算。国有林区森工企业在册全民职工基本养老、基本医疗、失业、工伤、生育保险，继续由中央财政安排适当补助。

将大小兴安岭林区作为全国生态补偿机制试点重点区，加大中央财政的补偿力度。将规划区内的国家级自然保护区列入国家生态补偿试点。研究将符合条件的大小兴安岭森林生态功能区范围内的县（旗、区）纳入国家生态功能区转移支付（试点）范围，重点支持生态保护和涉及民生的基本公共服务领域。在资金分配和资金使用效果评估中，重点考核森林覆盖率和森林蓄积量，并按照绩效考评结果，实施适当奖惩措施。

积极推进林区开展森林碳汇经济试点，研究出台鼓励林区发展碳汇经济的政策，在大兴安岭地区建设国家级低碳经济示范区。

（三）支持林区经济转型政策

在一定期限内参照资源枯竭城市政策并比照农业补贴政策支持林区经济转型。大小兴安岭森林生态功能区范围内森林覆盖率高于70%的县（旗、区）参照执行资源枯竭城市财政转移支付政策；在中央预算内投资中安排专项资金，专项用于支持大小兴安岭林区发展能够充分吸纳就业的接续替代产业以及支持林区开展“以煤代木”。在基础设施、生态建设、环境保护、扶贫开发和社会事业等方面安排中央预算内投资和其他有关中央专项投资时，赋予黑龙江大小兴安岭林区西部大开发政策。林业职工从事林业生产和动植物种植养殖活动，可以按照有关规定享受国家扶持政策，在农业保险、小额贷款等方面给予重点扶持。鼓励各类金融机构加大对大小兴安岭林区经济转型的支持。

（四）加大民生保障和基础设施投入力度

对林场（所）调整和撤并带来的移民，纳入异地扶贫搬迁工程。局场调整参照小城镇建设政策给予扶持。对重点扶持发展的小城市和重点镇纳入全国重点小城镇建设规划范围并予以支持。切实抓好林区棚户区改造工作，做到支持力度不减。

健全国有林区森工企业工资分配制度，逐步提高企业职工工资。进一步完善工资支付制度，规范企业的工资支付行为。对高寒地区林区职工取暖比照当地城镇职工取暖补贴标准予以补助。

纳入省区规划的林区公路建设由所在省区统筹安排，国家给予适当支持，努力减轻林区建设资金配套压力。支持林区取暖、排水、饮水、局场址道路等基础设施建设。对于林区经济转型重点项目、基础设施建设和重点城镇建设占用林地，适当简化使用林地审核程序。结合林区局场调整，加大土地整理和生态恢复力度，开展林地和建设用地增减挂钩试点。

（五）规划实施保障措施

加强组织领导。国务院有关部门要切实加强对规划实施的组织协调，落实相关政策。地方各级政府要加强组织领导，加快制定规划实施方案，建立和完善工作机制。

调整政绩考核指标。围绕生态保护和民生问题，调整林区现有的考核标准。重点评价森林资源变化、生态保育、环境改善、职工就业、林区生活质量等生态环境和社会发展指标。

落实工作责任。针对规划中涉及到的重点工作、项目和政策，要加大落实力度，围绕体制改革、生态保护、经济转型、基础设施建设等关键环节和领域，明确工作时序和重点，落实责任主体。国家资金支持要与改革成效、生态保护指标等直接挂钩。

加强监督检查。对规划实施情况进行跟踪检查，建立健全规划实施监测和定期评估制度，公布规划执行情况。根据规划执行情况和监测结果，对规划修订提出意见和建议。完善社会监督机制，鼓励公众积极参与规划的实施和监督。

加强社会宣传。把握正确的舆论导向，采取多种形式、全方位地宣传林区生态保护和经济转型的重要性，形成人人关心林区生态保护，全社会支持经济转型的良好氛围。

附表：大小兴安岭林区生态保护与经济转型规划区域范围

附图（略）：1. 大小兴安岭林区生态保护与经济转型规划范围

2. 大小兴安岭林区生态保护与经济转型规划森林生态功能区范围

3. 大小兴安岭林区生态保护与经济转型规划城镇布局

4. 大小兴安岭林区生态保护与经济转型规划产业区布局

附表：

大小兴安岭林区生态保护与经济转型规划区域范围

省级单位	地级单位	县级单位
黑龙江省	大兴安岭地区	呼玛县、塔河县、漠河县、加格达奇区、松岭区、新林区、呼中区
	伊春市	伊春区、南岔区、友好区、西林区、翠峦区、新青区、美溪区、金山屯区、五营区、乌马河区、汤旺河区、带岭区、乌伊岭区、红星区、上甘岭区、嘉荫县、铁力市
	黑河市	孙吴县、五大连池市、逊克县、北安市、嫩江县、瑷辉区
	佳木斯市	汤原县
	鹤岗市	鹤岗市区、萝北县
	绥化市	绥棱县、海伦市、庆安县
	哈尔滨市	通河县、巴彦县、木兰县
内蒙古自治区	呼伦贝尔市	牙克石市、额尔古纳市、根河市、鄂温克旗、鄂伦春旗、莫力达瓦旗、扎兰屯市、阿荣旗、海拉尔区
	兴安盟	阿尔山市、科尔沁右翼前旗

国务院办公厅转发发展改革委、农业部关于加快转变东北地区农业发展方式建设现代农业指导意见的通知

2010年11月30日　国办发［2010］59号

各省、自治区、直辖市人民政府，国务院各部委、各直属机构：

发展改革委、农业部《关于加快转变东北地区农业发展方式建设现代农业的指导意见》已经国务院同意，现转发给你们，请认真贯彻执行。

关于加快转变东北地区农业发展方式建设现代农业的指导意见

东北地区是我国重要的商品粮和农牧业生产基地，也是农业资源禀赋最好、粮食增产潜力最大的地区。近年来，随着东北地区等老工业基地振兴战略等政策的实施，东北地区农业发展迈上了新台阶。但是，东北地区农业基础设施和科技支撑能力仍然薄弱，农业生产效率效益依然不高，农业资源可持续利用也面临一系列挑战。根据国务院振兴东北地区等老工业基地领导小组第二次会议精神，为确保我国粮食安全和全面振兴东北老工业基地，进一步发挥东北地区资源优势，加快转变东北地区农业发展方式，探索中国特色农业现代化道路，现提出以下意见。

一、总体要求和发展目标

（一）总体要求。以邓小平理论和“三个代表”重要思想为指导，全面贯彻落实科学发展观，把建设现代农业作为全面振兴东北老工业基地的基础支撑，加快转变农业发展方式，夯实农业发展基础，优化农业产业结构，强化农业科技支撑，创新农业经营机制，发挥国有农场引领示范作用，把东北地区建设成为维护国家粮食安全的战略基地、全国重要的畜禽水产品生产加工基地和农业现代化示范区。

（二）发展目标。到2015年，东北地区粮食综合生产能力稳定在1亿吨以上，农业科技进步贡献率达到60%，农产品加工率达到70%，农作物耕种收综合机械化水平达到80%，耕地灌溉率达到30%，农业灌溉水利用系数达到0.6以上，土地产出率、资源利用率和劳动生产率大幅度提高。到2020年，东北地区农业土地产出率、资源利用率和劳动生产率达到发达国家水平，现代农业发展取得显著成效。

二、建立现代农业产业体系

（三）稳定发展粮食生产和特色农业。按照《全国新增1000亿斤粮食生产能力规划(2009—2020年)》的要求，加大投入力度，进一步提升东北地区粮食生产能力。重点支持三江平原、松嫩平原和辽河平原发展优质粳稻，并在其他水土资源条件较好的地区适当发展水稻种植。建设优质专用玉米产业带，着力提高单产。加强优质大豆生产基地建设，加快

新品种、新技术推广，提高蛋白或油脂含量，实行分种分收分储，提升生产组织化程度。大力发展马铃薯产业，建立脱毒种薯繁育基地。加快发展果蔬、花生、食用菌、北药等经济作物。鼓励有条件的地方积极发展设施农业。

（四）积极发展畜禽和水产养殖业。进一步提高东北地区畜禽养殖业规模化、专业化、标准化和养殖加工一体化水平，严格质量管理，建设肉蛋奶和绒毛生产基地。采取投资补助或以奖代补形式，重点支持标准化规模养殖场（小区）建设，用水用电执行农业水电价格。支持适应东北地区气候环境的良种驯养及繁育基地建设。大力推进水产健康养殖，积极创建健康养殖标准化示范场，支持辽宁省发展海洋牧场。加强东北地区水产原良种体系建设，有条件的地方要充分利用良好的生态环境，发展有机健康养殖。

（五）促进林业可持续发展。坚持以生态建设和资源培育为主导的林业发展方向，建设我国北方重要生态屏障和国家木材战略储备基地。加强东北地区森林生态保护，大幅调减森林采伐量。巩固退耕还林成果，加强育林和管护。依托林区森林资源和人文资源，发展生态文化旅游、绿色食品、林木精深加工、林业生物质能源和商贸物流等接续替代产业。加快推进国有林区管理体制改革，实行地方行政、森林资源管理和森工企业生产经营分开。全面推进集体林权制度改革，认真总结国有林权制度改革试点工作并稳步推进，建立健全促进林业发展的长效机制。

（六）大力发展农产品加工业。把农产品加工业作为发展县域经济和增加农民收入的重要途径，充分发挥东北地区工农业优势，提高农产品精深加工水平，延伸产业链，培育产业集群，实现生产规模化、质量标准化、产品品牌化。重点支持粮食、肉类、牛奶、水产品生产大县（市、区、场）发展农产品加工业，东北地区等老工业基地调整改造专项资金要加大支持力度。

三、加强现代农业基础条件建设

（七）加强农田水利等基础设施建设。进一步优化水资源配置，完善县级农田水利规划，加强东北地区中西部水源工程和东部灌区工程建设，进一步扩大有效灌溉面积，提高防洪排涝能力。加快引嫩入白、哈达山水利枢纽及配套灌区、三江平原灌区、尼尔基水库下游灌区等重大水利工程建设，统筹推进其他重大水利工程前期工作。加强中小河流和中小型病险水库治理。加快推进水利工程管理体制改革，提高农业灌溉用水保障能力。合理开发空中云水资源，建设人工增雨基地。

（八）大力发展农业节水灌溉。采取经济、科技、行政等综合措施，全力推进节水型农业建设。加快灌区续建配套节水改造和灌排泵站更新改造工程建设，完善田间末级灌排沟渠，扩大节水灌溉面积。积极推广应用喷灌、滴灌等高效节水技术和装备，发展旱田灌溉。加强农业用水的总量控制和定额管理，鼓励组建灌区农民用水者协会等组织，推进用水计量收费。在部分有条件的灌区，开展用水累进收费制试点。

（九）提高耕地质量。以《全国新增1000亿斤粮食生产能力规划（2009—2020年）》确定的产粮大县（市、区、场）为重点，大力推进基本农田建设，加快中低产田改造，加强坡耕地水土流失治理，农业发展银行要安排中长期政策性贷款予以支持。推进松嫩平原西部盐碱地、辽河平原中北部棕壤区渍涝盐碱土地和辽西北干旱丘陵中低产田改造治理。按照中央和地方人民政府共同分担的原则，在东北地区率先建立定期深松作业补贴长效机制，开展耕地轮作试点，研究出台配套扶持政策。逐步推广激光平地、联合耕整地技术。提高测土配方施肥技术普及率、入户率和到田率。高度重视土地有机质的补充积累，鼓励增施有机肥、种植绿肥和秸秆还田。

（十）提升农业机械化水平。优化农机装备结构，加强玉米收获、水稻插秧、深松作业等薄弱环节，积极推广大马力、高性能、节能环保和复式作业机械，推进农业生产全过程、多领域机械化。扶持发展农机专业合作社、农机大户和农机协会，培育壮大农机经纪人队伍。支持开展大型农机租赁业务。加强农业机械化技术推广、农机安全监理、试验鉴定等公共服务体系建设。发展农用航空。

四、强化现代农业科技支撑体系

（十一）大力推进农业科技创新。完善农业科技创新体系，加快推进农业技术集成化，重点在良种培育、丰产栽培、农业节水、动植物疫病防控、农业生态环境建设、绿色储粮、粮食收储快速检测技术等方面实现新突破。统筹协调国家科技计划、现代农业产业技术体系建设工程，支持基础较好的科研机构、大学和企业充分整合利用现有科技资源，建立和完善东北玉米、水稻、大豆、马铃薯、生猪、奶牛和肉牛等国家级工程研究中心、产业技术研发中心和综合实验站。围绕东北地区农业结构调整，加强良种繁育基地建设，提高良种供给能力。

（十二）积极推广先进适用技术。加强基层农业技术推广体系建设，创新管理体制，健全运行机制，提高人员素质，完善设施条件，全面提升公共服务能力。引导各级农业教育、科研、农技推广机构和农民专业技术协会等多元化农村科技服务组织承担农技推广、科技培训等服务项目。培养一批农村科技示范户，发挥其对周边农民的技术传帮带作用，地方人民政府要对业绩突出的示范户给予补助和奖励。

（十三）大力推进农业信息化。发展数字农业、精准农业、智能农业和智能粮库，积极推进种养业生产过程、农产品加工和粮食流通信息化。大力发展面向农业大户、农村经济合作组织和农业龙头企业的电子商务服务，利用信息技术强化供应链管理，带动上下游农户提高信息化应用水平。辽宁、吉林、黑龙江和内蒙古四省（区）人民政府要搭建好本级农村农业综合信息服务平台，整合信息资源，实行信息采集、会商、分析预测和对外发布的规范化管理，积极推进农村基层信息服务站点建设。

（十四）加快培养新型农民。充分发挥农村文化、教育、科普、农技设施的作用，以科技示范户、农机大户、从事种养业的骨干农民和村干部为重点，推进农民培训职业化、规范化、标准化，大力培养懂生产、善经营、会管理的新型农民。支持有技术、有资金的外出务工农民回乡创业，带动当地农村就业和经济发展。进一步加强农村公共文化服务体系建设，继续改善农村办学条件，加快发展农村职业教育。

五、创新现代农业经营机制

（十五）推进土地适度规模经营。在坚持农户家庭承包经营的基础上，按照依法、自愿、有偿的原则，引导土地承包经营权规范有序流转。加强土地承包经营权流转的管理和服务，建立健全县、乡、村三级土地流转服务平台，给予必要的经费保障。积极培育发展专业大户、家庭农场、农民专业合作社等土地规模经营主体，提高农业组织化程度。

（十六）扶持农民专业合作社发展。认真落实新增农业补贴适当向农民专业合作社倾斜的政策。进一步完善政策措施，引导扶持种植、养殖、农机、流通等各类农民专业合作社加快发展，鼓励支持有条件的农民专业合作社发展农产品加工业、参股龙头企业和按照有关规定参与兴办农村资金互助社。指导农民专业合作社加强制度建设，创立自主品牌，不断提高经营管理水平。

（十七）培育壮大农业产业化龙头企业。着力培育一批市场开拓能力强、经营规模大、辐射面广的大型龙头企业，支持企业加大科研开发和技术改造力度，打造知名品牌。鼓励龙头企业通过定向投入、委托生产、保护价收购、入股分红和利润返还等多种形式，与上下游建立稳定的利益联结机制。支持龙头企业大力发展无公害农产品、绿色食品和有机食品，建立产品质量追溯机制，推行标准化生产。

六、完善现代农业市场流通体系

（十八）加强农产品市场体系建设。要科学规划，支持东北地区建设一批集市场、物流、检验、信息于一体的特色农产品集散地，突出区域优势特色，强化专业化规模经营，增强辐射带动能力。全面推进农产品批发市场升级改造工程、“双百”市场工程和“农超对接”，建设农产品直销采购基地。完善以国有粮食企业为主渠道、市场主体多元化的粮食购销服务网络。适时在大连商品交易所推出东北优势农产品期货新品种。

（十九）完善粮食仓储设施。优化粮食仓储设施布局，推进储粮多元化。支持国有粮食企业和农业产业化龙头企业仓储设施建设和承储国家政策性粮食。支持粮食企业扩大仓储能力，增加烘干设施，提高质量检测水平。继续组织实施农户科学储粮专项，尽早在东北地区农户普及科学储粮。发展适合大农户的粮食仓储物流模式和技术，积极支持“粮食银行”等新型粮食仓储流通业态发展。

（二十）增强农产品运输能力。加快东北东部铁路建设和西部铁路通道扩能改造，在粮食产量、调出量大的县（市）新建、整合一批大型粮食收储点和战略装车点，配置散粮汽车、吸粮机等设备，推进散粮“入关”铁路直达。提高散粮铁水联运比例，加快东南沿海地区港口专业化散粮装卸设施、配套粮食储备库建设。推进干线公路升级和农村公路交通网建设，提高公路运输能力。促进农产品冷链物流发展。探索通过境外港口开展江海联运和陆海联运，向我国东南沿海地区调运大宗农产品。

七、促进农业循环经济发展和生态保护

（二十一）促进农业资源综合开发利用。建立若干个循环农业示范点，推进农作物秸秆、畜禽粪便、林木加工剩余物等农林废弃物的循环利用，提高产品附加值。支持发展米糠油、以农林剩余物为原料的人造板材和固体成型燃料等新产品。鼓励有条件的地方发展种养业一体化。积极发展生物质能源、太阳能、风能等，解决农村能源问题。

（二十二）加强农业生态建设和环境保护。保护东北地区黑土资源，以有机培肥为基础，定向培育退化黑土和薄层黑土。开展退化草原治理，通过禁牧、休牧、轮牧及生态移民等措施，增强草原的自我修复能力。开展松花江、黑龙江、图们江等重要水域增殖放流，加强水生生物保护区建设。引导农民科学使用化肥、农药、农膜，促进农业和农村节能减排，控制和防治农业面源污染。

（二十三）大力发展绿色和有机食品。培育一批具有较高知名度的东北绿色和有机食品品牌，扶持创建若干个上规模、标准化的原料产地，鼓励开展农产品地理标志登记保护，把东北地区建设成我国最大的绿色和有机食品生产基地。加强绿色和有机食品认证标准、检验、监管、推广和服务体系建设。鼓励有实力的企业在全国大中城市建立东北绿色和有机食品连锁超市。

八、发挥黑龙江农垦等垦区的示范引领作用

（二十四）加快黑龙江等垦区现代农业发展。加强垦区现代农业支撑条件建设，国家相关的强农惠农政策措施要覆盖到垦区，垦区所在地方人民政府要加强对垦区的指导和支持。垦区要加强生产经营管理，提高农业装备能力、自主创新能力和粮食综合生产能力，在现代农业建设中切实发挥先导示范作用。

（二十五）鼓励垦区为地方农业提供专业化服务。充分发挥垦区机械化水平高的优势，不断扩大农机服务范围，探索土地代耕制、承包租赁制和托管制等经营形式，由代耕作业向全程生产作业、由个别农户向整村（屯）推进发展，发展土地集约经营。进一步拓宽垦区农业科技服务领域，加快把农垦的现代生产方式推广到周边农村。推进场县合作共建，不断扩大共建范围和领域。

（二十六）积极推进农垦管理体制改革。进一步理顺农垦系统政企关系，强化地方人民政府公共服务能力，逐步将垦区社会公益事业建设纳入公共财政保障范围。适当选择集中连片、经济基础较好、发展潜力较大的中心垦区设立市镇。黑龙江北大荒农垦集团总公司等大型农垦企业要继续深化改革，完善现代企业制度，打造具有国际竞争力的特大型现代农业企业集团。

九、统筹城乡和工农业发展

（二十七）积极探索以城带乡发展的新途径。充分发挥东北地区城镇化水平较高、大中城市较多的优势，加强组织协调，提升城镇对现代农业发展的辐射带动能力。统筹改革户籍制度，进一步拓展农民转移就业空间，有序引导农村人口和劳动力向非农产业和城镇转移，为加快转变农业发展方式创造条件。

（二十八）加快新农村建设步伐。把新农村建设与现代农业发展有机结合起来，突出抓好一批中心镇、中心村的规划和建设，提高新农村建设水平。规范有序开展农村土地整治，引导乡村居民适度集中居住，加强农村水电路气房建设。做好农村公路规划建设，中央和地方各级人民政府要进一步加大支持力度。

（二十九）努力构建以工促农发展的新机制。有效发挥东北地区工业基础雄厚、产业门类齐全的优势，努力为农业生产提供技术装备保障。装备制造企业和科研机构要适应粮食生产和仓储流通机械化需求，积极研制生产大马力拖拉机及配套农机具、玉米高效联合收割机、半喂入水稻收割机、水稻育秧工厂化成套设备、高效粮食烘干设备、散粮物流设备等产品；适应农产品加工业发展需求，积极研制粮食、乳、肉等农产品精深加工成套设备；适应农业资源综合利用需求，积极研发农作物秸秆收集打捆和各类固化成型设备、沼气发酵及储气一体化装置等。资源型城市和矿业企业要组织做好老矿区的复垦整理工作，积极利用工矿区废弃土地发展设施农业。

十、完善政策支持体系

（三十）加大投入力度。中央各类农业投入要继续向粮食主产区倾斜，加大农业“四项补贴”（粮食直补、农资综合补贴、良种补贴、农机具购置补贴）力度，继续完善稻谷最低收购价政策和玉米、大豆临时收储政策。地方各级人民政府要按照中央有关要求，积极增加农业投入，探索政府财政性强农惠农资金与银行信贷资金相互结合的有效途径，采取贷款贴息、投资补助、以奖代补、费用补贴等方式，引导社会力量投资现代农业建设。

（三十一）健全粮食主产区利益补偿制度。抓紧研究在黑龙江、吉林等粮食主产省（区）建立商品粮调销机制。尽快取消粮食主产区粮食风险基金地方配套。积极稳妥做好粮食政策性财务挂账消化处理工作。

（三十二）完善农村金融体系。鼓励各类金融机构拓展农村金融市场，大力支持村镇银行、贷款公司、农村资金互助社等新型农村金融机构和小额贷款公司规范有序发展，逐步形成合理分工、有序竞争的农村金融体系，满足现代农业发展的资金需求。金融机构要针对东北地区农业作业特点和农民需求，合理确定农民生产性贷款期限。鼓励地方人民政府按照有关规定，建立政策性农业投资公司和农业产业发展基金。探索建立财政扶持农业保险的机制，逐步扩大农业保险品种，完善理赔制度。

（三十三）统筹各类强农惠农资金。进一步完善涉农资金管理办法，加强各部门在涉农投资安排、规划编制、项目审核、投资计划编制下达、项目组织实施等环节的沟通和衔接，从中央和地方多层次积极推进政府强农惠农资金整合。要以县域为基本单元，整合使用性质相同、用途相近的资金。积极推动各类财政补贴资金整合和统一发放，简化补贴手续，降低操作成本。

（三十四）开展相关试点工作。在条件成熟的县（市）组织开展农业综合开发项目“民办公助、先建后补”试点，中央财政根据地方项目规划、资金安排、农民筹资筹劳以及开发任务完成等情况，制订补助标准并拨付补助资金。辽宁、吉林、黑龙江和内蒙古四省（区）人民政府要结合本地情况，积极开展现代农业发展综合试点，在推进土地适度规模经营、统筹整合强农惠农资金、发展农业专业合作组织、推动农业综合机械化、完善金融手段、创新农业产业化经营机制、发挥农垦引领示范作用等方面，探索实践行之有效的措施和方法并及时总结经验，有关部门要积极给予指导和支持。

（三十五）提高农业对外开放水平。支持建设东北特色农产品基地和出口食品质量安全示范区。加强对大豆、大米、玉米等大宗粮食进出口的调控。加强同东北地区周边和农业发达国家在农业生物技术、大型新型农业装备研制等领域的科技合作，鼓励有条件的农业企业（农场）实施“走出去”战略。

加快转变东北地区农业发展方式、建设现代农业是一项艰巨的战略任务。辽宁、吉林、黑龙江和内蒙古四省（区）各级人民政府和国务院有关部门要进一步提高认识，齐心协力，各尽其责，抓紧研究落实各项政策措施，发展改革委和农业部要加强组织协调和督促检查工作。

综合篇

2010年中国地区经济发展综述

2010年是新世纪以来我国发展环境极为复杂、各类自然灾害和重大挑战极为严峻的一年。在党中央、国务院的坚强领导下，全国上下深入贯彻落实科学发展观，坚持实施应对国际金融危机冲击的一揽子计划，加快推进经济发展方式转变，国民经济继续朝着宏观调控预期方向发展，回升向好态势进一步巩固。

2010年，召开了第五次中央西藏工作座谈会和中央新疆工作座谈会，印发了《关于推进西藏跨越式发展和长治久安的意见》和《关于推进新疆跨越式发展和长治久安的意见》，总结了中央第四次西藏工作座谈会和对口支援新疆工作13年来西藏、新疆发展稳定取得的成绩和基本经验，全面分析了新形势下西藏、新疆工作的特殊性和重要性，明确了2020年前西藏、新疆工作当前和今后一个时期的指导思想、主要目标和工作任务等，对于促进新疆、西藏的发展稳定具有重要的里程碑意义。同时，中央进一步加大了对内蒙古、广西、宁夏、青海、贵州、云南等少数民族省（区）的扶持力度，为加快有关民族地区跨越式发展和长治久安注入新动力。在中央的大力支持下，民族地区经济发展明显提速。

2010年，召开了第一次全国对口支援新疆工作会议和对口支援西藏、青海省藏区工作会议，对新一轮对口支援新疆、西藏和第一轮对口支援青海省藏区工作做出部署，进一步明确了对口支援工作的指导思想、基本原则、主要任务和工作目标。一年来，各支援省市与受援地区密切配合，迅速行动，建立了对口支援工作领导小组和工作机构，不断加大资金、干部、人才支持力度，组织编制了对口支援新疆、西藏和青海省藏区规划，开工建设了一批对口援疆试点工程。中央、国务院有关部门加强工作指导，建立了对口支援新疆工作部际联席会议等领导机构，研究制定了一系列政策措施。在中央的坚强领导下，在支援省市、受援地区的共同努力下，对口支援工作进展顺利，开局良好。

2010年，国务院陆续批复了《皖江城市带承接产业转移示范区规划》、《长江三角洲地区区域规划》、《前海深港现代服务业合作区总体发展规划》，印发了《关于深入实施西部大开发战略的若干意见》、《关于进一步支持甘肃经济社会发展的若干意见》，批准设立了重庆两江新区，制定并组织实施东北地区建设现代农业的指导意见。随着一系列区域规划和区域性政策文件的深入实施，重点地区发展速度加快，开发开放力度加大，在区域经济发展中的核心地位和辐射带动作用显著加强。

2010年，全国海洋经济发展试点工作全面展开，山东、浙江、广东作为试点地区，相关规划已完成报批程序。海洋经济发展试点工作的开展，是我国区域发展从陆域经济延伸到海洋经济、积极推进陆海统筹的重大战略举措，标志着海洋经济已成为实施区域协调发展战略的一项重大任务。在国家战略规划、重大政策、项目安排等方面的必要支持下，海洋经济成为区域发展的新亮点。

2010年，区域合作取得实质性进展，政策体系不断完善，合作载体明显实化。为积极引导产业跨地区转移，国务院批复了《皖江城市带承接产业转移示范区规划》，建立了我国第一个国家级产业转移示范区。为引导产业转移健康有序开展，国务院专门印发了《关于中西部地区承接产业转移的指导意见》，明确了支持和引导产业转移的具体政策措施。按照有关规划文件的要求，有关部门积极推进东中西区域合作示范区试点工作。长三角、珠三角、京津冀、成渝、西咸等重点区域一体化深入推进，合作机制不断完善。沿边地区开放开发力度进一步加大，国家启动了支持云南省加快建设向西南开放桥头堡的政策制定工作，黑龙江、内蒙古等地向北开放步伐加快；我国积极推进与东盟、东北亚、中亚等国家和地区的国际合作，在与周边国家和地区经济合作中的影响力进一步增强。

一、2010 年我国地区经济回升向好态势明显，中西部发展势头强劲，协调性进一步增强

中西部地区发展势头强劲，地区经济增长势头趋于稳定。2010 年，东、中、西部和东北地区分别实现地区生产总值 22.94 万亿元、8.54 万亿元、8.08 万亿元和 3.71 万亿元，比上年分别增长 12.3%、13.8%、14.2% 和 13.6%，同比分别提高了 1.4、2.0、0.7 和 0.9 个百分点。中、西部和东北地区发展势头强劲，经济增长速度均超过东部地区，保持了 2008 年以来形成的这一良好态势，区域发展差距扩大的趋势得到有力遏制，区域发展的协调性进一步增强。从全年各季度经济增速的变化情况来看，各地区均呈现出前高后低的趋势，东、中、西部和东北地区全年增速较一季度分别回落 2.4、1.7、2.1 和 1.8 个百分点，较上半年分别回落 0.7、1.2、0.7 和 1.0 个百分点，与前三季度相比，分别回落 0.4、0.3、0.1、0.6 个百分点，回落幅度不断收窄，增势逐步趋缓，显示经济增长不断趋于稳定的良好态势。

东部地区经济比重持续下降，中西部和东北地区经济比重继续提升。2010 年，东、中、西部和东北地区的地区生产总值占全国的比重分别为 53.0%、19.7%、18.7% 和 8.6%，与上年相比，东部地区比重下降 0.8 个百分点，中、西部和东北地区分别上升 0.4、0.3 和 0.1 个百分点，地区间总体经济实力的相对差距进一步缩小，中西部地区经济的重要性继续提高。近年来，尽管东部地区经济比重持续下降，但仍占据我国经济总量的半壁江山。

天津经济增长速度跃居全国首位，全国有 28 个省份的经济增长速度快于上年。2010 年，除上海地区生产总值同比增长 9.9% 外，其他省份的经济增速均超过 10%，天津以 17.4% 的增长速度位居全国首位，增速位次提升了 21 位。全国有 13 个省份的地区经济生产总值增长速度超过了 13%，其中有 5 个省份的增长速度超过 15%，继天津之后依次是重庆（增长 17.1%）、海南（增长 15.8%）、青海（增长 15.3%）和四川（增长 15.1%），增长速度较快的主要集中在中西部地区。与上年相比，除北京（增长速度与上年持平）、西藏（增长速度同比降低 0.1 个百分点）、内蒙古（增长速度同比降低 2 个百分点）外，其他省份的经济增长速度均有所提升，提升幅度较大的省份包括山西、青海、海南、浙江和新疆，同比分别提高了 8.5、5.2、4.1、2.9 和 2.5 个百分点，也多为中西部地区省份。

二、2010 年各地区产业结构调整加快，但各个地区的产业结构变化趋势各有不同

东北地区第一产业增加值增长速度领先，东部和东北地区第一产业增加值比重下降。2010 年，东、中、西部和东北地区第一产业增加值同比分别增长 3.7%、4.5%、4.9% 和 5.3%，东北地区增长速度跃居首位；东、中部地区增速同比分别降低了 0.4 和 0.2 个百分点，西部和东北地区增速分别提升了 0.4 个和 1.6 个百分点。与上年相比，东部和东北地区第一产业增加值占全国地区合计比重同比下降了 0.4 和 0.3 个百分点，中、西部地区比重同比分别提高了 0.4 和 0.3 个百分点。2010 年，全国有 19 个省份的第一产业增加值增长速度快于全国 4.3% 的总体增长水平，排在前 10 位省份的增长速度均超过 5.5%，依次是宁夏（增长 7.0%）、海南（增长 6.3%）、黑龙江（增长 6.2%）、山西（增长 6.1%）、重庆（增长 6.1%）、青海（增长 5.9%）、内蒙古

（增长5.8%）、辽宁（增长5.8%）、陕西（增长5.8%）和甘肃（增长5.5%）。增长速度排在后面的省份分别是上海（下降6.6%）、北京（下降1.6%）、西藏（增长3.1%）、浙江（增长3.2%）、福建和天津（均增长3.3%）。与上年相比，全国有16个省份第一产业增加值增长速度有不同程度的提高，增幅排在前列的依次是内蒙古（提升3.5个百分点）、辽宁（提升2.7个百分点）、山西（提升1.9个百分点）、黑龙江（提升1.0个百分点）、青海和陕西（均提升0.9个百分点）。增长速度下降幅度较大的省份包括北京（下降6.2个百分点）、上海（下降5.5个百分点）、福建（下降1.4个百分点）、云南（下降1.2个百分点）和海南（下降0.9个百分点）。

各地区第二产业增加值增长速度均明显提升，东部地区所占比重明显下滑。2010年，东、中、西部和东北地区第二产业增加值同比分别增长14.2%、18.4%、18.9%和16.6%，西部地区增速最快。与上年相比，各地区增长速度均明显加快，四个地区同比分别提高了3.4、4.5、2.5和1.3个百分点，中部地区提升幅度最大。中、西部和东北地区第二产业增加值占全国地区合计比重同比分别提高了0.8、0.8和0.2个百分点，东部地区所占比重同比下降了1.8个百分点。2010年，全国各省份第二产业增加值增长速度均快于全国12.2%的总体增长水平，排在前9位省份的增速均超过了19%，依次是重庆（增长22.7%）、四川（增长22.0%）、湖北（增长21.1%）、安徽（增长20.7%）、广西（增长20.5%）、天津（增长20.2%）、湖南（增长20.2%）、青海（增长19.3%）和海南（增长19.2%）。第二产业增加值增长速度较慢的省份是浙江、新疆、江苏、山东和河北，同比分别增长12.3%、12.6%、13.0%、13.4%和13.4%。与上年相比，全国有28个省份的第二产业增加值增长速度呈现出提升态势，增幅较大的省份包括山西、上海、青海、海南和浙江，分别提升了16.7、13.3、8.0、6.6和5.5个百分点；西藏、内蒙古和山东3个省份第二产业增加值增速出现回落，同比分别降低了7.6、2.9和0.5个百分点。

各地区第三产业增加值增长速度均出现较明显回落，东部地区所占比重相对提升。2010年，东、中、西部和东北地区第三产业增加值同比分别增长了11.0%、10.4%、11.3%和11.6%，东北地区继续保持领先地位。与上年相比，各地区第三产业增长速度均出现较为明显的回落，同比分别回落了0.9、0.9、1.8和0.3个百分点，西部地区降幅最大。东部地区第三产业增加值占全国地区合计比重同比提高了0.4个百分点，中、西部和东北地区所占比重同比分别下降了0.1、0.2和0.1个百分点。2010年，全国有28个省份第三产业增加值增长速度快于全国9.5%的总体增长水平，其中有12个省份的增长速度超过12%，依次是海南（增长19.6%）、天津（增长14.2%）、西藏（增长13.7%）、河北（增长13.1%）、江苏（增长13.1%）、山东（增长13.0%）、重庆（增长12.4%）、辽宁（增长12.2%）和内蒙古、浙江、贵州、青海（均增长12.1%）。与上年相比，全国有11个省份的第三产业增加值增长速度有所提高，增幅排在前列的分别是海南（提升5.5个百分点）、西藏（提升3.3个百分点）、青海（提升2.3个百分点）、山东（提升1.8个百分点）、新疆（提升1.7个百分点）、河北（提升1.7个百分点）和宁夏（提升1.6个百分点）。降幅较大的包括上海、陕西、内蒙古、广西、吉林和福建，分别下降了7.2、3.6、2.9、2.7、2.6和2.6个百分点。

三、2010年各地区投资高位回稳，中西部地区投资结构有所优化

中、西部和东北地区城镇固定资产投资增速均超过东部地区，东部地区所占比重继续下降。2010年，全国城镇固定资产投资同比增长24.5%，接近改革开放以来的平均增长速度。从分地区情况来看，东、中、西部和东北

地区城镇固定资产投资完成额比上年分别增长21.7%、26.5%、26.2%和29.4%，中、西部和东北地区增速均超过东部地区；与上年相比，各地区增速分别回落1.1、10.0、9.0和2.9个百分点，中部地区降幅最大；各地区城镇固定资产投资完成额占地区合计的比重分别为40.2%、23.7%、23.8%和12.3%，其中，中、西和东北地区所占比重分别上升0.3、0.3和0.4个百分点，东部地区所占比重下降1个百分点，延续了2009年以来持续下降的趋势。投资的地区结构变化表明，国家对中西部地区政策倾斜效果明显，地区投资结构趋于改善。2010年，全国15个省份城镇固定资产投资增长速度高于全国24.5%的总体增长水平，排在前10位省份的增长速度均超过30%，依次是广西（增长36.1%）、甘肃（增长35.3%）、宁夏（增长34.1%）、黑龙江（增长34.0%）、海南（增长33.4%）、福建（增长33.1%）、天津（增长32.6%）、湖北（增长30.9%）、江西（增长30.8%）和辽宁（增长30.2%）。与上年相比，仅有5个省份的投资增长速度有不同程度的提升，分别是福建（提升12.5个百分点）、广东（提升4.8个百分点）、新疆（提升4.2个百分点）、宁夏（提升3.0个百分点）和浙江（提升0.6个百分点）。降幅较大的省份包括四川、山西、河北、湖南、内蒙古和青海，同比分别下降了21.2、18.6、17.1、15.7、12.3和12.2个百分点。

东、西部地区设备工器具购置投资增速明显下降，在全国所占比重相应降低。2010年，东、中、西和东北地区设备工器具购置投资比上年分别增长16.6%、28.9%、18.6%和30.1%，东北地区增速最快；与上年相比，东北地区增速提高了0.1个百分点，东、中、西部地区增速分别回落了1.9、2.6和13.6个百分点，西部地区降幅最大。各地区设备工器具购置投资占地区合计的比重分别为39.4%、26.2%、19.2%和15.2%，其中，东、西部地区所占比重与上年分别下降了1.8和0.6个百分点，中部和东北地区所占比重分别上升1.4和1个百分点。2010年，全国有17个省份设备工器具购置投资增长速度高于全国22.0%的总体增长水平，排在前10位省份的增长速度均超过30%，依次是西藏（增长153.0%）、北京（增长60.1%）、吉林（增长41.6%）、安徽（增长40.4%）、海南（增长37.7%）、广西（增长33.4%）、湖北（增长32.2%）、新疆（增长31.7%）、江西（增长31.3%）和湖南（增长30.5%）。与上年相比，全国有8个省份的投资增长速度有不同程度的提升，分别是北京（提升90.9个百分点）、新疆（提升27.1个百分点）、广东（提升23.8个百分点）、上海（提升15.7个百分点）、宁夏（提升13.2个百分点）、海南（提升11.7个百分点）、安徽（提升10.3个百分点）和吉林（提升7.4个百分点）。降幅较大的省份包括陕西、青海、甘肃、四川、云南和天津，比上年分别下降了39.2、33.3、30.4、30.0、20.6和20.5个百分点。

各地区建筑安装工程投资增长速度均出现大幅下降，西部、东北地区占全国比重有所提高。2010年，东、中、西部和东北地区建筑安装工程投资比上年分别增长20.7%、23.4%、29.0%和28.1%，西部和东北地区增速较快；与上年相比，各地区增速均出现明显的回落，东、中、西部和东北地区增速同比分别回落4.2、13.7、8.0和8.0个百分点，中部地区降幅最大。除西部地区外，各地区建筑安装工程投资增速较上年回落幅度均大于设备工器具购置投资增速降幅，表明国家4万亿投资计划对基建投资的影响正逐步减小。各地区建筑安装工程投资占地区合计比重分别为38.2%、23.5%、26.0%和12.4%，其中，东、中部地区所占比重分别下降了1.1和0.2个百分点，西部和东北地区所占比重分别上升1.0和0.4个百分点。2010年，全国有19个省份建筑安装工程投资增长速度高于全国24.2%的总体增长水平，排在前11位省份的增长速度均超过30%，依次是甘肃（增长

41.6%）、广西（增长41.2%）、宁夏（增长40.8%）、天津（增长37.7%）、黑龙江（增长35.4%）、陕西（增长32.0%）、湖北（增长31.7%）、辽宁（增长30.8%）、青海（增长30.4%）、云南（增长30.1%）和重庆（增长30.0%）。与上年相比，全国有9个省份的投资增长速度有不同程度的提升，分别是福建、甘肃、广西、西藏、北京、宁夏、青海、山东和天津，同比分别提升了7.6、7.1、4.1、3.4、3.3、1.5、0.9、0.4和0.4个百分点；降幅较大的省份包括四川、河北、湖南、贵州、上海、河南、海南和内蒙古，同比分别下降了23.4、21.4、20.7、19.4、18.8、17.7、17.7和15.6个百分点。

各地区房地产投资明显增长，房地产销售面积和销售额亦呈加快增长态势。2010年，东、中、西部和东北地区房地产投资完成额分别增长32.9%、32.2%、35.3%和32.0%；与上年相比，增速分别加快22.6、7.1、16.2和5.9个百分点，延续了2009年年底以来房地产开发投资高速增长的态势，其中东、西部地区增长速度相对较高。从分地区情况来看，海南、福建、宁夏、贵州、黑龙江、河北等省份房地产开发投资增长较快，同比分别增长62.5%、60.1%、56.3%、49.9%、49.5%和49.0%；全国仅西藏出现了43.1%的负增长。从商品房销售面积来看，2010年东、中、西部和东北地区比上年分别增长1.3%、18.3%、13.5%和26.8%；与上年相比，增速均呈现出较明显下降趋势，分别降低了50.5、16.4、28.9和3.6个百分点，东部下降幅度最大。从分地区情况来看，河北、海南、黑龙江、云南、山东商品房销售面积增速均超过30%，同比分别增长了52.8%、52.3%、34.8%、32.7%和32.4%；从提升幅度来看，河北、内蒙古、山西、山东和海南五个省份呈现出正增幅，分别提升了19.9、9.3、8.5、5.0和1.6个百分点。从商品房销售额来看，2010年东、中、西部和东北地区比上年分别增长7.7%、37.1%、32.2%和44.8%，均高于各个地区同期商品房销售面积增速相比，反映出房价持续上涨的明显趋势；与上年相比，东、中、西部地区增速均呈现出明显下降趋势，分别降低了82.2、21.0和33.8个百分点，东部地区提升了0.9个百分点。从分地区情况来看，商品房销售额增长速度排在前11位的省份均超过40%，海南、河北、青海、黑龙江、湖南排在前五位，同比分别增长112.4%、65.9%、54.6%、54.5%和49.4%。全国仅有三个省商品房销售额出现负增长，分别是西藏（同比降低64.2%）、上海（同比降低31.6%）和北京（同比降低10.6%）。

四、2010年国内消费方面，四大区域消费市场保持活跃态势，各地区社会消费品零售总额继续稳定增长，全年同比增长18.3%，全社会固定资产投资与消费增幅的差距从2009年的14.5个百分点，下降至2010年的5.5个百分点，缩小了9个百分点，表明消费需求正逐步成为拉动内需的稳定因素。

各地区社会消费品零售总额均呈增长态势，东北地区增速处于领先位置。2010年，东、中、西部和东北地区社会消费品零售总额同比分别增长了17.0%、16.2%、16.7%和17.6%，东北地区增长最快；与上年相比，各地区消费增长速度分别提高了1.8、0.1、0.7和1.8个百分点，东部和东北地区增幅较大。东部和东北地区社会消费品零售总额占全国地区合计比重分别提高了0.06和0.07个百分点，中部和西部地区比重则同比下降了0.11和0.02个百分点。2010年，有25个省份消费增长速度高于全国18.4%的总体增长水平，有14个省份的增长速度超过19%，排在前面的省份依次是海南（增长19.5%）、天津（增长19.4%）、安徽和江西（均增长19.2%）、湖南和贵州（均增长19.1%）。与上年相比，全国除西藏外，其他省份的消费增长速度均有不同程度地提高，提升幅度较大的省份包括浙江、上海、宁夏和新疆，同比分别提高4.5、4.5、4.1和4.0个百分点。

东部地区居民消费价格指数提升幅度最大，全部省份居民消费价格指数均呈增长态势。2010年，东、中、西部和东北地区居民消费价格指数分别为103.4、103.1、103.6和103.5，与上年相比，分别提升了4.4、3.7、3.3和3.4个百分点，东部地区提升幅度最大。全国各省市价格指数均呈上涨态势，提升幅度超过5个百分点的省份包括海南、广东、浙江、广西和福建，同比分别提升了5.5、5.5、5.4、5.1和5.0个百分点。提升幅度较小的省份包括西藏、四川、青海、甘肃和山东，同比分别提升了0.8、2.4、2.7、2.8和2.9个百分点。

五、2010年，在稳定外贸政策和国际市场库存回补短期需求共同作用下，各地区对外贸易继续保持恢复性增长，全国实现进出口总额29727.6亿美元，同比增长34.7%。

各地区进出口贸易均大幅增长，中西部和东北地区进出口贸易所占比重继续提高。2010年，东、中、西部和东北地区进出口贸易总额同比分别增长33.8%、49.8%、39.9%和35.3%，中部地区增长速度保持领先。与上年相比，四个地区增长速度均出现了明显的提升趋势，分别提高了47.2、71.1、54.0和51.8个百分点，中部地区提升幅度最大。中、西部和东北进出口贸易总额占全国比重同比分别提高了0.4、0.16和0.02个百分点，东部地区所占比重为87.62%，同比下降了0.58个百分点。2010年，有22个省份的进出口贸易增长速度快于全国34.7%的总体增长水平，排在前10位省份的进出口贸易增长速度超过50%，主要分布在中、西部地区，依次是西藏（增长107.9%）、甘肃（增长89.6%）、海南（增长76.9%）、江西（增长68.0%）、云南（增长66.1%）、宁夏（增长63.1%）、重庆（增长61.1%）、黑龙江（增长57.1%）、安徽（增长54.8%）和湖北（增长50.2%）。东部地区9个进出口贸易大省（广东、山东、上海、浙江、江苏、福建、北京、天津和辽宁）进出口贸易总额占全国进出口贸易总额的88.6%，与上年相比，所占比重下降了0.9个百分点。与上年相比，全国各省份进出口贸易增长速度均实现了不同程度的提高，其中7个省份的增长速度升幅超过80个百分点，依次是西藏（提高155.4个百分点）、甘肃（提高126.2个百分点）、宁夏（提高99.1个百分点）、山西（提高87.3个百分点）、黑龙江（提高86.9个百分点）、云南（提高82.2个百分点）和重庆（提高80.1个百分点）。

各地区出口贸易均明显增长，东部地区所占比重持续下降。2010年，东、中、西部和东北地区出口贸易总额同比分别增长29.9%、51.5%、38.4%和37.0%，中、西部和东北地区出口贸易增速较快，均领先于东部地区；与上年相比，各地区增长速度分别提高了44.5、80.7、58.8和63.8个百分点，中部地区提升幅度最大。中、西部和东北地区出口贸易总额占全国比重同比分别提高了0.5、0.3和0.1个百分点，东部地区所占比重为87.4%，同比下降了0.9个百分点。2010年，全国有23个省份的出口贸易增长速度快于全国31.3%的总体增长水平；有6个省份增长速度超过了70%，依次是甘肃（增长122.8%）、西藏（增长105.4%）、青海（增长85.1%）、江西（增长82.1%）、海南（增长77.3%）和重庆（增长75.0%），基本是中西部地区省份。东部9个出口贸易大省出口贸易总额占全国总量的88.5%，同比下降1.2个百分点。与上年相比，全国所有省份出口贸易增长速度均同比提升，增幅超过100个百分点的有6个省份，依次是甘肃（提高176.9个百分点）、西藏（提高152.3个百分点）、山西（提高135.3个百分点）、青海（提高125.0个百分点）、黑龙江（提高101.5个百分点）和重庆（提高100.2个百分点）。

中西部地区进口贸易增长较快，全国绝大多数省份实现增长。2010年，东、中、西部和东北地区进口贸易总额同比分别增长了38.4%、47.8%、41.9%和33.5%，中、西部地区增长较快。与上年相比，东、中、西部和东北地区进口增长速度分别提升了50.3、57.2、46.1和35.6个百分点，中部地区升幅最大。中、西部地区进口贸易总额占全国比重同比分别提高了0.2、0.1个百分点，东部、东北地区所占比重分别为87.9%和4.2%，同比均下降了0.2个百分点。2010年，除青海同比降低3.6%外，全国其他省份进口贸易均实现了较大幅度增长，其中有18个省份的增长速度快于全国38.7%的总体增长水平，排在前8位省份的增长速度均超过了50%，分别是西藏（增长143.8%）、甘肃（增长81.8%）、海南（增长76.7%）、安徽（增长74.6%）、宁夏（增长72.0%）、云南（增长61.0%）、湖北（增长57.7%）和黑龙江（增长50.0%）。与上年相比，有29个省份的进口增长速度相对提高，其中5个省份提高幅度在85个百分点以上，分别是西藏（提高198.1个百分点）、甘肃（提高112.2个百分点）、宁夏（提高98.0个百分点）、安徽（提高97.6个百分点）和云南（提高86.4个百分点），出现降幅的有两个省，分别是陕西（降低16.8个百分点）和青海（降低27.8个百分点）。

注：文中“西部地区”是指西部大开发战略实施地区，包括广西、重庆、四川、贵州、云南、西藏、陕西、甘肃、青海、宁夏、新疆和内蒙古12个省份；“东北地区”是指东北老工业基地振兴战略实施地区，包括黑龙江、吉林和辽宁3个省份；“中部地区”是指中部崛起战略实施地区，包括山西、安徽、江西、河南、湖南和湖北6个省份；“东部地区”是指东部沿海率先发展地区，包括北京、天津、河北、上海、江苏、浙江、福建、山东、广东和海南10个省份。受资料限制，台湾省和香港、澳门地区未予涉及。

国家发展改革委地区经济司

2010年东部地区经济形势分析及对策建议

2010年，面对复杂的国内外经济环境，东部地区深入贯彻落实科学发展观，加快转变经济发展方式，有效巩固和扩大了应对国际金融危机冲击成果，经济运行态势总体良好。

一、东部地区经济总体运行情况

2010年，东部地区经济平稳较快增长，实现GDP[①]229384.6亿元，比上年增长12.3%，增速比上年加快1.4个百分点。东部地区增速仍然是四大区域中最低的，分别比中、西和东北部地区低1.5、1.9和1.3个百分点。地区生产总值占全国的比重为53.0%，比上年减少0.8个百分点。

分省市看，东部各省、市地区生产总值增长速度均比上年有所加快。天津和海南比上年分别增长17.4%和15.8%，分别位居全国第一和第三位，增速较上年分别加快0.9和4.1个百分点。上海比上年增长9.9%，增速列全国最末位，比上年加快1.7个百分点。北京比上年增长10.2%，增速与上年持平。广东比上年增长12.2%，增速较上年加快2.5个百分点。河北、江苏、浙江、福建和山东比上年分别增长12.2%、12.6%、11.8%、13.8%和12.5%，比上年增速分别加快2.2、0.2、2.9、1.5和0.3个百分点。

从重点区域看，长三角、珠三角与京津冀地区经济普遍加快增长，区域龙头作用明显。按可比价格计算，地区生产总值（GDP）比上年分别增长11.8%、12.8%和13.0%，与上年相比，分别加快1.4、2.3和1.1个百分点。人均GDP分别为57605.9元、78234.3元和49338.3元，比上年增加8476.9元、16072.9元和7045.2元。单位国土面积GDP产出分别为4034.3万元/平方公里、6831.0万元/平方公里和2114.5万元/平方公里，比上年增加593.7万元/平方公里、1403.4万元/平方公里和301.9万元/平方公里。

分产业看，东部地区一产增长3.7%，增速比上年回落0.4个百分点。二产增长14.2%，增速比上年加快3.4个百分点，是各区域中增长最慢的，增速比中部、西部和东北地区分别低4.1、4.7和2.4个百分点。三产增长11.0%，增速比上年回落0.9个百分点。

（一）社会消费品零售总额快速增长

2010年，东部地区市场销售持续活跃，社会消费品零售总额保持较快增长。其中，海南和天津社会消费品零售总额比上年分别增长19.5%和19.4%，增速居全国前两位。北京、广东和上海分别增长17.3%、17.3%和17.5%，低于全国平均18.4%的水平。浙江、福建和江苏分别增长19.0%、18.9%和18.7%，增速居全国中间位次。与上年相比，东部地区各省市社会消费品零售总额增速同比均有不同程度的提高，其中浙江和上海同比增加4.5个百分点，增幅并列全国第一位。

从重点区域看，长三角、珠三角与京津冀地区的社会消费品销售旺盛。其中，长三角实现社会消费品零售总额29682.4亿元，比上年增长17.4%，增速比上年加快2.6个百分点。珠三角实现社会消费品零售总额13001.7亿元，增长18.7%，增幅比上年加快2.0个百分点。京津冀地区实现社会消费品零售总额14386.9亿元，增长17.5%，比上年加快1.3

---

① 东部地区生产总值根据各省市自治区发布数据计算，地区生产总值按现价计算，增长速度按不变价计算。

个百分点。

2010年，东部地区市场销售的增长受价格影响较大。扣除价格上涨因素后，与上年相比，实际社会消费品零售总额增速除上海加快1.9个百分点、北京与上年持平外，其他省市的实际增速比上年均有所回落，其中广东和海南实际增速分别回落4.9和3.6个百分点，回落幅度位居全国前两位。

（二）城镇固定资产投资平稳较快增长

2010年，东部地区完成城镇固定资产投资94398.9亿元，比上年增长21.7%，增速回落1.1个百分点。东部地区投资增速低于24.5%的全国城镇固定资产投资水平，比中部、西部和东北地区分别低4.8、4.5和7.7个百分点。东部地区占全国比重为40.2%，比上年减少了1.0个百分点。

分省市看，东部各省市投资增长存在明显差异。海南、福建和天津投资增长较快，分别增长33.4%、33.1%和32.6%，分别排在全国第5位、第6位和第7位。其他省市中，上海比上年只增长0.3%，增速比上年回落了4.6个百分点。浙江和广东分别增长14.4%和23.2%，增速比上年分别加快0.6、4.8个百分点。北京、山东和河北分别增长14.3%、22.1%和23.3%，增速比上年分别回落3.6、1.1和17.1个百分点。

从重点区域看，长三角、珠三角和京津冀地区分别完成房地产投资9312.6亿元、3118.7亿元和5665.8亿元，分别增长32.0%、20.7%和29.1%；与上年相比，加快27.7、19.9和4.6个百分点。长三角的三省市房地产投资增速均在30%左右。珠三角和京津冀地区的各城市增长差距较大。珠三角的惠州和肇庆增长都在50%以上，而深圳、珠海和东莞增速相对较低。京津冀地区的廊坊仅增长0.3%，而张家口增速高达79.7%。

从投资构成看，东部地区设备工器具购置和建筑安装工程投资比上年分别增长16.6%和20.7%，增速比上年分别回落了2.2和4.2个百分点。东部地区完成房地产开发投资额24543.3亿元，比上年增长32.9%，增速比上年加快22.6个百分点。

（三）进出口总额快速增长

2010年，东部地区完成进出口总额26048.0亿美元，比上年增长33.8%。东部地区进出口总额占全国比重为87.6%，比上年下降了0.6个百分点。从出口情况看，东部地区出口增长29.9%，低于全国31.3%的平均水平，比上年加快44.5个百分点。从进口情况来看，东部地区进口增长38.4%，与全国水平基本持平，比上年加快50.3个百分点。其中，北京进口增长最多，达到47.9%。总的来看，除海南和河北以外，其他省市进口增长均高于出口增长。

从重点区域看，长三角、珠三角和京津冀地区进出口贸易总额为22578.8亿美元，增长33.4%，比上年加快47.4个百分点。进出口比重占全国76.0%，较上年微降0.6个百分点。其中，长三角进出口贸易总额10881.6亿美元，比上年增长35.3%；珠三角7510.8亿美元，比上年增长28.4%；京津冀4186.4亿美元，比上年增长38.2%。长三角、珠三角和京津冀地区出口总额分别增长33.3%、26.3%和22.0%，比上年加快48.9、38和45.9个百分点；进口总额分别增长38.2%、31.4%和45.2%，比上年加快47.5、41.3和65.2个百分点。

2010年，东部地区实现贸易顺差1523.2亿美元，比上年减少227.1亿美元。分省市来看，广东、浙江和江苏，分别实现顺差1217.4亿美元、1074.8亿美元和753.1亿美元。北京逆差大幅增加为1905.6亿美元。

（四）工业企业效益大幅提高

2010年，东部地区规模以上工业增加值[①]比上年增长16.7%，增速加快5.0个百分点。

① 国家统计局只公布各省（市、区）工业增加值同比增长率，不发布绝对数；因此报告中四个地区的工业增加值增长率数据是用各地区工业企业主营业务收入占主营业务收入总计的比重作为权数计算所得。

分省份看，除北京和山东比上年增长15.0%以外，其他省份的增速均高于15.7%的全国平均水平。其中，天津以23.7%的速度位居全国首位。上海、海南和浙江比上年分别增长18.4%、18.5%和16.2%。

2010年1－11月，东部地区工业企业实现利润23088.0亿元，同比增长44.5%。其中，天津比上年增长超过七成，上海和福建比上年增长六成左右。东部地区亏损企业亏损额为1192.2亿元，比上年下降28.2%。

二、东部地区经济运行中的突出问题

总体上看，2010年东部地区各省市整体经济运行状况良好，经济中存在的一些值得关注的问题，主要体现以下几方面：

（一）产业结构优化升级仍然面临压力

2010年，东部地区第二产业增加值同比增长14.2%，增幅为3.4个百分点，其中，上海、海南、浙江、广东同比增加较快。第三产业增加值同比增长11%，增幅为－0.9个百分点，其中，上海、福建、北京、天津等省市第三产业增加值同比增长放缓。从重点区域来看，长三角、珠三角和京津冀地区经济增长主要源于第二产业的增长，第三产业占地区生产总值比重都有不同程度的下降。第二产业比重上升，有国际贸易复苏导致的工业产品大幅增长的因素，更主要的是我国实施应对金融危机的一揽子计划中，加大了对产业振兴、基础设施和各项民生建设的投资力度，有力地推动了三大地区工业企业的发展。从长远来看，东部地区作为我国经济最发达的地区，应该加快转变经济发展方式，提高第三产业特别是服务业的比重。

（二）重点区域吸引外资能力有所下降

2010年，长三角、珠三角和京津冀三大重点地区实际利用外资加快增长，但占全国的比重大幅下降。其中，长三角、珠三角和京津冀地区占全国比重分别为47.9%、17.4%和19.1%，比上年分别下降3.0、2.1和1.0个百分点。长三角外商投资总额占全国的比重多年来首次低于50%。在中西部地区加快开发建设，吸引外资能力大大加强的背景下，三大地区应改善投资环境，创新外商投资管理方式，提高利用外资的质量和水平。

（三）部分省市房地产开发投资增长明显加快

针对2010年年初的商品房市场过热的情况，国务院陆续出台一系列密集的房地产调控政策，东部地区也出台如“限购令”、“房产税”等相应落实细则，商品房市场进入新一轮调整期。从下半年以来的情况看，供需双方观望情绪浓厚，商品房尤其是住宅销售量大幅收缩，价格也有所松动，调控效果显现。但部分省市房地产投资增长明显加快，不利于保持国民经济平稳增长。如海南和福建的房地产开发投资增长居全国前两位，北京、上海和江苏等省市的房地产投资也保持加快的趋势。

（四）外部环境存在不确定性使得对外贸易存在较多变数

东部地区的外贸依存度比较高，进出口总额占全国的比重接近九成。外部环境存在不确定性对东部地区的对外贸易产生较大的影响，主要体现在：一是对外贸易出口空间有所收窄。东部主要出口市场是欧美发达经济体，但欧美经济复苏步伐缓慢，需求增长减缓。同时，随着人民币升值和劳动力成本上升，东部地区出口产品的竞争力有所削弱。东部地区对外贸易增长面临着挑战。二是东部出口企业多处于国际产业分工链条的加工装配环节，以劳动密集型企业为主，原材料和产成品议价能力都很弱。在发达国家日益高涨的贸易保护威胁下，初级产品价格的波动对东部出口企业影响甚大。不合理的贸易结构和贸易模式使东部地区经济对外需的依赖仍然较强。

三、促进东部地区经济加快发展的对策建议

为进一步促进东部地区加快发展，实现“十二五”良好开局，提出以下建议：

（一）推动产业结构优化升级，促进经济

发展方式转变

东部地区要按照“十二五”规划纲要的部署，把推动服务业发展作为产业结构优化升级的战略重点，进一步提高服务业的比重。已出台区域规划和政策性文件的地区，要按照国家统一部署，加大对区域规划和政策性文件实施情况的监督检查力度，全面落实提出的各项任务，推动东部地区实现率先发展。

（二）完善区域创新机制，全面提升国际竞争力

东部地区特别是长三角、珠三角和京津冀三大重点地区在连接国内外以科技创新为核心的经济发展中起着承上启下的作用。这也决定着我国能否在下一步的经济发展中一直保持优势，并成功由模仿向创新转型的关键所在。要进一步完善东部地区自主创新的体制机制和政策环境，构建以企业为主体、以市场为导向、产学研结合的开放型区域创新体系，率先建成全国创新型区域，成为世界重要的创新中心和成果转化基地，全面提升国际竞争力。

（三）继续推进房地产市场调控，努力使房价稳定在合理的价位

东部地区的房地产对全国的房地产市场的健康发展有重要的影响。要坚定不移地推进东部地区尤其是一线城市的房地产市场调控，构建由高端住宅、普通商品房住宅和保障性住房组成的多层次住房体系，满足社会不同层次的住房需求。一要进一步加大保障性住房的建设力度，缓和供求关系，有效抑制房价的不断上涨。二要继续落实差别化住房信贷政策，推动房地产金融健康发展。三要限购等行政手段不放松，继续实施限购政策。四是进一步规范房地产市场秩序，加大商品房预售资金监管力度，严格监管“捂盘惜售”、“囤地”等行为。五是有针对性盘活东部楼市存量资金，引导民间投资发展，化解风险。

（四）转变外贸发展方式，促进对外贸易平稳增长

东部地区要积极拓展新兴市场，想方设法扩大外部市场需求，调整优化出口产品结构，提高自有品牌产品、高附加值产品出口力度，提升外贸产品品质，提高出口产品的竞争力，同时加快发展服务外包，扩大服务贸易规模。在出口方面，加大政策支持和服务保障力度，改善出口的金融环境，加大对企业的信贷支持力度，改善企业融资担保条件，健全出口信用风险保障机制，同时支持国内企业“走出去”，继续推动境外重要能源、矿产资源和农业合作，鼓励发展深加工合作。在进口方面，采取包括进口贴息、进口信贷、进口信用保险等一系列积极举措，完善鼓励进口的一些政策，优化进口结构，扩大进口消费品、医疗设备和节能环保等产品的进口规模，发挥进口对宏观经济平衡和经济结构调整的重要作用。

注：①东部地区包括北京市、天津市、河北省、上海市、江苏省、浙江省、福建省、山东省、广东省和海南省。

②数据来源：国家统计局中国经济景气监测中心。

国家发展改革委地区经济司

2010年中部地区经济社会发展情况和政策建议

2010年，中部地区按照党中央国务院的决策部署，认真实施应对国际金融危机冲击的一揽子计划，全面落实促进中部地区崛起规划确定的各项任务，加快推进经济发展方式转变，大力加强“三基地、一枢纽”建设，经济社会发展持续向好。

一、2010年中部地区经济社会发展情况

（一）经济保持平稳较快发展

2010年，面对严峻的国内外经济形势，中部六省坚持扭住发展不放松，立足当前保增长，着眼长远促转型，努力保持经济平稳较快增长。初步核算，全年六省生产总值达8.5万亿元，同比增长13.8%，增速比全国平均水平高3.5个百分点，位列四大板块第二位，分别比东北和东部地区高0.2和1.5个百分点。湖北、湖南和安徽省增速超过14.5%，增幅位居全国前10位；山西、江西、河南增速比全国平均增幅高出1.9%—3.7%。

（二）结构调整和转型升级取得新进展

2010年，中部地区三次产业同比分别增长4.5%、18.4%和10.4%，第一产业所占比重较上年降低0.4个百分点，第二产业提高2.3个百分点，三产比重有所降低。一是农业稳定增产。粮食产量再创历史新高，达3344亿斤，比上年增加21亿斤，其中河南省粮食产量1087亿斤，连续5年超千亿斤，连续11年居全国首位；油料生产喜获丰收，总产量达1406万吨，较上年增加20万吨；棉花略有减产，为166万吨。二是新型工业化加快推进。六省全年规模以上工业增加值同比增长21.9%，较上年提高5个百分点，是四大板块中增长最快的。高技术产业较快增长，湖南省高技术产业增加值增长30.9%，比规模工业增加值增速快7.5个百分点；湖北省增长26.5%，占规模以上工业增加值的比重达27.7%。三是服务业快速发展。随着经济社会快速发展和产业结构不断调整，服务业内部结构得到优化。湖南省生产性服务业收入增长20.9%，其中租赁服务业、房地产开发经营业、房地产中介业等新兴服务业收入增长幅度均在50%以上。

（三）投资和消费平稳增长

2010年，国内需求对六省经济增长的贡献率高达109.6%。投资增幅趋稳，六省全年完成社会固定资产投资62894亿元，同比增长26.2%，增幅居四大经济板块第2位，分别比西部和东部地区高出1.7和4.8个百分点。消费稳定增长，六省全年实现社会消费品零售总额30780亿元，同比增长19%，除山西外，其他五省社会消费品零售总额增幅均居全国前十位。

（四）开放型经济水平进一步提高

2010年，中部六省实现进出口总额1167亿美元，扭转了2009年下滑21.3%的局面，同比增长49.8%，是四大地区中增长最快的。其中进口额532亿美元，同比增长47.8%，出口额635亿美元，同比增长51.5%。一系列大型经贸和对外交流活动成果丰硕，六省全年实际利用外资271亿美元，占全国的25.6%。与此同时，区域合作取得新突破，皖江城市带承接产业转移示范区规划与长三角规划联动实施机制初步形成，沪苏浙皖共同推进皖江示范区建设合作框架正式建立，示范区全年实际利用省外资金超过4000亿元，其中近六成来自长三角地区。湖南、湖北、江西承接

产业转移也取得积极成效，全年实际引进省外资金增幅均在20%以上。

（五）重点地区带动作用进一步增强

随着一系列区域规划和政策性文件的实施，重点地区开发开放力度加大，对区域经济辐射带动作用进一步增强。长株潭城市群全年经济总量占全省的42.6%，较上年提高2.7个百分点，对全省经济增长贡献率达55%；皖江城市带经济总量占全省的66%，较上年进一步提高；武汉城市圈增长14.9%，增幅继续高于全省平均水平。

（六）财政收入增长较快

2010年，中部六省财力状况进一步改善，完成地方财政收入6804亿元，较上年增长26.3%，人均财力4200元，较2009年增加700元。财政支出更加注重改善民生，安徽省全年民生投入1096亿元，占财政支出的42.4%，地方新增财力80%用于民生；江西省民生投入达1064亿元，占财政支出的55.7%。

（七）城乡居民收入快速增长

2010年，中部地区城镇居民人均可支配收入15958元，同比增长11%，增幅较上年提高1.6个百分点；农村居民人均纯收入5507元，增长15%，较上年提高7.6个百分点。

二、当前中部地区经济运行中存在的主要问题

一是农业基础设施仍十分薄弱。2009年10月以来，山西、安徽、河南等省遭遇严重干旱，除气候异常原因外，也反映出中部地区农田水利基础设施落后，农业抵御自然灾害能力较低。目前中部地区42%的耕地缺少灌溉条件，现有灌区大多是20世纪50年代—70年代修建，很多灌区工程老化失修严重，特别是灌区末级渠系工程配套不完善，损毁严重，灌溉面积萎缩，抗灾能力差，用水浪费严重，严重制约了农业综合生产能力的提高。

二是企业生产经营困难加大。由于能源原材料价格持续上涨，压缩了企业盈利空间，2010年江西省工业品出厂价格上涨15.3%，原材料、燃料、动力购进价格上涨11.8%。同时，工业企业流动资金仍然紧张，一方面，货币政策由适度宽松转向稳健，信贷规模增长放慢，对企业融资产生直接影响；另一方面，工业企业生产成品库存和应收账款净额占企业流动资金平均余额的比重居高不下，也影响了企业资金流动。

三是出现行业性、结构性、季节性缺工现象。中部六省是传统的劳动力输出大省，近年来，随着国内经济稳步回升和六省承接产业转移步伐加快，部分地区出现行业性、结构性、季节性缺工现象，2010年这一现象更加突出。安徽省缺工在50人以上的企业有2300多家，企业缺工总数达到24.5万人，其中缺工超过300人以上的企业达到209户；湖北省2.12万家企业急需用工56万人，工业企业未开工率达11%。缺工行业主要是加工制造业、现代服务业和餐饮、住宿等传统服务业，大量缺少劳动强度较大的一线普工和熟练技工。

四是消费持续增长动力不足。家电下乡等鼓励消费政策在全国推广实施两年来，提前释放了中部农村地区大量消费能力，对扩大消费需求发挥了重要作用。下一阶段，随着家电下乡等政策实施效应减弱，小排量汽车购置税优惠政策取消，已有消费热点对经济增长拉动作用将降低，同时新的消费热点有待培育和发展，进一步拓宽后续消费空间受到限制。

三、下一步工作建议

2011年是“十二五”开局之年，做好促进中部地区崛起工作，对于在新的起点上实现中部地区经济社会又好又快发展，具有十分重要的意义。为此，要深入贯彻落实十七届五中全会精神，全面实施《促进中部地区崛起规划》，以建立健全促进中部崛起政策体系为重点，以推动重点地区加快发展为抓手，努力推动中部崛起工作再上新台阶。

一是完善促进中部地区崛起规划和政策。

深入实施《促进中部地区崛起规划》，制定各部门、各领域落实规划的具体措施，督促中部六省出台规划实施方案，指导编制重点领域专项规划。进一步加大“两个比照”政策落实力度，研究调整完善“两个比照”有关政策。适应新形势，抓紧研究制定促进中部地区崛起新的政策措施。

二是继续加快“三基地、一枢纽”建设。在优化结构的前提下保持合理的投资规模，加快在建和续建工程建设，启动实施“十二五”中大工程。结合实施全国新增千亿斤粮食生产能力规划，加大对中部地区农田水利骨干和田间工程建设支持力度，加快大型灌区续建配套与节水改造、大型灌排泵站更新改造步伐，不断提高粮食综合生产能力。加快山西、安徽、河南等大型煤炭基地建设步伐，逐步优化能源结构。支持中部地区钢铁、化工、有色、建材产业优化升级。推动发展现代装备制造和高技术产业，积极培育壮大战略性新兴产业。加快发展面向农村的服务业、与现代制造业密切相关的高技术服务业和现代物流、信息、文化、创意等新兴服务业。继续推进铁路、公路、水运和民航等交通基础设施建设，积极构建综合交通运输枢纽。

三是大力支持重点地区发展。落实好《鄱阳湖生态经济区发展规划》和《皖江城市带承接产业转移示范区规划》。抓紧制定支持河南省建设中原经济区的指导意见，推进长江中游经济带开发开放。鼓励晋陕豫黄河金三角地区自主开展区域协调发展试验。制定出台促进中部地区县域经济发展的指导意见。继续支持中部地区开展资源型城市可持续发展试点，加快老工业基地城市调整改造，继续扶持中部革命老区、贫困地区加快发展。

四是切实保障和改善民生。继续实施农村初中校舍改造和中小学校舍安全工程，加强特殊教育学校和职业教育实训基地建设。完善中部地区以基层为重点的医疗卫生服务体系，开展农村急救体系试点和公立医院信息化建设。积极推进公共文化服务体系建设，加快发展文化产业。加强农村民生工程建设，在农村饮水安全、农村沼气、农村电网、农林水血防等资金安排中，继续向中部地区倾斜。继续实施保障性安居工程，做好就业和社会保障工作。

五是继续深化改革和扩大开放。支持武汉城市圈、长株潭城市群综合改革试点，全面启动山西资源型经济转型综合配套改革实验，推进山西省煤炭工业可持续发展政策措施试点，加快中部地区矿产资源有偿使用制度改革。开展丹江口库区生态保护综合改革试验。加快推进行政管理体制改革，深化国有企业股份制改革，支持非公有制经济发展。落实国务院关于中西部地区承接产业转移的指导意见，选择若干具有一定基础和条件的地方设立承接产业转移示范区。研究进一步提升中部地区对外开放水平的政策措施，打造内陆开放型经济高地。

国家发展改革委地区经济司

2010 年西部大开发进展情况

2010 年是实施西部大开发战略 10 周年，也是西部大开发具有里程碑意义的一年。党中央、国务院召开西部大开发工作会议，全面总结了西部大开发战略实施 10 年来的重大成就和基本经验，对新一轮西部大开发工作做出全面部署。各有关地区、部门和单位认真贯彻中央重大战略部署，深入做好各项工作，西部地区经济社会发展势头良好，交通、水利、通信等基础设施建设稳步推进，生态建设和环境保护进一步加强，特色优势产业蓬勃发展，人民群众生产生活条件明显改善，为巩固全国经济回升向好态势做出了新的贡献。

一、经济继续保持平稳较快增长

按照中央部署，各部门进一步加大对西部地区的支持力度。全年中央财政对西部地区均衡性转移支付 2202 亿元，增长 19.9%，增速高于全国 2.3 个百分点。西部地区完成城镇固定资产投资 55924 亿元，增长 26.2%，高于各地区加总平均水平 1.7 个百分点。金融机构人民币存款余额 12.5 万亿元，增长 22.2%；贷款余额 8.7 万亿元，增长 23.0%。新开工西部大开发重点工程 23 项，总投资 6822 亿元。56 家西部企业实现上市融资或再融资，募集资金 876 亿元。西部地区各族干部群众戮力同心，扎实工作，推动经济继续保持平稳较快增长。初步统计，2010 年，西部地区实现生产总值 80825 亿元，增长 14.2%。地方财政收入 7837 亿元，增长 30.0%；地方财政支出 21383 亿元，增长 21.6%。社会消费品零售总额 27332 亿元，增长 18.6%。规模以上工业增加值增长 15.5%。进出口总额 1282 亿美元，增长 39.8%。城镇居民人均可支配收入、农村居民人均纯收入分别名义增长 11.2% 和 15.8%。各主要经济指标增幅均高于全国平均水平，地区生产总值增速连续 4 年超过东部地区。

二、特色优势产业加快发展

西部地区深入实施以市场为导向的优势资源转化战略，加快转变经济发展方式，促进产业结构优化升级。特色农产品加工业稳步发展，建设新疆棉花，桂中南、滇西南甘蔗，黄土高原苹果，西北白梨等一批特色优势产区。能源基地建设取得新进展，新发现大中型矿产地 155 个，批复新增煤炭矿区规划建设总规模 6.98 亿吨/年，核准新增煤矿生产能力 1680 万吨/年，核准火电建设规模 1437 万千瓦。清洁能源开发力度不断加大，新增水电装机 1320 万千瓦，甘肃酒泉、新疆、蒙东、蒙西千万千瓦级风电基地以及广西防城港核电站一期工程全面开工。石化基地建设扎实推进，广西钦州 1000 万吨炼油和神华包头 60 万吨煤制烯烃示范工程建成投产，四川彭州 1000 万吨炼油和 80 万吨乙烯工程建设进展顺利，内蒙古大唐年产 40 亿立方米煤制气、新疆广汇年产 80 万吨二甲醚等项目核准开工。区域特色高技术产业链建设加快推进，西安、重庆、安顺、金昌等国家高技术产业基地建设进一步加强，重庆富士康、成都戴尔笔记本电脑以及西安新舟 60 支线飞机等项目进展顺利。文化产业加快发展，具有民族和地域特色的文化旅游、传统工艺品生产、演艺、影视制作等日益繁荣。旅游业持续快速健康发展，全年共接待入境游客 1063 万人次，旅游外汇收入 44.6 亿美元。

三、基础设施建设稳步推进

铁路路网不断完善，新线投产2932公里，增建二线1947公里，包头至西安、成都至都江堰、太原至中卫等项目建成投运，西安至成都、长沙至昆明、重庆至万州等高速铁路以及拉萨至日喀则等重点铁路开工建设。西部开发8条省际公路通道基本贯通，国省干线公路改造建设进一步加强，西部地区（除西藏外）所有市地州基本通二级以上公路。新增公路通车里程5.2万公里，其中，高速公路新增通车里程2700公里，农村公路新增4.8万公里。航空布局不断优化，新建吐鲁番、博乐、阿里、日喀则、黔江、二连浩特和固原7个支线机场，民用运输机场数量达到86个。以长江、西江为重点的内河水运发展步伐明显加快，长江干线航道开始全面系统治理，广西长洲枢纽三、四线船闸等工程开工建设。宁夏扶贫扬黄灌溉一期工程全面建成，四川亭子口、贵州黔中、甘肃引洮供水一期、青海引大济湟等工程进展顺利，黄河海勃湾等水利枢纽开工建设。邮政空白乡镇补建工程全面启动，对西部1193个乡镇补建邮政局所。新增108个乡镇通互联网、1287个行政村和9900个自然村通电话，实现了西部地区100%乡镇能上网、100%行政村和90%的20户以上自然村通电话。新疆电网与西北电网750千伏联网工程竣工投产，青藏联网工程开工建设，向家坝至上海、云南至广东±800千伏特高压直流输电示范工程成功投运。川气东送工程、榆林至济南天然气管道工程、陕京三线榆林至良乡段建成投产。

四、生态建设与环境保护取得新进展

落实巩固退耕还林成果专项规划，安排基本口粮田建设任务742万亩，户用沼气池44万口，生态移民18万人，培训农民212万人，补植补造1488万亩。退牧还草工程稳步推进，安排围栏建设任务10050万亩，重度退化草原补播任务4050万亩，岩溶地区草地治理试点任务40万亩。继续实施天然林保护、京津风沙源治理、石漠化综合治理、“三北”防护林体系建设，稳步推进石羊河、黑河、塔里木河流域综合治理，启动坡耕地水土流失综合治理、黄土高原地区综合治理等试点，加快青海三江源等自然保护区和重要湿地的保护和建设步伐。建立健全生态补偿机制工作取得积极进展，中央财政对国家重点生态功能区生态补偿转移支付156亿元，安排森林生态效益补偿基金45亿元。生态补偿条例正式列入国务院立法计划，立法框架初步形成。大力推进重点领域水污染防治和大气污染联防联控，污水处理厂和燃煤电厂脱硫设施建设成效显著，部分流域水质以及乌鲁木齐、兰州等重点城市的空气质量有所改善。

五、社会事业薄弱环节得到加强

普九教育成果继续巩固提高，西部地区农村初中和小学生均公用经费基准定额分别提高到600元和400元，家庭经济困难寄宿生生活费基本补助标准每人每天提高1元。大力改善办学条件，继续实施中西部农村初中校舍改造、特殊教育学校建设、职业教育基础能力建设等工程。卫生事业投入力度不断加大，中央财政投入专项经费398亿元，增长147%。城市医疗服务体系和农村县、乡、村三级卫生服务网络不断完善。农村部分计划生育家庭奖励扶助制度、少生快富工程和计划生育家庭特别扶助制度等“三项制度”不断完善。新解决了2344万农村人口的饮水安全问题。文化广电事业不断加强，全国文化信息资源共享工程、广播电视村村通工程、西新工程、农村电影放映工程、春雨工程等稳步推进，全面解决52万个20户以上已通电自然村收听收看广播电视问题，少数民族地区民族语节目译制制作水平和覆盖范围大幅提高。社会保障覆盖范围不断扩大，保障水平稳步提高，养老保险、城镇基本医疗保险、失业保险、工伤保险参保人数分别达到4719万人、8832万人、2362万人、2441万人。新农合参保覆盖率达到93%；

新农保试点范围扩大到西部452个县，西藏自治区提前实现全覆盖。住房保障能力不断增强，中央财政安排西部地区城镇保障性安居工程补助资金338亿元，对西部地区廉租住房补助标准提高到500元/平方米。

六、科技和人才工作取得显著成绩

国家技术创新工程试点工作稳步推进，关中—天水统筹科技资源改革试点和杨凌示范区建设成效显著。广西柳州、陕西渭南、甘肃白银和新疆昌吉等省级高新区升级为国家级高新区，西安、成都等进入国家创新型城市试点。知识产权战略实施工作成效显著，全年专利申请11.3万件，增长33%。人才开发力度不断加大，双向交流一批省级领导干部和省部级后备干部，安排一批西部地区干部到中央、国家机关和经济相对发达地区挂职锻炼，培训西部地区党政领导干部3187名。大力推进西部地区农村党员干部现代远程教育网络一体化建设，基本实现终端站点乡村全覆盖。继续深入推进博士服务团、西部之光、东部城市对口支持西部地区人才培训计划、西部地区管理人才创新培训工程，中国西部开发远程学习网和上海展望发展进修学院为西部地区培训各类急需紧缺人才1.9万余名。引智规模不断扩大，聘请外国专家5435人次，资助专业人才出国（境）培训1949人次。

七、少数民族地区加快发展

中央召开第五次西藏工作座谈会，研究制定推动西藏和青海等四省藏区经济社会发展的重大政策举措，确保西藏及四省藏区经济社会发展水平不断提高。中央召开新疆工作座谈会，出台推进新疆跨越式发展和长治久安的重大政策举措，实施稳疆兴疆、富民固边战略，推进新疆经济社会跨越式发展。积极支持内蒙古、广西、宁夏等民族地区加快发展。启动新一轮兴边富民规划编制工作，加大对人口较少民族和特困民族支持力度。加强民族地区改善民生、支柱性产业扶持和少数民族特色村寨保护与发展工作。中央财政安排民族地区转移支付297亿元，增长19.8%。5个民族自治区实现地区生产总值28727亿元，占西部地区比重提高了0.35个百分点。

八、改革开放不断深化

资源税改革在西部地区率先实施，提高了资源产地的财政收入，使当地群众更多地分享资源开发成果。积极培育西部地区竞争性金融市场。非公有制经济加快发展。成都、重庆统筹城乡综合配套改革取得新进展，一些重点领域和关键环节改革取得重大突破，形成了一些具有推广价值的重要经验。重庆、成都、西安等城市积极探索对内对外开放发展新模式，着力打造以两江新区、天府新区、西咸新区为核心的发展新平台。新疆面向中亚，云南、广西面向东南亚，内蒙古面向东北亚，宁夏面向中东的全方位开放新格局初步形成，广西东兴、云南瑞丽、内蒙古满洲里等重点开发开放试验区建设开始起步。

九、区域互动发展呈现良好态势

西部地区认真贯彻《国务院关于中西部地区承接产业转移的指导意见》（国发〔2010〕28号），进一步加强与东中部地区合作，区域互动合作呈现步伐明显加快、规模明显扩大、层次明显提高的良好态势。重庆全年实际到位国内资金2600亿元，增长79.7%。四川全年引进省外资金5300亿元，增长31.3%。西部地区承接产业转移示范区建设稳步推进，广西桂东和重庆沿江地区在完善机制、创新方式、改善环境、提高效益等方面先行先试，发挥示范作用。成渝、关中—天水、广西北部湾等重点经济区在西部大开发中的引领作用不断增强。国务院办公厅印发关于进一步支持甘肃经济社会发展的若干意见。中央财政补助西部地区扶贫资金146亿元，占全国的65.7%。贫困人口减少621万人，减幅为2006年以来最高。

十、抢险救灾和灾后恢复重建进展顺利

汶川地震灾后恢复重建原定三年重建目标任务在两年内基本完成，实现了中央对灾区人民的郑重承诺，灾区城乡面貌发生了脱胎换骨的变化。青海玉树地震和甘肃舟曲特大山洪泥石流地质灾害发生后，党中央、国务院立刻组织力量全力开展救援，取得抢险救灾重大胜利。国务院及时制定玉树、舟曲灾后恢复重建规划，出台一系列支援灾区的政策措施，加快推进灾区恢复重建。截至2010年底，玉树重建已开工项目298项，投资50.1亿元，占全部投资的16%；舟曲重建规划项目前期工作全面展开，城镇居民住房加固已完成75%，农房维修加固已完成85%，白龙江城区河道疏浚基本完成，县城供水全面解决，地质灾害隐患排查评估工作全面完成。

国家发展改革委西部开发司

2010年振兴东北地区等老工业基地工作进展情况

一、振兴东北地区等老工业基地工作进展情况

（一）现代产业体系建设取得新进展

国务院办公厅转发《关于加快转变东北地区农业发展方式建设现代农业的指导意见》（国办发〔2010〕59号），2010年东北（包括蒙东地区）粮食产量超过2200亿斤，再创新高，粮食产量占全国的20%。装备制造业、原材料、汽车、农产品加工等支柱产业优势进一步巩固，战略性新兴产业加快发展。一大批具有当今国际水平的重大装备研制成功。《东北地区旅游业发展规划》出台，以金融、旅游、物流、软件和服务外包、文化产业等为代表的现代服务业蓬勃发展。

（二）各项改革进一步深化

沈阳经济区新型工业化综合配套改革工作扎实推进。国有企业改革继续深化，大连重工·起重、瓦轴、哈轴等重点企业的改制重组取得实质性进展。鞍钢与攀钢、本钢与北台钢铁实现重组。林区、垦区改革稳步推进。东北地区行政首长协商机制正式建立。

（三）对外开放取得新突破

与东北亚周边国家合作取得积极进展，《中国东北地区与俄罗斯远东及东西伯利亚地区合作规划纲要》得到认真落实，黑瞎子岛保护与开放开发有序推进。辽宁沿海经济带、长吉图开发开放先导区、东北沿边开放带在全国对外开放全局中地位显著提升，大连东北亚国际航运中心建设取得积极进展。东北地区对外资吸引力显著增强，辽宁省2010年实际利用外资跃居全国第二位。

（四）资源型城市可持续发展工作扎实推进

加大对资源型城市可持续发展的政策支持，2010年度资源枯竭城市中央财力性转移支付达到75亿元。资源型城市吸纳就业、资源综合利用和发展接续替代产业专项适用范围扩大到全国资源型城市，资金额度增加到3亿元。完成首批资源枯竭城市转型成效评估工作。推动建立资源型城市可持续发展长效机制，开展《资源型城市可持续发展条例》前期研究，启动《全国资源型城市可持续发展规划》编制工作。审查通过了16座资源枯竭城市的转型规划。多个省区出台支持资源型城市可持续发展的配套文件。

（五）生态环保和基础设施明显加强

《大小兴安岭林区生态保护与经济转型规划（2010－2020年）》得到国务院批复，天然林保护、退耕还林、沿海防护林体系建设扎实推进，主要流域水污染治理取得成效，节能减排指标全面完成。基础设施实现跨越式发展，到2010年底，东北地区高速公路通车里程超过7500公里，电力装机超过9300万千瓦，港口吞吐能力达到6亿吨，建成投运机场25个，基础支撑能力明显增强。哈大客运专线、红沿河核电站等重点工程进展顺利。

（六）民生状况全面改善

居民收入快速增长，就业形势保持稳定。社会保障体系进一步完善，教育、卫生、文化等各项社会事业稳步发展。煤矿、林区、垦区棚户区改造全面推进，棚户区改造、采煤沉陷区治理已使东北地区133万户居民受益。东北高寒地区热电联产等得到重点支持。就业形势保持稳定，2010年，辽宁、吉林和黑龙江省分别实现新增就业115万人、54万人和69万人，城镇登记失业率分别为3.7%、3.9%和

4.0%，均低于全年控制目标。

（七）全国老工业基地调整改造开始统筹推进

按照国务院要求，统筹考虑推进全国老工业基地调整改造工作，扎实做好《全国老工业基地调整改造规划》编制相关工作。

二、2010年东北三省经济运行情况

（一）地区生产总值保持较快增长

预计2010年全年，东北三省实现地区生产总值37090亿元，同比增长13.6%（同期全国为10.3%）。分省看，2010年辽宁、吉林、黑龙江三省分别完成18278亿元、8577亿元、10235亿元，同比增长14.0%、13.7%和12.6%，分别比2009年加快0.9个、0.4个和1.5个百分点。

（二）粮食生产取得新突破

2010年，东北三省粮食产量达到1946亿斤，比2009年增产265亿斤，占全国粮食产量（10928亿斤）的17.8%。其中黑龙江省粮食产量达到1002亿斤，吉林省超过590亿斤，辽宁省达到353亿斤。黑龙江省粮食产量跃居全国第二位，以占全国1/10的耕地面积，生产出了占全国1/4的商品粮。

（三）工业经济速度效益同步增长

2010年，东北三省规模以上工业增加值同比增长17.6%（同期全国为15.7%），与2009年相比加快2.1个百分点。辽、吉、黑三省规模以上工业增加值增速分别为17.8%、19.9%和15.2%，比2009年加快1.0个、3.1个和3.1个百分点。辽、吉、黑三省规模以上工业分别实现利润1350.3亿元、794.7亿元和1071.6亿元，分别增长50.1%、66.4%和25.2%（同期全国为49.4%）。

（四）投资增速保持高位

2010年，东北三省全社会固定资产投资30726亿元，同比增长29.5%（同期全国为23.8%），在四大区域板块中位居第一，高出全国、东部、中部和西部5.7个、8.1个、3.3个和5个百分点。其中，辽、吉、黑三省分别增长30.2%、32.5%和35.5%。

（五）消费需求对经济增长支撑力增强

2010年，东北地区社会消费品零售总额14311亿元，同比增长18.7%，高出全国0.3个百分点。其中，辽、吉、黑三省社会消费品零售总额分别为6809亿元、3501亿元和4001亿元，增长18.6%、18.5%和19.0%，均高于全国增长水平。地区消费活跃，对各地经济增长的支撑力显著增强。

（六）财政收入快速增加

2010年，东北三省实现地方财政一般预算收入3362亿元，同比增长23.7%（同期国家财政收入增长21.3%）。辽、吉、黑三省地方财政一般预算收入分别为2004亿元、602亿元和756亿元，同比增长26.3%、23.7%和17.8%。辽宁省地方财政一般预算收入上升至全国各省区第五位。

（七）外向型经济势头强劲

2010年，东北三省实现进出口总额1230亿美元，增长35.3%（同期全国为34.7%），辽、吉、黑三省分别完成807亿美元、168亿美元和255亿美元，同比增长28.2%、43.5%和57.1%。对美国、日本、俄罗斯、欧盟等主要贸易国家进出口增速均超过20%。外来投资规模显著增加，2010年辽、吉、黑三省实际利用外商直接投资额分别达到207亿美元、42亿美元、28亿美元，辽宁省已居全国第二位。

（八）人民生活水平稳步提高

2010年，辽、吉、黑三省城镇居民人均可支配收入分别为17713元、15411元和13857元，同比增长9.3%、10.1%和10.3%。辽、吉、黑农民人均现金收入分别为6908元、6237元和6210元，同比增长11.5%、18.5%和19.3%。

（九）就业形势保持稳定

2010年，辽宁、吉林和黑龙江省分别实现新增就业115万人、54万人和69万人，城镇登记失业率分别为3.7%、3.9%和4.0%。

国家发展改革委东北振兴司

2010年长三角地区经济形势分析及对策建议

2010年，长三角地区面对复杂多变的国际国内经济形势，在保增长、调结构、管预期等相关政策措施的积极作用下，加快经济发展方式转变和结构调整，全年经济发展呈现高开稳走的发展态势。

一、长三角地区经济总体运行情况

根据主要经济指标的监测显示，2010年长三角地区经济运行的主要特点如下：

（一）地区经济平稳增长

2010年，长三角实现地区生产总值（GDP）85002.5亿元，按可比价格计算，比上年增长11.8%，增速比上年加快了1.4个百分点。长三角地区占全国比重（指占地区GDP总计的比重）为21.4%，比上年增加了0.1个百分点。三个省市中，上海、江苏和浙江比上年分别增长9.9%、12.6和11.8%，与上年相比，增速分别加快1.7、0.2和2.9个百分点。

从二次产业增长看，长三角地区第一产业和第三产业分别增长3.5%和10.6%；同比分别回落了0.2和2.3个百分点。第二产业增长13.4%；同比加快了4.4个百分点。从三次产业构成看，长三角第一产业比重为4.7%，比上年下降0.2个百分点。第二产业比重为50.6%，比上年提高0.3个百分点。第三产业比重为44.7%，比上年下降0.1个百分点。

（二）消费品市场较快增长

2010年，长三角地区实现社会消费品零售总额29682.4亿元，比上年增长17.4%，增速加快2.6个百分点。三个省市中，上海、江苏和浙江分别实现社会消费品零售总额6036.9亿元、13482.3亿元和10163.2亿元，比上年分别增长17.5%、18.7%和19.0%，增速较上年均有所加快。

（三）固定资产投资增长有所减缓

2010年，长三角地区完成全社会固定资产投资额40992.4亿元，比上年增长18.0%，增速与上年持平。三个省市中，江苏投资增长相对最快，增长22.4%，比上年回落1.5个百分点。浙江增长16.3%，比上年加快1.1个百分点。上海增速相对最低，仅增长0.8%，比上年回落3.8个百分点。

2010年，尽管国家持续出台了一系列调控房价的政策措施，但受上年末房地产销售火爆的影响，长三角地区房地产投资保持了高速增长的势头，全年完成房地产投资9312.6亿元，比上年增长32.0%，增速加快27.7个百分点。三个省市中，上海、浙江和江苏比上年分别增长35.5%、34.4%和28.9%，分别加快33.7、23.0和27.9个百分点。

（四）对外贸易恢复较快

2010年，长三角地区实现进出口贸易总额10881.6亿美元，增长35.3%，增速比上年加快48.4个百分点。三个省市中，上海、江苏、浙江分别增长32.8%、37.5%和35.0%，增速比上年分别加快46.6、51.1和46.1个百分点。全年实现贸易顺差1753.5亿美元，比上年增加315.2亿美元。其中，江苏和浙江分别实现顺差753.1亿美元和1074.8亿美元，上海实现逆差74.4亿美元。

从出口看，2010年长三角地区出口总额为6317.5亿美元，同比增长33.3%，比上年加快48.9个百分点。从进口看，长三角地区进口总额为4564.1亿美元，同比增长38.2%，比上年加快47.5个百分点。

（五）外商直接投资小幅增长

2010年，长三角地区实际利用外资506.2亿美元，同比增长10.5%。其中，上海、江苏和浙江分别增长5.5%、12.5%和10.7%，比上年加快1.0、11.7和12.0个百分点。长三角仍是吸引外资最多的地区，占全国的比重接近一半，达到47.9%，比上年下降了3.0个百分点。

（六）地方财政收入较快增长

2010年，长三角地区实现地方财政收入9561.9亿元，同比增长20.9%，增速加快8.2个百分点。三个省市中，上海、江苏和浙江分别增长13.1%、26.4%和21.7%，增速比上年分别加快5.4、8.1和10.9个百分点。

二、对策建议

2010年长三角地区经济总体运行良好，为进一步加快长三角地区经济发展，发挥其在转变经济发展方式中的示范和带动作用，提出如下建议：

（一）贯彻落实有关规划和文件提出的要求

2011年，长三角地区要深入贯彻落实科学发展观，以科学发展为主题，以加快转变经济发展方式为主线，大力发挥规划引导、政策扶持对区域经济增长的促进作用，加快传统产业向中西部地区转移，深化区域合作与对外开放，加强环境保持和生态建设，全面贯彻落实有关规划和政策性文件提出的各项任务，落实责任，强化监督，推动重点地区经济又好又快发展。

（二）完善区域合作的体制机制

长三角地区要通过完善体制机制和拓展合作领域来深化合作，在更广领域、更深层次、更高水平上推进本地区的发展。同时也要统筹协调与周边地区以及各重点地区之间的发展，如长三角地区带动泛长三角地区发展，加强与皖江城市带承接产业转移示范区的合作，在产业结构调整的过程中，将在长三角地区失去竞争优势的产业向更适合的皖江城市承接产业转移带示范区转移。

（三）转变外贸发展方式，促进对外贸易平稳增长

长三角地区要积极拓展新兴市场，想方设法扩大外部市场需求。加快发展服务外包，扩大服务贸易规模，重点提升软件服务业外包的发展水平。提升外贸产品品质，加强适应市场需求的产品研发，调整优化出口产品结构，提高自有品牌产品、高附加值产品出口力度，提高出口产品的竞争力。出口企业要依靠科技技术、研发设计、品牌质量和综合服务去占领市场，创造更多的经济效益。政府部门金融部门要改善出口的金融环境，加大对企业的信贷支持力度，改善企业融资担保条件，健全出口信用风险保障机制，及时掌握和协调解决企业面临的实际困难。

（四）加大对民营经济的扶持力度，增强经济自主增长能力

长三角地区要积极关注民营经济、中小企业处于资源分配劣势、复苏较慢的问题，进一步消除民营经济与中小企业发展中所面临的阻碍，解决市场准入问题、贷款融资难等问题，改变其在资源再配置过程中的相对弱势地位，增强经济自主增长动力和活力。此外，要加紧研究制定有利于整合和规范长三角地区中小企业的网络集群和规模经济效应政策。对于附加值高，技术水平先进的企业给与大力扶植，加强其未来的竞争力，不断争取高端产品和上游产业链的主导权。同时鼓励民间资本的自由流动，以企业投资为主体，增强长三角地区对周边区域经济的辐射力度。

注：①长三角地区包括：上海市、江苏省和浙江省。

②数据来源：国家统计局中国经济景气监测中心。

国家发展改革委地区经济司

2010年京津冀都市圈经济形势分析及对策建议

2010年，国际金融危机仍然存在，在经济形势极为复杂的情况下，京津冀都市圈经济运行保持了良好的运行态势，主要经济指标持续回暖上行，经济回升基础得到进一步巩固。

一、京津冀都市圈经济总体运行情况

根据全年主要经济指标的监测情况，2010年京津冀都市圈经济运行特点如下：

（一）区域经济增长总体平稳

2010年，京津冀都市圈实现地区生产总值（GDP）39118.5亿元，按可比价格计算，比上年增长13.0%，延续了自去年以来经济持续较快增长的势头；与上年相比，增速加快了1.1个百分点。

分三次产业看，京津冀都市圈三次产业均实现较快增长。其中，第一产业、第二产业和第三产业分别增长5.0%、15.7%和11.4%；与上年相比，第一产业、第二产业分别加快了1.2和2.7个百分点，三产增速略有减缓，比上年回落了0.4个百分点。从三次产业构成看，三次产业比重依次为5.5%、42.4%和52.1%；与上年相比，一产和三产比重分别下降0.1和0.8个百分点，二产比重提高了0.9个百分点。

（二）消费品销售市场活跃

2010年，京津冀都市圈实现社会消费品零售总额14386.9亿元，增长17.5%，增速比上年加快1.3个百分点。分城市看，天津市消费增长最快，为19.4%，比上年加快了2.5个百分点；北京增长17.3%，比上年加快3.0个百分点；河北八城市增长18.5%左右，增速比上年均有不同程度的提高。

物价上涨对市场销售的提升起到了重要影响。扣除价格上涨因素，北京的实际社会消费品零售总额增速与上年持平，天津则较上年回落了2.7个百分点，河北八城市的实际增速均有不同程度的回落。

（三）固定资产投资增速平稳

2010年，京津冀都市圈实现全社会固定资产投资总额23618.6亿元，比上年增长23.4%；与上年相比，增速回落14.0个百分点。分城市来看，天津和北京投资额比上年分别增长30.1%和13.1%，同比分别回落9.7和7.9个百分点；河北八城市中除廊坊同比下降29.0%外，其他城市投资均保持20%以上高速增长；与上年相比，各城市增速均有不同程度的回落。

2010年，京津冀都市圈完成房地产投资5665.8亿元，增长29.1%，比上年加快了4.6个百分点。从区域内部来看，各城市差异较大。其中，廊坊仅增长0.3%，而张家口增速高达79.7%。从变动幅度来看，保定同比减缓了21.5个百分点，而沧州同比加快了29.5个百分点。

（四）对外贸易止降转升

2010年，京津冀都市圈实现进出口总额4186.4亿美元，同比增长38.2%。分城市看，张家口比上年下降44.9%，其他城市的进出口总额均有不同程度的提高。进口方面，京津冀都市圈实现进口总额3067.2亿美元，比上年增长45.2%。出口方面，京津冀都市圈实现出口总额1119.2亿美元，同比增长22.0%，各城市出口总额均有不同程度的增长。全年京津冀都市圈的贸易逆差为1948.1亿美元，超过2008年的1435.9亿美元。

（五）外商直接投资快速增长

2010 年，京津冀都市圈实际利用外商直接投资总额达到 202.0 亿美元，增长 11.4%；与上年相比，增速加快了 2.1 个百分点。分城市来看，天津是京津冀都市圈实际利用外资最多的地区，总额达到 108.5 亿美元，占区域总额的一半以上，增长 20.3%，与上年相比，增速回落 1.3 个百分点；北京占比约 30%，增速为 4.0%，同比加快了 3.4 个百分点；河北各城市增速不一，总额较小。

（六）地方财政收入加快增长

2010 年，京津冀都市圈实现地方财政收入 4259.5 亿元，增长 21.7%，增速比上年提高 8.1 个百分点。其中，北京和天津分别增长 16.1% 和 30.1%，同比分别加快了 5.8 和 8.4 个百分点；河北八城市的增速差异明显，廊坊和沧州增长最快，分别增长 52.8% 和 41.0%，唐山增长 15.4%，其余各城市均在 20% 以上。

二、对策建议

总的来看，2010 年京津冀都市圈经济发展整体形势趋于向好，为 2011 年良好开局奠定了基础，但经济发展的国内外环境仍然复杂多变，产业结构优化、经济增长方式转变的任务还很艰巨。针对 2010 年京津冀都市圈经济运行特点，建议采取以下对策措施：

（一）加快经济一体化发展，夯实京津冀都市圈增长极的作用

京津冀都市圈要尽快建立有利于京津冀合作共赢的新机制：建立京津冀基础设施共同规划机制，推进区域基础设施的一体化建设；建立京津冀户籍、就业、住房、教育、医疗和社会保障等制度一体化改革与政策协调机制，加快消除区域壁垒，推动区域政策和制度架构的融合，促进人才、技术和劳动力等要素的自由流动，构建一体化的要素市场；建立区域合作的信息沟通机制，促进信息资源的开发与合作，实现区域内政务信息、经济信息、科技信息、文化教育信息、人力资源信息、医疗卫生信息、旅游交通信息等资源的公开和共享。

（二）培育消费长效机制，增强经济增长的内生动力

2010 年京津冀都市圈的消费市场一直保持活跃态势，这其中有刺激消费政策的积极效果，但更多的则是物价持续上涨的推动，消费需求增长的步伐缓慢。对于北京和天津而言，居民收入水平较高，形成有效需求的潜力巨大，因此，要加快培育刺激消费需求的长效机制，增强经济增长的内生动力。其一，重视农村消费和中低收入群体的消费潜力，但这要求各地继续深化收入分配改革，提高中低收入群体的收入比重，完善社会保障制度，从根本上解决居民消费的后顾之忧；其二，规范市场秩序，加强监管力度，避免居民消费更多的向国外商品转移；其三，鼓励电子购物、网络购物等新消费形式，培育新消费热点；其四，积极倡导节能消费和绿色消费，立足消费的长远发展。

（三）加强房地产市场调控，促进房地产市场健康发展

京津冀都市圈要加强房地产市场调控，坚决贯彻落实国家和有关部门出台的房地产调控政策。应继续加大对保障性安居工程的投入力度，满足低收入家庭住房需求，要加快廉租住房、公共租赁住房建设。通过地方政府保障性住房投资增加来有效弥补由于房价上涨，低收入家庭买房难的问题。

（四）拓展外部需求，实现进口与出口的均衡发展

2010 年京津冀都市圈外贸形势的改善主要得益于进口总额的大幅增加，而出口仍低于 2008 年同期水平，出口恢复的步伐缓慢，加上人民币升值的压力，外贸形势仍存在很大的不确定性。未来的工作中，京津冀都市圈要加大对企业技术创新的扶持力度，鼓励企业开发新产品，培育新优势，积极拓展出口市场；要加大政策支持和金融服务保障力度，减小人民币升值给企业出口带来的负面影响。同时，要优化进口结构，实现进口与出口的均衡发展。

注：①京津冀都市圈包括北京市、天津市

及河北省下辖的石家庄、保定、承德、张家口、廊坊、秦皇岛、唐山和沧州八城市。

②数据来源：国家统计局中国经济景气监测中心。

国家发展改革委地区经济司

2010年泛珠三角区域合作与发展情况

2010年以来，在党中央、国务院的坚强领导下，“9+2”各方紧紧围绕“合作发展，共创未来”的主题，认真落实行政首长联席会议议定的事项和相互间达成的一系列合作协议，细化合作事项，明确责任分工，扎实推进重点领域合作，在促进互利共赢上取得了新的进展。

一、重点地区发展互动融合加深

合作各方将提升泛珠合作水平与加快重点地区发展紧密结合起来，积极争取国家支持政策，大力实施重点地区发展规划，争创区域发展新优势。成功推动珠江三角洲地区、成渝统筹城乡综合配套改革试验区、长株潭城市群两型社会配套改革试验区、广西北部湾经济区、海峡西岸经济区、云南省旅游产业改革发展试点省、鄱阳湖生态经济区和海南国际旅游岛建设等纳入国家战略，为泛珠各省区的加快发展增添了新的动力和活力，泛珠合作在全国区域发展布局中的地位更加突出。

二、交通能源合作不断加强

铁路建设方面。厦深铁路、向莆铁路、合福铁路、赣龙铁路扩能、赣韶铁路、衡茶吉铁路、南广铁路、广深港客运专线、沪昆客运专线、贵广客运专线、成贵铁路乐山至贵阳段、六沾复线、黄织铁路、南广铁路、湘桂铁路扩能、云桂铁路建设加快；渝黔铁路新线、织金至纳雍铁路、玉屏至铜仁铁路、隆黄铁路毕节至织金段即将开工；南昆铁路南宁至那厘段、那厘至百色段增建二线、成昆铁路成都至峨眉段扩能等项目初步设计获批；广东西部沿海铁路、黄百铁路、阜鹰汕铁路鹰潭至汕头段、合湛铁路、柳肇铁路、南昌至深圳客运专线、皖赣铁路电气化、浦建龙梅铁路、隆黄铁路叙永至毕节段、攀枝花经昭通至遵义铁路和纳雍至六盘水、毕节至六盘水等铁路项目前期工作稳步推进。

高速公路建设方面。赣州至韶关、杭州至瑞丽高速江西段、广州至贺州高速广西段、贵广高速贵阳至水口段、桂林至广州、湛江至徐闻、雅安至荥经、冕宁至泸沽、乐山至宜宾等高速公路建成通车；厦门至成都、泉州至南宁、宁德经上饶至德兴、梅州至湄洲湾、攀枝花至丽江、石林至锁龙寺、普立至宣威等高速公路和港珠澳大桥加快建设；大庆至广州、济南至广州粤境段、包茂高速粤境段、琼州海峡跨海通道、湄洲湾至重庆、广昌至建宁等高速公路项目前期工作稳步推进。

沿海港口建设方面。福建、江西积极落实两省海西港口经济合作框架协议，江西省企业在福建沿海参股、控股投资经营的三个港口项目建设进展顺利，福建省企业在江西赣州、新余、吉安、高安等地参股投资经营的“陆地港”项目顺利推进。四川、湖南分别与广西签订合作协议，重点推进在广西北部湾经济区建设临海工业园及港口合作等项目。

内河航运建设方面。广西、广东开展西江黄金水道合作建设，大大提高西江航运干线的通航能力，使珠江成为我国第二大内河运输通道，红水河、右江、柳黔江等西南水运出海通道实现全线通航。西江干流界首至肇庆段2000吨级航道整治工程已开工建设，广西正在规划和建设南宁、贵港、柳州、来宾、河池、贺州等一批港口。长江宜宾至重庆航道整治后达三级航道标准，宜宾港建成运营。

能源建设方面。川气东送江西境内工程于2010年底建成投产，西气东输二线江西境内工程近期将建成并向沿线城市供气，西气东输三线也正在开展前期工作。福建、广东两省就电网互联问题达成共识，项目前期工作扎实推进；福建与江西电网联网（即泉州—赣州特高压工程）已纳入国家电网规划；福建天然气管网工程与西气东输工程对接方案已上报研究论证。贵州、云南分别与广东签订了“十二五”黔电送粤、云电送粤的框架协议，贵州与中广核集团签署能源合作框架协议，共同开展贵州风能资源等清洁能源的开发利用；贵州与广西合作建设的兴义电厂二期工程进展顺利。世界首条正负800千伏云广直流输电工程双极已建成投运。

三、产业转移和合作有序对接

产业对接和相互投资方面。围绕贯彻落实《国务院关于中西部地区承接产业转移的指导意见》，各方加强产业转移与承接合作。广西凭祥广东工业园、昆明深圳工业园、赣州香港工业园、吉安深圳工业园、衡阳深圳工业园、湘西广州工业园等跨省区产业园区建设加快，广西钦州（湖南）临港产业园及专业配套码头合作建设进展顺利。香港华润集团在广西贺州投资78亿元的火电厂、广东省高速公路公司在广西河池投资41亿元的都安至金城江高速公路（都安段）、珠海华发实业股份有限公司在南宁市投资35亿元的南宁华发新城房地产等项目均已开工建设。四川与泛珠区域对口支援的省合作规划建设了闽彭产业园、广东－汶川工业园、漩口工业集中区、江西－小金工业园、湖南·下孟工业集中区、湖南·理县绿色经济集中区等特色产业园区，为四川灾区长远发展注入了强劲动力。

旅游合作方面。各方认真实施《泛珠三角区域旅游合作福州宣言》，进一步完善区域“一程多站”精品旅游线路对接，努力实现区域无障碍旅游。福建、广东、江西开展了“千里客家文化长廊”区域旅游协作系列活动；福建、江西、湖南、广东、广西、四川、贵州共推“重走红军长征路”，共同打造“红色之旅”；四川、云南、贵州、广西共同打造“民族风情之旅”；广西、湖南共同举办“中国·大桂林旅游桂湘原生态风情节”；湘桂粤黔滇联手向海内外开展两广山水游、两广滨海游、香港—广西—越南等区域品牌宣传促销，拓展泛珠相关省区—桂滇边境—东盟国家的“边境（东盟）之旅”；澳门、福建、四川与深圳、广州旅游部门签署旅游合作备忘录，加强彼此间的联系合作。福建泰宁与广东丹霞山、江西龙虎山、湖南崀山、贵州赤水、浙江江郎山等丹霞地貌景区联合申报“中国丹霞”世界自然遗产并获成功；四川、贵州、重庆合作编制了川黔渝“金三角”（四面山—佛宝—赤水）旅游规划；四川、云南与西藏合作编制了中国香格里拉生态旅游区规划，推进“生态之旅”建设；粤港澳三地正合作编制粤港澳区域旅游发展规划，定期举行会议及开展联合推广，推进三地在旅游领域的策略性及区域性合作。

农业合作方面。福建巩固与江西、湖南等粮食主产省的粮食产销协作关系，鼓励支持福建粮食企业在泛珠区域合作省建立粮食生产、加工基地。广东、海南两省农业部门签署农业合作协议，重点加强冬季农业生产、蔬菜基地建设、南繁育种等方面的合作。广东、贵州联合举办2010年黔粤（港澳）农业（蔬菜）战略合作交流恳谈会。四川、广西农业部门加强农业技术交流和合作，重点加强了植物检疫合作。江西、广西在海南建立了杂交水稻、杂交玉米和甘蔗杂交育种繁育制种基地。

四、区域统一市场建设扎实推进

区域通关协作方面。泛珠区域的22个直属海关加强区域通关合作，采取一系列新的通关便利化措施，完善“属地申报、口岸验放”模式。检验检疫机构建立了出口商品“产地检验、口岸验放”和进口商品“口岸报检、目的地检验”的业务协作机制，开辟了货物快速验放通道。福建、广东、广西等沿海省区对内陆省份实施进出口货物跨省区直通放行制度，积极发展海陆、海铁、海空、河海等多式联运业务，方便内陆省份货物从沿海口岸进出口。

质量及市场监督合作方面。泛珠三角区域质监系统认真落实质量兴省（市、区）、打假保名优协作、计量合作互认、打击侵犯知识产权和制售假冒伪劣产品、干部培训交流等协议，质监区域合作实现了共赢；实行统一的企业信用分类标准，实现被吊销企业法定代表人“黑名单”联网互查；加大跨省合同违法行为打击力度。

知识产权保护合作方面。泛珠区域专利信息服务中心成为入选国家知识产权局区域专利信息服务中心的首个试点单位；泛珠知识产权专家库和泛珠内地九省区专利代理信息查询系统建立。广东、广西、四川、福建等省（区）知识产权局进行了多起专利行政执法合作。各方签署了《泛珠三角区域版权合作协议》和《关于构建泛珠三角区域出版发行市场联盟的共同宣言》，强化出版监管合作。

劳务合作方面。各方按照“资源共享、优势互补、合作共赢、共同发展”的原则，不断完善劳务合作政策体系。用工省区和劳务输出省区在互联网网站上开辟区域劳务合作专栏，常年发布企业用工信息，使用农民工较多的省份建立了劳务服务处，组织企业异地现场招工，运用网络手段招工，推进“校企合作”、“订单式”等职业技能教育培训模式，引导中高端技能人才流动，开展农民工工资支付情况检查，严厉查处欠薪违法行为。

反走私合作方面。在全国打私办的统一部署下，泛珠内地 9 省区打私办组织海关、边防、工商、公安等部门，积极构建公路（高速路）反走私合作工作机制，在省区陆路交界建立反走私工作监控点，合作开展了打击汽车切割件、成品油、冻品、香烟、毒品等重点商品走私和非法经营走私进口旧服装的专项行动。

五、人口计生服务管理合作形成新格局

认真落实泛珠人口与计划生育框架协议，在国家人口计生委的指导下，建立了联席会议制度，明确广东省为牵头单位，其余各省每年轮值，完善联络员工作制度，加强重点和专项工作的沟通和协作，形成“两地”共管、相互配合的格局。广西举办了泛珠区域“十二五”人口计生公共政策和项目研讨会暨首届广西人口发展论坛，进一步探讨泛珠“十二五”人口计生领域区域合作的重点和途径。

六、与港澳地区的交流合作持续深化

高层交流方面。多批次泛珠内地省区重要团组到港澳考察学习，深化与港澳间的交流合作。福建省委书记孙春兰率领福建经贸代表团访问香港、澳门；四川省省长蒋巨峰率团赴香港举办“四川—香港”金融合作论坛；广西组团赴港澳开展港澳广西周系列活动；贵州在香港举办了经贸合作洽谈会，等等，都取得了丰项成果。

金融经贸合作方面。深圳市金融办与澳门特区金融管理局签署《金融合作协议》。澳门举办“澳门国际环保合作发展论坛及展览”等经贸活动，为泛珠区域搭建起重要的合作交流平台。大批港澳企业到内地投资发展，内地企业纷纷赴港澳兴业，有效密切了港澳与内地经贸关系，促进和维护了港澳繁荣。

七、对台交流合作取得新突破

泛珠各方以 ECFA 签署为契机，深化对台交流合作。比如，福建成功举办第三届海峡论坛及系列活动，台湾 22 个县市超过万名基层民众参与；福建居民赴金马澎“个人游”正式启动；台资参股的海峡产业投资基金正式运作；兴业银行等获准开展新台币兑换业务；率先实现两岸海关特殊监管区、电子商务对接；闽台 107 对特色乡镇实现对接；福州、厦门两个闽台空中货运直航航点开通，闽台邮政货运航线启动。江西成功举办 2010 赣台（赣州）

经贸合作研讨会，设立了台资企业转移承接基地、台商创业园和赣台农业合作实验区。广西连续三年由主要领导率团访台，举办桂台经贸文化合作论坛，签署合作协议和备忘录。贵州通过“请进来”和“走出去”的方式，进一步深化黔台经贸合作。两岸业界成立海峡旅游景区大联盟，福建、江西、湖南、广东、广西、浙江六省区和台湾422家景区108家企业加盟。

八、公共服务领域合作有力拓展

应急管理合作深化。2010年11月，泛珠内地9省区签署了关于界河污染事件应急管理合作的协议。

教育合作不断加强。合作各方在教育信息和资源共享、师资交流、校际合作等方面工作不断推进。各省区在区域内兄弟省区安排的高校普通本专科招生计划逐步扩大，高校科研协作进一步加强。教育信息沟通机制进一步完善。四川省与区域内对口支援省区的教育交流合作长效机制逐步建立和深化。

环保合作持续加强。落实泛珠区域年度环境保护合作协议，实施区域跨界环境污染纠纷行政处理办法，开展了区域跨省界重点江河流域水质交接断面同步监测、协同保护和污染联合治理。如，广西、贵州两省区积极开展跨省流域污染水防治工作；四川、云南两省在跨省界流域开展同步协同监测、共同执法、共享环境信息，在环境宣传教育等方面取得实质进展；广西、广东两省区在交界区域联合开展以查处跨省界区域性环境问题为重点的专项执法督查工作，确保跨省流域水质长期稳定达标，等等。第三届泛珠区域环保产业技术交流洽谈会成功举办。

九、对口支援汶川地震灾后重建任务圆满完成

按照中央的统一部署，泛珠有关各方在全力支持四川汶川抗震救灾的基础上，把支援恢复重建作为重要的政治任务和体现兄弟省区情谊的实际行动，以最快速度制定方案、组建机构、编制规划，抽调力量入川开展援建工作。截至2010年底，广东、福建、江西、湖南、海南以及香港、澳门特区共完成对口援建项目1088个，援建总资金255.85亿元，圆满实现“三年目标任务、两年基本完成”。援建各方还为受援地区提供就业援助、技术支撑、智力支持，协助招商引资，开展产业合作、学校合作、医疗卫生机构合作等活动。抗震救灾、对口支援，成为泛珠区域合作浓墨重彩、可歌可泣的重要篇章。

泛珠三角区域合作行政首长联席会议秘书处

努力做好扶贫开发工作
促进老少边穷地区加快发展

按照党中央、国务院有关要求和委党组工作部署，为顺利完成“十一五”期间的各项工作任务，2010 年，我们积极适应形势新变化，不断拓宽工作新领域，努力开创扶贫工作新局面，各项工作取得了丰硕成果。主要工作如下：

一、开展重要政策文件的研究制定工作

按照国务院要求，联合国家有关部门和内蒙古自治区研究起草了促进内蒙古经济社会又好又快发展的若干意见。8 月初，制定了工作方案，组织召开了工作启动会，共有 44 个国务院有关部门和中央企业参与这项工作。8 月中下旬，国家部委联合调研组赴内蒙古开展了实地调研。调研组分成 10 个专题组，跑遍了自治区 12 个盟市，深入到 56 个旗县的农牧民家庭、工矿企业、学校医院、边境口岸和边防哨所等广泛听取当地干部群众的意见和建议，掌握了大量的第一手材料。调研结束后，各专题组开始起草专题调研报告，于 9 月下旬完成调研报告并报送国家发展改革委。10 月以后，我们会同内蒙古自治区有关部门在专题调研报告的基础上，开始集中精力起草意见文稿，并于年底前完成文件初稿。该意见将研究提出今后一个时期内蒙古经济社会又好又快发展的指导思想、战略定位、基本原则、发展重点和支持政策等，对优化提升经济结构、改善群众生产生活、促进区域经济可持续发展具有十分重要的意义。

二、抓好已出台政策文件的贯彻落实工作

认真贯彻落实中央第五次西藏工作座谈会精神，围绕健全工作机制、编制专项规划、加强对口支援等工作努力完成各项任务。一是组建经济社会发展专项工作小组。按照中央有关要求，国家发展改革委牵头组建了经济社会发展专项工作小组，制定了工作制度，明确了主要任务、组成部门和工作机制，要求各成员单位认真落实中央第五次西藏工作座谈会精神，统筹做好支持西藏和四省藏区经济社会发展政策、项目和经济对口支援的指导协调工作。二是积极推进规划编制工作。参与开展了支持西藏和四省藏区跨越式发展重大项目“十二五”规划编制工作，指导有关省开展了对口援藏规划的编制工作。三是认真做好经济对口支援工作。按照中央有关要求，组织召开了经济对口支援西藏工作座谈会和经济对口支援青海藏区工作座谈会，明确了经济对口援藏援青工作的总体思路、重点任务和工作要求。此外，还配合有关方面举办了援藏援青干部培训班。四是研究编制青海三江源国家生态保护综合试验区总体方案。按照国务院要求，组织开展了试验区总体方案的编制和修改完善工作。国务院关于支持青海等省藏区发展的政策文件明确了建立青海三江源国家生态保护综合试验区，这是推动青海三江源地区实现可持续发展的重要举措，有利于探索这类地区可持续发展的新路子，为其他地区提供经验。

三、参与调整完善国家扶贫战略和政策体系

按照国务院要求，我们作为起草小组成员单位，积极参与了《中国农村扶贫开发纲要（2011—2020 年）》的起草工作，具体参与了

研究提纲、起草文稿、修改完善等工作，并针对有关目标任务、对象范围、扶贫政策、配套措施等内容提出了修改意见。在此过程中，我们还积极参加了划分集中连片特困地区、研究确定扶贫标准、进一步做好定点扶贫工作等重大扶贫问题研究，特别是针对集中连片特困地区划分工作，成立了工作组，制定了片区划分的基本原则、指标体系、划分方法和工作要求，尽量提出客观准确、公平公正、切实可行的意见供领导决策参考。与此同时，针对促进少数民族和民族地区加快发展问题开展了专题研究，并向全国人大、全国政协有关方面专门汇报了有关工作情况和意见建议，为研究制定“十二五”期间促进少数民族和民族地区加快发展的工作思路和政策体系积极提出意见建议。按照国务院有关要求，针对云南边境地区跨越式发展、川陕革命老区加快发展、云南山瑶群众脱贫致富等扶贫问题开展了专题研究，并在扶贫资金安排上给予积极支持和照顾。

四、进一步加大对贫困地区的投入力度

今年国家发展改革委进一步加大了对农村贫困地区的投入力度，并继续向贫困人口多、脱贫难度大、基础设施薄弱和受灾严重的地区给予倾斜，着力改善贫困地区的生存和发展条件，为贫困群众早日脱贫致富打下坚实的基础。扶贫以工代赈方面，2010 年国家发展改革委累计安排中央以工代赈资金 55 亿元，其中财政预算内以工代赈 40 亿元、中央预算内投资 15 亿元，连同地方配套措施，总投资 69.1 亿元。计划在农村贫困地区建设基本农田 66 万亩，改善农田灌溉面积 327 万亩，建设乡村公路 1.7 万公里，解决 102 万人、78 万头牲畜饮水困难，初步治理水土流失面积 2400 平方公里，建设草场 43.2 万亩。在国家投资计划中，安排以工代赈劳务报酬资金 7.33 亿元，直接发放给参加工程建设的农村贫困群众，促进贫困农民增收。易地扶贫搬迁方面，2010 年国家发展改革委安排总投资 24.95 亿元，其中中央预算内易地扶贫搬迁试点投资 20 亿元。计划搬迁农村贫困人口 42.12 万人，其中国家扶贫开发工作重点县 33.76 万人。搬迁对象是生活在缺乏基本生存条件地区的农村贫困人口，统筹考虑受地质灾害严重威胁的农村贫困人口，及生态工程建设需要搬迁的贫困农牧民。与此同时，国家发展改革委在联合有关部门安排农林水利、交通能源、社会事业、生态保护与资源综合利用、产业发展与科技创新等多个行业的建设投资时，也加大了对农村贫困地区的倾斜力度，支持经济社会全面协调可持续发展。

五、统筹做好相关扶贫开发工作

在做好上述工作的同时，我们按照突出重点、统筹兼顾的原则，积极做好其他相关重要扶贫工作。一是组织开展扶贫工作总结。为减缓经济危机对农村贫困地区的冲击，从 2008 年第四季度起，国家在扩大内需中央预算内投资中连续三年安排以工代赈示范项目和易地扶贫搬迁工程。为及时总结经验，我们组织地方对 2008 年四季度以来以工代赈及易地扶贫搬迁中央投资落实和项目实施情况进行了总结。同时，为总结多年来以工代赈林业示范项目实施成效，进一步完善以工代赈工作思路，组织有关省发改委对“十一五”期间国家以工代赈林业示范项目工作进行了总结。二是启动以工代赈和易地扶贫搬迁专项建设规划编制工作。按照国家发展改革委关于“十二五”专项建设规划编制工作的总体部署，联合有关部门和地方启动了《以工代赈建设“十二五”规划》和《易地扶贫搬迁“十二五”规划》编制工作，制定了规划编制方案和编写提纲，布置地方研究起草了分省研究报告。在此基础上，起草完成了规划初稿。在专项规划中，将明确“十二五”期间以工代赈和易地扶贫搬迁的建设目标、主要内容、资金筹措和配套政策。三是加强资金项目监督检查。根据全委统一部署，为动态掌握建设项目的进展情况和投资效果，我们建立了中央投资计划执行情况月报制度，定期对中央新增投资计划的执行情况

进行分析研究，发现问题督促有关方面及时解决。一年来，我们先后深入河北、湖北、湖南、云南等省开展了项目检查和调查研究。同时，根据国家扶贫资金管理有关规定，指导地方认真做好项目前期、计划执行、资金使用、工程建设、竣工验收等各个环节的工作。四是继续做好定点扶贫工作。按照国务院扶贫开发领导小组部署，2010 年国家发展改革委继续积极帮扶河北省灵寿县、丰宁县和吉林省汪清县、广西自治区田东县四个国家发展改革委定点扶贫县。继续选派干部到四个县进行基层锻炼，有关司结合业务工作多次赴四个县实地调研，并与有关村党支部开展了争先创优结对共建活动，全委积极帮助四个县谋发展思路，协调安排资金项目，帮助解决实际困难和问题，扶持四个县经济社会加快发展。

国家发展改革委地区经济司

2010年对口支援工作情况

开展对口支援工作，是贯彻邓小平同志“两个大局”战略思想的伟大实践，是发挥社会主义制度优势的伟大创举，是巩固和发展各民族大团结、增强中华民族大家庭凝聚力的重大举措。一年来，特别是第五次西藏工作座谈会和新疆工作座谈会胜利召开后，在党中央、国务院的坚强领导下，在援受双方的共同努力下，对口支援工作取得明显进展，进入新的发展阶段。

一、高度重视，中央作出全面部署

2010年，中央先后召开了中央第五次西藏工作座谈会和中央新疆工作座谈会，全面部署西藏和新疆工作，对做好对口支援工作提出明确要求。召开全国对口支援新疆工作会议，专题研究部署对口支援新疆工作。

（一）中央第五次西藏工作座谈会

2010年1月，中共中央、国务院召开第五次西藏工作座谈会。会议全面总结西藏发展稳定取得的成绩和经验，深刻分析西藏工作面临的形势和任务，明确当前和今后一个时期做好西藏工作的指导思想、主要任务、工作要求，对推进西藏实现跨越式发展和长治久安作出了战略部署。会议还对加快四川、云南、甘肃、青海省藏区经济社会发展作出全面部署。

会议提出，要加大对口支援力度，继续坚持分片负责、对口支援、定期轮换的办法，进一步完善干部援藏和经济援藏、人才援藏、技术援藏相结合的工作格局。明确新一轮对口支援西藏政策延长到2020年，确定了援藏省（市）投资实物工作量和稳定增长机制，并要求编制对口支援西藏经济社会发展规划，指导和推动对口援藏工作有序开展。此外，会议明确建立由发达省市、中央和国家机关及企事业单位对口支援青海省藏区的工作机制，并对研究建立四川、云南、甘肃三省藏区对口支援机制作出安排。

（二）中央新疆工作座谈会

2010年5月，中共中央、国务院召开中央新疆工作座谈会。会议全面总结新中国成立以来特别是改革开放以来新疆发展和稳定工作取得的成绩和经验，深刻分析新疆工作面临的形势和任务，进一步明确当前和今后一个时期做好新疆工作的指导思想、主要任务、工作要求，对推进新疆跨越式发展和长治久安作出了战略部署。

会议强调，要着力加强对口支援新疆工作，坚持中央关心、全国支援同新疆各族干部群众自力更生、艰苦奋斗相结合。在统筹考虑支援方财力状况和受援方困难程度、尽可能兼顾原有结对关系的基础上，重新调整了结对关系，并增加了部分支援省（市）。明确新一轮对口支援新疆政策延长到2020年，确定了援疆省（市）投资实物工作量和稳定增长机制，并要求编制对口援疆综合和专项规划。

此前，为贯彻落实中央关于组织开展新一轮对口支援新疆工作的重要决策，对进一步加强和推进对口支援新疆工作进行动员部署，并做好中央新疆工作座谈会的筹备工作，2010年3月，中央召开第一次全国对口支援新疆工作会议。会议对对口支援新疆工作的重要意义、指导思想、发展目标、主要任务等作出系统阐述和安排，为下一步做好对口援疆工作指明了方向。

二、通力协作，各方扎实推进工作

按照中央的统一部署，中央国家机关有关

部门、支援省（市）和受援地区各司其职，通力协作，扎实推进各项工作。

（一）强化组织领导

中央建立健全了对口援疆、对口援藏、援青协调领导工作机制。多数有关部门成立了援疆、援藏工作领导小组，明确了承担工作的具体司局。国家发展改革委专门在地区司设立了对口支援处，具体负责对口支援的日常工作。各支援省（市）成立了由主要领导同志任组长的对口援疆、援藏工作领导小组，对口援疆省（市）还设立了前方指挥部和后方协调机构。西藏自治区、青海省、新疆自治区和兵团等受援省（区）也建立了专门的对口支援工作机构。

（二）加强指导协调

为推动对口支援工作有序开展，中央有关部门结合部门职能，加强指导协调。2010 年 10 月，国家发展改革委组织中央和国务院有关部门、中央企业、承担对口援藏任务的省（市）和西藏自治区召开了经济对口支援西藏工作座谈会，贯彻落实第五次西藏工作会议精神，讨论加强和完善对口支援西藏经济社会发展工作的指导意见、规划编制工作大纲等文件，研究部署下一阶段经济援藏工作。2010 年 12 月，国家发展改革委组织召开对口支援青海省藏区工作会议，研究讨论开展对口支援青海省藏区经济社会发展工作的指导意见，并就编制对口援青规划和计划、加强制度建设等工作作出部署。财政部研究出台援藏资金管理办法，就资金拨付、使用等作出统一规定。

（三）科学编制规划

编制好对口支援规划是援建项目有序推进、顺利实施、取得实效的关键。支援省（市）会同受援地区，按照立足当前、着眼长远、因地制宜、保持特色、确保质量的原则，结合国家和地方经济社会发展规划，启动对口支援规划编制工作。各支援省（市）相继派出党政代表团和专家组赴受援地区进行实地考察对接，为科学制定规划积累了大量一手资料。抽调精干力量，组建规划编制工作小组，深入开展实地调查研究，充分了解群众意愿需求。受援地区积极配合，主动做好规划编制有关支撑工作。援受双方充分沟通协调，确保规划编制工作顺利开展。中央有关部门结合自身职能，加强对规划编制工作的业务指导，积极协调出现的问题。总体上看，在对口支援规划编制过程中，各方按照中央要求，把保障和改善民生放在最优先位置，着力解决各族群众生产生活中最直接、最现实、最迫切的问题。同时，支持受援地区做好产业发展、促进就业，培养干部人才和生态环境保护建设等工作。

三、成效明显，打下良好工作基础

对口支援省（市）和中央各部门坚决贯彻落实中央部署，援受双方密切配合，新一轮对口援藏、对口援疆和第一轮对口援青工作开局良好，取得明显成效，打下良好的工作基础。对口援疆方面，19 个支援省（市）科学组织，以解决当地突出困难为切入点，启动了一批条件成熟的试点项目，涉及住房建设、教育培训、医疗卫生、设施农业、产业园区等多个领域。2010 年，共开工建设 249 个试点项目，总投资 60 多亿元，其中对口援助资金 28 亿元。对口援藏方面，2010 年，17 个支援省（市）和有关中央企业共实施援藏项目 416 个，安排援藏资金 22.8 亿元。对口援青方面，中央对口支援青海省藏区政策确定后不久，玉树州发生了 7.1 级强烈地震，按中央要求，北京市积极参与灾后援建工作，编制了灾后援建规划，确定援建项目 83 个，并先期拨付 2 亿元周转资金。至 2010 年底，实际开工建设 34 项，完成投资 4 亿多元。同时，北京市抓紧做好对口支援玉树州工作，将灾后援建与对口支援有机结合、同步推进，为对口援青工作开好头、起好步起到了积极推动作用。承担对口援青任务的 13 家中央企业，结合自身优势，采取多种方式支持对口地区和地震灾区。据不完全统计，上述企业共向玉树地震灾区捐款 1.4 亿多元。

国家发展改革委地区经济司

深入贯彻党的十七届五中全会精神 努力开创区域协调发展新局面

——在2010年全国发展改革系统地区经济工作会议暨区域合作座谈会上的讲话

国家发展改革委副主任 杜鹰

2010年12月13日

同志们：

这次全国发展改革系统地区经济工作会议是在全国上下认真学习贯彻党的十七届五中全会精神、中央经济工作会议刚刚闭幕的背景下召开的。五中全会通过的《建议》，全面总结了“十一五”的重大成就，确定了“十二五”时期我国经济社会发展的指导思想、总体思路、目标任务和重大举措，是指导今后五年我国经济社会发展的纲领性文件。在刚刚闭幕的中央经济工作会议上，胡锦涛总书记、温家宝总理作了重要讲话，深刻分析了当前国内外经济形势，明确提出了2011年经济工作的总体要求、大政方针和主要任务。我们一定要认真学习领会，坚决贯彻落实。

这次会议的主要任务是：认真学习领会和全面贯彻落实党的十七届五中全会和中央经济工作会议精神，回顾总结“十一五”地区经济工作，进一步认清形势，统一思想，提高认识，研究部署“十二五”和2011年地区经济工作思路和重点任务，努力开创区域协调发展新局面。下面，我谈三点意见，供大家参考。

一、“十一五”促进区域协调发展取得重要成就

“十一五”时期是我国发展史上极不平凡的五年。我们党团结带领全国各族人民，妥善应对复杂多变的国内外环境和国际金融危机的严峻挑战，保持了经济平稳较快发展，谱写了中国特色社会主义事业的新篇章。五年来，中央高度重视区域发展工作，在区域发展总体战略的指引和地方各级政府的不懈努力下，各地区发展的主动性和科学性不断提高，重点地区开发开放的步伐不断加快，区域合作的广度深度不断拓展，区域发展的协调性不断增强。总的来看，过去的五年是我国区域协调发展战略确立、区域经济在宏观经济中的地位和作用不断强化的五年，是中西部地区自我发展能力明显增强、区域发展差距逐步缩小的五年，是区域增长极不断涌现、区域开发格局进一步优化的五年，是区域管理手段更加有力有效、区域政策体系逐步完善的五年，也是地区经济工作不断开拓创新、积累丰富经验和取得丰硕成果的五年。

（一）“十一五”我国区域经济发展的积极变化

“十一五”是我国区域发展总体战略形成确立的重要时期。2005年10月，党的十六届五中全会第一次明确完整地提出实施区域发展总体战略。五年来，中央出台了深入实施西部大开发、全面振兴东北地区等老工业基地、大力促进中部地区崛起、积极支持东部地区率先发展的相关政策措施，制定了一系列重大区域

规划和政策文件，促进区域协调发展取得新成就，区域增长格局、目标任务、区际关系、调节手段等都发生了重大而积极的变化。

一是区域发展的增长格局从过去东部地区“一马当先”向各区域协同并进转变。改革开放后一个相当长的时期内，我们实施的是沿海地区率先发展战略，东部地区发展速度持续领先于中西部地区，在引领我国经济增长的同时，也导致了区域发展不平衡问题日益突出。1978—2000年，东部、中部、西部和东北地区GDP年均增长速度分别为12.01%、9.99%、9.74%和8.58%，东部地区比其他地区快2个百分点以上。差幅最大的“八五”时期，东部地区比其他地区增速高出5个百分点。“十五”期间，东、中、西和东北地区的增长差距虽然缩小到1.2—1.7个百分点，但东部地区依旧保持着领先态势。“十一五”以来，随着区域协调发展战略的深入实施，东部地区“一马当先”的增长格局发生了重大变化。2007年，西部地区经济增长速度达到14.6%，首次超过东部地区；2008年，中西部和东北地区经济整体加速，全面超过东部地区的增长速度；2009年这一态势继续保持；今年前三季度，中西部和东北地区GDP同比分别增长14.1%、14.1%和14.2%，均超过东部地区12.7%的增速，预计全年仍继续快于东部地区。据测算，“十一五”期间，中部、西部和东北地区GDP年均增速均在13%以上，比东部地区快0.5%—1%。过去五年中西部和东北地区经济增速全面超过东部地区，这在改革开放30年来的历史上还是第一次，是我国区域增长格局的重大变化。江泽民同志1994年首次提出要缩小地区发展差距，经过十几年的努力，这一目标在“十一五”时期终于展现了向好的前景。这一变化标志着长期以来区域发展差距扩大的趋势得到初步遏制，标志着中西部地区自主发展能力明显增强，标志着区域协调发展有了新的起点，充分表明党的十六届五中全会提出的区域发展总体战略是完全正确和十分有效的。

二是区域发展的目标任务从过去单纯追求经济增长向经济、社会、生态全面协调发展转变。党的十六大以来，中央提出树立和落实科学发展观的重大战略思想，这是我们党执政理念的丰富和发展，是对社会主义现代化建设规律认识的深化。一方面，促进区域协调发展，是贯彻落实科学发展观的基本要求；另一方面，科学发展观的实践又极大地丰富了区域协调发展的内涵，对促进区域协调发展提出了新的更高的要求。特别是对中西部地区而言，过去我们讲缩小地区发展差距，更多地是关注缩小经济增长速度的差距，现在发展理念转变了，更加注重经济与人口、社会、资源、生态环境的协调发展。中西部地区普遍认识到，不能再走经济发展了、民生改善滞后，经济发展了、生态环境却为此付出过多代价的老路。五年来，我们欣喜地看到，中西部地区不仅经济发展速度超过了东部地区，而且社会事业发展和生态建设也取得了巨大成就。如教育事业，财政投入西部地区的人均教育经费高于全国平均水平，“两基”攻坚计划如期完成，义务教育阶段入学率提高到99.5%，办学条件、中小学师资合格率与东部地区的差距明显缩小。又如生态建设，西部地区退耕还林2.37亿亩，占全国的57.1%，森林覆盖率从1999年的10.4%提高到现在的17.1%，提高了6.7个百分点，工程区植被覆盖率平均增长了14个百分点，中西部地区生态环境总体恶化的趋势得到初步遏制。“十一五”时期，中西部地区以经济、社会、生态等方面协调发展的态势追赶东部地区，这比GDP增长差距缩小来得更为不易，也更加珍贵。这充分表明，在科学发展观的指导下，中西部地区是能够走出一条具有中国特色和自身特点的发展路子的。这同样也是一个重大的历史性变化。

三是区域发展的区际关系从不够协调向更加协调转变。新中国成立到上世纪90年代中后期，国家相继实施了两大区域发展战略，即改革开放前的区域均衡发展战略和改革开放后初期的区域非均衡发展战略。实施上述两大区域发展战略均有其客观必然性，也取得了应有的成效，但都存在着不够协调的问题。比如，区域均衡发展战略强调生产力布局向内地倾斜，虽然奠定了内陆工业化的基础，但一定程度上抑制了东部沿海地区的发展优势，最终使整体效益受到影响；又比如，区域非均衡发展战略在较短时间内带来了国家综合实力和国际竞争力的显著提高，但中西部地区却为整体利益作出了牺牲。区域协调发展战略的确立打开了新的局面，各个区域发展的积极性、主动性都得到调动，自身的比较优势都得到发挥，区际关系更加协调。为什么会有这样的变化？我认为很重要的一点，就是区域协调发展战略是在社会主义市场经济体制基本建立的基础上提出来的，这与区域均衡发展战略、非均衡发展战略分别实施于计划经济体制和计划经济体制向市场经济体制过渡时期有很大不同。市场机制比计划经济体制更有利于要素自由流动和资源优化配置，更有利于充分发挥不同区域的比较优势和促进区域经济功能化，更有利于促进区际间比较优势的互补和交换，最终实现国民经济整体效益的最大化。五年来，中央进一步明确了东部、西部、中部和东北地区四大板块的战略定位、主体功能和发展重点，强调各区域要立足自身比较优势，形成定位清晰、优势互补、共同发展的格局，一个区域的发展以另外一个区域发展不充分为代价的情况越来越少，一个区域的发展利好和促进另一个区域发展的情况越来越明显。上述变化，说明我国区域协调发展的内在机制和体制保证正在形成，这也是历史性的变化。

四是区域发展的调节机制从相对单一的手段向综合运用经济、法律、行政手段转变。一是区域管理模式从以行政区管理为主向行政区、经济区管理并重转变。各类跨行政区的经济区、经济带、城市群、都市圈大量涌现，突破行政区界限的资源要素整合大力推进，区域一体化加快发展。二是区域开发格局进一步细化。国家从战略层面上进一步明确了“四大板块”内一系列不同空间尺度的重点开发区域，还明确了以四类主体功能区为分类标准的功能区体系，区域开发空间层级优化，正在向精细化方向发展。三是区域政策朝着更富有针对性和差别性的方向深化、实化，“一刀切”的问题正在扭转。国家围绕各个层级、各个类型的区域开发，制定了一系列相关配套政策，空间上的指向性、内容上的综合性、地域上的针对性显著增强，调控的效果也更加明显。四是区域调节手段日益多元化。既有必要的行政手段，又根据市场经济体制的要求，更多地运用了规划指导、政策支持、合作机制等经济手段，区域立法工作也摆上重要议事日程，综合运用经济、行政、法律手段调节区域发展的局面正在形成。

在 2007 年的系统工作会上，我曾就如何衡量区域发展关系是否协调讲了四条，即地区间人均 GDP 差距保持在适度的范围内、各地区人民都能享受均等化的基本公共服务、各地区比较优势能够得到合理有效的发挥、各地区人与自然的关系处于协调和谐状态。“十一五”我国区域发展的四个积极变化，条条都印证了协调发展的要求。尽管这些变化有些还是初步的，但其影响却是深远的。还应该看到的是，“十一五”期间，区域发展朝着更加协调的方向演进，提高了国民经济的综合效益，为宏观经济做出了重要贡献。我们之所以能够在复杂多变的国际国内形势下保持国民经济又好又快发展，与区域发展活力增强、区际发展关系更加协调有着直接的关系。

（二）“十一五”地区经济工作的基本经验

五年来，全国地区经济工作系统认真贯彻党中央、国务院关于促进区域协调发展的重大部署，迎难而上、锐意进取、扎实工作，有力地推进地区经济工作迈上新台阶，为加强和改善宏观调控、保持国民经济平稳较快发展做出了积极贡献。这五年地区经济工作受关注程度之高、取得的成果之丰硕、产生的社会影响之大都是前所未有的。这些成绩的取得，得益于党中央、国务院对区域协调发展的高度重视和科学发展观的正确指导，得益于各地区、各部门的积极努力与强有力的配合，也得益于地区经济系统全体同志的共同努力。在此，我代表国家发展改革委党组对地区经济工作系统同志们多年来的辛勤努力和卓有成效的工作，表示衷心的感谢和诚挚的敬意！

回顾五年来地区经济工作的实践，我以为有以下五条经验值得认真总结。这些经验既是五年来我们工作体会的结晶，也是今后一个时期地区经济工作必须遵循的基本原则。

一是必须始终坚持地区经济工作服从党和国家中心工作大局这个指导方针。五年来，我们不断强化服务宏观经济的大局意识，坚定不移地贯彻落实中央关于促进区域协调发展的战略安排。在国务院统一部署下，先后组织编制了16个区域规划和20个区域性政策文件，为推进重点地区开发开放和促进区域协调发展发挥了积极作用。特别是2008年以来，为贯彻落实中央应对国际金融危机、保持经济平稳较快发展的一揽子计划和政策措施，我们发挥区域政策在保增长、调结构、惠民生中的独特作用，加快区域规划和区域性政策文件的组织制定进度，仅2009年一年出台的重大区域规划和区域性政策文件就超过10个，为各地区发展注入了新的活力和动力，为我国率先实现经济企稳回升发挥了重要作用。实践表明，地区经济工作只有围绕大局、服务大局，自觉服务于党和国家中心工作，才能纳入各级党委、政府的重要工作日程，受到应有的重视；才能抓住重大而紧迫的现实问题开展工作，做出应有的贡献；才能获得更多的锻炼和成长的机会，使我们的工作能力和水平得到应有的提高；才能在工作中赢得先机和主动并有所作为，得到应有的位势，路子也才会越走越宽广。

二是必须始终坚持促进区域协调发展这条工作主线。地区经济工作要上层次、上水平，必须有一条贯穿始终的主线。2006年，我们将促进区域协调发展确定为地区经济工作的主线。之所以选择这条主线，一是基于促进区域协调发展在国民经济发展全局中的重要性，抓住了这件大事，也就抓住了地区经济工作的核心，是我们践行科学发展观最直接的写照。二是有强烈的需求。中央提出区域协调发展战略，把这个战略落到实处，落实到各区域，有许多问题需要研究。三是促进区域协调发展内涵丰富，通过这条主线能够很好地把系统工作中的区域规划、区域政策、区域合作、流域治理、扶贫开发、国土整治等各方面的业务工作串联起来，起到纲举目张的作用。实践证明，把握住了这条主线，就能始终保持正确的工作方向，就能从更宏观的层面和更综合的角度来推进工作，提升工作层次，开创地区经济工作新局面。

三是必须始终坚持把国家战略意图与地方实际需要有机结合这个工作着力点。促进区域协调发展，必须强调全局性、统一性，必须在国家促进区域发展总体战略框架下，把局部置于全局中统筹考虑，唯有如此才能使各个区域有机互动、形成合力。同时也应看到，各地区发展条件千差万别，不尊重区域的差别和特点，也难以充分发挥各区域的比较优势。因此，正确处理好中央与地方、整体与全部的关系，是我们做好地区经济工作的基本着力点。五年来的实践证明，只有把全局需要与地方实际结合起来，把握好宏观可行性与微观需要之间的度，才能真正把国家意志与地方需要有效衔接，充分发挥中央和地方两个积极性。

四是必须始终坚持统筹兼顾与突出重点相结合这个工作方法。要提高工作效率，就要在实际工作中善于发现和把握规律，与时俱进地确定工作重点，集中精力解决制约区域发展的突出矛盾和主要问题。这可以从两个方面来看，从横向区域分布来看，近年来，我们逐步摸索出了“抓两头、带中间”的工作思路。一方面，重点支持有条件地区加快开发开放步伐，着力培育形成支撑全国发展的新的增长点，发挥其辐射和带动作用；另一方面，大力扶持民族地区、边疆地区、贫困地区加快发展，增强其自我发展能力。抓住了这两头，就可以带动全局工作的展开。从纵向时间序列来看，就是要抓区域发展不同时期的主要矛盾。如在世纪之交抓西部大开发，近年来突出抓西藏、新疆等民族地区，面对国际金融危机冲击主要抓沿海地区的升级转型和产业转移，近期重点抓海洋经济发展等。一个时期突出一个重点，有利于突破和解决主要矛盾，有利于不断拓展地区工作的新领域。

五是必须始终坚持系统联动与部门协调相结合这一工作机制。地区经济涉及面宽、政策性强，单靠地区经济工作系统自身难以完成艰巨的任务。五年来，我们摸索出了“开门搞调研”、“开门写文件”的工作方式。在完成重大任务上，采取了联合调研、共同研讨、协同起草的形式，与国务院有关部门密切配合，加强系统上下的联系沟通，充分发挥专家学者的作用，形成了劲往一处使和集思广益的生动局面，确保了工作任务的完成。与此同时，系统本身干部的能力和素质也得到了提高。就发改委而言，地区经济工作系统是横向联系较多的系统，加强部门合作是国家发展改革委转变职能、转变作风的有益尝试，要继续坚持下去。

二、“十二五”时期地区经济发展形势与重点任务

“十二五”是全面建设小康社会的关键时期，也是深化改革开放、加快转变经济发展方式的攻坚时期。在新的起点上进一步做好地区经济工作，要求我们认真学习领会党的十七届五中全会精神，准确把握“十二五”我国区域发展的基本形势，明确未来五年地区经济工作的重点任务，扎实推进地区经济工作迈上新台阶。

（一）认真学习、准确理解党的十七届五中全会精神

党的十七届五中全会审议通过的《中共中央关于制定国民经济和社会发展第十二个五年规划的建议》思想性、指导性很强，内容十分丰富，亮点也很多。联系地区经济实际，这里我着重谈三点体会。

一是关于“十二五”我国仍处于重要战略机遇期的重大判断。党的十六大在认真分析国际国内大趋势的基础上，第一次提出二十一世纪头20年是一个必须紧紧抓住并且可以大有作为的重要战略机遇期的判断。这一次五中全会通过的《建议》重申了这一重要判断，指出：“综合判断国际国内形势，我国发展仍处于可以大有作为的重要战略机遇期，既面临难得的历史机遇，也面对诸多可以预见和难以预见的风险挑战”。为什么党的十七届五中全会要重申这一判断？这是因为党的十六大以来，世界经济政治发生了深刻变化，其中最大的变化就是由美国次贷危机引起的国际金融危机重创了世界经济，因此有人对我国是否还处在重要战略机遇期产生了疑虑。针对这一认识，五中全会重申我国仍处于重要战略机遇期的判断是非常重要的，因为对这一重大问题的判断直接关系到发展战略的抉择，关系到能否统一全党的认识，坚定实现“三步走”战略的信心。《建议》指出，从国际上看，和平、发展、合作仍是时代主流，世界经济政治格局出现新变化，科技创新孕育新突破，国际环境总体上有利于我国和平发展；从国内看，我国综合国力和国际竞争力大为提升，中国特色社会主义道路仍具有明显优势，我国市场需求潜力巨大、资源价格相对便宜，储蓄率相对较高等后发优势没有根本改变，工业化、信息化、城镇化、市场化、国际化深入发展仍有很大的空间和回旋余地。总的来看，“十二五”时期，我国发展的有利条件、内在优势和长期向好的趋势没有改变，仍然处在重要战略机遇期。另外我们还要注意到，《建议》在讲到机遇的同时，还特别强调指出我们也面对诸多可以预见的和难以预见的风险挑战。机遇与挑战并存，这就要求我们增强“两个意识”，一个是机遇意识，充分认识机遇稍纵即逝，时不我待；一个是忧患意识，要对可能到来的风险和挑战有所准备。

更重要的是要辩证的看机遇与挑战，把握和处理好危与机的关系。1990年，面对国内

外政治风波、特别是西方七国联手制裁我国的严峻形势，邓小平同志曾坦然深刻地指出，不能把国际形势看成一片漆黑，不能认为形势恶化到多么严重的地步，实际上情况并不尽然。世界上矛盾多得很，大得很，我们可利用的矛盾存在着，对我们有利的条件存在着，机遇存在着，问题是要善于把握。把握机遇重要，在危机中把握机遇往往更重要。国际金融危机爆发后，胡锦涛总书记深刻指出，“国际金融危机对我国经济的冲击，表面上是对经济增长速度的冲击，实质上是对经济发展方式的冲击”，而“国际金融危机形成的倒逼机制客观上为我国加快经济发展方式转变提供了难得机遇。我们必须紧紧抓住机遇，承担起应尽的历史责任”。这就告诉我们，危与机往往同时并存，危中有机，只有做好了化危为机的工作，才能真正把握住机遇。我以为这就是五中全会关于重要战略机遇期判断的思想精髓，需要我们一起认真体会、准确把握。

二是关于“十二五”发展的主题和主线。《建议》明确提出，制定“十二五”规划，必须以科学发展为主题，以加快转变经济发展方式为主线。从党的十六大提出科学发展观指导思想，到这次提出以科学发展为主题，从党的十四届五中全会最早提出“转变经济增长方式”，之后提出“转变经济发展方式”，到“加快转变经济发展方式”，反映了我们党对现代化建设过程中存在问题的清醒认识和对规律的深刻把握。目前，我国经济总量超过日本，成为仅次于美国的第二大经济体，但经济发展中存在着诸多不全面、不协调、不可持续的深层次矛盾和问题，必须下大气力予以解决。在需求结构方面，过多地依靠投资和进出口拉动，消费需求还没有起来，消费率从1978年的64.9%下降到2009年的48%。在产业结构方面，第二产业的比重过大，第三产业的比重不足，第一产业的基础薄弱；制造业总体上处于全球产业分工体系的偏低端，工业的实际高度化不足。在收入分配方面，国民收入初次分配结构不合理，其中居民收入份额从1998年的68.1%下降到2007年的57.5%，劳动者报酬比重从53.4%下降到39.7%，同时还存在着收入差距过大问题。在资源环境方面，去年，我国GDP占全球总量的8.5%，但消耗的铁矿石占全球的54%，粗钢占43%，氧化铝占34%，煤炭占45%，水泥占52%；我国单位GDP的能耗是美国的2.9倍、日本的4.9倍，世界平均水平的2.3倍，节约资源、提高效率还有极大潜力。

经济学界有一个“中等收入陷阱”的说法，指的是一些发展中国家特别是拉美的发展中国家，在从低收入向中等收入迈进时发展得比较顺利，但在从中等收入向高等收入迈进时，因为没有处理好投资与消费、产业与就业、收入与消费等重大关系，导致发展停滞。未来5—10年，我国正处在从人均GDP4000美元向10000美元、即从下中等收入向上中等收入迈进的爬坡过坎阶段，必须高度重视经济社会发展中存在的深层次矛盾，并努力解决好这些问题。从全国角度，我们可以更深刻地理解坚持科学发展和加快转变经济发展方式的必要性、重要性和紧迫性。为此，《建议》强调要做到“五个坚持”，即坚持把经济结构战略性调整作为加快转变经济发展方式的主攻方向，坚持把科技进步和创新体制作为加快转变经济发展方式的重要支撑，坚持把保障和改善民生作为加快转变经济发展方式的根本出发点和落脚点，坚持把建设资源节约型、环境友好型社会作为加快转变经济发展方式的重要着力点，坚持把改革开放作为加快转变发展方式的强大动力。希望同志们深刻领会五中全会提出的主题和主线，将其与地区经济工作主动联系起来，切实做到在发展中促转变，在转变中促发展。

三是关于促进区域协调发展的三大战略部署。《建议》的第五章，用了一章的篇幅专门阐述促进区域协调发展问题，明确提出要实施区域发展总体战略、主体功能区战略和城镇化战略。与以前相比，对三大战略的提法有所变化，赋予了新的内涵。区域发展冠之以“总体战略”；主体功能区以前叫“思想”，现在称“战略”；城镇化以前的提法是“积极推进”，现在叫“积极稳妥地推进”，对此我们要进一步加深理解。那么，三个战略之间到底是什么关系？我理解，三大战略都涉及空间布局，彼此关联，但又并非完全等同。区域发展总体战略是十六届五中全会第一次完整提出的，其内容涵盖了四大板块的分类、战略定位及相互关系，明确了缩小区域发展差距、促进基本公共服务均等化的目标，提出了“四大机制”的手段等，全面阐明了我国区域发展的总体方向和重点部署，是促进区域协调发展的顶层设计，因此称其为“总体战略”；主体功能区思想同样也是在十六届五中全会提出的，党的十七届五中全会首次将其明确为国家战略，其内容主要是明确优化开发、重点开发、限制开发和禁止开发四类区域的范围、开发原则和政策取向，着重阐明我国区域空间开发的秩序与方式，是国土空间开发的控制性战略；城镇化战略则是从生产要素集聚度的角度，刻画了国民经济空间结构调整优化的方向和重点，规划了人口、产业空间布局的依托和载体。因此可以说，区域发展总体战略是抓总的，主体功能区战略是基础，城镇化战略是载体，三者相辅相成，缺一不可。“十二五”是国民经济结构深刻变革的时期，是加快转变发展方式的攻坚时期，我们要适应这一进程，努力抓好三大战略的推进和落实。

（二）认真分析“十二五”区域发展的机遇和挑战

“十二五”时期，促进区域协调发展面临着诸多机遇和挑战，要求我们牢牢把握重大机遇，充分认识面临的挑战。

从机遇看，经济全球化和区域一体化深入发展的趋势不会发生根本改变，我国经济社会发展的基本面和长期向好的态势也不会变化。一是应对世界经济格局的深刻变化，党的十七届五中全会提出要坚持扩大内需特别是消费需求的战略，着力克服资源环境的瓶颈制约。中西部地区战略资源丰富，市场潜力巨大，这方面的优势会进一步凸显，为中西部地区加快发展创造有利条件。二是适应经济全球化和区域一体化进程，国际国内产业结构调整加速推进，这不仅有利于东部地区优化产业结构，提高经济发展的整体质量和国际竞争力，而且有利于中西部地区有序承接产业转移，提升发展速度和可持续发展能力。三是中西部地区投资环境和发展条件不断改善，自主发展能力不断增强，进一步发展的思路更加清晰，这为中西部地区更好更快发展奠定了良好基础。四是随着国家综合实力的进一步增强，区域政策体系不断完善，统筹区域发展的能力显著提高，支持中西部发展的力度明显加大，也有利于形成东西部良性互动的新局面。

从挑战看，一是虽然近年来中西部和东北地区增长速度超过了东部地区，人均地区生产总值相对差距有所缩小，但绝对发展差距仍在拉大，2005 年东部与西部地区人均 GDP 相差 1.5 万元，2009 年进一步扩大到 2.2 万元。近几年东部地区首当其冲受到国际金融危机冲击，发展速度放缓，但在市场“倒逼”机制下，东部地区产业结构加快升级，有望抢占新一轮经济发展制高点。因此，未来一个时期，东、中、西和东北地区经济增长速度究竟如何，四大板块的发展差距会不会再度拉开，仍有待观察。二是中西部地区基础设施落后、生态环境脆弱的瓶颈制约仍然存在，加之贫困面广量大程度深，基本公共服务能力薄弱的问题仍然存在，加强民族团结、维护边疆稳定的任务仍然繁重，始终是我国全面建设小康社会的重点和难点。三是中西部地区转变发展方式压力更大。五中全会提出“十二五”以科学发展为主题，这意味着产业结构将朝着高度化、低能耗、少排放方向加快迈进，而中西部地区的工业结构以能源化工、资源加工为主，处于产业链的低端，尚处于工业化的初中期阶段，面临着既要加快发展，又要科学发展的双重压力。如何既实现经济加快增长，又推动结构加快转型，对中西部地区而言将是一个重大的挑战。四是促进区域协调发展依然受到制度性障碍的制约，如产业转移和优化生产力布局受到行政区划的限制，人口和劳动力流动受到户籍制度制约，资源输出地与经济发达地区的利益协调关系受到财税、价格体制的制约，各级政府财权和事权匹配不尽合理也制约了区域经济的持续健康发展。

刚刚闭幕的中央经济工作会议对当前的国内外经济形势做了全面深入的分析，指出当前国内外经济环境依然十分复杂。从外部环境看，国际金融危机深层次的影响仍在持续，各国宏观经济政策取向发生严重分歧，货币、财政政策出现分化，国际大宗商品价格和主要货币汇率动荡加剧，复苏基础不牢固、进程不平衡，不稳定不确定因素还较多。从国内看，近期突出的问题是，由于近两年全球流动性增强，投机资本重新活跃，国内货币信贷增长比较快，市场流动性比较宽松，加之国际市场部分农产品供给趋紧、价格高位震荡等原因，国内物价持续上涨压力加大，今年 11 月份，居民消费价格总水平同比上涨 5.1%，创 28 个月新高，对国民经济经济健康发展构成很大压力。为此，中央经济工作会议提出，2011 年要实施积极的财政政策和稳健的货币政策，增强宏观调控的针对性、灵活性、有效性，重点是更积极稳妥地处理好保持经济平稳较快发展、调整经济结构、管理通胀预期的关系，加快推进经济结构战略性调整，把稳定价格水平放在更加突出的位置，切实增强经济发展的协调性、可持续性和内生动力。国内外经济形势的走向和宏观经济调控的取向同样会对区域经济发展格局产生影响。

总体来看，无论是当前还是“十二五”时期，促进区域协调发展，机遇与挑战并存，机遇大于挑战。初步判断，今后一段时间我国区域发展的趋势是：东部地区经济结构进一步优化，中西部地区自我发展能力继续增强，东部与中西部良性互动趋势更加明显，空间开发的有序化程度进一步提高，但抑制区域发展差距扩大仍是长期艰巨的任务，保持中西部地区近年发展向好势头的难度进一步加大，尤其需要特别关注老少边穷地区的发展和稳定问题。

（三）进一步明确“十二五”地区经济工作的重点任务

“十二五”时期，是地区经济系统承前启后、化解制约区域协调发展深层次矛盾的关键时期。地区经济工作的总体要求是，以邓小平理论和“三个代表”重要思想为指导，深入贯彻落实科学发展观，按照中央关于国民经济和社会发展第十二个五年规划的总体部署，以促进区域协调发展为主线，以缩小地区间发展差距和促进基本公共服务均等化为目标，以改革开放和逐步建立区域协调发展长效机制为保障，着力实施区域发展总体战略和主体功能区战略，着力培育新的区域经济增长极，着力扶持老少边穷地区加快发展，着力促进经济布局、人口分布和资源环境相协调，努力构筑区域经济优势互补、主体功能定位清晰、国土空间高效利用、人与自然和谐相处的区域发展格局。围绕上述要求，要重点做好五个方面的工作：

第一，把实施区域发展总体战略和主体功能区战略紧密结合，深入推进地区经济工作。正像温家宝总理指出的，进一步实施区域发展总体战略，重在发挥各地比较优势，有针对性地解决各地发展中存在的突出矛盾和问题；重在扭转区域经济社会发展差距扩大的趋势，增强发展的协调性；重在加快完善公共财政体系，促进基本公共服务均等化。为此，一是要坚持把实施西部大开发战略放在区域发展总体战略的优势位置，给予特殊政策支持，抓紧编制“十二五”西部大开发规划，出台西部地区鼓励类产业目录，切实加大对基础设施和生态环境建设的支持力度；二是要全面振兴东北地区等老工业基地，继续支持东北地区传统优势产业改造升级，完善现代产业体系，深入开展资源型城市可持续发展试点，提升东北地区沿边开放水平；三是要大力促进中部地区崛起，全面落实促进中部地区崛起规划，研究制定符合中部地区特点的新的政策措施，引导和支持中西部地区有序承接产业转移，大力支持中部地区县域经济发展，促进人口和产业向重点经济带和城市群集聚；四是要积极支持东部地区率先发展，加快体制机制和发展方式转变，率先建成以现代服务业和先进制造业为主的产业体系，在更高层次参与国际竞争与合作；五是要进一步加大对革命老区、民族地区、边疆地区和贫困地区的扶持力度，研究提出扶持相对落后革命老区加快发展的指导意见，做好以工代赈、易地扶贫和农村危房改造等工作。实施主体功能区战略，关键在于按照全国经济合理布局的要求，规范开发秩序，控制开发强度，形成高效、协调、可持续的国土空间开发格局。为此，要进一步明确各类主体功能区的发展方向和调控重点，研究制定相关的法律法规、政策和规划体系，完善绩效考核办法和利益补偿机制。要加快建立健全各项体制机制，为两大战略的顺利实施提供强有力的制度保障。

第二，继续抓好重点地区开发开放，进一步完善区域开发格局。“十二五”时期，要充分发挥重点地区开发开放对促进区域协调发展的带动作用。为此，要坚定不移地实施“抓两头、带中间”的工作思路，突出抓好重点地区的发展。一是认真落实好国家已出台的促进重点地区开发开放的规划和政策，采取有力措施，加大检查监督工作力度，协调解决规划和政策实施中出现的重大问题，确保已出台的重点区域规划和政策文件落到实处。二是根据形势变化和区域发展的需求，有针对性地组织制定新的区域规划和政策性文件，重点是尽快完成京津冀地区、成渝经济区、海峡西岸经济区、河北沿海经济区、丹江口库区及上游地区、福建平潭岛综合改革实验区等地区的规划编制工作，启动中原经济区等重点地区区域规划编制，支持长江中游经济带发展，积极培育形成新的区域增长极。三是重点关注欠发达地区开发开放，继续落实好促进西藏、新疆、宁夏、广西等民族地区跨越式发展的政策文件，抓紧研究制定支持云南省建设向西南开放桥头堡、内蒙古优势资源转化和经济结构调整升级等方面的重大政策，做好集中连片贫困地区扶贫开发工作，扎实推进对口支援新疆、西藏、青海等省藏区工作。

第三，准确把握促进区域协调发展的大趋势，与时俱进地拓宽地区经济工作领域。“十二五”时期，在统筹做好促进区域协调发展常规工作的同时，还要结合区域发展的客观需要与发展趋势，不断向地区经济工作的广度和深度进军。我以为有两点尤为重要，代表了区域协调发展的趋势。一个是如何处理好区际之间的关系，这是加大地区经济工作深度问题；一个是四大板块未能涵盖的海洋经济，这是拓展地区经济工作广度问题。在深化区域合作方面，必须看到，随着我国经济规模以及区域功能的日益多元化、差异化，区域间交流合作的广度和深度进一步加大，区域合作工作面临着加快发展的重大机遇，需要提升到一个更加重要的位置。近年来，全国区域合作系统开展了大量卓有成效的工作，取得了明显成绩，但我总觉得还是没有完全破题。在这个问题上，希望区域合作系统的同志们多开动脑筋，力争在一些重点领域尽早取得突破：一是要加快推进区域一体化，促进重点经济区在基础设施、市场体系、产业布局、科技创新、公共服务、生态建设和环境保护等领域的一体化发展，加快清理不利于一体化发展的行政规章和政策，建立健全跨行政区域的协调机制；二是要完善区域合作机制，进一步增强区域合作组织的主导功能，尽快研究制定推动区域合作的指导意见和有关政策；三是要加强区域合作载体建设，认真总结皖江城市带承接产业转移示范区的成功经验，支持在中西部有条件的地方设立承接产业转移示范区，加快东中西区域合作示范区建设，探索建立利益共享机制，把区域合作工作做深做实；四是要深化国际区域合作，认真研究新时期积极推进国际区域合作的重大思路和相关政策，积极推进沿边开发，加快新疆喀什、霍尔果斯两个特殊经济区建设。在加快发展海洋经济方面，十七届五中全会通过的《建议》将发展海洋经济单列了一节，充分体现了中央对发展海洋经济的高度重视。目前，我国海洋经济总量已接近全国 GDP 的 10%，是国民经济的一个新的重要增长点。这几年我们在海洋经济规划、海洋事业发展、围填海计划管理、推进全国海洋经济发展试点等方面开展了一系列工作，也取得了新的进展，但与中央新的战略要求相比仍有较大差距，“十二五”时期，一是要加强基础研究，进一步明确海洋经济的基本内涵和外延，加大对国内外海洋经济发展形势的跟踪与监测；二是要加快推进全国海洋经济发展试点工作，协调山东、浙江、广东海洋经济发展试点工作中的重大问题，尽快制定促进全国海洋经济发展的指导意见；三是要组织编制全国海洋经济发展规划和海洋事业发展规划，适时启动海洋战略研究工作；四是要深入开展围填海重大问题研究，进一步加大计划调节和政策协调力度，会同有关部门抓紧研究制定有关管理办法，等等。希望地区经济系统的同志们在日常工作中要始终把握发展大势，不断拓展工作新领域。

第四，加强地区经济形势分析和重大问题研究，努力为宏观调控大局服务。地区经济是宏观经济的具象反映，对宏观经济有着直接的影响，随时把握地区经济中出现的新情况、新变化、新问题，对判断宏观经济发展方向具有重要的指示作用。做好地区经济形势分析和重大问题研究工作，是地区经济系统参与宏观调控、服务发展大局的一个直接通道和重要抓手。在地区经济形势分析方面，这两年的工作大大加强了，但做得还不够，地区经济形势分析的基本框架还不完善，时效性有待加强。为此，要把地区经济形势分析作为基本职能，当作一项重要任务来抓，要建立定期协商制度，加强与有关部门的联系，建立区域性数据获取的有效渠道，抓紧建立区域分析指标体系，选择科学合理的分析方法和路径，提高地区经济形势监测预测水平，及时提出有针对性的政策建议，努力形成季度、半年、全年系列分析报告，为宏观经济决策提供重要的参考。在重大问题研究方面，要见微知著，善于捕捉区域发展中的倾向性、苗头性问题，及时提出相关政策建议。这方面需要研究的重大问题很多，如中央提出加快转变经济发展方式，但各地区所处的发展阶段、发展水平和产业特点不一样，不同区域转变发展方式的内涵和任务也不尽一致，在这方面我们应结合区域特点，有针对性地开展工作。又比如，产业转移是优化区域产业分工的必然要求，国务院也出台了中西部地区承接产业转移的指导意见，但目前影响产业转移的因素到底有哪些、中西部地区承接东部沿海地区产业的障碍是什么、如何创新产业转移体制机制等，对这些重大问题，我们还研究得不深不透，认识还若明若暗。希望同志们要增强工作的前瞻性，提高工作的预见性，多出有份量的研究报告，多提有针对性的政策建议，为宏观经济决策提供有价值的参考意见，为党委和政府中心工作服务。

第五，大区域政策研究和区域立法力度，加快完善促进区域协调发展的长效机制。我国特殊的国情决定了促进区域协调发展、形成具有中国特色的区域管理体制必然是一个长期、艰巨和复杂的过程，需要我们不断的探索和创新。“十二五”时期，要切实在完善财税体制、加快生态补偿机制、深化资源性产品价格和要素市场改革等方面加大政策研究力度。要结合近几年区域性政策文件制定实施的成功经验，对区域政策体系框架设立的目标、原则、内容、实施机制进行整体研究，提高其系统性。关于区域立法工作，我在去年的系统会上曾专门强调过，总的来看，区域立法工作目前还处于起步阶段。“十二五”期间要加快步伐，积极开展区域立法重大问题的研究工作，积极营造有利于推进区域立法的良好氛围，重点加快推进已经启动的《促进区域协调发展条例》和《区域规划编制与管理办法》的研究制定工作，力争早日拿出成果，用以指导工作实践。

以上主要是就“十二五”地区经济工作提出一些思路性的意见，供同志们研究。关于 2011 年的工作安排，请恒山同志在工作报告中做出部署。

三、对加强地区经济工作系统建设的希望和要求

地区经济工作系统承担着推动区域协调发展的重大使命，任务光荣而艰巨。能否在新的起点上切实履行职责，继往开来，开创地区经济工作新局面，从根本上讲取决于系统的干部队伍建设和能力建设。这里，我想提几点希望：

第一，务必谦虚谨慎，始终保持锐意进取的精神风貌。近年来，地区经济系统的同志们按照中央的统一部署和要求，开展了一系列卓有成效的工作，得到了各级领导和有关部门的认可和肯定。但是我们的同志千万不要翘尾巴，不能骄傲自满，要清醒地认识到成绩的取得是中央正确领导、各方面共同努力的结果，促进区域协调发展的任务是长期的、艰巨的、复杂的，未来的路还很长，要做的工作还很多，我们的工作距离党中央、国务院的要求，距离不同地区人民群众的期待还有很大差距。希望同志们戒骄戒躁、慎言慎行，随时准备以新的姿态投入到新的工作和战斗中去，要常修为政之德，常抓律己之心，多思长久之计，始终保持锐意进取、昂扬奋发的精神风貌，积极投身促进区域协调发展这个伟大事业。

第二，加强政治理论学习，牢牢把握地区经济工作的大方向。学习是立身之本、执政之基。事有所成，必是学有所成；学有所成，必是读有所得。希望同志们注重政治理论学习，特别是要扑下身子认真学习研读和深刻领会党的十七大和十七届五中全会精神，认清当前国内国际形势，全面准确地把握中央意图，特别要把为什么坚持以科学发展主题、以加快转变发展方式为主线的精神实质吃深吃透，善于把中央的战略要求与地区经济工作实践结合起来，将中央精神贯穿到工作的各个环节和领域，不断提高政治意识和大局意识，努力为全国经济社会发展大局服好务。

第三，重视调查研究，切实增强解决实际问题的能力。加强调查研究，把重大问题研究深、研究透，是了解民情、集中民智、反映民意的重要途径，是实事求是做好地区经济工作的先决条件。当前国际国内经济形势复杂多变，对我们分析判断“十二五”时期区域经济发展形势，制定调整宏观调控政策增加了新的难度，仅靠经验、靠一孔之见，不做深入的调查研究，不从实际出发，是很难做出正确判断的。希望同志们多开展调查研究，特别要针对区域经济发展中带有全局性、倾向性、苗头性的重大问题，深入田间地头、工厂车间、项目单位进行调研，切忌敷衍了事、作风漂浮。除了实地调研，还要加强基础性工作，注意有关资料的收集整理，密切跟踪学术界关于促进区域协调发展的新见解、新观点、新理论，切实提高认识问题、分析问题和解决问题的能力。

第四，完善工作方式，努力提高地区经济工作效率。地区经济工作大事多、急事多、难事多，千头万绪。近年来地区经济系统的工作量相当饱满，任务量十分繁重。在人少任务重的情况下，要出色地完成各项工作，一方面要善于“弹钢琴”，另一方面要抓住工作重点。希望地区司和全系统的同志们继续坚持既往好的经验和做法，善于摸索工作规律，健全工作机制，完善工作方式，提高工作效率。要主动“走出去”，加强与有关部门的沟通，虚心听取社会各界的意见和建议。要进一步加强系统联动，继续采取灵活多样的方式，进一步加强系统内部的联系沟通，多采取联合调研、合作研究、业务培训等方式，加强工作交流，相互借鉴提高。

第五，加大干部队伍建设，不断提高地区经济系统的战斗力。干部队伍建设关系地区经济事业的成败，关乎每个干部的前途，必须始终抓紧抓好。一是要发挥“传帮带”的优良传统，多关心年轻干部的成长，在工作中多给年轻干部压担子，鼓励他们在实践中砥砺品质、锤炼作风、增长才干。二是要坚持“一岗双责”，加强干部教育，完善各项规章制

度，努力勤政廉政，筑牢地区经济系统反腐倡廉防线。三是各级发展改革部门和区域协作部门的领导同志要站在全局和战略的高度，关心和支持地区经济工作部门队伍建设，在处室设置、人员编制、干部培养等方面积极创造条件，切实解决干部工作和生活方面的实际困难，解除干部的后顾之忧。经过努力，培养和造就一支政治过硬、业务精通、作风优良的干部队伍，为推动地区经济事业再创新辉煌提供强有力的保障。

同志们，回顾“十一五”，地区经济工作成果辉煌；展望“十二五”，地区经济工作任务更加繁重。希望全系统的同志们深入贯彻落实科学发展观，巩固和发展业已形成的区域协调发展的好形势，紧紧围绕中心工作，不断开拓创新，以更好饱满的工作热情、更加高昂的工作斗志、更加扎实的工作作风，把 2011 年和今后五年的地区经济工作做好，努力开创区域协调发展新局面，为推动经济社会全面协调可持续发展做出更大贡献。

乘势而为 继续谱写促进区域协调发展新篇章

——在全国发展改革系统地区经济工作会议暨区域合作座谈会上的讲话

国家发展改革委地区经济司司长 范恒山

2010年12月13日

同志们：

中央经济工作会议刚刚闭幕、全国发展和改革工作会议即将召开之际，我们在这里召开地区经济工作会议，学习贯彻中央关于明年经济工作和促进区域协调发展的总体部署，回顾总结过去一年的主要工作，研究提出今后一个时期促进区域协调发展的基本思路，安排部署明年地区经济工作的重点任务。对于地区经济工作战线来说，这是一次非常关键的会议，对我们抓住机遇、乘势而上，继续实现地区经济工作的新跨越起着重要作用。过去一年，全国发展改革系统地区经济工作部门迎难而上、放眼长远，继续发扬团结战斗、奋勇拼搏的精神，不断改革创新工作方式，不断建立健全长效机制，进一步拓展了地区经济工作的崭新局面，为巩固经济回升向好趋势、实现宏观调控预期目标做出了积极贡献。在“十一五”即将结束、“十二五”即将开始之际，迫切需要系统总结过去五年地区经济工作的成就与经验，认真理清“十二五”促进区域协调发展的方向与思路。刚才，杜鹰同志作了重要讲话，全面回顾了“十一五”促进区域协调发展取得的辉煌成就，深刻总结了地区经济工作战线积累的宝贵经验，分析了“十二五”地区经济发展形势，明确了明年的重点任务，同时对系统建设提出了希望和要求。下面，我围绕会议主题再讲几点意见，供大家讨论。

一、2010年的主要工作

在去年地区经济工作会议上，根据已有的工作基础和国内外形势发展变化的要求，我们提出从2010年开始，地区经济工作要着眼于建立健全促进区域协调发展的长效机制，在总体上逐步实现“四个转变”。一年来，地区经济工作系统坚持统筹兼顾，不断拓展领域、创新方式，地区经济工作呈现出新的面貌。

（一）坚持研究制定与组织实施齐抓共促，区域规划和政策文件的积极作用得到充分发挥

研究制定区域规划和政策文件的关键在于有效实施。一年来，我们在继续努力高质量研究制定新的规划和政策文件的同时，着力抓好组织实施工作，确保区域规划和政策文件对促进区域协调发展产生实效。

进一步加强对重点地区发展的规划引导和政策支持。我们根据实际需要，着眼于细化落实中央关于区域发展的总体战略部署，研究制定了一批指导重点地区加快发展的区域规划和政策文件。一是着力促进东部地区加快转变发展方式。根据落实国家进一步推进长江三角洲地区改革开放和经济社会发展的战略部署，研究制定了《长江三角洲地区区域规划》，经国务院批准颁发实施；根据国家支持福建省加快建设海峡西岸经济区的总体要求，研究编制了《海峡西岸经济区发展规划》，并积极推动

《平潭综合试验区总体发展规划》的研究起草和政策协调工作；根据国务院领导的指示和有关地方的要求，统筹推进京津冀和河北沿海地区区域规划的编制工作。今年是经济特区成立三十周年，为在新的历史起点上进一步加快经济特区改革发展，我们开展了一系列工作：从拓展特区发展空间、破解体制机制障碍的需要出发，认真做好厦门、珠海、汕头等经济特区范围延伸至全市的政策协调工作；为深化特区与港澳台更紧密合作、增强发展动力和活力，继出台《横琴总体发展规划》之后，编制完成了《前海深港现代服务业合作区总体发展规划》，积极推动建设前海深港合作示范区。认真总结经济特区建设发展的基本经验，研究提出了新形势下促进经济特区更好发挥作用的政策建议。二是进一步加大对中部地区崛起的支持力度。积极协调落实中发［2006］10号文件相关政策措施，研究提出进一步完善促进中部地区崛起有关政策的意见和建议，制定出台了《关于促进中部地区城市群发展的指导意见》，协调落实《丹江口库区及上游地区经济社会发展规划》的相关扶持资金来源并加快推进规划编制工作。三是积极贯彻中央深入推进西部大开发的战略部署。成渝地区是西部地区最具活力与潜力的地区之一，我们历经几年努力，完成了《成渝经济区区域规划》的编制工作，提出了成渝中长期发展的基本思路和战略举措。在实地调查和深入研究的基础上，提出了规划建设重庆两江新区的意见并经国务院批准。两江新区的设立，为我国内陆地区探索开发开放新模式创建了平台。四是加强振兴东北地区等老工业基地战略研究。在先后推出《中国图们江区域合作开发规划纲要》和《辽宁沿海经济带发展规划》的基础上，重点开展东北地区对俄开放战略规划的前期研究工作。与此同时，为落实中央领导同志批示，加强城市新区、新城规范发展政策研究，组织赴有关地方开展实地调研，并对全国新区、新城规划建设状况进行了摸底调查，提出了意见和建议报国务院。

大力度推进区域规划和政策文件的贯彻实施。根据中央提出的“落实好国家促进区域发展各项规划和政策”要求，一年来，我们采取各种有效方式积极推进区域规划和政策文件的贯彻实施，取得了良好效果。一是加强总体部署。为统筹做好区域规划和政策文件的贯彻落实，我们会同有关方面研究制定了督促检查的整体工作方案，要求对“十一五”以来颁布的区域规划和政策文件的实施情况开展一次全面督查。督查分为地方自查、实地督查和面上督查三个阶段。目前，各地自查工作已经完成并提交了自查报告，根据自查报告反映的情况和问题，将在实地督查和认真总结各地经验教训的基础上，组织召开区域规划和政策文件实施督查工作会议，研究提出相关政策建议报国务院。二是实行专题督查。为准确把握实施情况，实现以点带面、有序推进，我们有选择地开展了一系列专项督查工作。今年4月，我们会同有关部门开展了《珠江三角洲地区改革发展规划纲要（2008—2020年）》实施情况的督促检查工作，重点对提升产业层次、推进珠三角一体化、深化体制机制改革进行了深入调研，形成了督查报告报送国务院，国务院即以参阅文件转发有关方面参考。根据督查工作的总体部署，我们按照“基本覆盖四大板块、分布相对均衡、具有典型意义”的原则，在东、中、西部和东北地区各选择一些有代表性的区域，会同有关部门从10月起分批开展实地督查工作，目前已完成了江苏沿海地区、长江三角洲地区等的实地督查。三是强化实施机制。注重凝聚各方力量，营造良好氛围，探索多种形式，形成促进实施的有效机制。进一步完善与有关部门和地方在研究制定过程中形成的协调机制，及时帮助解决面临的新问题；认真组织开展宣传解读，采取召开新闻发布会、开展专题解读、举办辅导报告等方式，促进形成各个方面共同参与、共同推进的良好氛围；跟踪掌握实施过程中出现的新情况，《地区经济工作》简报还专门开辟“区域规划和政策文件实施情况”栏目，登载相关地区实施工作信息，有力推动了实施进程。此外，注重开辟新的路径和渠道，积极参与促进区域发展的各类推介和说明活动，有力地推进了区域发展战略的贯彻落实。

一年来，各地方地区经济工作部门把推进区域规划和政策文件的研究制定及组织实施作为各项工作的重中之重，充分发挥主动性、创造性，开展了一系列卓有成效的工作。我们正在组织开展的区域规划和政策文件研究编制工作都得到了相关地方的大力支持和积极配合，业已出台的区域规划和政策文件也在各有关地方的直接推动下深入实施。与此同时，一些地方加大了对本地区重点地区发展的统筹力度，研究制定并组织实施一系列区域性政策和规划。如河北积极开展环京津和沿海地区发展战略研究，组织编制了《河北省环京津地区产业发展规划》和推进河北沿海地区开发开放的相关规划；河南积极推动中原经济区建设，开展了相关规划的研究编制工作；贵州围绕打造带动工业化和城镇化的核心区，组织编制了《黔中经济区发展规划》；等等。这些工作，有力地配合了国家促进区域协调发展的总体战略部署，成为地区经济工作中不可或缺的重要组成内容。

（二）坚持陆域开发与水域发展一体推进，区域政策的覆盖领域得到有效拓展

随着陆域开发强度的不断加大和资源环境约束的显著增强，水域综合开发特别是海洋经济发展在保障经济社会长远发展和国家安全大局中的作用日益凸显。一年来，我们坚持陆域和水域发展统筹考虑、协同推进，在拓展区域政策的深度和广度方面取得了积极进展。

深入推进陆域开发开放。我们把促进内陆欠发达地区特别是民族地区跨越式发展放在突出重要的位置，继续加大国土整治力度，努力破解制约区域协调发展的难题。一是大力推进西藏、新疆等民族地区跨越式发展。西藏和新疆在国家现代化建设全局中具有特殊重要的战略地位，发展稳定面临特殊困难，需要给予特殊支持。按照中央的统一部署，我们配合做好第五次中央西藏工作座谈会和中央新疆工作座谈会的筹备工作，牵头制定支持西藏及四省藏区、新疆跨越式发展的政策措施和重大项目，进一步加强和推进对口援藏、援疆、援青工作，研究提出设立新疆喀什、霍尔果斯特殊经济开发区的具体意见和操作办法，加快青海三江源国家生态保护综合试验区建设总体方案的研究编制。为切实落实好相关政策，我们研究提出了部门分工方案并对由国家发展改革委负责的工作任务进行了分解落实。与此同时，我们着手开展内蒙古发展战略研究，推动内蒙古经济实现又好又快发展。二是加大扶贫开发工作力度。组织召开发展改革系统扶贫开发工作座谈会，进一步理清新时期扶贫开发工作思路，明确“十二五”时期扶贫开发工作的总体要求和政策导向，为深入开展扶贫开发工作奠定了良好基础。积极参与新的十年国家扶贫开发纲要的研究制定，加强对集中连片贫困地区划分、国家贫困县调查等重大问题的研究。着手启动以工代赈和易地扶贫搬迁“十二五”规划的编制工作，组织有关地方开展农村贫困状况调研，并就“十二五”以工代赈和易地扶贫搬迁的思路、目标和任务提出具体建议。加大扶贫资金投入，下达财政预算内以工代赈投资约50亿元，其中中央投资40亿元；下达以工代赈示范工程投资19.14亿元，其中中央投资15亿元，安排建设项目648个；下达易地扶贫搬迁试点工程投资24.95亿元，其中中央投资20亿元，计划搬迁农村贫困人口42.12万人。认真做好扩大农村危房改造试点工作，安排中央预算内投资25亿元，配合有关部门制定工作方案，及时下达中央补助资金，推进解决120万户农村困难家庭居住安全问题。结合创先争优活动，积极推进国家发展改革委机关定点扶贫工作。三是努力拓展国土整治工作领域。进一步强化土地宏观管理。根据宏观调控的总体需求，及时调整土地利用年度计划指标。完成了土地政策与宏观调控重大关系研究，开展了土地计划执行情况专题调研；参与制定促进房地产业长远健康发展政

策，有关政策建议得到了国务院领导同志重视；加强国土开发战略研究，会同国土资源部推动国土规划的组织编制工作，配合开展了省级和重点城市土地利用总体规划修编工作，参与重要战略地区矿产资源调查。研究制定生态建设与保护政策。协同有关部门编制完成了《中国生物多样性保护战略与行动计划（2011—2030年）》，经国务院常务会议审议后发布；参与《青藏高原区域生态环境建设与环境保护规划（2011—2030年）》、《关于建立健全生态补偿机制的若干意见》、《全国生态保护与建设规划（2011—2020年）》和《生态补偿条例》等规划、文件和法规的研究起草工作。积极推进地质灾害防治，加大协调力度，解决三峡库区三期地质灾害防治项目委托、评估、应急治理等问题并推进库区后续规划工作，启动全国地质灾害防治规划工作，解决地震短临预报有关重大项目资金支持问题，积极推进省级矿产资源总体规划的审批工作，研究提出了加强山洪地质灾害防治的意见。加强基础测绘计划管理，做好年度计划编制、下达和监督实施，完成了基础测绘与宏观调控重大关系课题研究，推动基础测绘同经济社会发展紧密结合。

全面加强水域开发治理。我们以海洋经济发展和流域综合开发与治理为重点，统筹推进水域开发治理，积极拓展国民经济的发展空间，增强区域经济的可持续发展能力。一是大力发展海洋经济。积极推进山东、浙江、广东等地发展海洋经济试点工作，会同有关方面编制了海洋经济发展规划和试点方案，试点工作的启动，标志着海洋经济已正式纳入了区域发展战略框架。全面加强围填海管理，会同国家海洋局研究提出《关于加强围填海规划计划管理的意见》，首次将全国围填海计划纳入国民经济和社会发展年度计划体系，并组织开展了全国围填海计划执行情况的检查工作。有序开展相关涉海工作，积极进行国际海域开发、海岛利用保护、海水淡化产业、深远海资源环境调查等方面重大事项的研究协调，组织开展“十二五”国家海洋发展战略研究，推进海洋工作提升位势并向纵深拓展。二是扎实推进重点流域综合治理。抓好重点流域水污染防治和环境治理。大力推进太湖流域水环境综合治理，组织召开第三次省部际联席会议，研究提出了太湖流域治理总体方案考核评估办法，经过国家部门和两省一市的共同努力，太湖水体逐步改善，一些指标明显好转，在实现国务院确定的将太湖治理打造成湖泊治理标志性工程的道路上迈出了坚实的一步；积极推进渤海环境保护工作，按照第一次省部际联席会议要求，指导环渤海地区三省一市加快编制渤海环境保护规划实施方案；会同有关部门研究海洋环境保护有关问题，积极推进近岸海域污染防治“十二五”规划的编制；切实加强丹江口库区及上游地区水污染防治和水土保持工作，及时跟踪流域治理的新情况，在全面评估“十一五”规划实施情况的基础上，修编完成《丹江口库区及上游地区水污染防治和水土保持规划》（征求意见稿）；协同有关部门开展其他重点流域治理工作，启动淮河、海河、辽河、滇池、巢湖、三峡库区及上游、松花江、黄河中上游、长江中上游水污染防治规划等重点流域水污染防治“十二五”规划的编制，开展全国重点湖泊水库生态安全评估。加大流域治理资金投入力度，全年共安排五批重点流域水污染治理中央投资计划，下达中央投资66亿元，比上年增长65%，带动各类配套资金130多亿，支持各类水环境治理项目482个，总投资近520亿元，覆盖全国11条重点流域的23个省份，并拓展到渤海的其他相关区域。这些项目的建成，将新增管网长度1.2万公里，预计形成污水和垃圾日处理能力840万吨和9535吨，每年可削减COD排放量64万吨。继续做好水资源相关规划工作。组织召开全国水资源综合规划领导小组会议，研究审议《全国水资源综合规划》并由国务院印发；按照国务院批复的《全国城市饮用水安全保障规划》的要求，会同有关部门印发了《全国城市饮用水水源地环境保护规划》和《全国城市饮用水水源地安全保障规划》，指导和督促地方认真做好规划实施工作，努力推动解决危害人身健康的饮用水不安全问题。

一年来，各地方地区经济工作部门在陆海统筹方面也做了大量工作。新疆、西藏等省区按照中央要求，积极配合做好促进跨越式发展和长治久安的政策研究及文件起草等工作；安徽、江西、四川等加大扶持力度，出台相关政策促进皖北、中央苏区等欠发达地区发展；山东、浙江、广东及福建积极探索海洋经济发展的新路子，扎实推进全国海洋经济试点工作；重庆、河南认真落实以工代赈和易地扶贫管理制度，加强项目实施的跟踪指导；西藏、青海、新疆、青岛等大力加强国土整治工作，在基础测绘、地质勘探、土地管理等方面取得了重要进展；黑龙江、江苏、云南着眼于经济、社会和环境的可持续发展，大力推进松花江、太湖、滇池等重点流域综合治理，提高流域水环境承载能力；等等。通过努力，地区经济工作系统的业务领域得到了有效拓展，统筹区域发展的能力得到进一步提升。

（三）坚持对内合作与对外开放协调互动，促进区域协调发展的方式得到不断丰富

推动区域协调发展，既要立足发挥各自比较优势，又要依靠区域间的合作互动，以求在更大范围、更广领域、更高水平上实现资源要素的优化配置。一年来，我们坚持内外并举，不断开拓区域合作的新领域、新空间。

大力深化国内合作。我们适应新形势、新任务要求，努力创新工作方式和内容，推动国内区域合作向纵深发展。一是全力推进新时期对口支援工作。加强和推进对口援藏、援疆、援青工作，是新时期中央关于西藏、新疆和青海等省藏区工作总体部署的重要组成部分，具有重大的战略意义。我们按照中央的部署，牵头推进新一轮对口支援工作。成功承办全国对口支援新疆工作会议，多次组织召开协调会议，及时研究解决实际工作中遇到的困难和问题，为援疆工作的顺利开展提供了有力保障。推动建立对口援疆工作部际联席会议制度，协调组建支援省市对口支援新疆工作机构，配合举办对口援疆骨干培训班。制定出台《对口支援新疆专项规划编制工作大纲》及《对口支援新疆专项规划管理办法》，指导有关部门和地方编制对口援疆规划。组织召开全国经济对口支援西藏工作座谈会，积极协调推进各项工作，会同有关方面研究起草《关于进一步加强经济对口支援西藏工作的指导意见》和《经济对口支援西藏专项规划编制工作大纲》。组织召开有关省市和部门座谈会，研究经济对口支援青海藏区工作，起草《关于开展对口支援青海省藏区工作的指导意见》。二是积极引导产业跨地区转移。出台《皖江城市带承接产业转移示范区规划》，推动建立我国第一个国家级产业转移示范区。加强对产业转移的政策指导，会同有关方面研究起草《关于中西部地区承接产业转移的指导意见》，以国发［2010］28号文件颁布实施。按照《长江三角洲地区区域规划》和《江苏沿海地区发展规划》的要求，积极推动在连云港设立国家东中西区域合作示范区；依据文件精神，会同有关部门选择一些具备条件的地方建立承接产业转移示范区，开展试点工作。三是深入推进区域一体化发展。采取综合措施和多种手段，加快推动重点地区一体化进程。积极推动长三角地区在综合交通、科技创新、市场体系、生态环保、公共服务等重点领域的联动发展，大力推进珠三角地区一体化进程，着力加强京津冀地区在战略规划、产业发展、政策法规等方面的沟通和衔接。支持郑汴、西咸、成渝、乌昌、晋陕豫黄河金三角等内陆地区因地制宜地探索一体化发展的道路。与此同时，我们努力推动促进区域合作的机制与平台建设，通过文件指导、会议研讨、实地调研、编发简报等方式，加强对区域合作的指导和协调，积极促进区域合作系统的信息交流，推动区域合作系统建设。

积极拓展国际合作。我们充分利用已有平台，积极开辟新的途径，努力拓展国际区域合作的广度和深度。一是加大沿边地区开放开发

力度。云南是我国面向西南开放的重要门户，为进一步提升我国向西南开放的层次和水平，我们会同有关方面研究起草了支持云南省加快建设我国向西南开放桥头堡的政策意见，并同步指导开展配套规划研究编制工作。与此同时，我们积极推动黑龙江、内蒙古等地加快向北开放步伐，研究提出了相关开放思路和政策举措。二是不断深化与周边国家合作。组织做好东盟—湄公河流域开发合作（AMBDC）第十一次部长级会议和高官会参会工作，阐述我参与湄公河流域开发的意愿和设想；做好大湄公河次区域经济合作机制（GMS）部长级会议和高官会的相关工作，务实推动各领域合作项目的实施；进一步发挥大图们合作倡议（GTI）平台的作用，加快推进对外国际通道和边境经济合作区、跨境经济合作区建设；依托中亚区域经济合作机制（CAREC），进一步扩大边境贸易、能源开发、旅游等合作。三是加强与欧美等国家的国际合作。推进区域政策领域的国际交流与合作，组织召开中欧区域政策第五次对话会，成功举办中欧区域合作培训项目，积极加强与意大利、巴西等国的合作交流；推进可持续发展领域的国际合作，及时跟踪联合国可持续发展工作进程，继续实施合作项目，积极推动中英、中日、中芬在可持续发展领域的双边国际合作。

一年来，各地方地区经济工作部门围绕加强互动合作和提升开放水平做了大量工作。东部、中部和东北地区有关省市坚决贯彻中央精神，积极主动地加大少数民族地区的对口支援工作力度，推动形成了地区间互帮互助、互促互进的良好局面；吉林、广西、云南、新疆、内蒙古发挥区位优势，依托对外合作平台，积极推动国际区域合作和沿边对外开放；一些区域合作组织进一步完善合作机制，大力拓宽合作的领域和范围。国际国内区域合作的深入开展，大大扩展了我国配置资源和利用市场的空间，为促进形成发展合力、增强综合实力和国际竞争力发挥了重要作用。

（四）坚持抓好常规工作与完善长效机制统筹兼顾，地区经济工作的支撑得到进一步强化

地区经济工作涉及到大量的日常事务，相当一部分是促进区域协调发展的基础性工作。与此同时，促进区域协调发展又要超越当前、着眼长远，探索形成稳定、有效和可持续的制度构架。一年来，我们坚持做好常规工作和构建长效机制一起抓，努力建立促进地区经济工作不断发展的良好支撑体系。

切实抓好基础性工作。我们着眼于服务中心工作，落实促进区域协调发展的各项任务，继续全面加强基础业务建设。一是高质量开展地区经济动态监测分析。一年来，我们密切关注国家经济社会发展变化及其在地区结构上的反映，紧扣地区经济发展中的热点、难点和重点问题，提出了一系列形势分析报告，基本做到了“月月有跟踪、季季出成果”。这些分析报告不仅成为我们研究地区经济工作、制定区域规划和政策的重要依据，而且受到了各有关方面的高度关注，一定程度上成为了领导决策和一些人群参与市场活动的重要参考。二是不断提升信息宣传工作水平。进一步办好各类工作简报，《地区经济工作》、《区域合作工作简报》、《促进中部地区崛起工作简报》、《太湖流域水环境综合治理工作简报》等刊物的内容更加丰富，信息量显著增大，编印频次也大大加快，全年编印总期数超过200期。这些刊物已成为系统内部沟通情况、交流信息、推动工作的重要载体。不断提高政务信息工作水平，在数量稳步增加的同时，质量也进一步提高，涉及内容更加广泛深入，多篇上报信息得到中央领导同志的批示。外网建设继续加强，信息资料丰富多样，信息发布及时快捷，全年累计刊发信息近万条，综合排名和点击量都名列前列，点击量在继去年突破100万人次后，今年又率先突破200万人次，地区司网站成为社会各界高度关注的网站之一，也成为地区经济工作系统与外界交流工作、听取意见的重要桥梁和平台。三是积极加强地理空间信息协调管理。研究编制“十二五”国家空间信息基

础设施建设与应用规划，进一步加强国家空间信息基础设施发展的统筹协调和宏观指导；加快推进国家自然资源和地理空间基础信息库一期工程建设，数据整合改造工作取得初步成果，地理空间信息产品研制和发布工作有序展开；指导地方开展省级空间信息基础设施建设与应用规划，自然资源和地理空间基础信息库省级试点工作进展顺利。四是认真做好地区经济工作资料整理储备。近些年来，地区经济工作领域不断扩大，深度逐步拓展，积累了一批丰富的成果。为利于工作，我们加强了对已有工作成果的收集整理，一年来，陆续编辑了《促进区域协调发展文件、规划与方案汇编》、《促进中部地区崛起文件资料汇编》、《太湖流域水环境综合治理文件资料汇编》等文件资料，受到了有关方面的充分肯定。五是大力推进干部队伍能力建设。结合开展创先争优活动，加强党性修养教育，推进党风廉政建设，不断提高系统干部队伍的责任意识、奉献意识和进取意识。通过工作联动、专题培训、课题研究、以会代训等多种方式，加强对地区经济工作系统干部队伍理论水平和政策素养的培养。加强干部队伍建设，在给干部压担子的同时，关心干部的成长和进步，通过各种有效形式把优秀干部充实和选拔到地区经济工作队伍和领导工作岗位上来。

着力探索长远性问题。我们注重解决根本性问题和实现可持续发展，积极探索涉及区域发展的重大理论课题，努力推进相关制度建设。一是始终注重前瞻性研究。研究探索涉及长远的区域发展理论课题，一直是近几年我们工作的重心。一年来，结合“十二五”规划和重点地区区域发展规划文件的研究编制，我们着力开展了涉及“十二五”区域发展的一系列重大问题研究，包括“十二五”时期区域发展面临的机遇和挑战、促进区域协调发展的指导思想和基本原则、区域协调发展的基本内涵和工作重点等，先后提出了《“十二五”时期我国区域发展总体思路研究》、《“十二五”时期促进中部地区崛起的基本思路与政策》、《“十二五”时期区域合作的总体思路》、《“十二五”发展海洋经济的总体思路》、《环境整治与流域发展“十二五”总体思路》、《国外编制实施空间规划的基本情况与我国主体功能区规划实施需要解决的重大问题及建议》等研究报告，并就有关思路向中央领导同志做了专题汇报。继续借助委内外科研部门做好有关区域发展的重大问题研究，今年我们围绕“十二五”促进区域协调发展的总体思路、经济特区进一步发展的思路与对策、促进特殊贫困地区加快发展的基本思路等重大课题，通过招标形式选择了26家国内一流研究机构进行委托研究，取得了一批有深度、可操作性较强的研究成果。我们还与中国浦东干部学院等机构合作，举办了长三角地区发展论坛和促进中部地区崛起论坛。二是加快区域立法进程。推进区域立法，一直是这几年我们工作的一个重点。在总结近年来工作经验的基础上，今年我们进一步加强了区域立法相关工作。《区域协调发展条例》经过反复研究，目前已形成文本初稿。《区域规划编制与管理暂行办法》的修改工作正在抓紧进行。我们还就国际上特别是欧盟通过区域法规促进区域协调发展的做法与经验做了相关研究，以期为建立完善的区域法制体系提供借鉴。三是健全项目管理制度。我们的工作涉及到以工代赈、易地扶贫搬迁、农村危房改造、地质灾害防治、重点流域治理等大量的项目管理和工程建设，从既保证项目工程的高质量、又保证资金人员安全的要求出发，我们把健全管理制度放在突出重要位置。根据各类项目特点研究制定具体管理办法，对项目投资安排、资金管理、组织实施、督促检查等各个环节做出明确的程序规定。一年来，多次组织召开投资安排通气会、工程项目专家审查会等会议，通报项目及投资安排情况，对上报项目进行审核把关，以增强投资安排透明度和科学性。建立健全项目建设进度月报制度，及时掌握项目进展情况和投资效果，并结合专项检查等工作，强化对项目建设的跟踪监督。加大督查力度，针对一些项目审批手续不健全、建设进度慢、配套资金到位率低等问题，通过专项调查摸清情况，提出整改要求。

一年来，各地方地区经济工作部门高度重视做好基础性工作，着力加强促进经济社会发展和区域协调发展的长效机制建设，取得了积极成效。河北、内蒙古、南京等省区市结合区域规划和政策研究，积极深化涉及沿海开发开放、资源型产业升级转化、推进一体化建设等重大问题的研究；山西、黑龙江、江苏、重庆、甘肃、宁夏等地严格制度管理，努力实现工程项目建设的高质量与资金使用的高效率；安徽、江西、湖北、云南、四川等地高度重视地区经济工作系统能力建设，地方党委、政府主要负责同志亲自过问地区经济工作和干部队伍建设。各省市区都高度重视地区经济工作系统干部的培养，一大批优秀干部得到提拔，被委以重任。

过去一年，地区经济工作在已有的高起点上进一步取得突破，在高水平上延展了前几年开创的良好局面。实践充分证明，地区经济工作在实施国家总体发展战略、应对国内外不确定因素冲击、保持国民经济又好又快发展等方面发挥着不可替代的作用。实践同样表明，地区经济工作系统拥有一支能打硬仗、出实绩的队伍，是一个善团结、有作为的整体。当然，我们也必须清醒地认识到，促进区域协调发展仍然任重道远，我们的工作离各方面的要求还有很大差距，去年的工作仍有一些需要完善的方面，我们需要继续努力，再接再厉。

二、过去五年的主要成绩和基本经验

随着2010年的结束，“十一五”时期也就载入了历史。“十一五”时期，我国改革开放和全面建设小康社会取得了重大进展，国家面貌发生了新的历史性变化，而区域发展成为其中最为耀眼的亮点之一，可谓硕果累累、精彩纷呈。这五年，国家促进区域协调发展的政策力度前所未有，各地对地区发展战略研究与实施的重视程度前所未有，地区经济工作所发挥的影响和作用前所未有。在各个方面特别是区域战略和区域政策的有力推动下，区域经济发展取得了前所未有的巨大成就。主要表现在：

一是区域发展总体战略全面形成，四大板块格局不断细化。“十一五”以来，国家不断丰富完善区域发展总体战略，在继续实施鼓励东部地区率先发展、实施西部大开发、振兴东北地区等老工业基地战略的基础上，又提出了促进中部地区崛起战略，形成了完整的国家区域发展总体战略。基于这一总体战略的要求，我们紧扣加快重点地区发展、落实国家重大发展与改革战略、深化区域合作与对外开放等主题，着眼于一手抓推动发达地区加快转变经济发展方式、增强辐射带动能力，一手抓帮助欠发达地区尽快补齐发展“短板”、加快发展步伐，国家出台了一系列具有较强针对性、务实性和可操作性的区域规划和政策文件，推动了我国经济区域发展版图不断细化，为促进区域协调发展和经济社会又好又快发展发挥了重要作用。二是区域经济增长格局发生重大转变，区域发展协调性不断增强。长期以来，中西部地区经济增长速度一直落后于东部地区。在国家区域发展总体战略的指引下，随着区域政策体系的不断完善，特别是对革命老区、民族地区、边疆地区和贫困地区政策支持力度的不断加强，中西部地区经济增长速度落后于东部地区的格局得到了扭转。2007年，西部地区经济增长速度达到14.6%，首次超过了东部地区的14.4%；2008年和2009年以后，中西部和东北地区全面加速，西部、东北和中部地区生产总值分别增长12.4%、13.3%、12.2%和13.4%、12.6%、11.6%，连续两年超过东部地区的11.1%和10.7%的增速；预计2010年仍然保持这一趋势。这个具有重要标志性意义的历史变化，为我国经济结构优化、发展质量提升、区域协调发展打下了坚实基础。三是新的增长极不断涌现，重点地区支撑带动作用进一步增强。近年来，在区域政策的强力推动下，长三角、珠三角、京津冀等传统发达地区产业结构不断优化，自主创新能力显著增强，经济质量明显提升，辐射带动作用进一步发挥；武汉城市圈、中原城市群、长株潭城市群、皖江城市带、广西北部湾经济区、成渝经济区、关中—天水经济区等中西部一批新的区域增长极加快形成。这些重点地区的发展，对我国经济抵御国际金融危机，保持国民经济平稳较快发展起到了重要的支撑作用，也为国民经济可持续发展提供了持久动力。四是区域合作广度深度不断拓展，经济一体化进程大大加快。市场机制不断完善，区域间基础设施共建共享不断加快，商品要素流动更加顺畅，中西部地区承接东部沿海地区和国际产业转移深入推进，重点地区的一体化进程迈出实质性步伐；合作平台不断健全，区域间多种形式的经济协作与技术人才合作蓬勃开展，各地区特色和比较优势得到充分发挥；互助形式不断创新，形成了东部地区对口帮扶西藏、新疆等民族地区和四川汶川、青海玉树、甘肃舟曲等灾区的有效机制，实现了除危解难、扶贫济困的目标。五是特殊地区发展受到空前重视，边疆稳定和民族团结得到巩固。加快革命老区、民族地区、边疆地区和贫困地区是我国区域协调发展的重点和难点，得到了党中央、国务院的高度重视。其中，特别是西藏和新疆问题事关国家核心利益，推动西藏和新疆跨越式发展和长治久安，具有特殊重要的战略意义。面对新的形势，中央先后召开了新疆、西藏工作座谈会，研究制定了全方位扶持政策措施，对口支援西藏、新疆的工作力度得到进一步加强，全方位对口支援体系基本形成。这些强有力的措施，极大地惠及了西藏、新疆等地各族群众，有力地推动了当地经济社会加快发展，进一步促进了民族团结和边疆稳固。六是国土空间格局不断优化，区域开发秩序进一步规范。根据不同区域的资源环境承载能力、现有开发密度和发展潜力，按照主体功能区理念，将国土空间划分为优化开发、重点开发、限制开发、禁止开发四类，明确针对不同功能区发展的政策导向。进一步规范土地利用、新区建设和海域开发管理，积极引导开发方向，规范开发秩序，推动形成人口、经济、资源环境相协调的空间开发新格局。

这些成绩的取得，是党中央、国务院高度重视的结果，是委党组正确领导的结果，是各地区和各部门的大力支持和积极配合的结果，是地区经济工作战线同志们共同努力和艰苦奋斗的结果。在推动区域协调发展的工作实践中，我们积累了许多宝贵经验。杜鹰同志在报告中总结了五个方面的经验，这里我再从具体工作层面谈几点体会。

第一，必须以科学发展观为指引，紧扣促进区域协调发展主线。统筹区域发展是贯彻落实科学发展观的基本要求。五年来，我们立足社会主义初级阶段的区域发展现状，科学分析区域发展面临的新形势和新任务，把促进区域协调发展作为工作主线，着眼于缩小地区发展差距、发挥地区比较优势、推进基本公共服务均等化、促进人与自然和谐相处、实现区际良性互动等重点方面，不断丰富和深化区域协调发展内涵。实践证明，只有深入贯彻落实科学发展观，坚持促进协调发展的主线，地区经济工作才能找到正确的方向，才能不断提升工作层次和水平，更好地服务经济社会发展大局。

第二，必须以缩小地区差距为目标，把推动重点地区发展作为突破口。地区间发展差距过大是当前区域发展的主要矛盾，也是地区经济工作的攻坚方向和主要目标。五年来，我们坚持“抓两头、促中间”的基本思路，既注重鼓励条件较好地区率先发展，提升整体实力和竞争力，继续发挥辐射、带动、引领、示范作用；又坚持不断加大对欠发达地区的政策扶持力度，破解发展中的突出制约和瓶颈，增强自我发展能力。实践证明，只有着眼于缩小“两极”差距，实施重点突破，才能从整体上推动区域协调发展，最终达到同步实现全面建设小康社会目标。

第三，必须因地制宜、分类指导，注重发挥不同地区比较优势。我国地域辽阔，各地发展条件迥异，要素禀赋各有特色。五年来，我们根据各地实际，实行分类指导，不断完善区域政策体系，从加快重点地区发展、落实重大发展战略、深化区域合作和对外开放等不同角度出发，研究出台了一系列尺度适宜、内容务实、可操作性强的区域规划和政策文件，提出了各有侧重的发展思路和工作重点，有力地促进了区域增长格局的重大转变和区域发展质量的不断提高。实践证明，只有不断增强区域政策的针对性，充分体现区域特色和比较优势，破解制约发展的难题，才能将区域发展的潜力转化为现实生产力，形成你追我赶、竞相奋进的良好局面。

第四，必须发挥中央、地方两个积极性，统筹把握国家战略要求和地方实际需要。促进区域协调发展，既需要中央的宏观调控，又需要地方的主动创造。五年来，我们在制定区域规划和政策文件过程中，始终注重统筹考虑国家战略意图与地方发展需要，既贯彻宏观调控的整体指向，又充分考虑地方的实际情况，切实体现政策统一性和针对性的有机结合。实践证明，只有实现国家意志与地方发展思路的有效对接，才能把宏观调控政策落到实处，才能有效地激发地区的热情、主动性和创造性，达到举一反三、一石多鸟的良好效果，真正解决当地改革发展的问题。

第五，必须坚持上下互动，协作配合，凝聚各方共促区域协调发展合力。区域发展包罗万象，地区经济工作涉及方方面面，需要大家集思广益、共同协作。五年来，我们始终坚持以开放的态度谋划区域发展大计，主动与有关部门沟通衔接，注重与各省区开展互动交流，加强与科研机构的相互合作，特别是着力发挥地区经济工作战线协同攻坚的作用，开门干工作，做到兼容并包、兼收并蓄。实践证明，只有集中各方力量、整合各类资源、密切协调配合，才能增强工作合力，提高工作效率和质量，形成促进区域协调发展、推动地区经济工作的良好氛围。

第六，必须立足解决深层矛盾和核心问题，着力构建促进区域协调发展的长效机制。实现区域协调发展，关键在于构筑合理有效的体制机制保障。五年来，我们不仅致力于推动解决区域发展面临的紧迫问题，更加注重推动建立促进区域协调发展的有效机制，积极开展专项试点和综合试验，加快推动促进区域协调发展立法进程，在积累先行先试经验的基础上，逐步将促进区域发展的有效政策和良好做法以法律法规形式固定下来。实践证明，只有从着眼解决单一问题向注重与时俱进地形成良性机制方向努力，才能实现标本兼治，为推进区域协调发展提供制度保障。

过去的五年，地区经济工作系统付出的努力有目共睹，取得的成绩全国瞩目，积累的经验弥足珍贵。“风正扬帆正当时”。我们要进一步增强责任感和紧迫感，增强机遇意识和创新意识，乘势而为、乘风破浪，继续把地区经济工作推向一个全新的阶段。

三、“十二五”时期的总体思路和战略重点

从明年起，我们就进入“十二五”时期。这一时期，是我国全面建设小康社会的关键时期，也是深化改革开放、加快转变经济发展方式的攻坚时期。在谋划“十二五”发展思路过程中，中央高度重视区域发展问题，《中共中央关于制定国民经济和社会发展第十二个五年规划的建议》对促进区域协调发展作出了重要部署，为我们指明了工作的方向。我们承担的任务重大而艰巨，我们从事的事业大有可为。要按照中央的总体要求，立足区域发展现有基础，紧密结合工作实际，把握区域发展面临的新机遇和新挑战，进一步明确和细化“十二五”时期促进区域协调发展的总体要求和战略重点，进一步巩固区域发展良好势头，努力实现区域发展从数量速度型向更加注重质量效益改善的全面转变，努力实现区域发展从阶段性趋好向长期性协调的根本转变。

（一）科学判断“十二五”时期区域发展面临的机遇和挑战

“十二五”时期，世情和国情将继续发生

深刻变化，我国经济社会发展也将呈现出阶段性新特征，区域发展面临着新的环境，既孕育着机遇，也伴随着挑战。

一方面，经济全球化和区域一体化深入发展的趋势不会发生根本改变，我国经济社会发展的基本面和长期向好的态势也不会变化，区域发展面临难得机遇。一是我国综合国力进一步增强，有利于提升统筹区域发展能力。“十二五”仍是我国发展的重要战略机遇期，只要抓住机遇，就能继续实现经济平稳较快发展，综合国力也将在“十一五”取得巨大成就的基础上得到进一步提升，这将增强中央政府通过转移支付等方式解决区域发展不平衡问题的能力，也将提升发达地区支援欠发达地区发展的能力，为推动区域协调发展提供坚实的物质基础。二是区域政策的调控作用逐步加强，有利于发挥各地区的比较优势。“十二五”国家将深入实施区域发展总体战略和主体功能区战略，在抓好已出台的重大区域规划和政策文件贯彻实施的同时，进一步完善区域政策体系，落实相关配套政策。这些区域战略和政策覆盖面越来越宽，调控力越来越大，针对性越来越强，将有力地促进各地发挥比较优势，走出一条切合实际、各具特色的发展道路。三是国际国内产业转移步伐继续加快，有利于推动区域产业结构优化升级。虽然国际金融危机的严重冲击一定程度上影响了世界经济增长格局，但并没有改变国际范围内的产业结构调整和转移的大趋势，同时，我国东部沿海地区产业向中西部地区转移步伐还在加快，这将有利于加速中西部地区新型工业化进程，推动东部沿海地区经济转型升级，在全国范围内优化产业分工格局。四是科技创新日益加速，有利于促进中西部地区实现跨越发展。国际金融危机催生新科技革命，世界可能进入创新集聚爆发和新兴产业加速成长时期。从全球看，新兴经济体与发达国家在有些领域差距不大，从国内看，中西部地区在某些行业与东部地区差距相对较小。中西部地区完全可以抓住科技创新不断加速的机遇，通过重点发展某一新兴产业，培育新的增长极，从而实现加快赶超和跨越发展。五是重点领域和关键环节改革不断深化，有利于营造促进区域协调发展的制度环境。“十二五”国家将进一步深化体制机制改革，不断健全完善市场经济体制，深化财税体制改革，建立资源和生态补偿机制，健全要素价格形成机制，等等。这些重大改革举措，将有利于进一步发挥各地区的比较优势，并从制度上理顺以原材料和资源输入为主的沿海地区与资源主要产地的中西部地区之间的利益关系，一定程度上缩小地区发展差距上的鸿沟。

另一方面，国际金融危机的深层次影响不容忽视，全球需求结构明显变化，国内发展面临的资源环境约束也会进一步加大，区域发展面临严峻挑战。一是国际市场需求变化的负面影响不断显现。由于当前各国经济复苏进度不一，致使国际贸易保护主义有所抬头，一些发达国家积极推进产业回归和制造业再造。这将导致未来我国的外部市场需求不稳定性加大，甚至失去部分传统优势市场，势必影响东部沿海地区的产品出口和发展速度。随着时间的推移，这种负面影响还将继续蔓延、扩展和传导，进而抑制内陆地区的发展进程。二是资源环境承载能力的制约日益加剧。在经济全球化和区域经济一体化深入发展的背景下，以全球变暖为标志的全球气候变化已成为当今国际社会普遍关注的焦点问题，同时，我国仍然处于工业化、城镇化加速时期，经济结构的战略性调整任务艰巨，国际国内在节能减排方面的双重压力，对产业层级较低的中西部地区加快发展带来较大制约，也会对东部地区进一步发展产生一定影响。三是中西部地区发展基础还很薄弱。中西部地区基础设施落后、生态环境脆弱、经济结构不合理、市场体系发育滞后、自我发展能力不强等问题仍未根本改变，加强民族团结、维护边疆稳定的任务仍然繁重，面临着既要加快发展、又要加快转型的双重压力，还有许多的难题需要破解。四是制约区域发展的制度性障碍仍然存在。产业转移和优化生产力布局受到行政区划的限制，人口和劳动力流动受到户籍制度束缚，资源输出地与经济发达地区的利益协调机制受到财税价格体制的制约。这些都增加了促进区域协调发展的复杂性和艰巨性。

从总体上看，“十二五”时期，促进区域协调发展的外部环境相对有利，内在基础不断巩固，但同时也还存在着很多不确定、不稳定、不可控的因素，需要我们科学分析、相机抉择，谋而后动、化危为机。

（二）准确把握“十二五”时期促进区域协调发展的总体要求

《建议》已经明确，“十二五”时期，促进区域协调发展要着力实施区域发展总体战略和主体功能区战略，构筑区域经济优势互补、主体功能定位清晰、国土空间高效利用、人与自然和谐相处的区域发展格局，逐步实现不同区域基本公共服务均等化。这既是基于经济社会发展的阶段性特征提出来的，又符合我国实现区域协调发展长远目标的要求，是指导“十二五”时期地区经济各项工作的指针。

按照中央的要求，“十二五”时期统筹区域发展要以科学发展观为指引，坚持“一条主线”，即始终围绕促进区域协调发展这条主线；把握“两个手段”，即充分发挥中央、地方政府的政策指导和规划引导作用，切实强化市场机制促进资源优化配置和发挥地区比较优势的基础性作用；着力“三个基点”，即立足于促进重点地区加快发展，立足于推动形成经济区，立足于建立健全促进区域协调发展的长效机制；依托“四个载体”，即加强区域规划引导、完善区域政策调控、创新区域合作模式、健全区域法规体系；实现“五个目标”，即初步遏制人均地区生产总值差距扩大的趋势，把地区差距控制在合理范围内；使不同地区人民都能享受大体相当的基本公共服务，共享发展改革成果；促进区域分工趋于合理，充分发挥各地比较优势；推动区域一体化深入发展，基本建立开放合作、良性互动机制；实现区域生态环境质量明显改善，区域可持续发展能力全面增强。

为贯彻这些思路，在具体实践中，要注意把握以下原则：

一是要把实施区域发展总体战略与推进形成主体功能区结合起来。区域发展总体战略是基于自然地理、发展阶段、经济基础等基本国情考量的关于促进区域发展的总的纲领和宏观指向，主体功能区战略是基于不同地区资源环境承载能力、现有开发密度和发展潜力考量的关于促进区域发展的操作思路和具体举措。区域发展总体战略是主体功能区战略的实施方向，而主体功能区战略是区域发展总体战略的实现路径。只有把实施区域发展总体战略和主体功能区战略结合起来，才能充分发挥各个地区的比较优势，实现区域间的合理分工，不断优化区域经济结构和国土空间布局；才能从各个地区的实际出发，制定有区别的政策措施，加快缩小地区差距，实现区域协调发展。

二是要把缩小地区发展差距与实现基本公共服务均等化结合起来。缩小地区发展差距与实现基本公共服务均等化，是统筹区域发展的两项重要内容。缩小地区发展差距反映的是发展状况，体现的是富裕程度；实现基本公共服务均等化反映的是体制环境，体现的是幸福指数。地区发展差距的缩小，有利于推进基本公共服务均等化，却并不一定意味着实现了公共服务均等化。两者之间既相互关联，又存在差异。因此，必须把两者紧密结合起来，在实现促进欠发达地区发展的同时，采取有力措施，推进地区间的公共服务均等化。基于当前看，应加大对欠发达地区转移支付力度，通过政策倾斜加快推进基本公共服务体系建设，改变欠发达地区公共服务落后的状况；基于长远看，则应依靠体制创新，建立健全制度体系，以此保障欠发达地区与发达地区拥有享受公共服务的同等权利和实现发展的同等机会。

三是要把优化发达地区发展与扶持欠发达地区发展结合起来。优化发达地区发展与扶持欠发达地区发展，是促进区域协调发展的两个重要着力点。通过加强指导和引导，进一步优化和提升发达地区的整体竞争力和综合实力，有利于发挥对欠发达地区的辐射、带动和示范作用，又能够增强国家支持欠发达地区的财力。通过加大扶持力度，帮助欠发达地区破解制约发展的瓶颈，有利于增强自我发展能力和推动培育新的增长点，又能为发达地区发展提供广阔空间和有力支撑。两者同等重要，缺一不可。因此，必须同步谋划，一体推进，在积极推动发达地区深化对外开放，开展先行先试，努力增创新优势的同时，进一步加大对老少边穷、资源枯竭等特殊困难地区的支持。

四是要把深化国内区域合作与扩大对外开放结合起来。深化国内区域合作与扩大对外开放，是拓展区域发展空间、促进区域协调发展的有效举措。经过多年的努力，国内区域合作取得不少进展，但由于行政壁垒、地区封锁现象存在，高效统一市场还没有完全形成，区域合作效果并不十分理想，需要进一步加强。受国际金融危机影响，国际贸易保护主义抬头，我国外部市场受到挤压，发展空间受到制约，对外开放面临新的挑战，需要进一步深化。搭建有效的对内合作平台能为对外开放提供载体，深化对外开放也能为推进国内合作提供更多机遇。因此，必须把两者结合起来。既要深化国内区域合作，加快推进重点地区的一体化发展进程，又要优化对外开放格局，协同推进沿海、内地和沿边开放合作，实现以开放促合作，以合作带开发，推动把沿边地区等边缘末梢变为前沿地带，把发展潜力变为增长现实。

五是要把发挥优势、加快开发与节约资源、保护环境结合起来。促进区域协调发展需要在依托优势条件，推动区域实现错位发展的同时，确定合理开发强度，走资源节约、环境友好道路。历史经验反复证明，不顾生态环境承载能力，仅仅强调加快发展速度，注定是不可持续的；脱离发展阶段强调生态环境问题，甚至离开经济发展谈环境保护，显然是有悖客观规律的。两者看似矛盾，实则密不可分。因此，必须统筹兼顾区域发展与环境保护，既要充分挖掘当地发展潜力，做到人尽其才、物尽其用、地尽其力，更要把改善环境质量、节约能源资源、注重生态安全放在优先位置，积极探索在人与自然和谐相处的前提下促进区域经济发展，实现生产发展、生活富裕、生态良好的新道路。

（三）进一步明确“十二五”时期促进区域协调发展的战略重点

“十二五”时期，围绕促进区域协调发展的总体要求和基本原则，地区经济工作要着力在以下重点领域取得突破。

第一，着力推进形成主体功能区。推进形成主体功能区，能够缩小空间尺度，进一步突出各地区的特色与需求，增强区域政策的针对性，有利于优化国土开发格局、推动区域协调发展。“十二五”要在出台全国主体功能区规划的基础上，制定完善财政、投资、产业、土地、人口管理等方面的配套政策，进一步规范空间开发秩序，逐步形成主体功能定位清晰的空间开发结构。要建立健全规划实施的组织体系和保障机制，推进主体功能区规划顺利实施。

第二，着力推动重点地区加快发展。促进区域协调发展，最根本的还要靠发展，必须充分发挥条件较好地区的辐射带动作用，不断提高特殊困难地区的发展水平。“十二五”要继续按照“抓两头、促中间”的思路，推动重点陆域和海域发展。一方面，适应国际竞争的新要求，把鼓励和支持条件较好地区加快发展作为区域发展的重点方向，不断深化体制机制改革，加快开发开放步伐，更好地发挥辐射带动作用；另一方面，把支持特殊困难地区发展作为区域发展的基本着力点，不断加强薄弱环节，破解发展瓶颈，改善发展环境，全面提升自身发展水平。

第三，着力推进地区间基本公共服务均等化。从根本上扭转地区经济发展差距扩大趋势需要一个过程，但有必要也有可能率先实现不同地区间基本公共服务均等化。“十二五”要把缩小地区间基本公共服务差距作为促进区域协调发展的主攻方向，充分发挥政府的宏观调控，强化政策扶持，加大对特殊困难地区财政转移支付力度，提高公共产品供给能力，努力使不同地区人民都能享受大体相当的基本公共服务。

第四，着力推动区域一体化发展。目前，各地区加快发展的愿望更加强烈，地区经济呈现出你追我赶的局面。但总体来看，大部分地区发展仍是立足于行政区划板块，地区封锁和市场分割等现象继续存在，制约了区域一体化发展。“十二五”要更加注重统一市场基础性制度建设，不断健全市场机制，加快建立全国统一市场体系，引导生产要素跨区域合理流动；要加强东中西部地区协作互动，形成以优势互补为基础、市场机制为纽带、项目和服务为载体的互利共赢的良性互动机制；要进一步规范政府行为，发挥地区比较优势，避免无序竞争，促进区域合理分工，实现错位发展。

第五，着力建立促进区域协调发展的制度架构。加强区域协调发展的制度建设，把国家区域发展的总体目标、发展思路、基本原则、重大政策和管理方式等明确下来，把实践证明行之有效的好的经验和做法用法律法规形式固定下来，是建立促进区域协调发展长效机制的必然要求。“十二五”要围绕充分发挥各地区比较优势，着眼于探索更加有效的区域治理方式，加强区域政策和规划的研究制定，提高针对性和可操作性，形成规范有序、分类管理的区域政策体系，逐步建立有效统一的区域管理体制；要加快区域发展立法进程，加快制定促进区域协调发展的法律法规，逐步解决规划和政策实施缺乏法律保障的问题，形成促进区域协调发展的法律法规框架。

四、2011 年的重点任务

“五年看三年，三年看头年”。2011 年是实施“十二五”规划的起步之年，做好明年的地区经济工作至关重要。我们要按照中央区域发展总体战略部署和“十二五”促进区域协调发展的基本要求，把握国内外形势发展变化的新动向，通过更加细致和更具特色的工作，努力把基础做实、领域做广、路径做宽、层次做高，乘势而为、开拓创新，切实巩固地区经济工作取得的好局面，为实现“十二五”规划开好头、起好步。

（一）进一步完善区域政策体系

区域规划和政策文件是贯彻落实国家促进区域协调发展总体战略的重要手段和指导地方从实际出发推进改革发展的行动纲领，有利于充分调动各个方面的积极性、主动性和创造性，加快推进经济社会发展，加快缩小地区差距。2011 年，我们要继续适应国内外形势变化和地区经济发展需要，以区域规划、区域政策文件、区域法规为载体，不断细化和完善区域政策体系。一是继续做好促进重点地区和领域发展的规划编制工作。立足于促进环渤海地区发展和推进京津冀一体化，编制好京津冀地区发展规划，相应开展首都发展战略研究和河北沿海地区发展规划编制工作。加快《平潭综合试验区总体规划》的编制，积极稳妥推进平潭综合试验区建设。继续做好淮海经济区区域规划编制的前期工作，提出推进淮海经济区一体化发展的基本思路。着手开展促进中原经济区发展的相关工作，提出以工业化、城镇化和农业现代化协调发展为核心建设中原经济区的指导意见，并指导推动相关规划编制。进一步加强有关政策和项目的协调论证，完成《丹江口库区及上游地区经济社会发展规划》编制上报工作。指导推进长江中游经济带开发开放，支持有关地区开展发展规划编制。在提出支持云南建设向西南开放桥头堡指导意见的基础上，会同有关方面加快相关规划编制工作。推动黑龙江深化对外开放的重大问题研究，适时启动相关规划的编制。积极推进全国国土规划纲要和地质灾害防治规划编制工作，做好三峡库区后续规划的编制工作，推进建立地质灾害防治长效机制。与此同时，根据中央的要求和经济社会发展的实际需要，及时启动其他一些具备条件地区的区域发展规划的编制工作。二是进一步细化落实促进中部地区崛起的各项政策。认真总结中部地区实施“两个比照”政策的成效与经验，结合新一轮西部大开发、振兴东北地区等老工业基地的政策实施，统筹研究“两个比照”政策的调整完善问题。深入研究中部地区面临的新形势新问题，抓紧研究提出新时期深入实施促进中部地区崛起战略的新的政策意见。继续深化促进中部地区崛起的重点问题研究，适时研究提出促进县域经济发展、推进城镇化、支持粮食主产区发展、扩大对外开放等方面的指导意见和政策措施。继续贯彻实施《促进中部地区崛起规划》，指导中部六省编制“三个基地、一个枢纽”重点领域专项规划，落实各项重点任务，并根据需要细化相关支持政策。筹备召开促进中部地区崛起工作部际联席会议第二次会议，统筹协调解决促进中部地区崛起中的重大政策问题。三是积极完善扶持革命老区、民族地区、边疆地区、贫困地区加快发展的政策措施。进一步加强政策协调，研究提出扶持相对落后革命老区加快发展的指导意见。加快制定促进内蒙古自治区经济社会发展的指导意见，并指导做好经济结构调整、资源加工转化等专项规划编制工作。进一步细化促进西藏、新疆跨越式发展的政策措施，加大对重点地区的支持力度。结合提升边疆地区开放开发水平，协同推进“兴边富民”行动。完成以工代赈和易地扶贫搬迁“十二五”规划，适应形势需要组织修改易地扶贫搬迁试点工作的实施意见。深入调查研究，加快编制集中连片特殊困难地区扶贫攻坚工程规划，推进资源整合，联合开展扶贫攻坚。

（二）全面加强区域政策贯彻实施

要继续把区域政策的贯彻实施放到突出重要位置，切实加强指导和协调，加大督促检查力度，确保国家出台的各项区域规划和政策文件提出的各项任务按计划、按步骤得到落实并充分发挥作用。2011 年，将继续按照已有的工作部署，组织有关部门对 2006 年以来出台的区域规划和文件的贯彻实施情况进行逐项检查，并向国务院报告相关情况。对贯彻不力、存在问题比较多的地区，要认真进行整改。积极会同有关部门和地方，做好《成渝经济区区域规划》、《海峡西岸经济区发展规划》、支持云南建设向西南开放的桥头堡、支持内蒙古经济社会又好又快发展等新出台规划与文件的宣传解读、任务分解、实施机制建设等工作。各地在做好国家规划和政策文件贯彻落实的同时，要加强对本地区区域规划和政策文件贯彻落实情况的跟踪检查工作。要加强信息沟通，及时了解规划和文件实施中出现的新情况新问题，建立必要的机制协调解决。要结合工作实践，立足于增强针对性和有效性，探索建立区域规划和政策文件实施效果的科学评价体系。明年将在适当时候召开工作会议，总结区域规划和文件贯彻落实的情况，交流工作经验，查找存在问题。

《全国主体功能区规划》已经国务院常务会议审议通过，即将颁发实施。组织实施全国主体功能区规划是新一轮机构改革后赋予地区经济工作系统的一项重要职能，我们要积极履行好这一职能。2011 年，要着力抓好如下一些工作：一是加强宣传培训，使主体功能区理念深入人心，使相关部门和人员明确实施主体功能区规划的主要任务和基本要求，为规划实施打好基础。二是完善配套政策，会同有关部门研究制定投资、产业、土地、农业、人口、民族、环境和应对气候变化等方面的配套政策措施，加快形成实施主体功能区规划的政策体系，政策支持要特别注重解决限制开发区域和禁止开发区域财政收入少、提供基本公共服务的能力弱等问题。三是做好规划衔接，要通过中期评估修订等方式，使已出台的相关规划在思想理念、战略定位、区域布局和重点任务等方面与主体功能区规划相一致。与此同时，要做好新编国土、区域、产业等规划与主体功能区规划的衔接。四是建立实施机制，适时制定全国主体功能区规划实施指导意见，合理划分中央和地方在实施主体功能区规划中的权责关系，明确各部门的分工和任务，确保主体功能区规划有效实施。

（三）不断深化区域开放合作

深化区域合作、扩大对内对外开放，是促

进区域协调发展、实现经济又好又快发展的重要途径，也是经济全球化、区域一体化的内在要求。2011 年，要继续利用各种有效形式，把握关键方面，深化区域开放合作，不断拓展合作领域、提升合作水平。一是加快推进产业承接转移。认真贯彻实施国务院《关于中西部地区承接产业转移的指导意见》，在中西部地区选择若干条件成熟、基础较好的地方设立承接产业转移示范区，探索建立高效、便捷的合作模式和利益共享机制，积极引导东部地区产业向中西部地区有序转移，促进形成更加合理的产业分工格局和东中西良性互动的发展格局。会同有关部门和地区，大力推动皖江城市带承接产业转移示范区建设，切实办好我国第一个国家级承接产业转移示范区，充分发挥其示范带动作用。二是大力促进区域一体化。要把推进一体化作为深化区域合作和促进区域协调发展的核心内容和主要任务，切实加大工作推进力度。进一步加强政策指导，推动长江三角洲、珠江三角洲和京津冀地区不断扩大一体化领域和范围，提升区域合作的水平。支持成渝经济区、北部湾经济区、关中—天水经济区、武汉城市圈、长株潭城市群等中西部重点经济区结合贯彻国家战略规划，加快一体化发展进程。继续指导办好晋陕豫黄河金三角区域协调发展示范区，促进跨省区一体化发展。各地区要选择若干重点地区，制定规划和指导意见，开展一体化试点试验。明年将召开专题会议，总结推进一体化的经验，研究促进一体化的基本思路。三是积极扩展和深化国际区域合作。深入开展与东南亚合作，积极参与大湄公河次区域、东盟—湄公河流域开发合作的各项活动，推进各个机制下的合作不断取得新进展，认真做好大湄公河次区域第四次首脑会议相关筹备工作；有效运用泛北部湾经济合作和中国—东盟自由贸易区平台，充分发挥广西等地作为前沿阵地的作用，加快建设连接中国—东盟市场的国际大通道，全面加强交通、旅游、能源、贸易、投资合作；加大政策与项目建设支持力度，加快把云南建设成为我国向西南开放的重要桥头堡。积极推进与中亚地区合作，结合贯彻促进新疆跨越式发展的各项政策措施，有效运用各种国际合作机制，扩大中国与中亚地区边境贸易、能源开发、旅游等方面的合作。务实推进与东北亚地区合作，继续扎实贯彻《中国图们江区域合作开发规划纲要》，加快建设长吉图开发开放先导区，努力构建双边或多边合作平台，不断拓展与东北亚地区各国的合作领域。进一步推进中欧区域合作，拓展中欧区域政策对话机制，继续组织赴欧区域政策培训，积极与欧盟开展区域发展重大问题合作研究。推进可持续发展领域国际事务各项活动，会同有关部门认真做好出席 2012 年联合国可持续发展里约峰会的各项筹备活动，特别是做好中国筹委会组建、可持续发展国家报告撰写等工作。做好中英可持续发展高级别对话机制的组织协调，组织召开中英可持续发展第五次部长会议。继续推进中日绿色援助计划的国内外培训工作，做好有关合作项目的竣工验收和移交。四是扎实做好对口支援工作。明年是新一轮对口援藏、援疆和第一轮对口援青工作全面启动之年。为做好对口支援工作，中央编办已批准在国家发展改革委地区经济司设立专门机构，负责对口援藏、援疆和援青的牵头协调工作。要按照中央的统一部署，认真组织好对口支援规划的分步实施，加强政策项目和资金等的协调平衡，组织开展重点工作和建设项目的督促检查和考评，及时了解和协调解决对口支援工作中出现的新情况新问题，保障各项工作积极有序展开，促进形成经济支援、干部支援、科技支援、人才支援、教育支援等协同推进的崭新格局。与此同时，继续做好其他民族地区、集中连片特殊困难地区、三峡库区等特殊区域的对口帮扶工作和东西扶贫协作工作。五是进一步发挥特殊功能区域先行先试作用。在以往设立的经济特区、开发区等的基础上，近些年根据改革和发展的需要，又规划建设了城市新区、特殊经济开发区、合作示范区等一批新的特殊功能区域，进一步发挥这些区域在改革开放和科学发展中先行先试的重要作用，是地区经济工作的重要组成部分。要把促进特殊功能区域创新发展作为明年工作的一个重点。要认真总结经济特区发展的经验与做法，明确下一步发展的方向与重点，明年将适时召开相关会议，研讨安排下一步工作。要进一步加强政策协调，把《横琴发展总体规划》提出的各项任务落到实处，真正把横琴建设成为带动珠三角、服务港澳、率先发展的粤港澳紧密合作示范区。严格贯彻落实《前海深港现代服务业合作区总体发展规划》，着眼于制度创新和产业创新，加快推进深圳前海地区开发开放。精心规划、打好基础，稳妥推进平潭综合试验区建设。按照国务院批复要求，高标准建设好重庆两江新区等城市新区。着眼于建立我国向西开放的重要窗口和新疆新的经济增长点，切实办好新疆喀什、霍尔果斯两个特殊经济开发区。加快制定具体方案，扎实推进江苏连云港国家东中西区域合作示范区建设，充分发挥其在促进区域合作中的示范和带动作用。

（四）统筹推进水域治理与开发

要继续坚持水陆统筹发展，倚陆向海，努力实现经济布局由陆地向水域延伸，科学开发利用海洋资源，推动重点流域可持续发展，不断拓展发展空间。一是做好海洋经济试点工作。加快推进全国海洋经济发展试点工作，按照“成熟一个、上报一个”的原则，加快编制上报山东、浙江、广东海洋经济发展规划和试点工作方案，指导试点工作不断深入并取得实效，为解决当前我国海洋经济发展面临的突出问题探索经验。加大对全国海洋经济形势监测分析的力度，把握海洋经济的总体调控方向，尽快制定促进全国海洋经济发展的指导意见，抓紧编制“十二五”全国海洋经济发展规划纲要和国家海洋事业发展规划，加强对海洋经济发展的宏观调控。在做好海洋经济发展试点工作的同时，深入开展围填海重大问题研究，进一步加大政策协调力度，推动出台《进一步加强围填海管理的意见》，会同有关部门研究制定《围填海年度计划管理办法》和《围填海管理条例》，推进围填海行为规范管理和海洋资源合理开发。研究提出和制定海洋环境保护的意见和规划。推动有关部门加快编报《全国海岛保护与利用规划》和出台相关政策文件，加强海岛保护、利用、开发与建设。积极维护与拓展国家权益，加快推进国际海底区域、极地等事业发展。组织编制全国海洋经济发展规划和海洋事业发展规划，适时启动我国海洋战略研究工作。二是推进流域治理与可持续发展。强化流域管理的系统性，采取分步推进的方式，编制实施重点流域水环境治理规划和方案。加大重点流域治理工作协调力度，总结近几年太湖流域水环境综合治理的成效与经验，指导两省一市组织开展太湖治理工作的自我评估，为太湖流域水环境综合治理总体方案的修编打好基础。组织召开第四次省部际联席会议，研究部署下一阶段治太目标和任务，加强联席会议各成员单位落实相关责任的督促检查。指导辽宁、河北、山东、天津三省一市落实好本省（市）渤海环境保护实施方案，建立省（市）内的评估考核体系，适时召开省部际联席会议第二次会议。加快完成《丹江口库区及其上游水污染防治规划》（修订本）的编制上报工作，相应做好规划实施的各项基础性工作。切实做好《全国水资源综合规划》的实施工作，完成松花江、“三河两湖”、三峡库区及上游、黄河中上游等重点流域“十二五”水污染防治规划、《全国地下水污染防治规划》的编制和上报工作。创新流域管理体制机制，推进实施鄱阳湖生态经济区规划，开展特殊流域可持续发展的试点示范工作。强化区域生态环境的共同建设、保护和治理，加快解决区域性、流域性、行业性环境污染问题，优化资源配置，提高集约节约利用水平，探索跨省区生态补偿机制的实施方式，实现特定流域的可持续发展。

（五）切实加强投资计划管理

执行好项目投资计划，是地区经济工作的重要内容，是促进区域协调发展的有力手段。2011 年，各有关项目的投资计划管理要体现三个方面的要求，即体现与已出台的区域规划和政策文件的对接，尽可能地向重点地区、重点领域倾斜；体现形势发展变化的要求和自然气候特点，根据需要及时加以调整；体现安全、效率原则，确保执行有力、运作高效、监管到位、万无一失。与此同时，要把握好国家继续实施积极的财政政策的机遇，结合“十二五”专项规划编制工作，按照中央政府投资安排的基本要求，主动与有关部门加强沟通协调，争取有关项目资金的规划进一步增加。在这个总体要求下，切实做好各重点投资项目的计划管理。一是加强扶贫开发计划管理。继续对集中连片特殊困难地区给予投资倾斜，优先考虑与贫困农民增加收入、改善生活密切相关的工程项目。强化对资金管理和项目建设相关配套政策的跟踪研究，适应新形势适时加以完善。指导地方加强资金管理，规范项目建设，加大对投资计划执行、项目建设等的跟踪检查力度。认真总结“十一五”实施以工代赈、异地扶贫搬迁的经验，扎实做好“十二五”扶贫开发的前期工作。二是做好重点流域水污染治理项目投资管理。加强项目管理指导，规范项目申报程序，提高项目管理透明度，确保工程质量良好，项目投运发挥应有效益。指导各地扎实开展重点流域水污染治理项目前期工作，积极做好项目储备。充分发挥有关部门和专家学者的作用，强化申报项目的审查，切实做好2011年投资项目的下达工作。根据扩大中央投资的可能性，适时研究提出拓展流域治理范围的思路。三是推进农村危房改造试点。会同有关部门编制“十二五”扩大农村危房改造试点规划，探索农村危房改造与扶贫开发、中部“两个比照”政策实施等相衔接的思路。做好2011年扩大农村危房改造试点的范围确定和资金下达工作，严格制度管理，加强试点地区农村危房改造工作的督促检查。四是提高土地计划管理水平。加强调查研究，统筹兼顾做好土地利用年度计划的研究制定，加强计划下达后的延伸管理，注重计划执行情况的跟踪检查，及时发现和处理问题。开展国土空间优化布局有关重大问题研究，强化土地计划管理在宏观调控中的作用。五是协调推进基础测绘工作。会同有关部门研究编制基础测绘“十二五”规划，探索基础测绘促进区域协调发展的基本思路和操作路径，积极推进重点地区基础测绘项目前期工作，继续搞好基础地理信息库建设。

（六）大力夯实各项基础工作

做好地区经济工作，必须进一步夯实基础。明年，我们要着眼于构建促进地区经济工作持续进步的支撑与保障，加大做好各项基础性工作的力度，特别要继续做好如下几个方面的工作。一是力求高水平开展地区经济形势监测预测。要继续按照“服务主题、影响主题”的工作要求，把地区经济形势分析与经济社会发展的整体分析有机结合起来，不断增强监测预测的科学性和针对性，认真研究四大板块经济社会发展形势，特别关注经济结构调整、发展方式转变和地区差距变化的动态情况，提高分析的精度、密度和深度，及时发现苗头性、倾向性问题，提出因应之策。二是深入开展理论研究。围绕实施区域发展总体战略和主体功能区战略的总体要求，针对区域发展带有全局性、根本性的问题，组织社会研究力量，深入调研，力争形成一批立足点高、前瞻性强、应用价值大的理论成果，以为制定区域政策提供基础。进一步发挥武汉大学中国中部发展研究院和中部地区其他研究机构的作用，结合中央实施促进中部地区崛起战略5周年，开展中部重大问题研究和相关培训，为促进中部地区崛起工作提供理论和人才支撑。进一步加强与中国浦东干部学院、国家开发银行等的业务合作，开展促进重点地区发展理论、规划和政策研究。三是进一步加强信息沟通。继续办好《地区经济工作》、《促进中部地区崛起工作简报》、《区域经济合作简报》等工作简报，不断增强信息容量。加强网站建设，力求做到更新快、质量高、形式活，不断提升权威性和影响力。密切系统内部联系，广泛运用多种形式，加强信息沟通交流，增强系统的工作透明度和战斗力。四是积极推进区域法制建设。继续修改完善《区域协调发展条例》、《区域规划编制与管理暂行办法》，力争尽快上报。结合特殊功能区域开发开放，有序开展相关法律的移植借鉴工作。五是继续做好地理空间信息工作。编制完成国家空间信息基础设施建设与应用“十二五”规划，指导各级地理空间信息协调机构开展规划衔接和落实工作。重点做好国家自然资源和地理空间基础信息库一期工程验收和试运行工作，切实发挥地理空间信息服务于宏观决策、电子政务和社会公众的积极作用。通过试点带动省级自然资源和地理空间基础信息库建设，进一步缩小地区空间信息基础设施发展差距，着力提高地理空间信息在地区经济发展中的应用水平。

不断开创地区经济工作的新局面，要坚持不懈地抓干部队伍建设。要结合开展创先争优活动和研究制定促进区域协调发展的规划和文件等重要工作任务，继续加强地区经济工作系统的思想建设、组织建设和能力建设，不断提高每一个地区经济工作者的理论素养、政策水平和操作本领，打造一支具备一流素质、拥有一流作风、能创一流业绩的干部队伍。

各地发展改革委地区经济工作部门要围绕三个方面，做好 2011 年的工作。一是围绕落实国家已出台的重大区域规划和政策文件，细化工作任务，扎实推进相关工作；二是围绕地方党委和政府的中心工作，积极主动地承担相关职责，切实做好参谋助手；三是围绕履行自身职责，积极开拓工作领域，不断提升工作水平。

同志们，过去一年地区经济工作硕果累累，为顺利完成“十一五”区域发展各项任务划上了圆满句号。新的一年地区经济工作任务繁重，圆满开局是实现“十二五”再创区域发展辉煌的重要基础。我们既要深谋远虑，又要脚踏实地，始终保持忧患意识，始终坚守开拓精神，团结一心，迎难而上，用卓越的努力和不凡的业绩，继续谱写地区经济工作的新篇章！

东部地区篇

北京市

【经济与社会发展】 2010 年，北京市全年实现 GDP 14113.6 亿元，增长 10.3%。其中，第一产业增加值 124.4 亿元，第二产业增加值 3388.4 亿元，第三产业增加值 10600.8 亿元。“十一五”期间，北京市地区生产总值年均增长 11.4%。三次产业结构由 2005 年的 1.3∶29.1∶69.6 变化为 2011 年的 0.9∶24∶75.1。

农业产业化、规模化水平不断提高。北京市粮食播种面积达 22.3 万公顷，粮食产量达 115.7 万吨，农业观光园 1303 个，比 2009 年增加 9 个。民俗旅游总收入 7.3 万元，增长 20.7%。

制造业高端化、集约化趋向明显。全市实现工业增加值 2701.6 亿元，增长 14.7%，其中规模以上工业增加值增长 15%。“十一五”期间，全市工业增加值年均增长 9.1%。全年工业经济效益综合指数为 233.96，同比提高 38.98 个百分点。规模以上工业企业实现利润 1007.7 亿元，增长 34.8%。全年实现建筑业增加值 621.5 亿元，增长 8.2%。

现代服务业优势不断增强。全市服务业增加值增长 9.1%，其中租赁商务、信息服务等生产性服务业保持较快增长。文化创意产业增加值增长 13.6%。生产性服务业增加值增长 17%。

需求拉动更趋协调。社会消费品零售额实现 6229.3 亿元，增长 17.3%；全社会固定资产投资规模达到 5493.5 亿元，增长 13.1%，超额完成年初计划和应对国际金融危机两年 1 万亿调控目标，投资结构继续优化，民间投资和产业投资比重提升。

自主创新取得明显进展。全年研究与试验发展经费支出 758 亿元，比 2009 年增长 13.4%，研发人员 26 万人，比 2009 年增长 2.8%，专利申请量与授权量分别增长 14.4% 和 46.2%。国务院同意中关村实行“1＋6”系列政策。重大创新和产业化项目加快实施。加大创新型产业项目引进力度，加快推进创新成果产业化，增强创新驱动力。未来科技城开工建设，中关村科学城建设稳步推进。

城市服务功能和生态功能显著提升。轨道交通线新增运营里程 108 公里，总里程达到 336 公里，比 2005 年增长近 2 倍。交通枢纽、智能交通加快建设，公共交通出行比例达到 40.1%。高速公路通车总里程达到 903 公里，超额实现“十一五”目标。新城再生水厂累计建成14座，实现每座新城至少建设一座高品质再生水厂目标。市区和郊区污水处理率分别达到95%和53%，全市再生水利用率达到60%。落实第十六阶段控制大气污染措施，淘汰黄标车5万辆，各项污染物减排目标超额完成，市区二级和好于二级天数比重达到78.4%。

社会民生持续改善。“十一五”期间，全市基本实现就业促进政策城乡统一，率先实现养老保险制度城乡一体化，推进基本医疗保险制度整合和全覆盖，无盲点的社会救助体系基本形成，社会保障待遇稳步提高。2010年，城镇居民人均可支配收入和农村居民人均纯收入分别增长8.7%和10.6%。城镇登记失业率控制在1.37%。参加基本养老、基本医疗、失业、工伤保险人数比2009年末净增154.8万人、125.3万人、98.5万人和76.7万人。城镇职工医疗保险、“一老一小”和城乡无业居民医疗保险报销比例大幅提高，群众负担进一步减轻。

【投资环境与招商引资】 2010年，是“十一五”规划的收官之年，随着一系列规划目标的实现，首都的投资环境日臻完善。

基础设施加快建设。5条新线开通试运营，新增通车里程108公里。3条城市快速路建成通车，完成110项疏堵工程，公交出行比例提高到40.1%。建成陕京天然气三线，完成第九水厂改造，解决中心城区6万户居民老楼通气问题，实现230个老旧小区管网供热。

生态环境切实改善。全市垃圾日处理能力达到1.7万吨，无害化处理率提高到96%。再生水利用率、污水处理率分别达到60%和81%。完成农民住宅节能改造2万户、城镇建筑节能改造644万平方米、城区平房煤改电1.3万户、燃煤锅炉清洁能源改造1052蒸吨，淘汰黄标车5万辆，新增纯电动公交、环卫示范车1260辆。积极推进新城滨河森林公园、郊野公园建设，新增造林面积16万亩。

行政管理体制改革继续深化。崇文区与东城区、宣武区与西城区行政区划调整工作平稳有序。建立海淀区和昌平区产业统筹协调机制，推动大兴区和北京经济技术开发区融合发展。设立市级固定资产投资审批综合服务大厅。深化国有企业改革，成功实施9个重组项目，退出劣势企业196家。深化金融改革创新，成立全国首家消费金融公司，争取多项国家金融创新试点，规范市区两级融资平台，新增要素市场9家。深化社会领域改革，成立首都医药卫生协调委员会，实施药品统一集中采购。整合组建北京广播电视台，完成14家出版社转企改制。

对外开放进一步扩大。开展跨境贸易人民币结算试点，推动首都机场口岸与天竺综合保税区实现大通关，扩大出口信用保险覆盖面，促进外贸出口恢复性增长，地区出口554.7亿美元、增长14.7%。大力吸引跨国公司地区总部，新增涉外驻京代表机构654家，实际利用外资63.6亿美元。鼓励支持企业“走出去”，对外协议投资增长2.5倍。成功举办世界旅行旅游大会等国际活动，城市对外交往务实深入。

北京·香港经济合作研讨洽谈会召开。2010年11月24日，为期两天的第十四届北京·香港经济合作研讨洽谈会在香港会展中心举行。洽谈会以“加强京港务实合作，共促两地经济繁荣”为主题。北京市组织编制了《吸引外商投资项目册》。此次洽谈会推介项目343个，重点项目签约26个，签约金额88亿美元。

外商投资企业审批权限进一步下放。2010年，北京市商务委进一步下放外商投资企业合同章程审批权限，将投资总额1亿美元（含）以下鼓励类、允许类外商投资企业合同、章程及其变更事项的审批权限下放至区县商务部门。

投资北京论坛在京举办。2010年8月18日，以“共建世界城市　共享北京商机”为主题的第二届投资北京论坛在京举办。此次活动31个项目现场签约，签约金额达205亿元。

编制《北京投资指南》。2010年，北京市编制了《北京投资指南》（2009—2010 年），共包含了今日北京、北京经济、投资导向、企业设立和投资服务等五个方面的内容，为企业来京投资提供了便利。

【经济技术协作与对口支援】 2010 年，北京市深入学习实践科学发展观，创新体制机制，统筹各方资源，动员全市力量，以首善标准推动对口支援和经济合作工作，各项工作取得明显成效。

2010 年 5 月市委常委会研究决定成立北京市对口支援和经济合作工作领导小组，中央政治局委员、市委书记刘淇同志任组长，市委副书记、市长郭金龙同志任常务副组长，市委常委、常务副市长吉林同志，市委常委、组织部长吕锡文同志和副市长陈刚同志任副组长，形成了高度统一的具有权威性的决策机构。领导小组下设办公室和新疆和田、西藏拉萨、青海玉树指挥部，形成了坚强的组织保障。根据领导小组要求和援建工作需要，北京市支援合作办研究制定了《北京市对口支援项目管理暂行办法》、《关于对口支援地区干部人才来京培训若干问题的意见》、《北京市“十二五”时期对口支援三峡库区巴东县工作实施方案》、《北京市—内蒙古自治区对口帮扶合作实施方案》等，保障了工作有效运转。组建规划编制工作组，确定了今后五年北京市对口支援和经济合作的主要内容。

全面推进对口援疆工作。2010 年，确定富民安居、棚户区改造等总投资 1.5 亿元的 5 大类 6 个试点项目，655 户富民安居工程试点项目全部建成，棚户区改造示范项目完成主体工程，高效设施农业项目进展顺利，红枣加工项目开始运行，50 座高标准设施大棚交付使用，洛浦县医院综合病房楼、墨玉县医院门急诊楼项目开工建设。提出农村户均 80 平米抗震房、厨卫浴入户的建设标准和对口支援 1 万元、国家和自治区各补助 1 万元和农民投工投料的建设资金筹措模式。启动了 10 个“双语”教育幼儿园试点项目，每年拨出 500 万元专项经费用于援疆汉语教师培训工作。组织相关部门到和田考察电视信号情况，形成了和田地区“一市三县”电视信号解决方案。北京和田发展基金启动运行，市金融局正在对和田金融服务体系进行规划，市经信委等部门组织 70 多家在京企业赴和田签订了产业对接协议，市投资促进局从招商策划、宣传推介、项目引进等 10 个方面对和田地区和兵团农十四师的招商引资工作予以全面支持。市商务委、市农委积极协调，在北京农展馆举行了新疆农产品展销会，在新发地和王府井设立了和田农产品销售专区。积极协调推动人民日报在当地印刷。市文化局为和田地区文化事业发展安排支持资金 600 万元、各种演出车、道具车共计 20 辆，市科协向和田地区捐赠一辆科普大篷车。

稳步实施对口援藏工作。2010 年，2009—2010 年对口援助项目基本完成。此外，按照中央关于对口支援实物工作量按各地上年度财政收入 1‰安排的要求，北京市确定了全市 2011—2013 年援建项目总体规划，共涉及项目 31 个、资金约 6.7 亿元。确定了 2011 年度首批援建项目 25 项，项目总投资约 4 亿元。在年度对口支援资金额度之外，增加投资 5 亿元用于援建拉萨文化体育中心项目。增加了 2500 万元支持拉萨市儿童游乐场项目建设。市卫生局组织医疗保健队开展送医送药义诊活动，为 1000 余名藏族群众免费体检，接待健康咨询 400 余人次，帮助当地医护人员提高业务技能。北京市援藏干部以个人名义资助 20 余名困难学生重返校园，向困难地区和家庭捐款 10 万余元，一对一帮扶贫困群众 30 余户。

扎实推动玉树灾后恢复重建工作。2010 年，北京市与青海省签订了援建协议，确定承担灾后重建任务共三大块、83 个项目、资金约 50 亿元。市财政局先期拨付 2 亿启动资金，确保项目先期开工。根据国家发展改革委召开的全国对口支援青海藏区工作会议精神，确定了 2011 年北京援助玉树资金实物工作量 1.6 亿元。落实地震前《北京—青海科技教育合作协议具体项目实施计划（2010—2012 年）》，

14 个项目中已有 13 个项目开工建设。组织参加 2010 年中国青海投资贸易洽谈会，向玉树州教育系统捐赠 67 辆生活用车，总价值约 536 万元。

深入做好援蒙、援什、援巴工作。2010 年，在帮扶内蒙古方面，对口帮扶内蒙古的资金从 3060 万元提高到每年 8000 万元，其中 7000 万元用于内蒙古赤峰和乌兰察布两市所属旗县扶贫项目，500 万元用于来京培训，500 万元用于北京到内蒙古投资企业的贷款贴息；在支援什邡市灾后恢复重建三年任务两年完成的基础上，与什邡市共同签署了《北京市—什邡市合作框架协议（2010—2013 年）》，确定后续三年对口支援的项目；加大支援湖北巴东力度，援助巴东县资金由 2000 万元调整为 2500 万元。促成新兴铸管集团将 50 多亿投资的资源综合开发项目落户巴东，年产值将有 100 亿元，能解决 4000 人就业，年利税达到 12 亿元左右。

加强干部支援工作。2010 年共选派对口支援干部 315 名，其中援疆援藏援青干部 229 名（党政干部 99 名，专业技术干部 130 人），前方指挥部 86 名。2010 年共开展对口支援地区干部人才来京培训 42 期，共培训各类干部人才 1325 人，涉及经济、农业、教育等 10 多个领域。率先启动“少数民族普通高校毕业生赴对口援疆省市培养计划”，分批接受新疆和田地区未就业普通高校毕业生来京进行为期两年的岗前培训。

在更宽领域上推动区域协调发展。2010 年，在基础设施领域，京津冀区域高速公路不停车收费系统开通运行，京开高速北京段全线贯通，三河热电厂输热管线工程主干线贯通。在生态建设领域，6 万亩生态水源保护林建设任务全部完成，“十二五”时期生态水源保护林合作项目规划已经启动，京石段应急调水合作顺利实施，从河北调水 4 亿方。在商贸领域，“河北商品大集”在京成功举办，首届河北蔬果节开幕，河北四个蔬菜专业合作社与物美集团签订长期供货协议。在金融领域，北京银行投资入股廊坊银行后围绕 IT 技术、国际业务、产品创新等十个方面开展合作，华夏银行在河北新设保定、唐山两家二级分行。在旅游领域，共同开展旅游推介，积极打造精品旅游线路，开发旅游资源，搭建旅游信息共享平台，规范旅游市场秩序。

【“十二五”规划】 经济平稳较快发展。地区生产总值年均增长 8%，地方财政一般预算收入年均增长 9%，价格总水平保持基本稳定。中关村国家自主创新示范区初步建成具有全球影响力的科技创新中心，战略性新兴产业的支柱地位初步形成，服务业占比达到 78% 以上。

居民收入较快增加。城镇居民人均可支配收入、农村居民人均纯收入扣除价格因素年均增长 8%，低收入者收入明显增加，中等收入群体持续扩大，收入差距不断缩小。市民健康水平得到显著提升，市民生活质量不断提高。

城乡环境更加宜居。林木绿化率提高到 57%。交通拥堵现象得到有效治理，中心城公共交通出行比例达到 50%。万元 GDP 能耗、万元 GDP 二氧化碳和主要污染物排放持续下降，空气质量二级和好于二级天数的比例达到 80%。基本实现城市生活垃圾零增长、污水全处理。城市管理的精细化、智能化水平进一步提高。

社会发展和谐稳定。城镇登记失业率控制在 3.5% 以内。城乡社会保障体系基本健全，社会保障卡覆盖所有保障人群。中低收入群众的住房条件得到明显改善。社会管理和服务体制更加完善。人口调控管理服务能力进一步增强，防范和化解社会矛盾的机制更加健全，社会治安防控体系更加严密，社会更加和谐稳定。

文化大发展大繁荣。社会主义核心价值体系建设更加深入，市民文明素质和城市文明程度进一步提高。历史文化资源得到有效的保护、挖掘、传承和利用，文化创意产业和文化事业迅速发展。首都科技、教育、文化等资源优势充分彰显，城市文化软实力显著提升，全国文化中心功能显著增强。

改革开放深入推进。有利于推动科学发展、加快经济发展方式转变和推动自主创新的体制与制度进一步健全和完善，重点领域和关键环节改革取得明显进展，市场在资源配置中的基础性作用得到充分发挥。行政管理体制改革进一步深化，行政效能进一步提高。对外开放的深度和广度进一步拓展，成为国际社会重大活动的重要目标地和国际一流的旅游中心城市。

【重点建设项目介绍】 2010 年重点工程共六大类，200 项，其中续建 127 项，计划新开 73 项。全年实现新开工程 58 项，占年度开工计划的 79%，其余项目有 9 项处于立项、可研阶段，3 项进行初步设计，1 项办理用地手续，1 项进行设计招投标，1 项进行拆迁。实现竣工 50 项，占年度竣工计划的 93%。全年累计完成投资 1402 亿元，占年度投资计划的 99.86%。

从全年完成投资的类别分布看，交通项目完成投资占比为 33.78%，居首位；民生保障项目完成投资占比为 24.17%，其中 63.59% 由新开工保障性住房项目完成；城建类项目完成投资占比为 15.04%，现代产业项目完成投资占比为 14.97%，生态环境项目完成投资占比为 9.82%，能源资源项目完成投资占比 2.23%。重点交通基础设施与民生保障工程完成投资占全市重点工程完成投资近 60%，体现了投资重点。

交通基础设施建设方面。2010 年交通项目共确定了 49 项，包括 18 项轨道交通及配套工程、2 条高速公路、27 条城市道路、2 项交通枢纽及配套工程，全年完成投资 473.53 亿元，占本年计划的 73.57%。轨道交通亦庄线、昌平线、大兴线、房山线及十五号线一期（望京—后沙峪）五条郊区线通车试运营。地铁十号线二期正线拆迁基本完成，车站、区间土方开挖完成总量 51%，全线围护桩完成总量 62%，全线盾构施工完成 8202 米，占总量 22%。北京站至北京西站地下直径线完成工程总量 66%。京沪高铁北京段完成拆迁 52.1 万平方米，占总量 87%，正线铺轨全部完成，开始“四电”基站建设和设备安装，施工完成总量 98%。京石客运专线北京段完成拆迁 63.4 万平方米，占总量 99%，孔桩、承台、架梁等施工完成总量的 90% 以上；京张城际铁路、京沈客运专线处于可研阶段。

民生保障项目建设方面。2010 年民生保障项目共确定了 30 项，包括 10 项医疗卫生设施、15 项文化教育设施、1 项保障性住房、1 项棚户区改造、1 项社会福利项目、2 项其他项目，全年完成投资 338.85 亿元，超出年度计划 90 个百分点。国家博物馆改扩建工程、中国人民大学图书馆新馆、国家话剧院新建工程基本完工。北京协和医院门急诊楼及手术科室楼改扩建工程进行二次结构及外幕墙施工。2010 年计划新开工政策性住房 13.4 万套，全年实现开工 241624 套共计 2033 万平方米，完成投资 215.5 亿元。

生态环境项目建设方面。2010 年生态环境项目共确定了 30 项，包括 3 项垃圾处理项目、10 项水务治理项目、11 项绿化工程、6 项其他项目，全年完成投资 137.71 亿元，超出年度计划 14 个百分点。南干渠工程进行初衬支护及盾构掘进施工。大宁调蓄水库工程进行主体工程防渗墙施工，完成合同总量约 93%。清河再生水厂二期及再生水利用工程厂站综合楼完成主体结构，再生水管线完成 14.9 公里。大兴新城滨河森林公园完成工程总量 80%。顺义新城温榆河水资源利用二期工程、密云及延庆新城滨河森林公园、大兴区三海子郊野公园一期工程已完工，新农村 5 项基础设施建设完成年度投资计划。

现代产业项目建设方面。2010 年现代产业项目共确定了 46 项，包括 6 项生产性服务业项目、4 项文化创意产业项目、19 项高新技术产业项目、10 项现代制造业项目、7 项其他项目，全年完成投资 209.83 亿元，占本年计划的 82.77%。

能源资源项目建设方面。2010 年能源资源项目共确定了 25 项，包括 10 项供热工程、

10项输变电工程、1项风电工程、2项燃气工程、2项其他项目，全年完成投资31.29亿元，占本年计划的49.79%。三河热电厂输热主干线（一期）工程主干线总体完工14.5公里，配热支干线完工5.66公里。门头沟冯村、黑山集中供热厂主厂房及设备安装已完工，大兴新城康庄供热厂工程、大兴观音寺供热工程、顺义城北集中供热中心项目、密云城西南集中供热工程已完工并供热。2010年绿色照明工程已在9个区县推广高效照明产品1100万只。

城建类项目建设情况。2010年城建类项目共确定了20项，含6项商业公建项目和14项土地一级开发项目，全年完成投资210.8亿元，超出年度计划45个百分点。

朝阳门SOHO中心南区进行地下结构施工。北京饭店二期改扩建工程进行内装修及外幕墙施工。地铁九号线郭公庄站周边土地一级开发项目启动部分市政道路施工和二期项目地上物青苗及非住宅拆迁工作。顺义区M15号线后沙峪站土地一级开发项目已完成征地，正进行拆迁收尾工作。

天津市

【经济与社会发展】 2010年，天津市实现GDP 9224.46亿元，比上年增长17.4%。其中，第一产业145.58亿元，增长3.3%；第二产业4840.23亿元，增长20.2%；第三产业4238.65亿元，增长14.2%。全市人均GDP突破1万美元。地方一般预算收入1068.81亿元，增长30.1%。固定资产投资6511.42亿元，增长30.1%。

工业持续快速增长。规模以上工业增加值增长23.7%，新投产项目贡献率超过65%。战略性新兴产业初具规模，航空航天产业增长65%，新能源新材料产业增长45%。

服务业发展势头良好。全年服务业增加值增长14.2%。商贸旅游持续活跃，一批繁华街区、特色街区和都市工业园相继建成，梅江会展中心一期投入使用。金融业增势强劲，中外资金融机构本外币贷款余额增长23.5%。机场旅客吞吐量727.7万人次，增长25.9%；货邮吞吐量20.25万吨，增长20.5%。

自主创新取得突破。全年新增国家级重点实验室7个、企业技术中心4家。自主创新产业化重大项目顺利实施，累计开发新产品536项。国家超级计算天津中心等一批重大创新平台建成运行。全市科技型中小企业达到1.25万家。全年专利授权首次突破1万件，全社会研发支出占生产总值比重达到2.5%。

新农村建设扎实推进。农业总产值完成317.33亿元，比上年增长3.5%。粮食总产量159.74万吨，连续七年增产丰收。现代农业示范园建设加快，建成种植业设施10万亩，进入产业化体系农户达到83%。四批示范小城镇试点有序推进，累计竣工农民还迁住宅1150万平方米，农村城镇化率达到60%。

城市载体功能不断提高。城市基础设施投资完成1673.74亿元，比上年增长4.2%。快速路西北半环建成通车，市区77条配套道路投入使用。市中心妇产科医院、医大总医院二期等建成使用。文化中心工程全面加快，数字电视大厦一期交付使用。

生态城市建设步伐加快。首批入选国家低碳城市试点，全年新建改造提升公园51座，治理河道29条，新建改造污水处理厂29座，绿化造林26万亩。节能降耗保持先进水平，工业万元增加值能耗下降1.5%，关停小火电机组12.5万千瓦。城镇生活垃圾无害化处理率达到91%，工业用水重复利用率实现93%

以上。环境空气质量二级及以上良好天数达到308天，占全年的84.4%。

居民收入和消费稳定增长。城市居民人均可支配收入24293元，增长13.5%。农民人均纯收入11801元，增长10.5%。全市社会消费品零售总额2902.55亿元，增长19.4%。城市居民家庭人均消费性支出16562元，增长11.9%。

就业规模继续扩大。全年新增就业45.15万人，比上年增加4.92万人，增长12.2%，其中安置下岗失业人员10.76万人。高校毕业生就业率继续保持在90%以上。年末全市社会从业人员总量达到728.7万人，增长7.6%。年末全市城镇登记失业率为3.6%。

社会保障水平有新提高。全市养老保险参保人员431.5万人，比上年增长7.5%；失业保险参保职工246.1万人，增长2.9%；城镇职工基本医疗保险参保469.98万人，增长5.8%。全年开工建设保障性住房680万平方米，占全市住宅建设量的30%以上，为7.8万户低收入住房困难家庭发放租房补贴。

【投资环境与招商引资】 天津市是全国四个直辖市之一，是我国北方最大的沿海开放城市。全市总面积1.19万平方公里，辖16个区县（包括滨海新区）。全市常住人口1299万人。天津市地处环渤海地区中心，位于京津城市带和环渤海湾城市带的交汇点，距北京120公里，是我国北方十几个省市的重要出海通道。

天津市自然资源丰富。渤海和大港两大油田，已探明石油储量98亿吨，天然气1937亿立方米，地热分布面积达8700平方公里。全市年产原油3332万吨、天然气17亿立方米。海盐年产量22.62万吨，居全国前列。

天津市交通发达。天津港是我国北方最大的综合性贸易港口，与180多个国家和地区的400多个港口有贸易往来，2010年货物吞吐量达到4.1亿吨；拥有集装箱航线115条，集装箱吞吐量达1008万标箱；30万吨级原油码头建成并投入使用。滨海国际机场新航站楼落成。境内高速公路通车里程达到1000公里。

天津市工业基础雄厚。规模以上工业产值1.67万亿。空客A320系列飞机总装线年产26架，手机年产9107.9万部、钢材4483.71万吨、轿车73.81万辆，均位于全国前列。

天津市金融业比较发达。拥有各类金融机构3919家，其中，银行业3064家，保险业615家，证券、期货业139家，其他类型101家，形成了门类较为齐全的现代金融服务体系。

天津市科技人才密集。拥有南开大学、天津大学等高等学校55所，国家级重点实验室40家，工程（技术）研究中心、实验室、企业技术中心等50家。

天津市发展环境良好。先后被国家授予“国家环境保护模范城市”、“服务外包基地城市”和“优先发展公共交通示范城市”。成功举办了2010夏季达沃斯论坛、“中阿合作论坛”第四次部长级会议、联合国气候变化大会天津谈判会议和中国国际矿业大会。行政审批效率进一步提高，现场审批率由90%提高到95%，现行审批事项减少15%以上。

天津市外商投资踊跃。天津市是全国外商投资回报率最高的城市之一。全市已累计批准外商投资企业22244家，签订合同外资1203亿美元，实际利用外资671亿美元。世界500强企业已有142家落户天津。

【“十二五”规划】 总体目标。包括综合实力显著增强、经济结构显著优化、城市功能显著提升、社会建设显著加强、民计民生显著改善、改革开放显著加快六个方面，主要指标有：全市生产总值年均增长12%，服务业增加值占生产总值的比重达到50%，万元生产总值能耗比“十一五”末降低18%，城镇登记失业率控制在4%以内，城乡居民人均收入年均增长10%以上等。

发展任务。主要有八个方面的内容：

一是实施国家发展战略，全力推进滨海新区开发开放。深入推进综合配套改革，率先转变经济发展方式，争创高端产业聚集区、科技创新领航区、生态文明示范区、改革开放先行区、和谐社会首善区，努力当好贯彻落实科学发展观的排头兵。

二是统筹城乡发展，不断壮大区县经济实力。坚持以城带乡、以工促农，加快推进滨海新区、中心城区和各区县三个层面联动协调发展，切实加强农村基础设施和公共服务建设，率先形成城乡一体化发展新格局。

三是大力发展高端产业，促进产业结构全面优化升级。积极适应市场需求变化，把握技术发展趋势，抓好大项目好项目建设，大力发展结构优化、技术先进、清洁安全、附加值高、吸纳就业能力强的现代产业体系，提高产业核心竞争力，着力构筑高端产业高地。

四是增强自主创新能力，着力建设创新型城市。大力实施科教兴市战略和人才强市战略，加快集聚国内外科技和教育资源，增强自主创新能力，提高教育现代化水平，壮大创新人才队伍，着力构筑自主创新高地。

五是提高规划建设管理水平，着力建设生态宜居城市。高起点规划、高水平建设、高效能管理，全面提升城市规划建设管理水平，显著增强与城市地位相适应的载体功能、服务功能和综合保障功能，积极推进资源节约型、环境友好型社会建设，加快建设独具特色的国际性、现代化宜居城市，着力构筑生态宜居高地。

六是加强社会建设，切实保障和改善民计民生。加快实施富民强市战略，大力推进以保障和改善民计民生为重点的社会建设，继续实施重大民心工程，加强社会管理能力建设，着力提高人民生活水平，推进基本公共服务均等化，全面促进社会和谐进步。

七是推动文化大发展大繁荣，全面提升文化软实力。深化文化体制改革，促进文化事业和文化产业协调发展，满足人民群众不断增长的精神文化需求，努力建设富有独特魅力和创造活力的文化强市。

八是深化改革开放，为加快转变经济发展方式提供制度保障和动力源泉。用改革的办法破解难题，用创新的举措打造新的优势。实行更加积极主动的开放战略，构建全方位、宽领域、纵深化的对外开放与国内合作新格局，更好发挥中心城市的服务、辐射和带动作用。

【重点建设项目介绍】 2010 年，天津市确定了重点建设项目 80 个，总投资 8413 亿元，当年完成投资 1930.5 亿元，30 个项目建成或基本建成。

工业项目：大沽化苯乙烯项目投产，ABS 树脂项目设备安装，新型运载火箭一期基本完工，中航直升机生产基地、中兴通讯北方研发制造基地一期竣工，诺维信生物制药、海鸥手表搬迁扩能改造项目竣工，新建天津和谐大功率机车综合维修基地部分投产，航天五院航天器产业基地、太重临港重型装备制造基地等项目进入主体施工。

能源和交通设施项目：军粮城发电厂五期扩建、大神堂风电场工程竣工；天津港 25 万吨级航道拓宽工程完工；快速路西北半环建成通车；天津站地下交通枢纽设备安装，京沪高铁天津段铺轨，天津西站主站房主体结构完成；津港高速公路一期通车，112 国道等 3 条高速公路加快建设。

城市基础设施和海河综合开发项目：加快实施城市电网与供热管网建设与改造工程，新敷设供热管网 39.3 公里。东郊、北仓、纪庄子、咸阳路污水处理厂升级改造项目基本完工。

新农村建设项目：示范小城镇前两批 14 个试点建成，第三批全面开工，第四批 9 个村镇先行启动。南水北调干线及配套工程顺利实施。29 万农村居民饮水管网改造完成。

社会事业和商贸项目：海河教育园区一期基本完工。天津电影艺术中心一期竣工，国际邮轮母港交付使用。新建和提升改造了万达广场、和平路滨江道中心商业街等 10 个大型商贸设施，梅江会展中心一期投入使用，泰安道地区综合开发进展顺利。

【合作交流与对口支援】 区域合作交流日益深化。北京、河北、吉林、重庆等十余个党政代表团来津学习考察；天津市党政代表团出访陕西、新疆、浙江、重庆等省区市，学习先进经验，全方位推动合作。环渤海区域合作市长联席会第十四次会议成功召开，成员市总数达到40家；通过了成立环渤海区域高新技术产业联盟、金融合作联席会、中小企业发展联盟等议案，签订了《加快环渤海装备制造业基地建设的合作框架协议》；促成了15个项目集中签约，合作金额达197.65亿元。

国内招商引资持续快速增长。2010年，全市引进国内资金到位额1633.8亿元，比上年增长31.5%，是“十五”时期累计到位资金的两倍。引进服务业到位资金1162.45亿元，占总额的71%。累计引进及增资超亿元大项目234个，到位资金1293.18亿元，占全市内资到位资金的比重为79%。同时，精心组织开展对内开放系统“服务月”主题活动，帮助企业解决发展难题。市区两级投诉协调机构共受理企业问题518件，答复率达到95%，接受电话咨询1150件。

对口支援帮扶扎实有序推进。对口支援陕西宁强、略阳两县震后重建率先实现“三年任务两年完成”。累计拨付援建资金20.37亿元，共援建9大类295个项目，7家天津企业落户灾区，总投资额达10亿元。新一轮对口支援新疆和田地区取得良好开端，制定了对口支援规划方案。援建的安居房、蔬菜大棚、林果加工等项目开工建设；启动了手工编织试点，培训和安排300多名妇女从事手工编织业；增招了120名和田中考生来津就读高中；选拔29名掌握维汉双语的大学生志愿者赴策勒县顶岗任教。对口支援西藏昌都、重庆万州和帮扶甘肃省等工作扎实有序推进。昌都解放60周年大庆天津献礼项目——昌都地区会议中心、昌都西路环境综合整治等项目全部完工。40名援藏干部、5名援青干部进驻受援地区开展工作。着手编制支援青海规划，启动教育支援、人才培训及部分先期援建项目。对口支援重庆万州、帮扶甘肃的教育、卫生、农产品种植等项目进展顺利。

合作交流工作网络不断完善。市政府驻外办事处服务招商引资100亿元，引进500强企业20家；协助成立了上海天津商会和新疆天津商会。在外地的天津商会已成立7家，联系服务天津籍企业2000余家。外省市驻津机构服务招商引资超过400亿元。新成立了4家驻津机构，驻津办事处发展到67家，在津异地商会发展到24家，队伍不断壮大。

【天津滨海新区】　2010年，滨海新区完成地区生产总值5030.1亿元，比上年增长25.1%；地方财政收入623.2亿元，增长36.8%；工业总产值10653.6亿元，增长33.2%；全社会固定资产投资3352.7亿元，增长34%；实际利用外资70.4亿美元，增长22.2%；实际利用内资352.2亿元，增长28.9%；社会消费品零售额567.4亿元，增长23.8%。

“十大战役”取得重大进展。全年完成投资1600亿元以上。南港工业区、临港经济区、空港经济区等126万平方米标准厂房完工，响螺湾商务区、于家堡金融区起步区、渤龙湖总部经济区等一批商务楼宇加快建设，部分投入使用。中新生态城动漫产业园一期竣工。塘沽地区市容环境综合整治初见成效。滨海鲤鱼门、极地海洋馆、渤龙山庄运营，引进了美国洛克菲勒集团、中澳皇家游艇等近200个有影响的大项目、好项目。

现代制造业研发转化基地加快建设。航空航天、新能源新材料等战略性新兴产业增长40%以上。首架天津总装直升机试飞，“天河一号”、曙光星云分列全球超级计算机排名榜的第一位和第三位。实施了100项自主创新重大项目，科技型中小企业达到5275家。

重大项目建设进展顺利。重点产业项目完成投资1400亿元。中俄大炼油奠基，新兴重工工业园等160多个项目开工，新一代运载火箭、中船重工等70多个项目加快建设，三星LED、谐型机车等100多个项目竣工。

城市载体功能显著增强。海滨大道、天津大道等10条道路竣工，津滨高速改造工程全线通车，津秦客运专线、京津城际延伸线等项目加快建设。滨海新区大神堂风电场并网发电，供排水、供热、燃气、污水处理等一批配套设施建成使用。

民计民生逐步改善。空港国际医院开工建设，第五中心医院、港口医院、大港中医医院改扩建工程基本完工。新建、改扩建中小学和幼儿园10所，全面完成中小学校舍安全工程，泰达一中被评为市级重点高中。9个街道社区服务中心和社区服务站开工建设，一批文化体育活动场所建成。保障性住房开工面积达382万平方米。

综合配套改革三年实施计划基本完成。行政管理体制改革取得重大突破，建立了部门精简的统一行政区。成立了新区行政服务中心，完成相关审批机构设置和职能整合。组建了新区土地管理委员会，开展土地集中交易。出台了保障性住房建设与管理暂行规定，实行“订单生产”和“阳光交易”。启动医疗卫生体制改革试点，实施医疗重组计划。

河北省

【经济与社会发展】 2010年，河北省实现GDP 20197.1亿元，比2009年增长12.2%；其中，第一产业增加值2562.8亿元，增长3.5%；第二产业增加值10705.7亿元，增长13.4%；第三产业增加值6928.6亿元，增长13.1%。全部财政收入完成2410.5亿元，比2009年增长19.3%，其中地方一般预算收入完成1330.8亿元，增长24.7%。规模以上工业增加值达到8182.8亿元，增长16.5%；全社会固定资产投资完成15082.5亿元，比2009年增长22.9%，其中城镇固定资产投资12921.8亿元，增长23.3%；社会消费品零售总额达到6821.8亿元，比2009年增长18.3%。

经济结构调整取得新进展。大力实施重点产业调整振兴规划，钢铁、装备制造、石化等传统产业改造升级步伐加快，战略性新兴产业快速发展，现代服务业不断壮大，科技创新能力明显提高，高新技术产业增加值达到1220亿元、是2005年的3.5倍，旅游业总收入突破915亿元、是2005年的2.3倍，服务业增加值6850亿元、是2005年的1.8倍。“十一五”节能减排目标如期实现，单位生产总值能耗比2005年下降20%，化学需氧量、二氧化硫排放量比2005年削减15%以上，淘汰落后产能任务超额完成。

农业农村工作得到新加强。认真落实强农惠农政策，全面取消农业税，农业综合生产能力明显提高，粮食生产连续七年丰收，2010年粮食总产达到2975.9万吨；2010年蔬菜、畜牧、果品三大优势产业产值占农林牧渔业总产值比重达68.1%，农业产业化经营率达到58.6%，较2009年提高1.8个百分点；2010年新增有效灌溉面积5.4万公顷，新增节水灌溉面积14.7万公顷；行政村基本实现公路、广播、电视、电话村村通；新农村建设有序推进，省级新民居示范村达到3000个。

城镇面貌呈现新变化。深入推进城镇面貌三年大变样，“三年打基础”工作圆满完成，实施了156项重大城建项目，新增城市道路2500公里、绿地面积1.2万公顷，设区城市空气质量二级以上天数平均增加24天，城市基础设施更加完善、承载力显著增强、环境质量大幅提升、民生得到明显改善。

基础设施建设实现新突破。高速公路通车里程达到4307公里，新建成高速公路1037公里，跃居全国第3位；铁路通车里程达到5300公里，新、改建农村公路1万公里，总里程达到13.3万公里；黄骅综合大港顺利开航，全省港口吞吐量突破6亿吨；河北航空公司成立运营，4个机场相继建成，3个机场加速建设，旅客吞吐量达到300万人次。南水北调河北段等重点水利工程加快推进，新增电力装机容量1672万千瓦、达到4215万千瓦，覆盖城乡的信息网络基本形成。

改革开放迈出新步伐。国有企业、财税金融、医药卫生、农村、文化、行政等方面的体制改革深入推进，企业战略性重组取得重大进展，河北钢铁、冀中能源进入千亿元级企业行列，五年新增上市公司32家；对外开放不断扩大，环首都绿色经济圈建设启动实施，沿海经济带开发步伐加快。

人民生活水平得到新提高。全省城镇居民人均可支配收入达16263.4元，比2009年增长10.5%；农民人均纯收入达5958元，增长15.7%。城镇居民人均消费支出10318.3元，增长6.6%；农民人均生活消费支出3845元，增长14.8%；年末全省城镇参加基本养老保险人数为988.44万人，比2009年末增加68.9万人；城镇基本养老、医疗保险覆盖面不断扩大，新型农村养老保险试点扎实推进，新农合参合率达到94.5%，城乡低保标准与全国平均水平同步增长；安居工程建设力度加大，为43万户城市低收入家庭提供了住房保障；解决了1308万农村人口饮水安全问题，84万人实现了脱贫。

和谐社会建设开创新局面。教育事业全面发展，城乡免费义务教育全面实现；医疗卫生体系不断健全，重大疾病预防能力明显增强；公共文化事业扎实推进，文化产业加快发展；全民健身运动蓬勃开展，竞技体育水平有新提升；人口计生工作得到加强，人口自然增长率控制在6.94‰以内；平安河北建设成效显著，“护城河”工程深入实施，社会大局和谐稳定；援助四川平武建设任务提前完成，援疆、援藏工作顺利推进；国防动员和双拥共建深入开展，军政军民团结局面巩固发展；民族宗教、外事侨务、防震减灾、气象、测绘、档案、人防、妇女、儿童、老龄、残疾人、地方志等各项事业都取得新的进步。

【投资环境与招商引资】 对外贸易低位运行、年末稳中有升。2010年河北省进出口总值完成419.3亿美元，比2009年增长41.5%。其中，出口总值225.7亿美元，增长43.9%；进口总值193.6亿美元，增长38.9%。全省引进省外技术5420项，比2009年增长1.1%；引进资金1949.8亿元，增长31.3%；引进人才8.2万人，增长6.1%。

利用外资止滑回升。2010年河北省实际利用外资43.7亿美元，同比增长18.2%。其中，外商直接投资38.3亿美元，同比增长6.5%。河北省新批外商投资合同246个，同比增长14.4%；合同外资32.9亿美元，同比增长26.3%。新注册三资企业211家，同比增长11.6%；外方注册25.8亿美元，同比增长7.5%。

对外合作实现突破。2010年，河北省核准对外投资项目68个，同比增长28.3%；境外投资总额9.54亿美元，增长151.9%；其中中方对外投资7.53亿美元，增长106.6%，创历史新高。河北省对外承包工程新签合同份数190份，同比增长2.15%；新签合同额29.5亿美元，同比增长10.47%；完成营业额28.53亿美元，同比下降0.62%；外派各类劳务人员7033人，同比下降13.14%。

开发区（园区）建设成效显著。河北省开发区2010年完成生产总值3136亿元、财政收入450亿元、固定资产投资2116亿元、利用外资14.4亿美元、外贸进出口182亿美元，同比分别增长29%、37.2%、24%、3.6%和59.6%。

【经济技术协作】 2010年，认真贯彻落实国家区域发展总体战略和促进区域合作的相关精神，紧紧围绕全省经济社会发展大局，健全合作机制，创新合作方式，拓宽合作领域，以京津为重点的区域合作进一步深化，以新疆、西藏、三峡为重点的对口支援工作进一步推进，全省经济技术合作工作迈上新台阶。

深化与京津合作，促进区域协调发展。一是加强了高层互访。2010年河北省与京津共进行了5次高层次高规格互访活动，推动了与京津的合作。河北省各级各部门与京津的合作正在蓬勃展开，多领域的合作正在进一步深化。二是明确了对接举措。为推动与京津合作落到实处。三是取得了合作实效。围绕河北省与京津《会谈纪要》确定的合作领域和事项，双方相关部门和企业进行了有效对接。着力在基础设施领域开展了铁路、高速公路、干线公路、通讯等对接合作。2010年全省从京津引进资金880亿元，占全省引进资金的55.5%。着力在科技教育、人力资源、金融等领域开展合作，实现了与京津全面对接。

推动与中西部合作，实现互利共赢发展。一是与内蒙古签订了合作协议。双方将在交通、能源、园区和口岸、工业、商贸物流、农业、旅游、金融、建筑市场、人力资源开发、教育科技、环境保护、卫生防疫、森林草原防火、影视业等15个领域展开深层次的合作。特别是在口岸和园区合作上，河北省在曹妃甸为内蒙古分期提供50平方公里土地，支持内蒙古设立物流基地和临港工业园区。二是冀晋合作交流得到加强。8月11日—13日，山西省王君省长率党政代表团来河北省学习考察，召开了两省经济社会发展座谈会，双方本着优势互补、互利双赢、共同发展的原则，进一步推进交通、物流、旅游、能源、水资源、服务业等领域的合作。

依托招商合作平台，推进项目合作。一是参与组织了5月14日上海世博会河北活动周内资项目签约仪式。在签约仪式上共有12个内资项目签约，总投资138亿元，合同引进资金106亿元。二是参与组织了河北省在廊坊举办的经贸洽谈会内资项目签约仪式。共签约内资项目24个，总投资536亿元，协议引进资金336亿元。引进了中国建筑、中青旅集团、中国太平洋建设集团、宝山钢铁集团等大企业、大集团的合作项目。三是积极利用西部地区展会平台，加强与西部地区的互动，参加了“西洽会”、“青洽会”、“西博会”等经贸活动，广交了朋友，开阔了视野，宣传了河北。

【对口支援】 对口支援新疆。一是建立健全工作机制。省援疆工作小组成立了办公室，并在巴州设立了前方指挥部，建立健全了相关制度。形成前后方合理分工、密切配合、协调互动的工作机制。二是研究制定援疆工作方案。省委、省政府印发了《河北省对口支援新疆巴州、兵团农二师工作方案》。三是努力办好10件实事。四是及时启动规划编制工作。从“城镇建设、产业发展、教育事业、卫生事业和人才智力支持”五个方面入手编制援疆综合规划。五是制定了援疆资金筹集和管理办法、援疆项目管理办法，明确工作程序和要求，积极筹措援疆资金，加强项目管理，确保援疆资金及时足额拨付到位，确保援建项目高效推进。

对口支援西藏。河北省委、省政府高度重视援藏工作，2010年河北安排了援藏资金5000万元，用于建设民兵训练基地、狮泉河改造、日土和札达县城道路等16个项目。此外，为改善阿里地区财政紧张状况和交通条件，10月份还一次性赠送阿里地区200万元现金和价值400万元的越野车4辆，赠送日土、札达两县各50万元现金。

对口支援丰都。一是项目合作。截至2010年全省包括各设区市无偿支援丰都的资金累计已超过7070万元，帮助丰都建设了103个移民急需项目，涉及文化教育卫生、基础设施、农牧业开发、机关搬迁、粮油企业和新农村建设等多个领域。二是人才智力培训开发。省财政安排专项资金，由省直相关部门委托职业技术学校分期集中办班形式，对237名移民进行了种植、养殖等专业技术培训。还无偿为丰都培训干部53名，安排8名丰都后备干部到河北省有关单位挂职，三是接收移民劳务。近几年，河北省人力资源和社会保障厅，根据丰都县移民劳动力多、就业压力大的情况，采取同丰都县对口部门积极沟通，签订劳务协议，然后委托基层就业部门集中招收、分类培训上岗的办法，在环京津地区民营企业发达、劳务需求较多、生活相对富裕的廊坊市文安县，安排丰都县移民就业已超过3000人（次）。

【“十二五”规划】 全省经济增长速度和效益高于全国平均水平。生产总值预期年均增长8.5%左右。全部财政收入、地方一般预算收入年均分别增长11%。农业基础地位进一步加强，钢铁等传统产业改造升级取得重要进展，战略性新兴产业在一些领域形成明显优势，服务业增加值占生产总值比重达到38%左右，城镇化率达到54%。研究与实验发展经费支出占生产总值比重达到1.6%，每万人口发明专利拥有量达到0.77件；高新技术产业增加值占生产总值比重达到10%，形成一批具有自主知识产权和知名品牌的优势企业。九年义务教育巩固率达到94%，高中阶段教育毛入学率达到90%；城乡三项基本医疗保险参保率达到95%，城镇参加基本养老保险人数达到1280万人，农村参加基本养老保险人数达到3570万人；人口自然增长率控制在7.13‰以内。非化石能源占一次能源消费比重达到5%，单位生产总值能源消耗降低、单位生产总值二氧化碳排放量降低、主要污染物排放减少达到国家要求，耕地保有量不低于642万公顷，农业灌溉用水有效利用系数提高到0.74，单位工业增加值用水量降低27%，森林覆盖率达到31%，森林蓄积量达到1.4亿立方米。资源利用效率显著提高，重点流域水质及城市空气质量进一步改善。人民生活水平明显提高。城镇居民人均可支配收入、农村居民人均纯收入年均分别增长8.5%；就业压力明显缓解，城镇新增就业335万人，城镇登记失业率控制在4.5%以内，贫困人口显著减少。

【重点建设项目介绍】 2010年，河北省共安排省重点建设项目1468项，完成投资4171亿元，黄骅大港一期、首钢京唐钢铁等350项重点项目竣工投产或部分投产，邯黄铁路、美的工业园、英利能源有限公司年产300兆瓦单晶硅太阳能电池项目等714项重点项目开工建设，分别完成年度计划的127%、136.2%和103.2%，全部超额完成省政府下达的目标任务，为全省经济决战“十一五”、开启“十二五”提供了强力支撑。

科学筛选安排重点项目。在项目安排上注重向装备制造、高新技术、现代服务业等重点产业倾斜，向城镇面貌三年大变样标志性工程或者重大基础设施项目倾斜，向重点产业聚集区项目倾斜。2010年省重点建设项目呈现四个突出特点：一是项目结构进一步优化，装备制造、高新技术和服务业项目个数比重较2009年提高了5.9个百分点；二是项目单体投资规模增大，全部项目平均投资额比2009年增加了1.1亿元，其中新开工项目平均投资额增加3.9亿元；三是大项目数量增多，总投资50亿元—100亿元的项目比2009年增加9个，总投资100亿元以上的项目比2009年增加7个；四是项目聚集程度提高，90%的工业项目在产业聚集区或各类园区建设建设，一大批项目形成了关联配套的产业链条。

组织开展项目谋划储备。依托一批有基础、有条件的企业，认真组织开展销售收入超千亿元企业调研谋划工作，瞄准国家鼓励支持发展的重点方向，围绕“十二五”实现跨跃发展和力争达到销售收入超千亿元目标，谋划重大建设项目，研究实施举措和扶持政策。组织指导各市县建立完善重点项目储备库，制定了省级重点项目入库标准和条件，谋划筛选项目充实项目储备库，并以此作为选列省重点项目年度计划的前置条件，实行动态管理。省重点项目入库达到8838项，总投资近10.1万亿元，为全省“十二五”加大项目建设力度奠定了坚实基础。

努力保障项目建设要素。切实用好省重点项目用地指标，优化资源配置。2010年为已开工在建和急需开工的397个重点项目落实用地指标38440亩（同比分别增长50.4%和

19%），并会同省市国土资源部门联合组成调研组赴各市县，对安排用地项目现场指导和督导，加快办理征地组卷和报批，促使一批重点项目顺利开工建设。会同省金融办先后召开两次对接会议，为投资30亿元以上的重点建设项目逐项落实了银团贷款。同时，通过各种新闻媒体加强省重点项目宣传报道，引导社会投资参与重点项目建设。

上海市

【经济与社会发展】 2010年，上海市全年实现GDP 16872.4亿元，比上年增长9.9%。其中，第三产业实现增加值9618.3亿元，增长5%；第二产业实现增加值7140亿元，增长16.8%；第一产业实现增加值114.2亿元。地方财政收入达到2873.6亿元，增长13.1%。

服务业发展呈现新亮点。服务业基本形成“5、6、7、8”发展格局，即第三产业从业人员占比超过50%，增加值占比接近60%，贡献的地方财政收入占比超过70%，实到外资占比接近80%。不断改善服务业政策环境，出台实施了一批推动现代服务业发展的政策措施，文化创意、信息服务、中介服务以及生产性服务业等新兴服务业快速发展。上海迪士尼项目正式签约。上海成功获批国家高技术服务产业基地和国家云计算服务创新发展试点示范城市。

制造业结构优化效益提升。全年规模以上工业增加值达到6226亿元，比上年增长18.4%，高技术产业产值增长明显快于全市工业增长，汽车、信息、石化等重点行业快速发展。工业效益领先产值增长，规模以上工业企业实现利润2216.6亿元，比上年增长56.7%。注重加强技术改造，工业技术改造投资占工业投资比重超过50%。张江高科技园区、漕河泾新兴技术开发区、嘉定汽车城获批国家新型工业化产业示范基地。

需求结构不断优化。全年社会消费品零售总额达到6036.9亿元，比上年增长17.5%；全社会固定资产投资总额达到5317.7亿元，增长0.8%。社会消费品零售总额不仅增速持续领先增长，并且规模首次超过固定资产投资总额。消费惠民政策成效持续显现，受理汽车以旧换新1.4万辆，实现销售收入20.4亿元；家电下乡和以旧换新销售各类家电约400万台，实现销售收入超过150亿元。

国际金融中心建设取得新突破。金融创新和开放步伐加快，沪深300股指期货平稳推出，上海股权托管交易中心挂牌成立，信贷转让市场启动运行，融资融券、单机单船融资租赁、境外机构投资境内银行间市场等创新业务相继推出，跨境贸易人民币结算业务稳步扩大。金融市场体系不断深化，全年金融市场（不含外汇市场）交易总额达到386.2万亿元，比上年增长53.9%；金融机构进一步集聚。

国际航运中心建设深入推进。深化国际航运发展综合试验区政策方案，免征营业税政策取得实效，启运港退税政策稳步推进，上海浦东机场综合保税区一期封关运作。航运集疏运体系继续完善，国际标准集装箱吞吐量达到2907万标准箱，跃居全球第一；洋山保税港区水水中转集拼正式开展，水水中转比例提高至38%左右；机场旅客吞吐量7170万人次、机场货邮吞吐量372万吨，分别比上年增长25.8%和24.8%。航运服务功能不断增强，上海船舶登记中心挂牌成立，首批9家国际航运经纪企业挂牌，本市涉外航运保险业务占全国比重达到2/3。

国际贸易中心建设加快推进。深化研究国际贸易中心建设政策，虹桥商务区和外高桥国际贸易示范区建设加快推进。深化贸易便利化措施，新型国际贸易试点启动实施。全年商品销售总额达到3.7万亿元，比上年增长24.2%；上海关区进出口总额6846.5亿美元，增长32.8%，其中进口、出口总额双双超过2008年水平；服务贸易总额达到1000亿美元左右。

城市信息化水平进一步提高。信息化建设步伐加快，新增集约化信息通信管线415沟公里，完成光纤覆盖改造120万户家庭，新建3G基站1300个，新增无线热点1400个，互联网用户普及率达到68%。下一代广电网已覆盖中心城区100万用户。全球首个TD－LTE试商用网络在世博园区启用。全市信用信息进一步公开，个人和企业信用联合征信系统接入政务外网。

自主创新能力持续增强。积极承接国家重大科技专项，由上海牵头承担的项目累计达到310项，一批阶段性成果实现产业转化。围绕重大基础科学问题，鼓励支持194项基础研究重点项目。全社会研究与试验发展经费支出相当于全市生产总值比例达到2.83%。全市专利授权量、申请量分别比上年增长38.1%和14.4%。全面落实世博科技行动计划，新能源汽车、半导体照明等一批创新成果在世博会上得到充分展示和应用。

生态环境质量明显改善。环境空气中二氧化硫、氮氧化物、可吸入颗粒物以及主要水体中化学需氧量浓度进一步下降。全年环保投入相当于全市生产总值比例达到3.01%，第四轮环保三年行动计划加快推进，已启动和已完成项目占总数的90%，水环境、大气环境治理与保护等重点领域取得积极进展。全年环境空气质量优良率达到92.1%，城市绿化覆盖率达到38.15%。

积极的就业政策深入实施。完善鼓励创业带动就业政策体系，延长了稳定岗位和职业培训特别计划政策执行期限，将就业援助计划转化为长效制度安排。全年累计帮助成功创业1.2万人，安置就业困难人员约1.8万人；对11.3万名企业职工、3.4万高校毕业生和11.1万来沪务工人员开展了职业技能培训；创建170个阳光职业康复援助基地，为就业困难残疾人提供就业援助。全年新增就业岗位63万个，其中非农就业岗位12万个；城镇登记失业率为4.2%，连续六年控制在4.5%以内。

覆盖城乡的社会保障体系不断完善。进一步完善社会保障制度，在浦东、松江、奉贤三区开展“新农保”试点，实施企业人才柔性延迟申领基本养老金年龄试点，将本市城镇自由职业者、个体工商户基本医保并入城镇职工基本医疗保险。继续提高社会保障水平，增加各类退休人员养老金，统筹调整提高各类保障标准，其中城镇低保标准提高到每人每月450元，农村低保标准提高到每人每年3600元。制定出台关于稳定价格总水平保障群众基本生活的政策措施，对城乡低保对象等困难群体发放临时补贴，减轻物价上涨对低收入群体基本生活影响。全年城市和农村居民家庭人均可支配收入分别达到31838元和13746元，比上年增长10.4%和11.5%。为老服务不断加强，新增养老床位1万张，为25.2万名老人提供居家养老服务。

文化体育发展取得新成果。世博会成为上

海与世界开展文化交流的大平台，带动相关产业迅速发展，全年文化创意产业增加值占全市生产总值比重将提高到9.6%左右。

城市管理和社会管理不断改进。城市网格化管理不断深化，市容环境整治、城市安全隐患排查、食品药品安全和产品质量监管等工作深入推进，全市主要食品评价性抽检平均合格率近93%，完成34.5万名来沪务工人员安全生产培训。开展第六次人口普查工作。基本建成实有人口信息共享和应用平台，加快推进实有人口、实有房屋全覆盖管理。加快推进社区事务受理服务中心标准化建设，社区基层基础功能进一步提升。基层矛盾纠纷排查化解力度不断加大，街镇综合治理大平台和基层大调解工作体系初步形成。社会治安综合治理全面加强，平安建设实事项目顺利完成。

利用外资结构质量继续优化。全年外商直接投资实际到位金额达到111.2亿美元，比上年增长5.5%，累计实到外资突破1000亿美元。创新利用外资方式，在全国率先设立外商投资合伙制企业。继续加大外资功能性机构引进力度，新增跨国公司地区总部、投资性公司、研发中心82家，累计达到837家。

“走出去”步伐不断加快。对外直接投资规模不断扩大，全年对外投资总额达到24.2亿美元，比上年增长57.5%；“十一五”累计对外投资达到60亿美元，其中民营企业占本市对外投资主体数量和投资额分别达到2/3和1/3左右。完成对外承包工程和劳务合作营业额约73亿美元。企业人民币对外投资取得新突破。

国内合作与对口支援工作取得新成绩。贯彻落实国家长三角地区区域规划，进一步完善长三角地区协调合作机制，积极推动泛长三角区域合作。围绕共建共享世博会，交通、信息、环保、金融等重点专题合作取得重要进展。对口支援工作取得新成效，全年安排对口支援项目571项，涉及金额4.3亿元，支援都江堰灾后重建工作提前一年胜利完成。

高效生态农业稳步发展。扎实推进高产示范创建工作，建立稻麦高产示范点1277个，全年粮食总产量达到118.4万吨。继续推进农业设施化、组织化、标准化发展，新建设施粮田7533公顷、设施菜田1890公顷；新认定15个国家级和50个市级农业产业化重点龙头企业，农民专业合作社累计达到3486个。

【投资环境与招商引资】 内资方面。借助世博会观展平台，市区联手、部门合作，先后3次举办“看世博、谋发展、促合作”主题活动，邀请150余家国内优势企业400余名企业家来沪观博和投资需求对接，促成44家企业签订合作意向，投资规模466亿元，其中26家企业投资项目已经落地，金额186亿元。最大的中航电项目，投资达13亿美元。编辑印发《上海市对内开放服务企业相关政策汇编》和《2010投资在上海》，宣传上海投资发展环境。推进南徐家汇国际商务区建设，打造各地来沪企业总部、各地在沪商会、各地在沪企业（协会）联合会、各地驻沪办事机构集聚区。围绕产业结构调整，深入开展目标招商，新增各地来沪落户企业数（注册资金100万元以上）1.7万家，注册资本约1600亿元。

外资方面。全市实际利用外资再创新高，达到111.2亿美元，比上年增长5.5%；累计实际利用外资突破1000亿美元，达到1064.3亿美元，成为全国继广东、江苏之后第三个实到外资破千亿美元的省份。合同利用外资恢复快速增长态势，达到153.1亿美元，增长15.1%；新设外资项目3906个，增长26.4%；累计批准外商投资企业项目59497个，吸收合同外资1751.2亿美元。总部经济保持良好发展势头。全市新认定卡夫食品企业管理（上海）有限公司、纳尔科（中国）环保技术服务有限公司等跨国公司地区总部45家，新设英联食品、道康宁等投资性公司22家，新设百事亚洲研发中心、乐金电子研发中心等外资研发中心15家。

【经济技术协作与对口支援】 召开全市对口支援与合作交流工作会议，明确2010年工作新要求。市有关领导先后率团赴新疆学习考察，明确提出“民生为本、产业为重、规划为先、人才为要”的工作思路和“党委领导、政府推动、社会动员、企业参与”的推进方法。成立援疆工作前方指挥部，启动对口支援喀什试点项目20多个、总投资4.7亿元；签订产业援疆项目75项，总投资258.9亿元；开通东航上海—喀什航线，设立浦发银行喀什分行。按照中央援青工作要求，派出首批7名援青干部，投入资金2500万元，启动对口支援青海果洛州试点项目。对口支援都江堰灾后重建三年任务两年全部完成，共计投入资金82.5亿元，完成项目117个，签署《关于构建上海市对口支援都江堰市工作长效机制的框架协议》，对口支援都江堰由灾后重建转向长期经济合作。在上海其他对口支援地区（不包括喀什、果洛、都江堰）全年共投入无偿援助资金5.1亿元，实施帮扶项目688个；帮助培训2.9万人，选派青年志愿者、教师、医生、科技工作者等1000多名。完成第六轮援助新疆阿克苏项目，圆满结束对口支援新疆阿克苏任务。第五轮援助西藏日喀则项目提前竣工，完成援藏干部轮换交接，开展第六批援藏项目编制工作。召开上海—云南对口帮扶合作第十二次联席会议，明确“十二五”帮扶工作思路；继续实施“三个确保”重点村建设，稳步开展“整乡规划、集中连片开发”试点，扶持当地发展优势产业，启动对口帮扶独龙族前期工作。举办上海对口支援三峡库区移民工作第三次联席会议暨援建项目现场观摩会，推进新农村示范点建设，加大移民就业基地标准厂房建设规模，帮助库区召开经贸洽谈会，促成一批合作项目，协议资金达11.2亿元。举办“对口地区农特产品迎春博览会”，开通“携手网”，帮助对口地区企业在沪设立直销点、专营点，多渠道扶持对口地区农特优产品进入上海市场。

【“十二五”规划】 按照“坚持高端化、集约化、服务化，推动三二一产业融合发展，加快形成服务经济为主产业结构”的产业发展方针，优化产业布局，加快构建以现代服务业为主、战略性新兴产业引领、先进制造业支撑的新型产业体系，不断提高产业核心竞争力，努力打造“上海服务”和“上海智造”品牌。未来五年，上海全市生产总值年均增长率预期为8%左右，第三产业增加值占全市生产总值比重将达到65%左右，单位土地产出率和全社会劳动生产率要进一步提高。

城市创新活力大幅提升。创新是推动上海实现转型发展的重要支撑，上海将把创新贯穿于经济社会发展的各个环节和全过程，着力推进制度创新、科技创新、管理创新和文化创新，努力营造日益浓厚的创新氛围，不断壮大创新人才队伍。2015年，上海全社会研发经费支出相当于全市生产总值比例，将从2010年的2.8%提高到3.3%左右，每百万人口发明专利授权数将从2010年的313件提高到600件左右。

城市服务功能全面增强。“十二五”期间，上海增强城市服务功能，重点包括三个方面：一是加快推进国际经济、金融、贸易、航运等“四个中心”建设。二是着力建设“智慧城市”。三是进一步提高城市建设和管理水平。

城乡居民生活质量和水平明显提高。保障和改善民生是上海经济社会发展的出发点和落脚点。“十二五”期间将着力完善保障和改善民生的制度安排，逐步扩大多领域、多层次、多元化的公共服务供给，提高基本公共服务保障能力和均等化水平，不断改善人民生活，让改革发展成果更多更好惠及人民，促进社会公平正义和人的全面发展。

营造生态宜居的美好家园。营造良好的生态宜居环境，是建设“四个中心”和现代化国际大都市的必然要求，“十二五”期间，上海将坚持实施节约资源和保护环境基本国策，控制总量、调整存量、注重长效、社会参与，积极应对气候变化，着力推进节能减排，推动绿色低碳发展，加强环境保护和生态建设，加快建设资源节约型和环境友好型城市，努力使我们的家园更加生态宜居，实现城市可持续发展。

改革开放取得新的突破。“十二五”期间将按照市场化、国际化、法制化取向，坚持开创性、坚韧性、操作性相结合，着力破除转型发展的深层次问题和结构性矛盾，探索综合性、专项改革试验，加快形成有利于科学发展的体制机制，进一步增强发展的动力。

【重点建设项目介绍】 2010年是世博会举办年。上海市全年调整安排94项重大工程建设项目，完成投资1043.69亿元，占上海全社会固定资产总投资总额的19.6%，为上海的经济平稳增长作出了贡献。全年有29个项目基本建成，为完成“十一五”规划收尾画上了圆满的句号；开工项目达到27个，为“十二五”规划开好局打下基础。

计划开工项目全面启动。2010年，重大工程计划新开工17个项目，实际有S6高速公路、黄浦江上游航道整治工程、石洞口燃气生产和能源储备项目、大型居住区配套道路及公交枢纽、中国商用飞机公司能力建设项目、迪士尼及外围配套、浦东机场第五跑道圈围工程等27个项目开工建设，重大工程形成了滚动推进的态势。

计划建成或基本建成项目全面实现。2010年，重大工程计划26个项目建成或基本建成，政府加大投资规模，依靠积极的财政政策，各部门加大推进力度，实际有上海至南京城际轨道交通（上海段）、外高桥港区六期工程、虹桥综合交通枢纽基础设施、沪苏高速公路新建工程、轨道交通10号线工程、上海动车段、白龙港污水处理厂污泥处理工程等29个项目基本建成，投入运行，确保“十一五”重大工程计划全面落实。

【成功举办世博会】 2010年，上海市全力以赴成功举办世博会。上海世博会参展国家和国际组织达到246个、参观人次7308万、文化演出活动22900余场、志愿者200万名，均创下世博历史新纪录，成为世博会历史上参与度最广泛的一次盛会。围绕“城市，让生活更美好”主题，上海世博会充分展示了城市文明成果、交流了城市发展经验、传播了先进城市理念、探讨了城乡互动发展，成功展现了我国改革开放的辉煌成就，全面促进了国际国内经济文化交流，实现了成功、精彩、难忘的目标。

世博带动效应明显。世博会举办直接带动了旅游会展、商业销售、交通运输、住宿餐饮等服务业快速增长，有力促进了上海经济发展。世博会举办改善了城市基础设施体系和市容市貌，全面提高了城市文明程度和市民文明素质，凝聚形成了为国争光、全心为民、团结协作、严谨科学、追求卓越、爱岗敬业的上海世博精神。

江苏省

【经济与社会发展】 2010年，江苏省全年实现GDP 40903亿元，增长12.6%，高于年度预期目标2.6个百分点，人均5.2万元左右，相当于7700美元；地方一般预算收入4079.9亿元，增长26.4%；外贸进出口总额4657.9亿美元，增长37.5%；城镇居民人均可支配收入22944元，增长11.6%；农民人均纯收入9118元，增长13.9%。

不断优化产业结构。加大对新兴产业和现代服务业发展的支持力度，启动实施新兴产业倍增、服务业提速和传统产业升级“三大计划”。六大新兴产业全年销售收入超过2万亿元，增长38%，占工业销售收入的23%。新能源产业实现销售收入2906亿元，增长30.9%；新材料产业实现销售收入7566亿元，增长29.1%；生物技术和新医药产业实现销售收入3195亿元，增长35.6%；节能环保产业实现销售收入3410亿元，增长32.2%；软件和服务外包产业实现销售收入2760亿元，增长55.1%；物联网和新一代信息技术产业实现销售收入810亿元，增长80%。高新技术产业产值占规模以上工业比重提高到33%。现代服务业发展加快。突出抓好现代物流、金融保险、电子商务、文化创意等现代服务业，抓住上海世博会机遇加快发展旅游业。加大服务业集聚区建设力度，全省100家省级现代服务业集聚区入区企业2万多家，实现营业收入2287亿元。全年服务业增加值1.67万亿元，增长13.0%，占GDP比重达到40.9%。大规模改造提升传统产业，全年技改投入超1万亿元。加快特色产业基地建设，促进产业集聚、企业集群、资源集约利用。发挥好南京、苏州、无锡、泰州和连云港等国家高技术产业基地作用的同时，省级特色产业基地建设成效显著，全年新增省级特色产业基地30家，累计达60家，销售总规模约1.5万亿元，其中高技术特色产业基地20家，销售规模占比接近30%。召开了全省加快发展新兴产业大会和加快发展现代服务业工作会议，制定出台一系列政策措施。

加大科技创新力度。继续加大科技投入力度，全社会研发投入超过840亿元，占GDP比重提高到2.1%。专利申请量连续三年居全国第一，专利授权数和企业专利申请数双双突破10万件。强化企业技术创新主体地位，引导和支持创新要素向企业集聚，全省80%以上的研发投入由企业完成，80%以上的科技平台建在企业，50%以上的科技获奖成果来自企业。推动产学研合作向纵深发展，支持企业和高校、科研院所建立产业技术创新战略联盟。区域创新能力继续保持全国第一，全省科技进步贡献率达54%。

推进节能减排工作。严格落实节能减排责任，加大淘汰落后产能力度，严格控制“两高”和产能过剩行业新上项目，大力实施节能减排重点工程，列入计划的小火电、炼铁、炼钢、水泥等落后产能关停工作进展顺利，全年关停小火电机组122万千瓦，累计关停机组728.6万千瓦，占全国的14%。全年万元GDP能耗下降到0.73吨标准煤，下降率为4%。环境保护力度加大，生态文明建设取得新成效。减排工作有力推进、成效显著。化学需氧量和二氧化硫排放量均超额完成“十一五”减排总目标。太湖湖体水质持续改善，确保了饮用水供水安全。扎实推进生态省和“绿色江苏”建设，森林覆盖率和城市绿化覆盖率分别提高到20.6%和42%。

促进城乡统筹发展。加强统筹协调，以农民增收为核心做好“三农工作”，着力推进城乡一体化进程。引导生产要素跨区域合理流动，着力培育新的经济增长极，推动区域协调发展。一是做好“三农”工作。进一步加大对“三农”的支持力度。稳定粮食生产，大力发展现代高效农业，扎实推进新农村建设。全省连续七年保持了投入增加、粮食增产、农业增效、农民增收、农村稳定的好势头。全年粮食总产647亿斤，在高平台上继续增产。高效农业总面积达到2660万亩。农民专业合作组织蓬勃发展，入社农户比例达到42%。加强现代农业产业园区、农产品加工集中区、农产品批发市场建设，推动农业生产经营专业化、规模化、产业化、集约化。加强优良品种培育，农产品质量体系建设取得新进展。二是加快推进城乡一体化。城市化和城市现代化步伐加快，城市化率达到57%。认真做好苏州市城乡发展一体化综合改革试点工作，有序推进城乡规划、产业布局、基础设施、公共服务、劳动就业“五个一体化”，促进城乡共同繁荣。进一步改善农村生产生活条件，深入实施新一轮农村“六件实事工程”，加强农村基础设施建设，提高农村公共服务水平。农村改水三年目标如期实现，累计解决1275万农村人口饮水安全问题。

推进区域协调发展。全面实施《江苏沿海地区发展规划》，以加快沿海开发开放提升区域协调发展水平为目标，统筹推进港口建设、产业发展、城镇发展和环境保护，加快培育壮大优势主导产业。一批重大产业项目逐步落户沿海地区，沿海地区步入发展快车道。深入推进“四项转移”和南北共建园区，着力加快苏北发展。苏北地区新开工500万元以上产业转移项目保持在2000个以上，总投资1750亿元，实际引资额950亿元，增长22%，共建园区总数达到27个。苏北发展内生动力明显增强，主要经济指标增速继续高于全省平均水平。加快苏南经济转型升级，苏南地区产业竞争力进一步提升。苏中经济发展进一步加快，苏中崛起成效明显。

切实加强民生保障。坚持以人为本、民生优先，深入推进创业富民、就业惠民、社保安民，扎实办好改善民生实事和惠民工程。新增就业128.7万人，高校应届毕业生就业率超过90%，新增农村劳动力转移44.1万人。千方百计增加城乡居民收入，全年城镇居民人均可支配收入22944元，增长11.6%，农民人均纯收入9118元，增长13.9%。全省养老、医疗、失业、工伤和生育保险参保人数进一步增加，新型农村社会养老保险参保率已达98%，实现第四个“全覆盖”。加大保障性住房建设力度，实现城市低保和低收入住房困难家庭申请保障性住房和租赁补贴应保尽保，全年新增公共租赁住房10.2万间（套），建成廉租住房1.77万套，新开工建设经济适用住房13.5万套。加大对经济薄弱村和困难户的帮扶力度，新增脱贫人口100万以上。

【投资环境与招商引资】 江苏位于长三角的

北翼，跨长江下游两岸，东濒黄海，有近1000公里的海岸线，坐拥太湖和洪泽湖两大淡水湖，具有得天独厚的区位优势。江苏产业基础雄厚，电子信息、装备制造、现代纺织、化工冶金等优势支柱产业在全国具有重要地位，服务业发展迅速，信息化程度高，信息网络和技术在全省得到广泛应用。江苏拥有四通八达的综合交通网络，高速公路密度居全国第一，“两纵两横”的铁路网可直达全国各大中城市，京沪、陇海两大铁路动脉贯穿全省。交通等基础设施的大幅改善，能源等供应能力和质量的明显高，为投资提供了良好的经营条件，飞速发展的经济、较为完善的市场经济体系和法律规章，为投资创造了优良的外部环境。

2010年，江苏省抓住国际市场回暖的有利时机，引导和支持企业调整出口产品结构，加大开拓市场力度，不断改善开放型经济运行质量。一是利用外资规模继续保持平稳增长。全省新批外商投资项目4661个，增长10.5%；协议利用外资568.33亿美元，增长11.5%；实际到账外资284.98亿美元，增长12.5%，约占全国的1/4，规模连续八年保持全国第一。截至2010年底，全省累计实际到账外资超过2200亿美元。二是外贸出口结构明显优化，机电产品、高新技术产品出口增幅高于总体水平，一般贸易出口增幅高于加工贸易，民营企业出口增幅高于外资企业。加大招商选资、招才引智力度。全年实际到账外资285亿美元，增长12.5%。三是加快“走出去”步伐，支持有条件企业到境外收购研发机构、营销网络、知名品牌以及上市融资。全年境外中方协议投资额21.76亿美元，增长1倍以上。四是提升开发园区功能，泰州医药产业园、昆山高新区升级为国家高新技术产业开发区，徐州、镇江、扬州、吴江、常熟、江宁、盐城、淮安经济开发区等8家省级经济开发区被正式升级为国家级开发区。江苏与新加坡合作的南京生态科技岛、苏通科技产业园已进入实质性开发阶段。

【经济技术协作与对口支援】 积极开展省际间经济合作。促进东西部地区互动发展，组织参加第十四届西洽会、东西部合作论坛、青洽会、西博会等活动，其中西洽会达成合作项目286个，签约总金额334亿元，荣获大会颁发的“最佳组织奖”和“最佳布展奖”两项大奖。参与组织了“浙江—江苏经济合作洽谈会暨项目签约仪式”、“苏陕企业家座谈会暨合作项目签约仪式”、“湘苏经济合作暨江苏省湖南商会成立揭牌仪式”、“贵州省招商引资项目推介洽谈会”、“2011年山西省（南京）招商推介会”等活动。

深化推进苏陕挂钩协作与参与西部大开发工作。2010年江苏省投入无偿援助资金3559万元，其中省级财政拨付1000万元，实施扶贫援助项目108个，社会捐赠资金和物资折价达517.42万元；援建学校26所，卫生院（所）10所；援建学校乡村道路114公里，桥梁7座；乡村道路113公里，改造基本农田近1.9万亩，帮助解决人畜饮水困难。配合开展两省省长互访并签订苏陕《加强两省能源和其他优势产业战略合作框架协议》和《进一步深化两省经济社会发展合作协议》。加强省级异地商会管理工作，研究提出组建省级异地商会的指导意见。

启动新一轮援藏援疆工作。按照中央西藏工作会议、新疆工作会议部署，在积极推进既定援助任务的同时，配合省委省政府启动新一轮援藏援疆工作，起草了江苏省新一轮对口援藏援疆的工作意见、思路、方案及规划，并配合省委省政府开展实地调研、领导互访、召开会议、出台文件等工作。积极做好援助项目的洽谈确定和组织实施工作，拉萨市师范高等专科学校大学生活动中心、拉萨市青少年活动中心、拉萨市人民医院医技楼等一批援建项目有序推进。

切实做好其他对口支援任务。支援四川绵竹灾后恢复重建工作三年任务两年全部完成，全省累计安排援建项目295个，投入援建资金超过110亿元，所有援建项目全部竣工交付使用，得到了中央的充分肯定和当地干部群众的高度赞扬。对口支援青海省藏区工作稳步推进，帮扶徐州丰县脱贫等工作迈出新的步伐，与三峡库区的合作也取得了新进展，江苏省企业共与库区签约经济合作项目 18 个，协议金额达 270.1 亿元。

【“十二五”规划】 总体目标。到 2015 年，全省综合经济实力、自主创新能力、国际竞争力和可持续发展能力显著增强，全面建成更高水平小康社会，苏南等有条件的地方在巩固全面小康成果基础上率先进入基本现代化，人民群众过上更加宽裕安康的美好生活，为 2020 年全省基本实现现代化打下具有决定性意义的基础。重点任务。一是创新驱动，加快经济转型升级；二是扩大内需，促进经济平稳较快增长；三是惠民优先，着力构建和谐社会；四是统筹兼顾，推进城乡区域协调发展；五是绿色引领，提升可持续发展能力；六是改革开放，增强经济社会发展动力和活力。

【重点建设项目介绍】 2010 年，江苏省安排 200 个省级重点项目，其中实施项目 180 个，主要包括重大基础设施、重大产业和重大民生项目，在投资规模、行业分布、地区布局上更加协调、合理。至 2010 年底，重点项目建设进展顺利，完成投资 3231 亿元，同比增长 20.5%，有效地发挥了重点项目在“转方式、调结构、促转型”方面的带动和支撑作用，为打造一批重大基础设施骨干工程、形成一批特色产业基地，奠定了重要基础。

路桥方面：泰州长江大桥、崇启大桥、南京长江四桥、宿迁至新沂高速公路等工程建设进展顺利。江都至海安、徐州至济宁、无锡至张家港等高速公路建成通车，全年新增通车里程 304 公里，总里程突破 4000 公里，达到 4059 公里，路网密度居全国前列。开工建设了临海高等级公路、溧水至马鞍山和江都至六合高速公路等项目。铁路方面：沪宁城际高速铁路建成通车，连盐铁路开工建设，宁杭、宁安城际铁路、京沪高铁江苏段、铁路南京枢纽站等项目建设进展顺利。城际轨道方面：南京地铁 1 号线南延线、2 号线一期、2 号线东延线建成投入运营，3 号线开工建设。苏州城市轨道交通 1、2 号线及无锡城市轨道交通 1 号线建设进展顺利。机场方面：淮安涟水机场正式通航，苏南硕放机场飞行区扩建工程基本完工。南京禄口机场二期、苏中江都机场建设进展顺利。港口水利方面：连云港港疏港航道工程全线贯通；连申线东台至长江段、京杭运河湖西航道一期工程等航道开工建设；建成苏州港太仓港区集装箱三期工程、南京港龙潭港区五期工程等项目，全年新增万吨级以上泊位 26 个，新增吞吐能力 7700 万吨，全省沿江沿海港口万吨级以上深水泊位总数达到 366 个；亿吨大港数达到 6 个，居全国第一。南水北调东线工程加快推进，通榆河送水工程全面完工、实现通水。产业方面：南汽轿车及发动机、无锡海力士三期、镇江恒神碳纤维、张家港道康宁有机硅等项目顺利竣工，昆山龙飞、南京中电熊猫夏普高世代线、徐州协鑫光伏、盐城华锐风电、南通王子制纸、宿迁可成科技、无锡传感园等产业项目加快推进。能源方面：“川气东送”管道建成并实现供气。如东 LNG 外输管线与冀宁联络线和西气东输一线全面贯通。大唐、吕四等一批电力项目建成投产，全年新增电力装机 864 万千瓦，约占全国新增电力装机的 1/10。稳步推进陆上风电建设，加快启动海上风电开发，全省新增风电装机 55 万千瓦，累计投产 150 万千瓦。长江 12.5 米深水航道向上延伸至南京整治工程、千万千瓦海上风电基地、连云港田湾核电扩建工程等项目前期工作取得重要进展。

云南省

【经济与社会发展】 2010 年，云南省全年实现 GDP 7220.1 亿元，增长 12.3%；地方财政一般预算收入 871.2 亿元，增长 24.8%；财政支出 2285.7 亿元，增长 17.1%；全社会固定资产投资完成 5528.7 亿元，增长 22.1%；实现社会消费品零售总额 2500.1 亿元，增长 21.9%；外贸进出口总额 133.7 亿美元，增长 66.5%；城镇居民人均可支配收入 16065 元，实际增长 8.1%；农民人均纯收入 3952 元，实际增长 13.2%；城镇登记失业率 4.2%，人口自然增长率 6.3‰；单位生产总值能耗下降 3.6%；居民消费价格总水平上涨 3.7%。

农业在大灾之年实现平稳发展。从 2009 年秋季持续至 2010 年的秋、冬、春、初夏连旱，持续时间长，灾情严重、影响面广、危害程度深。全省 50% 的人口受灾，农业生产受到重创，上千万亩小春作物绝收，减产近一半。在党中央、国务院和全国人民的支持帮助下，云南省委、省政府累计筹集资金 38.5 亿元，共计 1600 万人次投入抗旱救灾，有效解决了近 1000 万人、2200 多万头牲畜饮水困难，有效保障了灾区 823 万缺粮灾民的基本生活。大灾之年，云南省实现全年农业增加值 1105.8 亿元，增长 4%。粮食总产量 1531 万吨，下降 2.9%。肉类总产 321.4 万吨，禽蛋产量 20.8 万吨，牛奶产量 50.4 万吨，水产品产量 48.2 万吨，同比分别增长 5.5%、0.2%、4.2% 和 11.9%。

特色优势产业呈恢复性发展。蔬菜播种面积 671.3 千公顷，增长 7.8%，总产量 1255 万吨，增长 1.4%；烤烟播种面积 419.9 千公顷，增长 8.4%，总产量 95.4 万吨，增长 8.4%；瓜果类播种面积 24.9 千公顷，增长 40.4%，水果总产量 397.9 万吨，增长 16.1%；茶园面积 367.7 千公顷，增长 3.7%，总产量 20.7 万吨，增长 13.3%；橡胶种植面积 486.7 千公顷，增长 5.5%，总产量 33 万吨，增长 10.8%。全年造林面积 730.3 千公顷，增长 2.4%。农产品质量安全抽验合格率稳定在 95% 以上，未发生重特大农产品质量安全事故。

工业经济平稳增长。全年实现工业增加值 2606 亿元，增长 14.7%。其中规模以上工业完成增加值 2246.9 亿元，增长 15%；重工业完成增加值 1209.5 亿元，占全省规模以上工业比重为 53.8%，增长 15%；轻工业完成增加值 1037.5 亿元，增长 15%。重点行业的发展有利地支撑了云南省的工业增长。全年烟草制品业、化学原料及化学制品制造业、医药制造业、有色金属冶炼及压延加工业、黑色金属冶炼及压延加工业、电力、热力的生产和供应均实现两位数增长。

服务业发展态势良好。全社会货运周转量 990.5 亿吨公里，增长 8.8%；旅客周转量 523.6 亿人公里，增长 16.8%；邮电业务总量 765.1 亿元，增长 14.2%；批发和零售业零售额 2151.4 亿元，增长 23.2%；住宿和餐饮业零售额 348.7 亿元，增长 14.4%；旅游总收入 1007 亿元，增长 24.2%。

固定资产投资较快增长。全社会固定资产投资在高基数上继续平稳较快增长。其中：第一产业完成投资 225.9 亿元，增长 14.6%；第二产业完成投资 1773.2 亿元，增长 16.3%；第三产业完成投资 3529.6 亿元，增长 25.8%。工业及促进民生改善投资保持较快增长。

社会事业发展成效显著。人均受教育年限提高到 8 年，高中阶段和高等教育毛入学率分别达到 65% 和 19.6%，分别提高 29.8 和 6.7 个百分点；医疗卫生工作进一步加强，至 2010 年末共有各类医疗卫生机构 9407 个，增长 1.7%（其中，医院 780 个，卫生院 1387 个）；卫生机构床位数 15.7 万张，增长 12.1%；卫生技术人员 14.3 万人，增长 7%；新型农村合作医疗基本实现全覆盖；县级文化馆、图书馆，乡镇文化站基本全覆盖；全面实施 20 户以上自然村广播电视“村村通”工程，广播电视人口综合覆盖率分别达到 95% 和 96%；社会福利和社会救助能力不断提升，对残疾人等弱势群体的救助保护工作深入开展。

经贸工作深入开展。内贸方面，全年实现社会消费品零售总额快速增长。其中，城镇消费品零售额 1992.7 亿元，增长 22.8%；乡村消费品零售额 507.5 亿元，增长 18.5%。外贸方面，全年进出口总额大幅度增长。其中，出口完成 76.1 亿美元，增长 68.5%；进口完成 57.6 亿美元，增长 64.4%。

民生得到进一步保障和改善。全年全省城镇就业人数 621.4 万人，同比增加 55.4 万人，增长 10%；城镇（单位）新增就业人数 27 万人，同比增加 3.6 万人，增长 15.2%；扶持下岗失业人员就业人数 7.7 万人，其中：就业困难人员 6.5 万人，环比增加 1.1 万人，增长 20%；实现就业的零就业家庭成员 2292 人，同比减少 724 人，减少 31.6%；应届高校毕业生就业率 95.1%；“贷免扶补”创业促就业带动就业人数 14 万人，同比增加 8.6 万人，增长 160%；新增转移农村劳动力 165.5 万人，同比增加 45.6 万人；城镇登记失业率 4.2%，同比减少 1%。全省参加城镇基本养老保险人数 317.4 万人，同比增加 10.9 万人，增长 3.5%；参加基本医疗保险人数 820.5 万人，同比增加 58 万人，增长 7.6%；参加城镇失业保险人数 209.6 万人，同比增加 11 万人，增长 5.5%；参加工伤保险人数 227 万人，同比增加 11.9 万人，增长 5.5%；参加城镇职工生育保险人数 210.2 万人，同比增加 29.1 万人，增长 16.1%；参加农村社会养老保险人数 684.6 万人。及时研究采取了 20 条措施稳定物价，并安排 2.1 亿元资金实施临时价格补贴，缓解了物价上涨给困难群众造成的生活压力。全省财政民生投入达 1570 亿元，占财政一般预算支出的 69%，有效解决了一批群众普遍关心的切身利益问题。

节能减排淘汰落后产能。2010 年云南省淘汰落后产能的目标任务为：炼铁 200.3 万吨、炼钢 15 万吨、焦炭 681 万吨、铁合金 5.2 万吨、电石 1.3 万吨、铜冶炼 7.4 万吨、铅冶炼 7 万吨、锌冶炼 0.8 万吨、水泥 789 万吨，造纸 1 万吨，涉及全省 13 个州（市）的 165 户企业。全省列入淘汰的 165 户企业已全部关停，完成了全年淘汰落后产能目标任务。全年全省单位工业增加值能耗同比下降 7.7%。

生态环境质量不断提高。全省共有各类自

然保护区161个，面积2.9万平方公里，占全省国土面积的7.5%。其中国家级自然保护区17个，面积1.4万平方公里，占全省国土面积的3.7%；省级自然保护区42个，面积0.9万平方公里，占全省国土面积的2.2%；州（市）级自然保护区59个、县级自然保护区43个。基本形成了各种级别、多种类型的自然保护区网络体系。2010年，全省化学需氧量排放量比2009年的27.3万吨下降1.8%，削减0.5万吨；二氧化硫排放量比2009年的49.9万吨上升0.3%，增加0.1万吨。2010年化学需氧量排放量26.8万吨，比2005年下降5.8%；二氧化硫排放量50万吨，比2005年下降4%，完成“十一五”削减目标。九大高原湖泊水质基本保持稳定。滇池治理全年投入资金53亿元，牛兰江—滇池补水项目已投入资金30多亿元，并对程海、杞麓湖水污染防治进行了专题研究部署。启动实施了《七彩云南生态文明建设规划纲要》和“森林云南”建设计划，编制完成了《“三江”流域（云南部分）生态保护与水土流失治理规划》。

区域经济发展取得新突破。2009年7月，胡锦涛总书记在云南考察时做出“使云南成为我国向西南开放的重要桥头堡”的重要指示，为我国进一步拓展发展空间、提升沿边开放指明了方向，是中央对云南优势和特色的高度概括，是云南经济社会发展的重大历史机遇。云南省积极主动推进桥头堡建设前期工作，对外开放合作迈出了坚实步伐。配合国家46个部门、160多人组成的调研组，开展了桥头堡建设的调研和专项文件的制定，明确了桥头堡建设的思路、目标和主要任务，推动桥头堡战略上升到国家层面。对东南亚、南亚国家开展了两次重要访问，产生了广泛影响。积极推进中越、中老、中缅跨境经济合作区建设。南亚国家商品展顺利落户昆明，“昆交会”的层次进一步提高、内容更加丰富。跨境贸易人民币结算试点工作取得重要进展，口岸通关项目整合成效明显。

【投资环境与招商引资】 2010年，云南省全年共新批外商投资项目163个，实际利用外资13.3亿美元，增长46%，超额完成年度工作目标。

进一步优化投资环境。最大限度地放宽对外来投资企业在云南省投资的领域和行业（除国家明令禁止的范围外）、外来投资者在云南省投资设立企业的条件、经营地域和持股比例、外来投资企业的投资方式等方面的各种限制；照国际惯例和社会主义市场经济运行的要求，取消一批政府部门行政审批的项目和事项，建立行政公示制、工作时限制及主办部门负责制，为外来投资企业和外来投资者提供优质高效服务；继续实行对外来投资企业的优惠政策，坚决制止各种形式的乱收费，创造良好投资机会和条件，降低外来投资企业的投资成本；对外来投资企业优先安排用地计划，实行优惠的土地政策；完善地方性法规、金融政策、人才输送等方面配套服务，为外来投资企业营造良好的社会环境。

积极做好利用外资工作。一是积极支持、协助和参与对外招商引资工作。云南省级相关部门密切配合，到我国台湾地区和香港地区、东南亚国家开展招商引资工作，介绍云南投资环境和有关政策，不断探索和创新招商引资模式，并积极筹办“华商论坛”、“昆交会”和“台商洽谈会”等大型招商引资活动。二是不断扩大云南省外商投资领域。积极促进外来投资从租赁、商贸服务、制造业、批发和零售业、矿业、水电资源开发为主，向房地产、风电、垃圾发电、燃气、城市供水等新能源开发以及公共服务等新领域拓展，把引进战略合作伙伴，促进地方经济发展作为利用外资的重点。三是切实加强外来投资项目跟踪协调服务工作。积极做好昆明市等外来投资重点州市、重点项目的跟踪、指导、帮助、协调服务工作，适时召集有关部门、项目所在地政府及项目单位召开项目协调会，进行督促检查、协调推进。

贸易投资成效明显。2010年，云南省共签订实施各类国内合作项目5390个，项目协议总投资 12812.7 亿元，引进得到位资金 1387.3 亿元，项目数与去年同期持平，到位资金较去年同期增长 36.1%，完成省政府年度引进省外到位资金计划 1150 亿元的 120.6%。5390 个合作项目中，电力、矿冶、旅游文化、生物资源开发、化工等云南省优势及支柱产业项目分别为 458 个、973 个、521 个、383 个和 190 个，引进的省外到位资金分别为 436.7 亿元、196.5 亿元、120.4 亿元、56.2 亿元和 31.4 亿元。五类项目占项目总数和全省省外到位资金总额的比重分别达 46.8% 和 60.6%，有力地支撑了全省引进省外到位资金的平稳较快增长。

【经济技术协作】 基础设施合作取得重大进展。通往路上东盟国家的交通基础设施正在抓紧建设，泛亚铁路建设推进情况良好，现正积极建设境内段，通畅水平有望提高。云南省重点推动昆河公路、昆河铁路、大湄公河航运、泛亚铁路为骨干的孟中印缅陆路运输便利项目等交通网络建设。目前，连接云南省与次区域国家的交通基础设施建设不断完善，东、中、西三路连接东南亚、南亚的公路、铁路、水运、航空立体通道综合运输体系已初步形成。省际通道高速公路断头路的建设正在加速进行，并积极推进规划中的“七入滇、四出境”公路大通道的全面贯通。云南至泛珠区域相邻省份的主要公路通道现已实现了高等级化。省内跨行政区交通建设也取得重大的突破，形成了以昆明巫家坝国际机场为核心的联通各个州市的区域性中枢及干线、支线机场相互协调发展的机场群。

能源优势在合作中充分发挥。随着东盟、大湄公河次区域合作、泛珠合作的深入，云南省能源资源丰富的优势得到进一步发挥。2010 年，云南与中广核签订能源合作框架协议，双方将发挥各自优势，合作建设核电、风能、太阳能、水电、生物质能等新能源和清洁能源项目，成为“央企入滇”实施以来的重要成果之一。

拓宽合作领域。云南省与东南亚、南亚国家在基础设施建设、工农业、经贸、旅游、科教文卫、替代种植等方面的合作不断取得新突破。2010 年 6 月，在中国昆明进出口商品交易会举办期间举办了第三届南亚国家商品展、第五届中国—南亚商务论坛、第二届 GMS 经济走廊活动周、第八届东盟华商投资西南项目推介会暨亚太华商论坛、大湄公河次区域 2010 经贸推介及项目对接会等活动，以此提升 GMS、BCIM 经济合作。同时，云南省与越南北部老街、河江、莱州和奠边四省举行了联合工作组会议，滇越五省将继续加强口岸及通关能力建设、提升越南河江、莱州、奠边等地与云南接壤州市通道的开放水平，扶持双方企业以矿产、水电、能源为重点领域的开发与合作，支持双方企业开展旅游基础设施、构建跨境旅游线路的合作。此外，云南还与大湄公河次区域国家及南亚国家在运输便利化、电信、金融、投资贸易、电力、矿业开发、环境保护、人力资源开发、水情水文报讯合作等领域务实开展合作，取得了较好的成效。云南同样重视与国内的合作交流，积极组团参加国内各省市组织承办或由云南省承办的综合性贸易活动。按照《2009 年泛珠三角区域合作行政首长联席会议纪要》的要求，参加了交通合作、产业合作、旅游合作、应急管理合作、经贸洽谈和泛珠品牌建设等多个专责小组的工作，从各领域深化泛珠合作，促进区域内行业交流和发展。

加快搭建合作平台。云南目前正在打造以昆明为中心的昆明—河内、昆明—曼谷、昆明—仰光、昆明—曼德勒—南亚 4 条国际经济走廊建设，并积极促成与越南河内、老街、海防、广宁四省市之间建立的中越五省市经济协商会成为双方商讨构建昆河经济走廊的重要平台。通过成功举办首届大湄公河次区域经济走廊论坛、南亚商务论坛、华商论坛、“昆交会”、“七彩云南香港行”、出访印度“亲邻之旅”、“云南·香港深化服务贸易合作洽谈会”等活动，在旅游、文化、商贸、物流等服务贸易领域同参与国及地区签订了一批项目合作协议，合作平台大大提升。

【“十二五”规划】 总体目标。经济平稳较快增长。云南省地区生产总值和人均生产总值年均增长10%以上，力争实现翻番。全社会固定资产投资年均增速15%以上，地方财政一般预算收入年均增长13%以上，社会消费品零售总额年均增长16%以上，外贸进出口总额年均增长17%以上，价格总水平保持基本稳定，经济增长的质量和效益明显提高。结构调整成效显著。三次产业结构进一步优化，第二产业占生产总值比重提高2个百分点左右，以文化、旅游、物流为重点的第三产业占生产总值比重提高2个百分点以上，城镇化率力争年均提高2个百分点左右，非公经济比重力争达到50%左右，城乡区域发展协调性增强。基础设施建设步伐加快。公路总里程达到22.3万公里，铁路营运里程达到5000公里，新增蓄水库容25亿立方米，电力装机容量达7950万千瓦。科教水平明显提升。高中阶段教育毛入学率达到85%，新增劳动力平均受教育年限达到12.5年，研究与试验发展经费支出占生产总值比重达到1.5%，每万人口发明专利授权数提高到0.53件。人民生活全面改善。人口自然增长率控制在5.3‰以内。五年新增城镇就业110万人，城镇登记失业率控制在5%以内。努力实现城乡居民收入增长与经济发展同步、劳动报酬增长和劳动生产率提高同步，城镇居民人均可支配收入、农村居民人均纯收入年均增长10%以上。城镇基本养老保险人数和农村社会养老保险参保人数分别达到350万人和1250万人。力争解决全省城乡居民饮水安全问题。资源节约环境保护明显加强。非化石能源占一次能源消费比重达到30%左右，单位生产总值二氧化碳排放量、单位生产总值能耗、单位工业增加值用水量、主要污染物排放总量进一步降低，确保国家下达的“十二五”节能减排等约束性指标圆满完成。森林覆盖率达55%，森林蓄积量达到17亿立方米。改革开放不断深化。财税金融、要素价格等主要领域和关键环节改革取得明显成效，桥头堡建设取得重大进展，开放合作平台和机制进一步完善，国际大通道建设全面推进，互利共赢开放格局进一步形成。

主要任务。走有云南特色优势产业发展道路，着力提升产业综合竞争力，大力发展现代农业，加快推进新型工业化，大力发展服务业；加快推进科教兴滇，着力促进创新型云南建设，优先发展教育，大力推进自主创新，加快人力资源开发；强化基础设施建设，着力夯实经济社会发展基础，加强水利保障体系建设，构建现代综合交通运输体系，增强能源保障能力，提高城乡通信保障能力；加快推进城镇化进程，着力统筹城乡协调发展，积极推进城镇化，加快农村发展；促进绿色发展，着力推进生态云南建设，大力推进节能减排，积极推动循环经济和低碳发展，强化资源管理和集约利用，切实加强生态建设和环境保护；加强社会建设，着力促进社会和谐发展，保障和改善民生；推进平安和谐云南建设；积极推进民族文化强省建设，着力增强文化软实力，大力发展文化事业，推动文化产业振兴发展，全方位开展文化交流与合作；加快少数民族和民族地区发展，着力促进各民族共同繁荣，创建民族团结进步边疆繁荣稳定示范区，打好扶贫开发攻坚战，扎实推进兴边富民行动；突出重点领域和关键环节，着力深化体制改革，深化农村各项改革，坚持和完善基本经济制度，深化财税、金融和投资体制改革，深化资源要素价格改革，深化行政管理体制改革，深化社会事业领域改革，加快涉外经济体制改革，积极开展改革试点；实施桥头堡战略，着力开创对内对外开放新局面，提升国际国内合作层次，统筹“引进来”与“走出去”，加快转变外贸增长方式，加强开放平台和窗口建设。

【重点项目介绍】 2010年，云南全省“三个一百”重点建设项目共完成投资1632亿元，完成年度计划投资的103%，较上年同期增加731.52亿元，完成任务进度加快近30个百分点。其中：100项在建重点建设项目完成投资1077.3亿元，完成年度计划投资的107.1%，任务进度与时间进度同步，较上年同期完成增加398.1亿元，任务进度加快21.4个百分点；100项新开工重点建设项目，已开工和动工项目达91个，其中有69个项目开工建设，有22项动工建设，动工率达91%，100项新开工建设项目完成投资502.1亿元，完成年度投资计划的86.9%，任务进度较去年同期加快42.6个百分点；100项重点前期工作项目，目前已有动工（开工）20余项，100项重点前期工作项目成熟率达到76%。

综合交通建设固定资产投资再创新高。铁路方面，全力推进玉蒙铁路、大瑞铁路大保段、云桂铁路、六沾二线等在建项目建设，实现沪昆客专长昆段、广大铁路扩能改造、成贵铁路客运专线、中国—老挝国际铁路通道磨憨铁路物流中心等重大项目开工建设；全年铁路固定资产投资完成169.3亿元，增长88%。公路方面，昆明绕城高速西南段实现年内建成通车；完成农村公路改造2.4万公里，农村公路通畅率、通达率不断提高；全年公路固定资产投资完成702亿元，增长88.2%。民航机场方面，昆明新机场建设加快推进，主体工程建设完成工程总投资的70.1%，配套生产、生活区工程项目顺利推进；全年机场建设完成固定资产投资81.4亿元，增长17.6%。

水利投资大幅增加。全省新开工42件大中小型水源工程建设，总库容4.96亿立方米。加快在建水利工程建，牛栏江—滇池补水工程有力推进，2007年开工的35件中型及中型降等小（一）型水库已有7件主体工程完工，全年水利累计完成固定资产投资150.2亿元，增长43%。

建成一批重大能源项目。小湾水电站6台机组（420千瓦）全部投产发电，大水电装机比重逐步提高；滇东电厂二期工程2号机组（60万千瓦）建成投产，全省燃煤公用电厂装机容量突破1000万千瓦；云广±800千伏特高压直流输电工程实现双极投运，对粤送电全面实现超高压、特高压、交直流混联输电。

【福建省经济与社会发展】 2010年，福建省全年实现GDP 14737.12亿元，比上年增长13.9%，其中，第一产业增加值1363.67亿元，增长3.3%；第二产业增加值7522.83亿元，增长18.1%；第三产业增加值5850.62亿元，增长10.6%。人均地区生产总值40025元，增长13.2%。财政总收入2056.01亿元，增长21.3%，其中地方级财政收入1151.49亿元，增长23.5%。全社会固定资产投资8273.42亿元，增长30.0%。

农业持续发展。农业“五新”加快进村入户，全年粮食种植面积1848.45万亩，比上年增加1.93万亩；粮食总产量661.89万吨，减产0.7%。肉蛋奶总产量222.23万吨，增长1.3%。水产品产量587.42万吨，增长3.1%。大力推进农业产业化，184家省级重点龙头企业销售收入增长19.6%。全年农林牧渔业完成总产值2307.06亿元，增长3.5%，大灾之年仍保持了农业的持续发展。

产业结构继续优化。制定并实施了14个重点产业调整振兴方案，重点培育发展新一代信息技术、高端装备、海洋高新产业等七大战略性新兴产业和物流、创意、旅游等现代服务业，电子、机械、石化三大主导产业对工业增长贡献率达37.9%。全年接待国内旅游人数11417万人次，增长17.6%；旅游总收入1337.45亿元，增长18.1%，其中国际旅游外汇收入29.78亿美元，增长14.6%。物流、创意等服务业发展加快，软件业销售收入增长40%。三次产业比例由上年的9.7:49.1:41.2调整为9.3:51.0:39.7。

生态省建设扎实推进。严格落实节能减排和环保监管责任制，开展重点企业节能行动，完成重点行业脱硫等重大工程。全面完成国家分解下达的“十一五”节能减排目标任务，单位生产总值能耗降至0.783吨标准煤/万元，二氧化硫排放量和化学需氧量排放量分别为40.94万吨和37.26万吨。淘汰落后产能年度任务全面完成，207家企业实施清洁生产。县县建成污水处理厂，城市（含县城）污水处理率、生活垃圾无害化处理率分别提高到77%和83%。加强重点流域、重点行业和工业园区污染治理，对皮革、重金属、氟化工等行业实行最严格的环保治理措施，妥善处置重大环境突发事件，集中开展环境污染隐患排查整治。加大造林绿化力度，实施绿色城市、绿色村镇、绿色通道、绿色屏障工程，全年完成植树造林总面积232.64万亩。

科技投入力度加大。全省新启动10个省级科技重大专项，新增31个省级工程技术研究中心、5个省级重点实验室。研究与试验发展（R&D）经费支出170.90亿元，增长26.2%，占全省生产总值的1.16%。全年专利申请数21994项，专利授权数18063项，分别增长25.3%和60.1%。第八届中国·海峡项目成果交易会共对接项目5358项，总投资992.9亿元；着力打造网上项目对接交易平台，项目对接常态机制进一步完善。

社会事业全面发展。全省普通高等学校调整为84所，新招生20.25万人，在校生达64.78万人，在校研究生3.09万人。实现全省城乡义务教育学杂全部免除，为农村义务教育阶段学生免费提供教科书，农村义务教育阶段中小学寄宿生的住宿费全部取消，高中阶段教育毛入学率由上年的80.2%提高到83.4%。共有各类卫生机构6999个，其中医院457个，卫生院868个；拥有卫生机构床位11.23万张，卫生技术人员14.01万人，其中医生5.54万人。设置村医疗点19976个，乡村医生和卫生人员2.89万人。

民生保障得到加强。全省农民人均纯收入7427元，扣除价格因素，实际增长7.5%，增幅比上年降低2.6个百分点；城镇居民人均可支配收入21781元，扣除价格因素，实际增长8.0%，增幅比上年降低2.9个百分点。农村居民和城镇居民家庭恩格尔系数分别为46.1%、39.3%。就业和社会保障工作继续加强。全年新增城镇就业65.7万人，农村劳动力转移就业45.6万人。医疗、工伤、生育保险实现设区市统筹，养老保险关系实现跨省、跨市转移接续，医保实行异地就医和结算，企业退休人员养老金水平继续提高。33个县开展新型农村社会养老保险试点。社保卡就诊一卡通工作持续推进。年末参加城镇养老保险、失业保险、医疗保险的人数分别为635.27万人、374.18万人和1226.25万人，分别比上年增加49.74万人、25.78万人和89.06万人；城镇低保人数18.15万人，比上年减少0.48万人。

【投资环境与招商引资】 基础设施日趋完善。公路网密度和技术等级不断提高，2010年新增高速公路通车里程390公里，全省高速公路通车里程累计达2351公里，90%以上县市已通或在建高速公路，省会福州至所有设区市已通达高速公路；二级及以上公路里程突破1万公里，实现所有县城均有二级及以上公路连接。继温福铁路后福厦铁路动车组也开通运营，全省铁路进出省通道达到5个，铁路营业里程2111公里，其中电气化里程1498公里。全省首条城市轨道交通福州地铁1号线一期工程动工建设。继续推进港口管理体制一体化整合，做大做强厦门、福州、湄洲湾三大港口，全省沿海港口码头泊位总量继续增加，大型化水平、专业化程度不断提高，已拥有万吨级及以上深水泊位123个，完成货物吞吐量3.27亿吨，集装箱吞吐量867.23万标箱。拥有厦门高崎、福州长乐两个干线机场和晋江、武夷山、连城三个支线机场，旅客吞吐量达2250万人次。能源保障进一步增强，华能福州、莆田燃气、晋江燃气、厦门东部燃气、龙岩坑口、鸿山热电等电厂又有一批机组建成投产，电力总装机容量达3480万千瓦；建成全省500千伏电网大环网，福建液化天然气一期工程全面建成。

生态环境质量保持领先。福建是全国唯一水、大气和生态环境质量均为优的省份。全省森林覆盖率63.1%，保持居全国首位。共有8个国家级生态示范区，120个省级生态村。风景名胜区总面积23万公顷，占全省土地面积的1.9%。有自然保护区92个，其中国家级自然保护区12个；自然保护区面积45.36万公顷，占全省土地面积的3.82%。全省23个城市空气质量全部达到或优于二级标准，区域声环境质量较好的城市有12个，交通声环境质量较好的城市有22个。12条主要水系水质达到或优于国家地表水Ⅲ类标准要求的占

95.6%。全省近岸海域海水水质达到清洁、较清洁标准的面积占59.5%。9个设区城市的34个饮用水源地水质达标率为90.8%。

招商引资力度加大。新批外商投资项目1139项，按验资口径实际利用外资58.03亿美元，增长1.1%，其中利用港资35.46亿美元，占全省实际利用外资的61.1%。新批境外投资企业207家，协议投资总额14.2亿美元，其中中方投资8.14亿美元，分别比上年增长25%、190%和87%。对外承包工程完成营业额2.35亿美元，增长34.6%；对外劳务合作完成营业额2.32亿美元，下降6.3%。

【经济技术协作与对口支援】　会同广东、江西、浙江等省份，共同推进交通运输网络对接和能源建设合作。加快厦（门）深（圳）铁路、向（塘）莆（田）铁路、合（肥）福（州）铁路、赣（州）龙（岩）铁路扩能工程建设。积极推进高速公路通道对接，基本完成沈海线福厦漳高速公路扩建，长深线永安至武平、泉南线泉州至三明高速公路建成通车，加快建设厦蓉线海沧至天宝、长深线松溪至建瓯、泉南线永安至宁化、宁上线宁德至武夷山高速公路，开工建设莆田至永定（闽粤界）、建宁（闽赣界）至泰宁等高速公路。福建、广东两省已就电网互联问题达成共识，联网工程前期工作加快推进；福建与江西电网联网（即泉州—赣州特高压工程）已纳入国家电网规划；漳州—诏安段、漳州—龙岩段、福州—南平—三明段天然气管网项目前期工作加快，海西天然气管网与西气东输工程对接方案正在研究论证。

充分发挥闽粤赣十三市经济协作区、闽浙赣皖十四市经济协作区、闽浙赣皖九方经济协作区、闽粤赣三边协作区和泛珠三角区域合作等跨省区域协作组织作用，进一步完善合作机制建设，积极推进福建与周边地区的边界贸易和产业合作。利用在福建举办的“5·18”海峡两岸经贸交易会、“6·18”中国·海峡项目成果交易会、“9·8”中国国际投资贸易洽谈会、海峡论坛等各种国际性、全国性的展会，为兄弟省区扩大招商引资和经贸合作搭建了有效便利的平台。

积极开展对口支援西藏林芝地区、新疆昌吉州、宁夏固原地区、三峡万州库区和四川彭州灾区恢复重建工作。

在援藏工作方面，出台《关于进一步做好新时期援藏工作的意见》（闽委［2010］13号），并选派第六期援藏干部55位进藏对口支援林芝地区的朗县、米林县、工布江达县、墨脱县和米林农场。安排省财政资金9070万元，实施建设项目216个，主要用于安全饮水工程、建设“工布映象”片区、重建林芝地区人民医院门诊楼、幼儿园、妇女儿童活动中心等一批公共设施、为公安、检察、民兵添置设施与装备和建立困难扶助基金等。

在援疆工作方面，根据中央统一部署，福建省继续对口支援新疆昌吉回族自治州的昌吉市、玛纳斯县、呼图壁县、奇台县、吉木萨尔县、木垒哈萨克自治县等6个县（市）。省委、省政府制定了《关于进一步做好新一轮对口支援新疆工作的实施意见》（闽委［2010］14号），确定了援建游牧民定居点工程、基层双语学校、改造建设基层卫生院、完善工业园区基础设施、推进优势产业转移等十项援疆主要任务，组织编制新一轮援疆综合规划和教育、卫生、农业、干部人才援疆专项规划，并安排援疆资金8809万元，先行启动教育、卫生、游牧民定居点、产业园区基础设施等四个方面的7个援疆试点项目。

在闽宁对口帮扶方面，全省无偿援助宁夏各类资金4138万元，其中省级财政安排2100万元、对口帮扶市县和社会各界无偿援助2038万元。选派第七批援宁干部18位走进宁南山区，签定了新一轮帮扶协议，初步确定了新一轮对口协作帮扶项目78个，涵盖生态移民、特色农业、基础设施建设、教育卫生、文化旅游、劳务培训输出等领域。

在对口支援三峡库区方面，认真贯彻落实国务院三峡办《关于2010年对口支援三峡库区移民工作的意见》，紧紧围绕优势产业培育、基础设施建设、社会事业发展等方面开展对口支援工作。2010年，全省无偿援助万州库区资金855万元，帮助万州库区培训团干20人、移民致富带头人30人。

在援建四川地震灾区方面，全省用于对口援建彭州的资金总量达37.33亿元，完成恢复重建项目146个，项目覆盖彭州市所有的20个镇，涵盖城乡居民住房、道路桥梁、防洪、供水、学校、医院、文化、广播电视、社会福利设施等各个方面，建设活动板房3.6522万套，重建农房6.98万户，维修加固农房12万户，实现了中央提出的“三年目标任务、两年基本完成”的要求，提前圆满完成对口支援四川彭州地震灾后恢复重建工作。

【“十二五”规划】 总体目标。力争到2015年，全省人均地区生产总值赶超东部地区平均水平，基本实现全面建设小康社会的主要目标。经济又好又快发展，实现地区生产总值、地方级财政收入均比2010年翻一番，三次产业增加值比重调整为7:51:42。人民生活全面改善，努力实现居民收入增长与经济发展同步、劳动报酬增长与劳动生产率提高同步，城镇居民人均可支配收入年均增长11%，农民人均纯收入年均增长11%。同时，改革开放不断深化，社会建设明显加强，生态环境继续优化。

工作重点和主要任务。一是推进农业现代化进程，建设社会主义新农村；二是建设先进制造业重要基地，构建现代产业支撑体系；三是着力扩大内需，形成投资消费对经济增长的协调拉动；四是积极推进城镇化进程，统筹区域协调发展；五是加快平潭综合实验区开放开发，建设两岸交流合作先行先试区域；六是增创体制机制新优势，提升开放型经济发展水平；七是实施科教兴省和人才强省战略，建设创新型省份；八是大力推进生态省建设，提升生态文明水平；九是优先保障和改善民生，加强基本公共服务体系建设。

各项措施。一是加强产业、财税、投资的政策引导；二是深入实施项目带动，加快项目策划生成，强化项目管理，创新项目投融资机制；三是明确实施责任，发展目标和任务的实现主要依靠发挥市场配置资源的基础性作用，各级政府要营造良好的实施条件和环境；四是健全规划实施管理机制，完善绩效评价考核体系，加强监测评估，加大宣传力度，务实推进规划实施。

【重点项目介绍】 2010年福建省共安排重点项目523个，其中在建项目366个、预备项目157个，年度计划投资1720亿元，实际完成投资1936亿元，比上年增长29.7%，重点建设投资占全社会固定资产投资的比重达23.4%。

交通行业。铁路方面，福厦铁路开通运营动车组，龙岩至厦门、厦门至深圳、向塘至莆田、合肥至福州铁路、赣州至龙岩铁路扩能改造工程、漳州港尾铁路建设总体进展顺利，福州可门、江阴、罗源湾北岸、湄洲湾北岸、南岸、宁德白马等疏港铁路支线全面建设。高速公路方面，建成渔溪至平潭大桥、武夷山至邵武、永安至武平、莆田至秀屿高速公路、泉州至厦门高速公路扩建工程、福州绕城高速公路西岭至洋门段、福州机场高速公路二期、宁德至武夷山高速公路兴田至下坝段和平潭海峡大桥，开工建设古武线武平十方至东留高速公路、永定湖雷至城关高速公路、泉州环城高速公路南安张坑至石井段、平潭海峡大桥复桥、京台线建瓯至闽侯高速公路、福州绕城高速公路东南段、莆田至永定高速公路泉州段、沈海复线漳州天宝至诏安、莆田仙游至南安金淘、宁德漳湾至连江浦口高速公路、长乐至平潭高速公路等一批项目。港口方面，建成厦门港海沧港区14#—17#泊位、泰山石化码头及仓储工程、闽江南港航道整治工程、武夷山陆地港首期等一批项目，开工建设厦门港主航道扩建三期、招银港区8#、9#泊位、湄洲湾莆头作业区1#—2#泊位、漳州港古雷作业区液体化工码头及配套罐区、晋江和三明陆地港等一批项目，新增吞吐能力超3000万吨、集装箱260万标箱。

能源行业。厦门、莆田和晋江燃气电厂一期共10台机组全部投产，华能福州电厂三期5#、6#机组和石狮鸿山热电厂首台机组建成投产，莆田石城、石井二期、南日三期等一批风电项目陆续并网发电，宁德核电站、福清核电站、仙游抽水蓄能电站等建设进展顺利。

工业行业。省汽集团戴姆勒汽车项目NCV2产品、南铝高品质铝合金圆棒生产、南纸林纸一体化等一批项目建成投产，漳州古雷石化、中化重油深加工、福欣特殊钢等一批项目建设进展顺利。东南电化搬迁、中科院海西研究院、玖龙纸业、泉州海峡轨道客车、龙岩新龙马15万辆微型汽车、中国重汽福建海西汽车、东山旗滨玻璃日熔600吨在线TCO和日熔800吨超白光伏基片生产线、金鹰集团差别化纤维、厦门正兴轮胎二期等一批项目动工建设。

农林水利行业。闽江上游建溪防洪二期工程建瓯段（水南桥至通仙门段）、崇武国家中心渔港、闽荷（龙海）花卉产业合作交流项目、武平闽台农牧合作创业园等一批项目建成投用，闽江上游富屯溪防洪工程三期（邵武段、顺昌段）、莆田木兰溪荔涵段防洪工程、厦门莲花水库、龙岩何家陂水库、秀屿平海一级渔港、海峡两岸（福建·安溪）茶业合作示范基地等一批项目开工建设。

城建环保行业。福州鼓山大桥及接线、福州三环路东北A段、南平沿江快速通道常坑大桥、厦门快速公交系统（BRT）二期、晋江供水二期工程、龙岩污水处理厂二期、惠安生活垃圾焚烧发电厂等一批项目建成投用，莆田城区大型平战结合人防工程、马尾琅岐闽江大桥、漳州九龙江大桥及接线、古雷石化配套供水工程、泉州湄洲湾南岸供水二期等一批项目开工建设。

商贸服务行业。福州海峡国际会展中心、湄洲岛国家级旅游度假区建设项目、闽西物流商贸中心、永定客家土楼世界文化遗产保护与开发、武夷山滨江景观大道等一批项目建成投用，省级粮食储备库、厦门前场铁路物流园、闽北物流商贸城、武平闽粤赣边商贸物流中心、长汀世界客家首府博物馆、泉州软件园、龙岩新罗志高动漫科技产业园等一批项目开工建设。

社会事业行业。第五届全国特奥会比赛场馆、十四届省运会比赛场馆、福建中医药大学附属第二人民医院屏山康复分院、福建林业职业技术学院新校区等一批项目建成投用，省老干部活动中心改扩建、福建电大建设项目晋安校区改扩建、省妇幼保健院医疗保健综合楼、省肿瘤医院肿瘤诊疗中心等一批项目开工建设。

【对台交流与合作】　闽台经贸合作纵深拓展。以ECFA签署为契机，福建省制定出台《加快闽台产业深度对接的意见》，主动对接两岸产业搭桥计划。第十二届海峡两岸经贸交易会、第八届中国·海峡项目成果交易会、第十四届中国国际投资贸易洽谈会以及在福建举办的台交会、农博会、林博会、茶博会等专业性展会突出对台特色，增强对台功能，成为深化两岸经贸合作的重要平台。国家对福建平潭综合实验区、台商投资区、古雷台湾石化产业园区等特定区域台资项目实行特殊审批政策，将总投资5亿美元以下的鼓励类、允许类台资项目委托福建省自行核准。2010年全省利用台资项目458个，实际利用台资26.68亿美元；实现闽台贸易额103.89亿美元，比增48.58%。福建赴台投资企业19家，总投资达7589.43万美元，分别占陆资赴台投资的40%和70%，列大陆各地之首。厦门特区扩大至全市，福州保税港区正式获批。闽台率先实现特殊监管区、电子商务对接。海峡产业投资基金正式运作，厦门获批成为两岸区域性金融服务中心试点，福建成为第二批跨境贸易人民币结算试点省，兴业银行、厦门银行获准开展人民币与新台币双向兑换。

闽台交流交往更加密切。成功举办第二届海峡论坛，活动范围从省内4个沿海设区市扩大到全省9个设区市，活动项目从18场增加到25场，大陆主办单位从26家扩展到32家，台湾主办单位从28家扩展到30家，参加台胞万人以上，超过首届8000人，基层民众占80%，界别由20多个扩展到30个。省经贸文化交流团赴台“走亲访友做生意”，整个行程从北到南，从城市到农村，走访台湾11个县市，举办了近百场丰富多彩的经济、文化交流活动，涉及20多个方面，并推出闽台合作先行先试十个方面政策举措。闽台107对特色乡镇实现了对接。启动了闽台乡村游，经福建口岸赴金（门）、马（祖）、澎（湖）和台湾本岛旅游37.4万人次，其中外省居民经福建口岸赴台湾旅游14.1万人次，经福建口岸赴台湾本岛旅游的游客84.5%经“小三通”航线赴台，“小三通”客运量达144.2万人次。新增福州、厦门两个空中货运直航航点，开通闽台邮政货运航线。闽台空中直航每周往返120个航班，全年运送旅客53.9万人次，泉州成为两岸空中直航新航点。率先在事业单位招聘台湾专才，闽台联合培养职教人才4000多人。推动形成闽南文化、客家文化、妈祖文化、闽都文化、朱子文化等祖地文化对台交流系列化、品牌化格局，成功举办首届闽南文化节和“船政文化与中国海军史研讨会”等活动，成功入岛举办了“妈祖之光”综艺晚会、第六届海峡两岸图书交易会、“闽台族谱展览”、保生慈济文化节、客家定光古佛赴台巡游等。

平潭综合实验区开放开发全面启动。省政府赋予平潭综合实验区设区市及部分省级经济管理权限。实验区总体发展规划上报国务院审批，20多个重点专项规划编制工作基本完成。平潭海峡大桥、渔平高速公路等项目建成通车，福州至平潭快速铁路及跨海公铁大桥、长平高速公路、平潭海峡大桥复桥、环岛公路一期等项目开工建设。完成1000万株植树任务。金井湾、幸福洋等组团开发先行启动，实验区管委会同新竹市政府、台湾中小企业协会等签订了合作意向书，微电子产业园、海峡如意城等8个项目在“投洽会”上正式签约。

山东省

【经济与社会发展】 2010年，山东省全年实现GDP 39416.2亿元，增长12.5%；完成地方财政收入2749.3亿元，增长25.1%；实现固定资产投资23279.1亿元，增长22.3%；城镇居民人均可支配收入19945.8元、农民人均纯收入6990元，分别增长12%和14.2%。

经济结构调整优化。产业结构进一步趋向合理，三次产业比例由2009年的9.5∶55.8∶34.7，调整为9.1∶54.3∶36.6。粮食总产达到867.14亿斤，实现连续八年增产，肉类、水产品产量分别增长3%和4%。全面完成了158座大中型水库和3882座小型水库的除险加固，农业基础设施建设不断加强。高效特色农业产值占农业的比重达到60%以上，现代农业发展水平提高。工业运行比较平稳，规模以上工业增加值增长15%。传统产业转型升级加快，装备制造业增加值增长23.1%，比规模以上工业增幅高8.1个百分点。战略性新兴产业比重提高，高新技术产业产值占规模以上工业的比重达到35.2%，比年初提高2.26个百分点。服务业发展势头良好，第三产业增加值增长13%。培育服务业“四大载体”见到明显效果，银行、证券、保险业实力进一步增强，金融机构本外币存款余额突破4万亿元，达到41653.7亿元。节能减排取得明显成效。全年关停小火电205万千瓦，“十一五”期间累计关停小火电717万千瓦，淘汰炼铁、炼钢、水泥落后产能821.6万吨、527.3万吨和7595.8万吨，单位生产总值能耗、二氧化硫、化学需氧量排放量累计分别下降22.1%、20%和18%。省控59条重点污染河流全部恢复鱼类生长。

社会民生持续改善。新增城镇就业115.3万人，转移农村劳动力129.4万人。城镇基本养老、医疗保险参保人数1770.9万人和2770.6万人，分别比上年增加109.9万人和230.4万人。新型农村合作医疗参合率达到99.6%。保障性安居工程建设加快，新增保障性住房10.63万套、改造各类棚户区住房8.74万套；农村住房整村改造建设126万户，农村危房改造完成25万户。新建乡镇综合文化站542个，省博物馆新馆等一批公共文化服务设施投入使用。省属普通高校招生47.6万人。人口自然增长率控制在6‰以内。圆满完成了上海世博会山东参展各项任务，山东省体育健儿在第十六届亚运会上取得历史最好成绩。安全生产得到加强，连续九年实现事故起数和死亡人数双下降。

【投资环境与招商引资】 山东省地处中国东部沿海，黄河下游，东临浩瀚的黄渤海，西接广袤的中原腹地，南接江浙沪，北通京津塘，与日本、韩国隔海相望，处在环渤海经济区和黄海经济圈的交汇部位，总人口 9579 万人，辖 17 个市、140 个县（市、区）。

自然资源丰富，文化底蕴深厚。全省已发现矿产 150 种，占全国已发现矿种的 87.7%；已探明储量的矿产 81 种，占全国的 50.9%。国民经济赖以发展的 15 种支柱性矿产山东均有查明资源储量，石油、铁、铝、金、钾盐、石灰岩等矿产保有资源储量占全国前 10 位。旅游资源特色鲜明，“三孔”古迹遗址闻名于世，“五岳独尊”风光壮美，拥有青岛海滨、济南泉群、蓬莱阁、黄河入海口等众多人文和自然景观，已成为中国乃至世界级的旅游热点。

基础设施完善，承载能力日益增强。截至 2010 年，全省铁路营运里程达 3840 公里，“四纵四横”铁路干线贯通南北东西。高速公路通车里程 4285 公里，“五纵四横一环八连”高速公路网主框架基本形成。以青岛港为龙头，烟台、日照等港口为主体的港口群规模不断壮大，全年港口吞吐量达到 8.64 亿吨。全省拥有民用运输机场 8 个，全年完成旅客吞吐量 2232 万人次，货邮发送量 30.1 万吨。发电装机容量 6317 万千瓦，电力供应充足。生态省建设步伐加快，人居环境逐步净化、绿化、美化，可持续发展能力显著增强。

平台建设再上新台阶，改革开放水平提高。黄河三角洲高效生态经济区、山东半岛蓝色经济区相继上升为国家战略，区域发展带动作用显现。外商投资体制改革不断深化，简化程序、下放权限，公开、公正、透明的投资环境逐步形成。外经外贸稳步发展，对外贸易迅速发展，利用外资规模不断扩大，境外投资发展迅速。2010 年实际到账外资 91.7 亿美元，增长 14.5%；实现进出口总值 1889.5 亿美元，增长 35.9%；实现境外投资 18.5 亿美元，增长 65%。

【经济技术协作与对口支援】 2010 年，山东省经济技术合作成果丰硕。积极组织开展以黄河三角洲高效生态经济区、山东半岛蓝色经济区建设为主题的宣传展示、项目推介和对接，充分展示山东良好的投资环境和广阔的发展空间。利用“西洽会”、“青洽会”、“宁洽会”、“西博会”等合作平台，在基础设施建设、矿产资源开发、能源开发建设、农业综合开发、加工制造业等多个领域展开合作，2010 年“西洽会”签约合作项目 78 个，投资总额 92.35 亿元。省际间合作交流日趋活跃，山东省委、省政府领导多次率团赴重庆、陕西、新疆等省区学习考察，洽谈合作。其中，鲁渝两地政府签署了《关于加强两省市全面合作的框架协议》，举行了“山东—重庆经贸合作项目签约仪式”和“山东—重庆经贸合作成就展”，签署经贸合作项目 218 个，合作项目总金额 453.2 亿元。同时，四川、吉林、宁夏、重庆等省区市党政和经贸代表团，也先后来山东考察并进行合作项目对接和签约，其中鲁宁两地共同举办“宁夏—山东经贸合作推介会”，双方共签订合作项目 38 个，合作金额达 538 亿元。

启动了新一轮援藏、援疆、援青和对口扶贫协作重庆工作，对口支援三峡库区工作进展良好。援建北川工作全面完成，共实施项目 369 个，完成实物工作量 123 亿元。

【“十二五”规划】 总体目标。地区生产总值年均增长 9%，到 2015 年三次产业比例调整为 7∶48∶45，地方财政收入年均增长 14% 左右，全社会固定资产投资年均增长 15% 左右，社会消费品零售总额年均增长 15% 以上，全省城镇化水平达到 55% 以上，确保完成国家下达的节能减排任务，城镇居民人均可支配收入和农民人均纯收入年均增长 10%，城镇登记失业率控制在 4% 以内，价格总水平保持基本稳定，人口自然增长率控制在 6‰。

发展布局。深入实施重点区域带动战略，

促进区域经济相互融合发展。山东半岛蓝色经济区将打造具有国际先进水平的海洋经济改革发展示范区和我国东部沿海地区重要的经济增长极；胶东半岛高端产业聚集区作为山东半岛蓝色经济区的主体力量，将发挥全省优质资源富集地带的优势，努力建成国内一流、国际先进的高端产业聚集区。黄河三角洲将建设成全国重要的高效生态经济示范区、全国重要的特色产业基地、全国重要的后备土地资源开发区和环渤海重要的增长区域。省会济南将带动周边地区一体化发展，建成发展活力充足、产业素质较高、服务功能强大、生态环境优美、社会文明和谐的经济圈。鲁南经济带将以鲁南临港产业集聚区为龙头，加快日照钢铁精品基地建设，支持菏泽打造鲁苏豫皖边界区域科学发展高地，把鲁南经济带建成全省经济新的增长极。同时，全省将积极稳妥推进城镇化，构建大中小城市配套、区域协调发展的城镇体系。到2015年人口超100万的城市16个，其中济南、青岛建成区人口分别达到400万人和450万人；实现农村社区建设服务全覆盖，完成8000个村庄整体改造。

基础设施建设。一是加快构建现代能源产业体系。强调以调整布局结构和供给结构为主线，以节能减排和提高效率为重点，提高技术装备水平和智能化水平，强化能源支撑保障。到2015年，全省电力可用装机容量达到1.12亿千瓦，新能源占省内电力总装机比重提高到14%，火电所占比例下降到71%。二是积极发展现代交通体系。顺应经济社会发展的大趋势，以提高现代化水平为目标，要统筹铁路网络、公路干线网络、城市轨道交通、城际铁路、航空运输、水运网络的建设和发展，加快形成有机衔接、优势互补、立体高效的现代综合交通体系。三是提高水利保障能力。以建设现代水利示范省为目标，重点抓好水资源开发利用、水灾害防御、水资源管理三个体系建设，新增供水能力20亿立方米，节水10亿立方米，基本满足城乡、工农业和环境用水需要。四是统筹市政基础设施建设。适应城镇化加快、城市规模扩张的趋势，以增强城市承载能力、提高公共管理水平为重点，统筹规划、建设和管理，营造良好人居环境。

【重点建设项目介绍】 2010年，山东省共安排省重点建设项目150个，总投资4720亿元，全年累计完成投资超过1110亿元，超额完成年度计划。

交通建设方面，青岛海湾大桥和胶州湾海底隧道主线贯通，2010年上半年投入使用，将提升青岛主城区功能，密切青岛与半岛城市群城市间的联系。青岛港1—4号泊位、潍坊港万吨级泊位投入试运行，岚山港区深水航道、东营机场航站楼等13个单项通过验收，这些项目的建设将对山东半岛蓝色经济区和黄河三角洲高效生态经济区的发展提供有力保障。

能源建设方面，陵县、密州、大泽3个500千伏变电站投入使用，宁东直流输电省内工程部分验收，已接纳省外来电200万千瓦，对于增强全省受、供电能力意义重大。海阳核电、莱州电厂“上大压小”等电源建设项目进展顺利。

农林水利方面，南水北调东线山东段全面铺开，进入施工高潮，沂沭泗河洪水东调南下6个单项工程主体完工，荣丰珍稀食用菌、永乐农业产业化等项目建成投产。高新技术和新兴产业方面，瀚霖生物长链二元酸、威海光威碳纤维预浸料等项目建成投产，南车四方机车高速列车产业基地等项目建成投产，提升了高速列车制造能力和水平，进一步扩大了在行业内的领先优势。

现代服务业方面，枣庄运河古城重建、泰山方特欢乐世界等旅游项目建成投入使用，中国石油大学科技园10栋研发楼已投入使用，齐赛创意动漫产业园建成投用1.8万平方米，已有140家动漫企业入驻，成功实现退二进三。威海港国际物流园、盖世齐河物流等现代物流项目部分建成，投入使用。

社会民生方面，济宁医学院新校区已投入使用，济南西客站配套工程安置房开工68

栋，建筑面积110万平方米，进入收尾阶段，首批拆迁居民将于近期入住。济南市小清河综合治理工程一期林家桥至济青高速公路约13公里的综合治理基本完成，初步形成景观河道。

广东省

【经济与社会发展】　2010 年，广东省全年实现 GDP 45472.83 亿元，比上年增长 12.2%，“十一五”5 年年均增长 12.4%。人均地区生产总值 44736 元，比上年增长 9.5%，5 年年均增长 9.9%。地方财政一般预算收入 4515.72 亿元，比上年增长 23.8%，是 2005 年的 2.5 倍。

现代产业体系建设成效明显。坚持现代服务业和先进制造业“双轮驱动”，以 500 强项目引领现代产业体系建设，产业高级化趋势明显，三次产业结构为 5.0∶50.4∶44.6。先进制造业增加值占规模以上工业增加值的 47.2%，初步形成装备制造“海陆空”全面发展格局。新能源、高端电子信息、生物医药、新材料、航空产业、节能环保等战略性新兴产业实现增加值 2838 亿元，占规模以上工业增加值的 14.1%。服务业发展迅速，现代服务业占第三产业增加值 56%。现代农业稳步发展，农业机械化、信息化、标准化水平提高。粮食生产连续 7 年丰收。

经济发展内生动力增强。自主创新能力明显提升。区域创新能力综合排名连续三年稳居全国第二。研究与发展经费支出占地区生产总值比例由 2005 年的 1.12% 上升到 1.8%，技术自给率由 45.4% 上升到 65%。全省国家高新技术产业开发区总数达 9 个。市场消费保持活跃，社会消费品零售总额 17414.66 亿元，增长 17.3%；工业品内销产值占工业销售值比重达 68.5%。全社会固定资产投资完成 16113.19 亿元，增长 20.7%。民营经济发展势头良好，全年民营经济增加值 19620.96 亿元，增长 13.1%，民间投资增长 24.0%，私营企业进出口增长 45.3%，均高于全省平均水平。

区域发展协调性继续增强。珠三角区域经济一体化进程加快。出台实施珠三角基础设施、产业布局、基本公共服务、城乡规划、环境保护等五个一体化规划和“四年大发展”工作方案。广佛地铁正式通车运营，佛肇城际轨道开工建设，珠中江实现年票互认，深莞惠跨界河流污染联防联治积极推进。粤东西北地区发展加快。粤东临海工业、特色经济发展提速，粤西临港工业、重化工业建设大步推进，粤北山区绿色崛起势头良好。粤东西北地区生产总值、全社会固定资产投资、地方财政一般预算收入增速分别比全省平均水平高出 2.4

个、6.2个和4.6个百分点。产业和劳动力“双转移”成效明显，34个省产业转移园实现产值1850亿元、税收约100亿元，分别比上年增长104%和88%。

外向型经济稳步发展。加快外经贸发展战略转型，全年进出口总额7846.6亿美元，比上年增长28.4%，5年年均增长12.9%，其中出口4532亿美元，5年年均增长13.7%。“走出去”步伐加快，全省境外投资经核准新增协议投资额22.78亿美元，新签对外承包工程合同额98.67亿美元。粤港澳紧密合作全面深化，港珠澳大桥等大型基础设施建设顺利推进。粤台经贸合作稳步发展，“台湾·广东周”活动成效明显。与东盟的合作取得新进展。

绿色广东建设初见成效。扎实有效推进节能减排工作，全面完成年度和“十一五”节能减排目标。全年淘汰落后钢铁产能169万吨、水泥产能超过682万吨、小火电125万千瓦，超额完成年度关停目标任务。全年新增安装脱硫设施燃煤机组520万千瓦；新增污水处理设施66座，新增日处理能力384.4万吨；城市生活垃圾无害化处理率达70.0%。全面开展“三旧”改造，节约集约用地取得新成效。做好应对气候变化工作，成为国家低碳省试点。

民生保障水平进一步提高。城乡居民人均收入分别为23897.8元和7890.3元，分别比上年增长10.8%和14.2%。全省最低工资标准平均提高21.1%。城镇新增就业186.3万人，城镇登记失业率控制在3%以内。全年新型农村合作医疗参合率达99.2%；城镇职工参加基本养老保险、基本医疗保险人数分别达2731万人、2820万人，分别增长14%、10.3%。农民参加社会养老保险人数834万人。实现养老保险省内无障碍转移。保障性住房建设加快，全年新开工建设保障性住房12.5万套，新竣工保障性住房6.1万套。

社会事业全面发展。教育事业发展迈上新台阶。全年高中阶段毛入学率和高等教育毛入学率分别达86.2%和28%，中等职业教育招生数比上年增长27.9%。落实中等职业教育有关免费政策，2010学年超过14万中职学生受益。文化事业蓬勃发展。出台实施《广东省建设文化强省规划纲要（2011—2020年）》。建成农家书屋1.2万家。全年文化产业增加值占生产总值比重达5.6%。公共卫生事业加快推进，中医药强省建设成效明显。成功举办第十六届亚运会和首届亚残运会。

体制机制进一步完善。经济特区建立30年再创发展新优势，掀开特区发展新篇章。深圳、珠海经济特区范围扩大到全市，汕头经济特区加快创新发展。医药卫生体制改革扎实推进。全省实施基本药物制度的基层医疗卫生机构达2250家，覆盖率达72.5%。稳步推进公立医院改革。新一轮市本级行政审批事项清理工作全面开展，省直部门第一批优化审批流程试点和并联审批试点稳步推进。推进富县强镇事权改革，出台关于简政强镇事权改革指导意见。制定关于开展农民工积分制入户城镇工作的指导意见，全年有10.8万名农民工入户城镇。集体林权制度改革顺利推进。

【投资环境与招商引资】 广东省地处中国大陆最南部，东邻福建，北接江西、湖南，西连广西，南临南海。珠江三角洲于珠江口东西两侧分别与香港、澳门接壤，区位优势明显。投资环境不断优化，人才、资本等生产要素充分集聚，基础设施完备便利，投资服务体系完善，各种大型会展盛名天下，投资承接平台多样，市场容量不断扩大，吸引了越来越多的投资者。2010年，全省新批设立外商直接投资项目5641个，增长29.8%；合同外资金额246.01亿美元，增长40.1%；实际利用外资额202.61亿美元，增长3.7%。

服务业吸收外资持续增长，工业吸收外资势头良好。服务业外商投资项目3214个，合同外资额116.08亿美元，增长69.1%，占全省的47.2%；实际利用外资额79.71亿美元，增长5.2%，占全省的39.3%；占比分别比上年提高8.1个和0.6个百分点。工业合同外资额125.47亿美元，增长20.5%，占全省的51.0%；实际利用外资额120.40亿美元，增长4.1%，占全省的59.4%。

来自港澳地区的投资仍占较大比例。2010年共有109个国家和地区的企业来广东投资。其中，来自我国港澳地区的实际外资金额132.19亿美元，占总量的65.2%；其他国家和地区的实际外资金额70.42亿美元，占总量的34.8%。

利用外资质量进一步提升。全省新设增资投资总额1000万美元以上的大项目815宗，投资总额359.81亿美元，增长12.30%。其中，投资总额1亿美元以上的大项目30宗，合同外资额38.43亿美元，增长62.8%。世界500强企业在广东投资新设和增资项目104个，投资总额增加42.64亿美元，合同外资增加16.43亿美元，其中投资总额超3000万美元的增资项目共有33个，占项目总数的31.73%。

【经济技术协作与对口支援】 启动新一轮援藏援疆工作。按照中央部署，广东新一轮的援藏援疆工作，对口支援新疆喀什地区的疏附县、伽师县、农三师图木舒克市和西藏林芝地区。全面开展工作对接，建立完善对口援建工作机制。抓紧落实对口支援资金筹措和管理，因地制宜快速启动援建试点项目。下达2010年援疆先行试点项目1亿元投资计划。主要安排农村抗震安居房、棚户区危房改造、团场基础设施、设施农业（大棚）等10个项目。开工建设首批支援西藏先行启动项目22项，投入资金8716.8万元，全部为民生项目。科学编制对口支援规划，将对口支援工作纳入广东经济社会发展规划，并与受援地区的经济社会发展规划、对口支援总体规划等规划有机结合起来。积极支持和鼓励企业到新疆西藏投资。在第六届“喀交会”上广东经贸代表团与受援地签订项目投资总额108亿元；在第八届林芝地区投资贸易洽谈会上签订项目投资总额37.21亿元。

全面完成对口支援地震灾区灾后恢复重建任务。广东支援四川省汶川县和甘肃省三县一区抗震救灾和恢复重建资金总数为156亿元。目前援建资金全面到位，项目全面竣工，设施全面启用，灾区基础设施和群众生活全面超过震前水平。科学编制援建项目计划，广东对口援建汶川县的82亿资金中，居民住房、学校教育、医疗卫生、社会福利等城乡公共服务设施项目投资占40.65%，城乡道路设施项目投资占18.43%，城乡水利设施投资占10.06%；深圳市支援甘肃省三县一区165个项目中，安排用于援建民房、学校、医院、“三孤院”等民生项目24个。积极实施产业援建，安排汶川县28个产业恢复项目援建投资6.74亿元、“广东—汶川工业园”项目援建资金4亿元。医疗、教育、就业、心理辅导等援助取得积极成效。

【“十二五”规划】 总体目标。到2015年，全省人均生产总值提前五年实现比2000年翻两番目标，经济发展方式转变取得显著进展，社会软实力显著提升，民生福祉显著改善，科学发展的体制机制日益完善。围绕核心任务和主要目标，要着力完成13项主要任务：创新驱动，建设创新型广东；优化升级，建设全球重要现代产业基地；内外并举，实现消费投资出口协调拉动；强农惠农，建设美好新农村；统筹城乡，提升城镇化发展水平；联动融合，构建区域协调发展新格局；绿色发展，保护秀美山川；强化支撑，推进基础设施现代化；普惠共享，保障和改善民生；内涵提升，提高文化软实力；改革先行，增创体制机制新优势；互利共赢，深化粤港澳合作；开放合作，提升经济国际化水平。要充分发挥规划对资源配置的导向作用，完善规划实施机制，强化重大项目支撑，加强规划监督考评，确保规划有效实施。

主要特点。第一，响亮提出“加快转型升级，建设幸福广东”。加快转型升级是手段，建设幸福广东是目的。要把保障和改善民生作为建设幸福广东的出发点和落脚点。未来五年，广东将建180万套保障房，城乡三项医疗保险参保率达到98%，逐步提高扶贫标准和最低生活保障标准；城镇居民人均收入年均实际增长均达到8%，与地区生产总值增长同步；普及学前到高中阶段15年教育。第二，将增强自主创新能力提升到新的战略高度。提出要实施自主创新战略，到2015年，科技进步对经济增长的贡献率明显提高，全省研究与发展经费支出占地区生产总值比重达到2.3%，自主创新能力居全国前列，率先建成创新体系健全、创新要素集聚、创新成效显著的全国自主创新示范省，初步建成亚太地区重要的区域创新中心。第三，更加突出粤港澳合作的重要性。毗邻港澳是广东发展最大的地缘优势。国家明确提出"深化粤港澳合作，落实粤港、粤澳合作框架协议，促进区域经济共同发展，打造更具综合竞争力的世界级城市群"。第四，突出以重大工程为支撑，促进区域协调发展。在项目规划布局上，统筹考虑资源环境承载能力与人口分布和经济布局，注重布局粤东西北地区的项目。规划粤东西北地区"十二五"期间投资占全省的44%，比"十一五"规划增加了4个百分点。

【重点项目介绍】 2010年安排省重点项目300项，总投资23366亿元，年度计划投资3900亿元。全年省重点项目完成投资4165亿元，为年度计划投资的106.8%，为全社会固定资产投资的25.9%，成为推动经济发展方式转变的重要载体。

建成投产37个项目，主要有：洛湛铁路广东段、广州城市轨道交通二八号线延长线和三号线北延线、广佛和广珠城际轨道交通项目（首通段）、广贺高速公路三水至怀集段、广梧高速公路河口至平台段、阳江至云浮高速公路阳江至阳春段、韶关至赣州高速公路、深圳岭澳核电二期工程、潮州三百门电厂3—4号机组扩建工程、惠州国华大亚湾"上大压小"热电联产、云浮电厂C厂"上大压小"循环流化床燃煤发电工程、惠州TCL高清晰液晶电视模组一体化、广汽自主品牌乘用车、中海壳牌惠州乙烯扩能、珠三角区域绿道（省立）、广州西江引水工程、亚运会场馆及广州亚运城、省博物馆新馆等。

新开工建设30个项目，主要有：广清高速公路改扩建工程、潮州至惠州高速公路、梅大高速公路三角至三河段、珠三角外环高速肇庆至花都段、阳江抽水蓄能电站一期、广州国际医药港、深圳华星光电第8.5代薄膜晶体管液晶显示器件、珠海中海油深水海洋工程装备、珠海LNG一期工程、珠海中航通用飞机制造基地、广东南车城际轨道交通车辆维修基地、东风汽车花都工厂乘用车产能扩建、韶关比亚迪汽车试车场和零配件基地等。

积极谋划一批带动性强、投资大、关联度高的重大项目建设。获国家批准建设东莞城市快速轨道交通R2线（东莞火车站—东莞虎门站段）工程、二广高速公路连州至怀集段、乐金显示（中国）有限公司第8.5代薄膜晶体管液晶显示器件等22个重大项目，总投资约1071亿元；获国家批准陆丰核电项目一期、中科合资广东炼化一体化、中委合资南海（揭阳）石化、粤东液化天然气（LNG）、汕头至揭西公路等26个项目开展前期工作，总投资约3020亿元。

中部地区篇

【经济与社会发展】 2010 年，山西省全年实现 GDP 9088.1 亿元，比上年增长 13.9%；全社会固定资产投资完成 6352.6 亿元，增长 26.2%；社会消费品零售总额完成 3207.9 亿元，增长 18.4%。外贸进出口总额完成 125.8 亿美元，增长 46.8%；财政总收入完成 1810.7 亿元，增长 17.8%；一般预算收入完成 969.7 亿元，增长 20.3%；城镇居民人均可支配收入 15647.7 元，增长 11.8%；农民人均纯收入 4736.3 元，增长 11.6%；居民消费价格总水平涨幅（CPI）控制在 3%，实现了全年调控目标；万元 GDP 综合能耗下降 4.6%，二氧化硫和化学需氧量排放量分别下降 2% 和 3%，均完成了年度计划目标。全省经济社会发展所取得的成效明显好于预期，实现了“十一五”精彩收官，为“十二五”转型跨越发展打下了坚实的基础。

【投资环境与招商引资】 2010 年，山西省投资体制改革进一步深化，政府投资管理制度体系不断完善，审批效率明显提高。阳泉、侯马统筹城乡发展一体化综合配套改革试点稳步推进，侯马市列入省财政直管县改革试点范围；启动了 13 个县（市、区）和 1 个省级经济技术开发区经济体制改革试点。

第三届能源博览会成功签约 1.4 万亿，为山西“十二五”经济发展引进新动力。第三届能源博览会共有 18 个国家和地区的 627 家企业及政府代表团参展参会，专业客商 28000 多人。其中国际企业 123 家，世界 500 强有 27 家，中央企业 28 家，国内 23 个省市区组团参展参会，开展了广泛有效的交流与合作，取得了丰硕成果。博览会期间，山西省与江苏省签署了战略合作协议，与科技部签订了会商议定书，与 10 家中央大企业签订了战略合作协议；另外还签订了 457 个各类合作项目，合作协议和合同总金额达 14000 亿元这些大资金、大项目的引进，为“十一五”山西省招商引资工作划上了圆满的句号，同时也拉开了山西省“十二五”大招商、招大商的序幕。

瞄准大央企、大民企、大外企开展有效对接，强力提升山西对外开放的吸引力。按照省政府全年招商引资活动的安排意见，为加快山西省对外开放步伐。一是 2010 年 6 月份在北京举办的外资企业推介会，26 家世界 500 强企业高管积极参加；二是举办央企山西行活动，国务院国资委副主任黄丹华率 26 家中央企业参加了活动；三是举办民企山西行活动，全国工商联党组副书记、副主席宋北杉率43家全国知名民营企业参加了推介会和项目对接活动。针对不同的招商对象，专门征集、精心筛选、策划包装不同的招商项目，积极地“走出去”、“请进来”，增强了招商主动性、针对性和实效性。

扩大对外合作，推进重大外资项目取得实质进展。与美国西弗吉尼亚州的经济合作深入开展。在大量深入扎实的前期工作基础上，王君省长率团访问该州，双方签署了能源合作备忘录，西弗吉尼亚州将在二氧化碳捕捉封存利用、洁净煤、煤层气利用、环境保护、老矿区改造等方面向山西省提供技术支持。与德国北威州的经济合作更加广泛。双方在太原共同举办了矿山与能源高效利用论坛及合作洽谈会，签署了合作备忘录，并就推进生态城市和城市可持续发展试点项目、深化煤层气综合利用合作以及深化研修生项目合作等签署了合作框架协议。与世行、亚行等国际金融组织的合作继续深入。山西省列入国家利用国际金融组织或双边政府贷款规划的项目贷款规模8亿美元，折合人民币53亿元。太原市城市交通以及集中供热、晋中市集中供热等利用世行贷款项目完成贷款谈判，即将启动实施。

【经济技术协作和对口支援】　2010年9月26—28日，山西省省委、省政府组织党政代表团参加了在江西南昌举办的中部论坛和第五届中国中部投资贸易博览会。期间，举行了山西省调整和振兴十大产业重点项目推介会，对外推介招商项目1100余个，总投资达316.08亿美元，拟引资达249.73亿美元。并与中煤金海洋能源集团有限公司、中海油新能源投资有限公司签订了总投资101亿元的两个能源项目；与中国邮政集团签署了加强邮政服务、促进地方经济发展战略合作协议；省商务厅与香港贸易发展局签署了促进双方经贸交流合作协议；中部六省质监局签订了质量信用体系建设合作协议。朔州、晋中、大同、忻州、临汾、运城、长治、晋城8个市经过项目对接洽谈，实现85个项目签约，投资总额449.31亿元，拟引资额432.2亿元。这是借力中博会平台扩大开放、加快发展的重要举措，对进一步推动晋赣两省加强交流、深化合作有着重要意义。

对口支援新疆。根据中央的统一部署，山西省加入了新一轮对口援疆工作行列，具体承担援建新疆昌吉回族自治州阜康市和兵团农六师五家渠市及团场的任务。2010年主要工作：一是强化组织领导，完善援疆工作机制。省委、省政府成立了山西省对口支援新疆工作领导小组（晋组干字［2010］125号），负责组织领导和统筹协调山西省援疆全面工作。及时开通了与受援区的热线电话，确保重大问题随时沟通，随时解决。制定了《山西省对口支援新疆工作领导小组办公室和前方指挥部工作制度》（晋援疆办发［2010］1号），制定了《山西省对口支援新疆建设资金管理暂行办法》（晋财建一［2010］177号），制定出台了《山西省对口支援新疆工作方案》（晋政发［2010］18号），并及时刊发《山西对口援疆工作简报》。二是选派精兵强将，实施干部人才援疆。山西省向昌吉州、阜康市、兵团农六师五家渠市派出党政干部及专业技术人员74人。2010年12月22日，山西省援疆干部人才全部入疆，省委、省政府召开欢送援疆干部入疆座谈会，袁纯清书记、王君省长分别做了重要讲话。三是坚持规划先行，有序推进工作。4月28日，省政府常务会安排启动了对口援疆规划编制工作。确定了包括对口援疆综合规划、7个专项规划（干部和人才援疆专项规划、民生和社会事业援疆专项规划、科技和产业援疆专项规划、教育援疆专项规划、促进就业援疆专项规划、农业援疆专项规划、旅游援疆专项规划）在内的“1＋7”规划方案。目前，对口援疆“1＋7”规划送审稿已经省援疆工作领导小组审议通过，并呈报国家发改委。四是把握富民安居重点，启动试点项目。2010年山西省选择阜康市甘河子镇工矿棚户区改造项目、农六师102团、共青团农场新建200座温室大棚及冷棚项目作为援疆试点项目。4月22日试点项目全面启动。阜康市甘河子镇工矿棚户区改造项目共涉及1350户，计划分3年完成，2010年试点启动300户（2.4万平方米），2011年建设500户，2012年建设550户。2010年安排援建资金1500万元。11月底全部完成，部分居民开始回迁。农六师102团、共青团农场新建200座温室大棚及冷棚项目2010年安排援建资金1500万元，11月底，大棚已陆续投入使用。五是实施产业援疆，推进跨越发展。新一轮对口援疆工作启动以来，根据省委、省政府安排，省援疆办组织同煤集团、焦煤集团、潞安集团、太钢集团、太重集团等省内五家大型国有企业的主要负责同志及专家队伍赴疆调研，对接产业援疆工作。省内一些民营企业积极响应，迅速掀起了一股产业援疆的热潮。同煤集团编制完成了《阜康市煤炭循环经济园区规划方案》、焦煤集团编制完成了《阜康市晋商工业园区10平方公里煤焦气化循环经济规划方案》。

【国家资源型经济转型综合配套改革试验区】

2010年12月1日，国家发改委正式批复山西省国家资源型经济转型综合配套改革试验区，12月13日国务院新闻办召开了新闻发布会。至此，山西省成为全国第9个国家级综合配套改革试验区，也是全国第一个全省域、全方位、系统性综合配套改革试验区，赋予了山西省各项重大改革政策的先行先试权，同时，全国其他综合配套改革试验区的好经验好做法可以在山西省移植和推广。

建设山西省国家资源型经济转型综合配套改革试验区重点从几方面推进：一是全面推进产业结构转型。按照巩固加强第一产业、优化提升第二产业、大力发展第三产业的思路，促进三次产业在更高水平上协同发展。提升农业现代化水平；加快工业新型化步伐；大力发展服务业。二是统筹推动城乡协调发展。以规划为引领，以产业为支撑，以市域城镇化为目标，大力实施城中村改造、棚户区改造、旧城改造和采煤沉陷区治理，加快资源型城市转型，加快城镇化进程，推动区域结构调整，增强发展均衡性。统筹城乡基础设施建设和教育、医疗卫生等社会事业发展，建立城乡一体化的就业和社会保障体系，拓宽资源型产业反哺农业、城市支持农村的具体途径，加快推进新农村建设，促进城乡协调发展。三是积极实施社会管理创新。进一步解放思想，革除不符合科学发展观的思想、体制机制，加快转变政府职能，精简行政审批事项，提高行政效率，提高政府各部门社会管理、公共服务的能力。健全部门协调配合机制，增强服务能力，形成促进转型发展的强大合力。做好安全生产工作，保持社会和谐稳定，促进经济社会协调发展。四是深入推进节能减排和生态环境保护。以“绿化山西、气化山西、净化山西、健康山西”为目标，深入推进国家循环经济试点和生态省建设试点工作，按照不欠新账、渐还旧账的原则，建立健全生态建设和环境保护的补偿机制，加大生态环境治理修复力度，实现可持续发展。五是大力加强区域创新体系建设。进一步完善区域技术创新平台建设，实施“科技创新跨越工程”，围绕产业转型中的共性技术和关键技术实施科技重大专项，推进产学研结合，增强资源型经济转型的技术支撑，创新人才培养引进机制，增强自主创新能力。

安徽省

【经济与社会发展】 2010年，安徽省全年实现GDP 12263.4亿元，按可比价格计算，比上年增长14.5%，三次产业比例为14.1∶52.1∶33.8。居民消费价格全年上涨3.1%，商品零售价格上涨3.2%，工业品出厂价格上涨9%，固定资产投资价格上涨5.4%，农业生产资料价格上涨2%。城镇新增就业54.8万人，年末城镇登记失业率3.66%。粮食产量3080.5万吨，连续五年创新高；油料产量227.6万吨，棉花产量31.6万吨。主要肉类产量375.4万吨，禽蛋产量119万吨，牛奶产量20.5万吨，水产品产量193.3万吨。规模以上工业增加值5601.9亿元，轻重工业增加值比例为29.7∶70.3。全年社会消费品零售总额4151.5亿元，其中：城镇消费品零售额3481亿元，乡村消费品零售额670.5亿元。进出口总额242.8亿美元，其中：出口124.2亿美元，进口118.6亿美元。

截至2010年底，来皖投资的境外世界500强企业增加到51家。旅游总收入1151亿元，其中：旅游外汇收入8.2亿美元，国内旅游收入1095亿元。交通运输、仓储和邮政业增加值518.5亿元。财政收入2063.8亿元，其中地方财政收入1149.4亿元。财政支出2583.5亿元，33项民生工程累计投入345亿元，惠及6000多万城乡居民。年末全省金融机构各项存款余额（人民币口径，下同）16366.1亿元，其中：企业存款余额5208.5亿元，城乡居民储蓄存款余额7788.5亿元。金融机构各项贷款余额11452.3亿元，其中：短期贷款4044.2亿元，中长期贷款7100.5亿元，中长期贷款中个人消费贷款1906.6亿元。

截至2010年末，全省有上市公司65家，上市公司市价总值5723.2亿元。年末全省共有研究生培养单位18个，普通高校100所，高等教育毛入学率24.3%。高中阶段毛入学率80%，初中阶段适龄人口入学率99.22%。全年用于研究与试验发展（R&D）经费179亿元。共取得省部级以上科技成果780项。累计制定国际标准2项、国家标准330项，制定、修订地方标准1332项；有中国名牌产品37个、国家地理标志产品25个、安徽名牌产品829个。参加新型农村合作医疗的农业人口4750万人，参合率96%。

全年在国际和国内的重大比赛中，共获得57枚金牌、42枚银牌和61枚铜牌，“全民健身、健康安徽”系列主题活动蓬勃开展。城镇居民人均可支配收入15788元，城镇居民家庭恩格尔系数为38%。全年农村居民人均纯收入5285元，农村居民家庭恩格尔系数为40.7%。

全年地质勘查部门开展各类地质（科研）项目（省级）95项。监测的17个城市中，有16个城市空气质量达到二级标准。建成自然保护区38个，其中国家级6个、省级28个、市级4个。年末森林面积3804.2千公顷，活立木总蓄积量21710.1万立方米，森林蓄积量18074.9万立方米。淮河干流和长江干流安徽段总体水质优。巢湖湖区以及9条主要环湖支流总体水质均为中度污染。

【投资环境与招商引资】 2010年，安徽省以全面实施《皖江城市带承接产业转移示范区》为契机，着力改善招商引资环境，新增国家级经济技术开发区2个、出口加工区1个、对外开放口岸1个，示范区品牌效应和抢滩效应加速显现。

全省实际利用外资57.2亿美元，增长20.4%，引进省外资金6863.7亿元，增长47.9%，其中示范区分别占76.2%和72.5%。全省17市引资均超180亿元，其中合肥、芜湖、宣城、滁州、安庆、巢湖、宿州、蚌埠、马鞍山等9个市引资超300亿元，引资额占全省的73.9%。省外投资1000万元以上项目18546个，实际到位6168.9亿元，同比增长59.1%；1亿元以上大项目4366个，实际到位4051.5亿元，同比增长82.9%；10亿元以上大项目407个，实际到位1427.9亿元，同比增长152.8%。长三角地区成为资金主要来源地，1000万元以上长三角地区在皖投资项目到位资金3581.2亿元，同比增长50.6%，占全省58.1%；其中浙江1696.6亿元、江苏1107.6亿元、上海777亿元，其后是北京、广东、福建和山东。1000万元以上省外投资项目实际引资在三次产业的比重为2.1∶56.0∶41.9。第一产业项目750个，到位资金131.4亿元；第二产业项目12217个，到位资金3453.4亿元；第三产业项目5579个，到位资金2584.1亿元。第二产业项目中，加工制造业项目10696个，实际到位资金2917.6亿元，占47.3%，其中新建制造业项目4741个，到位资金1810.2亿元。2010年，皖江城市带承接产业转移示范区利用省外资金1000万元项目12273个，实际到位资金4473.3亿元，占全省72.5%。皖北地区3511个项目，实际到位资金881.8亿元，占全省的14.3%。2010年，全省有89个县（区、市）1000万元以上省外投资项目到位资金超过20亿元。落户在安徽省国家级、省级开发区的1000万元以上省外投资项目4874个，总投资8376.2亿元，实际到位2067.6亿元，占全省33.5%。

【经济技术协作与对口支援】 2010年，安徽省以皖江城市带承接产业转移示范区规划批复为契机，进一步推动完善区域合作机制，协调推进重大合作事项，参与长三角分工合作呈现出合作领域逐步扩大，合作内容继续深化，合作成果进一步显现的良好局面，被确定为2011年度长三角合作轮值方。正式加入了长三角地区交通、能源、信息、科技、环保、信用、社保、金融、涉外服务、工商管理等10个重点合作专题和城市合作，并由安徽省作为牵头方，增设产业转移专题组。溧水至马鞍山、高淳至芜湖、溧阳至广德等跨省高速公路、芜申运河等重大跨省项目基本实现同步推进或开工建设，沪苏皖高速公路电子不停车收费系统联网正式开通运行。宁安城际、黄杭铁路、皖电东送二期工程、淮南—上海特高压输电工程等一大批跨省重大项目得到协调推进。在加快淮沪田集电厂二期、淮北平山电厂、淮浙凤台电厂二期项目前期工作等能源方面，安徽省与长三角地区达成了共识。在长三角政府层面区域合作机制的推动下，安徽省与沪苏浙两省一市跨区域基础设施建设顺利对接，区域通关、质监互认、创新体系等公共服务平台建设合作继续加强，“属地申报，口岸验放”通关模式已经运行，异地人员的社保关系转移接续问题逐步解决，农业、旅游和劳务等传统合作进一步深化。

积极开展省际间高层互访，2010年10月，省委书记张宝顺、省长王三运率领安徽省党政代表团赴广东省学习考察，两省人民政府签署了《关于深化经济社会战略合作的框架协议》。11月安徽省党政代表团，赴江苏省开展学习考察活动，研究借鉴江苏科学发展尤其是苏北振兴的先进经验，进一步推动皖北加快发展，奋力开创全面转型、加速崛起、兴皖富民的新局面。成功举办“2010年皖江城市带承接产业转移示范区和国家技术创新试点省推介会”、“2010年皖江城市带承接产业转移示范区（杭州）推介会”、“第六届徽商大会”、“第五届中博会”、第四届“家博会”等重大经贸合作活动。组织参加“全国发展改革系统区域合作座谈会”、“中浦长三角高层论坛”、“长三角城市经济协调会市长联席会议”、“南京都市圈市长峰会”、“中欧区域政策第五次对话会”、“国家西部大开发工作会议”以及“第十三届渝洽会”、“厦门投洽会”等区域合作活动。安徽省与上海、江苏、浙江、广东和山东等优势互补性较强的沿海省（市）分别签署了双边战略合作协议以及多个专项合作协议，着重从产业转移、人才劳务、科技创新、交通、旅游、能源和农业等多个领域积极推进落实。举办2010年度皖浙两省合作项目联席会议和“落实沪皖合作协议，着力推进沪皖合作工作座谈会”，推进与上海、江苏、浙江等省市签署的专项合作协议。

2010年，山东省安徽商会、安徽省北京商会、安徽省河南商会、宁波市安徽商会相继成立；浙江省、广东省安徽商会，安徽省山东、江西、东北、天津商会筹备工作有序推进。主办每年一届的徽商精英年会、首届安徽异地商会会长联席会议、第二届全国异地安徽商会和安徽异地商会秘书长工作研讨会联席会议。制定了安徽省对口支援新疆初步工作方案，召开援疆规划编制协调会、安徽省对口支援新疆和田地区皮山县总体规划座谈会，开展安徽省党政代表团考察新疆和新疆来皖考察等活动。援建松潘工作2010年完成10.5亿元，占援建资金的49.3%。认真落实对口支援三峡移民项目资金，已拨付省级专项和合肥等5市资金总计635万元，促进了一批社会公益和基础设施项目的建设。安排渝北区中医院及石船镇中心医院的6名医务人员在安徽进修，5名干部在繁昌县挂职锻炼；接待渝北区35名优秀村干部到小岗村考察。编制安徽省2011—2013年援藏项目规划以及“十二五”、“十三五”援藏项目规划。

【“十二五”规划】 力争到2015年，全省地区生产总值、财政收入比2010年翻一番，主要指标增速位居中部前列；确保2015年皖江城市带人均地区生产总值超过全国平均水平，全省人均地区生产总值与全国平均水平差距进一步缩小。深入实施“861”行动计划，打造战略性新兴产业、先进制造业、能源、原材料、优质农产品生产加工、文化、旅游、现代物流八大产业，加快建设综合水利工程、交通网络工程、生态环保工程、金融支撑工程、人才工程、民生工程六大基础工程。以规模化、集群化、品牌化为导向，推动汽车、装备制造、家电、食品等优势产业做大做强，建设全国重要的先进制造业基地。

大力发展生产性服务业，统筹规划，合理布局，建设皖江外向型现代物流产业带、合肥物流圈、沿淮物流产业带三大物流区域，将合肥、芜（湖）马（鞍山）建成全国重要的物流枢纽，建设蚌埠、安庆、阜阳等区域性物流中心，形成高效快捷的现代物流体系。构筑现代化综合交通运输体系，到2015年，铁路营业里程达到6000公里，主要铁路通道实现客货分线运输，快速客运铁路覆盖所有省辖市，货物运输能力显著提高；基本建成“四纵八横”高速公路主骨架，力争通车里程达到4500公里；省干线公路基本达到二级以上标准；高等级航道里程达到1500公里，全省港口吞吐能力达到5亿吨，芜湖成为长江流域重要的航运枢纽；开通民航运输机场6个，建设若干通用机场，合肥成为全国重要的综合交通枢纽。

推进传统能源生产和利用方式变革，加快新能源和可再生能源开发利用。以提高防洪除涝和供水能力为重点，统筹水环境保护与改善，构建与全面小康社会基本适应的现代水利支撑体系。推进“三网融合”，实施政府各部门网上协同办公，实现决策信息资源分层共享。

加强农业基础设施建设，全面开展农田水利基本建设，加大中低产田改造力度，健全完善新型农业科技创新体系和水利基层服务管理体系，积极发展现代种业，提高农业机械化水平。实施粮食新增生产能力规划和优势农产品区域布局规划，推进新一轮“菜篮子”工程、畜牧业升级和水产跨越工程，大力发展茶、桑、果、中药材等特色农产品，积极发展油茶、核桃、竹、杨树、苗木花卉产业。提高农田综合防护林体系和绿色长廊建设水平。积极发展生态农业、休闲观光农业。

加快农垦现代农业建设步伐。加快新农村建设，实施千村百镇示范工程、江淮分水岭综合治理开发工程、农村饮水安全工程、农村电网改造升级工程、农村新能源工程、农村绿化工程和农村文教卫工程，创新农村发展体制机制。

支持合肥进一步提升在全国省会城市中的地位，推进芜马同城化、铜池一体化和跨江联动发展，与江北、江南产业集中区共同构建现代化滨江组团式城市发展格局。积极推动安庆、蚌埠、阜阳打造成为皖西南、皖北、皖西北区域中心城市。促进黄山市加快建成国际性旅游文化城市和现代服务业基地。加快推进以合芜蚌自主创新综合试验区为重点的国家技术创新工程试点省建设。保障教育优先发展，实施“十大人才”工程。着力建设文化强省，增强区域软实力。积极推进主体功能区建设，构建皖江城市带、合肥经济圈和皖北城市群“一带一圈一群”城镇化战略格局、“五区十五基地”农业发展战略格局、“三屏三网”生态安全战略格局。

【重点建设项目介绍】 2010 年，“861”项目共完成投资 5294.3 亿元，为年度计划的 142.4%；累计新开工项目 1077 个，竣工项目 602 个，分别为年度计划的 133% 和 165.8%。其中，八大产业基地建设完成投资 2488.1 亿元，为年度计划的 146.7%；六大基础工程建设完成投资 1183.4 亿元，为年度计划的 132.8%。竣工投产江汽年产 4 万辆中重型载货汽车、合肥三洋年产 500 万台洗衣机、蚌埠普乐年产 50 万兆瓦非晶硅薄膜太阳能电池、芜湖华强文化科技产业园等一大批重点项目，开工建设奇瑞年产 30 万台 1.5L—1.8L 汽车发动机、马鞍山大型铸锻件装备制造、淮南年产 20 万吨甲醇制丙烯、芜湖三安 LED、中建材（合肥）平板显示 TFT－LCD 玻璃基板、滁州天长吉阳新能源等一批重大投资项目。

江西省

【经济与社会发展】 2010年，江西省全年实现GDP 9435.0亿元，增长14.0%。其中，第一产业增加值1205.9亿元，增长4.0%；第二产业增加值5194.7亿元，增长18.3%；第三产业增加值3034.4亿元，增长10.8%。非公有制经济快速发展，实现增加值5152.2亿元，增长16.1%，占GDP的比重达54.6%。鄱阳湖生态经济区主体地位初步显现，实现生产总值5554.6亿元，占全省的58.9%。财政总收入1226.0亿元，增长32.0%，创1994年分税制改革以来的最高增幅。全社会固定资产投资8775.5亿元，增长32.1%。其中，城镇固定资产投资7856.7亿元，增长30.8%。

全年粮食总产量390.9亿斤，连续第三年保持在390亿斤以上，大灾之年仍获丰收。全年肉类总产量308.2万吨，增长2.4%。水产品产量215.3万吨，增长4.9%。

全年全部工业增加值4359.2亿元，增长20.0%。其中，规模以上工业增加值3101.9亿元，增长21.7%。全年规模以上工业实现主营业务收入14196.7亿元，比上年增长43.8%。年末94个工业园区投产企业达8108家，增长2.2%；安置从业人数164.5万人，增长17.6%。全年园区完成工业增加值2309.9亿元，增长21.6%。

全年社会消费品零售总额2932.9亿元，增长19.2%。在限额以上批发零售业零售额中，汽车类零售额增长43.0%，家具类增长22.0%，金银珠宝类增长38.5%，建筑及装潢材料类增长82.7%。

全年进出口总额214.53亿美元，比上年增长67.9%。其中，出口134.16亿美元，增长82.1%；进口80.37亿美元，增长48.5%。全年新增具有世界500强投资背景的企业3家，总数达40家。

年末高速公路通车里程突破3000公里，达3088公里，铁路营运里程达2735公里，高速铁路实现零的突破。新建扩建一批民航机场，民航旅客年吞吐量563.6万人次。统调电力装机达1349万千瓦，基本形成500千伏输变电主网架。

全年接待国内旅游人数10705.1万人次，比上年增长15.1%；国内旅游收入794.8亿元，增长21.3%。接待入境旅游人数114.1万人次，增长18.3%；旅游外汇收入3.46亿美元，增长19.5%。

2010年研究生教育在校研究生2.1万人，增长16.7%。普通高校在校生81.6万人。普通高中、初中、小学在校生分别达74.0万人、200.0万人和426.0万人。特殊教育在校生2.4万人。幼儿园在园幼儿123.5万人。高等教育毛入学率达到25.5%，比上年提高1.5个百分点；高中阶段毛入学率76.0%，提高5.9个百分点；初中适龄人口入学率为98.7%；小学适龄儿童入学率为99.9%。全年研究与试验发展（R&D）经费支出94.5亿元，比上年增长24.5%。年末拥有国家级重点实验室1家，省级重点实验室52家；国家工程（技术）研究中心5家，省工程（技术）研究中心84家。

年末全省共有艺术表演团体91个（含个体），文化馆101个，公共图书馆108个，博物馆118个。年末有各类医疗卫生机构7172个。年末有全民健身中心7个，青少年俱乐部100个，健身活动点6320个。农民体育健身工程2470个，老区和贫困地区“雪炭工程”设施建设项目15个。全年在国际和国内的重大比赛中共获得36枚金牌、26枚银牌和33枚铜牌。

全年农民人均纯收入5789元，增长14.1%；城镇居民人均可支配收入15481元，增长10.4%。农村居民恩格尔系数为46.3%，城镇居民恩格尔系数为39.5%。年末农村居民人均住房使用面积40.3平方米，城镇居民人均住房建筑面积38.9平方米，比上年末分别增加0.7平方米和0.3平方米。共发放小额担保贷款48.5亿元，直接扶持个人创业7.2万人次，带动就业人数23.3万人次，累计总额达172.4亿元，连续8年保持全国领先。全年“4050”人员实现再就业6.9万人。

年末参加城镇基本养老保险人数为607.6万人，参加城镇职工医疗保险人数532.1万人，参加失业保险人数265.3万人。向城市低保户发放低保金20.5亿元，月人均补差252元；向农村低保户发放低保金13.7亿元，月人均补差75元。为城乡609万名义务教育阶段公办学校学生全面免除学杂费和免费提供教课书。2010年，建设廉租住房5.97万套、经济适用住房3533套，改造城市棚户区1344万平方米，完成农村危房改造3.1万户。年末有各类收养性社会福利单位1919个，提供床位14.9万张，收养人数14.3万人，临时救济困难户1.8万人次。

【投资环境与招商引资】 2010年，国家先后批准江西省九江、井冈山、赣州、上饶、萍乡5个省级开发区升级为国家级开发区，江西国家级开发区总数列全国第四位、中部第一位。景德镇、新余高新区升级为国家级高新技术产业开发区。南昌出口加工区设立B区并通过验收封关运营。新开通2条铁海联运线路，总线路达到11条，居中部地区首位。江西高速公路通车里程达到3088公里，交通条件进一步改善。全省森林覆盖率达63.1%，生态环境优势更加独特。

2010年，江西着力推进重点产业重大项目招商，招商引资成效显著。全省新批外商投资项目1092个，增长33.01%；实际利用外资达到51亿美元，增长26.77%，新批外资项目数和实际进资在中部地区保持第一。实际引进省外5000万元以上项目资金1927.41亿元，增长40.98%，引资规模创历史新高。全省新批合同外资1000万美元以上重大项目147个，比上年增加53个；合同外资30亿美元，同比增长77.68%。引进省外亿元以上项目441个，比上年增加90个，是“十五”末的2.6倍，其中10亿元以上大项目62个，比上年增加27个，亿元以上项目实际进资1001.15亿元，同比增长42.84%。新引进世界500强投资企业3家，国内500强投资企业8家，总量分别达到40家和74家。

九江市、上饶市、萍乡市现汇进资增幅60%以上，现汇进资超过2000万美元的县（市、区）达到20个，南昌县、瑞昌市、新建县超过4000万美元；全省各设区市均全面完成年初目标，实际进资超过20亿元的县（市、区）达到60个。

2010年，江西突出产业集聚，扩大招商引资，工业园区发展呈现新面貌。全省工业园区主营业务收入达到9833亿元，增长43%；上交税金380亿元，增长38.1%，分别是“十五”末的6.8倍和4.6倍，其中75个园区上缴税金过亿元，比“十五”末增加56个。新余光伏、赣州钨和稀土、小蓝汽车零部件等一批特色园区更加凸显。

全省积极开展“百人招商团”、“百人服务团”等招商活动，有力地推进了全省重点产业招商。先后举办或参加了一系列的重大招商活动，主要有第五届中博会、2010香港招商引资活动周、2010赣台经贸研讨会、第六届泛珠会、第41届樟树药交会招商引资洽谈会、省十大战略性新兴产业推介会、第十二届高交会等，重大活动招商取得丰硕成果。

【经济技术协作与对口支援】 2010年，江西先后组团参加了“西安第十四届中国东西部合作与投资贸易洽谈会”、“2010中国·青海绿色经济与投资贸易洽谈会”、“长春第六届东北亚博览会”、“第19届乌鲁木齐对外经济贸易洽谈会”、“2010湖南经济合作洽谈会暨第四届湘商大会”、“成都第十一届中国西部国际博览会”等一系列重大经贸活动，充分利用区域合作活动，搭建区域交流平台，加强了省际之间的沟通，增进了区域之间的合作，促进了招商引资。实际引进省外5000万元以上项目资金1927.41亿元，增长40.98%。

举办了以江西省为主办单位的第五届中国中部投资贸易博览会，参会参展来宾超过3万人，为江西历史之最。中部五省以及吉林、贵州、青海和厦门、深圳等省市组团参会，此外，来自美国、菲律宾、泰国、特立尼达和多巴哥及我国香港和台湾等34个国家和地区的要客出席大会。共签约项目239个，项目总投资2090.27亿元，其中内资项目211个，项目总投资1910.91亿元，合作方出资1906.91亿元；外资项目28个，项目总投资26.45亿美元，合作方出资27.39亿美元。

武隆县组团来赣开展招商引资活动期间，组织召开了招商引资项目推介座谈会，并促成了江西省相关企业对武隆县的投资意向。江西省组团参加了“2010全国对口支援三峡工程重庆库区经贸洽谈会”，促进了10余家在重庆的赣商企业家与武隆县政府达成了投资意向。全面完成了对武隆县资金援助计划。2010年江西省对武隆县计划安排财政支持资金115万元，按计划要求足额完成了资金划拨任务。

全面完成了支援四川小金援建任务。共拨付给小金县财政局援建专户现金12.4亿元，捐献各类物资5300万元，板房建设1200万元，利息220万元，青基会93万元。按照江西省人民政府与小金县人民政府签订的“关于建立对口合作长效机制的框架协议”要求，制定了详细的五年规划。

根据《江西省2010年对口支援新疆阿克陶县项目建设实施方案》，江西省财政投资3亿元的9个援建项目进展顺利，目前已完成超过70%的工程量。

【“十二五”规划】 到2015年，江西省GDP由2010年的9425亿元上升到1.8万亿元，在执行中力争达到2万亿元；按当年价格和汇率测算，人均GDP将由3000美元上升到6000美元；财政总收入由1226亿元上升至2600亿元，力争3000亿元；全社会固定资产投资由8775亿元上升到2.1万亿元；社会消费品零售总额由2933亿元上升到6200亿元，五大综合经济指标可以实现五年翻一番。

“十二五”期间，列入江西“十二五”规划纲要的工程项目共176类，估算总投资3万亿元以上。其中，农业农村方面18类，估算总投资1800亿元以上；工业及现代服务业方面23类，估算总投资1万亿元以上；城镇化方面10类，可带动城镇开发性投入5300亿元左右；基础性建设方面25类，估算总投资7800亿元以上；生态环境建设方面26类，估算总投资2600亿元以上；社会建设方面59类，估算总投资4000亿元以上。

【重点工程建设】 2010年，江西省在交通、能源、水利、工业和社会公益等领域分两批、共安排重点工程185项，比上年增加19项；总投资6243.8亿元，完成投资1008.35亿元。其中38项计划建成投产项目完成投资196.59亿元，占该计划的110.7%；68项续建项目完成投资557.4亿元，占该计划的105.9%；66项计划新开工项目完成投资254.36亿元，占该计划的84.1%。13项预备项目中，老爷庙风电场提前开工建设。

重大基础设施建设进展顺利。建成并投入运营南昌铁路枢纽西环线、南昌至九江城际铁路、新干盐化工基地铁路专用线和高安建筑陶瓷产业基地铁路专用线；加快建设沪昆客专杭长段、合福客专、向莆铁路、衡茶吉铁路、新余洋坊站扩能改造工程等项目；开工建设赣龙铁路扩能改造工程江西段、江西萍乡工业陶瓷基地铁路专用线。南昌瑶湖大桥扩建及麻丘互通立交工程、红角洲前湖互通立交新建工程建成通车；赣崇、吉莲、奉铜、德上、祁浮等5条高速公路开工建设，标志着2012年全省高速公路通车里程突破4000公里的所有项目全部开工，标志着国家高速公路网规划中江西境内的所有项目全部落地；南昌艾溪湖大桥、105国道水西至潭口段扩建工程、清宜公路河下至分宜段一级公路改建工程开工建设。景德镇机场扩建工程于2010年10月份建成；昌北机场新航站楼于2011年5月份建成并投入使用；宜春明月山机场土石方工程基本完成。新昌电厂2台66万千瓦机组、湖口50万伏输变电工程、前湖220千伏输变电工程、昌九城际铁路电气化配套电网工程、省天然气管网一期等项目建成；景德镇发电厂“上大压小”工程1号机组于2010年12月15日并网发电；西气东输二线（江西境内）、洪屏抽水蓄能电站、贵溪电厂1台60万千瓦机组项目加快建设；老爷庙风电场项目；大力推进彭泽核电站、九江电厂“上大压小”1台60万千瓦机组、华能安源发电有限公司“上大压小”2台60万千瓦机组项目、省天然气管网二期工程等前期工作开工建设；万安烟家山核电站项目前期工作启动。

重大优势产业项目建设顺利进行。建成世纪阳光余江照明有限公司年产1亿只绿色环保节能灯、江西南方水泥有限责任公司上高日产4000吨水泥熟料工程、江西欧雅陶瓷有限公司建筑陶瓷生产项目、新钢300万吨薄板工程、江西赛维年产1600MW多晶硅等项目；加快建设江铜10万吨高性能高精度铜板带项目、鹰潭铜产业循环经济基地、中冶南方55万吨冷轧无取向硅钢工程、景德镇民用直升机等项目；开工建设新钢特厚板连铸机项目、新华公司50万吨低松弛预应力钢绞线项目、赣州铜铝业年产20万吨高精度铝合金板带项目、江西睿能光电科技有限公司LED外延片制造项目、江西宏宇能源发展有限公司节能玻璃项目一期工程等。

重大民生工程建设顺利进行。省艺术中心、武功山旅游综合开发项目建成投入使用；南大一附院急诊创伤抢救中心及科研辅助综合大楼、南大二附院中心大楼、省科学院科技创新大楼、省奥体中心、南昌国际体育中心、萍乡市中央下放煤矿棚户区改造等项目加快建设；江西中医学院附属医院医疗综合大楼、瑶湖水上运动中心、江西防震减灾应急指挥中心、江西科技师范学院新校区二期工程、江西省城区棚户区改造、江西省农村信用社商学院基地、中国井冈山干部学院添建工程等项目开工建设。峡江水利枢纽工程“三通一平”已完工，一期围堰合龙，大坝即将进行基坑开挖，征地拆迁工作稳步推进；南昌市轨道交通1号线一期工程于2010年10月份完成所有站场和线路的招标，正在组织进场施工。

河南省

【经济与社会发展】 2010年，河南省全年实现GDP 22943亿元，比“十五”末翻了一番，5年年均增长12.8%，其中，第一产业增加值3769.05亿元，增长4.2%；第二产业增加值11010.5亿元，增长12.4%；第三产业增加值5700.91亿元，增长11.1%，三次产业贡献率分别为5.1∶64.8∶30。人均生产总值由1000美元增加到3763美元，高于中部地区平均水平。财政总收入2293亿元，年均增长18.8%；其中地方财政一般预算收入1381亿元，年均增长20.8%。累计完成固定资产投资54699亿元，居全国第4位，年均增长30.5%。

农业经济。全年粮食产量5437万吨，同比增产0.89%；棉花产量44.7万吨，减产13.62%；油料产量540.7万吨，增产14.48%；烟叶产量28.7万吨，减产3.46%；水果产量767.33万吨，增产1.5%。肉类总产量638.38万吨，增长3.8%；禽蛋产量388.60万吨，增长1.5%；牛奶产量290.90万吨，增长3.2%。

工业经济。全年全部工业增加值11950.82亿元，比上年增长15.4%，增速比上年提高3.8个百分点。规模以上工业增加值增长19.0%，比上年提高4.4个百分点，规模以上工业企业主营业务收入36047.78亿元，比上年增长29.3%，增速比上年提高17.2个百分点；利润总额3166.68亿元，增长35.9%，提高25.2个百分点。其中，轻工业增长20.0%，重工业增长18.8%，轻、重工业比例为31.0∶69.0。产品销售率98.3%。

消费市场。全年全社会消费品零售总额达到7893亿元，居全国第5位，年均增长18.5%。

对外开放。全年进出口额177.9亿美元，比上年增长32%。其中一般贸易进出口139.9亿美元，加工贸易进出口31.4亿美元。“十一五”期间，河南省进出口额突破700亿美元，年均增长18.1%，高于全国平均水平2.2个百分点。

交通运输业。全社会货运量完成20.24亿吨，“十一五”期间年均增长20.8%；全社会货物周转量完成7136.44亿吨公里，年均增长25.6%；全社会客运量完成16.78亿人，年均增长11.3%；全社会旅客周转量完成1840.64亿人公里，年均增长13%。其中，公路通车总里程达到 24.5 万公里，公路密度 146.7 公里/百平方公里，高速公路通车里程 5016 公里，农村公路通车里程达到 22 万公里；铁路正线营运里程达到 4224 公里，其中客运专线 319 公里；复线铁路 2390 公里，复线率 56%；电气化铁路 2505 公里，电气化率 59%；民航旅客吞吐量达到 918 万人次，比 2005 年增加 602 万人次；货邮吞吐量达到 8.8 万吨，比 2005 年增加 4.1 万吨；内河航道里程达到 1439 公里，其中Ⅳ级航道达到 76 公里。

旅游业。全年共接待入境游客 146.84 万人次，比上年增长 16.7%。旅游总收入 2294.8 亿元，增长 15.6%。年末共有 A 级旅游景区 213 处，其中，4A 级以上景区 78 处；全国优秀旅游城市 27 个，星级酒店 536 个，出境游组团社和国内旅行社 1139 家。

财政金融。全年地方财政总收入 2293.37 亿元，增长 19.3%。地方财政一般预算收入 1381.01 亿元，比上年增长 22.6%，其中：税收收入 1016.55 亿元，增长 23.7%，税收占地方财政一般预算收入的比重为 73.6%，比上年提高 0.6 个百分点。地方财政一般预算支出 3413.22 亿元，增长 17.5%，其中：教育支出增长 15.3%，社会保障与就业支出增长 25.5%，医疗卫生支出增长 20.5%。

社会事业。全年研究生招生 10704 人，在学研究生 29021 人，毕业生 7750 人。普通高等教育招生 47.83 万人，在校生 145.67 万人，毕业生 38.25 万人。“新机制”安排资金 81.3 亿元，资助困难学生 1300 万人次。研究与试验发展（R&D）人员 14.5 万人，经费支出 220 亿元，比上年增长 25.9%。年末拥有科学研究与技术开发机构 1900 个；国家工程技术研究中心 9 个，省工程技术研究中心 330 个；国家工程中心 2 个；国家级企业技术中心 44 个，省级企业技术中心 630 个，省重点实验室 75 个。年末共有国家级创新型试点企业 16 家，省级创新型试点企业 173 家。全年共取得重大科技专项 18 项，国家科技进步奖 22 项，省级科技进步奖 349 项；申请专利 25149 件，授权专利 16539 件，分别增长 28.4% 和 44.7%；签订技术合同 4617 项，成交金额 27.69 亿元。年末共有艺术表演团体 200 个，文化馆 183 个，公共图书馆 142 个，博物馆 109 个，全国重点文物保护单位 189 处 198 项，省级文物保护单位 1047 处，入选国家级非物质文化遗产名录 82 个，32 种物质文化遗产项目被列入国家重点保护名单。登封“天地之中”历史建筑群被列入《世界遗产名录》。河南省有 104 座博物馆实现了免费向公众开放，全年免费接待观众 1000 多万人次。广播电台 18 座，中、短波广播发射台和转播台 30 座；电视台 18 座，教育台 10 座；有线电视用户 725.14 万户，有线电视数字化整体转换正式启动。广播人口覆盖率 97.3%，电视人口覆盖率 97.4%。全年图书出版总印数 2.02 亿册，期刊出版总印数 0.85 亿册，报纸出版总印数 21.42 亿份。年末共有综合档案馆 177 个，已开放各类档案 197.54 万卷。

人民生活。2010 年，农民人均纯收入达到 5523.73 元，增长 11%；城镇居民人均可支配收入达到 15930.26 元，增长 7.2%。全年城镇新增就业人员 132.1 万人，下岗失业人员再就业 38.2 万人，就业困难对象再就业 17.6 万人。2010 年末河南省参加城镇基本养老保险人数 1079.1 万人；参加基本医疗保险人数 2044 万人，参加失业保险人数 696.7 万人。河南省共发放城镇居民最低生活保障金 27.14 亿元，享受最低生活保障 149.72 万人。发放农村低保金 27.96 亿元，农村低保对象 369.21 万人。发放城乡医疗救助资金 5.61 亿元，救助 496.77 万人次。

生态环境。2010 年，河南省化学需氧量和二氧化硫排放量分别较上年减排 1.03% 和 1.20%，完成了分别削减 0.8% 和 1.2% 的年度目标任务；较 2005 年分别减排 14.02% 和 17.59%，较好地完成了国家下达河南省 10.8% 和 14% 的“十一五”减排目标。河南省地表水 83 个省控河流断面化学需氧量、氨氮浓度年均值分别为 22.7 毫克/升和 2.15 毫克/升，较上年分别下降 11.7% 和 15.2%，较 2005 年分别下降 41.4% 和 61.7%。城市环境空气质量达到优、良天数的比例为 88.2%，较上年下降2.6 个百分点，较2005 年上升5.6 个百分点。城市集中式饮用水源地取水水质达标率达到 100%，较上年上升 0.5 个百分点，较2005 年上升 2.0 个百分点。电离辐射环境质量仍然保持在天然本底水平，电磁辐射环境质量状况继续保持良好水平。

【投资环境与招商引资】 河南省投资环境优越。是全国第一人口大省，全省人口 9967 万，劳动力等要素成本低廉，消费市场潜力巨大。

一是资源禀赋条件较好。河南是全国重要的农产品、畜产品生产基地和国家粮食生产核心区，耕地面积 1.18 亿亩，小麦、玉米、棉花、肉类产量分别居全国第 1、第 4、第 4、第 3 位，粮食和肉制品加工能力均居全国第 1 位，食品行业主营业务收入居全国第 2 位，不仅是全国粮仓，也是“国人厨房”。矿产资源储量丰富，开发潜力巨大，已发现矿产资源 154 种，探明储量的 81 种，其中钼矿、蓝晶石、天然碱、水泥配料用粘土等 8 种矿产资源储量居全国首位，煤炭储量居全国第 9 位，煤炭产量达到 2.1 亿吨，居全国第 4 位；电力装机总容量 5060 万千瓦，居全国第 6 位，是全国重要的大型煤炭基地和火电基地。

二是区位交通优势独特。河南省地处华夏腹地，承东启西、连南贯北，素有“九州心腹、十省通衢”之称，是东部地区产业转移和西部能源输出的战略枢纽。河南是全国重要的综合交通枢纽和人流、物流、信息流中心，公路通车总里程 24.5 万公里，其中高速公路通车里程已突破 5000 公里，居全国首位；处于全国铁路网的中心地带，共有 9 条铁路干线和 4 条铁路支线在河南境内交汇，郑西客专已建成通车，石武、郑徐客专建成后，郑州将成为全国铁路路网中的“双十字”中心。郑州新郑国际机场是全国八大区域性枢纽机场之一，2010 年旅客吞吐量达到 870 万人次。“四纵四横”的信息高速公路基本框架初步，光缆线路达到 24 万公里，居全国第 6 位，固定电话用户、移动电话用户数均居全国第 5 位。

三是市场空间广阔。河南省拥有近 1 亿人口，消费潜力巨大。拥有较大规模的商品批发零售市场近万家，基本形成了以大型连锁企业为龙头，大型批发市场为骨干，多业态、多层次、相对完善的市场流通体系，在全国大市场、大流通中的地位日益突出。郑州商品交易所是全国粮油信息、交易和价格中心，“郑州价格”成为世界粮油交易市场的重要参考价格。

四是文化旅游资源丰富。河南省是中华民族的发祥地之一，代表中华文明的三大标志最早的文字、最早的王朝和最早的城市都发端于河南。中国 8 大古都河南省有 4 个，即九朝古都洛阳、七朝古都开封、殷商古都安阳和商都郑州。拥有国家级文物保护单位 189 处，地下文物居全国第一位，地上文物居全国第二位，安阳殷墟、洛阳龙门石窟和登封“天地之中”历史建筑群被列为世界文化遗产。自然风光兼具北雄南秀，拥有国家级风景名胜区 9 处、国家级自然保护区 11 处、国家级森林公园 30 处，拥有嵩山、云台山、伏牛山、王屋山—黛眉山 4 处世界地质公园；共有 A 级旅游景区 213 处，其中 5A 级景区 9 处，居全国第一位，中国优秀旅游城市 27 个。

五是工业基础比较雄厚。依托丰富的矿产资源和农副产品，河南省工业形成了拥有 38 个行业大类、182 个行业中类，以食品、有色、化工、装备制造、轻纺等产业为主导、大中型企业为主体、多种所有制竞相发展的工业体系，是全国重要的粮食加工、畜禽加工、铝工业和煤化工基地。原煤、铝、黄金、十种有色、平板玻璃、水泥、拖拉机、纱、化纤、机制纸及纸板、卷烟等主要工业品产量均居全国前列，主营业务收入超 1000 亿元的企业有 2 家，超 100 亿元的企业有 30 家。

2010 年，河南省成功组织了世界华商高峰论坛、第六届中国河南国际投资贸易洽谈会、河南—东盟投资贸易洽谈会、港澳深地区闽籍企业家访豫活动、河南—上海经济技术合作项目洽谈会等一系列境内外招商活动，通过大型招商活动，利用国内外资金大幅增长，共签约项目1265个，投资总额超过5800亿元。第六届河南国际投资贸易洽谈会有85家世界500强企业和108家国内500强企业代表到会，合同引资1426亿元。港澳深地区闽籍企业家访豫活动合同引资1462亿元。2010年，河南省新增省外资金项目5337个，同比增长11.8%；合同利用省外资金7100.1亿元，同比增长50.5%；实际到位省外资金2743.4亿元，同比增长24.6%，完成年度目标的108.3%，超平均进度8.3个百分点，创历史最好水平。

【经济技术协作与对口支援】 开展多层次区域合作。近年来，河南省积极参加中部六省、黄河经济协作区等跨省区、跨流域的紧密型经济合作，开展了豫沪、豫浙、豫苏、豫闽、豫粤、豫京、豫津、豫桂等双向合作，注重加强与长三角、珠三角、环渤海、京津冀、海峡西岸等发达地区的交流与合作，积极参与西部大开发、东北老工业基地改造，认真组织对口支援工作，深化与新疆、重庆、西藏的经济技术合作，积极推进中原经济协作区、淮海经济区、晋陕豫黄河金三角经济协作区等省际间地市的合作。开展广泛的区域合作。河南省区域合作领域涵盖了农业、工业、文化、金融、科技、教育、卫生、交通、信息、旅游、生态、环保、口岸、建筑、劳务等诸多方面。基本建立了政府、企业、社会团体共同参与、相互协作的多层次区域交流合作机制。在全国设立了6个省级政府办事机构、成立了16个河南商会，2010年还将成立4家河南商会。

按照中央部署，河南省实施了对口支援哈密地区、三峡库区重庆巴南区和援建西藏等工作。对口支援新疆哈密地区。按照国家要求，做好新一轮对口支援新疆哈密地区工作。2010年8月，河南省委下发文件，成立了河南省对口支援新疆哈密地区工作领导小组，领导小组下设办公室和前方指挥部，办公室设在省发展改革委，同年5月开始运转；前方指挥部于2010年8月进入哈密，正式开展工作。对口支援重庆市巴南区。制定了对口支援重庆巴南区五年规划。确定2008—2012年五年期间，支援巴南库区6个公益性基础设施项目的建设，无偿援助1800万元，计划2008—2012年五年期间，每年为巴南库区培训各类人员70名。支援西藏建设工作。经积极推动，羊八井地质公园已获批为国家级地质公园，建设工程已经批复立项，地质博物馆等主要建设项目工程设计已完成，施工招标等建设工作正在进行。

【重点项目介绍】 2010年，河南省315个省重点项目全年完成投资1669亿元，占年目标的111.3%，其中12月当月完成投资202.3亿元，环比增长18.8%；计划开工项目86个实际开工88个，计划建成项目60个实际建成62个，其中当月开工15个、建成27个，全面超额完成了年度建设目标任务。

交通项目。铁路项目：全年完成投资273.7亿元，占年目标的56.8%。石武客专河南段完成铺轨308公里，全年完成投资166亿元。新郑州东站主站房桩基、承台、制梁全部完成，联络线铺轨500米。郑新黄河大桥桥头堡设计方案大桥院正在修改。漯阜电气化改造项目，部分路段正在铺轨。晋中南铁路通道河南段全线开工建设。郑焦城际铁路完成钻孔桩3150个、承台71个、路基土石方206万立方米，黄河大桥完成钻孔桩701根、承台4个，栈桥合拢贯通。郑开城际铁路完成钻孔桩5092个、承台229个、墩身完成4个。郑州至机场城际铁路，12月20日举行了郑州机场综合交通枢纽开工动员大会。公路项目：全年完成投资292.7亿元，占年目标的114.2%。高速公路顺利实现5000公里通车目标。永登高速任庄至小新庄段、大广高速冀豫界至南乐段、焦桐高速叶舞段等3个项目12月26日建成通车，全年新增通车里程156公里，全省高速公路通车里程达到5016公里。民航项目：全年完成投资3.1亿元，占年目标的35.8%。

计划竣工的郑州航空应急投送保障基地办公楼主体已封顶，预计今年建成。续建的郑州国际航空港配套工程中的除冰坪工程竣工投用。飞行区鸟害防治工程正在进行初步设计。许昌异地候机楼主体结构封顶。洛阳机场改扩建工程，航站楼建成投用，调整后的可研待国家发改委批准，初设正在编制。南阳机场扩建工程，正在进行飞行区场道施工，围界工程和机务用房等配套工程基础施工完成。计划开工的郑州机场二期扩建工程，总规已完成专家评审，综合枢纽交通换乘中心已开工。商丘军民合用机场项目，拟上报中央军委和国务院的文件正在由总参起草办理，近期会签国家发改委后报送。信阳明港军民合用机场，进场道路正在施工。内河航运项目：全年完成投资1.8亿元，占年目标的112.7%。计划竣工的淮河淮滨至豫皖界段航运工程，固始望岗码头投运，望岗以下通航顺利，淮滨饮马港工程和淮滨至固始航道治理基本完工。续建的涡河航运开发建设一期工程，正在进行航道疏浚土方开挖。

能源项目。电源项目：全年完成投资202.2亿元，占年目标的140.4%。计划投产的7个项目500万千瓦全部建成，年底发电装机突破5000万千瓦，达到5060万千瓦。续建的国电驻马店热电厂1号机组已具备启动条件，大唐林州等4个项目进展较快，已完成年目标的130.2%。计划开工的大唐三门峡三期、洛阳阳光、华润焦作龙源、华能渑池4个项目共340万千瓦开工建设。列入前期的沁北电厂三期、神火商丘电厂共260万千瓦提前开工。伊川电厂扩建取得路条，焦作电厂迁建征地完成。电网项目：全年完成投资24.6亿元，占年目标的113%。4个500千伏输变电工程全部建成投产。12个220千伏电网工程已投产6个，其余进展顺利。煤矿项目：全年完成投资25.8亿元，占年目标的123.4%。计划竣工4个项目600万吨，中平能化首山一矿、神火泉店矿共360万吨已投产。义煤新义矿120万吨已建成，环保设施完成验收。义煤孟津矿120万吨，由于增加瓦斯治理任务，推迟到明年7月竣工。续建项目6个930万吨，河南煤化赵固二矿正在联合试运转。鹤壁中泰矿业四矿改扩建、平禹煤电一矿技改、神火梁北矿、郑煤李粮店矿，按计划正常施工。神火梁北矿、郑煤李粮店矿均在争取国家核准。中平能化平禹九矿正在争取国家核准，经协调阻工现象基本解决。计划开工项目2个270万吨。油气管道项目：全年完成投资48亿元，占年目标的57.3%。计划竣工的榆林—濮阳—济南管道工程河南段、西气东输二线河南段主干线工程已建成投产。博爱—中州铝厂管道完成焊接21公里。安阳—博爱—洛阳天然气管道完成焊接50公里。西气东输二线地方支线（9条），平舞漯、南阳—驻马店、三门峡西二线利用工程3条支线已建成。

农田水利项目。全年完成投资234.6亿元，占年目标的116%。计划竣工项目7个。郑州绿博园和宋家场、薄山、南湾、泼河、窄口5个水库除险加固工程均已建成。省农科院试验示范基地工程基本完工。续建的南水北调中线一期工程河南段进展顺利，全年完成投资218亿元。河口村水库可研待国家发展改革委批复，三期工程导流洞土石方开挖完成65%。列入前期的郑州引黄灌溉龙湖蓄水工程、小浪底北岸灌区工程提前开工。淮河出山店水库正在争取国家发改委批准项目建议书。前坪水库可研完善工作完成。

社会事业项目。全年完成投资68亿元，占年目标的127.7%。计划竣工的省中医学院二附院病房楼已建成。河南省广播电视发射塔，广播电视信号已发射，全景画完成，声光电正在调试，整体工程准备验收。

城建环保项目。全年完成投资49亿元，占年目标的95.4%。计划竣工的商丘污水处理厂工程二期、环境自动监控系统、漯河东城污水处理工程一期、周口市沙南污水处理工程二期，如期建成投运。危废中心由于焚烧炉12月中旬才到货，推迟到2011年2月建成。续建的郑州地铁1号线一期，盾构掘进13公里。南阳市危废中心正在进行焚烧设备安装。

洛阳新区污水处理工程等项目施工进展顺利，鹤壁淇滨、漯河沙北、洛阳涧西3个中水回用工程均在通水试运。计划开工的5个项目全部开工建设。郑州航空港区第一污水处理厂，氧化沟、二沉池等主体工程完工。铁路系统棚户区改造项目进展顺利，部分主体完工开始室内外粉刷。郑州铁路局14个项目已完成拆迁18万平方米、3343户。列为前期的郑州地铁2号线12月28日提前开工。

物流项目积极推进。全年完成投资31.4亿元，占年目标的139%。计划竣工的郑州国家干线公路物流港一期综合服务楼已完工。续建的省农资物流仓储配送体系、中粮（新乡）小麦仓储项目一期、黄淮物流港农产品批发市场等6个项目有序进行。众品冷链物流网络体系（洛阳项目）已竣工。中南邮政物流集散中心正在进行河道清淤和基础开挖，进入实质性施工。郑州综合保税区验收设施工程、豫鑫物流配送中心、郑州华强文化科技产业基地等进展顺利。省保税物流中心（B型）园区一期项目12月8日通过国家四部委联合验收。苏宁电器郑州配送中心已提前开工。

工业项目顺利实施。全年完成投资252.5亿元，占年目标的128.4%。计划竣工的郑州日产12万辆整车、洛阳新洛轴工程、金大地60万吨联合制碱目等10个全部建成投产。续建的伊川电力25万吨铝板带、中石化洛阳分公司油品质量刀级改造提前建成投产。大海电器汽车产业园，轿车智能生产线已建成，汽车电线束生产线开始试生产。郑煤机高端液压支架生产基地一期已试生产。海马15万台节能高效发动机样机试制基本完成。鹤煤60万吨甲醇主设备开始调试。中航电动车电力总成系统部分到货设备正在安装。河柴重工船用高速柴油机项目中心油库工程已完成过半。开封空分大型空分及化工设备制造行车轨道开始安装。计划开工的河南煤化1000吨碳纤维、中航新乡航空高科技园、龙鼎铝业20万吨高精度铝箔、四维机电荥阳制造基地等15个项目开工建设。其中，中铁隧道20台（套）盾构机、河南众品10万吨中式肉制品项目当年开工当年建成投产。

高技术项目取得新进展。全年完成投资144.3亿元，占年目标的135.5%。计划竣工项目6个，中硅高科2000吨多晶硅、上海超日太阳能电池片等5个项目建成投产。洛阳天空能源大容量锂离子电池项目由于扩大产能工期延长。续建项目10个，完成年投资目标的120%。其中，中科诺数码产品制造、华兰生物系列疫苗项目提前建成投产。金龙集团电动车辆动力锂离子电池二期建成试生产。3G移动通信网络工程，移动、电信年度网络建设任务顺利完成，联通WCDMA工程开始试运行。计划开工项目11个，富士康IT产业园、天方药业新型原料药项目等11个项目开工建设。科干数码产品制造项目已部分投产。河南信息广场完成主体结构95%。列入前期的河南速达纯电动汽车项目提前开工。河南汉威物联网科技园已完成备案和环评。

湖南省

【经济与社会发展】　2010年，湖南省全年GDP突破1.5万亿元，增长14.5%，为改革开放以来第三高年份。农业基础得到加强，粮食总产稳定在600亿斤以上，连续多年实现丰收，农产品加工业销售收入增长24.3%，农业产业化水平进一步提高。工业生产高开稳走，实现规模工业增加值5890.3亿元，增长23.4%，新增建材、冶金2个千亿产业和工程机械千亿子产业。服务业发展加快，新型服务业态不断涌现，生产性服务业实现增加值2800亿元，增长13%。

经济增长质量和效益明显提升。完成财政总收入1862.9亿元，增长23.3%，同比提高8.6个百分点。新财政体制运行平稳，省直管县市完成财政总收入增长25%，同比提高12.4个百分点。企业效益总体良好，全省规模工业企业主营业务收入18104.44亿元，增长40.0%，盈亏相抵后实现利润855.49亿元，增长46.1%，38个大类行业中，37个行业实现盈利，34个行业利润同比增长。居民收入稳步增加，城镇居民人均可支配收入和农民人均纯收入达到16566元、5622元，分别增长9.8%和14.5%。

内需潜力持续释放。投资保持较快增长，完成全社会固定资产投资9821.1亿元，增长27.6%。民间投资活力明显增强，非国有投资增长36.2%，比国有投资快22.6个百分点。实施重大项目带动战略，8771个扩内需项目和175个省重点项目积极推进，重点项目投资突破1400亿元，创五年来新高。积极落实扩大消费的政策措施，实现社会消费品零售总额5775.3亿元，增长19.1%，消费与投资增幅之差由上年同期的16.9个百分点缩小到8.5个百分点。进出口规模超过金融危机前水平，全省进出口总额146.9亿美元，增长44.7%。

结构调整积极推进。加快培育发展战略性新兴产业，出台战略性新兴产业发展规划和决定，电子信息、风电装备、太阳能光伏、先进储能材料、轨道交通等新兴产业发展加快。自主创新能力不断增强，攻克82项产业关键技术，取得专利授权13873件，实施超算中心等一批重大科技专项，启动“两化融合”试点。改造提升传统产业，深入实施重点产业调整和振兴规划，支持企业技术改造和兼并重组，高加工度工业、高技术产业增加值分别增长33.5%和30.9%，分别比工业增加值增速快

10.1 个和 7.5 个百分点。加快实施节能减排重点工程，加大淘汰落后产能工作力度，扎实推进洞庭湖污染整治、湘江流域综合治理、城镇污水垃圾处理设施建设三年行动计划，全面完成“十一五”节能减排目标。

要素保障支撑有力。财政支出保持较快增长，全省财政支出 2702.5 亿元，增长 22.3%，重点领域支持力度进一步加大。全省金融机构各项存贷款余额分别达到 1.66 万亿元和 1.15 万亿元，“三农”、小企业、欠发达地区等薄弱环节贷款比重提高。审批新增建设用地 1.3 万公顷，基础设施、城镇建设、工业园区和民生设施等重点用地需求基本得到保障。煤电油气运供需基本平衡。全社会用电量增长 16%，同比提高 5.8 个百分点，货物和旅客周转量分别增长 16.3%、12.7%，黄花机场旅客吞吐量达到 1262 万人次。

区域发展协调性进一步增强。出台深入实施湘西地区开发、推进湘南地区开发开放等一系列政策和规划，统筹推进环长株潭城市群、大湘西、大湘南三大区域协调发展，特别是大湘西地区加快实施第二轮 196 个产业开发项目，地区生产总值保持两位数以上的增速。经济合作进一步加强，区域合作、部省共建、央企对接取得重大成果，成功举办世博湖南周、第四届湘商大会等重大经贸活动。实际到位内资 1733.1 亿元，增长 20.1%；实际利用外资 51.8 亿美元，增长 13%；来湘投资的世界五百强企业达到 55 家。区域竞争力进一步提升，长沙地铁、城际铁路开工建设，长株潭核心增长极功能进一步增强；高速公路建设取得全方位突破，形成了省会长沙与市州高速公路“4 小时交通圈”，打通高速通道出口 18 处。岳阳、常德、宁乡经开区获批国家级经开区，国家级开发区达到 9 个。城镇扩容提质加快，新农村建设稳步推进。

重点改革深入推进。“两型社会”综合配套改革基本完成第一阶段任务，长株潭城市群纳入全国首批“三网融合”试点，湘江重金属污染治理正式启动，“两型基金”得到国家发改委批准筹备设立，土地集约节约利用、节能减排与环保收费改革、财税与投融资体制机制创新取得重要进展。医疗卫生体制改革取得突破，完善基本医疗保障制度，加快实施基本药物制度，首批 36 个县市区基本药物价格平均下降 47.1%。农村综合配套改革稳步推进，林权制度改革超额完成国务院验收要求，资源性产品价格和环保收费改革力度加大，制定实施阶梯式水价的具体办法，全面开征城市污水处理费，对 8 个行业实施差别电价，对湘江流域 51 个市县实行省级生态补偿试点。金融改革进展加快，成功组建华融湘江银行，农村信用社产权制度改革取得实质性进展。

民生和社会事业加快发展。实施积极就业政策成效明显，新增城镇就业 70.8 万人，城镇零就业家庭保持动态清零，农村劳动力转移就业 1320.8 万人。覆盖城乡的社会保障体系进一步完善，农村养老保险试点县扩大到 46 个，参合农民医保补助标准提高到每人每年 120 元，城乡低保月人均补差分别达到 155 元和 55 元。坚持为民办实事，28 项考核指标全面完成，财政用于教育、社会保障、就业、医疗卫生、环保等与民生直接相关的支出达 1723.5 亿元。加强市场调节和价格监管，价格水平总体稳定。

【投资环境与招商引资】 投资环境不断优化。发展综合承载力持续提升：交通建设突飞猛进，武广高铁贯通全省，湖南步入高铁时代，高速公路建设实现历史性突破，建成通车 10 条，五年新增通车里程 983 公里，达到 2386 公里，新开工建设铁路项目 8 个，民航运输总量五年年均增长 19%，黄花机场旅客吞吐量达到 1262 万人次；能源保障不断加强，发电装机容量达到 2912 万千瓦，五年净增 1400 万千瓦；水利建设迅速发展，洞庭湖综合治理实施方案全面启动，基本完成 634 座大中型和重点小型病险水库除险加固任务；建设用地保障有力，开发区成为招商引资、推进新型工业化的重要平台，2010 年，全省省级以上开发区实现规模工业增加值 2221.94 亿元，同比增长

30%，增加值占全部规模工业的 37.7%。政务环境不断优化：依法行政不断推进，提请省人大制定地方性法规 6 件，制定规章 3 件，行政程序规定及配套文件深入实施，政府工作绩效评估持续加强，行政效能和公共服务水平不断提高；省政府五年累计精简压缩行政审批项目 1011 项，精简幅度达 58%，取消 154 项行政事业性收费，废止和宣布失效的规范性文件达 4.6 万件；科学民主依法决策深入推进，院士专家咨询委员会发挥重要作用；规范行政权力运行。政务公开力度加大，电子政务建设加快。

招商引资成效明显。全省实际利用外商直接投资 51.84 亿美元、增长 12.8%，实际到位境内省外资金 1733.13 亿元，增长 20.1%。企业“走出去”步伐加快，全省新签对外承包工程、劳务合作和设计咨询合同金额 21.15 亿美元，增长 35.4%；新批境外投资企业 124 家，实际对外投资 6.99 亿美元；服务外包合同执行额 5.39 亿美元，比上年增长 62.3%，服务外包企业 208 家，取得各类国际资质认证 34 项，新增 18 项。承接产业转移的速度进一步加快，引进富士康、欧姆龙等世界 500 强企业 5 家，总数达到 55 家，全省承接产业转移项目 2795 个，其中国际产业转移项目 531 个，区域产业转移项目 2264 个；承接转移项目新增税收 22.86 亿元，新增就业人数 27 万人。

【重点建设项目介绍】 2010 年，湖南省组织建设省级重点工程项目 175 个，完成投资 1505 亿元，同比增长 22.4%，超额完成计划目标。其中，中联重科、华菱技改、吉利汽车、中石化原油改造升级等产业项目进度较快；基础设施项目快速推进，其中高速公路完成投资 650 亿元，超过年度计划 18%。中央扩内需项目进展顺利。国家共安排我省 4 批、8771 个扩内需项目，其中，中央投资 126 亿元，已全部开工建设。重大前期项目加快推进。省政府印发了《湖南省 2010 年重大项目投资计划》，全年重点推进 494 个重大项目，其中前期项目 110 个全力推进，部分已完成或基本完成前期程序。

长沙湘江航电枢纽工程。包括湘江长沙综合枢纽工程、长沙湘江大坝、湘江长沙大坝，坝址位于湖南省长沙望城县湘江下游的蔡家洲，距市中心仅 20 公里—30 公里，是湘江干流 9 级开发规划当中的最下游一个梯级，坝址控制流域面积 90520km。工程包括电站、泄水闸、船闸、坝顶公路桥、水库等；正常蓄水位初定 30 米 ~ 31 米，电站装机 5 万千瓦 ~ 8 万千瓦，年均发电量约 3 亿度，坝顶公路宽 20 米，双向 4 车道。整个工程将形成长达 128 公里的库区，将长沙、株洲、湘潭三城市连成一起，构成带状滨水区域，工程于 2009 年 10 月开建，2014 年竣工，总投资 50 多亿元，届时，湘江也将真正成为湖南的“莱茵河”。

长株潭城际轻轨。根据规划，“3 + 5 城市群”城际轨道项目涵盖了此前规划的“人”字形长株潭城际轨道核心线，并新增长沙经益阳至常德 180 公里，长沙至岳阳 170 公里，长沙至株洲 50 公里，株洲至娄底 130 公里，株洲至衡阳 130 公里等 5 条城际骨干线，与远景规划建设的长沙至浏阳，株洲至醴陵，汨罗至益阳至娄底至衡阳城际轨道加密线配套，构成长株潭及岳阳、衡阳、常德、益阳、娄底“3 + 5 城市群”间网状的轨道交通格局，规划投资 2600 多亿元。城市群城际轨道车辆设计时速 120 公里，每车载客 900 多人。其中长株潭城际轻轨核心线最早于 2013 年底建成投入使用，大约在 2020 年，长沙至益阳至常德轻轨线可建成投入使用。

国家超级计算长沙中心。国家超级计算长沙中心选址湖南大学校区内，是经科技部批准的信息化建设重大项目，总投资 7.2 亿元，采用国防科技大学“天河一号”高性能计算机，按每秒 1000 万亿次运算能力规划建设。一期工程规划建筑面积 30000 平方米，计划于 2011 年底全部建成竣工，建成后运算能力将达每秒 300 万亿次，由湖南大学负责运营，国防科技大学提供计算设备和技术支持。超级计算机代表了当代信息技术的最高水平，是一个国家科技实力的重要标志，是服务于大系统、大工程、大科学的一个必不可少的工具，广泛应用于科学研究、工业创新、商业金融、社会公共服务和国家安全等方面，将直接提升湖南科技创新水平，为湖南“十二五”科学发展、富民强省提供有力的科技支撑。

【经济技术协作与对口支援】 2010 年，全省实施内联合作项目 4433 个，到位内资 1733.13 亿元，完成年计划 107.2%，同比增长 20.1%。其中，到位亿元以上大项目 339 个，省级以上开发区到位内资占全省引资总额的近 1/3。

对外经济合作成果丰硕。2010 年，湖南省政府举办了与长三角地区交流合作月活动和 2010 湖南经济合作洽谈会暨第四届湘商大会，参与主办第五届中博会和第六届珠洽会，共签订内资合作项目 793 个，引进资金 2602.5 亿元。其中，2010 年湖南经济合作洽谈会暨第四届湘商大会吸引 28 个兄弟省区市、新疆生产建设兵团和港澳台及国外客商组成 61 个经济代表团共 3000 多人参会，共签约项目 324 个，引进资金 1062.76 亿元，签约银商战略合作协议 31 个、银企合作项目 21 个，协议授信和意向贷款金额 950.19 亿元。2010 年，周强书记、徐守盛省长率党政代表团先后赴新疆、上海、广东、福建、江西、湖北等省区市考察，出席世博湖南周、珠洽会、中博会等重大活动，推进省际合作，湘粤两省政府签署了《关于进一步深化湘粤合作的协议》。全年组织省内市县、园区和企业参与西洽会、津洽会、渝洽会、青洽会、兰洽会、哈洽会等 10 项区域重大经贸活动。

对口支援工作扎实推进。对口支援四川理县灾后重建工作圆满完成。按照《省对口支援理县灾后重建工作方案》，湖南省援建的从民生恢复到产业建设、从基础设施到智力支撑、从生态保护到文化旅游、从立足当前恢复到着眼长远发展等 9 大类 99 个项目，于 2010 年 10 月 10 日整体竣工并交付使用，完成实物工作量 20.10 亿元，实现了党中央国务院提出的三年任务两年基本完成的目标，圆满完成了省委、省政府交给的援建工作任务。在 18 个援建省市中创造了如下第一：第一个启动实施农村安全饮水暨农田灌溉工程；第一个把资源整合理念贯穿于整个援建工作之中；第一个实现全县学校项目在 2009 年 8 月整体交付使用；第一个启动实施精神家园重建项目；农村通村公路硬化里程第一。对口支援三峡库区工作取得积极进展。围绕“搬得出、稳得住、逐步能致富”目标，共为三峡库区落实资金 5580 万元，实施项目 76 个。益阳市、常德市将对口支援纳入市直单位目标管理考核范围，与单位双文明考核直接挂钩，省教育厅、林业厅、民政厅、广播电影电视局、卫生厅、科技厅等有关单位积极给予对口部门指导和援助，托口库区对口支援工作全面启动。

湖北省

【经济与社会发展】 2010年，湖北省全年实现GDP 15806亿元。全面完成年度计划目标和“十一五”规划目标。

经济持续平稳较快增长。一是经济总量迈上新台阶。全省生产总值跃上1.5万亿元台阶，总量达到15806亿元，同比增长14.8%，增速居中部首位。二是投资实现新跨越。全社会固定资产投资突破万亿元大关，达到10802亿元，同比增长31.6%；民间投资增长43.1%，创近年来新高，民间投资主导地位逐步显现。三是消费动力不断增强。社会消费品零售总额达到6719亿元，同比增长19%。四是外贸出口恢复性高速增长。全年出口达到144亿美元，同比增长44.7%。五是运行质量进一步改善。实现财政总收入1918亿元，同比增长25.1%。六是物价水平相对稳定。居民消费价格指数上涨2.9%，控制在3%的计划目标以内。

产业结构调整步伐加快。一是农业生产稳中有升，农产品加工业发展提速。粮食总产463.2亿斤，增产1.34亿斤，连续7年增产，淡水产品、油菜产量继续保持全国首位。农产品加工“四个一批”工程取得较大进展，产值过10亿元的企业达到25家，产值过50亿元的农产品加工园达到6家，农产品加工产值与农业总产值之比超过1.25∶1。二是工业经济高位趋稳、效益提升。规模以上工业增加值完成6136亿元，同比增长23.6%。十大产业调整振兴加快，“千亿元产业发展计划”全面超额完成。三是现代服务业加快发展，实现增加值5894亿元，增长10.1%。四是自主创新能力进一步增强，七大战略性新兴产业加快发展，高新技术产业增加值达到1702亿元，占总产值的10.8%，4个国家能源研发（实验）中心设在湖北，获批数量全国最多、集中度最高。

统筹城乡发展取得新进展。武汉城市圈“两型”社会建设成效明显。交通、通信、商贸流通、医疗服务等领域一体化迈出重要步伐。鄂西生态文化旅游圈建设快速推进。“十二大重点工程”进展顺利，环“一江两山”交通沿线生态景观工程圆满完成，“十大核心景区”正在谋篇布局。湖北长江经济带开放开发全面启动。“一总六专”规划发布实施。经过三年多的谋划和实施，“两圈一带”战略已全部成型并初见成效，全省区域经济协调性明显增强。县域经济快递发展。全省县域完成地区生产总值8923亿元，增长15.2%，占全省经济的56.5%。地区生产总值过百亿元的县（市、区）达到40个，过200亿元的增加到10个。

要素保障能力有效提升。交通设施得到质的提升，汉宜、石武铁路客运专线项目进展顺利，湖北率先进入高铁时代。能源保障能力稳步提升，一大批火电、水电和可再生能源项目加快实施，全年新增电力装机342万千瓦，总装机达到4907万千瓦。金融保障稳健有力，全省金融机构各项存、贷款余额分别比年初增长23.1%、21.5%。

节能减排和生态文明建设成效显著。全面落实节能减排目标责任制，2010年单位生产总值能耗下降4%，超额完成了“十一五”和年度节能减排目标，加快淘汰落后产能，全年共关停12个行业70家企业（生产线），建成污水处理项目107个。

重点领域改革和对外开放不断深化。重点领域改革稳步推进，武汉城市圈综合配套改革向纵深拓展。对外合作步伐加快，成功举办或积极参加鄂港经贸洽谈会、华创会、机博会、世博会、中博会等重大招商活动。支援四川省汉源县地震灾区恢复重建工作圆满完成，新一轮对口援疆援藏工作全面启动实施。开发区建设成绩显著。全年共有4家省级开发区升格为国家级开发区，全省国家级开发区达到7家。

社会保障和民生福利持续改善。新农村建设稳步推进，为40万农户建成清洁能源工程，解决500万农村人口安全饮水问题，新增同村沥青（水泥）路1.28万公里，农民生产生活条件进一步改善。城乡居民就业稳步扩大，全省城镇新增就业69万人。居民收入稳步提高，城乡居民收入分别达到16058元、5831.8元，同比分别增长11.8%、15.8%。社会保障体系不断完善，教育医疗等社会事业不断发展。

全年全省地区生产总值增长14.8%，规模以上工业增加值增长23.6%，全社会固定资产投资增长31.6%，社会消费品零售总额增长19%，出口增长44.7%，地方一般预算收入增长24.1%，实际外商直接投资增长10.7%，城镇居民家庭人均可支配收入增长11.8%，农民人均纯收入增长15.8%，城镇新增就业69万人，城镇登记失业率4.18%，化学需氧量排放下降0.58%，二氧化硫排放下降1.75%，人口自然增长率4.31‰，物价涨幅2.9%。湖北省委、省政府提出的经济社会发展目标任务全面超额完成。

【投资环境与招商引资】 继续优化投资环境，扩大招商引资，提高质量。一是明确责任和任务，狠抓工作落实。按照《湖北省人民政府办公厅关于进一步做好重大项目建设工作的通知》的要求，加强全省重大项目建设工作的管理，保障全省重大项目顺利实施。根据新出台的《省级重点建设项目管理工作细则》的要求，加大重点项目协调服务力度，加快重点项目推进工作，着手研究建立全省重大项目推进服务考评体系。二是抓支持重点建设相关配套政策的完善和落实。对重点项目落实限时办结制、首问责任制、责任追究制，进一步缩短时限，提高效率。建立重点项目用地保障制度，优先保证省重点项目的建设用地需求。积极帮助重点项目搭建银企合作平台，继续办好融资超市，对存在资金缺口的重点项目，优先向金融机构推荐，促进重点项目的顺利推进。三是创新工作方法，做好省重点项目现场督导工作。继续按以市州为主并与行业相结合的原则分组各负责一片，实行项目责任到人的目标责任制，分头到省重点项目现场督导。四是完善跨区域跨行业问题的协调和工作规范。制订科学合理的征地拆迁补偿标准和交叉影响恢复补偿的有关办法，完善征地和拆迁费用“统征包干”制度，建立一套行之有效的工作机制，用制度化解矛盾。五是进一步优化重点项目建设环境。组织开展重点建设专项整治活动。

利用外资。2010年，全省新批外资项目306个，同比增长14.2%。合同外资27.9亿美元，同比增长35.97%。实际到位40.5亿美元，同比增长10.7%。其特点是，利用外商实际利用外资实现较快增长，全省实际到资增幅超过10%；第二产业利用外资增长较快。

国外贷款情况。国家新增湖北省国外贷款规模2.98亿美元，增长1800万美元左右。一是一批重大国外贷款项目建设进展比较顺利。二是正在开展前期工作的重点项目也有新进展。三是外国政府贷款使用范围领域又有扩大。一批职业技术教育项目即将在湖北省展开，职业技术教育将成为湖北省利用外国政府贷款的另一个领域。

【经济技术协作与对口支援】 湖北省大力实施开放先导战略，坚持把承接国际资本和沿海产业转移作为扩大开放的重中之重。在积极引进外资、承接国际产业转移的同时，湖北省加大对内开放力度，2010年全省利用省外资金1700多亿元，绝大多数是东部地区产业转移的结果。一是“一主两副”发挥领头雁作用。来汉投资的世界500强企业达到81家，武汉成为国家首批服务外包示范城市、首批汽车及零部件出口基地。吴家山台商投资区升级为武汉第三个国家级经济开发区，与武汉东湖新技术开发区和武汉经济技术开发区形成三足鼎立。宜昌、襄阳两个省域副中心城市也进入发展快车道。二是开发区的承接载体作用日益凸现。湖北共有开发区132个，其中国家级开发区7个，开发区总数居全国第四位，中部第一位。在各地开发区中，大都设立了专门承接东部沿海产业转移的“区中园”或“园中园”。三是产业承接层次不断提升。一方面，高新技术产业正在成为湖北承接产业转移的首选。湖北已经从“招商引资”向“选商择资”转变。武汉东湖高新区先后引进了一批涉及激光、集成电路、环保、半导体照明、电气设备等领域的高科技制造企业，其光纤光缆生产规模全球第一，激光产品国内市场占有率保持在50%左右，被誉为“中国光谷”。此外，服务业逐步成为湖北承接产业转移的新重点。中部六省共有6加外资银行分支机构，5家在湖北，首家外资创投企业落户湖北。

新一轮对口援疆试点工作取得了积极成效，亮点突出。一是周密部署，迅速启动了试点工作。2010年4—6月，时任省委书记清泉同志、时任省长鸿忠同志、常务副省长宪生同志等省领导亲自率团，专程到新疆博州、兵团农五师考察调研，展开工作对接，启动试点工作。5月，省委、省政府召开全省新一轮对口援疆工作会议，要求思想认识到位、组织机构到位、资金项目到位、干部人才到位，确保全面完成党中央、国务院交给湖北的新一轮对口援疆任务。为抓好援疆工作的组织、管理和服务，省委、省政府成立援疆工作领导小组，并专门在后方设立省援疆工作办公室，在博州成立援疆前方指挥部，在乌鲁木齐设立办事处等三个负责日常事务的工作机构，建立了前中后“三位一体”相互呼应、协调运转的援疆工作体制。二是转变思路，积极有效地创新了援疆工作机制。创造性地提出了实行“双层全覆盖”的组织构架、推进“有限无限相结合”的工作机制、建立互动共赢的模式等重大援疆工作思路，有效地推动了援疆工作模式转变。在资金投入上，除国家要求的援疆资金全部由省预算内安排外，15个市5年内要筹集不少于1亿元的资金。在干部人才援助上，从华师一附中、黄冈高中和协和医院、省人民医院等名校名院选派优秀教师和医生，帮助发展教育、卫生事业，提高教育质量和医疗水平。三是注重谋划，认真编制了新一轮援疆工作规划。湖北省承担了湖北援疆工作总体规划和社会事业、产业发展、促进就业、人才培养等四个专项规划。四是突出重点，大力推动了试点项目建设。省财政提前预支资金1亿元，启动了华师附中博乐分校二期工程、博州游牧民定居工程等项目。五是重点突破，全面推进。精心选派138名援疆干部人才到博州和农五师工作。双向推进，广泛开展智力援疆工作。大胆尝试，积极探索产业援疆的路径。上下联动，各市各有关部门积极主动地开展了援疆工作。在试点阶段，湖北探索出的“双层全履盖”一些好的经验和作法，得到了中央领导的充分肯定。

对口援藏工作。一是转变方式，把促进经济发展作为援藏工作的重点。调整援藏工作思路，提出由辅助方式援助向开发式援助转变，由项目建设型援助向智力型援助转变，由单向型援助向大企业、大集团双向开发型援助转变，积极推进山南地区经济向工业化和农牧产业化迈进。引导和帮助湖北企业到山南投资，推动山南经济发展。华新水泥、湖北银山等多家企业已落户山南，到位资金4.2亿元。贾庆林同志对扶持支柱产业、增强造血功能的做法给予了充分的肯定。引进一批湖北企业和技术人才，投资服务农牧业和农牧业的项目，推动了农牧业产业化进程。黄石银山公司投资350万元兴建的藏鸡养殖基地，采取“公司—基地—农户”的模式，投产后取得了良好的经济效益和社会效益，提高了农牧民产业化生产能力。此外，把智力援藏的重点放在农技以及劳动力培训方面，培训农牧民150人、技术干部68人，指导性就业技能培训700余人次。二是以民心工程为主，圆满完成援藏项目建设任务。根据山南地区实际，把湖北省第五批援藏项目确定为“五大工程”：农牧民安居工程、小康村建设工程、民房改造工程、旅游文化建设工程、智力援藏工程。其中用于改善民生的民心工程占总投资的90%以上。三是求真务实，援藏工作不断向纵深发展。按照“一心两翼、四轮驱动、四业并举、五项重点工作”的发展战略，抓基础设施，调产业结构，做大做活以旅游业和服务业为主的第三产业体系，推动了援藏工作不断向纵深发展。

【“十二五”规划】 开创湖北科学发展新局面、全面实施“两圈一带”总体战略、加快构建现代产业体系、统筹城乡发展、促进区域协调发展、加强基础设施和基础产业建设、实施科教兴鄂和人才强省战略、保障和改善民生、建设资源节约型和环境友好型社会、推动文化大发展大繁荣、深化改革与扩大开放、建设和谐湖北、规划实施与保障机制。

“十二五”时期，以科学发展为主题，以加快转变经济发展方式为主线，以推进新型工业化、新型城镇化和农业现代化为重点，以解放思想、改革开放创新为动力，以提高城乡人民生活水平为根本出发点和落脚点，推进经济社会跨越式发展，加快构建促进中部地区崛起的重要战略支点，为全面建成小康社会打下具有决定性意义的基础。

坚持跨越式发展，坚持转型发展，坚持创新发展，坚持绿色发展，坚持和谐发展。主要目标为：经济平稳较快发展，在优化结构、提高效益、降低消耗和保护环境的基础上，全省生产总值年均增长10%以上，人均生产总值年均增长10%左右，突破6000美元；地方一般预算收入年均增长14.6%；价格总水平保持基本稳定，经济增长质量和效益明显提高。产业结构优化升级，城乡区域协调发展，“两型”社会建设加快，保障和改善民生成效显著，体制机制创新和科技创新取得新突破，构建促进中部地区崛起重要战略支点取得明显进展，为促进中部地区崛起作出更大贡献。

建立投资拉动、消费驱动、出口助推、要素供给稳定、政策保障有力、发展环境良好、实施过程有序的规划实施和保障机制，确保各项规划任务顺利推进和各项规划目标如期实现。

【重点建设项目介绍】 创新重点项目推进机制，破难题、解僵局，全省重点项目进展顺利，有力拉动全省投资又快又好增长。一是省重点项目建设情况。省重点建设项目182个，总投资8154亿元，完成投资1404亿元。其中，先进制造业项目65个，完成投资346亿元，占省重点项目完成投资的比重为25.1%；现代服务业项目25个，完成投资137亿元，占10%；基础设施项目85个，完成投资901亿元，占64%；生态环境建设项目4个，完成投资13亿元，占0.9%；农业水利项目1个，完成投资2亿元，占0.1%；社会发展项目2个，完成投资6亿元，占0.4%。二是全省亿元以上重大项目建设情况。亿元以上在建项目2490个，同比增长25.8%；已完成投资4707亿元，同比增长34.2%。

西部地区篇

内蒙古自治区

【经济与社会发展】 2010 年，内蒙古自治区全年实现 GDP 11672 亿元，增长 15%。从生产方面看，第一产业增加值 1095.3 亿元，增长 6.1%；第二产业增加值 6367.7 亿元，增长 18.2%，其中规模以上工业增加值 4855 亿元，增长 19%；第三产业增加值 4209 亿元，增长 12.4%。从需求方面看，全社会固定资产投资完成 8971.6 亿元，增长 19.1%；实现社会消费品零售总额 3384 亿元，增长 18.5%。

经济结构逐步优化。一是农牧业生产获得丰收。粮食播种面积进一步扩大，全区粮食播种 8248 万亩，增加 112 万亩，全年粮食产量 431.6 亿斤，增长 8.9%。畜产品产量稳定增长，全年肉类产量 245 万吨，牛奶产量 905 万吨。二是工业结构进一步优化。煤炭、电力等传统产业较快增长。煤炭产量达到 7.9 亿吨，增长 26.3%；发电量 2483.9 亿千瓦小时，增长 13.1%。新能源、装备制造、现代煤化工等新兴产业快速成长。累计新增风电装机 480 万千瓦，达到 1000 万千瓦；风力发电 199.2 亿千瓦小时，增长 73.2%；载货汽车 4.2 万辆，增长 67.6%。新型煤化工示范工程加快推进，已形成煤制油产能 140 万吨、煤制乙二醇 20 万吨、煤制烯烃 106 万吨。三是服务业平稳较快发展。交通运输业快速增长，全年铁路货运量 6.1 亿吨，增长 17.1%；公路货运量 8.5 亿吨，增长 20.2%。城乡消费品市场繁荣活跃，城镇和农村社会消费品零售总额分别增长 19.7% 和 13.9%。社会事业与公共服务业稳定增长，社会事业与公共服务支出增长 22%。四是节能减排取得积极进展。主要污染物减排于上半年提前完成“十一五”规划目标，预计全年单位生产总值能耗下降 4% 左右。

经济质量不断提高。一是企业效益大幅增加。1—11 月份规模以上工业企业实现利润 1074.3 亿元，增长 67.1%。煤炭、电力、冶金行业利润大幅增加，三个行业实现利润 792.9 亿元，占全部利润总额的 73.8%。二是财政收入结构进一步改善。全年地方财政总收入 1738.1 亿元，增长 26.2%，其中地方财政一般预算收入 1070 亿元，增长 25.8%。各项税收较大幅度增加，地方税收完成 752.8 亿元，增长 30.5%，比财政一般预算收入增长率高 4.7 个百分点；税收占一般预算收入的比重达到 70.4%，较上年提高 2.6 个百分点。

三是城乡居民收入稳步增长。全年城镇居民人均可支配收入17698元，增长11.7%；农牧民人均纯收入达到5530元，增长12%。

民生状况明显改善。一是就业形势稳定。全年城镇累计新增就业24.7万人，城镇登记失业率3.9%。农牧民转移就业246.8万人，其中转移6个月以上的184.9万人。二是保障性住房建设步伐加快。各类保障性安居工程累计开工38.7万套，开工率106.1%。三是社会保障标准大幅提高。企业退休人员养老金人均每月增加177元，城乡居民最低生活保障标准每人每月分别提高35元和19元。五保户集中供养和分散供养标准分别提高1504元和753元。

社会事业全面进步。一是教育保障能力进一步增强。全年共安排教育支出328.5亿元，增长34.9%。中小学校舍安全工程稳步推进，累计开工面积1659.4万平方米。二是卫生服务体系建设得到加强。全年共安排建设各类卫生机构项目508个。15岁以下补种乙肝疫苗、白内障复明手术、农村牧区妇女两癌免费检查等重大公共卫生服务项目进展顺利。三是文化事业繁荣发展。重点文化工程项目建设进展顺利，元上都遗址博物馆开工建设。文化产业政银战略合作取得新突破，自治区政府与9家银行签订战略合作协议。

【投资环境与招商引资】　区位优势独特。毗邻八省区，横跨东北、华北和西北，是环渤海经济圈的腹地。北与俄罗斯、蒙古国接壤。在4200公里边境线上有19个边境口岸，其中满洲里口岸是中国最大的陆路口岸，二连浩特口岸是连接欧亚大陆的重要通道。首府呼和浩特市有铁路集装箱货运列车途经多国直达德国法兰克福。我国对俄、蒙国际物流运输主要通过内蒙古，2010年全区口岸过货量达到5243.2万吨。资源优势得天独厚。内蒙古地域辽阔，13亿亩草原、3.6亿亩森林居全国之首，耕地面积1.1亿亩，人均耕地面积4.3亩，位均全国第一。内蒙古有93万公顷水域，境内有黄河、西辽河、嫩江等大江大河，多年平均水资源量546亿立方米。风能资源总储量13.8亿千瓦，技术可开发量3.8亿千瓦，占全国的50%以上。光能资源位列西藏之后，居全国第2位，全区年日照时数普遍在2500小时以上，是我国日照时数最长的地区之一。旅游资源丰富多彩，境内有森林、草原、沙漠、湖泊、温泉、火山遗迹、少数民族风情等多种自然景观和人文景观，现有各类旅游景区42个。矿产资源富集，全区现已发现各类矿产136种，其中73种矿产保有储量居全国前10位，31种矿产保有储量居全国前3位，其中煤炭、稀土等10种矿产资源探明储量居全国第1位。石油资源总量30亿吨左右，原油年产量190万吨左右。天然气探明储量超过1万亿立方米，鄂尔多斯盆地苏里格天然气田是我国为数不多的陆上特大型气田之一。

基础设施完善。建成了贯通自治区东西、出区达海、连接全国和俄、蒙的高等级公路通道，全区101个旗县所有乡镇全部通油路，12个盟市所在地全部通高速公路，公路通车总里程15.7万公里，其中高速公路达到2365公里。铁路营业里程达到9500公里，建有连接东北、华北、西北及通往蒙古国、俄罗斯的出区通道和口岸通道。北京至呼包鄂地区快速客运专线已开始建设（届时北京至呼和浩特市只需3小时），赤峰和通辽至京沈快速客运专线连接线即将开工建设。2010年铁路运输量达到6.5亿吨。建成了以呼和浩特为中心，覆盖全区的12个民航机场，有120多条航线通往国内50多个城市，还有通往蒙古国、俄罗斯的国际航线，以及通往俄罗斯和东欧的货运包机，呼和浩特有不定期航班飞往中国香港和日本东京。电力供应充足，500千伏电网已经覆盖全区，初步形成三横四纵的格局，并建有通往京津、东北地区的8条500千伏外送通道。通讯基础设施日益现代化，城市建设和人居环境显著改观，45个开发区建设条件良好，低成本的投资环境，成为吸引投资的一大亮点。

民族团结，社会祥和。内蒙古自治区是我

国民族区域自治制度的发祥地，自治区成立以来各民族和睦相处，一直保持着团结、稳定、和谐的良好社会局面，曾被周恩来总理誉为“模范自治区”，胡锦涛总书记赞扬内蒙古“为我国实施民族区域自治树立了光辉典范”。

政策环境优越。内蒙古同时享受少数民族地区和国家实施西部大开发的优惠政策，东部五盟市还享受国家振兴东北的相关政策。这一系列扶持政策，将进一步推动内蒙古发挥资源丰富、靠近市场、基础较好的优势，做大做强特色优势产业，加快构建多元发展、多极支撑的现代产业体系，把内蒙古建设成为国家战略资源支撑基地和新的经济增长点。

2010年内蒙古进一步加大招商引资力度，招商引资的质量和水平得到进一步提高，招商引资工作取得了显著成绩。全年全区实施招商引资项目1546项，引进国内（区外）资金到位2739.75亿元，同比增长23.4%。招商引资的质量和水平进一步提高，引资结构进一步优化，加工制造业、采掘业、基础设施和服务业引资增长较快。组织地方招商部门、开发区及企业参加了“西洽会”、“津洽会”、“科博会”、“青洽会”、“东北亚博览会”和“西博会”等一系列全国性的投资洽谈活动。连续获得西洽会和西博会“最佳组织奖”和“最佳布展奖”。以上招商引资洽谈及产品展示活动达成经济合作项目26项，协议引进资金90.1亿元。通过展示内蒙古的发展成就、发展环境、发展潜力和发展前景，为地方招商引资、合作洽谈和项目对接搭建平台，取得了较好效果。

【经济技术合作与交流】 继续加强与俄罗斯、蒙古国的合作。2010年内蒙古对俄蒙贸易额42.4亿美元，占全区的48.4%，俄罗斯、蒙古国成为内蒙古第一、二大对外贸易伙伴。口岸过货量持续增长。2010年过货量达到5243.3万吨，增长40.3%，对俄口岸进出境货物为2621.7万吨，增长8%；对蒙口岸进出境货物为2621.5万吨，增长100.4%。境外投资工作。在加快实施“走出去”战略政策引导下，自治区企业境外投资取得新的突破。全年经商务部门批准在境外新设立企业25家，股权变更增资项目8个，中方协议投资额（含增资）4.05亿美元。投资国别包括俄罗斯、蒙古、柬埔寨、阿联酋、马来西亚、韩国等国家和地区。投资领域主要涉及矿产勘探开发、木材加工、信息传播服务、纺织品加工贸易、餐饮业及进出口贸易等。进一步加强省区间经济技术交流，推进区域全方位合作。深化京蒙合作，签署了《北京市人民政府 内蒙古自治区人民政府区域合作框架协议》，确定了由北京市16个区县对口帮扶内蒙古赤峰、乌兰察布两市16个旗县。拓宽与河北省的合作，签署了《河北省人民政府 内蒙古自治区人民政府关于进一步加强经济与社会发展合作协议》，河北省将在曹妃甸为内蒙古提供50平方公里土地，支持内蒙古建设出海通道和临港产业园。加强与周边省市合作。与东北三省签订了《东北四省区合作框架协议》，建立了东北四省区行政首长联席会议制度，共同推进东北地区大生态、大交通、大电网等建设。加强与其他省区市合作。同上海市合作交流办建立了日常工作联系制度，加强了两地政策、经济运行、产业规划、项目建设、投融资服务等方面的沟通；与湖北省签署了合作框架协议，在能源、工业等方面深入开展合作。与浙江省经济合作交流办公室对接合作，推进在呼和浩特共建浙商产业园。

【“十二五”规划】 地区生产总值年均增长12%以上，地方财政总收入年均增长15%，全社会固定资产投资年均增长15%，社会消费品零售总额年均增长18%，城镇居民人均可支配收入和农牧民人均纯收入年均增长12%，城镇化率达到60%，城镇新增就业人数平均每年超过25万人，城镇登记失业率控制在4.2%以内，总人口控制在2520万人以内，单位地区生产总值能源消耗降低15%，单位工业增加值用水量下降10%，各项减排指标达到国家要求。经过全区各族人民共同努力奋斗，使自治区综合经济实力显著增强，经济发展方式转变取得实质性进展，城乡居民收入和基本公共服务达到全国平均水平，社会事业发展水平全面提升，城乡各族人民生活更加美好，全面建设小康社会的基础更加牢固。

【重点项目介绍】 黄河海勃湾水利枢纽工程。黄河海勃湾水利枢纽建设任务是防凌、发电等综合利用工程，为大（2）型Ⅱ等工程，是黄河内蒙古段唯一的一座调节控制性工程，工程总投资27.41亿元，建设总工期46个月。

黄河内蒙古河段近期防洪工程。黄河内蒙古河段流程843.5公里，工程治理范围为黄河干流都思兔河口—蒲滩拐河段，治理河段长597.4公里，涉及沿黄6个盟市分别为阿盟、乌海、巴市、鄂市、包头、呼市。工程项目法人为内蒙古水务投资有限公司，总投资13.8亿元，目前已下达投资计划9.5亿元，目前已累计拨付建设资金4.5亿元，计划到2011年底拨付建设资金达到9.5亿元。

胜利东二号露天煤矿二期。位于锡林郭勒盟胜利煤炭矿区，井田地质储量56.25亿吨，煤种以褐煤为主，该矿区总体规划批复的井田建设规模一期为1000万吨，二期为2000万吨。项目建设业主为大唐国际发电股份有限公司，一期工程已于2010年6月通过国家能源局竣工验收。国家发展改革委以发改能源［2011］386号文件核准了二期工程，配套建设铁路专用线，项目总投资91.12亿元。煤炭产品主要通过铁路运输至大唐国际在锡林郭勒盟投资建设的多伦县煤基烯烃项目和克什克腾旗的煤制天然气项目。

国电布连电厂。国电布连电厂2×600MW项目新建工程于2010年7月份获得国家发改委批复，10月开工建设，预计2012年建成投产。电厂位于鄂尔多斯市伊金霍洛旗布连乡，燃用布连煤电一体化工程配套项目察哈素矿井洗选出的末煤就地发电，采用先进的超临界直接空冷技术，项目总投资52.8亿元。该电厂建成后，全部电力将输给河北电网，以满足河北省经济增长对电力的增长需求，该项目可优化河北省南网潮流分布，提高电力安全可靠性。

【老工业基地振兴】 经济继续保持增长。2010年，东部地区生产总值达到4048.3亿元，增长15.3%，占全区生产总值的比重为34.7%。固定资产投资快速增长，全年完成固定资产投资2962.1亿元，同比增长23.1%。地方财政总收入完成395.7亿元，同比增长21%；一般预算收入达到229亿元，同比增长21%。地方财政支出为830.4亿元，同比增长18.8%。

农牧业整体运行质量和效益得以提高。种植业生产稳定发展，粮食播种面积占到全区的72.1%，粮食总产量占全区的77.5%。种植结构进一步得到优化，优质玉米、高油大豆、设施农业等特色优势产业带初步形成。畜牧养殖业稳定推进，大小畜年末数达到4074.48万头（只），肉类、奶类产量分别达到160.3万吨、319.3万吨。农牧业机械化程度稳步提升，农机总动力达到1820.5万千瓦，同比增长5.2%，占全区的60%。

工业经济增速快于全区平均水平。着力培育和发展大项目、大企业、大集团，积极推进产业多元、产业延伸、产业升级，工业经济在困难和波折中逐步回升向好，实现平稳较快增长。2009年规模以上工业增加值增长22.7%，比全区平均水平高3.7个百分点，占全区规模以上工业增加值的比重达到32.6%。

基础设施建设不断完善。全年完成公路基建投资228.2亿元，占全区的42.2%。公路总里程达到86871公里，占全区的55%；高速公路里程为596公里，占全区的25.2%。全年完成铁路基建投资197.1亿元，铁路营业里程为0.55万公里，占全区的57.9%。运营机场增至7个。初步形成了公路、铁路、航空全面发展的综合立体交通网络。全年完成水利建设投资10.6亿元，重点用于防洪、灌区改造及节水、水土保持及生态建设、病险水库除险加固、安全饮水、重点水利枢纽等工程建设。发电装机容量增至1688.4万千瓦，电力外送通道建设不断加强，网架结构日益完善。

生态建设与节能减排力度加大。林业生态建设得到加强，草原保护成效显著。全年人工种草1345万亩，草地改良269.6万亩，飞播牧草28.5万亩，草地围栏1315.75万亩。矿山环境整治与生态恢复建设进一步加强，重点领域节能减排工作取得积极进展。产业结构调整力度不断加大，清洁生产和资源综合利用得到积极推广，非资源型产业和循环经济产业加快发展。服务业发展态势良好。2010年实现社会消费品零售总额1115亿元，同比增长13.5%。东部地区城乡商品流通网络进一步完善，多样化市场流通形式和新型业态不断出现，消费环境明显改善，现代物流业发展加快，服务业集聚区建设进展顺利。金融业对东部地区经济发展和结构调整的支持力度进一步加大，全年存款余额为2710.98亿元，比上年增加499.23亿元，增长22.6%；贷款余额1793.39亿元，比上年增加83.95亿元，增长5%。保险业快速增长，全年实现保费收入68.3亿元，同比增长18.3%。

对外贸易逐步向好。全年外贸进出口总额为37.7亿美元，同比增长1.04%。其中：进口29.76亿美元，增长3.4%；出口7.93亿美元，下降7.1%。新批境外投资企业9家，中方协议投资总额（含增资）约9386.11万美元。

社会保障工作得到加强。全年，东部地区新增就业呈现稳步回升态势，城镇累计新增就业12.2万人。社会保障体系进一步完善，覆盖范围和保障水平稳步提高。全年东部地区基本养老、医疗、失业、工伤和生育五项保险参保人数分别达到101.1万、399.87万、96.77万、69.34万和89.95万人，均分别超额完成全年计划，基本实现养老保险盟市级统筹。新型农村牧区养老保险工作得以推动，东部地区新农保参保人数达到105.82万人。森工集团10.57万名在岗职工和7.16万名退休人员纳入属地社会保险统筹，10.57万名职工纳入工伤保险，4.9万名“老工伤”进行了劳动能力鉴定审查。

广西壮族自治区

【经济与社会发展】 2010年，广西壮族自治区全年实现GDP 9502.39亿元，同比增长14.2%，其中第一、第二、第三产业增加值分别为1670.37亿元、4510.83亿元、3321.19亿元，分别增长4.6%、20.5%、11.1%。全年财政收入1228.75亿元，增长27.1%，金融机构存款余额达到1.1814万亿元，而金融机构各项贷款余额8980亿元，增长22%，新增贷款1619亿元。

农业在连续遭受严重旱涝灾害的情况下，仍实现增产。全年粮食总产量1412.32万吨，增产8.9%；甘蔗产量7119.62万吨，增产7.4%；园林水果产量841.77万吨，增产8.7%；蚕茧产量26.47万吨，增长17.7%，肉类总产量387.77万吨，增长4.5%，水产品产量275.09万吨，增长5.1%；林业总产值突破千亿元。

工业主导地位继续提升。全区全部工业总产值首次突破万亿元，工业增加值3860.46亿元，占全区生产总值的比重达到了40.6%，其中，规模以上工业实现利润总额465.76亿元，增长75.8%。特色优势产业实力进一步加强，其中食品、汽车、冶金产业销售收入分别达到1460亿元、1190亿元、1120亿元，汽车产量达到135万辆，上汽通用五菱自主研发的广西第一款中级轿车正式下线，柳钢跻身全国千万吨钢企行列，食糖、微型汽车、轮式装载机、柴油内燃机等产品市场占有率排全国第1位。强优企业明显增多，年销售收入超30亿元的企业增加到30家。高新技术产业快速发展，23个千亿元产业研发中心和350项重大科技攻关工程加快建设，南宁市成为国家创新型试点城市，柳州高新区升级为国家级高新技术产业开发区，南宁、柳州、桂林、北海四个高新区工业总产值增长25%。

服务业得到迅猛发展。社会消费品零售总额达到3271.81亿元，同比增长19.0%，各类下乡家电产品销售额突破50亿元，投资与消费增速差距由上年的31.5个百分点收窄为18.5个百分点，增长趋于协调。金融保险、交通运输、物流仓储、通讯邮电、文化旅游等服务业较快发展，全年旅游总收入952.95亿元，增长35.95%，增长24%。投资持续快速增长。全年全社会固定资产投资7859.07亿元，比上年增长37.7%。投资结构继续优化，其中基础设施投资比重44.3%，工业投资比重33.4%。

节能减排和生态建设成效显著。全年共淘汰小火电64.4万千吨、小炼油60万吨、炼铁200万吨、水泥366万吨、造纸11.23万吨、皮革13万标张、铁合金2.1万吨，淘汰落后产能任务提前完成。全面推进生态文明示范区建设。城镇污水集中处理率、生活垃圾无害化处理率达到60.6%和60%，广西成为全国第9个、西部第2个县建成污水处理设施的省区。制糖行业循环经济发展走在全国前列；电解锰环境综合整治全国领先。全区森林覆盖率达58%，新建沼气池106万座，沼气池总量达371.3万座，入户率达到46.4%，居全国第1位。全民节能减排意识明显增强，环境质量逐年改善，“山青水秀生态美”成为一大优势和亮丽品牌。

人民群众生活显著改善。全年民生领域投入达1600亿元，增长40%，城镇新增就业45.61万人，年末城镇登记失业率3.66%，新增农村劳动力转移就业85万人，城镇基本养老保险、基本医疗保险、失业保险参保人数均提前完成年度计划。城镇居民人均可支配收入达到17064元，农民人均纯收入达到4543元，年均分别增长13.9%和12.7%。居民消费价格全年涨幅3%，低于5%的调控目标，物价基本稳定。

【投资环境与招商引资】 2010年，广西招商引资到位资金取得突破性增长。全年全区招商引资实际到位资金3651亿元，比2006年翻了近3番，完成自治区下达目标任务的101.4%，同比增长49.2%，增速位居全区各项经济指标的首位。其中：新签国内合作项目4572个，总投资4717.30亿元，实施项目9739个（含续建项目），到位资金3491亿元，在西部12个省区市中排名第二；新批准外资项目190个，实际利用外资（全口径）23.7亿美元，在西部12个省区市中排名第4位。

2010年，广西积极推进境外上市、项目融资、产业基金、私募股权、碳汇交易等利用外资方式。一是境外股权融资。目前，广西共有中国玉柴国际有限公司、新加坡联合金属有限公司、同济健康医疗集团股份公司、俊山五菱汽车集团有限公司、神冠控股（集团）有限公司、中信大锰6家境外上市企业，其中，在美国上市2家、香港上市3家、在新加坡上市1家。2010年新增境外上市企业1家，中信大锰在香港成功上市，募集资金2.66亿美元。二是私募股权投资。2010年广西引进首只产业投资基金——广西开元产业投资基金，首期基金规模为25亿元。据不完全统计，已有15家企业（其中1家企业已成功上市，14家企业正在筹划上市）累计接受私募股权投资24亿元。三是项目融资。项目融资以BOT、TOT等为主，广泛应用在基础设施建设、大型矿业开发等领域。2010年，广西阳鹿高速公路项目获批，合同外资2.4亿美元，成为广西首个外商投资经营的BOT高速公路项目。四是森林碳汇。2010年河池环江县农民获得世行首笔“碳汇款”125万元，尽管金额不大，但作为全球第一例注册并实施的清洁发展机制森林碳汇项目，是广西在清洁生产和碳排放交易利用外资方式的突破。2010年围绕延长汽车产业招商，引进中国汽车技术研究中心和山东玲珑轮胎30亿元项目，柳州已形成了以汽车零部件、工程机械配件为主的配套产业集群，获得“国家新型工业化汽车产业示范基地”称号。引进宁波鑫友光伏有限公司投资10亿元在临桂建立太阳能光伏产业项目，3家超过10亿元的光伏产业项目在桂林落户，为广西光伏产业的发展奠定了坚实的基础。

2010年，防城港解决了16年未解的投资积案，自治区国土资源厅现场办公、协调推进了桂林苏桥经济开发区35亿元轮胎产业化项目用地指标问题。截至2010年底，自治区级招商引资大兑现项目2143个，累计到位资金4853.36亿元，其中：2010年实施项目1124个，合同投资总额5159亿元，累计到位资金2673亿元。项目合同履约率、开竣工率、资金到位率分别超过95%、60%、40%，比2009年高出3.42个、33.77个、5.81个百分点，圆满完成了自治区确定的目标任务。

【"十二五"规划】 广西将坚持走新型工业化道路，适应市场需求、结构调整、消费升级新变化和科技进步新趋势，推进工业化与信息化融合发展，加快发展结构优化、技术先进、配套协作、清洁安全、附加值高、竞争力强的千亿元产业和新兴产业，尽快做大做强做优工业。同时利用工业化、城镇化深入发展的时机同步推进农业现代化，坚持工业反哺农业、城市支持农村和多予少取放活方针，加大强农惠农力度，夯实农业农村发展基础，提高农业现代化水平和农民生活水平，建设农民幸福生活的美好家园。坚持走新型城镇化道路，以统筹城乡发展和扩权强县为抓手，以加快产业和人口集聚为基础，以推进工业化为支撑，以体制机制创新为动力，做大做强中心城市，培育发展辐射作用大的城市群，推进大中小城市和小城镇协调发展，形成重点突出、定位明确、功能完善、特色鲜明的城镇体系新格局，较大幅度提高城镇化水平。坚持市场化、产业化、社会化、国际化导向，优化服务业结构，完善服务业布局，创新服务业体制机制，引导服务业集聚发展，推进服务业规模化、品牌化、网络化经营，壮大服务业规模，提高服务业特别是现代服务业发展水平。按照适度超前原则，统筹各种运输方式发展，进一步完善出省出边出海国际大通道，初步形成网络设施衔接完善、技术装备先进适用、运输服务安全高效的综合交通运输体系。坚持生态立区、绿色发展，强化节能减排，推广低碳技术，发展循环经济，加强生态环保，推动形成资源节约、环境友好和有利于应对气候变化的生产方式和消费模式，加快建设全国生态文明示范区。坚持自主创新、重点跨越、支撑发展、引领未来方针，完善科技创新体制机制，强化科技创新基础，构建科技创新体系，加快建设创新型广西。按照优先发展、育人为本、改革创新、促进公平、提高质量的要求，深化教育教学改革，推动教育事业科学发展，为到2020年基本实现教育现代化打下良好基础。坚持服务发展、人才优先、以用为本、创新机制、高端引领、整体开发的指导方针，加强适应跨越发展需要的各类人才队伍建设。着力保障和改善民生，完善就业、收入分配、社会保障、医疗卫生、住房等制度，促进基本公共服务均等化，使发展成果更多惠及各族人民。适应社会结构转型新形势，加强社会管理能力建设，创新社会管理体制机制，深入推进平安广西建设，构建全国社会和谐稳定模范区。

【重点项目介绍】 2010年初，广西及时制定下发了全区开展"项目建设年"活动实施方案、自治区重大项目前期工作联合审批机制，2010年共组织四次全区重大项目联合审批活动，对接项目574项，现场办结312项。各市也组织开展了市级层面的联合审批活动；积极探索建立项目并联审批制度，起草完成《广西壮族自治区投资项目并联审批试行办法》，进一步优化项目审批流程，提高审批效率。

2010年，广西实现重大项目新开工1323项，开工率97.7%，其中自治区层面实现开工190项，开工率96.4%，实现竣工882项，其中自治区层面竣工185项；完成投资3652亿元，其中自治区层面完成1763亿元。广西有13个项目获国家批复。需国家审批审核的22个新开工重大项目中，有21个项目获国家批复、批准，其中，防城港核电一期工程、岩滩水电站扩建工程、贺州电厂、西气东输二线工程广西段等4个项目获国家核准；郁江老口航运枢纽、南宁中央直属储备糖库、灌阳至凤凰高速公路、桂林漓江补水枢纽工程斧子口水利枢纽、桂中治旱乐滩水库引水灌区一期工程等5个项目获国家批复可研；湘桂铁路扩能南宁至凭祥段、南宁吴圩机场新航站楼、柳南铁路电化扩能等3个项目获国家批复立项。河池至南宁铁路、合浦至湛江铁路、桂林至三江高速公路等3个项目已进入国家审批核准程序。防城港红沙核电站一期、桂林防洪及漓江补水枢纽斧子口水库、桂中治旱乐滩水库引水灌区一期、防城至东兴高速公路、北海至南宁成品油管道工程等一批重大项目实现开工。中石油钦州千万吨炼厂、金桂林浆纸一体化一期制浆工程等实现竣工投产或部分投产。

【区域合作】 第七（届）次中国—东盟博览会和商务与投资峰会、中国—东盟自贸区论坛、第五届泛北部湾经济合作论坛、中越青年联欢大会、第四届中国—印尼能源论坛等重大活动成功举办。第六届桂台经贸文化合作论坛成果丰硕，共签署工商贸易、农业、旅游、文化等合作机制协议 15 个，签约项目 58 个，总投资 14.82 亿美元，南宁至台北直航航班正式开通。与泛珠区域、长三角、环渤海、西南地区等国内区域合作项目务实推进。上海世博会广西活动周成功举办，展示广西新形象。跨境贸易人民币结算试点开局良好，结算业务量在全国第二批试点省区中名列前茅。

广西高规格组团参加在福建省福州市举办的第六届泛珠大会，积极与泛珠各省区交流，签署的合作框架协议很有分量，展览展示富有特色，经贸洽谈成果颇丰。充分利用泛珠大会合作平台，与广东、福建等省区签署《关于建立桂粤更紧密合作关系的框架协议》和福建省签署《进一步深化桂闽合作框架协议》的合作协议，同时抓住大会邀请台湾知名人士的时机，与中国国民党副主席林丰正一行举行交流活动，探讨桂台合作的合作方式，为下一步加深泛珠区域内的合作打下坚实的基础。积极做好自身宣传工作，在泛珠大会期间举办了关于广西北部湾经济区招商推介会、中国—东盟自由贸易区推介活动，使广西成为泛珠合作的重大亮点。与会期间，广西共签约合作项目 48 个，投资总额 61.9 亿元。

重庆市

【**经济与社会发展**】 2010年重庆市全年实现GDP 7894亿元，增长17.1%，增速跃居西部第一位、全国第二位；人均GDP跨越4000美元。投资消费协调增长，投资连续10月保持30%以上增速，消费连续24个月保持18%以上增幅。“一圈两翼”协调发展，“一小时”经济圈、渝东北翼、渝东南翼GDP分别增长17%、17.7%、16.8%。经济效益显著提升，规上工业企业利润460亿元，增长39.8%；地方财政一般预算收1018亿元，增长49.3%，增速西部第1、全国第2；城乡居民增收11.3%和17.8%。

“五个重庆”加快建设。完成投资2691亿元，占全市的38.8%。森林重庆：植树造林500万亩，启动“绿化长江·重庆行动”，全市森林覆盖率37%。畅通重庆：率先西部建成国家高速公路网、基本实现“四小时重庆”，铁路在建1156公里、创历史之最，江北机场第二跑道投用、黔江机场通航，轨道交通在建178公里。平安重庆：率先建立校园安全新型警务勤务机，制，群众安全感指数超过95%。健康重庆：改扩建130个乡镇卫生院和社区医疗中心，启动30所三甲医院创建，市民体质抽样合格率87.6%。宜居重庆：完成主城区危旧房改造437万平方米，工矿棚区改造11万平方米，煤矿棚区改造70万平方米，农村危旧房改造12万户，巴渝新居建设5万户。

民生“十事”强力推进。财政民生投入占51.8%。城镇新增就业31.5万人。着力解决130万留守儿童学习、生活问题。26个区县开展基本药物制度试点。农村养老保险试点参保人数700万人。企业退休人员人均基本养老金达到1420元。发展微型企业1万户，解决就业10多万人。“唱读讲传”高潮迭起，上亿人次参与。

开放高地加快崛起。两江新区建设起步，万亿级工业开发区等项目开工，GDP超过1000亿元。两路寸滩保税港区和西永综合保税区封关运行。万州、长寿国家级经济技术开发区获批。实际利用外资63.7亿美元，增长57.5%。进出口总值124亿美元，增长61.1%。50亿美元对外投资项目获批。承接沿海、联动周边成效明显，实际利用内资2638亿元、增长79.7%。

综合改革攻坚破冰。户籍制度改革突出保

护农民权益及进城五项保障，145万农民转户进城。率先建立“双轨制”住房保障，大规模、高起点建设公租房，开工1300万平方米。强力实施“两翼”.农户万元增收工程，以土地、林地确权推动要素流动，以加大财政投入和建立地票、碳汇交易机制撬动城市资本下乡，户均增收3453元。土地流转、集中示范点建设等有序推进，土地规模经营集中度26%。

现代产业加速构建。汽车摩托车产值超过3000亿元，装备制造、化工医药、材料工业、轻纺工业产值均突破千亿元。电子信息产业再添新军，宏蓉等品牌商、纬创等代工商、华科等零部件厂商落户。金融中心加快建设，本外币贷款余额首过万亿元，银行业不良贷款率0.9%，新增直接融资700亿元，7家企业上市，新增55家融资性担保公司、小额贷款公司、股权投资类机构，股份转让中心、药品交易所、航运交易所开市，化医集团财务公司开业，金融资产交易所挂牌，重庆路演中心设立，惠普（重庆）结算公司结算量突破100亿美元，贝宝（中国）结汇公司签约。物流高地建设实现突破，铁海联运启动，笔记本电脑直航欧美，铁路物流基地初具规模，公路物流基地开工。会展业快速发展，展出面积250万平方米，增长75%。旅游业日渐壮大，“五方十泉”基本建成，接待游客1.6亿人次，国内旅游收入868亿元，分别增长31.6%和30.3%。

【投资环境与招商引资】 大平台支撑内陆开放高地建设。两江新区成为继浦东、滨海新区之后国家批准的第三个国家级新区，其良好发展前景和空间吸引正泰电器、韩泰橡胶轮胎、玉柴柴油机等百亿级项目落地。两路寸滩保税港区、全国最大的西永综合保税区陆续封关运行，重庆成为继上海、天津、苏州之后中国第四个同时拥有保税港区和综合保税区的城市。重庆—欧洲（比利时）货运航线开通，重庆—深圳铁海联运国际大通道启运，纵贯欧亚大陆的重庆—新疆—欧洲国际铁路“五定”货运班列试运行。万州工业园区、长寿化工园区成功升级成为国家级经济技术开发区。

大活动掀起聚焦重庆热潮，有力推动全市招商引资。年度十大经贸活动签约项目总投资超过3800亿元，其中第九届高交会签约高新技术项目495个，合同交易额347亿元，比上届翻一番，西部地区12省区市科技部门签署合作创新协议；第13届渝洽会签约项目753个、总投资3120亿元。全市实际利用内资项目12153个，到位资金2638.3亿元，增长79.7%，增速居西部第一；增速自2008年以来连续三年超过70%，“十一五”期间累计实际利用内资超过5000亿元。香港九龙仓和北京金融街总投资110亿元江北嘴中央商务区房地产开发、国桦投资公司总投资67亿元合川中国本部安全（应急）生产基地、山东昊龙和浙江越美总投资52亿元涪陵PTA下游纺织产业、广达和英业达笔记本电脑及配套生产基地、中国机械工业集团总投资65亿元北碚机电仪器仪表生产基地等一批大项目相继签约。

实际利用外资总量再创新高，通过绿地投资、兼并收购、境外上市等多种形式，全年利用外资项目261个，合同外资62.9亿美元，实际利用外资63.7亿美元；项目数、合同外资、实际利用外资同比分别增长18.64%、65.56%、57.51%；实际利用外资连续3年年均净增长20亿美元以上，连续2年保持总量中西部第一。境外投资热点纷呈，全年协议对外投资50亿美元，境外实际投资超过3亿美元，位列中西部第二位，世行、亚行统筹城乡系列项目高效推进，一年内创出贷款签约2亿美元、新增2亿美元佳绩。

【经济技术协作与对口支援】 省市合作继续纵深推进。争取国家启动并加快武陵山经济协作区发展规划编制，争取国家设立产业转移示范区，并批复《重庆沿江承接产业转移示范区实施方案》。力口快与东部沿海经济协作，成功举办“重庆·山东周”及配套“渝鲁相互支援·经贸合作展”，签署“1+7”战略合作协议，签订企业合作项目141个、总投资

598 亿元，合川、巴南等 8 区县分别与山东 12 市（县）签署了结对合作协议，争取山东省 14 个地级市“一对一”帮扶我市 14 个贫困县；借助省市对口支援三峡库区平台，在江浙举行对口支援三峡库区合作项目签约仪式，签订 25 个合作项目、协议总投资 432 亿元；在万州举办 2010 全国对口支援三峡工程重庆库区经贸洽谈会，签约合作项目 188 个、协议总投资 1236 亿元。周边合作有实效，重钢与陕西企业组建公司在陕开发铁矿资源项目相关核准程序已完成，渝鄂联合在渝举办首届长江三峡国际旅游节，渝桂推进陆路快速通关合作，在渝召开的泛西南警务合作联席会首届大会推动渝川云贵青藏 6 省区市警方在情报信息互享、重大行动互援等方面合作。腹地合作重互融，与巴中签署两市合作框架协议；市政府印发《2010 年渝广（安）合作计划》，市级部门与广安市四大班子召开渝广合作领导小组第一次联席会议，重庆—广安城际铁路规划纳入城际轨道交通网规划并上报国家发改委。

对外经济合作稳步发展。全市新签对外承包工程、劳务合作、设计咨询项目 48 个，合同额 8.2 亿美元，同比下降 23.2%，营业额 4.5 亿美元，同比上升 21.9%；新派往国外 12092 人，同比上升 21.6%，目前在人数国外 25618 人，同比上升 24.4%。新批境外企业（机构）46 个，实际投资 3.98 亿美元。

“一圈两翼”对口帮扶超额完成。全年实际完成年度帮扶实物量 2.96 亿元，超额 5% 完成年初计划帮扶任务；其中，投入帮扶实物量 1.1 亿元实施 19 个园区基础设施重点项目，投入帮扶实物量 3100 万元，实施 6 个市政设施重点项目；投入 13 个社会事业重点项目完工 7 个、在建 6 个；投入帮扶实物量 9000 万元，支持 126 个村实施整村脱贫。全年帮助引进项目 36 个，协议投资 45.5 亿元、已到位投资 15 亿元。帮助开展劳动力转移培训 1.6 万人次、转移劳动力 2.2 万人，交流党政干部 242 名、教师 319 名、医务人员 311 名、科技人员 136 名，帮助培训教师、医生等专业技术人员 5400 多名，培训其他人员近 2856 名。2007—2010 年，“一圈两翼”对口帮扶实物量累计达到 7.8 亿元。

援建崇州任务基本完成。共计完成对口支援项目 110 项，实现实物工作量 16.01 亿元。其中，帮助崇州市恢复重建县乡村公路 329 公里，新建桥梁 15 座，占崇州灾毁道路总里程的 87% 和灾毁桥梁总数的 83%；新建了崇州市人民医院和妇幼保健院，实施了崇州市图书馆、敬老院等 29 个民生项目，解决儿童入托 1800 名，集中安置当地孤寡老人 1100 名；对口援建水厂 4 个和污水处理厂 9 个；帮助 5 个重灾乡镇完成 27 个灾民永久安置点配套设施建设，安置灾民 4219 户共 12769 人；新建 7 个标准化农贸市场，解决当地就业 5000 多人。同时，实施了十大智力援助事项，选派 9 批卫生医疗队、3 批大学生西部志愿者、2 批公安民警、2 批支教人员支持灾后重建，组织崇州市 772 名医技人员、720 名教师、120 名专业干部来渝培训。（张洋、宁宇、刘定久、徐庆州）。

【老工业基地振兴】　2010 年，重庆市全年实现工业增加值 3698 亿元，同比增长 26.8%；完成工业总产值 10300 亿元，同比增长 24.9%。规模以上工业企业实现利润 428 亿元，同比增长 20.2%；经济效益综合指数 230%，同比提高 25.6 个百分点；全员劳动生产率 20.3 万元/人，增长 27.3%。完成工业固定资产投资 2234 亿元，同比增长 24.6%。

重大产业集群逐步形成。汽车产业：保持良好发展态势，规模以上企业完成工业总产值 2782 亿元，同比增长 25.1%。生产汽车 161.6 万辆，摩托车 849.2 万辆，分别增长 37.9% 和 10.8%。力帆 20 万台汽车发动机完工投产；福特三工厂正在加快建设；正新 1000 万条轮胎项目开工建设；北汽银翔合川微车基地、美国江森涪陵汽车蓄电池、霍尼韦尔两江新区汽车刹车片等项目落地。装备制造业：已成为支柱产业之一，正在加快建设成为国家重要的装备制造基地，规模以上企业完成工业总产值1503亿元，同比增长48.5%。重庆ABB建成特高压试验中心，重庆拥有了800千伏直流变压器本地化设计、制造、测试和工程服务的综合能力；重庆长客轨道车辆项目实现首列车下线；机电控股集团完成对英国精密机械公司的收购，形成齿轮、磨齿、螺杆全系列齿轮机床生产研发能力；百亿长征重工项目进展顺利，首批铁路货车下线，已具备年产铁路货车5000辆的生产能力；远达催化剂年产1万立方米脱硝装置生产线项目竣工；重庆水泵厂核二级泵通过国家能源局验收；机电控股集团双桥30万吨精密铸造项目开工建设。化工产业：结构调整步伐加快，进一步向三大化工基地聚集，规模以上企业实现工业总产值941亿元，同比增长32.3%。MDI一体化、已二酸、PVC一体化等一批带动性强的重大项目开工建设；川维30万吨醋酸乙烯、云天化聚甲醛二期、华歌吡啶系列等项目加快建设；建峰二化、东方希望煤基甲醇等项目竣工试车，蓬威石化PTA项目效益良好，开展了扩能和下游项目前期工作。材料产业：实现较快增长，规模以上企业完成工业总产值1487亿元，同比增长43.4%。西彭铝产业区快速发展，全年实现工业产值270亿元；瑞典萨帕与中铝合作新型铝材项目实现签约，天泰铝业大板锭扩能项目加快建设；“1+2”冷连轧项目和大飞机厚板项目竣工投产。旗能重庆铝厂搬迁、永川新格再生铝及铝硅合金等项目加快建设，中铝南川80万吨氧化铝投料试车；重钢环保搬迁项目建设进展顺利，建成2条生产线，形成400万吨生产能力；重钢与韩国浦项制铁Finex项目成功签约，完成对亚洲钢铁澳大利亚铁矿的收购；大全多晶硅二期加快建设，兰花太阳能公司500吨单晶硅切片项目竣工投产；冀东、东方希望、海螺等新型干法水泥项目建设投产。轻纺产业：保持了较高增长水平，完成工业总产值1150亿元，同比增长33.4%。云阳金田塑业4.2万吨BOPP、开县天邦1万吨柑橘浓缩汁等项目建成投产；轻纺控股集团合川轻纺产业园、格力电器北部新区制冷基地、海尔重庆工业园200万台新型节能环保冰箱等项目加快建设；涪陵40万吨聚酯、无纺布、纺织印染服装基地、轻工产业基地等项目前期工作正在展开。

【“十二五”规划】 今后五年重庆市经济社会发展的主要目标是到2012年，地区生产总值迈上万亿元新台阶，“五个重庆”、内陆开放、统筹城乡取得重大进展，民生改善成效显著；到2015年，在2010年基础上地区生产总值翻一番，农民人均纯收入翻一番以上，城镇居民人均可支配收入增长75%。西部地区的重要增长极、长江上游地区的经济中心和城乡统筹发展的直辖市基本建成，在西部地区率先实现全面建设小康社会目标，使重庆成为特色鲜明的国家中心城市和居民幸福感最强的地区之一。加快率先发展：建设国家重要的先进制造业基地、建设西部地区现代服务业高地、建设西部地区消费中心、建设国家中心城市的城镇化体系、建设现代化综合基础设施体系五大任务。统筹协调发展：建设社会主义新农村、加快三峡库区后续发展、促进区域协调发展、建设资源节约型和环境友好型社会四大任务。发展动力源泉：切实保障和改善民生、发挥两江新区开发开放示范作用、建设内陆开放高地、加快统筹城乡综合配套改革、建设国家创新型城市、推动文化大发展大繁荣为重庆发展的动力源泉。发展保障措施：将加强民主和法制建设、加强规划实施和管理作为发展保障。

【重点项目介绍】 重点项目投资稳定增长。全年市政府确定了重点建设项目共323个，其中政府主导类项目176个，总投资6500亿元；市场主导类项目147个，总投资3500亿元。全年完成市级重点建设投资1932亿元，同比增加19.3%，为年度逾期投资的104.4%，占全市社会固定资产投资的27.86%。政府主导类完成投资1329.1亿元，占年度预期投资的115.6%，比去年同期提高7.1个百分点；市场主导类完成投资602.9亿元。政府主导类的园区基础设施、节能减排及生态、社会民生项目和市场主导类的商贸流通、房地产等项目完成年度投资计划均超过140%。

重点项目建设进展超预期。全年计划实现重点建设项目完工60个、新开工60个。实际全年共有68项完工或基本完工，其中黔江舟白机场、宜万铁路重庆段、龙头寺公园和主城区危旧房改造拆迁等45项政府主导类完工或基本完工，力帆微车生产项目、中铝重庆80万吨氧化铝项目和重庆生猪期货交割中心项目等23项市场主导类项目完工或基本完工；有66项新开工，其中轨道二、三号线延伸段、主城区公租房建设和园博园等39项政府主导类项目开工，吉利汽车动力总成项目和30万吨钛白粉项目等27项市场主导类项目开工。

【统筹城乡配套改革】 一是土地制度改革取得新进展。农村土地规模经营比例提高3个百分点达到26%。地票交易市场日益活跃，全年农村土地交易所交易地票11场、2.2万亩，成交金额33.28亿元。二是统筹城乡户籍制度改革全面启动。按照“分阶段推进、分群体实施、分区域布局”的总体思路，设计了较完善的改革政策体系，全年办理农转城达到145万人。三是城乡保障性住房建设力度加大。全年开工公共租赁房1300万平方米，已竣工71万平方米。成立公租房管理局，公租房管理模式确定，信息系统初步建成。全年完成农村危旧房改造10万户，新建巴渝新居5万户。四是城乡社会保障体系渐成。农村养老保险试点扩面，2010年年新增15个区县试点，2011年4月实现制度全覆盖。各类社会保险扩面提标，年末各类医疗保险覆盖3100万人，各类养老保险覆盖1300万人。五是城乡公共服务大力提升。启动了477所农村寄宿制学校建设，完成了100所农村中小学标准化建设。围绕地区产业结构，进一步加强了对农民的文化教育、实用技术培训工作，累计培训农民超过200万人次。启动了30个街镇社区服务中心、240个社区服务站和3004个村级公共服务中心的建设，全市实现社区服务中心、站及村级公共服务中心全覆盖。六是城乡社会治理新模式探索起步。村务公开民主管理示范创建活动加快推进，对198个村务公开民主管理示范村授牌。南岸、渝北开展农村社区建设全覆盖试验，全市新增150个农村社区建设试点村。七是农村生产生活环境明显改善。农村公路完成投资87.2亿元，实现乡镇、行政村通畅通率“双100%”的目标。启动土地承包经营权、农用地使用权等信贷担保机制，累计受益农户12687户次。小额贷款公司累计开业93家；已开业或筹备开业的村镇银行达9家。八是现代农业服务体系建设加强。农民组织化程度提高专业合作社超过9000个，农民入社率突破26%。农机购置补贴3.8亿元，同比增长65.2%，全市耕种收综合机构化水平连续第6年保持3个百分点以上的增速。累计4000余家市内城市工商业企业向农业农村转移，涉及投资90.5亿元，促进农业规模化、品牌效应增强。

贵州省

【经济与社会发展】 2010年，贵州省全年实现GDP 4593.97亿元，增长12.8%，人均生产总值达到12051元（折合1820美元）。财政总收入和一般预算收入分别完成969.73亿元和533.89亿元，同比分别增长24.4%和28.2%。全社会固定资产投资完成3186.28亿元，同比增长30%。工业化、城镇化加速推进。

产业发展迈出新步伐。农业基础地位进一步巩固，现代农业和特色农业快速发展，农业产业化步伐加快。全年第一产业实现增加值630.33亿元，同比增长4.7%；工业经济发展强劲，以电力、煤炭为主的能源工业进一步壮大，以烟、酒为主的传统支柱产业得到巩固和发展，以煤化工、磷化工、铝及铝加工为主的优势原材料工业取得长足发展，航空航天、电子信息、新材料等高新技术产业和战略性新兴产业不断发展，民族制药、特色食品、林纸一体化等重点特色产业进一步发展。全年工业增加值达到1516.87亿元，同比增长15.7%，第二产业增加值1800.06亿元，同比增长16.6%；服务业发展态势良好，全年旅游总收入达1061.23亿元，增长31.8%。全年第三产业增加值2163.58亿元，同比增长12.1%。

民生持续改善。城镇居民人均可支配收入和农民人均纯收入分别达到14142.74元和3471.93元，扣除物价因素实际增长7%和12.6%。全省基本养老、基本医疗、失业、工伤和生育保险参保人数分别达到257.51万人、602.95万人、152.48万人、162.21万人、164.5万人，分别增长9.3%、49.2%、5.4%、13.2%和7.9%。在27个县建立了新型农村社会养老保险制度，参保人数达223.72万人。城乡低保实现应保尽保。扶贫攻坚力度加大，全年中央和省级财政共投入扶贫资金36.486亿元，筹集社会帮扶资金1亿余元。2010年实施568个贫困村“整村推进”，完成易地扶贫搬迁3万人，减少农村贫困人口50万人。农村危房改造加快推进，全年中央和省共投入改造资金25.54亿元，完成农村危房32.49万户。基础设施加快向县以下延伸取得明显成效，新增120个乡镇通沥青或水泥路、1022个建制村通公路，全省96%的乡镇通油路或水泥路，95%的建制村通公路，新增解决316万农村人口饮水安全问题，农网改造步伐加快，实现全部行政村通电话和宽带。

社会事业发展取得新成绩。教育事业加快发展，免费义务教育的各项政策全面落实，“两基”成果进一步巩固，普通高中课程改革实验全面启动，创建30所示范性中等职业学校，中职招生人数突破20万人，高等教育毛入学率达到20%；科技创新能力进一步提高。目前已建成重点实验室35家、工程技术研究中心53家、生产力促进中心41家、工程研究中心17家、工程实验室5家、企业技术中心135家及一批特色产业化基地、高新技术产业化基地。贵州省工程机械电气控制工程技术研究中心、贵州省光谷激光建新南海科技企业孵化器等一批科技研发服务平台建设项目启动实施；医疗卫生事业积极推进。全省参加新型农村合作医疗保险人数3029万人，参合率达到96.3%。基层医疗服务体系建设加快，卫生基础设施日趋完善。基层计划生育服务体系建设取得新进展，新建和改扩建89个中心乡（镇）计生服务站和300个村级计生服务室；文化体育事业进一步发展。开工建设省博物馆新馆，建成55个文化共享工程县级中心，完善408所乡镇综合文化站设施，新建农家书屋3756个，开展了“数字农家书屋”试点；建设1050个行政村和27个乡镇农民体育健身工程。承办和举办了中国拳击公开赛、全省民运会等60余项体育赛事。全国第九届民运会筹备工作有序推进，主会场贵阳奥体中心主体育场建设基本完成。

【投资环境与招商引资】　2010年，贵州省共引进省外到位资金992.05亿元，同比增长36.85%，完成外商直接投资29546万美元，同比增长121.09%。

改善投资环境，构筑经济发展平台。以交通为主的“硬环境”建设成效显著，现代综合交通运输体系初步建成。投资“软环境”不断完善。出台了《贵州省领导干部带头做好招商引资工作考核及奖惩办法》、《关于加强招商引资工作进一步扩大开放意见》等政策措施，积极营造招商引资和扩大开放的良好环境。认真贯彻落实《贵州省外来投资者权益保障条例》，依法行政、依法办事、文明执法，切实保护外来投资者合法权益、人身及财产安全。

简化审批程序，提高行政效能。按照市场经济和世贸组织规则，加快内外贸一体化进程和改革步伐；继续清理和减少行政审批事项，简化审批程序，提高审批效率，增强审批透明度；按照“政务公开、权力公开、权力运行过程、时间、结果公开”以及“同步审批、限时办结”的要求，全省9个市（州、地）88个县（市、区）80%以上都建立了政务服务大厅，“一口对外”、“一窗办理”，提供“一站式”服务，实现阳光作业。改进和创新审批方式，推行首问负责制、服务承诺制、一次性告知制、投诉问责制。采取减少审批环节，以现场办公、个案解决、并联审批等办法，大力推行在线行政许可，提高办理效率。

【经济技术协作与对口支援】　全面推进与“9+2”各方经济合作。贵州作为泛珠三角区域“9+2”成员之一，积极主动与泛珠三角区域各方开展经济技术合作，在推进基础设施建设、产业分工协作、商贸服务融合、生态环境保护、旅游业互动发展以及劳务合作、科技教育交流合作等方面取得了成效。一是交通基础设施合作有序开展。贵州分别与广东、重庆、湖南、广西、云南、四川共同推动互通交通体系建设，连接区域各方四通八达的立体交通网络基本形成，促进了贵州与各省区间的物流、资金流、信息流畅通无阻。二是旅游合作不断拓展。积极落实与广东、云南、广西等省（区、市）签订的旅游框架合作协议，共同推进联合开发跨省精品旅游线路，开拓国内外客源市场，打造发挥本省资源优势的旅游品牌。三是科技合作与创新不断发展。贵州科学院与广州复能基因有限公司在蛋白表达、搞体制备方面进行合作。贵州省在科技项目研发方面与区域内省区建立了广泛的合作关系，分别与中南大学、四川大学、湖南中烟公司、中科院成都生物所、中科院昆明动植物所、中科院亚热带农业生态研究所、中科院地化所等单位开展了各种专题合作研究。四是教育交流合作不断推进。在高等学校招生方面，贵州省与泛珠各省区间相互加大了对彼此省区考生的招生计划。加大共建教育信息平台力度，努力实现各省区之间大学生就业信息资源共享。职业教育合作进一步加强，贵州省的中职院校与广东、福建等省企业之间广泛开展了校企合作：五是金融合作不断加强。“引银入黔”工程成效显著，中信银行、浦发银行、南充商业银行、招商银行、重庆银行、花旗银行相继入驻贵阳。

大连、青岛、深圳、宁波对口帮扶工作扎实推进。一是继续提供无偿资金，帮扶我省贫困地区发展。2010 年，四城市共向贵州省提供各种帮扶资金总额达到 17.33 亿元。贵州利用这批资金在贫困地区新建（或改扩建）学校 158 所，救助贫困学生 17258 个；兴建卫生院所（室）24 所；兴修乡村公路 283.85 公里，基本农田 1.62 万亩。二是经济协作持续加强，合作领域不断深化。2010 年，四城市与贵州省达成经济合作协议项目 2 个，协议资金 16500 万元。其中由青岛恒泰机械配件有限公司投资 5000 万元在贵阳成立的贵阳鑫恒泰实业有限公司已建投产，解决了当地 200 人就业，实现税收 500 万元；由青岛红星化工集团与江苏省徐州矿务局合资 11500 万元在贵州成立“贵州省容光矿业有限责任公司”，主营煤化工产品，吸纳当地 500 人就业，预计 2011 年可正式投产。三是积极开展挂职交流、人才培训和劳务输出工作。四城市 2010 年派出 32 名干部到贵州贫困地区挂职，派出 14 名教师到贵州为广大贫困群众服务；接受贵州省 46 名干部、59 名教师、10 名医生、30 名农业技术人才到四城市挂职；举办干部培训班 26 期，为贵州省培训干部 1044 人次，举办专业技术人才‘培训班 9 期，为贵州省培训专业技术人员 4923 人次；在劳务合作方面，据不完全统计，在四城市的资助下，举办了 17 期劳务培训班，培训劳务人员 1490 个次。同时，贵州省共向四城市有组织输出劳务人员 1546 人次。

【重点项目介绍】 现代综合交通运输体系初具雏形。铁路方面，贵广客运专线、六沾复线、黄织铁路加快建设。长沙经贵阳至昆明客运专线、成贵铁路、渝黔铁路、织金至纳雍、铜仁至玉屏、毕节至织金、小碧至白云、贵阳北站等铁路项目开工建设。贵州省人民政府与铁道部签署了新一轮铁路建设部省纪要，纳入部省纪要的渝怀铁路增建二线等铁路已批复立项，纳雍至六盘水、叙永至毕节、昭通经毕节至遵义、毕节至六盘水、黄桶至百色等铁路前期工作全面展开；公路方面，建成厦蓉高速榕江格龙至都匀、水口至格龙和麻尾至驾欧、贵阳至都匀等高速公路，全省高速公路通车里程达到 1507 公里。沪昆高速贵阳至清镇、汕昆高速板坝至江底等国高在建项目和六盘水至盘县、毕节至威宁等 21 个省高在建项目建设进展加快，在建里程 2556 公里；机场方面，龙洞堡机场、遵义机场改扩建工程开工建设，六盘水机场已获国家批准即将开工建设，毕节机场已进入审批程序，黄平机场建设和铜仁凤凰机场改扩建工程前期工作加快推进；航运方面，西南水运出海中线通道（贵州段）南北盘江、红水河航运建设进展顺利，部分码头工程已完工，乌江航运工程全面开工建设。

水利建设加快推进。2010 年贵州省水利投入 102 亿元，比 2009 年增加一倍多。完成病险水库除险加固 145 座，黔中水利枢纽一期工程建设进展顺利，遵义灌区一期工程、松桃道塘水库灌溉枢纽工程正在抓紧建设，预计将在 2011 年底建成发挥效益。“滋黔”一期工程正在抓紧进行大坝主体工程和相应配套工程的施工，新开工建设三都冷水沟水库、望谟桑郎水库、贵阳鱼洞峡水库、道真大沙河水库。全年完成烟水配套工程 140 万亩，建设小型农田水利工程 10 万个，新增有效灌溉面积 162 万亩。

通信、电力等设施建设扎实推进。贵州电子政务外网骨干传输网正式建成，初步实现了互联互通。启动了电子政务外网二期工程建设，“数字贵州”建设积极推进，“三网融合”

步伐加快，专用通信网络建设进展顺利。电网建设加快，“西电东送”能力达到800万千瓦，基本形成“五交两直”。

【老工业基地振兴】 贵州万山特区曾是我国最大的汞工业生产基地，有“中国汞都”之称。经过长期大规模开采，万山特区的汞矿资源已枯竭，支柱企业原贵州汞矿已于2001年破产关闭。2009年3月，万山特区被列入全国第二批资源枯竭型城市予以重点扶持。

精心编制转型规划，谋划地方经济发展。贵州省万山特区聘请国内知名专家编制完成《资源枯竭型城市贵州省万山特区转型规划（2010—2020年）》（简称《转型规划》），2010年5月26日，《转型规划》通过国家发展改革委评审，2010年9月，贵州省人民政府批复了《转型规划》，规划确立了以发展工业为引擎，以抓好谢桥、万山、大龙转型基地为平台，以项目建设为支撑，以推进农业产业化为抓手，优化提升涉汞工业和铁锰精深加工两大传统产业，培育壮大绿色食品加工业、旅游业、钾资源综合开发等特色和优势产业，促进产业集聚与优化升级，推动万山特区科学发展。

加大政策扶持，推动转型发展。贵州万山特区抢抓国家发改委关于支持资源枯竭型城市可持续发展专项补助政策的机遇，支持万山特区企业积极申报资源枯竭型城市的城市吸纳就业、资源综合利用和发挥接续替代产业专项。铜仁和泰茶业有限公司获得国家发改委专项补助400万元，企业用于扩能转型，新建年产3000吨速溶茶粉生产线一条，绿茶生产能力从年产5000吨提高到7000吨。

西藏自治区

【经济与社会发展】 2010年，西藏自治区全年实现GDP 507.46亿元。其中，第一产业68.72亿元，同比增长3.1%；第二产业163.92亿元，同比增长14.1%；第三产业274.82亿元，同比增长13.7%。三次产业结构由2005年的19.3∶25.5∶55.2，调整为2010年的13.4∶32.3∶54.3。

社会主义新农村建设取得新进展。全年全区农林牧渔业完成总产值100亿元，同比增长4%；农作物总播种面积367万亩，粮经饲比例为65∶20∶15；全区粮食总产量91.2万吨，同比增长0.8%；全区各类牲畜年末存栏2321万头（只、匹），牲畜出栏力度进一步加大，草畜矛盾得到进一步缓解。农牧民安居工程覆盖全区27.48万户、140万农牧民，水、电、路、讯、气、广播电视、邮政等农村综合配套设施建设扎实推进；基本实现乡乡通光缆（宽带）、村村通电话，乡镇通邮率、乡镇通公路率和行政村通公路率分别达到85.7%、99.7%、81.2%。年末累计解决153.24万农牧民安全饮水问题，15万户农牧民用上清洁的沼气能源。全区碘盐配送网络建成，农牧区碘盐覆盖率达91.2%，基本实现消除碘缺乏病目标。全区农牧区富余劳动力转移就业达到81万人次，农牧民人均纯收入达到4138.7元，同比增长17.2%，高出增长13%的预期目标4.2个百分点。

2010年，实现工业增加值39.73亿元，其中规模以上工业增加值29.25亿元，同比增长14%，占工业增加值的73.6%。主要工业产品中发电量、啤酒、瓶（罐）装饮用水增速分别达到13.5%、11.2%和40.2%。全区298户国有企业主营业务收入74.8亿元，同比增长15.5%；实现利润总额13亿元，同比增长36.3%；上缴税金10.5亿元，同比增长49.2%。

以旅游业为主导的服务业不断巩固。旅游总人数快速增长，全年达到685.14万人次，同比增长22.1%，远超年度计划582万人次的预期目标。

基础设施条件得到大力改善。拉萨至贡嘎机场公路进展顺利，墨脱公路嘎隆拉隧道胜利贯通，藏木水电站和青藏直流联网工程开工建设，满拉、墨达、雅砻三大灌区顺利收尾，旁多水利枢纽工程进展顺利。

投资和消费拉动经济增长势头强劲。2010

年，落实国家投资253亿元，超过年度目标33亿元，再创历史新高；全年完成全社会固定资产投资463.26亿元，同比增长22.1%；社会消费品零售总额达到185.3亿元，同比增长18.3%。农村城市消费呈现齐头并进的增长态势，农村消费增幅连续三年超过城镇消费。

财政收入快速增长，全年实现财政收入36.65亿元，同比增长21.8%。全区各项税收收入预计达到48.5亿元，同比增长39.9%。全年进出口总额达到8.36亿美元，同比增长110%。

人民生活水平不断提高。城镇居民人均可支配收入在2007年突破1万元大关后，2008、2009年分别突破12000元、13000元，2010年达到14980元，比上年增长10.6%。农牧民稳定增收，2010年全区农牧民人均纯收突破4000元，达到4138.7元，连续8年保持两位数以上的增长。

"两基"攻坚规划确定的各项任务全面完成，义务教育覆盖全区城乡，小学适龄儿童入学率达到99.2%，8所新建高中主体工程全部完成。

基层医疗卫生服务体系进一步完善，完成了95个中心乡镇卫生院标准化建设，"一村一卫生室"在安居工程村级组织综合活动场所中全部配套建设。

公共文化服务体系不断完善，实现县县有综合文化活动中心和信息共享中心的目标，"西新工程"、村村通工程等项目加快推进，广播电视人口综合覆盖率分别达到90.3%、91.4%。扎什伦布寺等22处重点文物维修工程进展顺利，历史文化遗产得到有效保护。

高校毕业生、退伍安置军人、农民工等重点人群就业形势基本保持稳定，高校毕业生就业率达到80%以上，城镇新增就业2.1万人，城镇登记失业率控制在4.0%以内。社会保障事业全面发展，各项社会保险制度进一步完善，覆盖面进一步扩大，保障水平不断提高。新农保试点覆盖全区所有乡镇，在全国率先实现新型农村养老保险制度全覆盖。

内需结构不断优化。投资结构不断改善，基础设施、工业、民生工程投资持续增长，民间投资占全社会固定资产投资比重达到27.9%，比2005年提高11.2个百分点，瑞吉酒店投产运营，香格里拉大酒店等外资项目开工建设。社会消费快速增长，传统服务业快速发展，城乡居民消费条件进一步改善，家电、家具、农机具等热点消费深入农牧区，超市、农贸市场等新兴流通业态带动农牧区消费大幅回升。

区域发展结构更趋优化。三大区域竞相发展，藏中地区核心增长区的辐射带动作用不断增强，藏东、藏西地区优势资源转化水平有了明显提升，三大区域内生发展能力不断提高。城镇化步伐加快，小城镇道路、供排水管网、垃圾收集站等基础设施建设得到加强，经济综合开发示范工程继续推进，小城镇的集聚效应不断增强。大力支持"昌都解放60周年"大庆项目建设，成功举办大庆庆典活动，有力地推动了藏东地区发展。

生态建设和环境保护成效明显。《西藏生态安全屏障保护与建设规划（2008—2030年）》十大工程项目累计到位国家投资25亿元，退耕还林、天然草原退牧还草、小水电代燃料、水土流失治理、防沙治沙等工程进展顺利，全年完成人工造林94万亩，"十一五"累计达到172万亩。同时，在全国率先启动了西藏自治区草原生态保护奖励机制试点工作，促进了牧区经济社会和生态环境协调发展。加强环境监测、统计和考核，全区单位生产总值能耗持续降低，2010年实现单位生产总值能源消耗控制在1.25吨标煤/万元目标以内。主要污染物化学需氧量和二氧化硫排放实现年度减排计划，推进科学合理开发利用各种资源，环境影响评价工作逐步规范。

【投资环境与招商引资】 2010年，西藏自治区研究起草了《关于进一步改善发展软环境的意见》、《西藏自治区关于加快推进承接产业转移工作的意见》和《西藏自治区人民政府关于贯彻<国务院关于鼓励和引导民间投资健康发展的若干意见>的实施意见》等，积极出台措施吸引外来资金，民间投资趋向活跃。瑞吉酒店、华泰龙矿业集团、娃哈哈绿色食饮品公司等一批企业落户西藏，那曲物流中心已与相关企业签订24个协议项目，投资总额超过12亿元；拉萨市国家级经济技术开发区与239家企业达成协议，入驻企业24家。投资总额超过12亿元，其中12家企业已完成工商注册，注册资金超过1亿元；拉萨国家级经济技术开发区注册企业达到235家，入驻企业49家。据统计，2010年全区招商引资实际到位资金77.67亿元，比2009年增长29.78%。总体上看，招商引资的实际到位资金呈逐年递增态势，“十一五”期间招商引资到位资金278.98亿元，比“十五”期间增长4.45倍。

上海世博会于2010年5月1日至10月31日在上海举办，西藏参加此次世博会，是向世界展示、宣传西藏经济社会发展成就和推介西藏独特的人文景观、资源优势、发展潜力和吸引投资的难得机遇。

【经济技术协作与对口支援】 2010年初召开的中央第五次西藏工作座谈会，从“四个事关”的高度，明确了西藏在全国工作大局中的战略定位。决定把对口支援西藏政策延长到2020年，继续实行“分片负责、对口支援、定期轮换”的援藏方式，并确定了援藏省（市）年度援藏投资实物工作量按照本省（市）上年度地方一般预算收入的1‰来安排。2010年，经济援藏资金已到位22.78亿元，比2009年增长13.84%，开工项目近350个。“十一五”期间共落实援藏资金78.33亿元，比“十一五”期间增长63.8%。

2010年10月25日，国家发展改革委在成都召开了经济对口支援西藏工作座谈会议，研究部署新阶段经济对口援藏工作，特别是提交会议讨论通过的《关于进一步加强和完善对口支援西藏经济社会发展工作的指导意见》和《对口支援西藏经济社会发展规划编制工作大纲》两个文件，为经济援藏工作的机制化、规范化、制度化打下了良好的基础。同时，对“十二五”援藏规划的编制工作作出了安排部署。经济对口支援西藏工作座谈会后，各对口支援省（市）和各地（市）都已开始着手编制“十二五”援藏规划。

【重点项目介绍】 2010年，五条国道基本实现“黑色化”，拉萨至贡嘎机场公路进展顺利，墨脱公路嘎隆拉隧道胜利贯通，全区公路通车里程达到5.8万公里。航线网络不断完善，初步形成了以拉萨贡嘎机场为干线，以昌都邦达、林芝米林、阿里昆莎、日喀则机场为支线的机场布局。拉日铁路开工建设，青藏铁路安全运营，拉林铁路前期工作加快推进，我区铁路网络建设迈出新步伐。

全区装机容量最大的水电项目藏木水电站和世界上海拔最高、线路最长、施工难度最大的输变电工程青藏直流联网工程开工建设，加快推进了无电地区电力建设，主电网建设和“户户通电”工程进展顺利。2010年，全区电力装机总容量达到97万千瓦，用电人口近238万人，占总人口的82%，无电人口减少到52万人。

满拉、墨达、雅砻三大灌区顺利收尾，旁多水利枢纽工程进展顺利，江北灌区进入加速实施阶段，城镇防洪、农田水利、农村饮水安全工程加快建设，新增和改善灌溉面积43.55万亩，抵御自然灾害能力明显提高。水利基础设施对经济社会发展的保障能力进一步加强。

陕西省

【经济与社会发展】 2010年，陕西省全年实现GDP 10021.53亿元，同比增长14.5%，是2005年的2.5倍，在全国的位次由第21位前移到17位。其中，第一产业增加值988.45亿元，增长5.8%，占生产总值的比重为9.9%；第二产业增加值5403.53亿元，增长18%，占53.9%；第三产业增加值3629.55亿元，增长11.7%，占36.2%。人均生产总值超过4000美元，达到26848元。

农业基础地位更加巩固。新农村建设成效明显，5年在水电路和沼气等方面的投入达3260亿元，所有行政村实现通电通话，除陕南重灾区外所有乡镇通油路、行政村通公路。2010年水利建设投资118亿元，较上年增长2.18倍，全省有效（农田）灌溉面积达到1285千公顷，节水灌溉面积达到852.8千公顷，旱涝保收面积达到809.18千公顷，已建成万亩以上灌区188处。“十一五”期间，粮食产量连续保持在1000万吨以上，2010年总产达到1164.9万吨，较2009年增长3%，创12年来最高水平。蔬菜、水果总产量分别达到1384.0万吨1476.5万吨，增长10.1%和7.4%，其中苹果产量856.0万吨，增长6.3%，面积902.28万亩，增长6.5%，分别占陕西省水果总产量和果园总面积的69.1%和55.5%，面积、产量、质量稳居全国第一。

优势特色产业迅猛崛起。5年新增石油产能1000万吨、煤炭产能1亿吨，能源化工产业总产值已占规模以上工业的46.8%，装备制造业总产值从691亿元跃升到2607亿元，服务业增加值年均增长15%，文化产业增加值2010年达到278亿元、增长19.7%，旅游接待量14565.97万人次、总收入984亿元，分别增长26.1%和28.1%。销售收入过百亿的企业从4家增加到23家，其中延长集团突破千亿元大关。新起步的太阳能光伏和半导体照明产业产值已达120亿元，建成风电装机150兆瓦、太阳能光伏发电12兆瓦。工业发展效益明显。2010年规模以上工业企业完成工业增加值4159.51亿元，增长19.7%。工业企业经济效益综合指数347.26，比上年提高63.5个百分点。

城乡、区域消费需求同步增长。2010年实现社会消费品零售总额3147.67亿元，比上年增长18.7%。城镇市场实现零售额2732.24亿元，增长18.8%，乡村市场实现零售额

415.43 亿元，增长 17.8%。增速差距与上年相同；三大区域消费增长基本同步，关中地区零售额 2493.69 亿元，比上年增长 18.7%；陕北地区零售额 306.86 亿元，增长 18.6%；陕南地区零售额 347.12 亿元，增长 18.5%。全年居民消费价格总指数上涨 4%，其中，城市上升 3.7%，农村上升 4.7%。

财政收入继续增长。财政总收入达到 1391.13 亿元，增长 26%，比上年提高 2.3 个百分点。其中，地方财政收入 735.27 亿元，增长 24.3%，增速与上年基本持平。财政总支出 1841.64 亿元，增长 28.9%，比上年下降 6.6 个百分点。财政总收入和财政支出分别是“十五”的 3.4 和 3.2 倍，地方财政收入在全国的位次由 21 位前移到 18 位。

生态建设成效明显。以退耕还林、节能减排和重点区域整治为主的生态建设向纵深推进。五年造林绿化 2461 万亩，治理水土流失面积 3.1 万平方公里，2010 年森林覆盖率达到 41.42%，植被覆盖度达到 71.10%。淘汰小火电 155 万千瓦、落后产能 5596 万吨标准煤，建成和在建污水处理厂 94 个、垃圾处理场 90 个。渭河污染治理取得阶段性成果，秦岭保护进入法制化轨道。万元 GDP 能耗由 1.42 吨下降到 1.136 吨标准煤。全省二氧化硫排放量为 77.86 万吨，比上年下降 3.2%，比 2005 年下降 15.6%；化学需氧量排放量为 30.77 万吨，比上年下降 3.3%，比 2005 年下降 12.2%，分别完成“十一五”两项减排任务的 129.6% 和 121.8%。

和谐社会建设加快推进。5 年来，财政用于民生的投入是“十五”的 3.5 倍，养老和医疗基本实现制度全覆盖以及标准逐年提高，城镇居民养老和基本医疗保险从无到有，新型农村社会养老保险试点走在全国前列，新型农村合作医疗参合率达 95%，80 岁以上高龄老人生活补贴制度开始实施，退休职工养老金、新农合补助、城市低保、农村低保、五保户供养标准分别提高 221%、600%、99%、156% 和 129%，近百万 60 岁以上农村老人已按月领取基本养老金。群众住房状况有了较大改善，26 万农户搬进新居，建设廉租房 750 万平方米、发放租赁补贴 30.2 万户，解决了 40 万户低收入群众的住房困难，城镇人均居住面积达到 21.04 平方米。5 年累计新增城镇就业 168 万人，325 万人实现脱贫。义务教育全面实现城乡免费，“两基”在西部率先达标，国家助学制度资助困难学生 515 万人次，“蛋奶工程”惠及 263 万学生。延安革命纪念馆、大明宫遗址公园等重点项目相继建成开放，西安鼓乐、中国剪纸入选联合国人类非物质文化遗产。2010 年成功举办第十四届省运会，在国内外赛事中获 33 枚金牌、19 枚银牌和 25 枚铜牌。

城乡统筹加快推进。制定了一系列鼓励有条件农村居民进城落户的政策，52 万农村居民已按新政策进城落户。出台了支持延安率先实现城乡统筹的措施，县域城乡一体化规划编制全面启动，2010 年完成重点镇建设投资 30 多亿元，全省城镇化率达到 46.5%。城乡居民收入进一步提高。城镇居民人均可支配收入和农民人均纯收入分别为 15695 元和 4105 元，是“十五”末的 1.9 倍和 2 倍，城乡居民收入差距由上年的 4.11 缩小为 3.82。

三大区域竞相发展格局基本形成。关中率先发展、陕南突破发展、陕北跨越发展取得明显成效，西咸新区建设正式启动，陕西航空、航天经济开发区和渭南高新区分别升格为国家级，陕南开始步入循环经济的发展路子，增速继续保持高于全省平均水平的增长速度，陕北探索出依托资源深度开发实现快速增长的新模式。

【投资环境与招商引资】 2010 年，陕西省继续改善投资与服务环境，投资环境日趋完善，各类中介服务机构和要素市场逐步健全，统一、开放、有序的市场竞争环境基本形成。54 家世界 500 强企业在陕西省省设立了 70 家企业，中国 500 强企业中有 200 多家在陕投资。硬件环境进一步提升。西安集装箱中心站建成使用，郑西客运专线、包西复线、太中银正式通车运营、新增铁路1000公里，全省高速公路里程达到3420公里，市市通高速目标圆满实现；西安咸阳国际机场旅客吞吐量继续稳居全国民航机场第8位，“气化陕西”工程进展顺利，2010年新增电力装机165万千瓦。第14届中国东西部合作与投资贸易洽谈会，签订利用外资项目合同总投资额64.81亿美元，省际合作项目合同总投资额3263.78亿元，内贸成交额133.36亿元，较上届分别增长30.1%、20.4%、192.5%。2010年年引进内资2410亿元、外资18.2亿美元，进出口贸易120.8亿美元，分别增长59.9%、20.4%和43.7%。全年新批外商投资项目139个，比上年增长37.6%。

【经济技术协作与对口支援】 2010年对外承包工程新签合同额8.88亿美元，实现营业额8.1亿美元，分别比上年增长1.34倍和30.8%。对外劳务合作新签合同额3951万美元，实现营业额2741万美元，分别增长1.42倍和92.6%。

继续开展苏陕扶贫协作与经济合作。江苏援陕扶贫项目108项，总投资8640万元。两省协议合作项目83项，总投资149720万元；江苏各级政府拨款3559万元，社会各界捐资517万元；陕西省培训各类人员2900人次，双方互派考察访问团组1830人次。

2010年6月25日，召开了全省援工作藏工作会议，2010年8月24日—25日代省长赵正永率领党政代表团赴西藏自治区进行了访问考察，期间签定了《陕西省援藏建设规划(2010—2015年)》。2010年援助资金7300万元，主要用于噶尔、普兰县安居工程、阿里地区幼儿园、普兰县广电中心、陕西援藏干部基地、干部学历提升教育等30个项目建设。

为改善西藏学生在西安上学条件，提高办学水平，陕西省委2010年第4次常委会议确定，在西安市浐灞生态区建一所西藏中学，投资约1.8亿元，预计2012年建成使用。

【“十二五”规划】 总体思路。以科学发展、富民强省为主题，以加快转变经济发展方式为主线，以保障和改善民生为出发点和落脚点，着力破解城乡居民收入水平低、城市化水平低、经济外向度低三大难题，着力构建特色优势产业、战略性新兴产业、现代服务业、现代农业四大产业体系，着力实施调整经济结构、加快科技创新、统筹城乡发展、促进社会和谐、深化改革开放五大任务，全面推进富民强省十大工程，建设绿色、现代、开放、和谐、奋进的新陕西，为实现全面小康打下具有决定性意义的基础。

总体目标。实现“三个上台阶”，即经济综合实力、人民生活水平和质量、生态环境保护上台阶；“三个大幅提升”，即生产总值、财政收入、城乡居民收入大幅提升；“两个明显改善”，即基础设施和公共服务保障水平明显改善，社会和谐程度和人民群众幸福指数明显改善；“一个大跨越”，即从经济欠发达省份跨进中等发达省份行列。到“十二五”末，全省生产总值达到2万亿元，人均生产总值达到或超过全国平均水平，全社会固定资产投资年均增长20%以上，财政收入年均增长17%，从经济欠发达省份跨入中等发达省份行列。到2020年，生产总值再翻一番，全面实现西部强省目标，全省整体进入现代化阶段，建成惠及三秦百姓更高水平的小康社会。

【重点项目介绍】 2010年，陕西省全社会固定资产投资8562.04亿元，比上年增长30.7%。423个省级重点项目中，235个续建和新开工项目全年完成投资2100亿元，占全社会固定资产投资总额的24.5%，西安铁路集装箱中心站、十天高速安康至汉中段、宝鸡至汉中天然气输气管道、鲁能靖边风力发电场、大明宫遗址公园等31个项目建成投运，世界上单体最大的煤化工项目——神华陶氏榆林循环经济煤炭综合利用项目取得积极进展。

太中银铁路（陕西境），是西北地区连接华北地区的便捷通道，直接联系山西、陕西、宁夏三省。该项目建设对完善国家铁路运输网络，缓解南北相邻铁路的运输压力，促进陕北能源化工基地建设具有重要意义。包括太原至中卫铁路正线和银川联络线两部分，采用国铁Ⅰ级技术标准，双线电气化铁路，正线全长942公里，总投资321亿元。其中陕西境内正线长325公里，联络线长23公里，投资142亿元。项目建成后，可满足年货运6000万吨，日发送客车40对的运输能力。该项目于2006年5月开工建设，2010年底建成，2011年1月通车运营。

西安铁路集装箱中心站项目，位于西安国际港务区内，占地面积2058亩，由集装箱作业区、快运作业区、特货装运作业区、整车货物作业区4个部分组成，总投资6.36亿元，是全国18个具有国际先进技术设备和物流功能的集装箱中心站之一。项目建成后，对完善西安铁路枢纽基础装备设施，提高铁路货运发送能力起到重要作用，近期每年将实现集装箱总运量1724万吨，快运行包总运量82万吨，特货小汽车总运量18万台，整车总运量350万吨。项目于2008年9月开工建设，2010年7月建成投用。

十天高速安康至汉中段，是福州至银川国家高速公路横向联络线的组成部分，联系了安康、汉中两大区域中心城市和包茂、京昆两条国家高速公路，是陕南地区的公路运输大动脉。起自安康市汉滨区建民镇，向西由尹家营至贾贾沟段与包茂高速公路共线12公里后，经恒口镇、汉阴县、石泉县、西乡县止于汉中市城固县上元观镇，与京昆高速公路相接，全长188公里，采用双向四车道高速公路标准，设计速度80公里/小时—100公里/小时，总投资137.7亿元。项目于2008年12月开工建设，2010年12月建成通车。

潼关至临潼高速公路改扩建项目。该项目是国家高速公路网规划连（云港）霍（尔果斯）线的重要组成部分。它的建设对提高公路通行能力和服务水平，节约土地资源，促进沿线地区资源开发和经济社会发展具有重要意义。路线起自潼关西北村（豫陕界），止于终点临潼（靳家），全长116公里，其中，新建渭南过境段16公里，利用既有高速公里改扩建100公里，采用双向八车道高速公路标准，总投资67.4亿元。项目于2008年11月开工建设，2010年11月建成通车。

鲁能靖边风力发电场项目，位于榆林市靖边县席麻湾乡，分两期实施，一期工程共建设38台1.25兆瓦风电机组，总装机容量47.5兆瓦，投资4.88亿元；二期建设33台1.5兆瓦的机组，全部建成后总装机量达到97兆瓦。两期工程全部投运后，每年可向电网提供9000万千瓦时的清洁电能，每年可节省发电用煤4.5万吨，减少二氧化碳排放8.97万吨、二氧化硫排放2700吨。一期工程于2009年7月开工建设，2010年底建成。

宝鸡至汉中天然气输气管道。该项目北起宝鸡市眉县，途径岐山、太白、留坝，南至汉中市汉台区，全长227.68公里，气源主要来自中石油长庆油田，经靖西、咸宝管线进入宝汉管线，设计近期年输气能力1.855亿立方米，远期将达3.431亿立方米，总投资5.365亿元。项目建成通气后，可调整汉中等陕南地区的用气结构，保护环境质量，改善南水北调中线工程主要水源地的生态环境，提高管道沿线主要城市居民的生活质量，促进地方经济社会发展。项目于2008年10月开工建设，2010年3月建成通气。

大型透平装置成套产业能力提升与优化项目。西安陕鼓动力股份有限公司是陕西鼓风机（集团）公司的控股公司，成立于1999年6月，拥有国家93年首批认定的国家级技术中心和国家人事部批准的博士后科研工作站，主导产品轴流压缩机和能量回收透平装置属高效节能环保产品，并相继获得“中国名牌”。该项目位于西安市临潼区，改造原有生产厂房和公用设施，新建110千伏安降压站4113平方米，引进五轴联动叶片铣床、数控龙门铣床、数控落地镗床、五轴联动加工中心等31台进口设备，添置数控立式车床数控卧式镗铣床、真空双室油淬炉、立式真空粹炉、试验站工艺系统等104台国产设备，总投资9.99亿元。项目建成达产后，年产各类透平压缩机140

套/5600吨的生产能力。项目于2008年1月开工建设，2010年12月建成投产。

陕汽集团10万辆微型车项目。陕西汽车集团有限责任公司在生产规模、研发水平、市场营销和零部件生产制造等方面均处于行业的领先地位，产品有重型军用越野车、重型卡车、大中型客车（底盘）、中轻型卡车、重型车桥、康明斯发动机及汽车零部件等，“陕汽牌”载货汽车和“汉德牌”车桥总成分别荣获“中国名牌产品”和“中国驰名商标”称号。该项目位于宝鸡市高新技术产业开发区，新建冲压、焊接、涂装、总装四大工艺车间等，建筑面积14.9万平方米，新增工艺设备448台（套），总投资15.4亿元。项目建成达产后，年产10万辆微型车。项目于2009年6月开工建设，2010年9月建成投产。

青海省

【经济与社会发展】 2010年，青海省全年实现GDP 1350.43亿元，按可比价格计算，比上年增长15.3%，是近30年来最高增速。分产业看，第一产业增加值134.92亿元，增长5.9%；第二产业增加值744.63亿元，增长19.3%；第三产业增加值470.88亿元，增长12.1%。第一、第二和第三产业对生产总值的贡献率分别为3.4%、65.8%和30.8%，拉动生产总值增长0.5个、10.1个和4.7个百分点。三次产业结构由2009年的9.9∶53.2∶36.9转变为2010年的10.0∶55.1∶34.9。

全年全省财政一般预算收入204.97亿元，比上年增长23.1%。其中，地方一般预算收入110.21亿元，增长25.6%；中央一般预算收入94.75亿元，增长20.4%。全年财政一般预算支出743.40亿元，增长52.7%。其中，社会保障与就业支出189.71亿元，增长1.5倍；教育支出82.39亿元，增长33.3%；医疗卫生支出38.86亿元，增长23.4%；环境保护支出36.44亿元，增长25.7%；农业支出28.85亿元，增长21.8%；文化体育与传媒支出11.51亿元，增长20.2%；科学技术支出4.09亿元，增长47.0%；城乡社区事务支出30.29亿元，增长31.5%；一般公共服务支出55.20亿元，增长18.9%。

全省居民消费价格总水平比上年上涨5.4%。城镇居民消费价格上涨5.1%，农村居民消费价格上涨5.8%。

全年农作物总播种面积516.32千公顷（774.48万亩），比上年增加2.26千公顷（3.39万亩），增长0.4%。全年粮食产量102.03万吨，比上年下降0.7%；油料产量36.91万吨，比上年增长0.9%；蔬菜产量134.43万吨，比上年增长13.1%。全年全省育活仔畜720.85万头（只），比上年增长2.6%。

全年全省全部工业增加值613.65亿元，比上年增长19.3%。规模以上工业增加值571.76亿元，比上年增长20.6%。全社会建筑业增加值130.98亿元，比上年增长19.4%。

全年全社会固定资产投资1068.73亿元，比上年增长33.5%。全年全社会消费品零售总额346.03亿元，比上年增长16.9%。全年进出口总额7.89亿美元，比上年增长34.7%。

全年交通运输、邮政业增加值61.26亿元，比上年增长9.7%。年末全省铁路营运里程达1651公里；公路通车里程62185公里，比上年末增加2049公里，其中高速公路里程235公里；民航通航里程32602公里，比上年末增加1040公里。邮电业务总量达122.1亿元，比上年增长36.0%。

全年接待国内外旅游人数1226.2万人次，比上年增长10.6%。年末金融机构人民币各项存款余额2319.64亿元，比上年末增长29.9%，全年保险公司保费收入25.7亿元，比上年增长41.1%，

全年全省学龄儿童入学率99.6%，比上年提高0.1个百分点；普通初中毛入学率103.6%，提高3.2个百分点。全年研究生招生比上年增长15.4%，在校研究生比上年增长17.4%，毕业研究生比上年增长12.6%；普通高等教育院校招生增长1.0%，在校生增长3.2%，毕业生增长2.2%；中等职业教育学校招生下降3.7%，在校生增长3.6%，毕业生增长2.2%；普通中学招生增长0.5%，在校生增长1.4%，毕业生增长0.2%；普通小学招生下降6.5%，在校生下降2.7%，毕业生增长5.7%全年全省取得省部级以上科技成果240项，比上年增加13项。

年末全省共有艺术表演团体17个；文化馆50个，公共图书馆45个，博物馆18个；广播电台4座，中短波广播发射台和转播台9座，广播综合人口覆盖率达到90.0%，比上年提高1.1个百分点；电视综合人口覆盖率达到95.0%，比上年提高0.7个百分点。

年末全省拥有卫生机构1584个，床位数1.98万张。卫生技术人员2.41万人；年末全省优秀运动队2个，优秀运动员299人，比上年末减少3人。

全省常住人口为5626722人。同第五次人口普查2000年11月1日零时的人相比，十年共增加了445162人，增长8.59%。年平均增长率为0.83%。全年城镇居民人均可支配收入13854.99元，比上年增长9.2%。城镇居民人均消费性支出9613.79元，比上年增长9.4%，恩格尔系数为39.4%。全年农牧民人均纯收入3862.68元，比上年增长15.4%，农牧民人均生活消费支出3858.50元，比上年增长19.0%，恩格尔系数为39.6%。

年末参加城镇基本养老保险人数74.43万人，比上年末增长4.3%，参加城镇职工医疗保险人数78.73万人，比上年末增长4.0%，参加城镇居民基本医疗保险人数61.57万人，比上年末增长21.8%；参加农村新型合作医疗的农牧民340.75万人，比上年末增长1.9%，新型农村合作医疗参合率达96.3%，新型农村合作医疗基金累计支出4.56亿元，累计受益272.7万人（次）。城镇参加失业保险人数36.65万人，比上年末增长1.8%。参加城镇工伤保险人数43.23万人，比上年增长7.9%。参加生育保险的人数6.38万人。享受城市最低生活保障的居民22.45万人，享受农村最低生活保障的农牧民38万人。

年末全省森林面积370.01万公顷，森林覆盖率5.23%。全省湿地面积412.6万公顷，占全省总面积的5.7%。当年全省治理水土流失面积13.66千公顷。全年完成环境污染限期治理项目143个，项目总投资6145.52万元，比上年增长53.6%。全年安全生产事故死亡670人，比上年下降1.0%。道路交通事故1206起，死亡576人，比上年下降0.3%。

【投资环境与招商引资】 2010年，青海省政府提出了招商引资工作的两项重要举措。一是建立青海省招商引资工作联席会议制度。由省政府省长担任召集人，有关副省长担任协助召集人，成员由省政府相关部门负责人组成。主要研究审定全省招商引资工作规划及政策，研究确定全省招商引资重大项目和重要经协活动，协调解决重点招商项目实施过程中存在的重大问题，协调落实需要部门之间协调配合的重要事项。二是为加大重大招商项目洽谈、落实过程中一些重大问题的协调力度。促进重大招商项目的尽快落地，提高招商成功率和招商工作效率，建立省领导领衔重大招商项目制

度，除省政府领导外，还邀请省人大、省政协经济领域的领导也参与此项工作。

2010 年全省完成省外投资促进活动 19 项，共组织 580 余人（次）参加了活动，组织开展投资环境说明会、青海省活动日等专题活动 10 项，并组织 30 多家企业的 100 多个品种的地方产品参加了 4 项特装布展。通过开展各种形式的投资促进活动，进一步宣传了青海省情、建设成果、重点投资领域和招商引资项目，共签订招商引资合同类项目 10 项，签约金额 46 亿元人民币。

2010 年利用国外贷款。青海湖流域周边地区生态环境综合治理利用日元贷款项目、西宁防洪及流域管理利用世行贷款项目、青海大学医学院附属医院利用奥地利政府贷款引进医疗设备等项目，均按照年初确定的工作计划顺利实施。全年完成借用国外贷款 6510 万美元。省妇女儿童医院、华源油脂项目已列入国家发改委 2010 年度外国政府贷款备选项目规划，新增贷款 2000 万美元。

2010 年外商直接投资。全省利用外商投资 1.3 亿美元。其中新批准外商投资项目 17 个，投资总额 61000 美元，合同外资 31700 万美元，新批准注册外商投资企业 17 家，较上年同期注册外商投资企业增加 142.8%，投资总额 5.36 亿美元，利用外资 1.3 亿美元。外商投资主要来自瑞士、比利时、美国、波兰、日本、维尔京群岛、中国香港等国家和地区。项目涉及农畜产品加工、专业数控机床设备涉及、研发、制造、铝电解电容器用化成箔生产、销售、天然气液化及焦炭生产和中藏药研发等领域。

【经济技术协作与对口支援】 “中国青海绿色经济投资贸易洽谈会”是青海省最大的一项经济技术协作活动，已经成为青海对外开放和加快经济发展的重要平台，已经成为中外客商和各界朋友认识青海、了解青海、参与青海开发建设的重要窗口。从 2000 年到 2010 年“中国青海绿色经济投资贸易洽谈会”已成功举办了 11 届，经过十多年的精心打造，加之青海经济持续快速发展，商机极多，“青洽会”已成为西部重要的经贸盛会。

2010 年“青洽会”，青海各地区、各有关部门共签订合作项目 116 个，总投资额 746 亿元。截至 2010 年底，已开工建设的项目 66 个，正在开展前期工作的 48 个，到位资金 201 亿元。2009 年，青海以“青洽会”为契机，邀请了 32 家央企，考察调研，谋求合作。通过广泛交流协商，有 26 家央企与青海省签订战略投资合作协议，涉及具体项目 80 个，总投资额达 1230 亿元，投资期跨“十二五”，范围包括优势资源开发、基础设施建设、文化旅游等重点领域和新能源、新材料、化工、有色金属等特色优势产业。截至 2010 年底，有 10 家央企的 11 个项目开工建设，17 家央企的 40 个项目开展前期工作，当年到位资金 35.7 亿元，29 个项目在积极推进。

2010 年对口支援青海省藏区工作：一是建立健全组织机构及工作机制。成立了青海省对口支援工作领导小组，领导小组办公室设在省发展改革委，负责日常工作。落实了办事机构，根据对口支援工作需要，在省委组织部增设了“干部五处”，在省发改委增设了“对口支援处”，具体负责相关工作。藏区六州及各县（市、行委）也相应组建了对口支援工作领导小组及办事机构。二是明确援青对口关系并落实援青干部选派工作。7 月国家机关部门 102 名援青干部全部到青开展工作。三是加快编制对口援青规划。为充分发挥规划在对口援青和促进藏区经济社会发展等方面的统领作用，省发展改革委组织藏区六州编制完成了本地区对口支援建设、人才培训与交流、经济技术协作五年规划草案。省委组织部组织编制了《青海省依托对口支援开展干部挂职锻炼、教育培训及人才智力交流引进工作规划（2010—2013 年）》。四是加强与支援方沟通衔接。省委、省政府主要领导带队，主动拜访了北京市和 11 个中央国家部门、5 家中央企业，沟通协商对口支援事宜；与工业和信息化部、国家开发银行等 21 个国家部门和单位以签署合作备忘录、形成会议纪要、下发贯彻落实意见等形式，细化了支持青海藏区政策措施。并援受双方建立高层联席会议制度。五是全力抓好资金项目落实。在各方面共同努力下，对口援青工作取得初步成效。各部委、央企也都从自身特点和优势出发，加强对援助县乃至全州、全省的政策、项目、资金、物资、智力等方面支持，积极开展捐助帮扶活动，2010年共落实资金5500万元，13项涉及社会事业、产业发展等领域工程全面开工建设。

【“十二五”规划】 总体目标。全省综合经济实力上一个大台阶，基础设施不断完善，结构调整取得明显成效，现代特色产业体系基本形成，城市化进程稳步推进，科技支撑能力不断提升，自我发展和可持续发展能力显著增强；人民生活水平上一个大台阶，社会事业全面进步，基本公共服务均等化水平显著提高，扶贫开发取得重要进展，民生保障能力不断增强，同步实现全面小康目标的基础更加坚实；生态环境保护和建设上一个大台阶，建成国家重要的生态安全屏障和高原生态旅游名省，生态环境保护和建设成效更加显著；社会管理水平上一个大台阶，社会管理格局进一步完善，公共安全和社会治安保障能力进一步提升，成为全国民族团结进步的典范，社会更加和谐稳定。经过五年的努力，实现地区生产总值和财政收入翻一番以上，城乡居民收入大幅增加，人均经济总量、人均投资强度、城乡一体化、基本公共服务、绿色发展、生态保护与建设等六个方面走在西部前列。

主要目标。全省生产总值年均增长12%，财政一般预算收入年均增长15%，五年累计全社会固定资产投资达到9000亿元。城镇登记失业率控制在5%以内，五年新增城镇就业25万人，五年累计转移农村劳动力500万人次。城乡居民收入大幅提高，年均分别增长10%和12%，收入差距比由3.6:1缩小到3.3:1。社会保障制度覆盖城乡全体居民，全面解决城乡困难群众住房问题，加快发展各项社会事业，着力推进基本公共服务均等化。保持价格总水平基本稳定。

【重点项目介绍】 2010年，青海省面对玉树强烈地震的突如其来和宏观经济的复杂多变，坚持一手抓抗震救灾和灾后重建，一手抓投资和重大项目建设，确保经济平稳较快发展，重点项目建设快速推进支撑作用进一步增强。

全年62项重点项目，完成年度投资345.15亿元，同比增长48.7%，超额完成年度目标任务35.9亿元，占全社会固定资产比重达32.3%，其中，续建项目累计完成投资249.01亿元，新开工项目完成投资96.14亿元，为近年来重点项目完成最好的一年。拉西瓦、积石峡等水电站建成投产，格尔木大型光伏电站并网投运，西宁西过境高速公路建成通车，兰新铁路第二双线、西格段增建二线、青藏交直流联网工程等23项重点基础设施项目加快实施，金属镁一体化、锂电池正极材料、高精铝板带等28项重点工业项目加快推进，为支撑长远发展增添了后劲。

宁夏回族自治区

【经济与社会发展】　2010年，宁夏回族自治区全年实现GDP 1643.41亿元，比上年增长13.4%。其中，第一产业完成增加值160.28亿元，增长7.0%；第二产业完成增加值833.16亿元，增长16.0%；第三产业完成增加值649.97亿元，增长11.6%。三次产业增加值构成由2009年的9.4∶48.9∶41.7调整为2010年的9.8∶50.7∶39.5。人均GDP 25760元，增长18.3%。全年完成固定资产投资1464.70亿元，增长30.9%。

农业和农村经济继续保持稳定增长。全年实现农林牧渔业总产值305.6亿元，同比增长7.8%。粮食总产量达到356.5万吨，增长4.6%。农业区域优势特色产业基本形成，优势特色产业产值占农业总产值的比重达到82%，主产区农民收入的40%来源于优势特色产业。全年新增设施农业21.3万亩，蔬菜、枸杞、西甜瓜、苹果、葡萄、红枣产量分别达到407.4万吨、6.9万吨、162.9万吨、35.4万吨、13.8万吨、5.7万吨，增长15.1%、9.1%、12.5%、8.2%、18.8%、38.0%。畜牧业持续稳定发展，全年肉类总产量25.9万吨，禽蛋产量7.1万吨，牛奶产量84.6万吨。渔业持续较快发展，水产品产量9.0万吨，增长10.0%。全年新增节水灌溉面积79.4万亩。全年新建移民住房31.9万平方米，定居移民4万人；建成中小型集中供水工程32处，解决了35万农村人口的饮水安全问题；改造农村危房3.37万户，整治旧村433个5.98万户，新建村庄40个4860户；建农村户用沼气3000户，联户沼气190处，养殖场大型沼气工程60处。转移输出农村劳动力80万人，实现年劳务收入超过30亿元。

生态环境进一步得到改善。全年完成造林面积94.9千公顷，其中，经济林25.2千公顷。年末实有封山育林面积233.7千公顷。治理水土流失面积1008.7平方公里。2006—2010年治理恢复18座矿山地质环境，治理面积4.437万亩。

工业生产快速回升。全年完成工业增加值648.53亿元，增长14.4%。规模以上工业实现增加值552.89亿元，增长16.8%。其中重工业增加值470.51亿元，增长18.2%；轻工业增加值82.38亿元，增长9.8%。规模以上工业企业实现销售产值1860.24亿元，增长36.3%，工业产品销售率为96.69%。全年规模以上工业企业盈亏相抵后实现利润125.66亿元，比上年增长60.8%。工业经济效益综合指数247.03，提高50.61点。全年完成建筑业增加值184.63亿元，增长22.9%。房屋建筑施工面积2596.93万平方米，增长22.9%；房屋建筑竣工面积1047.67万平方米，增长10.5%；全员劳动生产率14.79万元/人，增长16.9%。

全年完成财政一般预算总收入286.83亿元，比上年增长34.3%。其中，地方财政一般预算收入153.64亿元，增长37.8%。地方财政一般预算支出555.87亿元，增长29.9%。其中一般公共服务支出增长28.2%；公共安全支出增长32.5%；农林水事务支出增长29.3%；社会保障和就业支出增长6.7%；医疗卫生支出增长54.4%；环境保护支出增长36.7%；城乡社区事务支出增长55.2%。

全年实现社会消费品零售总额403.59亿元，增长19.0%，扣除价格因素实际增长15.3%。其中，城镇消费品零售额366.30亿元，增长19.7%；乡村消费品零售额37.29亿元，增长12.4%。实现进出口总额19.60亿美元，比上年增长63.2%，其中，出口总额11.70亿美元，增长57.5%；进口总额7.90亿美元，增长72.3%，对外贸易累计实现顺差3.8亿美元。全年接待国内外游客达到1020.6万人次，实现旅游总收入67.8亿元，分别比上年增长12.1%和26.9%。

全年金融机构本外币各项存款余额2586.66亿元，比年初增加519.03亿元，同比多增47.98亿元。金融机构人民币各项存款余额2573.64亿元，增长25.0%，比年初增加515.94亿元，多增47.21亿元。年末金融机构本外币各项贷款余额2419.89亿元，比年初增加491.37亿元，同比少增23.89亿元。金融机构人民币各项贷款余额2398.70亿元，增长25.1%，比年初增加481.49亿元，同比少增34.16亿元。

年末上市公司12家，总股本31.74亿股，总市值535.67亿元，比上年增长35.6%。其中，流通市值471.89亿元，增长33.0%。有21家证券公司分支机构。全年证券交易额1469.08亿元，下降10.2%。

交通运输能力继续提高。年末铁路通车里程1032公里，公路通车里程达到22518公里，增长3.3%。其中高速公路里程1159公里，比上年增长13.4%。全年各种运输方式完成货物周转量845.9亿吨公里，增长10.7%；完成旅客周转量116.38亿人公里，增长11.4%。机场旅客吞吐量301.25万人，增长30.6%。

人民生活继续改善。全年城镇居民人均可支配收入15344元，比上年增加1320元，增长9.4%；人均消费性支出11334元，增长10.3%；城镇居民家庭恩格尔系数33.2%，比上年下降0.14个百分点。城镇居民人均住房建筑面积29.1平方米，比上年增加0.4平方米。全年农民人均纯收入4674.89元，比上年增加626.6元，增长15.5%。农民人均生活消费支出4013.2元，增长19.9%，农村居民家庭恩格尔系数为38.4%，比上年下降3.3个百分点。农村居民人均住房面积25.7平方米，比上年增加1.2平方米。新增城镇就业6.89万人，城镇登记失业率控制在4.4%以内，低于国家调控目标0.25个百分点。

社会保障体系不断健全。年末参加基本养老保险人数为107.7万人，比上年增长16.1%。离退休人员养老金社会化发放率继续保持在100%。参加失业保险人数55.7万人，增长16.1%。参加基本医疗保险人数为177.94万人，比上年增长4.2%。年末，享受低保救济的困难群众达53.82万人，其中，城镇20.63万人，农村33.19万人。宁夏老年福利服务中心加紧建设，开工建设银川市儿童福利院，建设吴忠市、青铜峡市流浪未成年人救助保护设施，建设5个社区服务站，为社会和谐稳定提供了有效支持。年末各类收养性社会福利单位床位数、城镇社区服务设施数分别达到1.1万张、1859个，分别比上年增长

32.5%、7.9%。

全年共获得自治区级以上科技成果167项，受理专利申请739件，授权专利1081件。拥有国家级工程研究中心3个，自治区级工程研究中心24个，国家重点实验室1个，省部共建国家重点实验室培育基地3个，自治区级重点实验室15个；国家级企业（集团）技术中心9个，自治区级企业（集团）技术中心40个。

年末各级各类学校2796所，教职工8.43万人。其中，各类普通高校15所，招生数2.64万人，在校生8.34万人，毕业生2.0万人。其中，研究生招生1178人，在校研究生3209人，毕业研究生795人。中等职业教育学校36所，招生4.25万人，在校生10.19万人，毕业生2.85万人。普通中学337所，普通高中招生4.74万人，在校生14.24万人，毕业生4.49万人；普通初中招生10.38万人，在校生30.68万人，毕业生8.48万人。小学2027所，招生10.13万人，学龄儿童入学率99.86%，在校生65.37万人，毕业生10.97万人。特殊学校7所，特殊教育招生242人，在校生1516人。幼儿园373所，在园幼儿13.79万人。实施中小学校舍安全工程、农村初中改造工程和特殊教育学校建设工程，建设固原一中、青铜峡一中、贺兰月亮湖高级中学、永宁中学等标准化高中，基本建成宁夏职业教育实验实训基地、宁夏职业技术学院新校区、银川市职教中心、石嘴山市职教中心，580多所农村和城市薄弱学校的办学条件得到了有效改善，有效缓解了“大班额”、“大通铺”现象。开工建设宁夏财经学院、宁夏艺术学校新校区，实施3所中等职业学校基础能力建设工程，启动宁夏大学“211工程”三期重点学科建设，开工建设宁夏大学科技综合楼、宁夏医科大学动物实验中心。

年末共有各类艺术表演团体46个，公共图书馆20个，文化馆24个，博物馆6个。广播综合人口覆盖率92.9%；电视综合人口覆盖率98.2%。有线广播电视用户70.57万户。全年地方出版报纸15种，出版量9400万份；出版杂志36种，出版量1331.7万册；出版图书1100种，出版量2123万册。

年末拥有卫生机构1585个，床位23659张；卫生技术人员29746人，其中执业医师、执业助理医师12084人，注册护师、护士10308人。疾病预防控制中心25个，卫生工作人员1123人；妇幼保健机构22个，卫生工作人员1532人。卫生院233个，卫生工作人员3275人。自治区有22个县（市）开展新型农村合作医疗工作，参加农民人数372万人，参合率95.8%，比上年提高1.2个百分点。人口计生工作取得新成效。全年出生人口8.83万人，人口出生率为14.14‰，比上年下降0.24个千分点。年末总人口630万人，人口自然增长率9.04‰，比上年下降0.64个千分点。

全年举办青少年单项比赛12项，举办大型全民健身活动13次，参加活动的人数总计19万人。全区运动员在世界比赛中取得金牌9枚、银牌1枚、铜牌2枚；在全国比赛中取得金牌17枚、银牌19枚、铜牌22枚；全年有47人达国家一级运动员等级标准，240人达国家二级运动员等级标准，72人获得国家一级裁判员等级称号。

【投资环境与招商引资】 全年招商引资引进实施项目987个，实际到位资金898.87亿元，增长39.1%。引进世界500强企业4家，国内500强企业14家。优势特色产业成为招商引资的主要领域，能源化工、新材料、制造业、旅游服务业四类项目引进资金833.6亿元，占到位资金总数的92.7%。

成功举办了2010中国（宁夏）国际投资贸易洽谈会暨首届中国·阿拉伯国家经贸论坛，共有66个国家、地区和国际机构，24个中央部委、31个省、市、自治区、特别行政区，923家国内外企业，8000余人参会参展，共签订合作项目190个，总投资额为2035.63亿元。同时举办了“房车节”、“文博会”、“园博会”等特色展会，积极参加了西洽会、兰洽会、津洽会、昆交会、哈洽会、乌洽会、西博会、东北亚博览会、东盟博览会等区外大型经贸投资洽谈会，有针对性地召开经贸合作推介会，在上海、广东、北京、山东、吉林、山西、福建等国内7个重点招商区域开展经贸合作推介专题活动，广泛宣传宁夏，抢抓承接东部产业转移机遇，共签约项目74个，总投资974.95亿元。

银川市各县市（区）举办了第二届中国（宁夏）园艺博览会等特色鲜明的经贸洽谈会或研讨会，石嘴山市举办了“石嘴山市成立五十周年经贸洽谈会”，吴忠市高标准承办了第三届中国（宁夏）回商大会，固原市举办了六盘山山花旅游节，中卫市举办了第二届中卫枸杞硒砂瓜节等节会。区市县（区）各级领导带队赴区外开展招商活动超过226批次，考察企业集团500余家，促使东部沿海三大经济板块省市来宁投资项目明显增加，主要是环渤海经济圈、西部周边省区、长三角和珠三角经济圈等省市投资项目及到位资金增速明显加快。

全年实际利用外资2亿美元，同比增长40.8%，其中，吸收外商直接投资0.81亿美元，增长15.8%；借用国外贷款1.19亿美元，增长65.4%。2010年中外合资企业实际到资6284万美元，同比增长90%。新批外商直接投资项目25个，比上年同期多11个，合同外资金额2.84亿美元，同比增长171%。外资主要投向特色农产品加工、能源、化工、房地产等领域。香港地区依然是宁夏外商直接投资主要来源地，2010年新批外商投资项目中香港投资项目17个，占项目总数的68%，合同外资2.57亿美元，占合同利用外资总数的90%。实际到资0.63亿美元，占实际使用外资额的78%。

【经济技术协作与对口支援】 2010年8月，在福建省福州市召开了闽宁互学互助对口扶贫协作第十四次联席会议。全年福建省无偿援助宁夏资金7445.7万元，其中：省级2100万元（重点实施7大项目，覆盖宁夏中南部10个市县区近5万农户），对口帮扶市县5345.7万元（其中捐款及物资折款2174.7万元）。

市县结对帮扶力度进一步加大。对口帮扶市县共投入资金5345.7万元，落实对口帮扶项目140多个。其中仓山区投入611.2万元，连江县援助276.3万元，厦门市湖里区与同安区援助640.6万元，厦门市翔安区投入584.2万元，南安市援助920万元，丰泽区援助原州区821万元，南靖县投资480万元，涵江区投资293万元。

部门协作深入开展。挂职干部为帮扶市县争取资金708万元，帮助引进投资项目13个，协议资金11.57亿元，到位资金3.67亿元。积极为宁夏培训各类专业技术人才1398名。干部挂职交流46人次，技术人才交流191人次；干部培训5期71人，管理人员培训26人。福建省社会各界为宁夏山区捐建学校22所，救助贫困学生4503名，促进了贫困地区教育事业的发展。宁夏向福建输送劳务人员2.38万人，劳务收入2.7亿元，增加了宁夏贫困地区农民收入。

企业协作创佳绩。2010年，福建又有8家企业在宁夏投资置业，总投资达4.76亿元。福建在宁企业总计完成项目投资18.76亿元。其中，福建华林蔬菜基地有限公司投资2.5亿元在西吉县建设的农业综合开发项目已完成投资6000万元，宁夏爱德华投资有限公司投资1亿多元在银川建设了一座现代化妇产医院，宁夏卓和信新型塑业有限公司在贺兰德胜工业园区投资2500多万元建设了年产1万吨的塑管生产线，宁夏新金泰实业有限公司等一批房地产开发、农产品深加工、服务业项目也纷纷落户宁夏。

【“十二五”规划】 到2015年，全区地区生产总值达到2900亿元（2010年价格），年均增长12%左右。人均GDP将达到10000美元以上，年均增长达到12.3%。全社会固定资产投资五年累计达到1.5万亿元，年均增长25%左右。地方财政一般预算收入达到310亿元，年均增长15%。城镇化率达到55%。三次产业结构比例达到6:53:41。城镇居民可支配收入达到27000元，农村居民人均纯收入达到8200元，城乡居民收入年均分别增长12%，与经济增长保持同步。

【重点项目介绍】 2010年，列入重点建设项目50个，计划投资442.03亿元，实际完成投资445.11亿元，超计划3.08亿元。重点项目建设进展顺利，投资完成情况良好；各大类、行业投资完成率差幅较上年缩小，进展更为均衡。

农林水利及生态移民项目。全年完成投资29.29亿元，占年度计划的99.43%，基本完成年度投资目标任务。盐环定扬黄续建工程：项目保障14.62万亩农田灌溉用水，解决18.19万人、0.42万头大家畜、76.62万羊（猪）的饮水问题，总投资4.39亿元，工期2009—2011年，累计完成投资3.4亿元。固扩11泵站以后人畜饮水及高效节水灌溉工程：解决12.3万人饮水安全问题，新增灌溉面积12.04万亩，总投资2.52亿元，工期2008—2010年，累计完成投资1.71亿元，水源工程全部建成投入使用，节灌工程开发灌溉面积13.78万亩，人畜饮水工程已具备向8万人供水的条件，其中4万多人已受益。引黄灌区续建配套与节水改造工程：砌护改造引黄灌区干支渠，扩整唐徕渠、西干渠，总投资56.8亿元，工期1998—2020年，累计完成投资10.29亿元。中部干旱带高效节水补灌工程：发展高效节水补灌面积115万亩，总投资11.22亿元，工期2009—2012年，累计完成投资4.98亿元，建设完成同心下马关、中卫兴仁2个重点供水工程。宁夏中北部土地开发整理重大工程：开发整理土地337.8万亩，总投资36.61亿元，工期2009—2013年，累计完成投资10.35亿元，土地开发整理75.7万亩。六个百万亩生态经济林工程：造林613.2万亩。总投资31.44亿元，工期2008—2012年，累计完成投资2.79亿元，造林110万亩。巩固退耕还林成果建设项目：补植补造面积255万亩，建设基本口粮田170.82万亩，总投资88.60亿元，工期2008—2015年，累计完成投资16.73亿元。中部干旱带县内生态移民工程：建设安置区42个，开发土地35万亩，搬迁移民20.68万人，总投资28.42亿元，工期2007—2011年，累计完成投资15.73亿元，安置移民12.3万人。

工业项目。全年完成投资254.83亿元，占年度计划的91.36%，完成投资稍显不足。神华宁煤梅花井煤矿：年产原煤1200万吨，总投资34.2亿元，工期2006—2012年，累计完成投资22.08亿元。神华宁煤红柳煤矿：年产原煤800万吨，总投资32.17亿元，工期2007—2011年，累计完成投资18.08亿元。神华宁煤麦垛山煤矿：年产原煤800万吨，总投资27.24亿元，工期2008—2012年，累计完成投资7.13亿元。神华宁煤石槽村煤矿：年产原煤600万吨，总投资16.83亿元，工期2007—2011年，累计完成投资14.65亿元。宝丰集团四股泉煤矿一、二号井：年产原煤180万吨，总投资9.52亿元，工期2009—2010年，项目已建成投产。华电灵武电厂二期工程：建设2×100万千瓦发电机组，总投资76.69亿元，工期2008—2011年，累计完成投资64.72亿元。鲁能鸳鸯湖电厂一期工程：建设2×66万千瓦发电机组，总投资41.24亿元，工期2009—2011年，项目已建成投产。青铜峡铝业自备电厂工程：建设2×30万千瓦发电机组，总投资26.4亿元，工期2008—2010年，累计完成投资24.95亿元。发电集团六盘山电厂热电联产工程：建设2×33万千瓦发电机组，总投资27.6亿元，工期2008—2010年，累计完成投资25.44亿元。国华电力宁东矸石电厂一期工程：建设2×30万千瓦发电机组，总投资28.0亿元，工期2008—2010年，项目已建成投产。京能水洞沟电厂一期工程：建设2×66万千瓦发电机组，总投资45.8亿元，工期2009—2010年，累计完成投资44.5亿元。国电大武口“上大压小”热电联产工程：建设2×33万千瓦发电机组，总投资25.00亿元，工期2008—

2010年，累计完成投资20.68亿元。国家电网公司宁东至华北（山东）直流联网工程：直流线路107公里（宁夏境内）及换流站，外送电力400万千瓦，总投资30.5亿元，工期2008—2010年，累计完成投资16.35亿元，完成直流及换流站建设。神华宁煤60万吨甲醇项目：年产甲醇60万吨，总投资47亿元，工期2008—2011年，累计完成投资43.68亿元。神华宁煤煤基烯烃一期工程：年产煤基烯烃52万吨，总投资169.54亿元，工期2007—2011年，累计完成投资173.43亿元，项目已建成投产。神华宁煤聚甲醛项目：年产聚甲醛6万吨，总投资17亿元，工期2009—2011年，累计完成投资13.96亿元。神华宁煤煤炭间接液化项目：年产油品320万吨，总投资500亿元，工期2010—2015年，累计完成投资2.87亿元。国电英力特能源化工集团120万吨/年煤基多联产项目：年产甲醇60万吨，整体煤气化联合循环发电65MW，总投资37.17亿元，工期2009—2012，累计完成投资9.27亿元。中石油宁夏石化分公司500万吨/年炼油改扩建项目：年加工原油500万吨，总投资70.33亿元，工期2009—2011年，累计完成投资25.44亿元。盛大公司100万吨煤基二甲醚一期项目：年产甲醇50万吨，二甲醚30万吨，总投资25亿元，工期2009—2011，累计完成投资15亿元。捷美丰友合成氨、尿素、甲醇项目：年产合成氨40万吨、尿素70万吨、甲醇20万吨，总投资41.72亿元，工期2009—2011，累计完成投资18.27亿元。国电宁夏太阳能有限公司多晶硅项目一期工程：年产多晶硅5000吨（一期2500吨），总投资30亿元，工期2008—2010，累计完成投资22.06亿元。美利纸业林纸一体化二期工程：年产杨木化机浆20万吨、涂布印刷纸15万吨，总投资18.08亿元，工期2010—2012年，累计完成投资0.52亿元。

交通物流项目。全年完成投资129.24亿元，占年度计划的133%，超计划32.74亿元，其中有8个项目超额完成年度计划目标任务，投资完成最好。福州至银川公路同心至沿川子段：建设高速公路180公里，总投资56.31亿元，工期2003—2011年，累计完成投资48.25亿元。定边至武威公路孟家湾至营盘水段：建设高速公路60公里，总投资14.53亿元，工期2009—2011年，累计完成投资7.2亿元。吴忠黄河大桥：建设一级公路8.5公里，总投资4.47亿元，工期2008—2012年，累计完成投资4.4亿元。石嘴山至银川公路：建设高速公路56公里，总投资19.36亿元，工期2009—2011年，累计完成投资5亿元。国道211线灵武至甜水堡段及古窑子至青铜峡联络线公路，建设高速公路152公里、一级公路7公里、二级公路43公里，总投资61.16亿元，工期2009—2012年，累计完成投资15亿元。青岛至兰州公路东山坡至毛家沟段：建设高速公路48公里，总投资40亿元，工期2009—2014年，累计完成投资0.5亿元。

民生和社会事业项目，全年完成投资31.76亿元，占年度计划的85.48%，完成投资情况相对较差。宁夏职业教育实验实训基地项目：建筑面积22万平方米，总投资6.60亿元，工期2008—2012年，累计完成投资5.31亿元。宁夏职业技术学院新校区一期工程，建设面积15.5万平方米，总投资6亿元，工期2008—2010年，累计完成投资5.48亿元。宁夏大剧院：建筑面积4.96万平方米，总投资4.50亿元，工期2009—2011年，累计完成投资1.69亿元。贺兰山体育场：建筑面积6.6万平方米，总投资4.97亿元，工期2009—2010年，累计完成投资4.78亿元。廉租住房建设项目：建设廉租房1.35万套67.6万平方米，总投资10.65亿元，工期2010—2011年，累计完成投资5.63亿元。煤矿棚户区改造项目：建设住宅及配套设施345.4万平方米，总投资50.56亿元，工期2008—2011年，累计完成投资35.62亿元。

【老工业基地振兴】　石嘴山市是国家确定的资源枯竭型城市经济转型试点城市。石嘴山市继续推进经济转型，以抓转型、重民生为主线，以项目建设为抓手，着力推动产业结构优化升级，加强以改善民生为重点的社会事业建设，以转型促发展，逐步走出了一条符合石嘴山市实际的转型之路。2010年，全市完成地区生产总值290亿元，增幅13%，第一、第二、第三产业分别增长7%、14%和11.5%；完成地方财政收入32.66亿元；完成全社会固定资产投资270亿元，实现社会消费品零售总额62亿元；城镇居民人均可支配收入和农民人均纯收入达到15380元和5845元，分别增长9%和10%；金融机构存贷款余额分别达到377.5亿元和289.3亿元，增长39.5%和31.4%；万元GDP综合能耗下降5.2%；社会各项事业全面发展，居民幸福指数全区第一。平罗县进入首届中国西部最具投资潜力100个县。

投资2亿多元完善宁夏石嘴山陆港经济区、宁夏精细化工基地、石嘴山生态经济区等园区的基础设施，促进结构调整，带动产业优化升级。西线高速石嘴山段、滨河大道、301省道改建等重点道路基本建成通车，城市交通管理受到公安部、住房和城乡建设部嘉奖。继续以蓄水、植绿、治污为重点，实施了火车站站前广场、滨河大道水系、浴山潭二期、平罗天河湾等水系和绿化项目，完成造林13.19万亩，新增城市绿地7.6万平方米，石嘴山市被列为“国家森林城市”备选市。超额完成节能减排各项约束性指标，“数字环保”工程走在全区前列，城市区空气质量好于国家二级天数达到320天。

新疆维吾尔自治区

【经济与社会发展】 2010年，新疆维吾尔自治区实现GDP 5418.81亿元，“十一五”期间年均增长10.6%；2010年人均GDP 24978元，以当年平均汇率折算，达到3690美元；人民生活水平逐年提高，城镇居民人均可支配收入和农民人均纯收入分别达到13644元和4643元，“十一五”期间年均增长11.3%和13.3%；产业结构不断调整优化，第一产业、第二产业、第三产业占生产总值的比重为19.9∶46.8∶33.3；价格总水平基本稳定，2010年全区居民消费价格同比上涨4.3%。

基础设施建设成就显著。2010年全社会固定资产投资完成3539亿元，“十一五”期间全社会固定资产投资累计达12000亿元，年均增长21.2%。一大批水利、能源、通信等重大基础设施项目建成投产，为新疆经济社会持续发展奠定了坚实基础。水利工程实施了塔里木河流域近期综合治理、节水灌溉、病险水库除险加固等重点工程建设，为改善生态环境、保持水土平衡和农业生产的持续增长发挥了重要作用。电力建设进一步加强，全区基本形成以220千伏骨干电网为主体的输、配电网络，建成4条750千伏输电线路并实现与西北电网联网，发电装机容量达1600万千瓦。邮电通信业快速发展，基本形成程控交换、光纤通信、数字微波、卫星通信、移动通信等完整的现代化通信体系，全区现有固定电话用户547.5万户、移动电话用户1359.8万户、互联网用户161.1万户。

农牧业综合生产能力不断提高。2010年农林牧渔业总产值1846亿元，“十一五”期间年均增长6.5%，农业生产力水平大幅提高。以高效节水为中心的农田水利基本建设加快推进，高效节水农田面积达1400万亩。农业机械化水平位居全国前列，机耕、机播、机收率均高于全国平均水平。粮食、棉花、林果、畜牧四大基地建设成效显著。粮食总产量1171万吨，确保了粮食“区内平衡、略有节余”。棉花产量248万吨，占全国棉花总产量的41.5%，总产、单产、播种面积、收购量已连续17年位居全国第一。现代畜牧业不断发展，肉、奶产量分别达到122万吨和129万吨。以南疆环塔里木盆地为重要基地的特色林果种植面积突破1700万亩，果品产量1029万吨。啤酒花、番茄、枸杞、香梨、石榴、核桃、红枣等特色农产品享誉国内外，其中番茄酱出口量占国际贸易量的1/4，啤酒花、枸杞产量分别占全国的70%以上和50%以上。新疆已成为全国最主要的商品棉、啤酒花和番茄酱生产基地和全国重要的畜产品、甜菜及瓜果生产基地。

新型工业化进程加快。优势资源转换战略深入推进，形成了以石油开采、石油化工为主导，以纺织、钢铁、建材、食品为支柱，包括有色金属、煤炭、电力、机械、化工等行业，门类比较齐全、具有一定规模、适合新疆区情的现代工业体系。众多国内知名大企业大集团积极参与新疆资源开发，一大批工业项目正在加紧建设。石油天然气勘探开发及化工产业已成为新疆最具特色的支柱产业之一，成为我国最重要的石油天然气生产和石油化工基地之一。煤炭开发步伐加快，一批大型煤矿、煤电、现代煤化工项目开工建设，新疆已列为国家第14个大型煤炭基地，显现出广阔的发展前景。有色金属、非金属等矿产资源开发力度不断加大，建成了全国最大的钾盐生产基地。新能源及新材料产业发展迅猛，风能利用水平和装备制造能力均居我国前列，高纯铝、电子铝箔产品分别占国内市场的80%和70%，是全国重要的电子新材料生产基地之一。农副产品加工产业初步形成了北疆以农产品与畜产品为主、南疆以特色林果产品为主的格局。现代企业制度逐步建立和完善，企业规模不断扩大，经营水平不断提高。目前新疆上市公司已达37家，居西北五省区之首。2010年全区工业增加值2105亿元，“十一五”期间年均增长12.1%。2010年原煤产量9927万吨，原油产量2558万吨，天然气产量250亿立方米，原油加工量2190万吨，发电量679亿千瓦时，乙烯119万吨，钢材892万吨，水泥2401万吨，纱42万吨。

旅游业蓬勃发展。新疆具有丰富的自然旅游资源和人文旅游资源。气候生态多样，自然景观神奇独特，冰峰与火洲相望，沙漠与绿洲为邻。文化积淀厚重，民族风情浓郁，名胜古迹众多，开发潜力巨大。按照《中国旅游资源普查规范》的资源分类，在中国旅游资源六大类68种基本类型中新疆至少拥有56种，占80%以上。全区现有各类已开发旅游景区（点）近500处，著名的自然风景有天池、喀纳斯湖、那拉提草原、博斯腾湖、赛里木湖、巴音布鲁克草原等。人文旅游资源也十分丰富，在5000多公里古丝绸之路的南、北、中三条干线上有着数以百计的古城池、古墓葬、千佛洞、古屯田遗址等人文景观，交河故城、高昌故城、楼兰遗址、克孜尔千佛洞、香妃墓等蜚声中外，记录了中西文化交汇的历史，展示出古老新疆辉煌的文化画卷。2010年，新疆共接待国内旅游人数3037.8万人次，实现收入281亿元，分别增长44.8%和59.1%；接待国际旅游人数106.5万人次，创汇3.68亿美元，分别增长43.5%和40.8%，均创历史最高水平。

【投资环境与招商引资】 新疆已初步形成了沿边、沿桥（第二座亚欧大陆桥）和沿交通干线向国际、国内拓展的全方位、多层次、宽领域的对外开放格局。新疆现有一类口岸17个、二类口岸12个，是全国拥有口岸数量最多的省区之一。有3个国家级开发区（乌鲁木齐经济技术开发区、乌鲁木齐高新技术产业开发区、石河子经济技术开发区）、3个边境经济合作区（伊宁边境经济合作区、塔城边境经济合作区、博乐边境经济合作区）、1个出口加工区以及中哈两国跨境经济贸易和投资合作区（中哈霍尔果斯国际边境合作中心），最近国家还批准成立了阿拉山口综合保税区，同160多个国家和地区建立了经贸关系。开展了跨境贸易人民币结算试点，建立新疆与中亚国家和俄罗斯的人民币跨境结算和清算渠道。2010年进出口总额171.3亿美元，“十一五”期间年均增长16.6%；对中亚国家及俄罗斯进出口额占进出口总额比重的80%以上。外商直接投资2.37亿美元，增长10.1%。自1992年起，已成功举办19届乌鲁木齐对外经济贸易洽谈会，已成为中国西部及周边国家颇具影响的经贸盛会。

在加快经济发展的同时，新疆坚持保护与建设并举，努力改善生态环境。实施了天然林保护、平原绿化、荒漠植被保护和塔里木盆地、准噶尔盆地周边沙漠化治理、“三北”四期防护林等重点生态工程，生态环境和人居环境状况继续得到改善。目前，全区共有各类级自然保护区 34 个，总面积 22.6 万平方公里，占全区国土面积 13.6%，保护了新疆最重要的生态系统和 90% 以上的野生动植物物种资源。

【经济技术协作与对口支援】 2010 年 3 月 29 日—30 日，全国对口支援新疆工作会议在北京召开。中央制定的《关于进一步加强和推进对口支援新疆工作的实施方案》就今后 10 年对口支援新疆工作提出了分阶段目标：到 2015 年，力争使新疆特别是南疆地区经济发展明显加快、各族群众生活明显改善、城乡面貌明显改观、公共服务水平明显提高、基层组织建设明显加强。此次会议吹响了新一轮对口援助新疆，加快新疆跨越式发展和长治久安的号角。会议确定北京、天津、上海、广东、深圳、黑龙江、吉林、辽宁、河北、山西、山东、河南、江苏、安徽、湖北、湖南、浙江、江西、福建 19 个省市承担对口支援新疆的任务。根据会议精神，19 个援疆省区市将建立起人才、技术、管理、资金等全方位对援疆的有效机制，把保障和改善民生置于优先位置，着力帮助各族群众解决就业、教育、住房等基本民生问题，支持新疆特色优势产业发展。新一轮对口支援工作期限为 2011 年至 2020 年。目标就是通过 10 年时间，最大程度地缩小新疆与内地差距，确保 2020 年新疆实现全面建设小康社会目标。

【“十二五”规划】 经济总量。“十二五”期间，全区生产总值年均增长 10% 以上；全社会固定资产投资年均增长 25% 以上，五年累计完成 36000 亿元（其中工业和能源投资约 15000 亿元）；地方财政一般预算收入年均增长 20% 以上；外贸进出口总额年均增长 18% 以上；社会消费品零售总额年均增长 17% 以上；价格总水平保持基本稳定。

经济结构。产业结构更趋合理，三次产业发展质量和水平显著提高，工业增加值年均增长 17% 以上，自主创新能力不断增强，战略性新兴产业增速明显高于同期工业增加值增长速度。城乡结构进一步优化，城镇化水平不断提高，城镇化率达到 48%。

科技教育。科技教育水平明显提升，九年义务教育质量显著提高，高中阶段毛入学率提高到 88%，科技创新能力明显增强，研究与实验发展经费支出占地区生产总值比重达到 1.8%。

资源环境。资源利用效率明显提高，工业单位产品能耗达到国家限额标准或国内先进水平，有效控制万元生产总值能耗。工业固体废物综合利用率提高到 55%。生态环境进一步改善，森林覆盖率达到 4.5%，城市建成区绿化覆盖率达到 38.5%。

民生保障。城镇居民人均可支配收入达到 23000 元以上，年均增长 11% 以上；农牧民人均纯收入达到 7900 元以上，年均增长 11% 以上。就业状况明显改善，城镇新增就业累计 200 万人，城镇登记失业率控制在 4% 以内。新型农村社会养老保险参保率达到 90% 以上。更加注重人口素质的提高，人口自然增长率控制在 11‰以内。城乡居民的居住条件明显改善，教育、文化、卫生等公共服务水平明显提高。

【重点项目介绍】 农业水利项目。塔里木河流域近期综合治理项目渠道防渗 183 公里，高新节水 0.82 万亩，已成功向下游实施十次生态输水；下坂地水利枢纽建成投产；大西沟、中葛根、阿拉沟等一批山区控制性水利枢纽加快建设；规划内的大中型病险水库除险加固任务基本完成；列入规划内的大型灌区节水改造工程正在加快建设，预计全年新增高效节水面积 380 万亩，累计建成高效节水面积达 1300 多万亩。农村饮水安全工程实现受益人口 120 万人建设目标；“十一五”优质棉基地建设完成节水灌溉面积 28.5 万亩。

交通项目。铁路乌准五彩湾至将军庙铁路、喀什至和田铁路建成，新增铁路里程580公里。南疆铁路吐鲁番至库尔勒二线、库尔勒至阿克苏铁路等全面进入辅轨阶段，全年累计铺轨1147.7公里；民航阿克苏机场、吐鲁番机场、博乐机场建成通航。公路哈巴河至白哈巴公路、国道217线布尔津至白碱滩二期工程建成通车。

能源项目。新疆乌北郊—吐鲁番750千伏输变电工程、鄯善80万立方米生产运行原油储备库工程、新疆新华布尔津风力发电场49.5兆瓦风电项目、乌鲁木齐米东煤矸石热电“上大压小”项目等10个项目相继建成投产。

工业项目。中石油乌石化分公司年产100万吨PX项目、新疆新昆轮胎有限责任公司年产60万条全钢载重子午线轮胎项目建成投产；新疆米东天山水泥有限责任公司150万吨/年（2×2000t/d）电石渣制水泥综合利用工程12月20日点火试生产。

社会发展、城建等民生项目。全疆农村初中校舍改造工程已建成投入使用；广播电视村村通工程设备安装基本完成；农村基层计划生育服务体系建设项目正进行收尾工作；廉租房建设项目全疆竣工8.5万套；城乡抗震安居工程全疆已完工15.7万户，其中南疆三地州10万户。

2010年重点项目建设新增生产能力主要有：水库库容33.52亿方，高效节水380万亩，林地298万亩，电力装机350万千瓦，铁路580公里，改建4C机场1个，新建4C、4D机场各1个，原油390万吨，年产全钢载重子午线轮胎60万条，日供水能力10万吨、污水处理和污水再生利用35万吨、垃圾无害化处理能力1200吨，集中供热面积1100万平方米。

2010年，新开重点项目32个，比年计划新开工项目增加2个。主要包括塔什库尔干河齐热哈塔尔水电站、新疆吐鲁番—巴州750千伏输变电工程等14个能源项目，新疆五鑫铜业有限责任公司年产10万吨阴极铜项目、富蕴县宏泰选冶有限责任公司巴特巴克布拉克铁矿100万吨/年采选等8个工业项目；库车至阿克苏高速公路、国道216线乌鲁木齐至白杨沟岔口段等5个公路项目，阜康市白杨河水库、昌吉市三屯河努尔加水库、塔城地区白杨河引水工程、卡拉贝利水利枢纽工程等4个农林水利项目和中等职业教育基础能力建设项目（二期）。

2010年，“投资开发新疆”成为全国经济热点之一。全区当年（不含石油）引进到位资金1247.61亿元，较上年增长28.46%，占自治区全社会固定资产投资的35.3%，完成目标任务的108.49%。各地、各部门、各行业行动迅速，一大批重大项目进展顺利，一些地州招商引资对经济增长的贡献率已经达到70%以上，招商引资拉动发展的成效日益显现，为“十二五”期间投资的强劲增长奠定了基础。2010年度外省到位资金排名前五位的地州是乌鲁木齐市、昌吉州、伊犁州、巴州、克拉玛依市；外省到位资金与上年相比增幅居前三位的地州是博州、阿勒泰地区、克州。

2010年，全区引进知名企业35家，其中，中国500强企业7家（不含金融、通信、交通类企业），其他知名企业28家。大企业大集团来疆考察投资规模空前，形成了投资新疆、开发新疆、支援新疆的热潮。

在全国19省市对口援疆新形势下，各地主动把对口援疆和区域合作结合起来，省际、地（州、市）际频繁互访、互动及重点项目合作成为一大特色。喀什、霍尔果斯两个特区开发，省际合作园区、重大基础设施和民生工程等项目倍受关注，吸引和聚集各类投资的效果明显。根据自治区领导指示，自治区招商发展局先后开展了新疆—浙江、新疆—四川区域合作及产业招商等问题的研究工作；与浙江等八个省区国内合作交流部门共同发起了首届全国国内经济合作交流部门研讨会，并确定今年在我区召开第二届研讨会。

新疆生产建设兵团

【经济与社会发展】 2010年，新疆生产建设兵团（以下简称兵团）。全年实现生产总值770.62亿元，按可比价格计算，比上年增长13.9%。其中：第一产业增加值278.81亿元，增长11.8%；第二产业增加值262.27亿元，增长21.2%；第三产业增加值229.54亿元，增长9.0%。第一产业增加值占兵团总产值比重为36%，第二产业增加值比中为34%，第三产业增加值比重为30%。

兵团控股的14家上市公司累计募集资金100.7亿元，其中发行上市募资38.32亿元，再融资62.31亿元。国家级和兵团级农业产业化重点龙头企业68家，其中国家级11家。龙头企业带动农户40万户，销售收入过10亿元的企业8家。兵团国有及国有控股企业实现利润40.26亿元，比上年增加27.69亿元。全年上缴各类税费90.74亿元。

全年完成农业总产值569.28亿元，比上年增长7.2%。农作物播种面积1119.20千公顷（1678.80万亩），增长1.0%。其中，粮食作物种植面积284.69千公顷（427.04万亩），下降9.3%；棉花种植面积497.98千公顷（746.97万亩），增长2.1%；油料种植面积67.78千公顷（101.67万亩），下降1.4%；甜菜种植面积25.52千公顷（38.28万亩），增长25.8%；蔬菜种植面积（含菜用瓜）79.68千公顷（119.52万亩），增长7.9%。全年棉花产量115.01万吨，比上年增长1.4%；粮食产量213.64万吨，下降1.7%；油料产量18.62万吨，与上年持平；甜菜产量181.66万吨，增长25.0%。

年末牲畜存栏624.06万头（只），比上年增长6.5%。肉类总产量31.99万吨，增长20.2%；羊毛总产量1.13万吨，增长6.3%；牛奶总产量44.31万吨，增长15.3%；禽蛋总产量4.57万吨，增长12.2%。全年水产品产量2.67万吨，比上年增长13.3%。

农作物精量半精量播种面积708.93千公顷（1063.39万亩），比上年下降6.7%。其中棉花精量半精量播种面积364.53千公顷（546.8万亩），下降5.7%。测土配方施肥面积618.67千公顷（928.01万亩）。有效灌溉面积1067.27千公顷（1600.90万亩）。高新节水灌溉面积682.16千公顷（1023.24万亩），其中当年新增29.23千公顷（43.58万亩）。

全年实现工业增加值186.29亿元，比上年增长18.5%。规模以上工业增加值增长25.4%。全年规模以上工业中，煤炭开采和洗涤业增加值比上年增长82.0%；农副产品加工业增加值增长10.1%；食品制造业增加值增长25.2%；饮料制造业增加值增长52.3%；纺织业增加值增长22.2%；化学原料及化学制品制造业增加值增长6.1%；非金属矿物制品业增加值增长45.0%；电力、热力的生产和供应业增加值增长17.0%。全年规模以上工业企业实现利润54.4亿元，比上年增长127.5%。

全年建筑业增加值75.98亿元，比上年增长28.4%。建筑施工企业完成总产值298.47亿元，增长34.1%，其中国有及国控股企业完成238.23亿元，增长27.7%。房屋建筑施工面积2059.97万平方米，增长36.7%，其中本年新开工面积1496.29万平方米，增长36.5%；房屋建筑竣工面积1115.28万平方米，增长47.9%。全员劳动生产率149112元/人，增长0.1%。

全年完成全社会固定资产投资448.27亿元，比上年增长40.8%。其中：第一产业39.16亿元，增长7.8%；第二产业230.47亿元，增长55.6%；第三产业178.64亿元，增长33.3%。房地产开发投资33.53亿元，比上年增长37.9%；商品房销售面积189.31万平方米，增长20.5%，其中住宅面积175.41万平方米，增长17.6%。

工业完成投资228.27亿元，比上年增长55.4%；交通运输业累计完成投资34.19亿元，比上年增长5.9%；农田水利及水利工程投资19.86亿元，比上年下降22.3%；保障性住房完成投资59.50亿元，建设保障性住房9.73万户。

年末民用汽车保有量12.52万辆，比上年末增长17.1%，其中私人汽车10.38万辆，增长42.5%。载客汽车6.02万辆，增长27.9%；载货汽车3.19万辆，增长12.2%；农用运输车辆3.10万辆，增长5.1%。全年道路运输旅客周转量66.60亿人公里，增长14.9%，货物周转量106.75亿吨公里，增长23.5%。

全年实现社会消费品零售总额202.87亿元，比上年增长19.4%。分行业看，批发和零售业零售额171.71亿元，增长19.1%住宿和餐饮零售额31.16亿元，增长21.0%。批发和零售业商品销售总额649.36亿元，增长8.8%。

全年货物进出口总额55.89亿美元，比上年增长19.3%。其中货物出口49.8亿美元，增长16.2%；货物进口6.09亿美元，增长52.5%。在出口总额中兵团自产品出口额10亿美元，比上年增长15.7%，占兵团出口总额的20.1%。

年末有旅行社98家，旅游星级饭店50家。国家级旅游景区26家，其中4A级景区5家。全年接待旅游者401万人次，比上年增长21.0%。旅游总收入16.90元人民币，增长65.0%。

驻疆各银行年末对兵团贷款余额875.46亿元，比年初增长25.1%。其中，中长期贷款443.26亿元，短期贷款443.20亿元。兵团农业银行年末各项本外币存款余额746.56亿元，比年初增长2.0%；各项贷款年末余额232.29亿元，增长2.4%。

年末有各级保险分支机构2051个，全年保险业务收入193.36亿元，与上年基本持平。各类保险赔款给付金额120.13亿元，下降10.8%。

年末有各类学校554所，在校学生55.27万人，教职工4.36万人。年末有科学研究与技术开发机构18个，各类专业技术人员11.85万人。年末有广播电视播出机构197个，广播覆盖率96%，电视覆盖率98.2%，有线电视入户率60.0%。粘膜有兵团文化中心1座，兵团军垦博物馆1座，国家级图书馆1座。年末公开发行各级各类报纸18家、期刊16家。年末拥有各类卫生机构1339个（含营利性卫生机构），各类卫生人员24176人，每千人有医院床位6.91床。

年末总人口257.32万人，与上年持平。年末从业人员106.18万人，比上年增长2.5%。年末在岗职工67.76万人，比上年增长0.8%。全年新增劳动力就业6.67万人。年末城镇登记失业率2.41%。年末参加基本养老保险人数129.42万人，其中参保职工81.47万人。参加失业保险62.66万人，参加职工基本医疗保险121.01万人，参加居民基本医疗保险97.36万人，参加工伤保险65.17万人，参加生育保险61.19万人。最低生活保障人数12.5万人，国家抚恤、补助各类优抚对象0.38万人。

兵团城镇居民人均可支配收入14559元，比上年增长12.6%，扣除价格因素，实际增长8.7%；团场农牧工家庭人均纯收入8782元，增长14.5%，扣除价格因素，实际增长8.2%。在岗职工工资总额198.34亿元，增长25.9%。在岗职工平均工资26741元，比上年增加4865元，增长22.2%，扣除价格因素，实际增长17.2%。

全年规模以上工业企业综合能源消费量797.88万吨标准煤，比上年增长17.4%。全年工业废水排放总量4795.36万吨，工业废水排放达标率70.46%，工业重复用水率89.33%，工业固体废物综合利用率60.49%。全年兵团工矿商贸企业共发生职工死亡事故24起，事故死亡27人，死亡人数与上年基本持平。

【投资环境与招商引资】　2010年，兵团着力推进城镇化、新型工业化和农业现代化，着力改善民生和增强维稳戍边实力，加大结构调整力度，新型工工业化迈出新步伐，工业比重提高8个百分点。继续加大基础设施建设力度，瓶颈制约逐步缓解，以改善民生为突破口，职工生活达到新水平。进一步加快改革步伐，激活兵团活力，拓展发展空间，加强节能减排，巩固和发展生态环境建设和保护成果，推进经济可持续发展。按照“快审、快批、快下达、快落实”的工作要求，创新工作方式，加大协调力度，积极拓宽融资渠道，搭建银企交流平台，以实施“十件实事”、“重点工程”为重点，通过保障住房、垦区公路、电力及电网完善、农产品加工、煤化工、新型建材等一批重大工程建设，兵团各项经济社会发展的基础、对外开放环境得到了进一步改善，新型工业化、农业产业化、城镇化发展后劲进一步增强。

全年到位外资3845万美元，与上年相比减少7.8%，完成年度计划的128.2%。全年核准外商投资项目10个，其中：合资项目8个、独资项目2个。与去年同期相比增加4个。项目总投资6348.07万美元，合同外资金额3589.9万美元，与去年相比分别减少27.4%和37.1%。实际到位金额3845万美元，与去年相比增长214%。项目涉及新型肥料开发、食品加工，畜禽养殖加工、货物运输及商业等领域。投资分别来自中国香港、中国台湾地区、乌兹别克、比利时、中国澳门等。

2010年兵团利用外国政府贷款为零，延续了2009年借用外贷的态势，没有新项目的上报。2010年利用外国政府贷款工作重点是加快推进已批准项目的实施，如伊犁南岗利用德国政府贷款建设余热发电项目今年通过德国政府评估团评估并签署了备忘录，项目单位对贷款协议进行了确认，正按外国政府贷款项目要求开展相关工作。境外投资明显增加。全年兵团企业在境外投资额9684万美元。新疆吉安投资公司在境外总投资1.96亿美元收购钾盐矿项目进展顺利，国家发展改革委已核准项目信息报告和项目申请报告，相关工作按照要求积极推进。

2010年，兵团全年共实施招商引资项目483个，引进兵团以外项目到位资金199.26亿元，比上年增长39.3%。外省投资项目到位资金148.43亿元，兵地融合项目资金41.90亿元。城市、开发区、园区招商项目134个，到位资金137.35亿元。

全年货物进出口总额55.89亿美元，比上年增长19.3%。其中货物出口49.8亿美元，增长16.2%；货物进口6.09亿美元，增长52.5亿美元。出口总额中兵团自产品出口额10亿美元，增长15.7%，占兵团出口总额20.1%。对外承包工程、劳务合作完成营业额3.08亿美元，增长28.1%。

【重点项目介绍】 新疆兵团引额灌区改造配套与节水改造一期工程，项目计划总投资8.45亿元，其中申请国家资金6.75亿元，自筹资金1.70亿元。主要建设内容为新建水库2座，扩建水库2座，总库容3732万立方米，改扩建防渗渠道45条，412公里，灌区规划面积99.37万亩。2010年已完成投资0.81亿元，完成引水管道21.24公里及配套工程，设计流量3.23立方米/秒，年供水10182万立方米。

玛纳斯河肯斯瓦特水利枢纽工程，项目计划总投资16.29亿元，其中申请国家资金7.5亿元，银行贷款6.92亿元，单位自筹资金1.87亿元。主要建设内容为建设总库容1.88亿立方米水库一座，装机容量10万千瓦电站一座。2010年完成投资1.54亿元，完成“三通一平”及导流洞、临时道路、办公、宿舍等部分配套工程。

兵团棉花基地建设项目，计划总投资5.2亿元，其中申请国家资金2.5亿元，自筹资金2.7亿元。主要建设内容为建设兵团棉花种子工程，完善和加强师、团种子繁育体系，健全技术综合服务体系，建设高标准棉田等。2010年完成投资0.52亿元，完成农技服务中心建设5个，商品种子基地4个，高新节水灌溉4.5万亩。

天业集团自备电厂工程，项目计划总投资20亿元，其中银行贷款16亿元，单位自筹资金4亿元。主要建设内容为建设2×300兆瓦亚临界空冷式发电站一座，配套2台1176吨/小时亚临界锅炉等。2010年完成投资11.85亿元，11号机组已投入运行，12号机组锅炉基本安装完毕。

天盛实业公司色织布生产线项目，计划总投资8亿元，其中银行贷款4.2亿元，单位自筹资金3.8亿元。主要建设内容为建设2000万米色织布、8300吨毛巾生产线。2010年完成投资3.11亿元，厂房已建成，安装织机50台，印染、印花等设备安装中。

农四师伊力特煤化工公司焦化项目，计划总投资9.93亿元，其中银行贷款5亿元，单位自筹资金4.93亿元。主要建设内容为建成95万吨/年焦炭生产线。2010年完成投资1.08亿元，煤炭通廊转运站及配电设施已完成。

奎屯锦江化工合成氨尿素项目，项目计划总投资22.13亿元，其中银行贷款14.76亿元，单位自筹资金7.37亿元。主要建设内容为建成年产30万吨/年合成氨、52万吨/年尿素生产线。2010年已完成投资9.56亿元，净化装置第一变炉及配套工程已完成。

新疆天业二期聚氯乙烯及配套工程，项目计划总投资36.09亿元，其中银行贷款23.26亿元，单位自筹资金12.83亿元。项目建设内容为建成年产40万吨聚氯乙烯、64万吨电石、30万吨离子烧碱膜，日产3000吨电石渣水泥生产线。2010年完成投资22.05亿元。各项工程土建已收尾，配套道路、电力、供排水等完工，部分项目试运行。

石河子支线机场迁建工程，项目计划总投资4.61亿元，其中申请国家资金4亿元，单位自筹资金0.61亿元。项目主要建设内容为新建1条2400×45米跑道，3个机位的站坪，配套通讯、消防等设施。2010年已完成项目立项工作，其他前期工作已开展。

兵团廉租住房建设，项目计划总投资34.62亿元，其中申请国家资金15.46亿元，单位自筹资金19.16亿元。主要建设内容为新建廉租住房5.5万户。2010年完成投资33.80亿元，建成廉租房屋46339户，在建8661户。

东北地区篇

辽宁省

【**经济与社会发展**】 2010年，辽宁省全年实现GDP 18278.3亿元，增长14.1%。其中，第一、第二、第三产业增加值分别增长5.8%、16.7%和12.2%。地方财政一般预算收入完成2004.8亿元，增长26%。全社会固定资产投资16043亿元，增长30.5%。其中，城镇完成固定资产投资15106.亿元，增长30.9%。社会消费品零售总额实现6809.6亿元，增长18.6%。城镇居民人均可支配收入17713元，比上年增加1952元，增长9.3%；农村居民人均纯收入6908元，比上年增加950元，增长15.9%。

全年进出口总额806.7亿美元，增长28.2%。其中，出口总额431.2亿美元，增长28.9%；进口总额375.5亿美元，增长27.4%。港口货物吞吐量6.8亿吨，增长22.4%。

以民生工程为重点的社会事业建设扎实推进。就业持续扩大，全年新增实名制就业115.6万人，确保零就业家庭至少实现一人就业，农村劳动力转移就业21.6万人，城镇登记失业率3.7%。城镇居民基本养老保险、基本医疗保险、新型农村合作医疗制度继续完善，启动了新型农村养老保险制度试点。企业退休人员养老金每月人均增加122元，城市低保每月人均达到282元，农村低保每年人均达到1744元。新增廉租保障住房7.8万户、经济适用住房6万户，开工建设棚户区回迁楼508万平方米，完成100个村的村屯改造任务。

全面推进深化医药卫生体制改革。全省城乡居民三项基本医疗保险参保率达到93.4%，共有43个县级医院与城市三级医院建立了长期对口协作关系，实施了5项国家重大公共卫生服务项目、6所市级精神卫生机构和333个基层医疗卫生服务机构建设，完成了基本药物省级集中采购和配送企业招标工作。

公共卫生服务均等化不断加快。进一步开展城乡居民健康档案管理等9类国家基本公共卫生服务项目，城市居民健康档案规范化建档率达到52.8%，农村达到25%。建设和完善农村九年一贯制寄宿学校164所，为6.6万名农村困难家庭义务教育阶段子女免费提供学习用品。加强和改善农村中小学办学条件，支持36所城乡中小学实施校舍安全改造和新建教学设施11.6万平方米。

新建中心敬老院41所。新建338个乡镇综合文化站和5962个农家书屋。完成农村饮水安全工程2700处，让155万农民喝上了安全水。

县域经济发展势头强劲，超额完成县域经济三年倍增计划。44个县（市）地区生产总值增长23%；财政一般预算收入492亿元，增长44%。县域工业产业集群初具规模，县城建设步伐加快。大力调整农业结构，粮食产量达到353亿斤，肉蛋奶产量851万吨，水产品产量575万吨。新增设施农业150万亩，新建畜禽标准化养殖小区3000个，新增规模以上农事企业1100家。以调整区划和下放管理权限为核心，激发城区经济发展活力，56个城区地区生产总值增长17%；财政一般预算收入911亿元，增长24%。

【投资环境与招商引资】　2010年全省新批外商投资企业1480家；实际利用外资207.5亿美元，增长34.4%。其中，第一产业利用外资1.8亿美元，增长31.6%；第二产业利用外资83.7亿美元，增长13%；第三产业利用外资122亿美元，增长54.5%。引进国内资金实际到位额4103.1亿元，增长65.1%。海外并购企业30家，特别是在发达国家并购有大的进展，并购主要朝生物制药、软件和信息技术等高端产业发展。开展新一轮基础设施建设，积极改善投资环境。哈大铁路客运专线全线铺轨贯通，盘营客专、沈丹客专、丹大快速铁路建设顺利推进。沈阳地铁一号线通车运营，大连地铁加快建设。抚顺至梅河口、朝阳至赤峰和长兴岛疏港高速公路建成通车，全省高速公路通车里程超过3000公里。11个市县级站场项目、35个农村客运站竣工投入使用。鸭绿江西水道治理工程基本建成。锦州港209、210集装箱泊位、丹东港外1—4号泊位、营口港鲅鱼圈A港池2—4号泊位基本建成，盘锦港荣兴港区试航投入使用，港口新增综合通过能力4200万吨。朝阳机场扩建工程基本完工。大伙房水库输水二期工程正式通水，锦凌水库、青山水库建设进展顺利。完成233座病险水库除险加固任务。绥中电厂二期、呼伦贝尔至辽宁500千伏输电工程等电力项目建成投产。建成30座生活垃圾无害化处理场。新建的99座污水处理厂基本实现运行。300兆瓦以上燃煤发电机组完成脱硫改造。

【经济技术协作与对口支援】　2010年，辽宁省继续对西藏那曲地区、青海省、三峡库区的奉节县、忠县、湖北省兴山县、贵州省六盘水市和遵义市及新疆克州开展对口支援工作，以及支援四川安县灾后重建工作。按照中央统一部署，新承担了支援青海省玉树巴塘乡灾后重建任务和对口支援新疆塔城地区、兵团农八师、农九师工作任务。一是对口支援那曲地区。按照中央第五次西藏工作座谈会议精神，及时制订了2010年对口援助项目和资金计划，全年援助资金8000万元，开展民生安居工程、文化卫生设施、党政办公设置等项目建设，积极组织公安系统、县乡镇干部及致富带头人赴辽培训。二是对口支援新疆克州，全年投入援助资金2800万元，援建了教学楼、医院门诊综合楼、现代暖棚配套、县牧民抗震安居新村、设施农业示范基地、公安设施等项目。三是对口支援新疆塔城地区。中央明确从2011年开始由辽宁对口支援新疆塔城地区后，辽宁省2010年就及早与塔城地区协调沟通，成立组织机构，多次赴疆开展调研，编制援助方案和工作实施方案，提前取得了突破和实质性工作成果。预拨援助资金2亿元，开展民生改善试点工程建设，援助7000多户农牧民安居工程和灾后重建试点建设，实施整村搬迁和灾后重建工作，建设学校医院改扩建工程。积极协调省内企业与塔城地区开展项目合作，已有180多家企业进行了前期对接，2个工业园区已开工建设。大力推进人才援疆和以双语教育为核心的教育援疆工作力度，组织一批受援地区干部和人才来辽专业培训。同时，积极开展对兵团农八师、农九师的对口支援工作，投入近1800万元开展屯垦戍边建设试点和现代畜牧科技示范区项目建设，新建了一批职工住房、道路、供水、通讯、绿化以及养殖小区等项目。四是对口帮扶青海省。全年投入援助资金2800万元，开展了受援地区整村推进、劳动力转移培训和产业化扶贫等项目；五是对口支援奉节县。全年安排援助资金1800万元，援建工业园区、移民新村等项目，并帮助开展移民劳务技能培训和劳务输出等工作。

【重点项目介绍】 2010年，全省总投资超亿元的建设项目2741个，增长17.5%；完成投资8039亿元，增长59.6%。以产业结构调整改造、优化升级为重点的工业项目积极推进。辽宁阜新大唐国际煤制天然气项目、米其林沈阳轮胎有限公司高性能子午线轮胎环保搬迁改造及扩产项目等项目开工建设，葫芦岛千万吨炼油项目建设条件进一步改善，恒力集团石化产业基地项目落户大连长兴岛。全省工业投资完成7298亿元，增长27.9%。电源、电网、煤炭和油气等能源项目进展顺利。红沿河核电站一期、绥中电厂二期等项目进展顺利。全省发电装机总容量超过3200万千瓦，比“十五”末期增长86%，抚顺、辽中、营口南3项输变电工程获得国家核准并开工建设，阜矿集团白音华四号露天矿和铁煤集团长城窝堡煤矿2个续建项目进展顺利。铁路、公路、港口和机场等交通项目取得重大进展。沈阳地铁1号线运营，哈尔滨至大连铁路客运专线、沈阳地铁2号线等续建项目工程顺利实施，全省铁路正线营业里程达到4080公里。丹东至海城、丹东至通化等高速公路建设进展顺利，朝阳至赤峰等高速公路以及滨海公路辽河特大桥建成通车。重点水利、城建和社会事业项目建设步伐加快。大伙房水库输水二期工程等水利工程项目进展顺利。全年在建29座城市生活污水处理厂、30座生活垃圾无害化处理场积极推进。稳步推进了中等职业教育、基层医疗卫生服务体系等社会事业方面基础设施项目建设。

【老工业基地振兴】 认真贯彻落实国家重点产业调整和振兴规划，经济结构调整取得重要进展。工业经济在保增长中表现良好，全年全部工业增加值8684.7亿元，增长16.8%。规模以上工业企业完成工业增加值比上年同期增长17.8%，比全国平均水平高2.1个百分点。装备制造、石化、冶金、农产品加工四大支柱产业对全省规模以上工业的贡献率为89%，拉动规模以上工业增长15.8个百分点。其中装备制造业、建材工业和农产品加工业增速均超过20%，分别比上年同期增长27%、25.1%和23.7%，冶金和石化工业分别比上年同期增长14.7%和13.4%。工业企业经济效益较好，全年规模以上工业企业实现主营业务收入36821.8亿元，比上年增长33%；利税总额2992.6亿元，增长44%；实现利润1506.3亿元，增长59.9%。全省39个工业大类行业中，除石油和天然气开采业、化学纤维制造业、电力热力生产和供应、水生产供应四个行业为净亏损外，其余35个行业均为净盈利。全省工业固定资产投资完成7295.1亿元，增长27.9%，制造业完成投资2496.6亿元，增长31.5%。总投资5345亿元的100个重大工业项目快速推进，已累计完成投资2069亿元，2010年完成投资1168亿元。服务业发展步伐明显加快，全省服务业增加值完成6774.9亿元，比上年增长12.2%。以城区为服务业实施主体和主要承载地，落实服务业发展目标，以沈阳金廊工程、大连“钻石海湾”、鞍山四达物流园区、铁岭新城现代服务业基地等为代表的一大批服务业集聚区初具规模，100个具有自主知识产权和知名品牌、具有较强竞争力的服务业领军企业发展步伐明显加快。国有大型企业改制重组加速推进。本钢集团和北台钢铁集团实现了合并重组，时代万恒集团将熊岳印染有限公司资产全部移交到营口市管理，东北特钢所属的大连特钢等5家企业完成了股权多元化改革。积极支持和鼓励发展各具特色的产业集群和工业园区。大连长兴岛临港工业区和锦州开发区升级为国家级经济技术开发区，沈阳铁西装备制造业集聚区、辽阳芳烃产业基地等产业集群规模不断壮大。积极为企业做好融资服务，国有企业上市及再融资稳步开展。完成企业债券发行180亿元，为企业办理进口设备免税利用国外贷款3亿美元。积极推进企业科技创新。规模以上高技术产业实现增加值464.1亿元，增长29.2%，高技术服务业实现增加值420.6亿元，增长17.9%。实现新产品产值352.1亿元，增长21.7%。

吉林省

【经济与社会发展】 2010年，吉林省全年实现地区生产总值8577.06亿元，其中，第一产业增加值1050.15亿元，增长3.5%；第二产业增加值4417.39亿元，增长18.9%；第三产业增加值3109.52亿元，增长10.4%。三次产业的结构比例为12.2∶51.5∶36.3。

粮食生产再创新高。2010年吉林省遭遇特大洪涝灾情，全省高度重视，先后出台多项“抗灾保产”的具体政策措施，将灾害影响降低到最小，经过全省上下共同努力，在极其不利的气候条件下创造了粮食产量的新高，总产量达到2842.50万吨，比2009年增长15.5%。

工业经济加快发展。2010年，规模以上工业实现增加值3755.11亿元，按可比价格计算，增长19.9%。其中交通运输设备制造业实现增加值1121.09亿元，同比增长24.6%；规模以上民营工业实现增加值1861.61亿元，增长24%；全省六大高耗能行业增长14.3%，低于全省工业增速5.6个百分点；全省规模以上工业实现利润794.74亿元，创历史最高水平，同比增长66.4%。

固定资产投资保持高速增长。2010年，全省完成全社会固定资产投资9621.77亿元，增长32.5%，人均投资达到35381万元。其中，城镇以上固定资产投资7925.72亿元，增长33%。全省亿元及以上项目1001个，比2009年增加120个；除去中央项目外，地方亿元项目919个，增加146个，地市县亿元项目869个。

社会消费需求稳定增长。2010年，吉林省实现社会消费品零售总额3501.82亿元，完成计划的101.2%。其中实现城镇社会消费品零售总额3104.07亿元，增长18.6%；农村社会消费品零售总额397.74亿元，增长17.8%。批发、零售、住宿和餐饮业分别实现社会消费品零售总额400.51亿元、2751.66亿元、31.92亿元和317.72亿元，同比分别增长18.1%、18.5%、23%和19.3%。

城乡居民收入稳定增加。全年全省城镇居民人均可支配收入达到15411.47元，比2009年增加1405.20元，增长10%，全年全省农村居民人均纯收入达到6237.44元，比2009年增加971.53元，增长18.4%。

灾后恢复重建完成阶段性目标任务。2010年入汛后，吉林省遭遇历史罕见特大洪灾，直接经济损失499.85亿元。省委、省政府明确提出用两年时间，全面完成灾后恢复重建任务。提出“六个确保”灾后重建工作目标，截至2010年底，灾后恢复重建完成阶段性目标任务。全省重建、修复房屋分别完成总量的98.5%和91.7%。

【投资环境与招商引资】 2010年，吉林省省委、省政府高度重视招商引资工作，相关领导率先垂范，亲自组织和参与重大招商引资活动，各相关部门充分发挥职能作用，通力协调配合，形成了高位推动，上下联动，多层次、多部门合力招商引资的浓厚氛围。2010年，吉林省实际利用外资41.65亿美元，同比增长16.77%；引进外省资金实现2209.75亿元人民币，同比增长33.4%。纳入全省招商引资签约项目跟踪调度系统的亿元以上大项目479个，围绕传统产业扩能升级、深度开发和链条延伸的引资项目进一步增多，现代服务业、资源特色产业、战略性新兴产业，成为新的引资增长点。

全省各市（州）坚持把招商引资作为加快本地经济发展的重中之重，长春市坚持以“招商引资九个月攻坚行动”为载体，党政主要领导亲自带队“走出去”开展推介和洽谈对接活动；吉林市实施招商引资“一把手”推动工程，先后赴新加坡、中国台湾地区、深圳市等地开展大型经贸交流活动27次；辽源市在注重引进项目的同时，围绕做长做强产业链条，积极实施招商引资与资本运作“双轮驱动”；通化市坚持项目向园区集中、企业向园区集结、产业向园区集聚，先后建立农副产品、医药工业、再生资源等特色产业园区38个；延边州充分利用“长吉图”战略窗口、出口加工区、边境经济合作区等独特优势，不断加大招商引资工作力度。

2010年，吉林省先后与中航工业、中外运集团、中材集团、国电集团、中粮集团等央企、韩国浦项集团等跨国公司签署了战略合作框架协议，中国华能集团投资的风力发电、中国生物化工投资有限公司投资的大成玉米深加工、通用汽车（中国）投资有限公司投资的一汽通用轻型商用车、万达等企业集团投资的长白山国际旅游度假区等项目，陆续开工建设。

【经济技术协作与对口支援】 2010年，吉林省科学确定对口援建项目，高效推进项目建设。吉林省在充分考察黑水县受灾情况的基础上，经与黑水县充分对接，确定了首批21大类185个和二批16个共计201个对口援建项目，总投资12.97亿元，其中，交钥匙工程54项，交支票工程147项。项目涉及教育卫生、住房、道路交通、水利设施、社会事业和产业发展等方面。按照与黑水县确定的智力支持计划，吉林省积极做好分批派遣公安干警、支教教师和医疗卫生人员工作。对口援建以来，省公安厅累计派出公安干警三批150人次参与黑水县治安管理及维稳工作；省教育厅累计派出教师4批128人次赴黑水县支教，对黑水县中小学教育的发展起到了积极推动作用；省卫生厅累计派出医务工作人员10批239人次支援黑水，为黑水县医疗卫生事业带来强有力的人力和技术支持；吉林省还先后接收黑水县中等职业技术学校学生236名，黑水县务工人员78名，提供就业岗位信息5800多个，援建项目吸纳就业6000多人。为巩固援建成果，推动吉林黑水长期合作，吉林省政府与黑水县政府签属了两地长期合作框架协议，将在人才培养、技术援助、产业合作等方面拓展合作渠道，开展多领域、多层次的交流与合作，实现双方的优势互补、合作共赢和共同发展。

【重点项目介绍】 2010年，吉林省3000万元以上项目5530个，完成投资5526.7亿元，同比增长34.4%。

能源项目。2010年能源行业全年完成投资600.88亿元，比2009年增加41.11亿元，增幅7.34%。全省电力装机新增包括国电吉林江南热电厂2×30万千瓦、中电投白城电厂2×60万千瓦，国电延吉热电厂2×20万千瓦等风电项目共计68.25万千瓦；水电新投产松江河梯级电站37.41万千瓦等项目；新开工松原500千伏扩建工程长春南500千伏扩建工程。庆铁原油输送管线吉林省境内新庙—垂杨段工程建设进入收尾阶段，垂杨—吉化段原油输送管线前期工作全面展开，长岭—长春—吉林、八屋—长春天然气输气管道工程建成投入运营。

交通项目。2010 年，全省交通基础设施完成投资 405.5 亿元，同比增长 13.2%。松原至双辽、图们至珲春、松原至石头井子、长春至松原等高速公路相继峻工，年度新增通车里程 815 公里，全省高速公路里程达到 1850 公里。长春龙嘉国际机场扩建工程竣工，新增航站楼面积 1.46 万平方米，旅客吞吐能力达到 650 万人次/年。2010 年全省开工建设了吉珲客专、松陶铁路、平齐线郑家屯至满汉营段扩能改造 3 个铁路项目。长吉城际铁路竣工通车。

工业项目。2010 年，全省工业完成固定资产投资 4935.7 亿元，同比增长 29.7%。交通运输设备制造工业，重点实施了一汽轿车股份有限公司二厂二期工程、一汽通用长春工厂建设、一汽吉林微型车老厂区扩建、吉林世宝机械制造有限公司汽车零部件精密铸件及加工建设等项目建设；石化工业重点实施了石化千万吨炼油、吉林油田油气勘探开发扩能和吉林康乃尔 30 万吨本胺、长春和禾生物化工股份有限公司年产 15000 吨低碳醇等项目建设；农产品加工业，重点实施了大成集团百万吨化工醇、吉林新源牧业有限公司高品质乳品加工及优质奶牛现代化养殖基地、吉林省乳业集团广泽有限公司乳品检测检验中心、吉林省现代天丰农业集团有限公司年处理 50 万吨马铃薯资源循环利用、吉林省集安市大地参业有限公司集安市 3000 亩标准化农田高丽参种植基地等项目建设；光电子信息行业，重点实施了长春新产业公司高功率半导体激光器、长春光机所的红外光谱分析仪、吉林华微公司八英寸 IGBT、长春希达公司 LED 显示及照明等项目建设；冶金建材工业，重点实施了吉林利源铝业股份有限公司大截面交通运输铝型材深加工、吉林省临江市圣迈硅藻土功能材料有限公司年产 30000 吨改性硅藻土功能材料、吉林省江源区盛源新型建筑材料有限责任公司年产 3000 吨玄武岩玻璃纤维、吉林省通化宏信研磨材有限责任公司年产 20000 吨大直径硅晶片多线切割专用材料生产线建设等项目建设；装备制造工业，重点实施了长春轨道客车时速 350 公里动车组、四平市产品质量检验所国家换热器产品质量监督检验中心、延吉插秧机制造有限公司 20000 台高速插秧机等项目建设。

【“十二五”规划】 一是经济总量不断扩大，人均地区生产总值将继续保持在全国中上游水平。二是产业结构进一步调整优化，粮食生产能力将进一步大幅度提高，有望从现在全国第 7 位实现位次的进一步跃升。全省的一些重点产业仍将会有更大发展，汽车产业、轨道装备制造业创新能力和发展水平继续在全国领先，全省整车产能预计达到 400 万辆，建成世界重要的轨道客车生产基地，国内市场占有率继续保持 50% 以上。三是基础设施建设快速发展，现代化水平显著提高。交通方面，实现市市通高铁、县县通铁路、县通高速、村通油路的目标，铁路、公路对经济社会的支撑保障能力将由能力不足转变为略有超前，尤其是时速 200 公里以上高速铁路比重将超过全国平均水平 16 个百分点，铁路网密度将是全国平均水平的 2.7 倍。能源方面，通过实施“气化吉林”工程，全省天然气气化率将从现在的 16% 提高到 60%，县级以上城市天然气管道覆盖率将达到 100%，开发利用水平将居于全国前列。四是全面建设小康社会目标的实现程度明显提高，城乡居民生活水平进一步改善。预计到“十二五”末期，全省全面建设小康社会目标的实现程度将由“十一五”末期的 82.27% 提高到 96% 左右。全省城镇居民五项保险和新型农村养老保险实现全覆盖，基本解决困难群体的住房问题，全省城镇化率将从 2010 年的 54% 提高到 60%（比国家规划目标高 8.5 个百分点），生态和环境优势进一步巩固，成为全国重要的生态宜居省份。

【老工业基地振兴】 2010 年，吉林省认真贯彻落实国家新一轮振兴战略，将国务院 33 号文件所涉及的政策措施，分解落实到省直各有关厅（局），研究提出了吉林省对振兴工作的政策意见和建议。

围绕吉林省振兴发展的战略需要，大力推动跨省区经济合作。成功组织了“吉林省与内蒙古自治区重大项目合作签约仪式”，共签约能源方面重大合作项目 6 个，总投资约 300 亿元。吉林省能源局与呼伦贝尔市在会上签署了《煤化工产业合作框架协议》。会后两省区联合签发了《吉林省、内蒙古自治区两省区经济社会发展情况交流座谈会议纪要》，明确在能源、交通、农业、物流、教育等方面加强合作。积极与辽宁省合作，推进通—丹—白经济带建设。

吉林省努力推进老工业基地对外开放，研究制定了吉林省对俄实施方案。进一步加强中俄地区合作。全面贯彻落实国家中俄地区合作规划纲要。组织有关部门和企事业单位参加俄罗斯联邦伊尔库茨克州经贸投资推介会，对接了一批木材开采及深加工、矿产资源、工业加工，旅游、教育和经贸投资合作等领域项目。

黑龙江省

【经济与社会发展】 2010年，黑龙江省全年实现GDP 10235.0亿元，增长12.6%。其中，第一产业增加值1302.3亿元，增长6.2%；第二产业增加值5100.1亿元，增长14.4%；第三产业增加值3832.6亿元，增长11.6%。三次产业结构为12.7∶49.8∶37.5，第一产业、第二产业、第三产业对GDP增长的贡献率分别为5.0%、63.1%和31.9%。

农业登上新台阶。全年粮食总产量5013.0万吨，首次突破千亿斤大关，比上年增长15.2%，连续七年喜获丰收，成为全国第二个超千亿斤省份。畜牧业实现平稳发展。全年猪牛羊肉、禽肉、牛奶、蛋、水产品增幅均在3%—6%。绿色食品产业规模不断扩展。绿色食品年末全省认证个数1100个，种植面积6100万亩，增长5.9%，其中A级5680万亩，增长5.9%，占总面积的93.1%。劳务产业取得新进展。全年转移农村劳动力520万人，实现劳务收入356亿元，分别比上年增长1.6%和16.0%。农业基础设施得到加强。年末全省拥有农业机械总动力3736.3万千瓦，比上年增长9.8%。农田有效灌溉面积388.4万公顷，增长14.0%；节水灌溉面积266.4万公顷，增长18.0%；农田受灾面积522.6万公顷，下降23.9%；综合治理水土流失469.1万公顷，增长2.1%。

工业生产保持较快增长。全年规模以上工业企业实现增加值4003.5亿元，比上年增长15.2%。工业经济效益大幅提高。全年规模以上工业实现利税2065.9亿元，比上年增长42.1%，其中利润1071.6亿元，增长25.2%；工业经济效益综合指数345.4，提高52.5点。规模以上地方工业企业实现利税577.5亿元，增长42.9%，其中利润309.0亿元，增长54.6%；地方工业经济效益综合指数211.5，提高39.5点。四大主导产业支撑作用明显。全年四大主导产业实现总产值8454.6亿元，比上年增长35.0%，占规模以上工业的85.1%。其中，装备工业增长23.7%；石化工业增长37.4%；能源工业增长32.4%；食品工业增长18.6%。建筑业稳步发展。全年建筑业企业实现增加值595.1亿元，按可比价计算比上年增长9.1%。

固定资产投资持续快速增长。全年完成全社会固定资产投资6812.6亿元，比上年增长35.5%。其中，城镇投资6292.7亿元，增长

34.0%。在城镇投资中，民间投资3035.3亿元，增长52.4%；国有及国有控股投资3093.6亿元，增长19.2%；外商及港澳台投资163.8亿元，增长49.3%。装备、石化、能源、食品等四大主导产业完成投资2077.1亿元，增长37.6%，占城镇工业投资的75.9%。亿元以上建设项目1157个，比上年增加266个，完成投资2878.3亿元，增长33.8%。全年城镇建成投产项目7604个，项目建成投产率74.8%。各类房屋竣工面积7450.7万平方米，竣工率42.7%。新增固定资产4655.7亿元，增长23.2%，固定资产交付使用率68.3%。

房地产开发投资保持较快增长。全年完成房地产开发投资843.1亿元，比上年增长49.5%。商品房销售面积2718.1万平方米，增长34.9%，其中住宅销售面积2380.7万平方米，增长36.0%；商品房销售额1010.1亿元，增长54.8%，其中住宅销售额830.4亿元，增长54.9%。

消费品市场平稳较快发展。全年实现社会消费品零售总额4001.0亿元，比上年增长19.0%。按地域分，城镇零售额3547.7亿元，增长19.0%，其中城区2828.1亿元，增长19.5%；农村（县以下）零售额453.3亿元，增长18.8%。从行业看，批发业零售额497.1亿元，增长21.4%；零售业零售额3012亿元，增长18.6%；住宿业零售额41.7亿元，增长18.6%；餐饮业零售额450.7亿元，增长19.1%。

对外贸易高速增长。全年实现进出口总值255.0亿美元，比上年增长57.1%。其中，出口162.8亿美元，增长61.5%；进口92.2亿美元，增长50.0%。从贸易方式看，一般贸易进出口178.1亿美元，增长73.7%；边境小额贸易进出口50.2亿美元，增长44.3%；加工贸易进出口7.3亿美元，下降13.7%。从企业性质看，国有企业进出口50.5亿美元，增长16.3%；私营企业进出口192.4亿美元，增长75.8%；三资企业进出口11.1亿美元，增长42.0%。从国（地区）别看，对俄罗斯进出口74.7亿美元，增长34.0%；对东盟进出口27.1亿美元，增长97.5%；对欧盟进出口23.7亿美元，增长48.3%；对美国进出口22.4亿美元，增长65.4%；对安哥拉进出口14.3亿美元，增长2.2倍；对印度进出口7.9亿美元，增长1.7倍；对韩国进出口7.5亿美元，增长44.0%；对巴西进出口7.0亿美元，增长34.0%；对日本进出口6.7亿美元，增长10.6%。从商品类别看，机电产品出口47.6亿美元，增长61.8%；高新技术产品出口3.7亿美元，增长53.4%。利用外资稳步增长。全年实际利用外资27.6亿美元，比上年增长9.9%。其中，外商直接投资26.6亿美元，增长12.7%。

交通运输业发展良好。全年各种运输方式共完成货物周转量1852.2亿吨公里，比上年增长11.9%。其中，铁路1032.9亿吨公里，增长8.0%；公路762.4亿吨公里，增长16.0%；水运7.0亿吨公里，增长2.9%；航空1.4亿吨公里，增长7.7%；管道48.4亿吨公里，增长42.8%。全年完成旅客周转量627.9亿人公里，比上年增长8.8%。其中，铁路252.3亿人公里，增长8.6%；公路243.2亿人公里，增长7.2%；水运0.4亿人公里，增长2.9%；航空132亿人公里，增长12.2%。

旅游业发展迅速。全年共接待国内、外旅游者15874.0万人次，比上年增长44.5%；实现旅游业总收入883.4亿元，增长35.9%。其中，接待国内旅游人数15701.6万人次，增长44.8%，实现国内旅游收入831.6亿元，增长37.2%；接待国际旅游人数172.4万人次，增长21.0%，实现国际旅游外汇收入7.6亿美元，增长19.4%。

地方财政收入突破千亿元。全年实现地方财政收入1073.3亿元，比上年增长21.2%。其中，一般预算收入755.6亿元，增长17.8%。主体税种中，国内增值税123.5亿元，增长18.4%；营业税165.8亿元，增长

31.7%；企业所得税 61.6 亿元，增长 20.6%；个人所得税 25.1 亿元，增长 20.9%。地方财政支出 2540.6 亿元，增长 21.3%。其中，一般预算支出 2253.3 亿元，增长 20.0%。农林水事务、环境保护、城乡社区事务、科学技术、教育和社会保障和就业等重点支出分别增长 75.7%、50.7%、40.1%、38.8%、12.2%和 10.7%。

医疗卫生服务能力不断提升。年末共有卫生机构 8941 个，其中医院、卫生院 1885 个。卫生机构床位数 15.9 万张，其中医院、卫生院床位数 14.2 万张。卫生技术人员 18.8 万人，其中执业医师和执业助理医师 7.6 万人，注册护士 6.2 万人。疾病预防控制中心（防疫站）188 个，卫生技术人员 0.5 万人。卫生监督检验机构 154 个，卫生技术人员 0.3 万人。乡镇卫生院 955 个，床位 1.8 万张，卫生技术人员 1.9 万人。新型农村合作医疗覆盖农村人口 1511 万人，实际参加农村合作医疗农民 1410.5 万人，比上年增长 2.9%。

城乡居民收入明显增加。全年城镇居民人均可支配收入 13856.5 元，比上年增长 10.3%；城镇居民人均消费性支出 10683.9 元，增长 10.9%。农村居民人均纯收入 6210.7 元，增长 19.3%；农村居民人均生活消费支出 4391.2 元，增长 3.5%。城镇恩格尔系数为 35.4%；农村恩格尔系数为 33.8%。城镇居民人均住房建筑面积 25.7 平方米，比上年增加 1.1 平方米；农村居民人均拥有住房面积 22.7 平方米，增加 0.2 平方米。

社会保障制度覆盖面进一步扩大。年末参加基本养老保险 953.6 万人，比上年增长 3.9%。参加失业保险 472.9 万人，增长 0.3%。参加基本医疗保险 1560.8 万人，增长 1.1%，其中，职工 595.3 万人，增长 0.1%；离退休人员 278.3 万人，增长 8.5%。城镇居民得到最低生活保障人数 151.1 万人，下降 2.2%。社会福利事业稳步发展。年末各类收养性社会福利单位床位 6.7 万张，收养人员 5.6 万人。各种城镇社区服务设施 3104 处，其中区县级服务中心 72 个，乡镇、街道服务中心 440 个，居委会社区服务站 1500 个。

资源环境保护力度加大。大小兴安岭生态功能区上升为国家战略。年末全省有自然保护区 201 个，比上年增加 4 个，其中国家级自然保护区 23 个，自然保护区面积 636 万公顷。松花江流域水污染防治规划建设项目全部建成，松花江干流生态环境明显恢复。

【投资环境与招商引资】 黑龙江省利用“哈尔滨国际经济贸易洽谈会”等经贸平台，广泛邀请全国各地企业参展参会，积极搭建引资平台。第 21 届哈洽会共 19 个交易团组与 44 个国家和地区签订各类涉外合同总额 119.1 亿美元；签订国内贸易、国内经济技术合作项目总额 1521.1 亿元。来自俄、日、韩、法、巴西等 72 个国家和地区的 1.1 万人参会，共有 37 个国内政府和经贸代表团，21 个国家和地区的 58 个省州级外国政府和经贸代表团参会，主要商务活动共有 56 项，各项子活动 74 项，其他洽谈对接活动近百项。展会期间，黑龙江省政府与亚洲开发银行签订《黑龙江省污泥处置减排与碳汇合作签约项目》，贷款总额达 1 亿美元；与俄外贝加尔边区、俄勘察加边区、德国勃兰登堡州等签订了多领域合作协议书，进一步推动了与俄远东地区和德国的友好合作关系。第三届哈科会共签约项目 84 个，主要集中在装备制造、电子信息、新材料等高新技术领域，共有 620 家单位 1550 人次与外国专家进行了现场洽谈，有力地推动了黑龙江省与国内外的经济技术合作。

中俄（佳木斯）农机产品展销洽谈会、第二届“中俄（东宁）机电产品展销洽谈会”，分别签订贸易合同 10 亿美元、15 亿美元。黑龙江省组织企业参加“第 28 届韩国首尔国家食品展销会”、“上海世博会—黑龙江省德国勃兰登堡州联合推介活动”、“黑龙江省—（奥地利）卡恩顿州经贸合作恳谈会”、“黑龙江—日本友好省县经贸合作恳谈会”，进一步密切了同相关国家和地区的经贸关系。共 170 家企业参加 107 届广交会，承接金额达

5.4亿美元，比上届增长24.1%。

黑龙江省积极推进哈牡绥东对俄贸易加工区和东北亚经济贸易开发区建设。哈尔滨市、牡丹江市18个园区共入驻上千个项目集可口可乐、百事可乐、康师傅、香港世茂集团、江苏雨润等一批国内外知名企业。乌克兰新比阿斯—法尔马公司投资近3亿元，在海林经济技术开发区建设抗肿瘤药和抗癌药基地。江苏雨润集团计划投资10亿元开发黑木耳精深加工、现代物流、生态观光、科技研发等综合项目。绥芬河综合保税区获国务院批准后，各项建设全面展开，已有20多家境外企业确定入区投资，通过验收后将封关运行。中俄乌苏里斯克经济贸易合作区建设取得显著成效，国家副主席习近平访俄期间专程视察该合作区，要求黑龙江省将其切实办成中俄特别是与俄远东地区合作的典范。阿马扎尔林浆一体化项目、新林林业局森林采伐及木材深加工项目、黑河与阿穆尔州油气合作项目等一批对俄重点合作大项目取得实质性进展。

【经济技术协作与对口支援】 援疆。黑龙江省对口支援新疆自治区阿勒泰地区福海县、富蕴县、青河县和新疆生产建设兵团农十师。黑龙江省围绕民生建设、农业产业化、矿产资源开发、地质勘探等领域，加强协调沟通，不断拓宽合作渠道；通过技术支援、资本输出、人才共享、合作开发，促进两地民族团结和经济共同发展；结合两地经济社会发展情况，在农业产业化、冷水养殖、矿产开发、油气开发、冬季旅游、口岸经济等方面开展工作。黑龙江省启动多项对口支援试点项目，涉及雪灾危房重建、防洪应急、牧道桥建设等工程。以当年实施、当年见效为原则，选择“三县”灾后危房重建、防洪设施建设等民生项目和农十师完善连队基础设施项目、民生项目作为试点工作的重点，着力解决各族职工群众迫切需要解决的困难和问题；加快推进安居工程和游牧民定居工程建设，加快城镇廉租房建设和各类棚户区改造速度；配套建设水、电、气、路等基础设施和学校、医院、养老院、文化站等公共服务设施，安排资金6000万元。黑龙江省组织选派了首批由113名援疆干部和人才组成的援疆工作队。其中77名援疆干部和人才已正式进疆工作，选派的校长、教师将于明年新学期开学前进疆工作。

援川。黑龙江省援建四川省剑阁146个项目全部完工，44178户农房重建全部完成，参与援建工作6000多人，完成援建资金15.5亿元。26名援建指挥部干部长驻剑阁，先后派出建房技术指导队24人、警力225人、卫生、技术人员近100人、支教教师38名、志愿者110名、财政评审专家5人支援剑阁。

援藏。黑龙江第四批援藏干部于2010年6月入藏展开工作，谋划“经济援藏、干部援藏、人才援藏、教育援藏、科技援藏”的援藏格局。共规划项目75项。其中改善农牧民生活条件和改善社会民生项目41项；扶持地方经济发展项目12项；加强地方基础设施建设项目22项。

【“十二五”规划】 综合实力跃上新台阶。在优化结构、提高效益、降低消耗、保护环境的基础上，到2015年，全省地区生产总值和地方财政收入分别比2010年翻一番，实现经济持续快速健康发展，使“十二五”成为黑龙江省改革开放以来发展最快时期。

结构调整实现新突破。高新技术产业、服务业增加值比重和居民消费率、城镇化率明显提高，自主创新能力增强，非公有制经济快速发展，使“十二五”成为经济发展方式实现重大转变时期。

改革开放迈出新步伐。经济管理体制、行政管理体制和社会管理体制等重要领域和关键环节改革不断深化，进出口总额、实际利用外资、国际交流合作大幅度提升，使“十二五”成为市场经济体制更加完善时期。

生态建设达到新水平。资源消耗得到有效降低，环境污染得到有效治理，耕地农田得到有效保护，废物排放得到有效控制，可持续发展能力明显增强，使“十二五”成为生态文明建设成效显著时期。

城乡统筹取得新成效。国民教育水平明显提高，公共卫生体系比较健全，社会保障覆盖面扩大、措施更加配套，基本公共服务均等化，城乡收入差距逐步缩小，使“十二五”成为城乡经济社会一体化加快推进时期。

人民生活得到新提高。城镇居民人均可支配收入和农村居民人均纯收入普遍较快增加，与经济发展同步，城乡居民住房、交通、文化和环境等条件有较大改善，使“十二五”成为人民群众生活水平明显提高时期。

【重点项目介绍】 2010 年，黑龙江省调优做实了省重点推进的 300 个大项目和市长（专员）负责推进的 122 个产业项目。全省亿元以上项目开复工 1157 个，比上年增加 266 个。一重大型铸锻件升级改造等一批重大项目获国家批复和资金支持。宾西至成高子铁路、哈大客专省内段主体工程等 3 个项目竣工，哈西客站等 7 个项目开工和续建。抚远、加格达奇和五大连池机场建设前期工作扎实推进。128 个水利工程项目全面建设。60 个农产品加工项目建成投产。全年完成全社会固定资产投资 6812.6 亿元，增长 35.5%。

新农村基础建设成效显著。全年完成通村公路硬化里程 1.27 万公里，通村公路硬化率达到 99.3%；新硬化村内街道 1713 公里，排水边沟 3200 公里，分别比上年增长 19.0% 和 16.8%。新建农村饮水安全工程 10002 处，自来水入户率达 60%。改造 22 万户、1826 万平方米泥草房。完成 10087 个村屯绿化任务，比上年增长 12.1%。建设村文化广场 326 个，文化共享工程村级服务点 9054 个。扎实推进第二批新农村建设试点，全省 35 个重点示范村，1008 个试点村全部达标，855 个非试点村自发建设，5 条示范带基本成型。全省新农村建设由点到面，呈现快速、健康、协调发展的态势。

【老工业基地振兴】 经济结构调整取得进展。贯彻落实国家一揽子政策和计划，加快推进重点产业发展。2010 年，全省规模以上工业实现增加值 4003.5 亿元，增长 15.2%。100 户重点企业实现工业总产值 4554.9 亿元，增长 26%；装备制造、能源、石化、食品加工等四大主导产业实现工业总产值 8454.6 亿元，增长 35%。

农业和农村经济再上新台阶。坚持抗灾夺丰收，全省粮食总产首次登上 1000 亿斤新台阶，成为全国粮食总产第二个超千亿斤省份。绿色食品种植面积达到 6100 万亩，加工总量达到 1040 万吨，认证数量、种植面积和产业经济总量继续位列全国之首。畜牧业稳步发展，实现产值 940 亿元，增长 8%。投资 61 亿元，组建了 337 个大型农机合作社，提高了机械化水平。第二批 1008 个新农村试点村建设任务全面完成，5 条示范带基本形成，35 个重点示范村引领作用凸显。

改革开放不断深化。国企改革深入推进，医药卫生体制改革顺利进行，集体林权改革主体任务全面完成。文化体制等其他领域改革全面展开。对外开放实现新的突破。全年进出口总额可超过 255 亿美元，增长 57.1%。全省实际利用外资额 27.6 亿美元，增长 9.4%；吸引省外资金 1152 亿元，增长 27.4%。成功举办了第 21 届哈洽会，积极参与了上海世博会，促进了招商引资和对外开放。

“两型社会”建设成果显著。加快推进 100 项重大节能、节水、综合利用技术改造项目和 100 项节能产业化项目，关停 43 户落后产能企业，全省规模以上工业增加值能耗下降 6% 左右。累计完成既有建筑节能改造 1500 万平方米。《松花江流域水污染防治规划》有关项目全面完成，干流生态环境明显好转。全省完成造林绿化面积 476.5 万亩，完成水土流失治理面积 245 万亩。全省万元 GDP 综合能耗下降 4.3%，化学需氧量排放量和二氧化硫排放量等减排指标将全部完成。

民生进一步改善。在财力十分紧张的情况下，省本级用于民生投入仍然达到 95.6 亿元，增长 32.5%。就业规模不断扩大，全年城镇新增就业超过 70 万人。社会保障水平进一步提升，企业离退休人员养老金标准月人均提高

147.3 元。新型农村社会养老保险首批 15 个试点单位参保率达到 85.5%，新型农村合作医疗基本实现全覆盖。城乡“低保”覆盖面进一步扩大，“低保”对象人数达到 261.32 万人，实现了动态管理下的“应保尽保”。建设标准化学校 580 所，“校安”工程开工建设 399 万平方米。下拨助学资金 10.5 亿元，资助各类贫困学生 69 万人。“三棚一草”改造完成投资 742.9 亿元，惠及城乡居民 71.89 万户。保障性住房完成投资 66.19 亿元，开工建设 19.02 万套。“三供两治”工程开复工建设 348 项，完成投资 170.4 亿元。城乡居民收入明显增加，2010 年，全省城镇居民人均可支配收入实现 13856.5 元，增长 10.3%；农村居民人均纯收入达到 6210.7 元，增长 19.3%；预计全年全省社会消费品零售总额超过 4001 亿元，增长 19%。

计划单列市篇

大连市

【经济与社会发展】 2010年，大连市全年实现GDP 5158.1亿元，增长15.2%。完成地方财政一般预算收入500.8亿元，增长25.1%；完成全社会固定资产投资4047.9亿元，增长30.6%；实现社会消费品零售总额1639.8亿元，增长18.5%；实际使用外资100.3亿美元，增长66.7%；城镇居民人均可支配收入21293元，农民人均纯收入12317元，分别增长12%、14.8%；万元GDP综合能耗降低4.3%以上，主要污染物排放总量削减3%以上；居民消费价格总水平增长2.7%。

农业生产稳步发展。2010年，实现现价农林牧渔及服务业总产值629亿元，增长6.2%。其中，农业产值165.9亿元，林业产值5.4亿元，牧业产值167.5亿元，渔业产值244.6亿元，农林牧渔服务业产值45.6亿元，水产、畜牧、蔬菜、水果和花卉五大优势产业产值占农林牧渔及服务业总产值的比重为84.8%。全年粮食总产量149.3万吨；水果总产量创历史新高，达150.7万吨，增长1.6%；地方水产品总产量193.1万吨，按可比口径计算（下同）增长7.5%，其中海参和杂色蛤产量分别为3.7万吨和40.7万吨，分别增长26.1%和24.8%。以优势产业为载体，设施农业、休闲农业等都市型现代农业建设全面启动。2010年，开工建设500亩以上集中连片设施农业大区40个。开展了以樱桃节、蓝莓节、钓鱼节为代表的休闲观光农业活动。2010年全市创建金州新区向应等都市型现代农业示范区16个，瓦房店市被农业部批准为首批创建国家现代农业示范区。

工业生产保持较快增长。2010年，全市规模以上工业生产保持平稳增长态势，累计实现工业增加值2306.1亿元，增长23.5%；完成销售产值7938.8亿元，增长30.2%；实现出口交货值1994.5亿元，增长26.1%；产销率为97.3%，下降0.75个百分点。规模以上工业实现利润236.9亿元，增长46.4%；实现利税489亿元，增长38.9%。“四个基地”合计完成工业增加值1544.1亿元，增长25.3%，提升10.7个百分点，占规模以上工业比重为66.9%。其中，现代装备制造业完成增加值757.3亿元，增长29.2%，提升10个百分点；石化行业完成增加值469.9亿元，增长8.1%；船舶制造业完成增加值184.4亿元，增长42.6%，提升34个百分点；电子信息工业完成工业增加值132.6亿元，增长42.2%，提升56.2个百分点。

现代服务业快速发展。2010年，全年运输企业客货换算周转量6012.6亿吨公里，比上年增长15.6%。货物周转量5938.4亿吨公里，增长15.8 %；旅客周转量173.2亿人公里，增长4.8 %。空港国际物流园项目进展顺利，大窑湾铁路集装箱中心站竣工运营，开工建设穆棱、大庆和德惠物流中心。海铁联运集装箱班列密度每周超过50班，以大连为出海口的东北集装箱海铁联运体系初步形成。全年完成港航固定资产投资120亿元，其中港口固定资产投资完成100亿元。完成港口货物吞吐量3.1亿吨、集装箱吞吐量526万TEU，同比均增长15%。机场三期扩建工程进展顺利，新机场建设前期工作全面展开。机场全年飞机起降9.1万架次；航线总数达到152条，其中国内航线116条，国际和特别行政区航线36条；与13个国家90个国内外城市通航。完成空港旅客吞吐量1070万人次、货邮吞吐量14万吨、航班起降9.5万架次，同比分别增长12%、11.1%和11.8%。2010年全年接待国内游客3777.1万人次，比上年增长10.7%；接待海外游客116.6万人次，增长11.1%。旅游总收入550.1亿元，增长14.6%。

截至2010年末，大连市金融业拥有各类金融机构227家，其中银行机构57家、保险机构40家、证券机构53家、期货机构77家。金融资产1.23万亿元，比上年增长19.4%；行业净利润142.1亿元，增长26.6%。建设了人民路和星海湾金融商务区，先后引进了欧力士集团总部、中国融资租赁公司、渤海银行等19家金融机构。

社会建设事业全面推进。大力加强就业和社会保障工作，全市实现城镇就业16.1万人，城镇登记失业率2.7%；基本养老、医疗、失业、工伤、生育保险参保人数分别达到164.3万人、413.6万人、123.9万人、214万人、115.8万人；城市4.5万名无职业老年居民纳入社会保障范围，城镇居民基本医疗保险实行市级统筹。大力推进学前教育和中职教育发展，新建19所农村乡镇中心幼儿园，新增公办幼儿学位2089个；全市国家级实训基地增至19个，5个涉农区市县职教中心成为国家级重点学校。加快推进医疗卫生事业改革发展。国家基本药物制度全面实施，启动9类国家基本公共卫生和6项重大公共卫生服务项目，开工建设新儿童医院、妇产医院、新华医院。新型农村合作医疗参合率提高到99%。新建城乡社区养老服务中心80个。实施贫困残疾人家庭无障碍改造3100余户。

【投资环境与招商引资】　政府服务环境得到明显改善。深化政府管理创新，加强政风行风建设。行政审批项目进一步缩减，网上审批项目达到50%。建成市政府数据中心，政务外网正式开通运行。行政投诉办结率和群众满意率达95%以上。市区两级建立依法行政制度377项。强化对节能减排落实、土地执法监督检查，深入开展工程建设领域突出问题专项治理。社会信用体系建设全面启动，市公共信用信息平台开始运作。在省重点工程项目招标投标领域实行了信用报告制度，有31家企业被评为辽宁省“诚信示范企业”，占辽宁省总数的30%。

招商引资取得重大进展。2010年，新批准外商投资企业472家，注册外资金额81亿美元，比上年增长23%；新批投资总额1000万美元以上项目207家，比上年增加37家。实际使用外商直接投资100.3亿美元，增长66.7%，其中大连沿海经济带19个重点发展区域实际使用外资88.1亿美元。全面启动对外开放“招商年”活动，先后组织了赴瑞士、日本、韩国、德国、澳大利亚、美国等境外招商活动，随辽宁省政府代表团赴温州和自行组织的赴深圳、苏杭等对内招商活动。紧紧围绕建设东北地区核心城市，优化对内开放市场环境，建立了以主题招商、产业链招商为主的招商引资新机制。实施普湾新区、钻石海湾、瓦房店沿海经济区、三十里堡临港工业区等重点区域专题招商，形成了新一轮项目引进高潮。

积极举办各类展会，促进招商引资。2010年，大连市举办展会100个，展出面积101.62万平方米，展会平均规模保持在1万平方米以上。参展企业25908家，其中境外参展企业1984家；参展商95549人，其中境外参展商7406人；参观人数573万人次，其中境外参观人数2.2万人次。

【经济技术协作与对口支援】 2010年，大连市举办了“中国·大连区域经济发展高层论坛”，组织参加了第五届中国（山东）国际装备制造业博览会以及上海世博会、西洽会、青洽会、哈洽会、乌洽会等活动，接待了甘肃省、湖北省、广州市、西安市、哈尔滨市等9个城市政府考察团，密切了与兄弟城市的经济合作和经贸往来，对于实现产业对接和项目合作起到了积极的促进作用。参加了东北四城市（4+4）市长峰会、东北东部（12+1）区域合作组织圆桌会议、“八市一盟”市盟联席会议和辽宁沿海城市经济联合体、环渤海区域合作市长联席会议，建立健全了与东北乃至环渤海地区的高层会晤机制和长效合作机制，拓宽了区域合作的领域和空间，推动了大连区域核心城市的建设步伐。2010年，大连市引进内资1020亿元，增长57.7%。

认真贯彻落实党中央重要决策部署和国务院扶贫工作会议精神，全面开展经济、干部、人才、教育和科技领域的对口援助工作。建立起高层领导互访和对口帮扶联系会议制度，捐赠新疆农八师石河子市援建资金2000万元，落实湖北省兴山县援建资金500万元。选派优秀领导干部赴新疆、西藏等对口支援地区挂职锻炼；为受援地区培训各类干部4期200余人次；开展了援疆、援藏“十二五”规划的修编工作，全力提供人才支持和智力帮助。向贵州省遵义市、六盘水市受灾地区捐款，提高受灾地区的生产自救能力，实现帮扶工作由“输血”向“造血”转变。组织企业参加了十六省市对口支援湖北省三峡库区经贸洽谈活动，努力实现资源共享、优势互补、长期合作、共同发展。

【“十二五”规划】 民生质量显著改善。五年新增城镇就业100万人，城乡养老保障和基本医疗保险制度实现全覆盖，多层次的社会救助体系更加完善，实施保障性安居工程确保中低收入家庭住有所居，城乡居民收入与经济发展同步增长，人民群众生活水平和幸福指数明显提高。

综合实力显著增强。到“十二五”期末，地区生产总值、固定资产投资翻一番，分别达到1万亿元。实现地方财政一般预算收入1000亿元。科技、教育、文化、人才、创新优势彰显，城市核心地位和龙头作用更加突出。

社会建设显著加强。教育事业优先、均衡发展，公共卫生服务体系更加健全，文化事业和产业大发展大繁荣，“四馆四中心”建成投入使用，基本公共服务均等化加快实现。社会管理机制创新，民主法制更加完善，“平安大连”、“和谐大连”建设迈上新台阶。

经济结构显著优化。加快构建战略性新兴产业引领、先进装备制造业支撑、现代服务业发达的新型产业体系。装备制造、石化、造船千亿级产业集群和世界级产业基地基本建成，软件和服务外包争创“中国第一、世界第一”。县域经济和都市型现代农业加快发展。具有国际竞争力的现代产业聚集区加速形成。

全域城市化显著加快。进一步完善“四大组团”空间布局、城市功能、产业发展和生态建设规划，产业布局、基础设施、生产要素和重大项目加速向北转移和聚集，多中心、组团式、链条化城市新格局三年初具规模，五年基本形成，城市化率达到75%以上。

城市功能显著提升。实现港口货物吞吐量5亿吨、集装箱吞吐量1000万标箱，空港旅客吞吐量1600万人次以上；基本建成东北亚重要的货物中转、区域分拨配送基地和多功能综合服务中心；加快建设现代金融市场、金融服务体系和特色金融功能区；新机场、新老市区跨海通道等标志性工程项目主体工程完成。“三个中心”战略地位基本确立。

生态文明显著进步。坚持低碳、绿色发展，单位地区生产总值能耗、水耗和二氧化碳排放大幅下降，主要污染物排放总量明显减少；城市、中心城镇垃圾和生活污水处理实现全覆盖；建设国家森林城市，全市林木绿化率50%以上；大力发展循环经济，推广再生资源回收利用和清洁生产，努力把大连建设成为环境优美、低碳健康的生态宜居城市。

改革开放力度显著加大。创新和完善主城区管理体制，深化新市区体制改革，构建新型一体化管理模式；推进重点领域和关键环节改革，支持企业做强做大，进一步激发科学发展、创新发展、和谐发展的动力和活力。全面提高开放型经济水平和城市国际化程度。

【重点建设项目情况】 强化优势产业集聚效应，重点项目扎实推进。2010年全年组织实施工业项目3523个，其中投资额超亿元项目306个。恒力集团PTA、奇瑞汽车等项目开工建设，英特尔芯片、中远造船、大众变速箱等项目陆续投产，一重大连核电基地、北车旅顺制造基地等在建项目进展顺利。市政府与陕西延长集团签署了长兴岛特大型石化项目战略合作协议，福佳集团甲醇制烯烃等项目前期工作展开。大连表面精饰科技园（电镀产业园）、大连国家生态工业示范园区（静脉产业类）开工建设，瓦房店光电产业园建设加快，金州新区半导体照明产业园二期工程启动。腾飞软件园二期、天地软件园一期工程建设进入尾声，华信软件园、亿达信息谷开工建设。

城市基础设施建设力度加大。金州至普湾新区城际铁路、机场快速路、南部滨海大道开工建设，城市地铁、大连北站、旅顺南路快轨、体育中心等工程有序推进，国际会议中心主体工程竣工。完成东北路立交桥加宽改造、西部通道南段立交桥及香炉礁立交桥加固工程，新建五一路和华东路人行天桥，拓宽改造解放路、联合路和海防街，新建港湾式停车站15处，维修主干路和街巷路200余条。建成营城子和虎滩新区污水处理厂，开工建设寺儿沟污水处理厂。完成周水子河下游和春柳河下游景观河道工程，全力推进甘井子热电厂中水回用工程。以BOT方式建设的梭鱼湾垃圾转运站和垃圾焚烧厂进展顺利。完成城市供水旧管网改造185公里，煤气旧管网改造158.2公里；新建煤气管网5公里，解决煤气配套历史遗留问题1.2万户；新增供热面积485万平方米，解决10万平方米旧城区无暖气住宅供暖问题。

【老工业基地振兴】 2010年，大连市以全域城市化为载体，大力推进“三个中心、一个聚集区”建设，推动经济结构调整和发展方式转变，全市振兴发展工作取得显著成效。

实施全域城市化战略。按照组团式、多中心城市布局，规划基本覆盖全域的四个城市组团，为建设区域核心城市奠定了空间基础。

全面推进东北亚国际航运中心建设。2010年，大连市继续加大港航建设力度，基本构建起以海港和空港为核心，以多种陆路运输方式为支撑的航运中心骨架，整个口岸的航运服务能力和效率明显提高。

全面推进东北亚国际物流中心建设。以“一岛三湾”为核心，全力推进专业化、深水化大型综合枢纽港建设，构建辐射内外的物流通道网络体系。建立了以保税港区为龙头，以大连国际物流园区、香炉礁物流园、羊头洼铁路轮渡物流园区、空港物流园等为支撑，以油品、粮食、汽车、矿石、集装箱等为主要物流品种的一批物流园区、分拨中心和配送中心。

全面推进区域性金融中心建设。启动人民路金融商务区东港拓展区建设工程等；星海湾金融城一期投入使用，大连商品交易所、大通证券等61家期货、证券、银行机构入驻国际金融中心；中国煤炭交易市场、百年人寿等入驻诺德大厦，星海湾金融城聚集效应开始显现；欧力士（中国）、韩国友利银行、渤海银行等50家内外资金融机构入驻大连。大连商品交易所已经发展成全球第二大农产品期货市场、最大的油脂和塑料期货市场，综合实力位列全球第十。在国务院综合开发研究院首次“中国金融中心指数”排名中，大连位列环渤海及东北地区第一，被评定为核心区域金融中心。

全面推进现代产业聚集区建设。大力推进装备、造船、石化和电子信息四大优势产业项目建设，一重（大连）国内首台、具有自主知识产权的百万千瓦级核反应堆压力容器、中远船务深水钻井船、大橡塑20万吨大型挤压造粒机组等一批新产品制造项目完工。英特尔芯片、皿能光电等项目投产，中科院大连科技创新园、大连检测科技园等示范工程建设进展良好，IBM中国区总部落户大连，六轴7200千瓦大功率交流传动电力机车研发应用获得重大突破，促进了产业结构向高端化发展。东港商务区、小窑湾国际商务中心、体育新城等建设加快，促进了传统传统服务业向现代服务业转化。高新区成为首批“国家服务业综合改革试验区”，大连跻身首批“国家高技术服务产业基地”，成为国家知识产权工作示范城市和“三网融合”试点城市。

宁波市

【经济与社会发展】 2010年，宁波市全年实现GDP 5125.82亿元，增长12.4%。其中，第一产业实现增加值218.43亿元，增长3.7%；第二产业实现增加值2848.23亿元，增长13.6%，其中工业增加值2569.6亿元，增长14.8%；第三产业实现增加值2059.16亿元，增长11.6%。全年实现财政一般预算收入1171.7亿元，增长21.3%。其中地方财政收入530.9亿元，增长22.7%。

新农村建设扎实推进。2010年实现农林牧渔业总产值339.0亿元，按可比价格计算，比上年增长3.6%。粮食总产量87万吨，增长0.9%。村庄整治深化拓展，新增全面小康村58个，环境整治村269个。休闲观光农业快速发展，新增市级农家乐特色村4个，接待游客905.6万人次，营业收入8.0亿元。

工业生产、效益双增。2010年实现工业总产值13171.2亿元，增长32.5%。其中规模以上工业总产值10867.5亿元，增长35.4%。工业销售产值10565.4亿元，增长34.7%，工业产品产销率为97.2%。规模以上工业企业实现利润和利税总额654.2亿元和1147.9亿元，分别增长43.5%和35.1%。完成建筑业总产值1425.1亿元，增长32.2%。

消费市场持续走旺。2010年实现商品销售总额7506.6亿元，增长32.2%。实现社会消费品零售总额1704.5亿元，增长19.2%。批发业零售额85.8亿元，增长16.9%；零售业零售额1460.4亿元，增长19.9%5住宿和餐饮业零售额158.3亿元，增长14.8%。

旅游业加快发展。2010年实现旅游总收入650.8亿元，增长22.7%。接待入境旅游者95.2万人次，增长18.9%；入境旅游外汇收入5.9亿美元，增长21.4%。接待国内游客4624万人次，增长16.7%；国内旅游收入610.7亿元，增长22.8%。

会展水平日趋提升。2010年举办各类会展活动486个，增长32.4%。其中举办展览216个，增长21.3%，展览总面积203万平方米，增长14.0%；举办有影响的会议（论坛）162个，增长54.3%；举办节庆活动108个，增长28.6%。

对外贸易大幅增长。2010年实现外贸自营进出口总额829.0亿美元，增长36.3%。其中出口519.7亿美元，增长34.5%；进口309.3亿美元，增长39.6%。新增外贸经营备案登记企业2487家，累计15367家。加工贸易进出口额为175.9亿美元，增长25.9%；一般贸易进出口额602.0亿美元，增长36.2%。

科技创新能力持续增强。2010年新认定国家级企业技术中心1家，新增高新技术企业51家，国家级创新型试点企业1家。获得国家级科学技术进步二等奖2项。专利申请量26407件，授权量25971件，分别增长16.4%和64.2%。其中发明专利授权量1209件，增长50.8%。

教育事业取得新成就。2010年全市拥有各级各类学校（幼儿园）2174所，在校学生141.4万人，教职工9.4万人。其中普通高校和成人高校15所，在校生19.0万人（其中成人高等教育在校生5.0万人），高等教育毛入学率达50.0%；中职学校（不含技校）56所，在校生8万余人；普通中学301所，在校生32.5万人，初升高比例达到99.0%；小学513所，在校生46.2万人；幼儿园1180所，在园幼儿25.8万人。

卫生事业加快发展。2010年全市拥有实有病床2.6万张，专业卫生人员5.0万人，卫生技术人员4.3万人，其中执业医师（含助理）1.7万人，注册护士1.5万人。建成社区卫生服务中心（乡镇卫生院）147家，社区卫生服务站1181家。城市社区卫生服务覆盖率达100%，农村达95%。

人民生活水平持续改善。市区居民人均可支配收入30166元，增长10.2%；农村居民人均纯收入14261元，增长12.8%。企业基本养老保险、职工基本医疗保险、失业保险、工伤保险和生育保险参保人数分别为383.5万人、281.3万人、186.2万人、238.1万人、201.5万人，净增39.2万人、29.4万人、13.0万人、25.2万人和23.8万人。新增城镇就业岗位14.2万个，年末城镇登记失业率为3.03%，下降0.13个百分点。

城市建设取得新成就。全市公路里程达10198公里，公路网密度达到103.9公里/百平方公里，新增公路里程314.4公里。新改建农村公路321.0公里。市容环境逐步提升，新建垃圾中转站8座、改建6座；新建公厕15座、改建75座。中心城区城乡生活垃圾量约为127万吨，无害化处理率达98.7%。内河整治稳步推进，完成整治河道102条，实施河道沟通工程3个，整治河道全长107公里。节约型绿化积极推广，完成闲置地绿化18.7万平方米，屋顶绿化1.4万平方米，水体绿化4.6万平方米。

【投资环境与招商引资】 宁波简称“甬”，位于东海之滨、全国大陆海岸线中段，是我国东南沿海重要的港口城市、长江三角洲南翼经济中心、国家历史文化名城和具有省级经济管理权限的副省级计划单列市，为我国著名的“港城”、“商城”、“名城”、“绿城”，享有“港通天下、书藏古今”的美誉。全市辖三个县级市、二个县、六个区，陆域面积9812平方公里，海域面积9758平方公里，户籍人口574万。其中市区面积2634平方公里，人口223.36万。

经过多年发展，宁波已形成海、陆、空协调发展的综合交通运输网络，成为东南沿海最为重要的全国性综合交通枢纽之一。《长江三角洲地区区域发展规划》明确将宁波列为长三角世界级城市群的五个国际化中心城市之一，定位为“国际先进制造业基地、长三角南翼经济中心和现代化国际港口城市”，与上海共同打造亚太地区重要的国际门户。国务院批复的《浙江海洋经济发展示范区规划》明确将宁波作为核心区域之一，力争打造成为我国海洋经济参与国际竞争的核心区域和保障国家经济安全的战略高地。

宁波港是我国四大国际深水中转港之一，现有万吨级以上泊位70多座，集装箱航线216条，其中远洋干线113条，已与世界100多个国家和地区的600多个港口通航。2010年，全港完成货物吞吐量4.12亿吨，集装箱吞吐量1300.4万标箱，分别居全球第4位和第6位。伴随海洋经济战略实施，港口综合功能将进一步提升，必将为陆域经济发展提供强大支撑。

2010 年，宁波完成全社会固定资产投资 2206.5 亿元，增长 10.1%。其中，基础设施投资 634.6 亿元，增长 0.2%；工业投资 685.3 亿元，下降 10.9%；房地产开发投资完成 557.3 亿元，增长 48.8%。

2010 年，宁波实现合同利用外资 40.5 亿美元，增长 18.2%，实际利用外资 23.2 亿美元，增长 5.3%。其中第三产业新批项目 267 个，实到外资 6.95 亿美元，增长 14.1%；房地产业实际利用外资 4.1 亿美元，增长 53.3%。

【经济技术协作与对口支援】 2010 年宁波实际引进内资 238.3 亿元，引进重点机构 235 个，引进优质项目 121 个。新增山海协作项目 70 个，实际到位资金 10.0 亿元。完成市域产业合作项目 5 个，总投资 8.3 亿元。

对外合作稳步推进。2010 年完成对外承包劳务合作营业额 10.0 亿美元，增长 13.2%，其中境外工程承包营业额 9.7 亿美元，增长 14.7%。新批境外投资企业和机构 175 家，项目总投资额 7.8 亿美元，其中中方投资 5.2 亿美元，增长 31.7%。

积极参与上海“两个中心”建设，成功举办“上海世博会与长三角合作发展论坛”，完成接轨上海参与长三角合作项目 79 个，总投资 51.6 亿元。积极参与交通、能源、科技、金融和社保等长三角合作专题，通过专题合作促进长三角一体化发展。

全面加强与重点省市的战略合作，分别在成都、武汉成功举办“宁波周”系列活动，组织企业参加第十四届“西洽会”、第二十届“哈洽会”、第十三届“渝洽会”、第十一届“西博会”、第十六届“郑交会”等国内重要展会，为宁波市拓展中西部市场、促进产业梯度转移、实现内外贸易对接、发展港口内陆腹地等方面奠定了坚实的基础。

深入推进山海协作。深入推进与衢州的资源与产业合作共组，举办“舟山—宁波山海协作经贸洽谈会”，组织宁波、舟山、丽水等三市企业相互考察洽谈，共与丽水、舟山签订合作项目 36 个，到位资金 6 亿元，五年投资衢州 100 亿元的目标。

顺利推进对口支援工作。完成基础教育、医疗卫生、文化体育、市政设施等五个大类 20 个项目。积极响应中央新一轮对口援疆工作部署，成立了援疆指挥部，积极在资金、技术、人才、管理等方面展开支援，努力为新疆跨越式发展提供强劲动力和坚实保障。

【重点建设项目介绍】 2010 年宁波市共安排重点建设项目 200 项，总投资约 3459 亿元，年度累计完成投资 660 亿元。

轨道交通 2 号线一期工程：项目初步设计批复总投资 180.9 亿元，建设工期 5 年，计划 2015 年 12 月前通车试运营。项目起于机场止于东外环路高教园区北区内，共设车站 22 座，其中地下车站 18 座，高架车站 4 座，全长 28.35 公里，途经鄞州、海曙、江北、镇海四个行政区。项目采用全封闭的双线线路，实行右侧行车制，设计最高运行速度为 80km/h。车辆采用最高运行速度 80km/h 的标准 B2 型车。

杭甬客专宁波段：西起杭州东站，向东沿途设杭州东、萧山等七个车站，向北通过沪杭客专，民航铁路接道京沪高铁，向南通过永台温铁路直达东南沿海和珠三角各城市，是一条双线、电气化、全立交、全封闭的客运专线。项目全长约 150 公里，设计时速 350 公里，总投资额约 212 亿元。其中，宁波段全长 64.48 公里，其中新建 59.58 公里，总投资约 67.3 亿元，将于 2011 年 12 月 31 日前建成通车。

铁路宁波站改建工程：项目采用南北站房、地上进站、高架候车、地下出站的功能格局，周边设有地铁和公交车站场，建成后将成为市中心城区集铁路、轨道交通、公交客运、出租车等多种交通方式于一体的“零换乘”综合客运交通枢纽。项目将新建站房 50000 平方米，无站台柱雨棚 58500 平方米，地下集散厅 13000 平方米，站场总规模为 8 站台 16 条铁路线，工程总投资估算总额35.14亿元，于2010年10月开工，计划两年建成。

宁波穿山疏港高速公路：总投资约67亿元，规划建设用地总面积4156亩，工期三年。项目起自北仑华峙，接已建成的穿山四期港区道路，至宁波绕城高速公路东段好思房互通立交，全长34.4公里，设特大、大中桥梁14座，隧道5座，互通5座，采用六车道高速公路标准建设，设计车速为120公里/小时。项目建成后，将直接连接北仑、大榭、穿山等港区，通过与之相连的其他高等级公路，可以直达梅山、象山和石浦等港区，是宁波疏港公路的主动脉，在杭州湾南岸的综合运输网中具有十分重要的地位和作用。

【“十二五”规划】 全市生产总值突破10000亿元，港口集装箱吞吐量突破2000万标箱，服务业比重提高到45%，研发经费占GDP比重达到2.5%，城市化率达到70%，城乡居民收入分别年均增长10%和10.5%，全面建成惠及全市人民的小康社会，为建设现代化国际港口城市、率先基本实现现代化打下坚实基础，科学发展水平走在全省全国前列。

加快打造国际强港，重点是抓好港口扩能、集疏运畅通、腹地拓展、港口资源要素配置、口岸通关、梅山保税港区建设，五年实施100个重大项目、投资1000亿元，推进交通运输港向贸易物流港、国际大港向国际强港的转变。

加快构筑现代都市，重点是推进中心城区功能提升、南北两翼区块开发、城镇农村联动发展、综合交通网络构建、城乡环境更新改造、城镇管理水平升级“六大行动计划”，五年建设50个功能区块、100个基础设施项目、投资9000亿元。

加快推进产业升级，重点是建设杭州湾新区和梅山保税港区两大产业集聚区、16个省级以上开发区、120个产业基地、400个重点项目、4个一批重点企业培育，五年投资8000亿元，促进产业结构高级化、产业布局集聚化、产业发展生态化。

加快创建智慧城市，重点是推进智慧应用体系、智慧产业基地、智慧基础设施、居民信息应用能力“四大建设”，五年实施重大项目62个、投资260亿元。

加快建设生态文明，重点是推进节能减排、循环经济、绿色城镇、美丽乡村、清洁水源、清洁空气、清洁土壤、清洁海洋、森林宁波、绿色创建“十大工程”，五年实施重大项目131个、投资300亿元，努力创建全国生态文明示范区。

加快提升生活品质，重点是推进“八大富民工程”，五年实施重大项目80个、投资925亿元，使城乡居民生活水平有一个大的提升。

【海洋经济发展】 宁波是海洋大市。“港、岛、涂、渔、景、油”等海洋资源丰富、区位优势突出，工作基础扎实，是浙江海洋经济发展示范区的核心区域，将在浙江建设海洋经济发展示范区中起好领跑和示范作用。未来一段时期，宁波发展海洋经济，将坚持以科学发展为主题，以转变经济发展方式为主线，以港航服务业、临港大工业、海洋新兴产业和海岛资源开发为重点，以创新体制机制为动力，统筹陆域经济和海洋经济发展，统筹资源开发和环境保护，统筹经济建设和改善民生，着力构建现代海洋产业体系，着力完善海洋基础设施体系，着力提升海洋科教研发能力，着力加强海洋生态文明建设，努力建成我国海洋经济发展核心示范区。力争通过五年努力，海洋生产总值突破2500亿元，港口货物吞吐量突破5.5亿吨，集装箱吞吐量突破2000万标箱，大宗商品交易额突破4000亿元，海洋新兴产业增加值占海洋生产总值比重达到30%以上，海洋科技进步对海洋经济贡献率达到70%，重点海域主要污染物排海量比2010年消减15%以上。

在空间布局上：着力构建“一核、两带、十区、十岛”的空间总体布局框架。“一核”：即以宁波——舟山港宁波港区及其依托的海域和城市为核心区，重点发展“三位一体”的港航物流服务体系；“两带”：即以环杭州湾产业带及其近岸海域为主的北部产业带，以象山港、大目洋和三门湾及其附近区域为南部产业带，促进新型产业化和新型城镇化融合发展；“十区”：即重点建设宁波杭州湾、梅山两个省级产业集聚区和余姚滨海、慈东、宁波化工区、北仑临港、象山港、大目湾、环石浦港和宁海三门湾八大产业功能区；“十岛”：即重点开发梅山岛、大榭岛、南田岛、高塘岛、檀头山岛、花岙岛、对面山岛、东门岛、悬山岛、田湾岛等重要海岛，成为我国海洋开发开放的先导地区。

青岛市

【经济与社会发展】 2010年，青岛市全年实现GDP 5666.19亿元，增长12.9%。其中，第一产业实现增加值276.99亿元，增长1.4%；第二产业实现增加值2758.62亿元，增长12.6%；第三产业实现增加值2630.58亿元，增长14.4%。三次产业比例关系为4.9∶48.7∶46.4。实现财政总收入1990.54亿元，增长36%；地方财政一般预算收入完成452.61亿元，增长20.1%；全年国税系统组织税收收入（含海关代征）995.17亿元，增长25.6%；地税税收收入283.2亿元，增长26.4%。

农业。全市粮食播种面积53.56万公顷，增长1.2%；总产量351.41万吨。2010年末全市实有耕地面积42.04万公顷，增长0.4%。肉类产量保持稳定增长，总产量56.18万吨，增长1.1%；禽蛋产量18.95万吨，增长0.2%；奶类产量36.2万吨，增长1%。渔业生产平稳发展，水产品产量112万吨，增长1.7%。全年完成造林面积0.83万公顷，增长6.5%；全市森林覆盖率36.9%，增长0.8个百分点。全年完成幼林抚育面积1.3万公顷。2010年末，拥有农业机械总动力763.61万千瓦，增长6.2%。农用拖拉机20.02万台，增长11.1%。农村用电量42.68亿千瓦时，地膜覆盖面积16.34万公顷。农田有效灌溉面积32.9万公顷，增长1.9%，其中，节水灌溉面积16.27万公顷，增长1.7%。

工业。2010年规模以上工业企业（年主营业务收入500万元及以上的工业法人企业）6037家，比上年增加293家，增长5.1%。完成规模以上工业增加值增长16.1%。轻重工业协调发展，轻工业增加值增长11.6%，重工业增加值增长19.5%；轻重工业比例40.9∶59.1。装备制造业完成产值3876.25亿元，增长31.4%。装备制造业产值占规模以上工业比重33.85%。工业用电187.7亿千瓦时，增长11.65%。规模以上工业高新技术产业产值5573.36亿元，增长22.6%，占规模以上工业比重47%，增长0.5个百分点。资本保值增值率为121.5%，产品销售率98.6%。工业布局加快优化调整，海晶化工等17户企业新启动搬迁。

服务业。实现增加值2630.6亿元，增长14.4%，占GDP比重46.4%，增长1个百分点。金融、科技信息、中介等现代服务业增加值均增长20%左右。首批国家服务业综合改革试点城市获批，加快发展旅游产业意见出台实施，“三网融合”和“无线城市”试点建设稳步推进，华强文化科技产业基地等120个大项目进展顺利。全年房地产开发投资完成602.4亿元，增长31.1%。商品房竣工1020.5万平方米，增长25.3%；全市销售房屋面积1360.7万平方米，增长7.8%。经济适用房施工面积251.51万平方米，竣工面积80.3万平方米。

交通运输。全年港口吞吐量（不含地方港务局）3.5亿吨，增长11%；外贸吞吐量2.55亿吨，增长15%；集装箱吞吐量1201万标准箱，增长17.1%。航空运输能力提高，年末拥有国内航线95条，国际航线10条，港澳地区航线3条，全年航空旅客吞吐量达到1110万人次，增长14.9%；航空货邮吞吐量23.19万吨，增长18.3%。

旅游业。旅游总收入580.04亿元，增长18.6%。其中，国内旅游收入540.07亿元，增长19.6%；国际旅游收入6.01亿美元，增长8.9%。全年接待国内外游客4504.7万人次，增长12.5%。其中，国内游客4396.65万人次，增长12.6%；海外游客108.05万人次，增长8%。年末A级旅游景区达到59处，星级饭店155家。

固定资产投资。规模以上固定资产投资3022.5亿元，增长22.9%。其中，第一、第二、第三产业分别完成33.1亿元、1279.4亿元和1709.9亿元，分别下降2.4%、增长15.6%和29.8%。三次产业投资构成比重为1.1∶42.3∶56.6。全年规模以上固定资产投资施工项目4894个，新开工项目2505个，竣工项目2048个；在建项目计划总投资规模8275.8亿元，增长38.7%。全年新增固定资产1394.3亿元，项目建成投产率41.8%，固定资产交付使用率46.1%。

消费。实现社会消费品零售额1902.74亿元，增长18.7%。其中，城市市场实现零售额1571.62亿元，增长19.2%；农村市场实现零售额331.12亿元，增长16.0%。批发零售贸易业零售额1664.08亿元，增长18.4%；住宿和餐饮业零售额238.66亿元，增长20.5%。热点消费快速增长。全年限额以上单位实现汽车类零售额214.05亿元，增长35.2%；石油及制品类零售额87.04亿元，增长53.7%；粮油、食品类零售额66.06亿元，增长27.0%；日用品类零售额20.46亿元，增长28.0%；体育及娱乐用品类零售额6.44亿元，增长14.1%；金银珠宝类零售额14.78亿元，增长37.1%。全年居民消费价格上涨2.2%。其中，12月份同比上涨3.7%。八大类商品价格“四升三降一平”。12月份，食品类价格同比上涨9.1%；房屋销售价格同比上涨5.5%，其中，新建住宅价格上涨6.2%，二手住宅价格上涨5.9%。全年主要工业品出厂价格上涨3.75%；原材料、燃料、动力购进价格上涨12.21%。

外贸进出口。青岛市（不含中央、省公司）实现外贸进出口总额561.49亿美元，增长31.9%。其中，出口额333.51亿美元，增长31%；进口额227.98亿美元，增长33.6%。全年机电产品出口129.9亿美元，增长33.2%；高新技术产品出口32.5亿美元，增长18.7%。外商投资企业仍是外贸出口的主体，出口额168.32亿美元，占出口额的比重为50.5%。外商直接投资28.43亿美元，增长52.8%。青岛口岸对外贸易进出口总额1191.27亿美元，增长31.6%。

节能减排。节能减排全面推进，启动节能应急调控实施方案，万元生产总值能耗下降幅度完成国家、省下达的目标任务；化学需氧量排放量和二氧化硫排放量全面完成国家、省下达的削减任务。循环经济试点实施方案获得国家批复。青岛新天地静脉产业园列入国家首批“城市矿产”示范基地。海泊河、李村河、崂山水库上游等流域截污工程推进顺利。全市22条主要污染控制河流水质全部达标。海泊河污水处理厂二期等13座城镇污水处理项目竣工。

环境保护。全年空气质量按功能区达标率为 100%；市区空气质量优良天数达到 331 天，优良率 90.7%。市区共植树 106.23 万株。建成区绿化覆盖率达到 43.58%。市区园林绿地面积达 18058.35 公顷，增长 12.84%；新增公共绿地面积 126 公顷，人均拥有公共绿地面积 14.5 平方米。全市现有公园数量 80 个。

自主创新。自主创新取得新突破，国家创新型试点城市、技术创新工程试点城市等建设工作全面展开。新增 4 家国家创新型试点企业和 3 家国家企业技术中心。氮化物半导体衬底晶片、无线射频轮胎标签等一批产业关键技术取得突破。饲料、海洋防腐等市级产业技术创新战略联盟相继成立。青岛国家大学科技园正式挂牌，AMD 研发中心签署合作备忘录，青岛海洋国家实验室综合楼主体封顶。

【投资环境与招商引资】 2010 年，青岛市完成到账外资超过 28.43 亿美元，同比增长 52.8%。增量占山东省的 70%。青岛市新批外资项目 731 个，合同外资 47.57 亿元，同比增长 143.3%。

进一步优化投资环境。对落户青岛市的外资大项目实行"绿色通道"和"一站式"服务，确保外资项目在用地，审批、核准等方面服务上的高效。发挥"全市重大外资项目联席会议"作用，重大问题通过会议协调解决项目落地以及外资企业经营中遇到的问题。建立覆盖外资企业的信息网络，完善外商投资企业双向直报系统，及时掌握企业运营情况，推动经营情况好的企业增资，扩大经营规模。解决外资企业用地遗留问题。推动招商引资人才引进和培养的工作，为全市招商引资工作提供人才支撑。

大力实施大项目招商。深化跨国公司战略合作，以世界 500 强企业、知名跨国公司作为招商重点，分解产业链，引进一批具有龙头带动作用的大项目。在节能环保、高端制造业、新一代信息技术、新能源、生物、新材料、新能源汽车等七大战略性新兴产业招商实现突破，引进一批处于产业领军地位的大企业。以外资大项目为抓手，吸引著名跨国公司参与蓝色经济区建设，引导外资大项目投向蓝色产业。

招商引资质量提升，结构优化。招商引资第一、第二、第三产业的比例为 2.9∶46.2∶50.9，其中先进制造业和现代服务业项目两项占比超过 70%。新批和增资千万美元以上的大项目达到 190 个，合同外资 39 亿美元，占全市合同外资的 82%。新引进拜耳新材料、SK 土壤修复等世界 500 强项目 11 个，对全市产业升级的带动作用进一步增强。

招商引资方式创新，领域拓展。2010 年，着力在利用外资方式上实现突破，新设立首家创投企业华通建力创投公司，麦迪绅、海丰集团两家企业实现境外上市，28 家企业完成外资并购，其中天迅电器并购引进外资 5 亿港币，新批首家外资旅行社、外资担保公司和外资养老机构，冠捷、友达、峻凌电子、高迪数码等一批信息技术产业项目落地，中德生态园项目启动，沃尔玛在我市设立独立法人机构。

【经济技术协作与对口支援】 国内招商。青岛市 2010 年共引进实际投资 500 万元以上项目 1156 个，实际到位内资 628 亿元，同比增长 35%，完成年度计划 122%。项目个均到位 5400 万元，到位资金、增幅和个均投资三项指标创下"十一五"以来的历史新高。第三产业吸引内资项目 627 个，实际到位内资 353.5 亿元，同比增长 64.5%。其中，现代服务业项目 357 个，实际到位内资 239 亿元，同比增长 79.6%。全市引进投资 5000 万元以上重点项目 488 个，实际到位资金 568 亿元，同比增长 50.4%，占全市到位内资总额的 90.4%。其中亿元以上大项目 195 个，到位资金 405 亿元，同比增长 44.6%。

总部经济。据统计测算，2010 年青岛市 273 家大型总部企业完成增加值 1487.08 亿元，占 GDP 比重达 26.25%，同比增长 36.89%；实现地方税收 96.89 亿元，同比增长21.10%，占地税总额25.6%，总部经济已成推进青岛发展方式转型的重要牵引力量。在2010年“中国500强企业十大总部所在城市”排名中，青岛市位居全国第八位，政府服务指标位居全国第二位。其中，2010年实际引进总部项目38个，包括中国国际金融有限公司等世界500强企业区域性总部或分支机构7家；中铁联集青岛铁路集装箱中心等中央直属、国内500强区域和功能性总部17家。

西部开发。2010年，青岛市共组织赴西部地区参展参会289人次，签订投资合作项目39个，签约金额40多亿元。4月份，青岛市组团参加了第十四届中国东西部合作与投资贸易洽谈会，青岛海洋渔业局有3家企业签约5个项目，签约金额8千余万元；在山东省对口支援新疆喀什经贸合作项目的签约仪式上，现场签约项目4个，签约金额10.3亿元。

区域合作。2010年2月份，青岛市组织人员专程赴日照、潍坊两市研究探讨推进双方一体化发展的措施和方法，落实《关于加快推进区域合作一体化发展的备忘录》、《关于加快推进青潍一体化发展的指导意见》、《推进青潍一体化发展行动计划》等。青岛市在潍坊、日照投资项目261个，投资额99.8多亿元；潍坊、日照两市在青岛市投资项目45个，投资额51.5亿元。潍坊、日照蔬菜、副食品大量输送青岛市场，成为青岛市主要供应基地，两市有组织向青岛转移劳动力分别达6万人和2.1万人。“青岛·德州战略合作启动仪式”在青岛市举行，两市政府签署了战略合作框架协议，相关企业签署了23个合作项目，总投资额113.47亿元，签署了《青岛市人民政府——德州市人民政府关于进一步发展两市交流合作关系战略框架协议》。河南修武、江苏大丰、成都双流、吉林省、长春市、吉林市、山西临汾、广西南宁等城市在青岛举行招商推介活动，青岛市260余家企业参加。

对口支援。支援西藏。青岛市调整部分援藏项目，第六批援藏工作组7名同志赴日喀则市开展工作。根据国家、省援藏要求，青岛市确定了援藏资金筹集方案，在援藏资金和项目安排上给予倾斜，确保了援藏工作需要。

支援贵州。青岛市推动贵州铜仁地区和安顺市“开发式扶贫村”和“三个确保村”建设工作，在铜仁地区江口、印江、德江、沿河、松桃、石阡6个县各建设2个“三个确保村”，在安顺市镇宁、平坝、普定、关岭、紫云5个县各建设2个“开发式扶贫村”，提出“一村一品”的思路，依据当地不同的产业特点，分别确定和建设了蔬菜种植、果品种植、乡村旅游、畜牧产业等专业村，着力培育贫困村寨的自我发展能力，同时兼顾生活条件的改善，22个“开发式扶贫村”和“三个确保村”项目顺利完成。国务院扶贫办对青岛市结合梵净山旅游开发与当地资金捆绑建设“开发式扶贫村”的做法给予充分肯定。

支援三峡。按照《全国支援三峡库区移民工作五年（2008—2012）规划纲要》的部署，青岛市把移民安置工作以及库区产业结构调整、经济社会发展相结合，实施了一批乡镇卫生院、学生宿舍、阅览室、福利院等移民公益项目。青岛市在“鲁渝相互支援·经济合作展”上展示了接收安置重庆移民和企业项目合作成效。在全国16省市对口支援湖北省三峡库区经贸洽谈会上，青岛市3个经济合作项目签约，总投资2亿多元。同时青岛市与宜昌市签署协议，确定共同合作建设“夷陵区（青岛）工业园”。在青岛举办旅游管理人才培训班，培训夷陵区乡镇干部50人。

支援曹县。青岛市加大曹县（青岛）工业园建设的工作力度，落实年度帮扶曹县专项资金。协调当地政府加强对工业园建设的服务工作，帮助工业园区内尚未取得土地证的企业办理土地证手续，重点实施了曹县（青岛）工业园丹江路基础设施改造项目。青岛市在曹县的投资合作项目共22个，总投资36.55亿元。帮扶的山东路通公用型保税仓库建成运营，成为菏泽市唯一一家保税仓库。六和集团、丰隆纺织等一批项目已成为当地的骨干企业。

【“十二五”规划】 综合经济实力显著增强，蓝色经济区核心区和高端产业聚集区建设取得重大进展，环湾型城市发展新格局基本形成，城乡居民收入普遍较快增加，社会事业全面发展，生态环境明显改善，转变经济发展方式取得实质性进展，城市竞争力和影响力大幅提高，率先实现全面建成小康社会的目标。规划提出“经济发展、科技教育、城市功能、资源环境、人民生活”五大类27项指标。“十二五”期间生产总值预期年均增长11%，到2015年力争达到10000亿元。地方财政一般预算收入1000亿元，与2010年相比实现翻番。服务业比重每年提高2个百分点，到2015年达到57%。增加了人才资源总量、每万人口发明专利授权数、财政性教育经费支出占财政支出比重、保障性住房建设套数等指标，城镇居民人均可支配收入和农村居民人均纯收入年均增长11%以上。

【重点建设项目介绍】 2010年，青岛市筛选出市级重点建设项目240个，总投资2828亿元，年内全部开工在建，竣工项目70个，年度投资773亿元。在重点项目安排上，认真把握国家宏观政策，围绕“蓝色经济区”建设，重点突出现代服务业、新能源及循环经济、高新技术、社会民生等领域。

青岛市地铁一期工程。项目总投资175亿元，占地700亩，地铁一期工程（3号线）线路全长24.9公里，全部为地下线，设车站22座，其中换乘站6座，控制中心1座。青岛地铁是山东省第一个地铁建设项目，2010年全线开工，预计2014年底通车运营。地铁对方便老百姓出行、减少空气污染、提高城市运行效能、优化城市发展格局、加快城市化步伐具有重大意义。

中石油青岛海工建造基地。项目总投资23亿元，由中国石油集团投资建设。规划建设深海浅海石油钻探、开采平台制造，海洋工程服务。主要建设4条总装滑道及各类生产车间。该项目是中国石油集团提升海洋石油勘探开发综合服务能力的一项重要举措。项目建成后，将进一步增强青岛市海洋工程大型装备制造能力，使海西湾成为亚洲乃至世界重要的海洋工程装备制造平台。

港中旅青岛海泉湾度假城项目。总投资46亿元，由香港中旅集团青岛海泉湾有限公司建设的大型旅游度假城，2008年4月开工建设。主要建设11万平方米的五星级酒店、3.4万平方米的海洋温泉中心、1.59万平方米的演艺中心、6万平方米的风情商业街及海鲜大世界、2.14万平方米的会议中心、11.6万平方米的产权式度假酒店和主题会所。目前，风情商业街已建成，五星级酒店主体已完工，正在建设温泉中心和海鲜大世界。

智能化机械设备研发及生产二期项目。总投资20亿元，由青岛高校软控股份有限公司投资建设，主要从事制造业信息化技术开发与装备制造，2009年7月开工建设。规划面积27万平方米，建设研发中心、大型智能机械设备制造、物流基地，分四期建设，目前8.5万平方米厂房完成建设，车间内正在安装航吊，设备底座施工。

厦门市

【经济与社会发展】 2010年，厦门市全年实现GDP 2060.1亿元，增长15.1%。计划执行情况良好，主要指标均完成年度目标。

一是总量与增幅大幅提升。地区生产总值突破2000亿元，固定资产投资突破1000亿元，财政总收入突破500亿元。主要指标增速大幅高出年度计划，规模以上工业总产值、外贸进出口总额、社会消费品零售总额、地方级财政收入等指标高出计划5个百分点以上。二是质量与效益持续提高。城镇居民人均可支配收入增长12%，农民人均纯收入突破万元。工业经济效益综合指数提高20.6个点。节能减排继续保持全国大中城市领先水平，万元GDP电耗、水耗分别下降0.6%和9.1%；化学需氧量、二氧化硫排放量预计分别削减0.43%和1.1%。三是"五个着力"成效显著。岛内外一体化推进加速，新城建设全面启动，岛外固定资产投资和财政收入增幅高于全市平均水平。第二产业、第三产业协同发展，规模以上工业总产值增幅创15年来新高，航运物流、金融等生产性服务业大幅增长。内外需拓展有力，进出口增速超过30%，社会消费品零售总额增速跃居全国同类型城市前列。社会保障继续走在全国前列，建立城乡一体化基本医疗保险制度，实现养老保险城乡全覆盖，全国城市公共文明指数测评名列第一，群众对社会治安满意率继续居全省第一。

【投资环境与招商引资】 中心城市功能持续增强。内外通道实现新拓展，福厦铁路、沈海高速公路泉厦段拓建、翔安隧道、BRT二号线、海沧大桥西引道立交工程等相继建成通车，基本建成海沧港区14—19号泊位和刘五店3个散杂货码头，厦深铁路、龙厦铁路、厦漳跨海大桥等重大对外通道和海翔大道、环岛干道等城市快速路建设加快推进，后溪长途客运站、枋湖交通枢纽中心等客运枢纽项目加快建设。城市承载能力实现新提升，基本建成电力进岛第一通道扩建等输变电工程，东部垃圾焚烧发电厂建成试点火，继续推进东部固废中心、西部（海沧）垃圾焚烧发电厂和同安污水处理厂扩建等工程建设。城市信息化水平继续保持全国领先，建成全国首个TD无线城市，获批国家三网融合试点城市。

2010年，内外市场拓展有力，央企招商取得突破。一是外贸快速增长。外贸进出口总额570.4亿美元，增长31.7%，完成年度计划的122.4%。出口结构持续优化，机电产品和高新技术产品出口增速均超过30%，本地企业产品出口增长27.4%。发达市场和传统市场进一步巩固，对美国、中国香港、东盟出口分别增长44%、27.6%和23%。二是国内市场拓展加快。扶持引导外贸企业创新营销模式，运用网络销售等方式积极开拓国内市场。鼓励本地品牌企业充分利用“9·8”投洽会、“中国（厦门）品牌产品国际采购交易会”等平台拓展市场空间。全市工业企业内销收入2089.7亿元，增长31.9%。三是央企招商成果显著。与央企成功对接项目22项，项目数和投资总额全省第一。与中国航空工业集团建立战略合作关系，引进厦门天马液晶面板、中国移动手机动漫基地等一批重大产业龙头项目。四是利用外资平稳增长。实际利用外资22.6亿美元，与上年基本持平，占全省比重达29.4%。合同利用外资16.4亿美元，增长20.4%。企业增资扩产活跃，增资项目金额比重达58%，提高10个百分点。合同外资中第三产业比重达59.9%，提高7.2个百分点。重大项目支撑作用明显，千万美元以上项目合同金额比重达82%。

【经济技术协作与对口支援】 2010年，国内经济合作进一步深化。通过参加国家综合性、区域性的投资洽谈活动，加强国内招商引资工作，全市全年共完成国内引资项目数7679个，共完成合同利用内资额951.72亿元，其中新增内资项目注册资本总额514.79亿元，内资土地公开招拍挂项目成交额374.22亿元，内资产业载体引资项目成交额62.71亿元。规范和加强厦门市异地商会的服务与管理，促进两地经济社会发展。全年共指导办理了14家厦门市异地商会的筹备、成立工作，其中新成立6家、筹备8家，指导办理了厦门市异地商会换届工作9家。通过市政府网站审批中心，按时按序地受理和办结7家企业新设立驻厦门办事处；全年共办理驻厦机构换证54家，其中备案换证34家，变更换证19家，其他1家，为全国各地驻厦机构提供了及时、有效地服务。

密切区域经济合作和山海协作。2010年，厦门市的区域经济工作以构建区域一体化为目标，进一步完善闽粤赣十三市区域经济合作、闽西南五市区域经济合作、厦漳龙山海协作等平台，积极推进区域经济合作和山海协作对口帮扶工作的开展。组织召开闽西南五市信息及相关部门领导座谈会和推进闽西南五市城市群建设部门工作会议，形成推进闽西南五市信息一体化建设实施方案和推进闽西南五市城市群建设部门合作工作意见。筹备并成功召开了十三市党政领导第十五次联席会议，认真履行与龙岩的山海协作协议，落实山海协作项目。召开两次厦漳两市党政领导座谈会，重点对加快两市同城化发展，构建半小时经济圈，进一步加强长泰县枋洋水利枢纽工程建设、完善九龙江流域水环境综合治理与生态保护工作日常沟通协调机制达成了共识。加强对协作区合作工作的宣传报道，为区域经济合作的深入发展创设良好社会氛围。

对口支援和帮扶工作取得新成效。2010年，大力开展新一轮援疆、援藏工作，厦门市对口支援地区有了较大的变化，调整了新疆吉木萨尔县、甘肃临夏自治州为厦门市对口支援地区，再次明确西藏米林县为厦门市对口支援地区。安排财政资金扶持对口支援和帮扶地区经济社会发展，拨付新疆吉木萨尔2537万元，阜康市150万元，西藏米林县1583万元，宁夏海原县70万元，泾源县70万元，省统筹180万元，重庆市600万元，总计5190万元。

【“十二五”规划】 第一，着力岛内外一体化。以“全域厦门”理念和“高起点、高标准、高层次、高水平”的原则，全面拓展岛外，优化提升岛内，推动城市建设和产业发展双轮驱动，到2015年，基本建成岛外71平方公里新城核心区，城市建成区面积突破300平方公里，城市化率达85%，基本形成岛内外一体化、岛外各组团各具特色又相互协调的城市新格局，争取在全国率先形成城乡一体化发展的新格局。

第二，着力第二产业、第三产业共推进。优化提升第二产业，加快发展第三产业，推进三次产业在更高层次上协调发展。加强科技创新与品牌建设，推动信息化与工业化、制造业与服务业互相融合，推动厦门制造向厦门创造提升，促进产业高端化、集约化、基地化发展，提升产业核心竞争力，壮大产业规模，着力打造“两基地、三中心”，即海峡西岸先进制造业基地、自主创新基地和区域性国际航运物流中心、金融商务中心、文化休闲旅游中心，力争五年内形成若干个500亿元乃至1000亿元以上工业产值的产业链（群），打造若干个500亿元乃至1000亿元以上销售（营业）收入的大企业集团。

第三，着力内外需齐拓展。充分利用国际国内两个市场、两种资源，加快外经贸增长方式转变，努力扩大消费需求，优化投资结构，加强区域协作，推动向内需与外需并重、消费与投资并重转变，全面提升开放型经济发展水平。

第四，打造对台交流合作前沿平台。发挥经济特区对台交流合作先行先试作用，力争对台交流合作取得新突破、创造新经验，建设两岸交流合作先行区。

第五，构建海峡西岸体制机制创新试验区。进一步发挥厦门经济特区在体制机制创新方面的试验区作用，全面推进各项改革试点，积极争取设立国家综合改革试验区，增创体制机制新优势。

第六，完善中心城市现代基础设施体系。围绕建设海峡西岸重要中心城市，增强城市承载能力和综合服务功能。

第七，推进低碳生态城市建设。实施生态人居工程，强化节能减排，发展循环经济，积极应对气候变化，提升生态文明水平，继续保持单位生产总值能耗、碳排放强度、主要污染物排放量等指标居全国、全省领先，建设资源节约型、环境友好型社会，打造“宜居厦门”。

第八，实施科教兴市和人才强市战略。加大自主创新力度，优先发展教育，推进人才强市，基本建成创新体系完善、创新人才荟萃、创业投资活跃、综合环境优良的国家创新型城市，打造“创新厦门”。

第九，着力惠民生促和谐。把惠民生促和谐作为推进科学发展新跨越的根本落脚点，坚持保基本、广覆盖、可持续的原则，加快推进岛内外、城乡和群体间基本公共服务均等化，基本公共服务整体水平位居全国前列，和谐社会建设领先全国，打造“幸福厦门”。

第十，增强城市文化软实力。大力弘扬特区文化精神，全面提升城市文化品位，提升文明城市建设水平，加强文化对外交流，提高城市国际化水平，增强城市文化软实力。

【重点建设项目介绍】 2010年项目完成情况。重点建设项目、开竣工项目首次实现两个突破。一是重点建设项目首次完成投资计划超100%，近5年最好。187个市重点建设项目完成投资388.7亿元，占2010年全社会固定资产投资的38.5%，完成全年投资计划100.6%。半数以上重点项目超额完成年度投资任务。全市重点建设项目中超额完成2010年投资计划项目95个，其中超额完成2010年投资计划1亿元以上的项目22个，超额完成投资53亿元。重点产业性项目超年度计划投资比重大，超额完成年度投资计划1亿元以上的22个项目中，17个是产业性项目，占比77.3%。二是首次集中大规模组织实施开竣工项目。年初筛选汇总281个主要开竣工项目，逐项逐月跟综推动。利用岛内提升、岛外新城建设全面启动契机，推动大批项目开竣工。利用“九·八”等重大活动节点，加速推动一批开竣工项目。至2010年底，开竣工项目80%按计划开竣工，全年完成投资304亿元。

【厦台交流取得新突破】 2010年，对台交流交往更加密切，前沿平台作用凸显。一是经贸合作取得新成效。对台贸易进出口总额增长47.7%。合同利用台资增长66.9%。台盐大中华总部落户厦门，台资富邦财产保险公司在厦开业。厦门国贸、厦门华天分别在台湾地区成立办事处和合资公司。二是两岸往来取得新拓展。大陆居民经厦门口岸赴台湾地区旅游人次增长84.5%。在厦暂住人员申请赴台旅游的暂住期限由一年缩短为六个月。厦金"小三通"航班和厦门航点对台空中客运直航航班进一步加密。开辟厦台第三条客滚船直航航线（厦门—高雄）。三是交流交往取得新进展。相关部委在厦门市设立体育、农业、新闻出版等一批对台交流与合作基地。成功举办第二届海峡论坛、第十四届台交会等重大活动。厦门卫视成为大陆首家入岛驻点的城市媒体。

深圳市

【经济与社会发展】　2010 年，深圳市全年 GDP 突破 9000 亿元，经济总量在国内大中城市中继续保持第四位。社会消费品零售总额突破 3000 亿元。外贸出口突破 2000 亿美元，实现十八连冠。深圳港集装箱吞吐量突破 2200 万标箱，稳居全球第四大港。高技术产品产值突破 1 万亿元。全口径财政收入突破 3000 亿元，地方财政一般预算收入突破 1000 亿元，保持国内大中城市第三位。

结构优化调整步伐加快。出台实施扩大投资、消费和出口等一系列针对性政策措施，经济结构协调性进一步增强。全社会固定资产投资、社会消费品零售总额分别增长 13.8% 和 17.2%，扩大内需成效明显。外贸出口增长 26.1%，规模以上工业内销产值增长 17% 以上，国际和国内市场并重发展。产业结构继续维持“三、二、一”的产业格局。高技术、金融、物流、文化等四大支柱产业占本市生产总值的比重超过 60%。

自主创新能力不断增强。深入实施自主创新主导战略，加快建设国家工程实验室等一批重大创新基础设施，开展引进海外高层次人才孔雀计划，制定出台推进生物、互联网、新能源产业发展工作方案，国家创新型城市建设取得重大进展。生物、互联网、新能源三大战略性新兴产业增长势头迅猛，成为经济增长新引擎。专利申请量和授权量继续快速增长，国内专利申请量增长 16.9%，国内专利授权量增长 35%。

发展质量效益国内领先。强化节能减排目标考核，大力促进低碳绿色发展，启动国家低碳试点城市建设，资源能源集约利用和企业效益水平进一步提高。万元 GDP 能耗 0.51 吨标准煤，下降 2.6% 以上，仅为全国平均水平的一半。万元 GDP 水耗 20.3 立方米，下降 7.3%，仅为全国平均水平的 10%。全年每平方公里 GDP 产出 4.78 亿元，比上年提高 0.66 亿元，在全国大中城市处于领先水平。全市工业经济效益综合指数 188.7%，同比提高 7.6 个百分点；工业企业实现利税总额 1604.1 亿元，增长 33.2%。

改革开放积极稳步推进。经济特区范围扩大到全市，一体化发展加速推进。深化行政管理体制改革，启动第四轮市区事权财权划分。投融资体制改革步伐加快，出台《关于鼓励和引导社会投资的若干意见》。推进医药卫生体制改革，开展公立医院改革试点。积极实施“走出去”战略，新设境外企业和机构257家，增长73.7%。加强深港更紧密合作，前海深港现代服务业合作区加快建设，落马洲河套地区开发稳步推进。加快建设深莞惠城际产业合作示范区。全方位推进对口援疆工作。

生态文明建设继续加强。加快国家生态文明试点城市和国家低碳生态示范市建设，生态区、生态工业园区和绿色社区创建活动进展顺利。绿道网建设加快，区域绿道335公里全线贯通。全面推进污染综合整治和生态保护，开展饮用水源地排污口整治和雨季行动，主要河流水质基本保持稳定，实现创建国家节水型城市目标。在全省率先完成油气污染治理工作，油气污染物排放削减幅度超过95%。

社会事业取得较快发展。出台《关于推进教育改革发展率先实现教育现代化的决定》，国家教育综合改革示范区加快建设，公共教育资源配置趋于合理，南方科技大学建设和深港教育合作取得新进展。大力发展医疗卫生事业，市疾控中心、第三人民医院投入使用，滨海医院等一批重大医疗卫生项目加快建设。完善公共文体服务体系，世界大运会筹备工作扎实推进。建设国家公交都市示范城市，加快实施公交优先战略，原特区外公交覆盖率超过80%。

民生保障水平显著提升。实施深圳经济特区建立30周年十项民生工程，办好发放医保补助等惠民实事，民生类财政支出较快增长。创建国家级创业型城市，构建和谐劳动关系，提高最低工资标准，落实外来务工人员积分制入户政策。扩大社会保险覆盖面，提高基本医疗保险补助标准，参保人数创历史新高。大力推进人才安居工程，实施住房公积金制度，落实5万套保障性住房建设任务。全面实施为民服务织网工程，推进社会管理创新。建设社会治安立体防控体系，推进严打整治行动，社会治安形势有所好转。

【投资环境与招商引资】 2010年，深圳市“以项目为核心”积极促进重大产业项目落户，累计跟踪、服务投资项目103个，意向投资额120亿美元。

2010年，深圳市新批外商直接投资项目1929个，吸收合同外资56.52亿美元，同比增长58.85%；实际使用外资42.97亿美元，比上年增长3.3%。第三产业仍为深圳市吸收外资的主体产业，吸收外资项目个数、合同外资金额和实际使用外资金额占全市吸收外资的比重分别为77.09%、81.13%、61.69%。第二产业中，制造业新批项目431个，比上年同期增长11.37%；吸收合同外资10.31亿美元，实际使用外资16.45亿美元。

2010年共有53个国家和地区的外商来深圳投资新设立企业1929个。其中港资新设项目1463个，同比增加29.81%，合同外资44.76亿美元，同比增长38.75%，实际使用外资30.98亿美元，同比增长12.7%；来源于萨摩亚、开曼群岛、毛里求斯、百慕大等自由岛的投资明显回升，其中萨摩亚合同外资由2009年的－31071万美元增至43170万美元，实际使用外资同比增长110.94%。实际使用外资金额前十位的国家和地区依次为：中国香港、英属维尔京群岛、萨摩亚、新加坡、美国、开曼群岛、日本、毛里求斯、荷兰、中国台湾，合计占全部实际使用外资金额总额的97.19%。

【经济技术协作与对口支援】 2010年，深圳市本着“市场主导、开放公平、优势互补、互利共赢”的原则，多次组织经贸代表团赴内地城市考察，为企业拓展内地发展空间搭建政府平台；继续深化落实与兰州市、湖南省、江西省、重庆市、南昌市、汕尾市、河源市、四川省、吉林省、甘肃省、陇南市等地签署的经贸合作框架协议，加强政府间的紧密合作，引导区域产业对接与经贸合作。2010年，深圳组团参加“中博会”、“喀交会”、“西博会”、“东北亚博览会”等市外国内区域性展会27场，共组织2200多家参展、投资和采购企业参会，深圳参展参会人数达6500多人，展团总成交金额达800多亿元。通过展会平台，深圳企业通过产品展销、市场考察、经贸洽谈、投资合作等系列活动，实现了产品对接、市场对接，为深圳企业进一步拓宽销售渠道、提高市场占有率开拓了更为广泛的发展空间。

2010 年，深圳市全面贯彻中央关于组织开展新一轮对口支援新疆工作的重要决策，对口支援喀什市和塔什库尔干县，按照“早谋划、早行动、早见效”的工作思路，迅速建立了对口援疆工作机制，成立了由市委书记王荣同志担任组长的市对口支援工作领导小组、领导小组办公室和市对口支援新疆工作前方指挥部，市主要领导多次带队赴新疆深入调研，全面开展对接工作。2010 年，深圳市安排 9250 万元用于三个试点项目建设，并于年底前基本完工，获得“深喀速度”的赞誉；共选拔 23 名优秀干部赴疆挂职和交流，先后选派了 20 名医生、41 名教师进疆开展支医、支教工作；协助编制喀什市和塔县综合规划、国民经济和社会发展五年总体规划、城市总体规划、产业规划等 10 项规划；组织了 100 多家企业共 350 多人的代表团参加第六届中国新疆喀什·中亚南亚商品交易会，签订的项目总金额 44.95 亿元。此外，继续推进对贵州省毕黔南两地州、西藏林芝地区、三峡库区巫山县的对口支援工作，以及对河源市五县一区和湛江五县的“规划到人责任到户”扶贫工作，2010 年深圳各级财政和帮扶单位安排各类市外扶贫资金物资共计 53617 万元，实施各类帮扶项目 3431 个，其中，安排贵州省毕节地区和黔南州资金物资 5777 万元，帮扶项目 139 个；西藏林芝地区资金物资 955 万元，帮扶项目 5 个；三峡库区巫山县资金 550 万元，帮扶项目 2 个；韶山市资金 300 万元，帮扶项目 1 个；河源市资金物资 27300 万元，帮扶项目 2505 个；湛江市“双到”专项资金 18735 万元，帮扶项目 779 个。

【“十二五”规划】 总体目标。经济发展方式转变取得显著成效，形成具有国际水平的自主创新体系、具有国际竞争力的现代产业体系、更加完善的社会主义市场经济体制、特区一体化的城市发展格局和全体市民共建共享的和谐社会。率先建成国家创新型城市、民生幸福城市、国家低碳生态示范城市，中国特色社会主义示范市和现代化国际化先进城市建设取得新进展，努力争当“加快转型升级、建设幸福广东”的先行市。

具体目标。经济保持平稳较快发展。经济实力进一步增强，经济增长质量和效益明显提高，本市生产总值年均增长 10% 左右，到 2015 年达到 1.5 万亿元，人均生产总值达到 2 万美元，地方财政一般预算收入达到 1600 亿元。

经济结构更趋优化。经济增长实现内外需协调拉动的良好态势，产业国际竞争力显著增强，到 2015 年第三产业增加值占 GDP 比重达到 60%，战略性新兴产业增加值占 GDP 比重达到 20%。

自主创新优势更加突出。在关键产业领域核心技术创新取得突破性进展，创新体系更趋完善，到 2015 年科技进步贡献率达到 60%，高技术产业增加值占 GDP 比重达到 35%，全社会研发支出占 GDP 比重达到 4%，每万人口年度发明专利授权数量达到 12 项。

社会建设全面加快。社保、教育、医疗卫生等基本公共服务水平进一步提升，社会服务体系更加健全，实现居民收入增长与经济发展基本同步、劳动报酬与劳动生产率提高基本同步，到 2015 年居民人均可支配收入达到 4.9 万元，登记失业率控制在 3% 以下。

资源节约环境保护成效显著。低碳绿色发展扎实推进，万元 GDP 能耗下降到 0.47 吨标准煤，万元 GDP 水耗累计下降 20%，化学需氧量、氨氮、二氧化硫、氮氧化物排放量分别累计下降 21%、22%、4%、3.5%。

【重点建设项目介绍】 2010 年，深圳市共安排华星光电第 8.5 代 TFT－LCD 面板生产线、地铁 1、2、3、4、5 号线、深圳机场飞行区扩建、广深沿江高速深圳段、深圳电网重点工程、大运中心、滨海医院等 277 个项目为深圳

2010年重大项目，总投资6022亿元。

华星光电第8.5代TFT－LCD面板生产线项目。位于光明新区高新技术产业园，项目总投资245亿元，一期工程投资100亿元，计划建设一条8.5代、月产10万片的TFT－LCD液晶面板生产线，预计2011年底实现量产，达产后将年产26/32/46/55吋液晶电视模组1600块，年均产值168.67亿元。

国家超级计算深圳中心项目。位于南山区西丽大学城，项目总投资预计超过10亿元，为深圳建市以来最大的科研基础设施，用地面积12000平方米，总建筑面积43414平方米，主体建筑由主机房和科研大楼组成。

深圳轨道交通二期工程。包括1号线续建工程、2号线首期工程和东延线工程、3号线首期段工程和西延段工程、4号线续建工程及5号线工程，将在2011年6月全部建成通车。1号线续建工程起于世界之窗，终点深圳机场，线路全长23.42公里，设车站15座，车辆段和综合基地1座，主变电所2座，总投资121.26亿元。2号线首期工程起于蛇口客运港，终点世界之窗，线路全长14.5公里，设12座地下车站，总投资71亿元。2号线东延线工程起于世界之窗，终点黄贝岭，线路全长19.04公里，设地下车站16座，总投资119.1亿元。3号线首期段工程起于红岭中路站，终点双龙站，线路全长32.86公里，设地下车站6座，半地下站1座，高架站15座，总投资113.18亿元。3号线西延段工程起于红岭站，终点益田村，线路全长9.8公里，设地下车站6座，总投资57.87亿元。4号线续建工程起于少年宫站，终点清湖站，线路全长15.8公里，设车站10座，车辆段1处，总投资57.99亿元。5号线工程起于前海湾，终点黄贝岭，线路全长40公里，设车站26座，车辆段1处，停车场1处，总投资200.58亿元。

深圳机场扩建工程。位于深圳市宝安区，分为飞行区扩建工程和航站区扩建工程两大部分，由深圳机场（集团）公司负责建设。飞行区扩建工程主要包括：新建长3800米的4F类飞行跑道一条；建设航管综合楼以及塔台，并更新监视雷达和数字式集群通信系统等；新建2个万吨级卸油泊位、中转油库及相应的输油管线，扩建场内油库及站坪管线加油系统。航站区扩建工程主要包括：新建建筑面积45.1万平方米的旅客航站楼一座，以及配套停车楼、货运站、现场办公用房、员工食堂及值班宿舍等配套设施；新建地面交通中心、站坪机位、站坪道面工程及配套水、电、垃圾处理等设施；建设3个储油库及站坪加油管线，航空加油站等设施。该项目于2007年开工，计划2013年建成，其中飞行区扩建工程（跑道及配套设施）投资约为14.9亿元，航站区扩建工程投资约为120.46亿元。

华南国际工业原料城二期。位于龙岗区平湖街道华南大道，由华南国际工业原料城（深圳）有限公司分两期投资建设，一期总投资16亿元，建设约50万平方米的展示交易区、公共仓储区、物流配送区及商业配套服务区等，已于2004年底建成并投入使用，现有3000多家企业在华南城一期内从事各项经营活动。二期项目占地约49万平方米，计划投资50亿元，建设126万平方米的交易展示区、保税物流区、生活配套区及商业配套区等，计划2013年底完工。

华润大冲旧村改造项目。项目位于南山区高新技术园区中区东部，由华润置地（深圳）有限公司投资建设。规划用地面积68.4万平方米，建筑面积约280万平方米，预计施工期10年，是深圳目前最大的旧改项目。总投资200亿元。

省会城市篇

石家庄市

【经济与社会发展】 2010年，石家庄市全年实现GDP 3401亿元，增长12.2%。其中，第一产业增加值完成370亿元，增长2.7%；第二产业增加值完成1653.8亿元，增长13.1%；第三产业增加值完成1377.2亿元，增长13.1%。经济总量实现持续较快增长，第二、第三产业对经济发展的拉动作用进一步提升。

经济运行得到巩固。农业生产再获丰收，粮食总产507.9万吨，增长2%。肉、蛋、奶产量分别为74.8万吨、103.9万吨和113.9万吨，同比分别增长4.9%、4.5%和6.7%。工业经济稳定增长，规模以上工业增加值完成1340.1亿元，增长16.5%，规模以上工业利税完成659.8亿元，增长37.1%。服务业快速发展，社会消费品零售总额完成1391亿元，增长18.6%。

投资结构趋于优化。全社会固定资产投资完成2958亿元，增长21.4%。其中，城镇固定资产投资完成2697亿元，增长21%。服务业发展后劲逐步增强，第三产业投资完成1587.2亿元，增长25.1%，占城镇固定资产投资的58.9%，增速、比重分别高出第二产业9.8个百分点和20个百分点。

重点建设顺利推进。2010年安排市重点项目226项，总投资2038.97亿元，完成投资440.73亿元，占年度计划的159.72%。其中，列入省重点项目144项，总投资2012.17亿元，年度计划投资175.97亿元，完成投资281.39亿元，占年度计划的159.91%。石家庄市审批各类项目1511个，项目总投资4070.8亿元，比上年增长76.5%；项目单体平均投资规模为2.7亿元，比上年增长80%。项目库储备亿元以上项目1043个，初步实现了省政府对石家庄市储备亿元以上项目1000个的要求。

财政金融运行平稳。全部财政收入完成387.9亿元，增长25%；其中一般预算收入完成163.63亿元，增长29.9%。2010年，一般预算收入占全部财政收入的比重达到42.2%，全部财政收入占生产总值比重达到11.4%，财政收入质量进一步提高。金融机构人民币各项贷款余额3272.1亿元，增长13.4%，存款余额6115.5亿元，增长18.5%，存贷比为53.5%，金融运行总体情况较好。

改革开放逐步深化。国有企业改制完成24家，国有中小企业改制基本完成，市属集体企业24家进入筹备改制程序。经营性事业单位2家完成改制，5家进入筹备改制程序。城中村集体经济组织66个完成改制。报业集团、演艺集团、广电传媒集团挂牌运营。66家乡镇卫生院和30家社区卫生机构全面推行了基本药物制度和零差价销售。“以外引外”工作取得突破，与德国ERP公司签订了“中国石家庄德国应用技术研发基地科技园区”合作协议，与美国洛克菲勒、纳斯达克OMX公司等世界跨国公司达成了初步合作意向，德国工业园、美国工业园项目正在积极洽谈。成功组织参加了“石洽会”、香港、廊坊、厦门等投洽会，签约了一批规模大、质量高的内外资项目。实际利用外资6.4亿美元。进出口总值完成109.7亿美元，增长99.3%，其中出口完成57.9亿美元，增长34.6%。

人民生活继续改善。农村居民人均纯收入6577元，增长10%。城市居民人均可支配收入18290元，增长10.1%。居民消费价格指数为103%。城镇新增就业10.2万人，城镇登记失业率为3.82%。截止2010年底，共筹集廉租住房9736套，新开工6976套，解决了3.2万户低收入家庭住房困难。新建改建标准化学校48所、县级医院9座。解决了农村25万人的饮水安全问题。完成了与人民群众密切相关的38件实事。

经济社会和谐发展。教育、科技、文化、体育、卫生各项事业全面进步，社会管理创新工作取得新成绩，安全生产形势和社会治安环境持续好转，约束性指标全部完成。每万元生产总值能耗下降3.3%，每万元工业增加值取水量下降10%，耕地保有量保持在57.75万公顷，化学需氧量排放量和二氧化硫排放量分别完成任务的100.4%和100%，森林覆盖率达到29.42%，城镇参加基本养老保险人数达到150.8万人，新型农村合作医疗参合率为96.1%，人口自然增长率为10.76‰，市区二级以上天数达到319天。

【投资环境与招商引资】 2010年，石家庄市实际利用外资6.36亿美元，同比增长12.9%。批准外商投资项目32项，合同金额6.37亿美元，合同外资2.41亿美元。2010年到位500万美元以上项目14个。相继组织筹办了香港、厦门和石家庄等投资贸易洽谈会，共有63个项目签约，协议外资27.25亿美元。

石家庄市与国家发改委国际合作中心正式合作，加大了与国外政府和企业的联系沟通。5月份，石家庄市政府与德国柏林市政府签署合作备忘录；德国沙尔平战略咨询公司、德国ERP公司先后到石家庄市实地考察，并就建设德国工业园、德国应用技术研发科技园区进行洽谈；美国ARC公司就建设美国工业园与石家庄市政府进行了商讨。三个园区的建设均达成初步合作意向，并签署了合作协议或合作备忘录。石家庄市政府与美国罗德曼投资银行就有关的政府与企业，企业与企业间合作模式进行了推介和探讨，并与中唐医药集团等其他成长性企业在可能的合作领域进行了探讨和交流。以色列英菲尼迪基金与石家庄市生物产业基地正式合作，注册成立了公司。美国ARC基金与石家庄市发展投资公司开始正式合作，正在办理公司注册登记等工作。石家庄市与美国普凯律师事务所、美国纳斯达克OMX集团、美国罗德曼银行等签署了合作备忘录。

【经济技术协作与对口支援】 2010年，石家庄市引进市外资金327.32亿元，完成年计划的148.8%，同比增长59.7%；引进省外资金299.18亿元，完成年计划的139.2%，同比增长54.5%；引进省外技术639项，完成年计划的106.5%，同比增长2.3%；引进省外人才8395人，完成年计划的109.7%，同比增长11.9%。利用内资项目在规模、质量等诸多方面呈现出良好态势，各项指标都远超于上年同期。

上海世博会河北活动周和廊坊国际经济贸易洽谈会上共有14个项目顺利签约，总投资152.6亿元。主要涉及物流、电子、建筑材料、生物饲料、碳业新材料、城市综合体、生物农药、啤酒生产等行业。世博会期间，签约合作项目5个，总投资68.3亿元。上海仲盛集团河北冀盛房地产公司与裕华区政府投资50亿元合作建设的石家庄市南茵河区域综合开发一期项目，参加了省重点项目签约仪式。“2010中国·廊坊国际经济贸易洽谈会”期间，石家庄市签约合作项目9个，总投资84.26亿元。其中，山西阳泉煤业集团有限公司在无极县北苏工业园区中冀正元公司规划区域内，建设合成氨循环化工示范园项目，该项目总投资15.5亿元，合同引资10.3亿元；广东省佛山市金之盛工贸有限公司在行唐县建设微晶粉高密度地板砖项目，总投资（合同引资）13亿元，建设2条生产线，年产高档微晶粉高密度地板砖800万平方米，一期投资5.9亿元，参加了省重点项目签约仪式。青岛啤酒在藁城经济开发区建设年产量40万千升，总投资6亿元，用地300亩的现代化啤酒生产厂项目，该项目2010年7月开工建设，目前办公楼、包装车间、动力车间、发酵车间主体建好，预计2011年7月竣工试产，一期工程生产能力20万千升，计划投资4亿元，建成达产后，年可实现销售收入6亿元，新增利税1.5亿元。

2010年，石家庄市从市财政划拨100万元，用于对口支援西藏阿里地区日土县。

援建四川省平武县龙安镇灾后重建项目。共完成援建平武县医院、中医院、妇幼保健院、平武中学、职业中学、教师进修学校、北山小学、龙安幼儿园、东桥、南桥、老城区基础设施（一、二期）、新城区基础设施、文体中心、惠民帮扶中心、汇口下坝河堤、金家湾河堤、长河村新农村建设和通村公路等民生、生态、市政类项目19个，总投资64140万元。

2010年9月24日，石家庄市援建平武县文体中心项目竣工，至此石家庄市援建灾区项目全面竣工。10月15日，杨崇勇副省长代表河北省政府对绵阳市平武县进行河北省对口支援平武县地震灾后恢复重建项目整体移交，援建平武县灾后重建项目全部投入使用。所有援建项目做到了安全零事故，省级文明工地创建率100%，符合规模要求的优良工程申报率100%。平武县医院、平武中学等10个项目获得四川省建筑最高奖——天府杯。

【“十二五”规划】 总体目标。经过五年的跨越式发展，石家庄市国民经济跃上一个台阶，综合经济实力居河北省领先地位，人均生产总值达到中等发达国家和地区的水平，整体步入高收入发展阶段，基本实现现代化，基本达到全面小康的要求。城乡面貌发生结构性变化，主城区改造提升大见成效，正定新区核心区初见规模，实现石家庄市人口向城市主导型转变。产业结构调整取得重大突破，传统产业加快转型升级，新兴产业不断发展壮大，主导产业核心竞争力显著增强，现代服务业比重有较大提高，基本实现由工业主导型向工业与服务业并重型、资源支撑型向资本和技术支撑型转变，单位生产总值能源消耗和二氧化碳排放大幅下降，主要污染物排放总量显著减少，自主创新能力不断增强，经济增长的科技含量明显提升。社会建设全面加强，各项社会事业快速推进，人民权益得到切实保障，社会更加和谐稳定。居民生活发生阶段性跃升，人民生活质量明显提高，基本实现由小康型向比较富裕型转变，全民文明和健康素质全面提升。环境保护出现新局面，基本实现由控制改善型向建设保护型转变。

主要指标。为抢抓机遇，应对挑战，防范风险，实现跨越，本着“大胆开拓，勇于创新，求真务实，锐意进取”的精神，确定石家庄市“十二五”时期的主要任务，努力在影响和带动石家庄市经济社会全局的重点领域和地区取得新的重大突破，在石家庄市经济社会发展的各个方面实现新的跨越。

国民经济发展。石家庄市生产总值平均增速12%左右，突破6000亿元大关，人均生产总值跃上8500美元；全部财政收入年均增长13%，达到715亿元以上，其中一般预算收入年均增长15%，达到330亿元；社会消费品零售总额年均增长18%以上，超过3100亿元；固定资产投资年均增长18%；耕地保有量保持在57.34万公顷；物价总水平保持基本稳定。

经济结构调整。农业基础地位进一步加强，传统产业改造升级取得重大进展，战略性新兴产业增加值实现翻番，服务业增加值年均增长13%以上，占地区生产比重达到44.5%。

自主创新能力。研究与试验发展支出占生产总值的比重达到2.05%；突破一批产业共性关键技术，万人发明专利授权量年均增长14%，形成一批具有自主知识产权和知名品牌的优势企业。

城乡一体化建设。中心城市建成区面积达到246平方公里，推进辛集、平山和新乐向中等城市迈进，30%的行政村完成新民居建设改造任务，城镇化率达到59%。

社会和谐发展。城市居民可支配收入年均增长10%以上，达到29456元；农村居民人均纯收入年均增长达9%以上，达到10120

元；五年城镇新增就业人数45万人以上，城镇登记失业率控制在4.5%以内；九年义务巩固率达到94%以上，高中阶段毛入学率达到90%以上；城镇参加基本养老保险人数年均增长5.5%，城乡三项医疗保险参保率95%；城镇保障性安居工程建设达到省要求。

生态环境改善。石家庄市森林蓄积量、森林覆盖率、非化石能源占一次能源消费比重、单位生产总值能源消耗降低率、单位生产总值二氧化碳排放量降低率和主要污染物排放量减少等指标达到河北省要求。

【重点项目介绍】 2010年，石家庄市重点建设项目226项，总投资2038.97亿元，年度计划投资264.86亿元。2010年完成投资440.73亿元（提前启动的前期项目完成投资40.33亿元），占年计划投资的159.72%。

续建项目101项，总投资843.61亿元，年度计划投资207.26亿元，2010年完成投资295.05亿元，占2010年计划的142.77%。玉晶玻璃有限公司超白压延玻璃、中国电子科技集团第54研究所电子装配楼及天线产业化、河北辛集皮革商业城经济开发总公司建设中国国际皮革城、石家庄华牧牧业有限责任公司中国华牧海兰蛋鸡产业化基地（产业支撑项目）、河冶科技股份有限公司高合金特种材料系列产品产业化、神威药业有限公司药业现代中药制剂、石家庄中冀正元化工有限公司合成氨综合节能改造及硝酸铵等42个续建项目竣工。续建项目与新开工项目均超额完成当年投资计划，2010年31个计划竣工项目已有56个竣工投产。其中：按计划竣工15项、提前竣工41项。投产率为180.65%。

新开工项目86项，总投资343.69亿元，年度计划投资57.6亿元，2010年完成投资105.35亿元，占2010年计划的182.87%。2010年实际开工81项，项目开工率为94.19%。高邑县力马建陶有限公司高档大规格地板砖生产线、河北玻尔陶瓷有限公司高档墙地砖、天津裕川集团预拌砂浆生产线项目、石家庄华能电力金具有限公司新节能型预绞式金具产业化项目等14个项目提前竣工。

前期项目39项，总投资851.68亿元。2010年提前开工建设12项，完成投资40.33亿元。石家庄四药有限公司现代化制剂及配套自动化物流中心、石家庄旭新光电科技有限公司TFT－LCD玻璃基板等12个项目提前开工建设。

呼和浩特市

【经济与社会发展】 2010年，呼和浩特市全年实现GDP 1865.7亿元，同比增长13%；规模以上工业增加值完成458亿元，同比增长13%左右；地方财政总收入完成241.5亿元，同比增长20%；社会消费品零售总额完成756.6亿元，同比增长18.7%；固定资产投资完成882亿元，同比增长12.7%；城镇居民人均可支配收入达到25174元，同比增长12.4%；农民人均纯收入达到8746元，同比增长12.1%。

经济结构调整取得重要进展。三次产业比例为4.9∶36.4∶58.7。现代农牧业稳步推进，设施农业、有机农业、生态农业发展步伐加快，全年粮食产量116.1万吨。规模化养殖水平达到近50%，奶牛存栏达到100万头。牧业年度肉羊存栏达到270万只。新建蔬菜保护地525亩，蔬菜种植面积达到17万亩。以玉米为主的粮食产品基本实现就地加工增值。工业化水平显著提高，市区工业全部迁入园区，引进建设了一批大项目，形成了乳品加工、电力、化工、冶金、生物制药、装备制造等优势产业。伊利、蒙牛两大乳企双双进入世界乳业20强。电力装机达到770万千瓦。建设了一批光伏材料和风力发电项目，新能源、新材料产业迅速发展。节能减排指标如期完成。商贸流通、餐饮住宿、交通运输等传统服务业全面提升，现代物流、金融保险、会展、旅游、中介等现代服务业快速发展，服务业增加值达到1097亿元。

城乡面貌发生深刻变化。以创建国家森林城市、环保模范城市、卫生城市为抓手，大力度推进城市建设。建成区面积扩展到210平方公里，市区常住人口达到208万人。建成了一批大型公用项目，城市品位明显提升。市政公用设施建设取得长足进步，城市人均道路面积达到11.4平方米，公交营运线路增加到99条，集中供热普及率达到85%，城市生活污水集中处理率达到96%，人均公共绿地面积达到16.1平方米，市区空气质量优良天数达到349天，成功创建为国家森林城市，基本建成国家环保模范城市。

城乡一体化建设取得阶段性成果。以旗县所在地为重点的城镇建设快速推进。实施了以改水、改路、改厕、改圈为重点的村容村貌整治工程，新农村建设扎实推进。完成公路建设投资76亿元，实现了乡通油路、村通公路，通车里程达到6300公里，城区与五个旗县的半小时公路网正在加快建成。城乡电网架构日趋完善。信息化水平不断提高，各类网络应用业务快速拓展。生态环境持续改善，森林覆被率达到30%。

各项社会事业协调发展。教育保障得到加强，校安工程全面推进，完成了64所中小学29万平方米的校舍加固改造任务，开工73所中小学51.2万平方米的校舍新建重建工程。医药卫生体制改革全面推进，基本医疗保障覆盖范围不断扩大，新农合参合率达到90%以上；9类66项基本公共卫生服务逐步均等化工作开始落实。救助制度全面建立，16万特殊困难群体得到补助。公共文化服务体系建设步伐加快，36个乡镇文化站建设项目全部完工。竞技体育和群众体育蓬勃发展，实施了“农牧民健身工程”。

民生持续改善。社会保障水平不断提高，城乡居民养老保险全面启动，企业退休人员养老金每人每月提高到1429元。社会救助制度不断完善，城市低保标准市四区达到每人每月340元、旗县达到240元；农村低保标准达到每人每年1900元。五保供养、孤儿供养水平大幅度提高。实施了城乡医疗、教育、取暖等专项救助，16万特殊困难群体受益。扶贫工作深入开展，贫困人口收入较快增长。大力加强保障性住房建设，结合棚户区改造，开工建设经济适用房72.7万平方米，新建加回购及棚户区改造廉租房5187套，市区人均住房面积不足13平方米的低保家庭住房问题全部解决。

【投资环境与招商引资】 呼和浩特是我国实施西部大开发战略中重要的中心城市之一，陆、空交通便捷，邮电通信顺畅，电力充裕，土地资源、旅游资源丰富，金融业发达，各级开发区众多，劳动力素质较高，服务配套周到，十分有利于生产要素迅速转化成生产力优势，是中国中西部投资环境最好的地区之一。

区位优势：呼和浩特地理位置优越，城区东距首都北京440公里，北距内陆开放口岸二连浩特490公里，西至包头150公里，距准格尔大型能源基地100多公里，西南距鄂尔多斯天然气田300公里。境内有公路94条，其中国道3条，省道5条，上等级公路6000多公里。京兰铁路经市区北侧通过。呼和浩特机场是国家二级航空口岸机场和2008年北京奥运会的备用机场，可起降各种型号飞机，有通往国内主要城市的航线81条，有达蒙古国首都乌兰巴托和俄罗斯赤塔的国际航线两条，通往俄罗斯和东欧诸国的货用包机航线，另外还开通了呼和浩特—香港、呼和浩特—上海—东京等不定期包机航线。

旅游资源。呼和浩特有两千多年的文字记载，文化遗存具有很高的历史价值。有“大窑文化”、“赵长城”、昭君墓、万部华严经塔等众多历史遗迹；五塔寺、大召、席力图召、乌素图召、喇嘛洞召等众多召庙。

科技、人才优势。呼和浩特市有各类科研院所 137 所，高等院校 22 所，普通中专 31 所。全市约有各类专业科技人员 9 万余名。

能源矿产资源优势。呼和浩特地域辽阔，山川河湖兼具，矿产资源、物产资源、土地资源、风力资源、光能资源和电力资源丰富。电力装机容量达 770 万千瓦。

开发区优势。呼和浩特现有 10 个各具特色的开发区和工业园区，其中呼和浩特经济技术开发区和呼和浩特出口加工区为国家级开发区，其余均为省级开发区。园区内水电气暖设施齐全，基础设施完善。

金融环境优势。呼和浩特市现有独立法人机构和商业银行分行 26 家，保险公司 29 家，小额贷款公司 68 家、证券公司 2 家、证券营业部 12 家以及担保公司、典当企业近 50 家，初步形成了较完整的投融资体系。全年金融机构存、贷款余额分别可达 2634 亿元和 2518 亿元。

政策优势。呼和浩特作为少数民族地区和沿边开放城市，享有中央赋予的民族区域自治政策和西部大开发政策。凡是对全市经济社会发展有重大影响的项目，在符合国家产业政策的基础上，还可采取“特事特办、一事一议”的政策。

2010 年引进外资项目 16 项，实际利用外资 83676 万美元；实施国内招商引资项目 385 项，引进国内资金 476.66 亿元。

【重点项目介绍】 农林水项目。新城区内蒙古荣丰生态蔬菜大棚项目：占地 1989 亩，建筑面积 50 万平方米，总投资 20000 万元，2010 年完成投资 10000 万元。

工业项目。托克托县蒙丰特钢有限公司二期石油套管项目，建设规模：年产 50 万吨石油套管，总投资 150000 万元，2010 年完成投资 80000 万元；金川工业园区内蒙古阜丰生物科技有限公司复混肥生产技术改造项目，建设规模：年产 30 万吨复混肥，总投资 64400 万元，2010 年完成投资 46200 万元；内蒙古伊利集团乳品安全预防控制体系扩建项目，总投资 32700 万元，2010 年完成投资 2000 万元。

交通运输项目。呼和浩特至杀虎口（蒙晋界）段高速公路建设项目，主线 90.8 公里，连接线 49.6 公里，总投资 597061 万元，2010 年完成投资 2000 万元；呼包高速（G6）四改八（呼和浩特市境内）建设工程，102.5 公里，总投资 506000 万元，2010 年完成投资 10000 万元；国道 109 十七沟至大饭铺段高速公路（呼和浩特市境内）建设项目，60.2 公里，总投资 483330 万元，2010 年完成投资 3000 万元。

城市建设项目。呼和浩特新客站广场开发建设项目，新建站前广场占地面积 201086 平方米；地下综合体建筑面积 180647 平方米；长途汽车客运站占地面积 20122 平方米，建筑面积 15271 平方米，总投资 145157 万元，2010 年完成投资 5386 万元；呼和浩特市巴彦热源厂建设项目，4×7 万千瓦热水锅炉及 18 公里一级外网，总投资 34000 万元，2010 年完成投资 10000 万元；呼和浩特市东郊垃圾厂搬迁升级改造工程，日综合处理生活垃圾 1000 吨，污泥 100 吨，总投资 25878 万元，2010 年完成投资 14200 万元。

社会事业项目。呼和浩特市民族学院实验楼、体育馆建设项目，建筑面积 40600 平方米，总投资 18280 万元，2010 年完成投资 12410 万元；内蒙古医院住院楼 B 座，建筑面积 53400 平方米，总投资 37254 万元，2010 年完成投资 3000 万元，武川县历史文化生态园建设项目，建设内容：历史文化园、红色经典园、民俗园、生态园、景观大门及相关基础设施，总投资 50000 万元，2010 年完成投资 1570 万元。

商贸流通餐饮业项目。玉泉区红星美凯龙建设项目，占地 410 亩，建筑面积 70 万平方米，总投资300000万元，2010年完成投资44800万元；新城区鼎盛华世纪广场建设项目，占地190亩，建筑面积30万平方米，总投资80000万元，2010年完成投资43802万元；赛罕区维多利“摩尔城”建设项目，占地48.58亩，建筑面积17万平方米，总投资120000万元，2010年完成投资16000万元。

房地产项目。玉泉区恒泰盛都建设项目，总投资400000万元，2010年完成投资16300万元；新城区长融房地产—东河南店项目（东岸小镇），总投资300000万元，2010年完成投资62150万元；如意区西蒙奈伦广场建设项目，总投资200000万元，2010年完成投资57000万元。

哈尔滨市

【经济与社会发展】 2010年，哈尔滨市全年实现GDP 3665.9亿元，按可比价格计算比上年增长14.0%。其中，第一产业实现增加值412.7亿元，增长7.3%；第二产业实现增加值1384.6亿元，增长17.1%；第三产业实现增加值1868.6亿元，增长13.5%。三次产业所占比重由上年的12.6∶36.2∶51.2调整为11.3∶37.8∶50.9。第一、第二、第三产业对GDP增长的贡献率分别为6.3%、44.2%和49.5%。人均地区生产总值36961元，比上年增长13.9%。

财政收支。2010年全年财政一般预算收入完成410.4亿元，同比增长21.3%，其中地方财政一般预算收入238.1亿元，增长23.2%。

农业。粮食总产量达到251.8亿斤，首次突破250亿斤，比上年增产25.6亿斤，增长11.3%。增幅创五年来新高，连续7年实现稳定增产。农民人均纯收入预计为8020.3元，同比增长18.4%左右，连续4年保持两位数以上增长。

主要畜禽饲养量实现稳步上升，规模化建设得到快速发展。年末统计肉牛、生猪、家禽、山绵羊出栏分别完成85万头、570万头、9500万只、50万只，同比分别增长2.8%、8.5%、7.7%、5.9%。

工业。工业增加值1021.6亿元，同比增长17.1%，实现了首超千亿，标志着哈尔滨市工业经济加入到了千亿元行列。其中，规模以上工业实现增加值732.1亿元，同比增长17.2%。哈尔滨市规模以上工业实现总产值2407.6亿元，同比增长21.4%。规模以上工业经济效益综合指数为199.8，同比提高6.2个百分点，创历史最好水平。装备制造、食品、医药和石化等四大主导产业实现增加值611.4亿元，占规模以上工业增加值的83.5%，同比增长14.3%。全年工业投资完成748.0亿元，比上年增长37.0%。

固定资产投资。全社会固定资产投资完成2651.9亿元，比上年增加759.8亿元，增长40.2%。其中，第一产业完成投资107.3亿元，增长71.6%；第二产业完成投资825.1亿元，增长43.3%；第三产业完成投资1719.5亿元，增长37.1%。城市基础设施投资980.5亿元，比上年增长50.5%。全年新增固定资产1814.6亿元，固定资产交付使用率为68.4%。

社会消费品零售总额实现1770.2亿元，同比增长18.8%。城镇消费品市场实现零售额1602.3亿元，同比增长18.7%；乡村市场实现零售额167.8亿元，增长19.2%。

交通运输。2010年完成货物运输总量

10128.9万吨，比上年增长8.1%。其中，铁路完成2033万吨，增长6.0%；公路完成7682万吨，增长8.4%；水运完成412万吨，增长13.5%；航空完成1.9万吨，增长18.8%。

邮电通信。全年完成邮电业务总量261.2亿元，比上年增长19.0%。其中，邮政业务总量7.8亿元，增长7.3%；电信业务总量253.4亿元，增长19.4%。互联网用户198.6万户，增长12.9%。宽带接入户103.9万户，增长23.4%。

金融。金融机构各项存款余额（人民币，下同）5956.4亿元，比年初增加925.3亿元。金融机构各项贷款余额4127.0亿元，比年初增加693.7亿元，其中，短期贷款余额1241.4亿元，增加227.6亿元，中长期贷款余额2741.4亿元，增加634.3亿元。

旅游业。2010年共接待国内外游客4150.1万人次，比上年增长10.0%。其中，国内游客4123.7万人次，增长10.0%；入境游客26.4万人次，增长10.0%。旅游业总收入381.5亿元，增长23.0%。

对外贸易。2010年实现进出口42.25亿美元，同比增长32.54%。其中：出口19.98亿美元，增长59.57%；进口22.27亿美元，增长15.05%。一般贸易进出口33.39亿美元，同比增长26.03%。其中：出口11.76亿美元，增长49.78%；进口21.63亿美元，增长16.02%。哈尔滨市对拉丁美洲、非洲等新兴市场进出口呈现快速增长的势头，进出口分别增长40.57%和146.52%。

科技事业。哈尔滨市现有科研机构440个，拥有7个国家级企业技术中心和53个省级企业技术中心，R&D（研究与试验发展）人员3.78万人。受理专利申请6526件，增长18.1%；授权专利3974件，增长42.3%。82项科技成果被授予哈尔滨市科学技术奖。

教育事业。哈尔滨市共有研究生培养单位20所，招生1.7万人，增长4.9%；在学研究生5.0万人，增长14.4%。普通高校49所，共招收学生14.8万人，下降9.2%；在校学生53.1万人，增长1.4%。

卫生事业。哈尔滨市共有各类卫生机构（含农村卫生室）3576个，其中医院256个、卫生院201个、社区卫生服务中心（站）249个、门诊部（所）55所、专科疾病防治院（所、站）33个、疾病预防控制中心22所、妇幼保健机构20所。卫生机构床位数4.54万张。卫生技术人员5.67万人。乡镇卫生院195个，床位4600张，卫生技术人员0.53万人。

社会保障事业。2010年城镇参加基本养老保险119.2万人，比上年增长0.7%。失业保险128.2万人，增长1.3%。城镇基本医疗保险的人数356.1万人，增长7.3%。生育保险的人数72.8万人，增加3.2万人。新型农村合作医疗参合率99.1%。

城市居民家庭人均可支配收入17556.8元，同比增长10.5%。农村居民人均纯收入达8020.3元，同比增长18.4%。

【投资环境与招商引资】　哈尔滨市依托松花江及水系大湿地资源，在“冰城”享誉世界的基础上，确立“夏都”以“万顷松江湿地、百里生态长廊”为载体。夏季节庆活动丰富多彩，围绕着缤纷五月、激情六月、情醉七月、清凉八月、多彩九月等主题，穿插组织啤酒节、园艺节、登山节、广场节、森林音乐节、金河湾湿地公园、太阳岛等景观近百项旅游、文化、经贸、体育和节庆活动，哈夏旅游文化节搭建了夏季旅游活动平台，全面展示了独具特色的夏都魅力。第26届冰雪节期间共接待国内外旅游者1202.7万人次，同比增长7.9%。哈尔滨市成为国内冬季旅游的首选地，连续多年接待旅游人数超过三亚，成为冬季最热旅游城市。

2010年哈尔滨市以“项目建设提速年”活动为载体，全力推进大项目建设，投资规模不断扩大，2010年固定资产投资完成2651.9亿元，比上年增加759.8亿元，增长40.2%。新战略实施的500个重点项目取得明显进展，完成投资1092.8亿元，占年计划的117.2%，开（复）工482个项目。

“北跃”战略推进迅速，松浦大桥提前半年竣工通车；科技创新城创新园和产业园启动基础设施建设，39个研发和产业项目开工建设；“北国水城”骨干工程量完成14.9%，哈尔滨市被国家确定为水生态系统保护与修复试点城市。

“南拓”战略全面展开，哈南工业新城投入建设资金80亿元，新开发面积20平方公里，209个工业项目开（复）工 。

“中兴”战略成果显著，新建改造长江路、铁路街、友谊西路等道路202条，建设文昌高架桥、征仪路跨线桥等各类桥涵57座，维修道路500条（段），城市道路完好率达90%。

“强县”战略逐步显效，县域经济总量突破1000亿元，县域规模以上工业增加值达130.6亿元。2010年，宾西经济技术开发区晋升国家级开发区，成为哈尔滨市第二个国家级开发区。

哈大齐工业走廊哈尔滨段纳入规划的总面积为252平方公里，主要是江北工业新区、平房工业新区、太平空港经济区、群力新区、香坊工业新区、宾西开发区、五常牛家工业园区等区域。哈尔滨段各园区已启动64.13平方公里的项目建设区；入区企业已达到529个，累计完成投资579.2亿元。其中产业项目完成投资393.7亿元，增加165.7亿元；基础设施完成投资185.5亿元，增加52.6亿元；竣工项目255个，在建项目达到197个。

哈尔滨市连续被评为全国科技进步先进城市，2010年被批准为东北三省唯一的全国首批国家创新型试点城市。哈尔滨工业大学与智能电力光学设备有限公司合作研制的光学电流互感器，达到国际领先水平；东安汽车动力股份有限公司自主承担的DA5新型汽车发动机，达到了欧Ⅴ排放标准；哈尔滨电机厂有限责任公司研制的巨型全空冷水轮发电机组，开创了巨型通风冷却技术的新时代；同时抗肿瘤树状细胞疫苗等一批创新药物取得重大关键技术突破。重点新产品开发工作45项，超计划28.6%，对促进工业产品结构调整起到了积极作用。哈药集团生物疫苗有限公司的鸡新城疫—传染性支气管—禽流感三联灭活疫苗、哈尔滨空调股份有限公司的1000MW超超临界空冷岛关键技术研究和哈尔滨量具刃具集团有限公司的2305型表面形状测量仪等。新增市级企业技术中心15户，14户市级企业技术中心晋升为省级企业技术中心。目前，哈尔滨市共有企业技术中心78户，其中国家级技术中心6户、省级技术中心53户、市级技术中心19户。

【经济技术协作与对口支援】 2010年，哈尔滨市新批准外商直接投资企业83户，同比下降16.16%；新批企业的合同外资额3.67亿美元，同比增长10.66%；实际使用外资7亿美元，同比增长15.73%，完成目标的100.64%。第26届“冰雪节”，签约国内外项目21个，协议引进外资6581万美元，协议引进内资103亿元；第21届“哈洽会”，签约国内外区域经济合作项目81个，投资总额10.43亿美元，引资金额10.05亿美元；国内区域经济合作项目70项，投资总额544.91亿元人民币，引资金额543.44亿元人民币。

【“十二五”规划】 城乡居民收入与GDP同步增长。城镇居民人均可支配收入、农村居民人均纯收入、中低收入群体的收入年均增长速度均达到12%以上，在同等城市中力争晋位。

大幅提高住房保障水平。实现“住有所居”，四环内棚户区改造完毕，棚户区居民全部入住新居。中低收入群体人均住房面积不低于15平方米。基本完成农村泥草房改造。

扩大就业规模。新增城镇就业人口55万人，城镇登记失业率控制在4.5%以内。

提高基本生活保障标准。最低工资标准年均增长15%左右，城乡居民最低生活保障标准年均增长12%以上。

加速城镇化进程。百万农村人口进城镇，城镇化率提高到65%。

加快农业现代化进程。农田水利化程度达到70%，农机田间作业综合机械化程度达到94%，农民组织化程度达到80%，新型农业服务体系实现区、县（市）全覆盖，实施新增粮食产能工程，粮食产量稳定在250亿斤以上。

实施工业倍增计划。实现工业增加值2230亿元，年均增长16%。装备制造、食品、医药、化工4个优势产业五年翻番，培育装备制造、食品2个销售收入超千亿元产业。民用航空、生物、新材料、新能源装备、电子信息、绿色食品六大战略性新兴产业4年翻番，打造新能源装备、电子信息和绿色食品3个增加值超百亿元产业。

大规模发展现代服务业。服务业占经济总量比重达到52%。金融、物流、文化、信息服务四大产业增加值实现4年翻番，金融业570亿元，年均增长30%。物流业450亿元，年均增长16%以上。文化产业420亿元，年均增长25%。信息服务业250亿元，年均增长20%。旅游业强势增长，总收入突破960亿元，占GDP比重达到15%。

提高教育和卫生保障水平。大力推进素质教育，实现城乡教育均衡发展，职业教育取得突破性进展。提高城乡医疗服务水平，城镇和农村社区实现便民医疗广覆盖。

完善公共文化和体育服务体系。市级文化设施达到国内外一流水平，城乡实现便民文化体育设施广覆盖。

根本扭转城市基础设施落后状况。新增城市道路130公里、面积620万平方米，道路完好率达到95%，推进铁路站场及新线建设和改造。彻底改造水、热、气等老旧地下管网，城市集中供热普及率达到85%，提高供暖保障水平。

实施公交优先发展战略。提高公交覆盖范围，公交在城市交通总出行中比重提高到45%以上，中心城区公共汽电车平均运送速度达到20公里/小时以上，准点率达到85%以上，公交服务质量明显提高。

大力改善生态环境。大气和水主要污染物排放总量分别下降5%和15%，城市环境空气质量二级及二级以上天数达到325天，建成区绿化覆盖率达到38%，森林覆盖率达到46%。

【重点项目介绍】　2010年，哈尔滨市由松北区政府、平房区政府（市经开区）、哈尔滨市建委、哈尔滨市农委牵头组织实施的“北跃、南拓、中兴、强县”500个战略项目，2010年计划投资932.4亿元，全年完成投资1092.8亿元，为年计划117.2%，开（复）工482个项目。开（复）工率96.4%。

谋划3000万元以上项目1000个，其中：亿元以上项目500个，在亿元以上项目中10亿元以上项目100个。亿元以上项目完成前期初审300个。完成谋划3000万元以上项目1170个，为年计划117%，项目总投资10612.1亿元，其中亿元以上项目799个，在亿元以上项目中10亿元以上项目184个。完成前期初审项目332个。

【老工业基地振兴】　2010年哈尔滨市高新技术产业实现产值2042亿元，同比增长23%；专利申请量实现6526件，同比增长18.1%；技术合同交易额实现50.9亿元，同比增长21.2%。主导产业增长较快。装备制造、食品、医药、石化四大主导产业实现增加值611.4亿元，增长14.3%，占规模以上工业比重为83.5%。围绕“北跃、南拓、中兴、强县”和六大高新技术领域重大技术需求，组织实施科技攻关和产业化项目，突破了一批关键核心技术。其中：哈尔滨工业大学与智能电力光学设备有限公司合作研制的光学电流互感器，达到国际领先水平；哈尔滨电机厂有限责任公司研制的巨型全空冷水轮发电机组，开创了巨型通风冷却技术的新时代；“转基因抗病种猪”选育和畜禽重大疫病防控疫苗产业化开发，有力地保障了哈尔滨市乃至全国畜禽生产安全。

哈尔滨市松北科技创新城（对俄科技合作）和七〇三所、黑龙江省农科院等国家级国际科技合作基地获得批准并启动建设，使哈尔滨市成为获批国家级基地最多的城市。

国家实施老工业基地振兴战略以来，哈尔滨市老工业基地工业项目和高技术产业化项目215项，项目总投资243亿元，获国家补助资金17.83亿元。

积极制定并出台了《哈尔滨市人民政府关于贯彻落实进一步实施东北地区等老工业基地振兴战略的实施意见》（哈政发〔2010〕5号）。落实《中俄地区合作规划纲要》，制定哈尔滨市实施方案。根据中俄两国元首于2009年8月在纽约联合国总部签署的《中华人民共和国东北地区与俄罗斯联邦远东及东西伯利亚地区合作规划纲要》，制订了哈尔滨市实施方案。2010年，哈尔滨市成功举办第26届冰雪节，加快推进老工业基地建设高层论坛，为哈尔滨市发展目标和发展战略起到积极的促进作用。

福州市

【经济与社会发展】 2010年，福州市全年实现GDP 3123.41亿元，比上年增长14.2%。第一产业增加值282.73亿元，增长3.9%；第二产业增加值1401.92亿元，增长19.1%；第三产业增加值1438.76亿元，增长11.5%。三次产业比重为9.0:44.9:46.1。全市完成财政总收入（不含基金）402.51亿元，比上年增长23.7%，其中地方级财政收入247.82亿元，增长26.9%。全市实现进出口总额246亿美元，比上年增长37.8%，其中进口总额82.85亿美元，增长41.9%；出口总额163.14亿美元，增长35.8%。

农业经济发展平稳，已形成水产、畜禽、果蔬、食用菌以及茶叶等一批农业特色优势产业。全市完成农林牧渔业总产值480.01亿元，增长4.1%，其中农业产值129.89亿元，增长2.7%；林业产值13.31亿元，增长9%；牧业产值61.10亿元，增长3.4%；渔业产值258.19亿元，增长4.7%。

工业经济保持较快发展。全市完成全部工业总产值4869.05亿元，增长21.7%，实现工业增加值1127.59亿元，增长18.8%。其中规模以上工业总产值4544.17亿元，增长22.6%。规模以上工业增加值1076.3亿元，增长20.4%。机械、电子、纺织三大主导产业产值达2416.9亿元，占规模以上工业总产值比重53.2%；冶金建材、轻工食品、能源三大优势产业产值达1937.9亿元，占规模以上工业总产值比重42.6%。工业经济效益显著提升，工业经济效益综合指数达223.94%，比上年提高25.62个百分点；工业布局更趋合理，中心城区突出发展服务业和高新技术产业，积极推进中心城区工业企业搬迁、调整和提升。工业经济加快向江阴、罗源湾两大港区为重点的“南北两翼”集聚，初步形成沿海临港工业带。“两翼”四县（市）规模以上工业总产值达2307.06亿元，占全市规模以上工业产值比重50.8%。全市已认定高新技术企业250家，其中国家火炬计划重点高新技术企业7家，上市企业有25家。高新技术产业总产值突破1500亿元。

消费不断扩大，全市实现社会消费品零售总额1624.28亿元，增长21.3%。居民消费加快转型升级，消费热点进一步拓宽。限额以上贸易企业零售额中，汽车类增长38%，家具类增长69.6%，金银珠宝类增长51.6%。全市建设和改造“农家店”320家，增长53.1%。加快推进家电下乡和“万村千乡市场工程"，加快构建农村现代流通网络。家电以旧换新产品 54.44 万台，销售额 20.15 亿元。拥有大中型专业批发市场 55 个，总面积 250 万平方米，连锁经营企业 58 家，网点 2123 个，配送中心 7 个。

旅游资源开发整合加快，旅游市场不断拓展，以文化旅游为重点，培育文化旅游品牌，充分挖掘多元化旅游资源。琅岐、三江口等旅游综合体项目前期工作取得突破，连江贵安温泉旅游度假区等一批高端旅游项目建设步伐加快，船政文化、天生农庄等景区跻身国家 4A 级旅游景区，积极打造"中国温泉之都"和温泉游、闽江游、文化游等三大品牌。2010 年全市接待国内游客 2275.11 万人次，境外旅游者 69.86 万人次。

社会事业全面提升。在全省率先实现"双高普九"，高中阶段入学率达 98.2%，义务教育免除学杂费政策全面落实。全市拥有高等学校 31 所，高职高专院校 19 所，中等职业技术学校 69 所，高中 116 所，初中 314 所，小学 1270 所。市级示范园 30 所，省级达标中学 61 所，其中一级达标中学 14 所。全市拥有民办小学 27 所，民办普通中学 45 所，民办职业中学 17 所，民办高等学校 14 所。公共卫生能力建设不断加强。加大资金投入，建设、完善 46 所社区卫生服务中心，城市社区卫生服务中心以街道为单位覆盖率达到 100%；改扩建 14 所乡镇卫生院，有效提升了农村基层医疗机构服务水平。文化建设步伐加快。注重发挥国家历史文化名城优势，大力实施文化强市策略，集中力量打造三坊七巷、昙石山、寿山石、船政等文化品牌，不断增强闽都文化的影响力和渗透力。完成三坊七巷保护修复一期工程、船政文化开发建设工程、闽江游工程、贵安温泉旅游度假区工程等项目建设。三坊七巷以最高票入选首批中国历史文化名街，脱胎漆器、闽剧等 12 项非物质文化遗产入选国家保护名录。鼓山、于山、三坊七巷创建国家 4A 级旅游景区通过验收。

社会保障水平不断提高。初步建立了五大险种齐全、功能基本完备、规模不断扩大、制度不断完善的社会保障体系，社会救助、社会福利、社会优抚、社会捐赠加快发展。城镇职工和居民基本医疗保险合计参保率达 95.4%，全面启动城镇职工基本医疗保险市级统筹工作，正式施行工伤保险市级统筹。新农合参合率达 97.7%，参合筹资标准由人均 100 元提高到 150 元。社区卫生服务中心和乡镇卫生院规范化建设切实推进。企业退休人员基本养老金持续调整提高。新型农村社会养老保险试点扎实推进，被征地农民养老保障工作顺利完成试点并逐步推开。

【投资环境与招商引资】 福州市区面积 1786 平方公里，其中建成区面积 220.22 平方公里。城市道路总长度 1101.3 公里，道路面积 2326.7 万平方米，新增道路面积 220 万平方米，新建扩建道路 48 条。加快建设以高速铁路、高速公路、港口为重点的对外联接通道。温福、福厦铁路建成通车，火车南站建成投入使用，向莆铁路、合福铁路、江阴港、可门港、罗源湾北岸铁路支线加快建设，福州进入高铁时代。建成机场高速一、二期工程、绕城高速西北段、渔平高速和平潭海峡大桥，依托高速公路，基本形成了以中心城区为中心的"一小时经济圈"。福州港已成为国家沿海 25 个主要港口之一，拥有生产性泊位 122 个，其中万吨级以上深水泊位 40 个，最大靠泊能力达 15 万吨级。城市轨道交通 1 号线已正式动迁，拉开了福州城市轨道交通建设的序幕。坚持公交优先发展战略，市民出行条件得到进一步改善。拥有公交车营运线路 161 条，公交营运 3498 标台，各类出租车 5809 辆。市区地下管网、防洪排涝设施建设加快推进，城区主干电网及电线缆化下地工程加快实施，城区天然气气源转化基本完成，城市供水、供电、供气能力进一步增强。都市经济圈建设有序推进，大型商贸物流项目向周边县市延伸拓展。

扎实推进景观整治、绿化美化、内河综合整治等工作，建成开放新儿童公园、新茶亭公园，完成烟台山历史风貌区保护改造（一期）

和乌山历史风貌区保护修复，实施白马河、晋安河（光明港）、磨洋河等内河综合整治。逐步推进于山、乌山、屏山“还绿于民”，城区新增绿地面积710万平方米，建成区绿化覆盖率达40.3%。

利用外资质量显著提高。新批外商投资项目186项，按验资口径，合同外资16.73亿美元，增长36.1%，实际利用外资11.85亿美元，增长14.8%。新批千万美元以上项目50项，合同金额达9.6亿美元，占合同外资总额的60%。新批合同外资中，制造业利用外资8.72亿美元，增长164.43%，服务贸易领域（不含房地产）利用外资6.15亿美元，占合同外资总额的36.73%。

榕台交流取得新突破。充分发挥毗邻港澳台的区位优势和海外乡亲众多的优势，积极打造“5.18”海交会品牌，不断开拓招商领域，提高引资成效，外经外贸体制在应对国际金融危机中有效调整提升。实现榕台空中货运直航，开通福州至台北全货机航线，福州成为大陆第一个对台通邮航点。福州保税港区正式获批，与台湾基隆自由贸易港区签署对接合作协议。赴台开展经贸文化交流活动取得重大成果，对接洽谈友顺电子、鼎元光电等99项重大项目，总投资额达63.99亿美元。

【经济技术协作与对口支援】 友城工作扎实推进。按照“加深友谊，共谋发展”的思路，福州市与国内城市积极开展多渠道、多层次的交流与合作。2010年1月，福州市与浙江杭州市签订了友好协议，至此已与全国21个省（直辖市、自治区）的31个城市缔结为友好城市，并在10个友好城市建立了异地商会。闽浙赣皖福州经济协作区兄弟城市间经济合作日渐密切，资源整合有序推进，交通体系日臻完善，旅游互动卓有成效，软硬环境建设形势喜人。

经济协作交流日益加强。依托“5.18”海交会的共享互利的平台，福州与友好城市的联系和经贸往来日益活跃。“5.18”期间，内联城市参会团组达37个，有14个城市参加海西省外城市映像展；广州、南宁、郑州、合肥、哈尔滨、天津滨海区、深圳、安庆等21个城市参加了中心展馆海峡西岸经济区城市协作展，参展企业达76家。加强与长三角、珠三角、中西部城市的经贸交流，牵头组织企业参加了东西部博览会、广州博览会、第六届泛珠三角省会城市市长论坛等，有效推动福州与国内友城及其他协作区城市在经贸、交通、旅游、文教等城市间多层面的交流与合作。做好第六届泛珠大会福州市公共事务筹备工作。利用项目对接会，推出合作项目98项，总投资149.1亿元。注重中东西部城市联系与沟通，建立良好经济和劳务协作关系。

【“十二五”规划】 力争到2015年，综合实力迈上新台阶，人均地区生产总值率先赶超东部地区平均水平，努力实现居民收入增长和经济发展同步，基本实现全面建设小康社会的目标任务，建成经济实力雄厚、体制机制灵活、生活品质优越、生态环境优美、人文气息浓郁的海峡西岸大都市。“十二五”期间，全市地区生产总值年均增长12%以上，人均地区生产总值年均增长11%以上并率先赶超东部地区平均水平；财政总收入年均增长14%，其中地方财政收入年均增长15%；三次产业比重调整为5∶45∶50；城镇化率达67.5%。围绕以上目标，一要壮大经济总量，优化产业结构，加快构筑现代产业体系。以建设海峡西岸先进制造业基地和现代服务业中心为重点，力争到2015年工业总产值突破“一万亿”，服务业增加值占GDP比重达50%，从业人员占全社会从业人员的比重达45%左右；以培育新兴产业为先导，重点打造新一代信息技术、生物与新医药、新能源、新材料、节能环保等新兴产业；以增强自主创新能力为核心，提高高新技术产业增加值占GDP的比重，到2015年达到19%；以发展现代农业为基础，力争农林牧渔业总产值到2015年达600亿元；大力建设海洋经济强市，力争到2015年海洋产业增加值达到1500亿元以上，占地区生产总值的比重28%左右，构筑特色鲜明、综合竞争力较强的现代产业体系。二要统筹城乡区域发展，完善基础设施，构筑海峡西岸大都市。依托中心城区，积极推动城市东扩南进、沿江向海跨越式、组团式发展，适时推进行政区划调整，建设8个新城。积极构建城乡一体化基础设施和公共服务系统，促进县域经济发展壮大，推进城镇化和新农村建设。三要推进社会事业全面发展，切实改善民生。优先发展教育事业，大力推进人力资源建设，推动文化大繁荣，加强公共卫生体系建设，积极扩大就业，努力完善社会保障体系，加强保障性住房建设，促进人口健康均衡发展。四要扩大内需，提高居民收入水平，促进消费需求和投资增长。五要加强节能减排，全面落实节能减排目标责任制，大力发展循环经济和低碳产业，推进生态文明建设。到2015年末，中心城建成区绿化覆盖率、绿地率、人均公园绿地力争分别达42%、38%、12平方米，建成国家生态市。六要着力改革创新，先行先试，提升对内对外开放层次和水平。增创体制机制新优势，提高利用外资水平，加快转变外贸增长方式，构筑两岸交流合作的前沿平台，加强榕港澳合作与侨务工作，推进区域合作与交流。七要加强社会管理，推进民主法制建设，保障规划实施。积极推进形成管理主体多元、服务方式多样、运行机制协调的社会管理体制，全力打造“法治福州”、“文明福州”、“平安福州”。

【重点项目介绍】 2010年福州市共安排市级重点项目为387项，总投资6350亿元，年度计划投资770.23亿元。全年市级重点项目共完成投资928.6亿元，超额完成年度投资目标，占年度计划的120.56%。其中：148项在建重点项目完成投资594亿元，同比增加234.6亿元，增长65.3%，占年度计划投资的117.35%。150项计划新开工重点项目中已动工或部分动工建设127项，开工率为84.7%，完成投资334.6亿元，占年度计划投资的126.72%，同比增加132.3亿元，增长65.4%。89项预备、前期重点项目中已有锦江聚合、长乐松下物流园区（一期）等15项完成前期工作并动工或部分动工建设。

2010年重点项目建设工作涌现出诸多亮点：一是重点项目完成投资上新台阶。全年市级重点项目完成投资928.6亿元，约占全社会固定资产投资额的40%，比2009年重点项目完成投资量增加366.9亿元，增长65.3%，并超过2006—2008年三年重点项目完成投资量总和，创历年最佳水平。二是项目前期工作取得新突破。年内共有福州至平潭铁路、福州至长乐机场铁路、福州绕城高速公路东南段、甘洪路拓宽改建、东南电化搬迁、浮村污水处理厂厂区等142项计划新开工和预备前期重点项目陆续动工或部分动工建设，比2009年增加44项。当年开工项目数量为历年最多。三是项目拉动作用明显。工业、能源、商贸服务等产业类重点项目共完成投资418.9亿元，占全市重点项目完成投资的45%，其中福清核电站一期、金融街万达广场等项目完成投资超过30亿元。全年先后建成或部分建成投产99项重点工程，比2009年增加75项，产生了较大的社会、经济效益。

济　南　市

【经济与社会发展】 2010年，济南市完成全年实现GDP 3910.8亿元，比上年增长12.7%。其中：第一产业增加值215.17亿元，增长4.8%；第二产业增加值1637.45亿元，增长 11%；第三产业增加值 2058.18 亿元，增长 14.9%。农业产业化经营取得积极进展，规模以上农业龙头企业 350 家，新增 50 家，55%的农户纳入了农业产业化的经营范畴。工业经济平稳发展，实现增加值 1352.4 亿元，增长 10.7%，其中交通装备、机械装备、电子信息、石化化纤、食品药品、冶金钢铁六大产业集群实现工业增加值 1001.3 亿元，首次突破千亿元大关，占规模以上工业的比重达 76.3%。地域财政收入 1145.1 亿元，增长 39.3%，地方财政一般预算收入 266.1 亿元，增长 26.6%。全社会固定资产投资 1987.4 亿元，增长 20.1%。进出口总额 74.1 亿美元，增长 31%，其中出口 40.55 亿美元，增长 33.1%。社会消费品零售总额 1725.5 亿元，增长 18.7%。

转方式调结构成效显著。服务业主导作用不断增强。金融、信息服务、物流、会展、文化旅游等行业收入增长均超过 20%，现代服务业占服务业实现增加值 918.1 亿元，占全部第三产业比重为 44.6%。三次产业增加值比例由 5.60:42.91:51.49 调整为 5.50:41.87:52.63。非公有制经济增加值占生产总值比重 42.6%，提高 0.2 个百分点。工业结构优化提升。2010 年高新技术产业企业 511 家，其中过亿元企业达到 207 家。高新技术产业产值 2064 亿元，增长 30.7%，占规模以上工业的比重 41.5%，提高 2 个百分点。新一代信息技术、高端装备制造、生物医药、新能源等战略性新兴产业发展加快。随着创建国家创新型城市试点、中国软件名城试点、综合性国家高新技术产业基地等重大创新活动的开展，创新活力加速释放，全年新下达科技计划项目 674 项，获省级以上科技奖励 225 项。节能减排和生态城市建设成效明显。全年拆除水泥立窑生产线 3 条，关停小火电机组 25.7 万千瓦；小清河、徒骇河出境断面 COD、氨氮浓度达到省考核标准，全面完成“十一五”省下达的节能减排任务目标。创建国家森林城市和水系生态建设进展顺利，济西湿地、平阴玫瑰湖、济阳澄波湖、商河大沙河 4 处湿地成为省级湿地公园，全市森林覆盖率达到 30%，城市绿化覆盖率达到 37%。

城市建设加快推进。以城市综合体建设为重点，大力推进老城区改造提升和三大新区开发建设。老城区，重点抓好棚户区、城中村和危旧简易楼群三大改造，恒隆广场、华强广场等项目进展顺利，万达广场投入使用，护城河全线通航，泉水保持常年喷涌，老城区功能形象进一步提升。省博物馆和档案馆新馆、黄金时代广场等重点项目竣工，奥体文博片区初具规模；西客站站房主体完工，大剧院、济西湿地公园一期等重点项目开工建设；小清河综合治理二期工程扎实推进。京沪高铁济南段铺轨竣工，建邦黄河大桥建成通车，德大铁路济南段开工建设，石济客专可研报告获国家发改委正式批复，城市快速轨道交通前期工作加快。完成黑虎泉西路、文化东路等市政道路建设维护，济西应急供水一期工程和 28 个供水低压片区管网升级改造完工，新建及改建热源厂 9 座、污水处理厂 4 座，第二生活垃圾处理厂开工建设，城市综合承载能力进一步提升。

社会民生事业全面发展。居民收入继续增加。城市居民人均可支配收入 25321.1 元，增长 11.4%；农民人均纯收入 8903.3 元，增长 14.3%。年末城乡居民储蓄存款余额 2187.7 亿元，比年初增长 14.4%。社会保障水平进一步提高。养老、医疗、失业、工伤、生育保险覆盖面进一步扩大。企业退休、退职人员月均养老金提高 160 元。城乡最低生活保障标准进一步提高，城市居民最低生活保障标准由月人均 330 元提高到 360 元，农村居民最低生活保障标准由年人均不低于 1200 元提高到不低于 1320 元。农村五保供养标准提高，集中供养标准由每人每年不低于 2700 元提高到不低于 2800 元，分散供养标准由每人每年不低于 1700 元提高到不低于 1800 元。新型农村合作医疗人均筹资水平达到 130 元，参合率达到 99.98%。保障性住房建设加快推进。完成棚户区拆迁建筑面积 80 万平方米，安置房建设竣工70万平方米、新开工80万平方米。自开工建设累计投资166.0亿元，全年完成棚户区改造投资75.4亿元。开工建设经济适用住房35万平方米，完成实物配租1493套，开工建设公共租赁住房3500套，向4262户家庭发放廉租住房租赁补贴1841万元。

【投资环境与招商引资】 2010年，济南市共引进市外投资925亿元，同比增长14.2%，占全社会固定资产投资的46.6%。实际使用外资10.4亿美元，同比增长6.1%。其中，章丘市、市中区、历下区和历城区引进市外资金均超过120亿元，高新区招商引资增幅达到43.6%。

大项目投资不断增强。2010年，济南市共引进市外投资项目624个，引进投资925亿元，其中亿元以上项目351个，投资827.3亿元，分别占全市引进项目总数和投资总额的56.3%和89.4%；10亿元以上82个，投资400亿元，分别占13.1%和43.2%。

招商产业结构日趋合理。2010年，在全市引进的624个项目中，一产项目4个，投资1.3亿元；二产项目228个，投资274.3亿元；三产项目392个，投资649.4亿元，三次产业引进投资比例为0.1:29.7:70.2。从第三产业看，引资比重比去年同期上升了4.2个百分点。其中，金融业、信息服务业、房地产、文化创意等现代服务业项目共引进投资359.5亿元，占三产引进投资的55.4%，房地产引进投资占三产引进投资的49%，占全市的34.4%，同比下降0.8个百分点。从第二产业看，主导产业投资111.8亿元，占工业投资的40.8%；新兴产业投资37.5亿元，占13.7%；传统产业投资50.8亿元，占18.5%。

引资区域布局进一步优化。2010年，从主城区看，共引进项目277个，投资389.7亿元，分别占全市引进项目总数和投资总额的44.4%和42.1%，引进投资比去年同期增加了39.8亿元。从三大新区看，东部新区、西部新区及小清河滨河新区范围内共引进项目87个，投资181.9亿元，分别占全市引进项目总数和投资总额的13.9%和19.7%。

【经济技术协作与对口支援】 经济合作。2010年组织各县（市）区、部门和120多家企业，分别参加了中国东西部合作与投资贸易洽谈会、中国青海投资贸易洽谈会、“重庆—山东周”经贸合作交流活动、中国新疆喀什·中亚南亚商品交易会、第四届中国企业国际融资洽谈会等重要经贸洽谈活动。会上共推出经济技术合作项目80多项，达成各类投资合作协议、意向30多项，项目金额189.7亿元。

对口支援。对口支援西藏白朗县。2010年，济南市重点支持了白朗县农牧民安居工程、蔬菜大棚、现代农业科技示范园等6个援藏项目的建设，第五批共32个援藏项目全部按期竣工投入使用；第六批援藏工作的总体思路和重点援建项目得到确定，部分援藏项目开始建设；按照中央、省援藏工作会议部署和要求，研究确定了今后济南市援藏资金筹集方案。对口支援三峡库区忠县。2010年重点支持了忠县有关乡镇的敬老院、图书室、卫生院等民生项目建设，华艺集团、力诺集团、蓝翔技校、博世磨具公司和蔬菜技术推广中心等8家单位与忠县签订了合作项目。对口扶贫协作重庆武隆县。按照国家和省部署安排，济南市承担对口扶贫协作重庆武隆县任务，先后与武隆县签定了《济南市—武隆县扶贫协作框架协议》、《装备制造业和信息产业合作框架协议》、《农业产业化合作框架协议》、《旅游合作框架协议》和《民营经济合作框架协议》。对口帮扶菏泽成武县。2010年，济南市重点支持了成武（济南）工业园园区道路、排污管网、供水管网、道路绿化、10KV供电线路和县一中部分教学设施等基础设施和社会事业项目建设；对达驰电器GRS、呈祥复合材料等本地骨干企业引进的项目进行了扶持。加快商河县发展。按照市委、市政府加快商河发展现场办公会要求，2010年市直有关部门到位各类支持资金4.85亿元，重点实施了开发区和城区产业园基础设施、现代农业科技示范园、垃圾处理厂等项目，市委、市政府制定的18项政策措施得到了全面落实。2010年4月，市委、市政府再次召开支持商河加快发展现场办公会，出台了2011—2012年继续支持商河加快发展的15项政策措施。

环渤海区域合作。2010年，济南市组织参加了第十四届环渤海城市市长联席会、环渤海城市市长论坛等区域合作活动，与环渤海部分成员市分别签订了《关于成立环渤海区域高新技术产业联盟》、《加快环渤海装备制造业基地建设的合作框架协议》、《关于成立环渤海区域金融服务联席会》和《关于成立环渤海区域中小企业发展联盟》等4项工作议案。组织企业考察了有关环渤海城市的投资环境，并进行了项目对接和洽谈。

【"十二五"规划】 综合实力显著增强。国民经济继续保持平稳较快增长，到2015年全市生产总值达到6600亿元，年均增长11%，人均生产总值达到14000美元。地方财政一般预算收入达到490亿元，年均增长13%。社会消费品零售总额达到3450亿元，年均增长15%。固定资产投资五年累计14600亿元，年均增长15%。

经济结构调整优化。居民消费率稳步提高，投资结构继续优化。先进制造业、现代服务业、现代农业加快发展，三次产业比例调整为4:38:58，初步形成现代产业体系。对外贸易稳步增长，外贸出口达到70亿美元，年均增长12%，实际到账外资五年累计70亿美元。民营经济加快发展，非公有制经济比重达到50%以上。

创新型城市基本建成。自主创新能力显著提升，科技进步贡献率达到65%，研究与试验发展经费占生产总值比重达到2.65%，高新技术产业产值占规模以上工业总产值比重达到52%，争取新增国家级企业技术中心、实验室、工程（技术）研究中心15个。制度创新取得突破，社会主义市场经济体制更加完善。

城市功能跨越提升。新区开发、老城提升全面突破，中心城建成区面积达到400平方公里、人口410万人。现代化基础设施体系基本形成，城市功能形象品位显著提升。正常降水条件下泉群保持持续喷涌，泉城特色更加凸显。城乡一体化发展步伐加快，城市化率提高到75%，县域经济比重达到56%。

生态环境优美宜居。节能减排继续推进，单位生产总值能耗、二氧化碳排放和主要污染物排放进一步下降，基本形成节约能源资源和保护生态环境的产业结构、增长方式、消费模式。生态建设继续加强，人居环境明显改善，全市森林覆盖率达到35%，建成区绿化覆盖率达到40%。

社会发展更加和谐。人民生活更加富裕，城市居民人均可支配收入和农民人均纯收入分别达到43000元和15000元，年均增长11%。就业和社会保障水平显著提高，基本实现全民享有社会保障。社会事业发展加快，教育、卫生、文化、体育等公共服务体系更加完善。平安创建扎实推进，市民综合素质和社会文明程度大幅提升。

【重点项目介绍】 2010年，济南市列入省重点建设项目5个，分别为润华汽车服务园、济南市环城河通航工程、济南西客站配套工程、小清河综合治理工程、济南市第二生活垃圾综合处理厂（焚烧发电厂）。5个项目总投资345.9亿元，年度计划投资59.1亿元，全年累计到位资金70.1亿元，累计完成投资65.9亿元，占年度计划投资的111.43%。小清河综合治理工程和西客站配套工程2个项目获得中央和省资金支持，其中小清河综合治理工程新增中央投资0.2亿元，省调控资金3.6亿元；西客站片区安置区一区建设工程获得省调控资金2.4亿元。

武　汉　市

【经济和社会发展】2010年，武汉市全年实现GDP 5565.93亿元，同比增长14.7%。其中，第一产业170.04亿元，增长4.5%；第二产业2532.82亿元，增长17.5%；第三产业2863.07亿元，增长12.5%。全年全口径财政收入1416.14亿元，比上年增长40.9%。地方一般预算收入390.19亿元，增长23.4%。城镇居民可支配收入和农村居民纯收入分别达到20806元和8295元，同比分别增长13.2%和15.8%。居民消费价格总水平上涨3%。

三大需求较快增长。坚持项目兴市，强化项目策划实施。全年完成全社会固定资产投资3753.17亿元，同比增长25.1%。工业投资呈现恢复性增长，全年完成工业投资860.07亿元，同比增长20.1%，增幅同比提高10.6个百分点。

积极贯彻落实国家刺激消费的各项政策，努力扩大消费需求。加大国家促进汽车、家电、节能产品消费等政策措施的落实力度，提高居民消费能力，优化消费环境，居民消费潜力不断释放，完成社会消费品零售总额2523.2亿元，同比增长19.5%。

优化出口结构，提高出口对经济增长的拉动作用。推动内外需均衡发展，全年实现进出口总额180.5亿美元，增长57.6%，其中出口87.5亿美元，增长50.3%。船舶、汽车及零配件、软件外包、光电设备等优势产品出口高速增长。

结构调整取得新进展。继续巩固提升先进制造业和现代服务业并举的产业结构，三次产业比重由上年的3.2：46.4：50.4调整为3.1:45.5:51.4，服务业所占比重提高1.0百分点。

工业结构不断优化。全市实现规模以上工业总产值6424.59亿元，增长28.4%。汽车、钢铁、电子信息、装备制造、石化等重点支柱产业振兴规划深入实施。汽车产业产值1212.28亿元，成为武汉市首个突破千亿元的产业。远城区新型工业化加快推进，全年实现产值1455.93亿元，增长30.4%，占全市工业的比重达到22.7%，同比提高0.4个百分点。高新技术产业发展加快，实现高新技术产业产值2564.63亿元，同比增长24.8%。

现代服务业平稳快速发展。服务业增加值增长12.5%。现代物流、金融保险、软件与信息服务业、文化创意设计产业等生产性服务业发展提速，增幅均高于服务业平均水平。中心城区继续巩固和提升以服务业为主的产业结构，促进现代服务业向中心城区和园区聚集。7个中心城区除青山外，服务业增加值占生产总值比重均超过60%。

“三农”工作得到巩固。努力抵御洪涝等自然灾害的不利影响，确保了农业生产形势基本稳定。蔬菜、生猪、禽蛋、家禽、水产品等主要农产品产量稳定增长。农业产业化步伐加快，新增优势农产品正规化基地12万亩，规模以上农产品加工业总产值达到950亿元，农业产业化农户覆盖率达61.7%。基础设施不断完善，病险水库除险整治等24项市级重大农林水利项目进展顺利，农业抗风险能力有所提高。

国家试验区、示范区建设迈出坚实步伐。两型社会建设全面推进，基本完成三年行动计划。一是循环经济加快发展。积极推进青阳鄂大循环经济示范区建设，培育了一批循环经济示范企业。打造了钢铁、石化等循环经济产业链。二是节能减排取得积极成效。提高能源资源利用效率，预计单位生产总值能耗同比下降4.5%。加快污水处理设施建设，城市污水集中处理率达到92%。主要污染物排放水平控制在年度目标以内。三是环境质量有所改善。大东湖生态水网构建工程加快实施，汉阳六湖连通工程取得阶段性成果，杨春湖、后湖等湖泊的综合治理工作大力推进，中心城区湖泊水质得到提升。四是惠及民生的示范项目建设步伐加快。继续推进“十城千辆”电动汽车示范工程，新增350台混合动力电动公交车。深入实施国家“十城万盏”半导体照明示范工程，完成了东湖路、江滩两个示范项目。五是重点领域改革取得有效进展。10户困难国有企业改革改制基本完成，循环经济产业投资基金获批组建，光大金融租赁公司在汉成立。农村改革深入推进。完善武汉农村综合产权交易所功能，汉南区城乡一体化试点取得阶段性成果。东湖国家自主创新示范区建设全面启动。出台了18项推进示范区建设的政策。

各项社会事业全面发展。教育事业发展步伐加快。基础教育均衡发展。提高义务教育保障水平，全市农村小学、初中寄宿生年均公用经费分别增加80元和150元，继续对39.6万名城市义务教育阶段学生免除学杂费。优质高中建设进展顺利。职业教育得到加强。

文化事业稳步发展。积极参加第九届中国艺术节。辛亥革命100周年筹备工作加快推进。文化惠民工程取得新成效，开展了各类群众文艺演出、展览展示100余场；公共图书馆服务水平不断提升，开办“名家讲坛”50余场，接待读者366万人次。

公共卫生服务体系进一步完善。基本公共卫生服务均等化水平持续提高。全市社区卫生服务机构门诊量达800万人次以上，中心城区基本实现社区卫生服务网络全覆盖。新型农村合作医疗参合率99%，人均筹资水平达185元以上。提高新农合最高支付限额至5.5万元，减轻了农民医疗费用负担。

体育事业蓬勃发展。成功举办武汉市第二届全民健身运动会、全省第六届农民运动会、第八届中国武汉国际赛马节。积极组队参加省第十三届运动会，取得金牌总数、奖牌总数、团体得分三个第一。

居民生活进一步改善。就业工作得到加强。落实和实施积极的就业政策，深入推进全民创业，帮助高校毕业生、就业困难人员和农民工就业，全年新增就业14.8万人，城镇登记失业率4.1%。

社会保障体系进一步完善。社保覆盖面持续扩大。完成社会保险扩面103万人。困难群体保障水平进一步提高。中心城区城市低保标准由每月300元提高至360元，远城区城镇低保标准由240元提高至300元；中心城区农村低保标准由每年1500元提高至1730元，远城区由1000元提高至1440元。

住房保障力度加大。完成廉租住房配房租赁10000套。对人均月可支配收入600元以下、人均住房建筑面积12平方米以下的新增城镇居民住房困难家庭1.78万户发放了租金补贴。

【投资环境与招商引资】 2010年，武汉市以创新服务方式、加强载体建设、强化配套服务等为重点，进一步解放思想、开拓进取，积极营造良好的投资环境，主要优势表现为：

政策优势。2007年，武汉城市圈获批为“两型社会”建设综合配套改革示范区；2009年，东湖新技术开发区被国务院批准为全国第二个“国家自主创新示范区”，武汉被授予“国家创新型试点城市”；2010年，国务院正式批复同意修订后的《武汉市城市总体规划(2010—2020)》，将武汉定位为“中部地区的中心城市，重要的工业基地、科教基地和综合交通枢纽”；2010年11月吴家山开发区获批国家级开发区。

交通物流优势。长江及其支流汉江在武汉市交汇，武汉港是长江流域重要的枢纽港和对外开放港口，是我国内河第一大港，5000吨级货船可常年进出武汉市港。武汉是我国四大铁路枢纽之一，京广（北京—广州）、京九（北京—九龙）、武九（武汉—九江）、汉丹（武汉—丹江口）4条铁路干线与正在建设中的京广（北京—广州）、沪蓉（上海—成都）高速铁路在武汉市交汇，形成沟通华北、西南、中南、华东地区的铁路网络。

工业优势。武汉是六大工业基地之一，已经形成钢铁、汽车及机械装备制造、电子信息、石油化工四大支柱产业以及环保、烟草及食品、家电、纺织服装、医药、造纸及包装印刷六大优势产业，成为我国重要的工业基地。

武汉是我国当前最大的光通信产业基地，有“中国光谷”之称；是三大钢铁生产基地之一；三大汽车生产基地之一；船舶等设备制造基地之一。

科教优势。武汉是华中地区科技文化教育中心，科技教育综合实力仅次于北京和上海，居全国大中城市第三位。武汉拥有普通高等学校78所，在校本专科学生、研究生、成人高校生达到125万，居全国第一。武汉有科研机构105个，14个国家重点实验室，13个国家工程技术研究中心，11个国家级企业技术研究中心，52名中国科学院和中国工程院院士。

商业金融优势。武汉是中国内陆最大的流通中心和货物集散地，商品可辐射周边五省近4亿人口。武汉市全市社会消费品零售总额在2005年突破千亿元大关，2010年达到2523.2亿元，比上年增长19.5%。全市拥有4家商业上市公司，10家大型商场跻身中国百家最大零售商场行列。武汉是中国入世后第一批对外商开放零售商业和金融业的城市。美国沃尔玛、法国家乐福、德国麦德龙等一批著名商业品牌推动了武汉商业的发展。

武汉还是华中地区的金融中心，历史上曾有20多家外国银行在武汉设立分行，是当时仅次于上海的全国第二大金融中心。目前，全市拥有各类金融机构两千多家。法国兴业、香港汇丰、香港东亚、日本瑞穗银行等外资银行在武汉设立了分行。

水资源优势。武汉临江傍水，湖泊星罗棋布，河港交织，水资源丰富。全市总水域面积2187平方公里，水域面积占城市总面积的25.6%。在正常年景，地下水静储量128亿立方米，地表水7145亿立方米，大大超过现有工农业生产和城镇居民用水总量。水质优，价格低。

招商引资工作。2010年全市引进内资总额506.1亿元，同比增长27.7%；实施投资规模亿元以上项目177项，同比增长9.94%；引进企业总部、区域总部16家，同比增长33.3%。

广泛开展经贸洽谈活动。一是积极参加省里举办的各类活动。2010年，武汉市组团参加了中国（西安）东西部合作与投资贸易洽谈会、第二十一届哈尔滨国际贸易洽谈会、第十一届中国西部博览会、2010年鄂沪（长三角地区）经贸合作洽谈会、2010鄂粤（珠三角地区）投资说明会、“中博会”湖北长江经济带开放开发项目推介会等，共签订26个合作项目，签约金额达704亿元。二是自主举办相关经贸活动。武汉市今年在西安、昆明组织举办了武汉名优特新产品展销会，共签订合作项目84个，签约金额达29.59亿元。

大力发展总部经济。武汉市结合城市发展定位，面向重点区域和重点企业招商，吸引大型央企和国内外500强企业来武汉设立生产基地、研发中心和地区总部。积极为外地总部企业来武汉开通“绿色通道”，提供高效、便捷的服务。据对2010年中国500强企业调查，有157家在武汉有投资，其中有7家企业的总部设在武汉。

建立招商签约项目责任制。武汉市加大对引进项目的跟踪、协调和推进力度，将2010年5月14日沪汉战略合作推进会上签订的七个重大合作项目，制定了《沪汉战略合作推进会签约项目表》，进一步明确了项目内容和责任主体，促进合作项目的落实。

【经济协作与对口支援】　大力加强区域经济合作与交流。2010年，武汉市共组织、推动国内合作交流活动30余次。先后到上海、西安、哈尔滨、广州、昆明、杭州、成都以及省内孝感、黄冈、宜昌、随州等地参加或开展考察和经贸洽谈活动，接待上海、昆明、揭阳、宁波、珠海等地党政或经贸代表团来汉考察洽谈。2010年5月召开了沪汉战略合作推进会，进一步加强了两市的合作交流。10月宁波在汉举办“宁波周”活动。

全面推进武汉城市圈建设。武汉市积极加强与黄冈、孝感、咸宁等重点城市的交流，坚持“以点带面、逐步推进”的工作思路，扎实开展圈内城市的政治经济交往。制定《关于推进2010年度武汉市与孝感市合作工作实施方案》。与咸宁市商务局签订战略合作协议书；武汉中百集团等8家大型商贸企业与孝感农业产业化龙头企业及合作社签订《农超对接合作协议》。据对2010年武汉城市圈8市在汉投资的67个项目统计，实际到位资金43.29亿元，同比增长82.2%。

深化对口支援和帮扶工作。武汉市按照国务院三峡办和省里的统一安排和部署，根据《武汉市对口支援和对口帮扶工作2008—2010年规划》，积极做好对口支援帮扶郧西、来凤、秭归、兴山和五峰工作。对受援地区提出的2010年对口支援项目逐一进行论证，确保对口支援和帮扶项目重点解决受援地区群众饮水、就医、教育等民生问题。

加大工作落实力度。坚持政府推动与企业参与相结合，对口支援和经济开发相结合，广泛组织各区、开发区、市直部门和企业深入对口支援帮扶区域实地考察，开展帮扶。2010年6月与郧西考察，签署了涉及教育、人才培训、蔬菜基地、城市建设等十项帮扶协议。11月分别分别向秭归县、兴山县捐赠了450万元、180万元对口支援资金。江汉区、硚口区、汉阳区、武昌区、青山区、东西湖区等先后赴郧西、来凤考察，签订了一批帮扶项目。

援疆工作。新的一轮援疆工作启动后，武汉市按照省委、省政府的统一部署，以规划为引导，以项目为抓手，以培育“造血”功能为目的，开展了一系列工作。经过近一年的努力，援疆各项工作走在全省前列。一是编制了《武汉市对口援疆总体规划》，明确了我市对口援疆工作的指导思想，提出了下步主要任务、重点工程及相关政策措施等。二是推动了对口支援项目建设。围绕改善民生和培育“造血”功能两大目标，武汉市精心选择了4个市级对口援助项目，主要是棚户区改造、幼儿园建设等民生项目。三是推动了对口援助“双覆盖”工作。武汉市10个区、开发区与博乐市11个乡、镇、街、场结对，经反复筛选、协商，确定了9个“双覆盖”援助项目，目前大部分项目已启动实施。四是启动了干部人才援疆。市委组织部选派了22名干部和专业技术人员赴疆挂职，得到了当地各民族干部群众的好评；市教育局选派了43名优秀教师赴华师一附中博乐分校支教，经过努力，该校教学质量明显提高。同时，武汉市还应博乐市要求，派出卫生专家帮助其开展疾病监控和水土检测工作，派出水务专家赴博乐现场调研并协助当地开展供水管网建设、水资源平衡咨询工作，得到了当地政府的高度评价。五是推动了产业援疆。武汉高农、当代集团已分别在博乐成立了合资企业，专营种子产业和香料种植加工，目前两个项目均已正式启动。

援藏工作。自2004年武汉市13个街道与乃东县7个乡镇结为友好街乡以来，通过援建民生项目，极大地改善乃东县农牧民生产生活条件，得到农牧民的称赞。2010年为了进一步地推动援藏工作：一是对友好街乡进行了调整。在对13个街道进行调研的基础上，提出了调整的建议，并经各区政府推荐和市政府同意，产生了新一轮的友好街乡，对口时间暂定五年。二是积极协调援藏项目资金。武汉市第六期援藏为2447万元，在2009年与相关部门和单位协调的基础上，向2010年有援藏资金任务的10个部门和单位发出了援藏资金函。目前已有东湖开发区、青山、硚口、洪山、汉阳等区援藏资金到账，至此第六期援藏资金已筹备到1880万余元。三是服务于援藏干部。

与援藏干部保持热线联系，关心支持他们的工作和生活，组织了援藏干部及家属春节座谈会，并积极筹备援藏工作表彰会，极大地支持和鼓舞了他们的工作。四是创新援藏方式。经西藏印象申请、法制办等单位研究和市政府同意，授予西藏印象“汉藏文化交流（武汉）基地”称号。拉萨市与西藏印象、西藏中学等多次协商研讨，拟筹建武汉市汉藏交流促进会，以发挥基地的宣传、展示西藏的窗口作用和促进汉藏交流的平台作用。

【“十二五”规划】 总体目标。着力打造全国重要的先进制造业中心、现代服务业中心和综合性国家高技术产业基地、全国性综合交通枢纽基地，加快建设全国两型社会综合配套改革试验区和国家自主创新示范区，巩固提升中部地区中心城市地位和作用，努力建设国家中心城市，全面完成小康社会建设的目标任务，为把武汉建成现代化国际性城市奠定坚实基础。

上述目标突出体现在以下九个方面：基本构成具有比较优势的现代产业体系。形成以战略性新兴产业为先导，先进制造业和现代服务业为支撑的现代产业体系，经济实力再上新台阶。地区生产总值超过1万亿元，人均生产总值超过10万元，社会消费品零售总额5000亿元以上。地方一般预算收入超过960亿元，综合经济实力显著增强。形成电子信息、汽车、装备制造、钢铁、石油化工、食品等六个千亿产业集群。高新技术产业产值年均增长23%以上。以服务经济为主的产业结构初步形成。

基本构成国家自主创新示范区创新体系框架。东湖国家自主创新示范区的主阵地和示范带动作用充分发挥，聚集一批优秀创新人才特别是产业领军人才，形成一批具有全球影响力的创新型企业，培育一批具有自主知识产权的国际知名品牌，初步建成世界一流的高科技园区。武汉成为全国重要的科技创新中心和具有国际竞争优势的综合性国家高技术产业基地。

基本建成全国两型社会典型示范区。树立绿色、低碳发展理念，实现重点领域和关键环节改革的率先突破，循环经济突破性发展，资源利用效率显著提高，生态环境明显改善，一批两型社会建设示范工程和集中展示区建成，两型社会建设推进机制、管理体制、政策法规体系比较完善，为2020年基本建成具有武汉特色的两型社会打下坚实的基础。

基本建成全国性综合交通枢纽。成为全国高铁网络的主要枢纽城市，与全国主要大城市实现高速客运专线直接相连，全国铁路四大主枢纽地位进一步巩固和增强。长江中游航运中心初步建成，成为中部地区的“水上门户”。基本建成“九客七货”的公路主枢纽和“环形＋放射”的高速快速路网，公路网总里程13000公里。

基本建成中心城区快速交通体系。公共交通优先发展，地面公交线网和停车换乘系统不断优化，城乡居民出行条件明显改善。提高交通运行服务水平和交通引导组织能力，二环线以内点到点车行时间基本不超过30分钟。

基本完成城市空间布局调整。产业发展与居住新城建设、人口分布与社会事业发展加快融合，地上空间与地下空间开发不断协调，城市功能性开发、综合配套水平和现代化综合管理水平明显提高。主城区基本控制在三环线以内，重点沿两江四岸开发建设，二环线以内城中村、中心城区危旧房和棚户区改造全面完成。远城区各集中规划建设一座中等城市规模的新城，重点沿轨道交通、快速路开发建设，基本形成“1＋6”（主城＋新城组群）和“主城区为核、多轴多心”的城市空间总体构架。

基本建立统筹城乡发展的体制机制。城乡共建、协调发展的体制机制进一步完善，远城区新型工业化、农业现代化和新型城镇化水平迅速提高。全市工业布局向远城区转移，沿三环线至外环线区域形成环城工业带。现代都市农业结构和布局优化，新一轮“菜篮子”工程建设惠及广大市民，农业抗风险能力和可持续发展能力增强。城镇化水平提高到77%。

基本形成比较完善的社会公共服务体系。

覆盖城乡居民的公共服务体系和社会保障体系不断完善。文化事业、文化产业繁荣发展。城市文明程度和市民素质进一步提高。社会保障水平在全国副省级城市中处于中上水平。

基本形成武汉城市圈“五个一体化”。4条城际铁路建成运行，武汉新港建设取得突破，城市圈内高速公路网基本建成，形成一体化综合交通网络。初步形成双向有序转移、配套协作更加紧密的一体化产业体系。基本形成区域一体化的金融、商品、技术、劳动力和旅游市场体系。科技、教育、文化、卫生等社会资源实现共享，生态建设和环境保护跨区域协作机制基本形成。在全省经济社会发展中的龙头作用进一步增强。

【重点建设项目介绍】 2010年，武汉市组织筹划重大项目1345项，总投资10586亿元。为武汉市经济平稳较快增长，GDP迈上5000亿元新台阶、主要经济社会发展指标提档进位及“十一五”规划发展目标的顺利实现奠定了坚实的基础。

到2010年底，“十一五”规划重大项目库中，现已建成投产、新开工和续建的项目958项，占入库项目数的71%，占估算总投资的78%。一大批重大项目的建成投产和全面建设，有力地推进了武汉市经济整体实力的提升，大大推动了和谐武汉建设和“两型社会”建设。在“十一五”规划取得重大成效的2010年，又有189个重大项目在建，139个项目新开工，正在筹划的前期项目达119项，全年完成投资1274亿元（其中在建项目953.6亿元，新开工项目320.4亿元），比上年增长12%，占全市固定资产投资额的34%，重大项目建设成为了武汉市投资持续增长的重要支撑。武钢系列扩产、东风本田、神龙二期工程、武汉卷烟厂易地技术改造、阳逻电厂三期等一批重大项目完工投产；富士康、南车集团等落户武汉；80万吨乙烯、武石化扩能改造、格力电器产业园等一批项目加快推进。武钢通过系列扩产，在2007年钢铁产量已突破千万吨大关；神龙公司形成了45万辆整车生产能力，东风本田达到24万辆乘用车生产能力。

长 沙 市

【经济与社会发展】 2010年，长沙市全年实现GDP 4547.06亿元，增长15.5%；地方财政收入506.32亿元，增长27.2%；全社会固定资产投资3192.57亿元，增长30.7%；社会消费品零售总额1812.08亿元，增长20.0%；城镇登记失业率2.89%；城镇居民人均可支配收入和农民人均纯收入分别达到21900元和11367元，增长11.5%和20.5%。

全市经济社会发展的主要特点是：

三次产业稳步增长，产业结构不断优化。农村生产稳定发展，农村改革加速推进。全年完成农林牧渔业增加值202亿元，比上年增长4.5%，其中农业增加值113.8亿元，增长8.8%；林业增加值8.8亿元，增长6.1%；牧业增加值66.4亿元，增长1.6%；渔业增加值8.7亿元，增长4.5%；农林牧渔服务业增加值4.3亿元，增长5.5%。

全年粮食种植面积37.9万公顷，比上年增长1.8%，其中稻谷播种面积35.1万公顷，增长1.4%，优质稻种植面积所占比重为77.1%；蔬菜种植面积13.9万公顷，增长4.5%；油料种植面积4.7万公顷，增长

3.3%；出栏肉猪824.7万头，增长2.5%。全市农产品加工企业7014家。41家国家级、省级龙头企业销售收入111.7亿元，实现利税2.8亿元。农民专业合作组织1613个，比上年增长77.1%；参与专业合作社的农户67万户。

农业机械总动力达486.7万千瓦，比上年增长6.8%；农业机械总值24.07亿元，增长5.8%。

农村基础设施建设投入力度加大，全年开工各类水利工程5.0万处，水利工程投入资金15.9亿元，水利工程完成土石方0.74亿立方米。

工业经济高位运行，建筑行业快速发展。全年实现工业总产值5404亿元，较上年净增1300亿元，净增额相当于全市2005年全部工业总量；完成规模工业总产值4489亿元，增长34.6%；工业占GDP的比重达44.4%，拉动GDP增长8.4个百分点。全市规模工业实现利税总额887亿元，增长29%；实现利润总额377亿元，增长36%；经济总量与运行质量均大幅度提升。

全年引进工业项目534个，新增世界500强企业5家；工业到位内外资321亿元，其中工业到位外资12亿美元，占全市到位外资的54%。北汽福田新基地、中电软件园等项目进度良好，台湾介面光电、日本住友轮胎等项目已开工建设，格力空调、联合利华等签约项目前期准备工作充分。

年内新创建国家级企业技术中心3家，省级企业技术中心4家，市级企业技术中心54家；列入省技术创新项目135个，市技术创新项目263个；新认定中国驰名商标13个；全市工业企业申请专利3800多件，开发新产品2703个，完成新产品产值1274亿元。

全年具有建筑业资质等级的独立核算企业完成建筑业总产值1689.99亿元，比上年增长28.4%；实现利税总额105.02亿元；房屋竣工面积4251.66万平方米，增长13.2%。

三产快速发展，服务层次不断提升。2010年全市服务业实现增加值1908.02亿元，增长11.5%。服务业增加值占全市GDP的比重为42.0%，对全市经济增长的贡献率为35.6%。对地方税收的贡献率达67%以上，已经成为经济社会发展的重要支柱。

文化产业总产值948.73亿元，比上年增长24.5%，文化产业增加值达453.84亿元，比上年增长21.2%，占全市GDP的比重为10.0%，高于全省近5个百分点。

社会消费品零售总额1812.08亿元，增长20.0%；限额以上批发零售企业零售额比上年增长34.2%，其中汽车类零售额增长了41.1%，拉动全市社会消费品零售总额增长4.7个百分点。全市商品房销售面积1680.21万平方米，增长19.5%，住宅销售额701.91亿元，增长46.3%。

交通运输生产持续增长，全社会运输周转量达281.28吨公里，增长16.1%；旅客周转量增长11.3%；货物周转量增长17.5%；全年邮电业务总量（2000年不变价）244.38亿元，同比增长16.3%。

科教文卫扎实推进，环境保护切实加强。科技事业成绩斐然，教育工作顺利进展。2010年全市拥有高新技术企业达612家，高新技术产业总产值达到2286.3亿元，增长40.15%。其中高新技术增加值达到693.8亿元，增长40.07%；出口创汇10亿美元，同比增长40%；实现利税335.86亿元，同比增长52.8%。全市共有14个项目获得国家级奖励，175个项目获得省级奖励，其中湖南省送变电建设公司参与完成的“三峡输电系统工程”项目获得国家科技进步特等奖。评选了52家创建创新型单位，全市创建创新型单位总数达到612家。2008—2009年设定的重大科技专项实施过程中，企业自筹资金及地方配套资金到位近十亿元，部分关键技术已达到国内或国际先进水平，项目承担单位共申请国家专利143项，通过鉴定的技术成果23项，发表论文65篇，培养各类人才351名。全市2010年申请专利9071项，同比增长47%，其中授权

6209项，同比增长65%。

教育投入进一步加大。全市学前三年教育毛入园率达88.1%。小学、初中适龄儿童入学率均达100%，三类残少儿童义务教育入学率达85%。高中阶段毛入学率达96.01%，普职招生比保持大体相当；职业院校招生12.5万人。累计输送高校新生40080人，新生录取率达86.1%。终身教育体系不断完善，成人高考、长线自考和全日制自考报考人数持续增长。

文化工作扎实推进，卫生事业稳步发展。文化事业扎实推进。年末拥有艺术表演团体12个，文化馆10个，公共图书馆12个，博物馆14个，档案馆14个，全市广播综合人口覆盖率达99.1%；电视综合人口覆盖率达98.5%；有线电视用户达117.53万户。

医疗卫生工作进一步得到加强。全市拥有卫生机构2655个，其中医院、卫生院255个；卫生防疫、防治机构12个，与上年持平；妇幼保健机构11个，与上年持平。卫生技术人员4.88万人，增加0.39万人，其中执业医师、执业助理医师1.83万人，增加0.11万人；注册护士2.05万人，增加0.27万人。卫生机构床位4.26万张，增加0.10万张，其中医院、卫生院4.0万张，增加0.41万张。

环境保护力度加大，节能工作成效显著。初步核算，全市单位规模工业增加值能耗比上年下降13.76%，降幅居全省第一。全年完成COD减排14145.6吨，完成SO_2减排3222.35吨，减排成效显著，位居全省首位，领先中部地区。

全市拥有国家级生态示范区9个，自然保护区14个，自然保护区面积1.93万公顷。空气优良天数达338天，比上年增加5天；全年空气质量优良率达92.6%，比上年提高1.37个百分点。城市生活垃圾无害化处理率100%。水环境功能区水质达标率达100%；区域噪声平均值控制在54.5分贝。

劳动就业形势良好，社会保障大力改善。全年新增城镇就业人员达12.32万人。其中下岗失业人员再就业3.38万人。年末城镇登记失业率为2.89%。

年末全市拥有社会福利院、敬老院、养老院、光荣院等129所。各类收养性社会福利单位收养人员0.96万人。城镇各种社区服务设施2967处，其中综合性社区服务中心418个。接受社会捐赠7588万元。全年发放居民最低生活保障金4.2亿元，居民得到政府最低生活保障人数为28.7万人（城镇加农村）。城市低保资金按规定标准拨付到位率100%，农村最低生活保障资金按规定标准发放到位100%，做到了应保尽保。

年末参加全市劳动保障部门（下同）基本养老保险的人数达137.19万人，增长11.9%，基本养老金社会化发放率达100%；参加医疗保险的人数达137.10万人，增长4.3%。参加失业保险职工人数达69.28万人，增长10.3%，全年领取失业保险金人数为3.97万人；参加工伤保险职工人数达70.52万人，增长10.3%；参加生育保险的人数达88.45万人，增长6.0%；参加城镇居民医疗保险人数达125.46万人，增长6.8%；参加新型农村合作医疗人数达374万人，参合率96.0%。

【投资环境与招商引资】 区位优势。长沙在全国战略布局中，发挥着承东启西、联南接北的枢纽作用。国家目前实施的中部崛起战略，特别是被国家发展改革委确定为“两型社会”综合配套改革试验区后，资金、产品、技术、信息、人才等生产要素迅速往长沙地区聚集，成为区域经济的“发展极”。

交通条件。基本形成了水陆空现代化交通体系：长沙黄花机场开通40多条航线，可直飞北京、上海、广州、香港、曼谷等特大城市和地区。正在抓紧实施的机场扩建工程将使长沙航空能力提上一个新的台阶；以长沙为中心的全省高速公路网已经形成。107、319、京珠高速等公路均汇于市区，长沙已列为全国45个公路主枢纽城市之一；长沙又是全国铁路交通枢纽，京广复线贯穿南北，湘黔、浙赣、石长线连接东西；长沙港口主枢纽霞凝港区一期工程已建成投入使用，具备千吨级生产能力，并与京珠高速、长常高速等4条主要公路干线相连，与黄花国际机场直通，形成了以港口为中心的水陆空互为配套的现代化立体交通网络。

产业基础和平台。开发区和长沙经济技术开发区两个国家级开发区，一个长沙生物医药园国家级生物医药基地和6个省级开发区。已经形成了工程机械、汽车及零部件、家用电器、电子信息、中成药及生物医药、新材料等六大支柱产业。

对外合作。全年进出口总额（海关口径）60.89亿美元，比上年增长47.9%，其中出口总额35.51亿美元，增长45.2%，进口总额25.38亿美元，增长51.8%。在出口总额中，机电产品15.19亿美元、高新技术产品3.67亿美元，分别占出口总额的42.8%和10.3%；在进口总额中，机电产品18.58亿美元、高新技术产品3.25亿美元，分别占进口总额的73.5%和12.8%。全年利用外资项目（企业）177个。实际使用外商直接投资22.38亿美元，增长10.1%。全年新增实际到位省外境内资金项目384个，实际到位省外境内资金达325.27亿元，增长13.4%。

【经济技术协作与对口支援】 成功举办了长沙市“外经贸服务月活动”，组织了跨国采购、外派劳务、企业融资专场对接会。出口基地培育成效显著，浏阳、望城、宁乡成为全省出口基地县；花炮、纺织服装、茶叶、工程机械、汽车及零部件、新能源、新材料、电子信息等产业出口基地的22个企业公共服务平台落户我市。目前，全市有进出口经营资格的企业突破2800家，有进出口实绩的企业达1044家。其中出口上亿美元的企业4家，出口上千万美元企业74家。加工贸易进出口企业达70家。新增了海利化工、熊猫烟花等6个湖南省国际知名品牌。组织企业参加了美国、俄罗斯、日本、南非、越南等地的知名展会和广交会、东盟博览会、乌鲁木齐交易会等国内展会，促进出口市场进一步拓展，新增了5个贸易伙伴，使与长沙市有贸易往来的国家（地区）超过190个。资源开采、电子、新材料、计算机等领域逐渐成为长沙市企业境外投资的重点方向。

【重点项目介绍】 2010年，全市重点工程项目强力推进。一江两岸、地铁2号线、营盘路湘江隧道、湘江长沙综合枢纽等加快推进，地铁1号线、南湖路隧道、湘府路大桥、福元路大桥等启动建设，武广、南湖等重点片区建设成效明显，东牌楼、中山西路、火车北站等棚户区改造稳步实施。全国文明城市创建和人民满意城市建设扎实推进，城市精细化管理水平进一步提高。农村“四大”工程建设全面推进，完成农村公路建设1800公里，完成农村电网改造投资3.5亿元，解决37万人饮水安全问题。畜禽养殖污染整治全面铺开，乡镇污水处理厂和农村垃圾收集处置体系建设加快推进。

广州市

【经济与社会发展】 2010年，广州市全年GDP突破1万亿元，达到10748.3亿元，增长13.2%，三次产业结构为1.8∶37.2∶61。地方财政一般预算收入872.65亿元，增长24.2%。城市居民人均可支配收入30658元，农村居民人均纯收入12676元，分别增长

11%和14.5%。城市居民消费价格上涨3.2%。需求结构进一步改善。全社会固定资产投资3263.6亿元，增长24.2%；社会消费品零售总额4476.4亿元，增长24.2%；全市商品进出口总值1037.8亿美元，增长35.3%，其中，出口总值483.8亿美元，增长29.3%。自主创新能力进一步提高，全市发明专利申请量增长29.2%，发明专利授权量增长31%，广州被确定为国家创新型城市试点。

成功举办亚运会和亚残运会。高质量完成了53座比赛场馆、17座训练场馆、13座备用场馆、亚运城及相关配套工程改造和建设，完成城市道路改造、建筑物整饰以及空气、水环境综合整治工程。亚运赛事组织科学严密，为亚洲45个国家和地区近2万名运动员、随队官员等提供优质服务和保障。8.5万名赛会志愿者和50多万名城市志愿者演绎了“一起来，更精彩”的广州志愿者风采。

城市面貌实现大变。地铁三号线北延段、四号线北延段、五号线、广佛线首段、珠江新城旅客自动输送系统等开通运营，地铁运营总里程达236公里，日均客运量超过400万人次。东新高速公路等建成通车。白云国际机场改造工程按计划推进，全年机场旅客吞吐量达4096万人次，增长10.6%；机场货邮吞吐量达145万吨，增长18.6%，跨入世界空港前15名。广州港出海航道三期加快建设，广州港南沙港区三期工程获得国家批准。水、空气、人居、交通和无障碍环境明显改善，初步实现“天更蓝、水更清、路更畅、房更靓、城更美”的目标。

民生福利不断改善。成功举办第九届中国（广州）艺术节，全面实施迎亚运大变工程，进一步改善市民生活和工作环境。积极创建国家级创业型城市，全年城镇登记失业率为2.2%。继续加大公共财政向民生事业的投入力度，全年市本级财政用于民生和各项公共事业的支出占一般预算支出的75%。派发“亚运惠民大礼包”，让市民群众共享发展和亚运带来的成果。

【投资环境与招商引资】 2010年，广州充分依托优越的区位条件和高效的政府服务，不断优化投资环境，加大招商引资力度，吸收外资平稳增长，外资质量逐步提高。

投资环境更加优化。一是区位优势更加突出。作为华南地区唯一的国家中心城市，广州处于珠三角及广东省的中心位置，毗邻港澳及东南亚。广州白云国际机场、广州港、广州火车南站等现代化交通枢纽构成了强大的海陆空交通网络，广州的门户功能日益突出。二是城市环境更加优美。以“迎接亚运会，创造新生活”为主题，全力推进环境综合整治，先后荣获国家环境保护模范城市、国家卫生城市、国家园林城市等荣誉称号。三是发展空间更加广阔。在“东进、西联、南拓、北优、中调”城市发展战略的指导下，形成了“多中心、网络型、组团式”的城市发展格局和“山、水、城、田、海”的生态城市发展特色。四是营商环境更加优良。2010年，广州位居福布斯中国大陆最佳商业城市榜首。五是人才支撑更加有力。广州地区人才资源总量居全国大城市第三位，在穗工作的两院院士69人，留学归国人员近3万人，每年在穗工作的境外专家达10万人次，约占全国15%。

招商引资成效显著。2010年，广州新批设立外商直接投资企业980家，同比增长16.1%；合同外资49.7亿美元，同比增长31.4%；实际使用外资39.8亿美元，同比增长5.4%。招商引资呈以下特点：一是外商投资大项目支撑作用明显。批准投资总额超1000万美元以上的大项目163个，同比增长12.4%。二是增资对合同外资增长拉动作用明显。2010年外商投资企业增资项目428个，同比增长18.2%；增资项目的合同外资为23.6亿美元，同比增长36.7%，占全市合同外资金额的47.5%，拉动全市合同外资增长16.7个百分点。三是三大支柱行业带动制造业实际使用外资快速增长。通讯设备、计算机及其他电子设备制造业，交通运输设备制造业，化学原料及化学制品制造业实际使用外资分别为3.3亿美元、2.9亿美元和1.9亿美元，同比分别增长45.2%、33.1%和100%。四是服务业外资占利用外资半壁江山。2010年服务业合同外资33.0亿美元，同比增长1.1%，占全市合同外资的66.4%，实际使用外资21.3亿美元，同比增长13.1%，占全市实际使用外资的53.6%。

【经济协作与对口支援】 2010年，广州市切实贯彻中央和省的部署，积极推进广佛同城化、广佛肇经济圈建设，扎实做好对口援疆的开局工作，区域经济协作和对口支援取得显著成绩。

广佛同城化和广佛肇经济圈建设方面。一是全力打造综合交通枢纽。国内首条全地下城际轨道交通——广佛城际首通段于11月3日开通运营，标志着广佛两地交通往来进入地铁时代。海怡大桥（南番大道）9月份建成通车，结束了广州番禺区和佛山南海区之间无陆路通行的历史。二是积极引导产业协同发展。促进产业梯度转移，在肇庆投资的广佛企业已占肇庆承接珠三角产业转移的七成以上。不断加快金融合作步伐，广州银行第二家省内分行——佛山分行获省银监局批准筹建。三是推进改善区域环境质量。合作开发西江水源，西江引水工程9月29日全线完工，惠及600多万广州居民。珠江水域的日常保洁机制初步建立，广佛河等多条跨市河涌整治工程顺利完成。四是不断加快公共服务和社会管理一体化步伐。促进教育资源共享，完成广佛两市不受地域限制中等职业学校招生，三市教育城域网实现互联互通。交通服务深入对接，广佛肇三市同步正式发行全省公交一卡通——“岭南通”，并初步实现车辆通行费年票互认。逐步推行指定医院参保人医疗费用直接结算，三市23家医院实现了医学检验、影像检查结果满足一定条件下互认。广佛基本实现移动通信资费同城化，交界地区固定电话资费初步实现区间通话结算。

对口支援方面。广州市积极落实中央进一步加强和推进对口援疆工作的战略决策，迅速投入到对口支援喀什地区疏附县的工作中，实现了良好开局。一是抓前期谋划，扎实做好对口支援基础工作。制定《广州市对口支援新疆工作方案》，成立了市长为组长的领导小组，并组建了政治过硬、业务精通的前方工作队。二是抓规划编制，推动对口支援工作可持续发展。积极开展《广州市对口支援新疆疏附县总体规划》等规划的编制工作。三是抓项目建设，按期保质完成惠民工程。在疏附县安排了安居富民房等3个先行试点项目，并于11月底全部完工。9月21日，中共中央政治局常委周永康视察疏附县萨依巴格乡安居富民工程点时，对疏附县安居富民房建设给予高度的评价和充分的肯定。四是抓经贸合作，推动市场力量参与对口援建工作。组织2010年新疆喀什名特优农产品（广州）展销会暨推介会，积极组团参加第六届中国新疆喀什·中亚南亚商品交易会，邀请疏附县参加了广州亚运美食文化节和广东粤商大会。经过广州和疏附双方的共同努力，疏附县经济社会发展取得显著成效，2010年地区生产总值达到21.2亿元，增长21%；地方财政一般预算收入达5426万元，增长26%；农民人均纯收入突破4000元，达4188元。

【“十二五”规划】 紧紧围绕国家总体战略部署，按照国家赋予广州的定位和要求，以全面建设国家中心城市为总体目标，以建设国际商贸中心和世界文化名城为战略重点，以自主创新和改革开放为动力，通过实现重大战略性基础设施、重大战略性主导产业和重大战略性发展载体三大突破，着力强化国际商贸中心、世界文化名城、国家创新型城市、综合性门户城市、全省宜居城乡的“首善之区”五大功能定位，力争到2015年，全市生产总值达到1.8万亿元，年均增长11%左右；转变经济发展方式取得重大进展，率先建成国家创新型城市，改革开放不断深化，宜居城乡建设取得长足进步，人民生活水平明显提高，社会建设全面加强，文化软实力和国际影响力显著增强，国家中心城市功能全面提升。为实现“十二五”时期的发展目标，广州将着力推进十大发展任务：一是积极推动内外需协调发展；二是加快发展现代产业体系；三是率先建成国家创新型城市；四是促进绿色低碳发展；五是优化城市发展格局；六是强化综合性门户功能；七是提升文化软实力；八是保障和改善民生；九是加强和创新社会管理；十是深化全方位开放合作。《纲要》在指标安排上，设置了经济发展、结构优化、科技创新、功能提升、环境友好、社会和谐等六大类共31项指标；在项目安排上，以专栏形式提出重大项目200多个，涉及现代产业、民营经济、城市建设、能源保障和社会事业等各个领域。经初步测算，这些重大项目总投资约1.5万亿元，预计“十二五”期间完成投资约8000亿元，有望带动全社会固定资产投资约2.5万亿元。

【重点项目介绍】 2010年，广州市重点建设项目完成投资及到位资金均创历史最高水平，89个重点建设项目完成投资953.3亿元，完成年度投资计划的123%，约占全市固定资产投资的29%；到位建设资金900.4亿元，资金到位率达116%。其中，广州市亚运场馆建设项目、广州地铁二八号线延长线、广州市水环境综合治理等27个项目完成投资均超过10亿元，完成投资额占全市重点项目年度总投资的76.2%；广州亚运城、广州地铁三号线北延线、西江引水工程等49个项目超额完成年度计划投资，占年度计划项目总数的55.1%。亚运城、地铁二八号线延长线、中船集团广州龙穴造船基地一期工程、广汽自主品牌乘用车项目、广州歌剧院等项目相继建成并投入使用。从项目类别看，亚运项目共完成投资52.3亿元，占全市重点项目同期完成投资总额的5.5%；交通与基础设施项目共完成投资268.6亿元，占全市重点项目同期完成投资总额的28.2%；环境保护项目共完成投资238.6元，占全市重点项目同期完成投资总额的25%；高技术产业项目共完成投资44.9元，占全市重点项目同期完成投资总额的4.7%；支柱与基础产业项目共完成投资171.7亿元，占全市重点项目同期完成投资总额的18%；现代服务业项目共完成投资117.4亿元，占全市重点项目同期完成投资总额的12.3%；社会事业项目共完成投资59.8亿元，占全市重点项目同期完成投资总额的6.3%。

南 京 市

【经济与社会发展】 2010年，南京市全年实现GDP 5010.36亿元，比上年增长13.1%，在“十五”基础上实现翻一番。完成地方一般预算收入518.80亿元，增长19.4%。完成全社会固定资产投资3306.05亿元，比上年增长23.9%。完成社会消费品零售总额2267.77亿元，比上年增长18.5%。城市居民人均可支配收入达到28312元，同比增长11%；农民人均纯收入达到11128元，同比增长12.9%。全市居民消费价格指数为104.2，比上年上涨4.2%。

自主创新能力不断增强。全年软件业务收入达到1013亿元，同比增长60%。南京市被工信部授予首个“中国软件名城”称号。加快创新型企业培育，全年新认定国家级创新型（试点）企业1家，累计国家级创新型（试点）企业达5家；新增省级创新型企业66家。全社会研发经费支出占地区生产总值比重提高到3%左右，全年专利申请总量达19275件，其中发明专利7461件；授权专利总量达9150件，其中发明专利授权2487件。产学研合作取得新成效，先后成立了中科院南京无线移动通信研发中心、中科院声学所下一代互联网研发中心、中科院自动化所与三宝集团等产学研合作项目。促进科技成果转化，推进 14 个重大成果转化项目，全市科技成果就地转化率达到 42.3%。全力推进“智慧南京”建设，无线宽带通信网、第三代通信网、数字电视网和下一代互联网等信息基础工程加快实施。

产业结构调整步伐加快。全市三次产业增加值比例调整为 2.8∶46.5∶50.7，在全省率先基本形成“三二一”产业格局。在全市生产总值中，民营经济占全市经济的比重为 39.6%，比上年提高 3.7 个百分点。服务业稳步发展，金融中心建设加快推进，菲律宾首都银行、汇丰银行南京分行等相继开业。全市金融机构新增人民币贷款余额 1320.7 亿元。旅游会展业加快发展，旅游总收入达到 900 亿元。高新技术产业发展加快，规模以上高新技术产业总产值达 3251 亿元，同比增长 22.2%。新兴产业实现快速发展，八大新兴产业完成主营业务收入 2308 亿元，增长 29%，占全市工业比重达 27%。高效设施农业稳步推进，新增高效农业面积 17.5 万亩，设施农业面积 7 万亩。节能减排有序推进。实施 100 个重点节能和循环经济项目，加快推进南京化工园等循环经济示范园建设。全年万元地区生产总值综合能耗下降 3.2% 左右，“十一五”期间万元地区生产总值综合能耗下降 20% 的目标任务顺利完成。

城市功能品质不断提升。全国综合交通枢纽地位凸显，南京长江隧道、沪宁城际铁路等一批重大基础设施相继建成，高速公路密度居全省第一，轨道交通里程达到 85 公里，公交运营车辆总数达到 6748 辆，公共交通分担率提高到 31%。全年城建投入达到 561 亿元。城市环境综合整治稳步实施，完成 35 条主干道的环境整治和 607 条街巷出新工程。雨污分流工程加快推进，建成雨污分流管线 530 公里。加快市容环境综合整治，完成玄武湖环境综合整治一期工程示范段并免费对社会开放，钟山风景区完成景区绿化升级，幕燕滨江风光带建设有序推进，明外郭—秦淮新河百里风光带启动建设，沪宁城际铁路沿线绿化取得明显成效。

改革开放继续深入。城市开放度和城市影响力进一步增强，成功获得 2013 年“亚青会”和 2014 年“青奥会”承办权。启动实施国家科技体制综合改革试点工作，建邺、栖霞、浦口等区县科技体制综合改革试点方案已初步拟定。推动科技金融试点工作，工商银行高新区支行、南京银行江宁支行等四家支行正式挂牌“南京科技支行”。积极筹备国家服务业综合改革试点工作。医药卫生体制改革工作稳步推进，国家基本药物制度已在全市全面推开。

和谐社会建设稳步推进。积极做好就业和社会保障工作，新增城镇就业人数 18 万，援助困难人员再就业 1.3 万人，农村劳动力转移就业 6.2 万人。扶持自主创业者 1.14 万人。适时提高居民最低生活保障标准，根据物价上涨变化及时发放困难家庭临时生活补贴。全市新增老年福利机构床位 2800 张，新增农村敬老院床位 682 张。新建城市社区居家养老服务站 247 个，郊区县居家养老服务中心 71 个。实现基本医疗保障全覆盖，全市新农合人均筹资标准达到 230 元以上，其中江宁区已达 350 元。新发展“放心早餐网点”72 个，创建市级绿色市场 40 家，新增绿色销售专区 2000 平方米。加大保障房建设力度，竣工经济适用房 300 万平方米，竣工 41 万平方米中低价商品房，完成 90 万平方米危旧房改造。继续推进“市民卡”项目建设，全年发卡数达到 334.8 万张。社会事业重点项目积极推进。鼓楼医院南扩工程开始调试设备，市妇幼保健院妇幼保健中心大楼竣工试运行，南京殡仪馆迁建工程开工建设。

【投资环境与招商引资】　南京作为中国东部发达地区江苏省的省会城市，是江苏省政治文化经济中心，长江三角洲地区商业、贸易、金融、旅游、物流中心城市之一。2010 年 5 月国务院批准的《长江三角洲地区区域规划》明确了南京“泛长三角地区承东启西的门户城市、国家区域性科技创新中心、综合交通枢纽城市”的城市定位。

南京具有明显的区位优势。南京地处中国沿海和长江两大经济带交汇处，在长三角具有承东启西的作用。南京作为国家布局的五大综合交通枢纽城市之一，海陆空铁四港俱全。南京是中国大陆第六个拥有地铁的城市。亚洲最大的铁路枢纽中心——南京南站建成后，将有6个方向18条高速铁路线经过南京。南京港是亚洲最大内河港，国家将长江航道疏浚到-12.5米的工程已经启动，今后5万吨海轮将直达南京，南京港将变成海港。南京禄口国际机场是中国十大机场之一，也是中国第五大国际货运机场，禄口空港二期新跑道正在加快建设。2010年南京市完成旅客运输总量38908万人次；货物运输总量30582万吨；港口货物吞吐量15826万吨；港口集装箱吞吐量145.3万标箱。南京空港、海港和高铁建设将大大提升南京的城市地位，使南京成为全国人流、物流、信息流、资金流的重要枢纽。

南京具有突出的科教人才优势。南京是全国重要的科教文化中心，国家已将南京确定为唯一的科技体制综合改革试点城市，同时南京也是国家创新型试点城市、“三网融合”试点城市、中国首家软件名城。创新创业人才集聚步伐加快，全市人才总量接近162万名。全年共签订各类技术合同10533项，技术合同成交额76.8亿元，比上年增长20.6%。2010年末，全市共有各级工程技术研究中心224家，其中：国家级13家、省级176家、市级35家。省市科技公共服务平台94家，省级以上重点实验室55家。在宁中国科学院院士和中国工程院院士分别为46人和31人。在宁普通高等学校53所，在校人学生70.61万人，在校研究生8.73万人。

南京拥有良好的产业发展载体。共有5个国家级开发区，9个省级开发区、28个省级和市级现代服务业集聚区，并设有国家级出口加工区及龙潭港保税物流中心（B型）。

2010年南京市实现进出口总值456.5亿美元，同比增长35.2%，其中，出口248.9亿美元，同比增长34.8%；进口207.6亿美元，同比增长35.6%。

2010年南京市新批准外商投资企业387个，企业增资266个；实际使用外资28.16亿美元，同比增长18%。

2010年南京市批准境外投资项目48个，同比增长20%；中方协议投资总额3.44亿美元，同比增长135.2%。

2010年南京市注册服务外包企业762家，实现服务外包执行额26.5亿美元，同口径增长63%，其中离岸服务外包执行额为11.22亿美元，同口径增长40.1%。

2010年，南京市先后举办了第八届中国南京重大项目投资洽谈会、第三届中国国际服务外包合作大会、第六届中国国际软博会、第二十一届中国南京金秋经贸洽谈会，以及南京台湾名品交易会、第二届海峡两岸企业家紫金山峰会等重大经贸活动。

【经济技术协作与对口支援】 南京都市圈一体化建设取得新进展。成功召开第四届南京都市圈市长峰会和2010南京都市圈发展论坛。市长峰会期间都市圈八市市长共同签署了《第四届南京都市圈市长峰会备忘录》，南京栖霞区和镇江句容市、南京六合区与扬州仪征市分别签署了全面合作协议，启动了南京都市圈农副产品信息交换平台。南京、镇江、扬州三市委托南京大学牵头开展宁镇扬区域合作发展战略研究，课题于11月结题，三市联手打造“宁镇扬创新型经济合作示范区”，加快同城化步伐，着力培育江苏省新一轮科学发展新增长极。都市圈城市间交通基础设施、公共服务、旅游等领域合作加快发展。南京禄口机场异地城市候机楼、城市货运站运转正常，2010年运送旅客76.12万人次，比2009年增长62.96%，货物1904.5吨，比2009年增长14.5%，机场通往周边城市旅客班车线18条，每日班车班次92班，禄口机场航空服务辐射区域不断扩大。

长三角合作积极推进。高层来往更加频

繁，南京市领导先后率团赴杭州、上海、无锡、昆山、泰州等地考察学习，在加强基础设施对接、加强产业合作、推进科技创新领域合作等方面达成共识，进一步形成了接轨大上海、融入长三角的区域发展框架。南京市牵头的长三角医疗保险合作专题取得明显成效，首批16个核心城市均已经启动实施异地就医结算工作，2010年16个城市累计为6.75万人次办理异地就医结算，共计受理医疗费用1.28亿元，支付医保基金9102万元，办理人次、受理费用和支付基金分别较去年全年增长563%、557%和569%。

对口支援工作稳步推进。全年援助资金3185万元，援建墨竹工卡县甲玛景区—松赞干布出生地、嘎则新区，万州规划展示厅，商洛工业园区南京广场、老年公寓医疗保健中心等重点项目8个；以多种方式帮助培训党政管理干部、农业科技人员、教师、医生、劳动技能人员等各类人才6900多人次；推动南京市与西部地区及省内淮安市达成合作项目37个，总投资274.22多亿元，到位资金12.84亿元。其中南京联创科技与南京国资和顺公司投资25亿元建设的江苏淮阴软件科技产业园（江苏淮阴服务外包产业园）一期工程于7月完工；2010年开工建设的南瑞—淮安导线产业基地项目总投资30亿元；红太阳集团天然气生物化工产业链项目一期工程投资7.28亿元，于10月竣工。

【“十二五”规划】　到2015年，南京地区生产总值将达到10000亿元以上，年均增长13%左右，人均地区生产总值达到110000元左右；地方一般预算收入1000亿元以上，年均增长15%左右；高新技术产业产值占规模以上工业总产值比重提高到50%；服务业增加值占地区生产总值比重超过56%，城市化率达到83%。全社会研发经费支出占地区生产总值比重达到4.5%，科技进步贡献率达到60%。城乡居民收入持续快速增长，城市居民人均可支配收入达到50000元以上，力争六年实现倍增；农民人均纯收入达到22000元以上，力争五年实现倍增。

【重点建设项目介绍】　全市190个重点项目稳步推进，重大基础设施项目进展顺利。沪宁城际铁路南京段、绕越高速东南段、南京长江隧道建成通车。地铁二号线一期、二号线东延和一号线南延三条轨道交通项目投入运营；地铁二号线西延线、地铁三号线开工建设。南京南站建设加快推进，京沪高铁大胜关大桥完成主体工程。宁安城际铁路南京段、宁杭城际铁路南京段、宁启铁路电气化复线改造、南京长江四桥等一批重点工程进展顺利。

重大工业项目加快建设。中电熊猫六代液晶面板项目进展顺利，八代液晶面板项目开工建设。扬巴二期扩建工程提速建设。梅钢、南钢、扬子石化等产品及工艺技术改造工程顺利实施。大唐南京电厂等超临界燃煤发电机组工程投产发电。上海大众南京分公司轿车项目厂房主体竣工。南瑞集团智能电网项目、南京高齿风能项目等一批新兴产业项目推进顺利。

重大民生项目步伐加快。迈皋桥创业园、西善桥岱山、江宁上坊等保障性住房项目正式开工建设，马群花岗保障房项目前期准备工作顺利，江苏省创意文化基地、江苏大剧院项目开工在即。主城区雨污分流改造工程全面展开。

昆　明　市

【经济社会发展】　2010年，昆明市全年实现GDP 2120.37亿元，比上年增长14.0%，三次产业结构为5.7∶45.3∶49.0，人均生产总值33550元；地方财政一般预算收入253.83亿元，增长25.9%。全社会固定资产投资2160.88亿元，增长35%；社会消费品零售总额1060.19亿元，增长22.6%；海关进出口贸易总额101.09亿美元，增长79.4%，其中出口53.27亿美元，增长79.2%；进口47.82亿美元，增长79.6%；单位生产总值能耗下降7.75%；城镇居民人均可支配收入18876元，实际增长9.8%；农村居民人均纯收入5810元，实际增长10.6%；居民消费价格总水平上涨4.2%；城镇登记失业率为2.13%；人口自然增长率为5.8‰。

农业经济稳步增长。全市实现农林牧渔业总产值200.73亿元，增长5.5%。受严重旱灾影响，全年粮食总产量108.42万吨，减产4.5%。烤烟收购183.54万担，中上等烟叶比重为82.23%。蔬菜产量195.1万吨，鲜切花产量37.95亿支。肉类总产量47.58万吨，增长13%。

工业速度效益提升。实现工业增加值709.62亿元，增长13.9%。烟草、机电、医药、电力、冶金、化工六大行业均实现两位数增长。规模以上工业企业达到1132户，比上年末增加57户。规模以上工业企业经济效益综合指数为258.5%，提高21.15个百分点；实现利税、利润总额分别增长16.9%、31.4%。

服务业快速发展。第三产业实现增加值1039.21亿元，增长12.6%。落实国家扩大内需的政策措施，“家电下乡”完成销售额4.43亿元。加大海内外旅游市场开发力度，旅游业保持较快增长。全年接待游客总数3557.35万人次，增长14.2%，旅游总收入284.81亿元，增长25.8%。

社会事业全面进步。扶持高新技术项目10个，新增企业技术中心28个，专利授权2472件，成为国家创新型试点城市。义务教育、民办教育、职业教育稳步发展。一级高（完）中学校增加到25所。中小学校舍安全工程排除危房面积7.37万平方米。民办学校达到912所，在校学生达到27.6万人。安宁、嵩明职教基地规划建设加快，入驻院校12所。继续推进基层医疗卫生机构建设，启动实施4个县级医院、4个中心乡镇卫生院建设项目，建成25个社区卫生服务机构。建设乡镇（街道）综合文化站34个，建成村文化室363个、农家书屋341个。1804个村实现“广播电视村村通”。

人民生活持续改善。开发就业岗位15.13万个，新增城镇就业10.65万人。政府办基层医疗卫生机构全部配备和使用基本药物，并实行零差率销售，全市卫生院处方金额平均下降25.33%。城镇职工养老、医疗、工伤、失业、生育保险覆盖率分别达到95.4%、97%、97%、93.5%、97%和92.7%。年初确定的20537套廉租住房全部开工，其中主体完工9990套；经济适用住房完工1万套；开工建设公共租赁住房3000套。城中村改造稳步推进，启动拆迁127个城中村，开工面积981.5万平方米，交付使用回迁房63.8万平方米。实施临时价格干预措施，增加蔬菜、粮食直销保供点，市场价格趋于稳定。

【投资环境与招商引资】 积极推进“效能昆明”建设，加快体制机制创新，全力打造“创业最宽松、社会最文明、人居最安全”和“低交易成本、低生产成本、低行政成本、低社会成本”的投资软环境。全年完成制度创新2324项。市级行政审批事项86项，行政事业性收费项目85项，为全国审批和收费项目较少的省会城市之一。持续开展“行政效能提升年”和“干部作风改进年”活动，大力推行“五办作风”、“一线工作法”、“工作成果倒逼法”，实施“三最三严”制度，干部作风明显转变。推进投融资体制改革，组建昆发展等3家公司，逐步建立专业化分工的新型投融资机制。出台《关于鼓励和引导民间投资健康发展的实施意见》，鼓励、引导民间资本进入基础产业和基础设施等领域。改革资源管理体制，建立健全资源有偿使用制度和生态补偿机制，出台排污权交易、滇池水体污染物去除补偿等制度。

把招商引资工作放在更加突出的位置，持之以恒狠抓招商引资。主动走出去，在招商分局驻地城市及境外城市举办各种招商活动，参加各种投资推介会、商洽会，针对重点行业、重点企业开展专业化、高频率的招商活动。加强协调服务，狠抓招商引资项目落地和开工建设。全市新增审批外商投资企业 83 户，实际利用外资 10.09 亿美元，增长 38.2%；实际引进市外到位资金 950.32 亿元，增长 34.5%。

【经济技术协作与对口支援】 国内区域合作、对外经济技术合作、对口支援等取得新进展。昆明、大理、丽江、昭通、楚雄、贵州六盘水、毕节、四川凉山、攀枝花、宜宾十市地州签署加强区域交流与合作的框架协议，将建立健全多层次交流与合作机制，积极拓展区域交流与合作领域，争取更多的政策支持，推动区域经济加快发展。启动昆明—玉溪一体化前期研究，积极推动滇中一体化发展。审核上报对外投资项目 13 项，协议投资总额 12183.9 万美元，其中中方投资 10388.9 万美元。对外投资项目主要分布在东南亚国家，投资领域涉及橡胶及其他农产品种植、加工及出口贸易，矿产勘探，有色金属及稀贵金属的生产及进出口，纸浆、纸张、竹木生产及销售等。到 2010 年底，全市共有 32 家境内企业在境外共设立 34 家企业，境外企业资产总额为 24639.31 万美元。新签订对外工程承包 4 项，合同金额 6386.92 万美元。外派劳务输出 436 人。做好昆明市对口援助迪庆州工作，实施昆迪合作项目 46 个，投入援助资金 872 万元。落实《全国对口支援三峡库区移民工作五年（2008—2012 年）规划纲要》，援建重庆市武隆县巷口镇移民 8.5 公里公路建设项目。

【“十二五”规划】 总体目标。地区生产总值年均增长 13% 以上，单位生产总值能耗累计下降 19%，全社会固定资产投资年均增长 22% 以上，城镇居民人均可支配收入和农民人均纯收入年均实际增长 10% 以上。

主要任务。一是优化空间开发。优化国土开发利用，合理构筑城镇体系，突出市域开发重点，加快促进区域协调发展。二是调优产业结构。改造提升传统产业，着力培育发展现代农业、新兴工业和服务业，加快推动经济发展方式转变。三是提升城市品质。全面提升城市规划水平，强力推动精品城市建设，切实强化城市管理，打造品质春城。四是扩大对外开放。全力推进桥头堡建设，提高利用外资的规模和水平，加大区域合作力度，努力构建全方位、多层次、宽领域的开放型经济发展新格局。五是统筹城乡发展。逐步建立城乡一体的规划体系、基础设施体系、公共服务和社会管理体系、统筹城乡发展的管理体制，实现城乡经济社会全面协调可持续发展。六是建设创新城市。着力深化体制机制创新，不断提高科技创新水平，实施人才强市战略，把昆明建设成为创新型城市。七是加快社会建设。大力发展教育、卫生、文化等事业，提升基本保障水平，加强社会管理能力建设，构建覆盖广泛、分布合理的社会基本公共服务体系。八是打造文化名城。提升市民文明素养，大力发展文化事业和文化产业，推动民族文化对外交流与融合，全力建设富有活力和创造力的民族文化强省枢纽。九是推进生态文明。推进以滇池为主的水环境综合治理，加快构建城乡绿地系统，推进循环经济和低碳发展，不断提升生态环境质量。十是构建和谐昆明。推进民主法制建设，提高社会安全水平，建设诚信社会，努力在构建社会主义和谐社会的实践中走在全省、全国前列。

【重点项目介绍】 2010 年，昆明市实施重点基础设施建设项目 100 项，完成投资 422.5 亿元。一是交通及市政设施建设力度加大。西北三环、沣源路、珥季路、海源南路等道路建成通车，环湖公路东段基本通车、南段主体施工，新机场专用高速南段基本完工，彩云路螺蛳湾商城下穿、官南路广福路至环湖东路段主体完工。轨道交通 1 号、2 号线首期工程进展较快，试验段主体工程完工，3 号、6 号线开工建设。配合国家和省实施的昆明铁路枢纽扩能改造及东南环线、昆玉铁路、云桂高铁和沪昆高铁长昆段，以及西南和西北绕城高速、昆武高速公路建设进展顺利。行政村通公路路面硬化427.36公里、路基改造1144.19公里。清水海引水、空港和呈贡新区净配水、呈贡新区核心区供水工程稳步推进。公交停车保养场南市区项目完工，客运站配套公交停车场北部项目竣工验收。二是滇池治理步伐加快。滇池北岸新建和改扩建的八座污水处理厂全部投入使用，铺设截污管网251公里，环湖截污主干管渠实现基础闭合。滇池污染底泥疏挖及处置二期完工。盘龙江、海河综合整治完工，牧羊河、小清河等7条河道按“158”要求整治完工。洛龙河、捞鱼河等河道综合整治稳步推进。经开区污水处理厂开工建设。建成滇源镇等9个集镇及200多个村庄污水收集处理设施。配合省推进的牛栏江滇池补水工程进展较快，累计完成投资35亿元。三是社会事业重点建设项目总体进展顺利。农村中小学标准化建设开工94所。市儿童医院南市区分院完成总工程量的70%，市第一人民医院北市区分院进行主体工程施工，市中医医院搬迁、延安医院心血管病医院、云南省精神病医院门诊和住院楼、第三人民医院传染病诊疗中心进行基础施工。市博物馆二期完成主体工程，市工人文化宫搬迁进行基础施工。

拉 萨 市

【经济与社会发展】 2010年，拉萨市全年实现GDP 178.91亿元，比上年增长13%；其中，第一产业增加值9.14亿元，增长3.3%；第二产业增加值55.76亿元，增长14.7%；第三产业增加值114.01亿元，增长13%。人均生产总值预计达到31948元。经济结构进一步优化。三次产业增加值比例调整为5.1∶31.2∶63.7。

农牧业增长平稳，基础设施更稳固。全市新农村建设扎实推进，农牧业综合生产能力进一步提高，农牧业生产保持了稳定增长势头。全市实现农林牧渔业总产值14.99亿元，比上年增长6.16%；其中农业产值6.3亿元，牧业产值7.74亿元，农林牧渔服务业产值0.43亿元。全年粮食生产保持平稳，总产量与去年持平，达17.16万吨，其中小麦6.6万吨；青稞10.09万吨。粮食亩产441公斤，比上年增加3公斤。全年农作物种植结构有所调整，农产品优质化水平提升，优质、青稞比重继续提高，油菜全部实现优质化。林牧渔业稳定发展。全年造林面积16.9万亩，新增152.43万亩国家生态补偿公益林。全年肉类总产量与去年持平，达2.99万吨；其中牛羊肉产量2.73万吨，下降0.36%；奶类总产量2.97万吨，增加8.79%。新农村建设取得新成就。全面落实强农惠农政策，农牧业生产不断改善。全市新增防渗渠道90.53公里，改善灌溉面积7193公顷；新增农机具9489台；建日光温室2160栋、牲畜暖棚171栋。农牧民组织化程序进一步提高，新增21家农牧民专业合作社。安居工程、农村人居环境建设和环境综合整治试点工作、沼气入户、农田水利等农村基础项目扎实推进，农村生产生活条件进一步改善，全市乡镇油路通达率达到92.98%，户户通电工程顺利完成。

社会事业发展不断完善。社会保障方面，基本建立社会保险为主，社会救济、社会福利、优抚安置、社会互助相结合的社会保障体系，新型农村养老保险、城乡低保实现了全覆盖。年末全市企业职工基本养老保险、城镇职工基本医疗保险、失业保险参保人数分别达到

15000人、30082人（含参保退休人员）和1003人，分别比上年末增加400人、2005人和630人。年末享受企业职工基本养老保险离退休人员3707人。城镇居民基本医疗保险参保率超过93%。年末全市共有31233人享受了城乡居民最低生活保障，农牧民基础养老金全覆盖。国有企业在改革中进一步发展。民营经济发展加快，年末全市工商部门登记的私营企业达2118户，从业人员42360人，比上年增长16.9%，注册资本达26.73亿元，增加35.04%；工商部门登记的个体户32477户，从业人员65144人，分别比上年增长9.83%和5.54%，注册资本达11.91亿元，增长14.35%。科学技术方面，整合科技资源，加大投入，2010年度实施27个科技项目，落实资金1113万元，新增120名农牧民科技特派员，新建22个科普活动站，科普宣传受众6万余人次。教育事业方面。全市共有普通高校6所，普通高等教育（含成人教育）招生8225人，在校生23593人，毕业生5568人；研究生教育招生170人，在校研究生423人，毕业生102人；中等职业教育在校生1606人。全市高中、初中教育招生12439人，在校生36612人，毕业生11761人，高中阶段毛入学率达到80.8%，初中入学率99.47%。小学教育招生8153人。幼儿在幼儿园11092人。小学、初中教育“三包经费”不断增加，各类学校政府财政经费投入业不断加大。文化事业方面，公共文化服务体系、文化市场体系建设取得新进展，农家书屋实现全覆盖，文艺创作、广播影视、新闻出版等事业取得新成绩。年末全市共有文化馆（站）、群众艺术馆23个，公共图书馆1个，博物馆1个；共有广播电台2座，电视台2座，广播综合人口覆盖率和电视综合人口覆盖率分别达96.29%和96.04%。全年出版报纸6043万份。各类杂志160万册，图书1446万册。卫生事业方面，全市农村三级卫生服务网络基本形成。年末共有各类卫生机构547个，其中：医院22个（含部队医院2个），卫生院50个，社区卫生服务中心（站）7个，卫生防疫和防治机构9个，妇幼保健院（所、站）6个，诊所、卫生所、医务室220个，村卫生室230个，其他机构3个。医院拥有法定床位数2545张。

工业经济发展增长较快，优势行业发展更快。全市认真落实扶持企业发展的各项政策，推进银证银企对接，采取电力保障等措施，全市规模以上工业生产和效益保持增长。全市工业企业实现产值41.62亿元，比上年增长32.6%，工业实现增加值19.72亿元，比上年增长15.4%，其中，规模以上工业中，轻、重工业增加值7.27亿元8.61亿元，分别增长16.4%和15.6%。国有工业增加值4.62亿元，增长60.8%；集体工业增加值4.53亿元，下降1.1%；股份制工业增加值0.03亿元，下降32.6%；外贸港澳台投资工业增加值1.51亿元，下降3.3%。工业产销衔接较好，全市规模以上工业产销率达96.43%。全市建筑业实现增加值36.04亿元，可比价计算比上年同期增长14.4%。

固定资产投资重点突出，投资规模继续扩大。全社会固定资产投资176.46亿元，增长29.65%；其中城镇固定资产投资116.72亿元，增长32.9%；房地产开发投资2.3亿元，下降68.5%；农村固定资产投资3.09亿元，增长0.03%；新增固定资产57.2亿元，增长25.9%。在城镇投资中，第一产业完成投资5.12亿元，下降0.1%；第二产业完成投资48.22亿元，增长83.6%，第三产业完成投资66.48亿元，增长12.81%。

消费品市场稳步提升，城乡消费齐头并进。全年实现社会消费品零售总额88.45亿元，比上年增长16.5%。城乡市场均保持良好增长。城镇消费品市场实现零售额83.86亿元，增长16.3%；乡村消费品市场实现零售额4.59亿元，增长20.1%。分行业看，批发业零售额0.10亿元，增长18.4%；零售业零售额77.10亿元，增长17.2%；住宿业零售额0.62亿元，增长15.2%；餐饮业零售额

10.63亿元，增长12.2%。2010年市区物价水平温和上涨，食品类价格涨势明显。全年居民消费价格比上年同期上涨2.2%，比全国平均水平低1.1个百分点，与全区平均水平同步。八大类居民消费价格呈现“七升一降”格局。国内外市场明显好转，对外贸易较快增长。全年实现进出口总额8.26亿美元，占全区比重达到98.8%；其中，出口7.65亿美元，占全区93.9%；进口0.65亿美元，占全区99.2%。

旅游业增势强劲。全年共接待国内外旅游者413.42万人次，比上年增长29%，其中接待国内旅游者399.02万人次，增长28.6%。实现旅游总收入42.11亿元，增长28.2%，其中国内旅游收入37.18亿元，比上年增长24.8%。国际旅游外汇收入4507.23万美元，增长39.3%。

交通运输业稳步增长。全年完成旅客运输量、货物运输量分别比上年增长610.3%和43.8%。年末全市公路通车里程达到2866公里。年末民用汽车拥有量9.16万辆，其中非运营车辆7.2万辆；年末民用车中新注册11896辆，进口5038辆；年末个人汽车拥有量达到70633辆。

邮政电信业保持较快增长。全年邮政电信业务总量达到7.11亿元。其中：邮政业务总量0.28亿元，电信业务总量6.83亿元。年末固定电话用户9.97万户，其中：城市电话用户9.12万户，乡村电话用户0.85万户。年末移动电话用户达到58.92万户。年末互联网用户（不含移动公司）3.83万户。

城市功能在“六城同创”推进中不断完善，城市建设“东延西扩南跨”取得突破性进展，“一城两岸三区”的城市框架进一步拉开，使城市基础设施、市政配套设施建设得到进一步优化。年末市区建成区面积达到62.66平方公里，城市道路总长度达到311公里，道路面积587万平方米。年末市区有水厂4座，泵站4座，日产水能力26万立方米，供水管线总长度698公里，年供水量9872万立方米，收水费的供水量4975万立方米。加快城市公共汽车运营改革，中巴车全部推出城市客运市场。科学布局了城市公交线路24条，新购公交车辆232辆投入运行。更新850辆出租车，美化了310辆出租车车容车貌，年末实有出租汽车数达到1160辆，与去年持平。继续加大城区环境保护力度，加强污染防治、重点耗能行业和水政水资源管理，解决了两个环境挂牌督办整治事项，整治“三渠一河”城市水系，抓好了“十项整治”、五小行业专项整治和病媒生物防治工作，成功创建了自治区卫生城市。城市绿化美化净化全面提升，年末城市公园61个，公园面积221公顷；新增51家园林式单位、7家园林式居住小区，城市绿化覆盖率达到43.13%，人均公共绿化面积达到10.26平方米。城乡居民收入显著提高，收入差距进一步缩小。根据对城镇住户的抽样调查，全市城镇居民人均可支配收入达16567元，比上年增长9.6%；人均消费性支出14500元增长5.8%，其中食品支出占人均消费性支出的比重为39.3%。

【投资环境与招商引资】 2010年，拉萨市坚持招大引强战略，以西博会等大型招商活动为平台，继续加大与中西部地区的交流合作，扩大招商引资的规模和领域。筛选和落实好招商引资项目，加快推进建设西藏高原天然水有限公司高原大然水、圣地大堂洲际大酒店、拉萨香格里拉大酒店等项目，着力引进一批新的企业和项目落户拉萨，成功举办了雪顿节、市长高峰论坛等招商引资活动，全年招商引资到位资金46.08亿元，同比增长20%。进一步拓展国内国际市场，实现进出口总额增速达到17%。

【经济技术协作与对口支援】 2010年，拉萨市对口援藏工作不断深化，进一步完善经济援藏、干部援藏、人才援藏、科技援藏相结合的工作格局，积极加强与北京市、江苏省的协调联系，逐步建立全方位的交流与发展平台。全市共落实援藏项目、物资设备援助资金累计3.87亿元，实施援藏项目46个，开工建设了藏热路、拉萨师范专科学校大学生活动中心、市委党校综合楼等项目，积极推进综合展馆等项目。

【重点项目介绍】 2010年，拉萨市重点项目完成投资45.7亿元，比上年增长29.5%。基础设施条件进一步改善，建成了林周县卡孜乡帕雪大桥、林周县卡多大桥、堆龙德庆县波马桥、墨竹工卡县尼玛江热乡至扎雪乡公路、曲水俊巴村公路等工程。到年底，全市累计黑色公路通车里程达到442.48公里，建成农牧区公路48.56公里，乡镇油路通达率达到92.98%，行政村油路通达率为52%；能源项目得到加快建设，积极配合青藏直流联网工程建设，当雄羊八井光伏电站、华润电力堆龙德庆县乃琼镇燃机电厂等项目建设进展顺利，水利设施建设力度进一步加大，顺利完成拉萨河东郊水厂上游段堤防、尼木县曲林灌区、林周县城防洪、拉萨河两岛蓄水等工程，城乡防洪体系逐步完善，灌溉能力逐步增强，新增防渗渠道90.53公里，改善农田灌溉面积10.79万亩。

西安市

【经济与社会发展】 2010年，西安市全年实现GDP 3241.49亿元，比上年增长14.5%。分产业看，第一产业增加值140.06亿元，增长6.9%；第二产业增加值1409.53亿元，增长18.0%；第三产业增加值1691.90亿元，增长12.5%。第一产业增加值占国内生产总值的比重为4.3%，第二产业增加值比重为43.5%，第三产业增加值比重为52.2%。

全市城镇新增就业人数12.02万人，下岗失业人员再就业4.69万人，就业困难人员实现再就业1.35万人。城镇登记失业率4.2%。全市农村劳动力实现转移就业人员73.26万人。

全年财政总收入510.69亿元，比上年增长27.6%。地方财政一般预算收入241.86亿元，增长33.3%，其中，营业税、增值税、企业所得税和个人所得税分别增长39.8%、10.3%、35.9%和28.8%。全年地方财政一般预算支出371.62亿元，比上年增长34.2%，其中，医疗卫生支出增长49.7%；农林水事务支出增长44.7%；教育支出增长35.3%；社会保障和就业支出增长23.1%；一般公共服务支出增长15.1%；环境保护支出增长6.9%。

全年粮食播种面积621.71万亩，比上年减少7.0万亩。全年粮食产量221.65万吨，较上年增长1.6%，创历史最高水平，其中，夏粮产量106.60万吨，增长3.5%，秋粮115.05万吨，下降0.1%。

全市农用机械总动力267.73万千瓦，比上年增长2.3%；农田有效灌溉面积281.28万亩，增长3.0%；全年农用化肥施用量（实物量）78.11万吨，增长0.6%。

全年全部工业增加值1006.38亿元，比上年增长18.1%。规模以上工业增加值增长19.7%。其中，轻工业增加值增长13.2%，重工业增加值增长21.9%。

全年规模以上工业中，农副食品加工业增加值比上年增长16.6%；通用设备制造业增长28.8%；专用设备制造业增长19.8%；交通运输设备制造业增长25.9%；通信设备、计算机及其他电子设备制造业增长26.8%。六大高耗能行业比上年增长25.3%，其中，非金属矿物制品业增长25.3%；化学原料及化学制品制造业增长 16.0%；有色金属冶炼及压延加工业增长 25.4%；黑色金属冶炼及压延加工业增长 32.6%；电力、热力的生产和供应业增长 36.4%；石油加工、炼焦及核燃料加工业增长 10.3%。

全市规模以上工业企业经济效益综合指数为 234.2，比上年提高 26.1 个百分点。规模以上工业企业主营业务收入 3006.18 亿元，增长 27.6%。全市规模以上工业企业实现利税总额 319.73 亿元，同比增长 21.5%，其中，利润总额 213.37 亿元，同比增长 27.8%。

全年建筑业实现增加值 403.15 亿元，比上年增长 17.6%。全年具有资质等级的总承包和专业承包建筑企业 328 家。房屋建筑施工面积 4852.94 万平方米，比上年增长 16.3%。按建筑业总产值计算，全员劳动生产率 28.15 万元/人。

全年全社会固定资产投资 3250.56 亿元，比上年增长 30.0%，扣除价格因素，实际增长 25.2%。其中，城镇投资 3101.06 亿元，增长 31.0%；非公有制单位投资 1588.31 亿元，增长 24.3%。

在城镇投资中，第一产业投资 39.82 亿元，增长 62.8%；第二产业投资 559.53 亿元，增长 16.0%，其中，工业投资 501.78 亿元，增长 13.6%；第三产业投资 2501.70 亿元，增长 34.4%。

全年新增固定资产 949.79 亿元，固定资产交付使用率 29.2%。各类房屋竣工面积 775.16 万平方米，竣工率 69.4%。共有 1220 个城镇建设项目建成投产，项目建成投产率 55.7%。

全年社会消费品零售总额 1611.04 亿元，比上年增长 18.9%，扣除价格因素，实际增长 15.8%。按经营单位所在地统计，城镇消费品零售额 1544.16 亿元，增长 19.2%；乡村消费品零售额 66.88 亿元，增长 11.9%。按消费形态统计，商品零售额 1436.91 亿元，增长 19.5%；餐饮收入额 174.13 亿元，增长 14.2%。

全年货物运输周转量 430.17 亿吨公里，比上年增长 14.3%。其中，铁路 180.01 亿吨公里，增长 9.5%；公路 248.77 亿吨公里，增长 17.8%；民航 1.39 亿吨公里，增长 45.6%。

全年铁路旅客发送量 2781.35 万人次，比上年增长 7.4%，货物发送量 705.87 万吨，增长 14.9%；公路客运量 26536 万人次，增长 5.0%，货运量 33610 万吨，增长 12.1%；民航旅客吞吐量 1801.03 万人次，增长 17.8%，货物吞吐量 15.81 万吨，增长 24.6%。

全年邮政业务收入 6.31 亿元，增长 10.6%；电信业务收入 103.89 亿元，增长 9.2%。全市固定电话年末用户 261.77 万户。移动电话用户 1423.08 万户，其中，电信和联通 3G 移动电话用户 33.40 万户。电信互联网用户 146.18 万户。

全年共接待国内游客 5201 万人次，比上年增长 34.7%；海外游客 84.18 万人次，增长 25.1%。全年实现旅游总收入 405.18 亿元，增长 36.4%，其中外汇收入 5.30 亿美元，增长 35.8%。

年末全市金融机构本外币各项存款余额 9044.15 亿元，比上年末增长 16.5%。人民币存款余额 8933.23 亿元，增长 16.6%，其中，企事业单位存款余额 3556.78 亿元，增长 10.6%；城乡居民储蓄存款余额 3641.09 亿元，增长 18.1%。金融机构本外币贷款余额 6591.73 亿元，比上年末增长 19.0%。人民币贷款余额 6482.28 亿元，增长 18.7%，其中，短期贷款 1097.60 亿元，下降 15.8%；中长期贷款 5075.98 亿元，增长 35.7%。全年金融机构现金收入 10880.23 亿元，比上年增长 19.3%；现金支出 10610.74 亿元，比上年增长 20.0%；货币净回笼 296.48 亿元，比上年下降 3.3%。

全年证券市场各类证券成交额 12105.51 亿元，比上年下降 12.5%。其中，股票成交额 11909.24 亿元，基金成交额 47.47 亿元，债券成交额8.75亿元。年末全市拥有上市股份公司28家，上市总股本184.38亿股，总市值2718.74亿元。年末股票市场累计开户数152.25万户，比上年末增长3.2%。

全年保费收入158.01亿元，比上年增长29.4%。其中，财产险保费收入33.86亿元，增长30.7%；人身险保费收入124.14亿元，增长29.0%。全年支付各类保险赔款及给付27.03亿元，比上年增长7.5%。其中财产险、人身险分别为14.10亿元和12.93亿元，分别比上年增长11.8%和3.1%。

全市研究生培养单位46个，招收研究生2.60万人，在学研究生7.70万人；普通高校50所，在校学生65.74万人，毕业生16.33万人；普通中学436所，在校学生48.89万人，毕业生17.01万人；小学1531所，在校学生51.56万人，毕业生9.61万人。小学、初中学龄人口入学率分别为99.96%和99.61%。

全年实施市级科技计划项目333项（含高新技术专项26项），其中科技创新和成果转化项目176项。重点扶持高新技术企业152家，支持建设农业科技示范园11家，科技示范乡镇10个，实施区县工业科技引导项目15个。全年争取国家、省资金1.86亿元。全年技术市场交易额57.3亿元。全年申请专利量19485件，专利授权量8037件。

全市艺术表演团体11个，公共图书馆15个，文化馆15个，文化站184个，博物馆55个。全年组织开展各类群众文化活动1562场次。全市拥有电视台2座、广播电台2座、广播电视台6座，电视人口覆盖率和广播人口覆盖率分别达98.6%、99.4%。

全年举办各类群众体育展示表演和竞赛活动共计260项次，体育社团举办和承办体育赛事306项次，其中国际性和全国性赛事16项次，累计参与群众超过300万人次。新建城市社区全民健身器材配送工程50个、乡镇农民体育健身工程5个、乡镇体育示范站30个、社区全民健身路径70个，更新30个。全市已有社会体育指导员7579名，晨晚练点1600个，健身气功站点122个、在册练功人数4890人。

西安市培养输送的运动员参加国际比赛取得3金、1银、1铜的好成绩，参加全国比赛取得11个第一名、11个第二名、7个第三名的成绩。在陕西省第十四届运动会上，西安市代表团共获673枚奖牌，其中金牌349枚。

年末全市共有各类卫生机构5632个，其中医院、卫生院412个；各类卫生技术人员5.66万人，其中执业（助理）医师2.19万人；卫生机构床位3.94万张。

全市城镇居民人均可支配收入22244元，剔除价格因素，比上年实际增长13.3%；农民人均纯收入7750元，实际增长18.0%。城镇居民家庭食品消费支出占家庭消费总支出的比重为31.3%，农村为32.5%。城镇居民人均住房建筑面积28.7平方米，农村居民人均住房面积66.7平方米。

全市城镇基本医疗保险参保人数365.49万人；城镇企业职工养老保险参保人数190.12万人；失业保险参保人数130.51万人；工伤保险参保人数109.52万人，职工生育保险参保人数87.90万人。参加农村新型合作医疗的农民人数达387.55万人，实际参合率97%，覆盖率100%。

全年完成市政公用设施投资246.8亿元，新增人行天桥3座，建设公交港湾6处，新增城区集中供热面积815.3万平方米，新建改造绿地广场147个，新增城市园林绿化面积1245万平方米。

城市环境空气质量全年好于国家二级标准（良好）以上的天数304天，与上年持平。全年建成并投入运行污水处理厂14家，污水处理能力达到121.6万吨/日，比上年增加27.6万吨/日；可吸入颗粒物年均值较上年上升11.5%，环境空气中二氧化硫年均值较上年下降10.4%。全市集中式饮用水源地的水质达标率为100%。区域环境噪声等效声级均值为55.2分贝，道路交通噪声等效声级均值为

68.0 分贝。

【投资环境和招商引资】 2010 年，西安市全年进出口总额 103.82 亿美元，比上年增长 43.2%。其中，出口 53.17 亿美元，增长 59.5%；进口 50.65 亿美元，增长 29.2%。

分贸易方式看，一般贸易进出口 54.89 亿美元，增长 15.0%；加工贸易进出口 39.75 亿美元，增长 94.9%。分经营主体看，国有企业进出口 36.92 亿美元，增长 16.5%；外商投资企业进出口 44.08 亿美元，增长 1 倍；私营企业进出口 22.71 亿美元，增长 18.8%。

主要进出口商品中，机电产品出口 38.52 亿美元，增长 80.2%，进口 34.56 亿美元，增长 40.4%；农产品出口 3.05 亿美元，增长 7.2%，进口 1.02 亿美元，增长 3.5 倍；矿产品出口 3.58 亿美元，增长 43.2%，进口 6.03 亿美元，增长 9.3%；纺织服装出口 1.86 亿美元，增长 11.9%，进口 483 万美元，增长 55.9%。

全年批准外商直接投资项目 82 个，合同利用外商直接投资 11.97 亿美元，比上年增长 99.4%；实际利用外商直接投资 15.67 亿美元，增长 28.5%。

【经济技术协作与对口支援】 作为关中—天水经济区的核心城市，西安的对内对外开放既能获得国家政策的扶持，又能得到关中—天水经济区内各类发展要素的支持，有着良好的区域支撑环境。西安作为关中—天水经济区的核心城市，贯彻实施好《关中—天水经济区发展规划》对进一步提升西安市中心城市功能，实现国家“建设大西安，带动大关中，引领大西北”的重要战略部署，具有十分重大的意义。

【重点项目介绍】 重点项目的强力推进，有效地带动固定资产投资完成 1050 亿元，完成年计划的 130%，超额完成全年重点项目目标任务，162 个前期项目，16 个提前开工建设。13 个区县承担的 88 个在建项目，完成投资 254 亿元，完成年计划的 153%；22 个市级部门及供电局、西电公司承担的 73 个在建项目，完成投资 273 亿元，完成年计划的 125%；开发区承担的 158 个在建项目，完成投资 456 亿元，完成年计划的 130%。城建项目建设进度快。100 个基础设施及城市综合改造项目完成投资 572 亿元，完成年计划的 124%。地铁一号线一期工程已有 14 座车站主体结构封顶；地铁二号线一期工程专用通信系统传输通道、公专电话交换系统、无线通信系统三大子系统顺利开通，标志着二号线专用通信系统已具备使用条件；世行综合交通项目东北二环、东南二环工程完工；330 千伏草滩、聂刘变增容工程建成投运；西部慧谷集中供热中心一期项目推进速度快，2 台锅炉提前实现点火供暖；城中村改造和棚户区改造项目超额完成年度工作任务，安置房竣工面积分别达到 241 万平方米和 143 万平方米，完成年度计划的 101% 和 121%。工业项目超出预期。106 个工业项目完成投资 123 亿元，完成年计划的 120%。高新区华陆公司研发中心、西安煤研院产业基地二期，经开区西安物华锂离子电池正极材料生产线、先进制造业基地服务业平台，航空基地数字化航空发动机叶片，灞桥区风力发电设备制造基地，临潼区大秦化工机械，周至县秦翔科技耐高温材料研发等 19 个项目竣工投入运行。

西 宁 市

【经济与社会发展】 2010 年，西宁市全年实现 GDP 628.28 亿元，按可比价格计算增长

18.2%。其中：第一产业增加值为24.46亿元，增长5.8%，第二产业增加值320.76亿元，增长21.2%，第三产业增加值为283.05亿元，增长16.1%。三次产业结构比由上年的3.83:49.76:46.41转变为3.89:51.05:45.05。全年人均GDP为28428元，增长17.2%。

全市完成财政一般预算收入67.27亿元，增长19.3%；完成地方财政支出140.43亿元，增长41.14%。全市居民消费价格比上年上涨4.5%。

全年农作物播种面积186.2万亩，增长1%；肉类总产量6.76万吨，增长2.78%；猪存栏42.21万头，羊存栏81.17万只，牛存栏28.68万头。

全年完成全部工业增加值275.4亿元，增长23.11%；年末西宁经济技术开发区完成工业增加值145.52亿元，增长30.3%，占全市工业增加值的52.8%，是全市经济发展的重点支撑和强势增长极。

全年货运总量2978.46万吨，增长17.28%；全年客运总量4868万人，增长5.34%；客运周转量79.78亿人公里，增长12.27%。全年完成邮电业务总量50.37亿元，增长38.14%。

全年接待国内外旅游人数889万人次，比上年增长12.03%。旅游总收入46.56亿元，增长16.45%。

全年完成固定资产投资403.02亿元，增长29.15%。其中：市属完成313.32亿元，增长26.35%。全市实现社会消费品零售总额231.76亿元，增长17.01%。全年实现外贸进出口总额66687万美元，增长50.23%。

年末，西宁地区金融机构人民币各项存款余额1623.21亿元，比上年增长24.8%。西宁地区金融机构现金累计收入2058亿元，增长15.92%。

年末，全市共有普通高校9所，在校学生44994人，增长2.77%；普通中学139所，在校学生119619人，增长0.21%；中等职业学校9所，在校学生23456人，增长3.78%；小学334所，在校学生160495人，下降1.88%；特殊教育学校3所，在校学生1000人，下降13.72%；幼儿园296所，在园幼儿56402人，增长6.36%。高中毛入学率85.5%。

年末，全市有广播电台2座，电视台2座，广播和电视人口覆盖率分别为98.67%和99.5%，有线电视用户35.7万户。全市有各类医疗卫生机构541个，卫生技术人员14559人，卫生机构床位数10968张；每万人拥有卫生技术人员65.87人。

全市城市居民人均可支配收入为14085.24元，比上年增长9.1%。城市居民人均消费性支出9420.84元，增长8.08%。农民人均纯收入5521元，比上年增长17.51%，人均生活消费支出5404.07元，比上年增长22.08%。

年末，失业保险参保单位1387个，参保人数15.6万人；基本养老保险参保单位3806个，参保职工28.18万人；参加基本医疗保险单位2279个，参保人数21.19万人。年末，实有城镇登记失业人数2.56万人。登记失业人员再就业人数3.05万人，城镇登记失业率4.16%。

【投资环境与招商引资】 2010年西宁市在不断改善硬环境的同时，积极改善政府服务，使投资环境日趋完善。全市共实施省外招商项目29个，实现到位资金67.7亿元，完成年度目标任务52亿元的130.1%。省外投资遍及全国15个省市，主要来自浙江、福建、四川、辽宁等省；境外投资主要来自英国。招商引资工作取得新成效。成功举办、承办了“丁香郁金香节”、“青洽会”、“国际藏毯展览会”、“国际清真食品及用品博览会”等大型会展活动，有力地促进了招商引资和对外经济技术协作。

【经济技术协作与对口支援】 2010年，西宁市进一步加强了与友好城市和重点地区的交流合作，并取得了显著成绩。一是组团或派人积极组织参加了“青洽会”、“西洽会”、“宁洽会”、“西博会”等多个省内外经贸洽谈会，利用各类会展平台，通过举办项目推介会、投资环境说明会等形式，介绍市情动态、扩大对外宣传，进行项目签约，取得了较好的成效。同时，西宁市根据产业布局与客商的联系、洽谈情况，及时派出招商小分队，赴山东、江苏、浙江、广东、江西、安徽等地开展上门招商活动，通过考察企业，进行面对面洽谈，达成了部分投资协议，引进了一批项目。及时了解、掌握其他客商的投资意向，获取投资信息，建立了投资商信息库，对有签约意向的客商做好跟踪落实，对来宁考察项目的企业和个人提供全过程的咨询和服务，促使客商的投资动机转化为投资现实。今年以来，台湾昆仑科技股份公司、上海红星美凯龙集团以及韩国等地客商先后来我市进行投资项目的考察、洽谈。二是进一步加强与重点地区、重点城市之间的交流与合作，西宁市主动加强了与东中部地区经协部门的交流与沟通，目前已与长沙、常州、西安、兰州、广州等20多个城市建立了信息交流渠道。与浙江商会、江西商会、湖南商会、温州商会建立了联系，积极搭建我市招商引资工作平台。在加强对外交流中，把《西宁经济协作》刊物作为加强对外联系的重要窗口，加强信息交流、推介重点项目、扩大经济协作方面发挥了积极的作用。

2010年积极开展了对国外和境外的交流、推介活动。4月份在韩国首尔举办了“西宁观光投资环境说明会”，向与会客商介绍了西宁的投资环境及重点投资项目，与部分韩国企业进行了项目对接。8月份在西宁举办了“中韩文化交流周”活动，期间邀请了一批韩国投资商和企业家来宁进行投资考察和项目对接。11月份在香港举行了“西宁投资项目推介会”，向香港企业界广泛宣传西宁的投资环境和招商项目，并进行项目洽谈，收到了较好的效果。

【“十二五”规划】 一是经济发展实现新跨越。地区生产总值年均增长14%，达到1400亿元；地方一般预算收入年均增长17%，达到75.7亿元；全社会固定资产投资年均增长17%，累计完成3000亿元以上；社会消费品零售总额年均增长15%，达到466亿元。

二是改善民生迈出新步伐。城镇登记失业率控制在4.5%以内，五年累计城镇新增就业12万人；累计农村脱贫人口24万人；城镇居民人均可支配收入和农民人均纯收入达到22684元、10172元，分别年均增长10%、13%。

三是城市服务功能实现新提升。建成区面积达到135平方公里；人均市政道路面积达到9平方米；人均公共绿地面积12平方米；城市生活污水处理率90%；城市垃圾无害化处理率90%以上。

四是转变发展方式取得新突破。研发投入占生产总值比重1.5%；服务业就业人员比重50%；森林覆盖率32%；单位生产总值能耗、单位生产总值二氧化碳排放降低率和主要污染物排放总量减少率等约束性指标控制在省下达指标以内。

【重点项目的介绍】 2010年初西宁市确定的重点项目28项，已开工建设27项，累计完成投资22.87亿元，完成年度投资计划的100.5%。

2010年西宁市重点项目总体进展较好，从完成投资情况来看目前已经完成全年投资计划。一是海湖新区基础设施、西宁市二十一中迁建项目、南川东路南川西路出口改造、西出口景观改造、北出口景观改造等项目超额完成投资对整体完成投资量的拉动明显。二是从进度情况来看，13项已全面完工，结转项目进度基本完成计划进度要求，为明年项目继续实施打下良好的基础。三是尚未完成年度投资计划的9个项目中多数已进入室内外装饰工程、设备安装等收尾阶段，有望年内完工；未开工的五中迁建工程力争年内完成前期工作，力争明年早日开工建设。

【经济园区建设】 西宁（国家级）经济技术开发区建设和发展明显加快。按照“一区多园”的模式，理顺了工业园区管理体制，加大了招商引资工作力度，一批重大工业项目相继引进和实施。2010年西宁经济技术开发区完成工业增加值145.52亿元，增长30.3%，占全市工业增加值的52.8%，是全市经济发展的重点支撑和强势增长极。其中：东川工业园完成工业增加值46.95亿元，增长14.33%；生物科技产业园完成工业增加值34.7亿元，增长26.13%；甘河工业园完成工业增加值52.01亿元，增长43.44%；南川工业园完成工业增加值11.85亿元，增长24.82%。实施了甘河工业园西区道路修建、供排水管网改造、输电线路架设等一批基础设施建设项目，进一步完善生物园区装备制造园、南川工业园区规划，做好小散企业的重组、整合工作及村庄搬迁征地工作。大力发展循环经济，延伸产业链，园区可持续发展能力进一步增强。

银　川　市

【经济与社会发展】　2010年，银川市全年实现GDP 763.26亿元，按可比价格计算，比上年增长14.8%。分产业看，第一产业完成增加值41.37亿元，增长6.4%；第二产业完成增加值379.26亿元，增长19.0%；第三产业完成增加值342.63亿元，增长11.0%。按常住人口计算，全市人均地区生产总值38295元。第一、第二、第三产业比例为5.4∶49.7∶44.9，对经济增长的贡献率分别为2.2%、63.8%、34.0%。全社会完成固定资产投资648.69亿元，较上年增长31.8%，超出预期增长目标6.8个百分点。完成社会消费品零售总额225.14亿元，增长19.8%，超过预期增长目标4.8个百分点。实现外贸进出口总额9.98亿元，增长49.9%，超出预期发展目标37.9个百分点。城镇居民人均可支配收入17073元，增长8.6%；农民人均纯收入6161元，增长14.3%。全年居民消费价格总水平较上年上涨3.7%，涨幅较上年回升4个百分点。

2010年末全市常住总人口199.31万人，较2000年第五次全国人口普查增加59.36万人，增长42.42%。人口出生率为11.75‰，死亡率为4.34‰，人口自然增长率为7.41‰。

现代农业提质增效。全面启动建设29个现代农业示范基地，新增设施园艺面积4.9万亩，总量达29万亩，成功举办第二届中国（宁夏）园艺博览会；奶产业平稳健康发展，奶牛存栏量达到13万头；建设16个粮食创高产示范区，粮食总产达93.99万吨。露地瓜菜、长红枣、酿酒葡萄、花卉产业规模和效益进一步提升，清真牛羊肉、“适水”产业加快发展，有机大米、种子产业扶持起步，优势特色产业区域化布局基本形成。累计流转土地面积21万亩。

工业经济高位运行。能源化工产业加快推进，下游产业迅速发展；机械装备制造业协作配套能力明显增强，新能源及装备制造业异军突起，光伏发电、风电初步形成产业链；组建羊绒产业技术创新战略联盟，品牌战略深入实施；清真食品和穆斯林用品产业市场开拓力度加大；新材料、发酵及生物制药产业产值分别增长60%和20%以上。工业发展空间布局进一步优化，在宁东设立“飞地工业园”，临河综合项目区C区基础设施建设顺利推进，经济技术开发区及德胜、望远、灵武羊绒等园区产业集聚效应初步显现。企业技术改造和新产品研发加快推进，30个重点技改项目进展顺利。工业综合效益指数达314.67，提高51.8个百分点，工业经济运行质量明显提升。

投资持续快速增长。2010年银川市大力实施项目带动战略，深入开展项目建设“百日大会战”，加大政府投资力度，优化投资结构，有效带动社会投资。实施市级重点建设项目30个，完成投资62亿元；实施30个投资亿元以上工业项目，完成投资300亿元，增长30%；完成房地产投资160.82亿元，增长66.8%。全年争取中央、自治区项目资金11.3亿元；招商引资实际到位资金420亿元，增长19.7%，中粮集团等11家世界和中国500强企业入驻银川。

服务业层次得以提升。亲水商业广场、凯宾斯基酒店、建发现代城等项目建成投用，大连万达、华润万家、世纪金花等知名商企进驻银川。空港、陆港、银川物流港等物流重点项目进展顺利，国家A级物流企业达到10家，银川市进入全国首批流通领域现代物流示范城市行列。总部经济和会展业蓬勃发展，总部企业达到82家，主办第十三届房地产交易博览会暨家居婚庆博览会、第四届清真美食文化节等大型展会18场次，荣获“中国清真美食文化之都”。创意、软件动漫和服务外包等新兴产业加快发展，成功举办“创意银川2010”设计节，建成“801”创意产业园，软件动漫产业产值增长20%。运动休闲城市和旅游目的地建设步伐加快，市民休闲场所不断增加完善，开展了龙舟赛、市民健步走等主题活动，成功举办第三届贺兰山岩画艺术节、第九届中国银川国际汽车摩托车旅游节等重大节会，银川代表队在法国赢得“城市之间”国际总决赛冠军，银川市入选2010“中国10大休闲城市”，全年旅游接待人数和旅游收入增长20%和31%。

社会保障体系不断完善。2010年，全市新增城镇就业6.37万人，城镇登记失业率3.71%，农村劳动力转移就业12.78万人。全市参加城镇职工养老保险43.9万人，参加新农保31.5万人，参加失业保险28.85万人，参加医疗保险132.39万人。覆盖城乡居民的基本社会保障体系初步建立，住房保障制度体系加快构建并不断完善，基本解决了农民征地拆迁补偿遗留问题。

各项社会事业全面进步。累计投入5.75亿元，新建改造13所学校，城市中小学“大班额”问题进一步缓解。“两基”成果不断巩固提高，基本普及高中阶段教育，职教中心全面建成运行，加大对中职学生的资助力度。鼓励引导民办教育向高端方向发展。抓好教师培训工作，教师队伍建设明显加强；全面启动市属医疗卫生机构人事分配制度改革，基本药物制度实现全覆盖。全面推行“一元钱”看病，免费治疗50种疾病，提供9大类33项基本卫生服务项目。购买租赁31家社区卫生服务机构用房，完成10所乡镇卫生院、2所社区卫生服务中心改扩建工程，市第一人民医院新建工程全面完成；组建了食品安全检验检测中心，大力整治“地沟油”等社会普遍关注的食品安全热点问题，创建全国食品安全城市工作扎实推进；全面实施出生人口缺陷社会化系统干预工程，人口自然增长率控制在6.22‰，圆满完成了第六次全国人口普查入户登记工作；创建全国文明城市工作加快推进，市民素质和公共文明指数稳步提升。大型原创回族舞剧《月上贺兰》赴埃及、卡塔尔等国家和地区巡演取得圆满成功，荣获文化部最高奖项“文华奖”。完成非物质文化遗产普查，公布第二批“非遗”保护名录33个。成功举办首届银川国际民间文化艺术节，群众精神文化生活空前活跃。

改革开放不断深化。对内对外开放不断扩大，着力优化投资环境，创新招商引资方式，积极推进宁蒙陕甘毗邻地区区域经济合作，不断加强与穆斯林国家的经济、贸易、文化交流，“近联、远引、外拓”的开放格局基本形成。

【投资环境与招商引资】　银川市是宁夏回族自治区首府，是全区政治、经济、文化、信息中心，位于中国十大“新天府”宁夏平原中部，东有黄河穿境而过，西倚雄伟的贺兰山脉。银川是古“丝绸之路”上的商贸重镇，也是服务宁蒙陕甘周边约300公里的现代化区域性中心城市。2010年，银川市加快建设西北地区“最适宜居住、最适宜创业”的现代化区域中心城市，投资环境不断改善。

煤炭资源、电力资源、石油天然气资源、水资源、土地资源和人力资源组合优势明显，为银川市产业发展提供了坚实的保障和发展的空间。煤田探明储量约270亿吨，相当于东北三省煤炭储量的总和。2010年末，银川市已形成年10亿立方米的供气能力。银川因黄河流经因而具有丰富的水资源和土地资源，水资源总量近27亿立方米，为煤炭、石油、天然气等资源优势转变为经济优势提供了重要的支撑作用。

银川市运营线路网长度达500余公里，市内公交线路达60余条；全市湖泊湿地面积达到5万公顷，城市绿化覆盖面积达到6000余公顷。2010年，新建国家级“煤化工检测重点实验室”、“宁夏羊绒研究院”2个重点实验室和自治区级“宁夏植物病虫害防治重点实验室”。全年列入国家科技型中小企业技术创新基金项目47项，1项列入科技重大专项，2项列入国家其他项目，列入自治区科技攻关计划项目16项。银川市被科技部列为第二批“国家创新型试点城市”。

商贸政务环境不断优化。修改完善了《促进清真食品保健品和穆斯林用品产业发展实施意见》；起草出台了《银川市清真食品和穆斯林用品产业发展资金管理办法》、《银川市再生资源回收利用管理办法》。清理行政审批事项，再造审批流程，市属部门实施的162项行政许可事项，相对减少76项，非行政许可审批事项调整为107项，成为西北地区首府（省会）城市保留行政许可事项最少的城市。建立行政审批事项分类管理制度，简化审批环节，加强电子政务建设、推行网上审批运行机制，创新联审联办代办机制，压缩办理时限，全年共简化减少办事环节143个。

积极开展招商引资活动，对外开放取得显著成效。新审批中外合资企业7家，实际利用外资额4161万美元，同比增长66.7%。配合自治区成功举办了宁洽会暨中阿经贸论坛、第三届中国（银川）穆斯林企业家峰会、首届宁蒙陕甘毗邻地区经济技术合作洽谈会。全年外贸进出口总额完成9.98亿美元，增长49.9%，高于预期目标37.9个百分点。其中，出口6.75亿美元，增长43.6%。

【经济技术协作与对口支援】 参加“第十四届中国东西部合作与投资贸易洽谈会”、“宁夏·长三角（上海）经贸合作推介会”、“宁夏·珠三角（广州）经贸合作推介会”、“青洽会”、“哈洽会”，组织协调各县（市）区、开发区、宁东基地参加“宁夏·北京经贸合作推介会”、“宁夏·山东济南经贸合作推介会”、“南京经贸合作推介会”、“江苏企业家宁夏（银川）行活动”，各招商主体单位分赴北京、上海、天津、山东、广东、浙江、云南等地开展招商引资活动，推介了银川市的优势特色产业和项目，签约了一批投资项目。其中“第一届宁蒙陕甘毗邻地区经济技术合作洽谈会”充分体现了“合作、互补、共赢”的主题，集中展示了区域经济社会发展、优势特色产业以及商家企业形象，搭建了政企、企企互动的经济技术合作平台，取得了丰硕成果。大会共签订合作项目134个，总金额182.1亿。在“第三届中国穆斯林企业家峰会”和“宁洽会暨中阿经贸论坛”期间，全市共新签约项目共53个，总投资628.116亿元。

2010年银川市接受国际无偿援助项目3个，合同金额33.9万美元，完成31.14万美元；海外投资项目8个，合同金额4038.4万美元，累计完成1102.45万美元；对外劳务合作项目161个，合同金额701万美元，累计完成571.8万美元，期末在外人数424人；对外工程承包项目7个，合同金额5071.34万美元，累计完成946万美元，期末在外人数115人。

【“十二五”规划】 总体目标。到2015年，力争基本建成全面小康社会，成为西北地区“最适宜居住、最适宜创业”的现代化区域中心城市；突出科技创新和人才队伍建设；确保工业增加值、服务业增加值和全社会固定资产投资总额在“十一五”基础上翻一番；高中阶段及以下教育基本满足需求、质量明显提高，城乡居民人人享有基本医疗卫生服务，城乡养老、医疗保险全覆盖并逐步提高保障水平，劳动年龄人口实现充分就、零就业家庭动态消零，城乡居民收入增长与经济发展同步、劳动报酬增长与劳动生产率提高同步，保障性住房应保尽保，市民参与文化娱乐、运动休闲活动更方便，人民群众安全感进一步提高，建成全国食品安全先进城市；努力从“文明银川、创新银川、生态银川、健康银川、平安银川”五个方面提升城市现代化水平。

【重点项目介绍】 银川火车站续建工程。总投资 24.2 亿元。新建东站房 30000 平方米，站场按照 7 台 14 线布置（含正线）；在既有客车整备所南部新建客车整备场，总规模为客车整备线 12 条，存车线 4 条，客车空调及临修线 2 条；封闭既有双渠口站，新建银川南站，车站近期设到发线 7 条（含正线），到发兼存车线 4 条，预留 4 条，设牵出线 1 条；新建综合货场，规划一次完成征地 2200 亩，分期建设；专用线改造及其他附属设施建设。

西北环水系连通工程。总投资 3.2 亿元，新开沟道 7.8 公里，配套穿西环高速公路涵洞 4 座，支线铁路涵洞 1 座等。2010 年主要进行湖泊清淤、整治、开挖等。

中小学改造工程。总投资 3.5 亿元，主要包括银川市实验小学、银川市第二十五中、第二十二中、第二中西校区和国际部、第九中学二期、兴庆区回民二小、回民三小、金凤区第十小学、西夏区第十三小学、第十六小学。

银川市保障性廉租住房及外来务工人员公寓、基础设施及廉租房建设项目。总投资 13.2 亿元。2010 年主要完成选址和土建工作。

宁夏小商品市场及万人创业园基地工程。总投资 30 亿元，占地面积 1000 亩。2010 年完成工程一期建设并交付使用。

【打造黄河金岸】 坚持以规划为龙头、以项目为载体、以产业为支撑、以生态为依托、以开放为平台、以文化为灵魂，黄河金岸建设呈现出新的变化。建成了 115.8 公里融生态景观、城市特色和黄河文化展示为一体的黄河银川段标准化堤防滨河大道。灵武黄河书院、永宁塞上江南生态园、贺兰县长河湾休闲度假等项目进展顺利，兴庆区黄河小镇、宁夏历史名人及宁夏历史事件雕塑、宁夏地质博物馆等标志性工程和特色建筑有序推进。完成了七个特色小城镇规划编制，开工建设小城镇重点项目 41 个。环阅海建筑群—中阿论坛永久会址完成前期工作并启动建设。黄河金岸生态绿化系统工程完成建设总面积近 10 万亩，栽植各类树木近亿株。编制完成了《银川市黄河金岸优势特色产业发展规划（2011—2015 年）》。

乌鲁木齐市

【经济社会发展】 2010 年，乌鲁木齐市实现 GDP 1311 亿元，增长 12.2%。地方财政收入 197.6 亿元，增长 35.82%。社会固定资产投资 500 亿元，增长 21.3%。社会消费品零售总额 563 亿元，增长 19%。进出口贸易总额 60 亿美元，增长 18%。居民消费价格总水平涨幅控制在 3.5% 以内。城镇居民人均可支配收入 14382 元，增长 10%。农牧民人均纯收入 7466 元，增长 12%。

工业经济稳步增长。2010 年第二产业实现增加值597亿元，增长12%，其中，工业实现增加值508亿元，增长12%。完成工业投资192亿元，增长17.8%，乌石化百万吨芳烃、八钢年产60万吨新棒线项目全面建成投产，国电红雁池“上大压小”2×300兆瓦热电联产、神华煤矸石2×300兆瓦热电厂项目已基本完工，兖矿60万吨醇氨、天山电力达坂城风力发电一期等一批重点项目进展顺利。2010年争取各类工业扶持资金2.41亿元，重点扶持了特变电太阳能晶片、众和电子铝箔高技术产业化、金风科技风电机组研发等一批战略性新兴产业项目。三区四园建设步伐加快，2010年投入各类建设资金29.9亿元，进一步完善了园区道路、供排水、电力等基础设施，园区承载力和综合服务功能得到进一步加强。

服务业蓬勃发展。2010年第三产业实现增加值695亿元，增长12.5%。完成了乌鲁木齐物流业发展规划，确定了重点发展的5个大型物流园。加快了乌鲁木齐铁路国际物流园建设，落户园区的新疆浩天仓储物流、保利物流等项目进展顺利。新疆国际会展中心主体工程基本完工，首届“中国—亚欧经贸博览会”服务保障工作全面启动。成功举办了第20届中国厨师节暨新疆首届清真美食节。编制了乌拉泊国际物流基地规划。乌鲁木齐市服务业发展得到了国家相关部门的高度重视，已被列为全国首批服务业综合改革试点城市、农产品现代综合流通试点城市。强化市场运行监测，完善粮食、肉制品、成品油等生活必需品和重要生产资料的供应保障机制，积极开展社区蔬菜副食品直销试点工作，已建成社区蔬菜副食品便民直销店57个。“万村千乡市场工程”和社区商业“双进工程”深入推进，农牧区和社区商业服务网络建设取得实效。

农业生产保持平稳。2010年第一产业实现增加值19亿元，增长6.1%。农作物播种面积81.95万亩，其中：粮食作物42.32万亩。乌鲁木齐市年末牲畜存栏69.93万头（只），牲畜出栏117.35万头（只）。进一步加大投入，扩大设施农业规模，新建温室3000亩、大棚5000亩、设施蔬菜规模化示范基地20个、规模化养殖场和养殖小区15个。农村生产生活条件得到进一步改善，新建户用沼气池925座，解决了3.89万人的安全饮水问题。大西沟水库项目建设进展顺利。加大了农村劳动力职业技能培训力度，实现转移就业6862人。已形成农民专业合作组织134个，8216户农民加入合作社。

固定资产投资快速增长。紧紧抓住中央新疆工作座谈会带来的历史性机遇，开工建设了134个重点项目，完成投资207.8亿元，占全社会固定资产投资的41.6%，其中完成政府投资89.7亿元，外环路东北段、七道湾路三期等14条道路建成通车。编制了《关于乌鲁木齐经济社会发展重大项目建设的意见》，规划和准备了一大批关系国计民生的重大建设项目，特别是把大气污染治理、棚户区改造、“六大组团”建设、轨道交通、绕城高速公路、区域电网改造和政法维稳基础建设等七大项目作为重中之重。继续加大了中央投资、自治区投资和市政府投资项目稽察工作力度，做到100%稽察，确保了建设资金合理安排和使用，确保了工程质量和进度。

多措并举改善民生。就业和劳动保障：2010年实现城镇就业7.75万人，城镇登记失业率控制在3.29%以内。重点解决了大中专毕业生、就业困难人员和农村富余劳动力就业问题。全面实现了城镇零就业家庭“动态清零”工作。养老、医疗、失业、工伤和生育保险分别净增8.18万人、8.23万人、4.53万人、5.46万人和4.73万人，城镇居民基本医疗保险覆盖率达到95%，新型农村合作医疗参合率达到98.2%。启动了新型农村养老保险试点工作。棚户区改造和保障性住房建设：2010年投入36.1亿元，实施了黑甲山、青峰路等19个棚户区改造项目，建设安置房1.3万套，安置拆迁户6259户，配建公共服务设施1.85万平方米。2010年建成廉租房6136套、经济适用房2862套、公共租赁房500套，农村抗震安居房1.23万套。

社会事业取得新进展。医疗卫生事业：按照全市医药卫生体制改革的总体安排和部署，加快推进了城乡医疗卫生基础设施项目建设，启动了2家公立医院改革试点工作，市中医院门诊综合楼、米东中医院综合业务楼、米东区人民医院门诊住院楼、达坂城区人民医院综合病房楼等项目建设进展顺利。新建42所社区卫生服务中心（站）、3所“120”急救站、48所村卫生室。教育文化等：巩固和提高了“两基”成果，进一步改善了教育基础设施条件，已完成52.82万平方米校舍抗震加固工程，改扩建市8中教学楼、市高级中学综合实验楼、市36中学教学楼等35所中小学。市职业大学新校区、技工学校新校区项目建设进展顺利。实施文化惠民工程，强化公共文化服务体系建设，新建13个街道（乡镇）文化站，农家书屋、文化下乡、东风工程等重大文化活动深入实施。科技、人才、老年、计划生育、档案、体育等社会事业取得显著成效。

【投资环境与招商引资】 2010年，新疆继续做好了国有企业改制工作，启动了公交行业企业改革。进一步提高了国有资本运行效率，基本解决了国有及控股企业政策性亏损等问题。稳妥推进供热体制改革，两部制热价稳步实施。推进医药卫生体制改革，实施了五项重点改革工作。在中心城区实行“大政法委”、“大建委”体制，全市新设管委会6个，新建社区16个，增设派出所8个。完成和启动了社区、村委会建设项目365个。出口商品结构进一步优化，高附加值、高新技术产品和地产品占出口商品的55%。招商引资取得新成效，全年新批外商投资企业34家，实际利用外资1.3亿美元，同比增长13%，占自治区实际利用外资总额的42.3%。

【“十二五”规划】 一是构建现代产业体系。二是加快推进城市现代化。三是加强基础设施建设。四是建设天山绿洲生态园林城市。五是切实保障和改善民生。六是深入实施科教兴市和人才强市战略。七是提升首府文化软实力。八是深化改革扩大开放。九是坚定不移地维护社会大局稳定。十是规划实施。

【重点项目介绍】 2010年，乌鲁木齐市确定重点建设（支持）项目共计134项，年度计划投资302.24亿元，2010年累计完成投资207.79亿元，完成年度计划的68.75%；开工项目123项，开工率91.79%，较去年同期增长0.89个百分点，其中：政府投资重点建设（支持）项目61项，年度计划投资141.46亿元，2010年累计完成投资89.75亿元，完成年度计划63.44%；开工项目56项，开工率91.8%。非政府投资重点建设（支持）项目73项，年度计划投资160.79亿元，2010年累计完成投资118.04亿元，完成年度计划73.41%；开工项目67项，开工率91.78%。

2010年，乌鲁木齐市完成全社会固定资产投资额（含跨地州项目）500.11亿元，比上年增长21.4%，其中，第一产业投资5.7亿元，增长83.9%；第二产业投资190.88亿元，增长14.6%，其中工业投资187.68亿元，增长10.54%；第三产业投资303.53亿元，增长25.2%。2010年政府投资计划共安排投资项目259项，年度计划投资217亿元。2010年完成房地产开发投资145.64亿元，增长38.77%，占全部固定资产投资的29%。截至2010年末，乌鲁木齐市各建设项目累计争取国家及自治区补助资金10亿元。主要项目为：保障性安居工程、北站国家粮食储备库粮食物流中心、10个农村饮水安全工程、6个标准化规模养殖场、城市供排水、城市道路、农村沼气乡村服务网点、4个乡镇卫生院、6个村卫生室、15个社区卫生服务中心、11个基层派出所、4个重点防护林工程。

民族自治州篇

湖北省
恩施土家族苗族自治州

【经济与社会发展】 2010年，恩施土家族苗族自治州全年实现GDP 351.1亿元，增长13.8%，增幅比年度计划高2.8个百分点，“十一五”年均增长10.6%，比“十五”增幅提高4.5个百分点。三次产业构成由2009年的32.6∶26.9∶40.5调整为30.7∶28.7∶40.6。

农村经济稳步发展。农林牧渔业增加值107.65亿元，增长5%。粮食总产量167万吨，增长4.1%；新增特色农产品基地30万亩；新增规模以上农产品加工企业91家。

工业经济快速增长。全部工业实现增加值85.57亿元，增长23.2%。? 年末全州规模以上工业企业555家，比上年净增131家。全年规模以上工业增加值73.47亿元，扣除价格因素（下同）增长25.7%。其中，国有企业增加值22.47亿元，增长20.9%。分轻重工业看，轻工业增加值34.84亿元，增长30.1%；重工业增加值38.63亿元，增长22.1%。

服务业呈现良好发展态势。第三产业增加值142.56亿元，增长14.9%。旅游业突破性发展，恩施生态旅游目的地初步形成。全年全州接待游客1062.50万人次，比上年增长60.1%。全年实现旅游综合收入50.62亿元，比上年增长74.2%，旅游外汇收入3309万美元，增长23.0%。恩施、利川两市被评为中国优秀旅游城市，巴东、咸丰两县被评为湖北旅游强县。实现社会消费品零售总额132亿元，增长20%。市场物价平稳运行。

投资建设和项目工作成效明显。全社会固定资产投资244.4亿元，增长34.1%。重点项目建设进展顺利，全州85个重点项目完成投资59.9亿元，完成年度投资计划的107%。全年共向上争取到项目250多个，到位资金12.35亿元，其中中央投资11.52亿元、省补助资金0.83亿元。

改革开放取得新突破。政府机构改革基本完成，事业单位人事制度改革及分配制度改革有序实施，集体林权制度主体改革全面完成；医药卫生体制改革进展顺利，启动了恩施市、建始县基本药物制度试点工作。全州外贸出口10779.48万美元，同比增长24.32%，完成目标任务的112.87%；实际利用外资1584万美元，同比增长20.82%；招商引资实际到资60.28亿元，同比增长35.47%；社会消费品零售总额132亿元，同比增长20%。

财政收入稳步增长，金融平稳运行。全年完成地方财政总收入55.96亿元，比上年增收8.47亿元，增长17.8%。其中，实现地方一般预算收入22.2亿元，增长21.2%，完成年初预算的111.3%。金融机构年末人民币存款余额467亿元，比年初增加111.3亿元；各项贷款余额251亿元，比年初增加44亿元。

社会建设全面推进，民生稳步改善。人口自然增长率控制在5.92‰。城镇化率达到30%，比上年提高2.5个百分点。新型农村合作医疗参合率达到95%；城镇居民基本医疗保险参保率达到97%。城镇登记失业率控制在4.2%，城镇新增就业3.5万人，新增转移农村劳动力3.6万人。社会保险扩面新增2.6万人；新型农村社会养老保险试点工作进展顺利。城镇居民人均可支配收入11406元，增长10.7%；农民人均纯收入3255元，增长15.8%。

生态建设取得新成效。坚持走生态建设与

产业建设并重的发展之路，积极推进天然林保护、封山育林、退耕还林、沼气池等生态工程建设，天然林、自然保护区建设和湿地保护得到加强，巩固退耕还林成果项目顺利实施，新增植树造林43.6万亩，改造低产林7.2万亩。完成清洁能源入户工程5万户。清江、三峡库区等重点流域、区域治理与保护取得新成效，节能减排完成省定控制目标。

【投资环境与招商引资】 恩施州生态环境优越，资源丰富多样。全州水电资源理论蕴藏量509万千瓦，可开发量450万千瓦左右；硒、铁、煤、石煤、天然气、磷、硫铁矿、耐火粘土等8种矿产占全省第一位。素有"世界硒都"、"天然植物园"、"种质基因库"、"鄂西林海"、"烟草王国"、"华中药库"之称。在2008年恩施州委、州政府出台《关于进一步扩大对外开放意见》和《优化经济发展环境的若干意见》的基础上，进一步完善招商政策（如缩短外商投资审批时间，将外商投资企业合同章程的审批时限由法律规定的90个工作日缩短到了3个工作日等），为优化投资环境提供了有力政策保障。同时，继续深入推进"开放活州"战略，突出重点、强化措施，抓住沿海产业转移机遇，围绕"中国光彩事业走进恩施州"主体活动，进一步夯实招商引资基础，拓展招商领域，招商引资水平和质量不断提高。全年外贸进出口总额达10898万美元，比上年增长25.6%。其中，出口额首度过亿，完成10779万美元，增长24.3%；进口额119万美元，增长25倍。

全年外商直接投资1584万美元，比上年增长20.8%。完成目标任务的110%；招商引资实际到资60.29亿元，同比增长35.5%；完成目标任务120.57%；招商引资新签、续建合同项目212个，其中新签项目107个，续建项目105个。社会消费品零售总额132亿元，同比增长20%。全州新备案登记对外贸易经营资格企业48家，全州外贸企业已达203家。其中已有出口实绩的企业67家，较去年同期（54家）增长13家，出口过百万美元的26家，增长8家，其中过千万美元的企业3家。组织14家企业参加春秋两季广交会、3家企业参加台湾海峡两岸食品展、2家企业参加东盟博览会，6家食品加工企业参加韩国首尔国际食品展等。主动开拓国际市场，进一步挖掘传统出口市场的潜力，恩施州对亚洲、欧洲、非洲、北美洲、拉美洲、大洋洲均保持较高增长幅度，出口市场达120个。

【经济技术合作与对口支援】 2010年，以恩施州、湘西州、铜仁、张家界、黔江区为主的武陵山经济协作区上升到了国家战略层面，国家发改委正在编制武陵山经济协作区规划。在对口支援方面，一是湖北省"616"对口支援工程成效显著。据8县市"616"工程领导小组办公室上报数据统计，2010年恩施州共实施项目248个，共得到省直对口支援资金198837.24万元，其中，基础设施106283万元、产业发展50506.9万元、社会事业21636.34万元、其他20411万元，获得的资金支援为前三年总和的90%。比2009年的93366.43万元增加了105470.81万元，增长了2.13倍，增幅为113%。拉动了全州548993.34万元的总投资。目前，"616"工程对口支援恩施州的省直部门已达66个。二是北京市对口支援恩施巴东取得新成效，2009年、2010年，北京市旅游局帮助策划并出资60万元支持巴东成功举办了两届三峡纤夫文化旅游节。2010年7月，北京市对口支援与经济合作领导小组与北京市旅游局领导率巴东县负责人考察平谷区乡村旅游发展情况，在发展巴东旅游新业态、市场促销等方面进一步搭建了平台。2010年8月8日，由北京市指导并支持的投资2600余万元的巴东县旅游码头游客中心正式投入营运，当天接待中外游客400余人次。这标志着北京市对口帮扶的巴东县神农溪创建国家5A景区工作进入了一个崭新层面。

【"十二五"规划】 总体目标。全州生产总值达到620亿元（2010年价），年均增长12%，其中第一、第二、第三产业分别增长4.5%、

17%、14%，工业增长18%。

【重点项目介绍】 2010年，全州重点建设项目89个，年度计划投资1326537万元，其中：跨区域省级重点项目4个，年度计划投资766350万元；省级重点项目4个，年度计划投资170000万元；州级重点项目81个，年度计划投资390187万元。重点建设呈现项目多、投资大、结构趋优的良好态势，超额完成了年度投资计划，有力地支撑了全州固定资产投资的增长。

2010年，全州州级以上重点建设项目完成年度投资59.92亿元（不含宜万铁路、渝利铁路、沪渝高速公路、宜巴高速公路等四个跨区域项目），超额完成年度计划目标任务，占全社会固定资产投资的24.5%。

沪渝高速公路各项扫尾工程全面完成，宜万铁路建成并投入运营，宜巴高速公路、渝利铁路建设进展顺利，利川市齐岳山风电一期工程首批机组并网发电，宜万铁路供电电源工程、2009年农网完善工程、恩施市连珠大桥及接线工程等一批基础设施项目已建成并投入运行，恩施州农村沼气池建设、病险水库除险加固、中小河流治理等项目按计划稳步实施，鹤峰江坪河电站、恩施物资铁路专用线、恩施市罗坡坝水电站、恩施市红旗大桥、恩施大峡谷旅游公路、州城应急水源饮水管道工程、鹤峰大垭隧道等一大批基础设施项目稳步推进。

鹤峰县城市污水处理厂已建成，巴东县野三关镇垃圾处理工程、污水处理工程主体工程均已完工，宣恩县污水处理厂、咸丰县污水处理厂、来凤县污水处理厂、来凤县蓝河综合治理等项目进展顺利，污染综合防治取得明显成效，重点区域、流域环境保护能力进一步提高。

恩施州生猪养殖大户（小区）建设、恩施州低产林改造、巴东长友魔芋加工、来凤县香料香精加工、恩施大峡谷景区建设、咸丰县坪坝营景区建设、建始县野三河景区建设、来凤县生态民族宗教文化旅游开发、清江水布垭旅游码头及配套设施建设、建始县太阳能电池片生产线、建始县旋窑水泥生产线、来凤县安普罗肉联精深加工、来凤县碳酸钙粉体加工、来凤县萤石浮选、来凤县大理石开发等一大批产业发展项目进展顺利。

湖南省
湘西土家族苗族自治州

【经济与社会发展】 2010年，湘西土家族苗族自治州全年实现GDP 303.4亿元，增长8.3%。

一是农业基础得到加强。积极落实各项惠农政策和工作措施。粮食产量87.9万吨，创历史新高。狠抓椪柑培管、营销、加工，完成品改、低改21万亩，总产量75万吨，销售价格大幅上扬。大力推进烟叶新区开发和现代烟草农业示范建设，收购烟叶51.3万担。产业化水平进一步提高，扶贫开发工作成效显著，新农村建设稳步推进。二是工业发展后劲持续提升。强力推进矿业整治整合，锰矿整合基本完成，锌矿整合正抓紧实施。大力推进工业园区建设，吉凤经济开发区工业总产值、财税收入分别增长150%和80%，泸溪、花垣、保靖等县工业园区建设有新进展。一批骨干企业不断壮大，年销售收入过亿元企业达到59户。全年实现工业增加值102.2亿元，增长5%；其中规模工业增加值90亿元，增长4.4%。规模工业中，以锰锌为主的重工业实现增加值

79.4亿元，增长3.3%；以白酒、食品、医药为主的轻工业实现增加值10.6亿元，增长12.9%。三是服务业快速发展。新型服务业态不断涌现，生产性服务业发展加快。旅游业高速增长。凤凰旅游龙头作用进一步增强，10大旅游提质项目加快推进，5A级景区创建和“申遗”工作稳步推进。芙蓉镇景点圈一批旅游项目启动建设。里耶考古遗址公园、秦简博物馆、乾州古城对外开放，老司城保护开发工作有序推进。“百千万”特色民居保护工程全面启动。旅游环境整治力度加大，行业规范管理和服务水平明显提高。全年接待游客1255.6万人次、实现旅游收入63.5亿元，分别增长18.4%和25.3%。信息产业高速发展，邮电业务总量增长22.4%。

经济增长质量和效益明显提升。一是财政收入快速增长。完成财政总收入32.2亿元，增长18.4%，增幅较上年提高9.3个百分点。其中凤凰、永顺、古丈、州本级增幅均在20%以上。二是企业效益总体良好。全年规模工业企业实现利润8.9亿元，增长73.5%。亏损企业亏损额下降58.9%。三是居民收入稳步增加。随着经济发展，城乡居民收入较快增长。城镇居民人均可支配收入12115元、农民人均纯收入3173元，分别增长10.7%和11%。年末居民储蓄存款余额235.8亿元，较年初增长18.5%。

内需潜力持续释放。把握国家扩大内需等政策机遇。一是投资保持较快增长。完成全社会固定资产投资208.5亿元，增长12%。加快推进重点项目建设，重点抓了88个州政府目标管理项目、30个州市共建项目和10个凤凰旅游项目，全年重点项目建设完成投资109.9亿元，为年计划的105%。交通建设有重大突破。龙永、永吉高速公路开工，吉茶高速公路路基基本完工，吉怀、张花和凤大高速公路建设加快推进。桑永公路、不二门大桥建成通车，龙永、下沱、迁河等骨干道路建设进展顺利，干线公路大中修、县乡公路改造、农村通达工程继续推进。铜仁·凤凰机场扩建总规获批，黔张常铁路、焦柳铁路石怀段扩能改造项目进入国家铁路建设规划。水利能源建设有新成效。完成29座小Ⅰ型和2座中型水库除险加固，新解决17.4万人安全饮水问题。高家坝水电站投产发电，花垣竹篙滩电站、全州输变电工程和农网改造稳步推进，羊峰山—大青山风能发电项目成功签约。信息建设步伐加快。宽带通信网、数字电视网、互联网工程加快推进，实现所有行政村移动通讯全覆盖，开通500个村电信、广播、电视、宽带“四线合一”，政府门户网站和内网平台建设得到加强。二是消费对经济增长促进作用进一步显现。积极落实扩大消费政策措施，实现社会消费品零售总额117亿元，增长18.2%。其中批发、零售、住宿、餐饮分别增长15.9%、18.2%、24.6%和17.8%。消费升级步伐加快，汽车、家电零售额均稳步上升。销售家电下乡产品14.8万台件，销售额4.75亿元，获得国家补贴5320万元。三是对外贸易高速增长。着力扩大对外贸易，完成外贸总额2.5亿美元，增长48.4%；其中出口2.4亿美元，增长45%。

要素保障支撑有力。一是财政支出高速增长。全州财政支出突破百亿大关，达到104.1亿元，增长22.7%。“三农”、教育、社保、卫生等重点领域财政支持力度进一步加大。二是银行信贷保持较高水平。金融机构各项存贷款余额高速增长，分别达到360.7亿元和162.1亿元，分别增长20%和27.2%，“三农”、中小企业等环节的贷款比重提高。三是重点用地需求得到保障。国土资源管理进一步加强，有效保证了基础设施建设、城镇建设、工业园区和民生项目用地需求。四是能源运输供需基本平衡。全社会用电量增长6%。货运量和旅客周转量分别增长2.5%、21.1%。

改革开放取得新突破。一是重点领域改革取得新成果。完善基本医疗保障制度，医药卫生体制改革、基本药物制度试点进展顺利，筹资标准和报销水平进一步提高。农村综合配套改革稳步推进，集体林权制度改革林权发证率达95.2%。资源性产品价格和环保收费改革力度加大。财税体制改革进一步深化，公共财政体系逐步完善。金融体制改革继续推进，银企合作力度加大，湘西长行村镇银行挂牌成立。政府机构改革全面完成，绩效考核工作全面启动。二是开放水平不断提高。大力开展驻点招商、小分队招商、园区招商、产业链招商，举办了“2010年湘西上海活动周”等重大经贸活动，与中钢、中铁、中冶等央企合作进展顺利，与省建工集团签署战略合作框架协议，项目合作投资达40亿元。全年实现招商引资71.8亿元，增长28.7%。

民生和社会事业加快发展。科技创新及成果转化得到加强，实施了一批重大科技专项，州校科技创新合作深入推进。教育事业加快发展，完成72所义务教育合格学校建设，示范性高中建设启动实施，湘西民族职业技术学院与州经济贸易学校整合加快推进。公共卫生体系建设加强，医疗条件得到改善，州人民医院异地扩建、县市人民医院、乡镇卫生院和合格村卫生室建设进展顺利，新型农村合作医疗参合率达94.4%。就业形势稳定，新增城镇就业2.2万人，城镇零就业家庭保持动态清零，建成“湘西坊”省级创业园和8县市创业园。新增“五项保险”参保人数4.3万人，新增吉首、保靖、永顺3个新型农村养老保险试点县，20.7万人享受城乡低保。完成5030套城镇保障性住房建设和7482户农村危房改造。扶贫开发成效明显。全面完成第三轮“整村推进”扶贫开发任务，进入全国重点扶持的6个贫困片区，农村低保与扶贫开发“两项制度”衔接试点取得实效，移民开发、中高海拔地区产业开发有新进展，减少贫困人口5万人。完成乡镇文化站、农家书屋、演艺惠民工程建设任务，新增9个国家级非物质文化遗产保护名录项目，武陵山区（湘西）土家族苗族文化生态保护试验区获批挂牌。群众体育活动广泛开展。人口与计生工作不断加强，人口自然增长率控制在7.5‰。居民消费价格总水平上涨3.2%。节能减排工作扎实推进，完成年度目标任务。狠抓了安全稳定工作，在预防群体性事件、重特大安全事故等方面做了大量工作，确保了社会大局稳定。

【投资环境与招商引资】 加大投资环境硬件建设。常德至吉首高速竣工通车。吉首至茶洞、吉首至怀化、张家界至花垣高速加快建设。以吉首和7个县城为重点的城镇扩容提质项目进展加快，城镇化率达到37%。邮电通信业快速发展。2010年底固定电话用户达28.8万户，固定电话普及率为10.4部/百人；移动电话用户111.5万户，增长31.6%，移动电话普及率为37.8部/百人。2008年末互联网宽带用户达12.4万户。加大投资环境软件建设。州人民政府下发了《关于进一步加强信用社会建设的意见》，切实抓好金融安全区创建活动，积极推进信用县市、信用乡镇、信用村、信用社区和信用企业创建工作，努力营造社会诚信氛围。

2010年，湘西自治州以目标管理健全招商机制，以优化环境营造招商洼地，以优势资源拓展产业招商，以重大活动促进引大引强，抢抓招商新机遇，构筑招商新平台，全州内联引资工作取得了显著成效，全年共实施内联引资项目245个，到位资金71.3亿元，增长30.6%，内联引资再创历史新高。

【经济技术协作与对口支援】 2010年，湘西州共引进内资项目245个，到位资金71.3亿元，增长30.6%。

突出加强组织领导。一是召开招商引资大会。为全面推进招商引资工作，州政府召开了全州招商引资工作会议，各县市也都召开了招商引资大会。二是实行目标管理责任制。州政府将2010年招商引资目标任务分配下达到各县市和吉凤经开区。三是落实工作经费。州政府将招商引资工作经费纳入了财政预算，各县市也都落实了招商引资专项工作经费和奖励经费。四是党政主要领导亲自抓重点项目招商。州委、州政府主要领导每月听取州经协办有关内联引资工作的汇报，亲自参加重大招商活动，在组织领导、经费保障等方面给予了大力支持。州委、州政府还确定每个州级领导联系一个产业、联系一个企业、联系一个重大招商引资项目，要求县处级领导也要联系一个招商引资项目。同时，各级完善了对重大招商项目的督查和调度制度。

突出优化投资环境。注重完善鼓励招商引资、安商富商的政策措施。通过推行重点项目审批代理制和一个窗口对外、“一票制”收费、“一站式”审批、“一条龙”服务。大力营造稳定安全的治安环境，公平竞争的市场环境和规范文明的法制环境。实行违反优化经济环境政策的举报制度和查处制度。各县市实行行风民主评议和“黄牌警告”制度，建立并推行“对行政执法部门和政法部门营造宽松经济发展环境民主测评”、“定期走访招商引资企业”等多种行政监督管理制度，狠抓投资环境的专项治理，对恶意干扰、破坏投资环境的行为，做到优先立案、快速办理，切实保护投资者合法权益。

突出抓好园区招商。州县两级政府注重抓好园区招商，以园区招商为平台，以工业项目招商为重点，以产业链招商为突破口，全面推进招商引资工作。为抓好上门招商活动，开展了“百日招商活动”，赴“长三角”、“珠三角”地区开展招商活动。吉风经济开发区派出招商小分队赴上海、宁波、东莞、深圳等地上门招商，洽谈对接了一批环保性工程项目。

突出抓好招商活动。注重创新招商方式，认真筛选包装招商引资项目，采取上门招商、代理招商、网上招商、以商招商、节会招商、领导亲自招商的方式，开展多种形式的招商活动，州政府聘请了一批招商代理。

云　南　省

文山壮族苗族自治州

【经济与社会发展】　2010年，文山壮族苗族自治州全年实现GDP 329.85亿元，增长13.3%，比计划目标高3个百分点，其中，第一产业增加值73.11亿元，第二产业增加值122.15亿元，第三产业增加值134.59亿元，分别增长4.6%、17.5%和14%，三次产业结构由上年的24.8∶33.3∶41.9调整到22∶37∶41；全社会固定资产投资271.03亿元，增长25.2%，比计划目标高0.2个百分点；地方财政一般预算收入22.03亿元，增长27.4%，比计划目标高17.4个百分点；社会消费品零售总额143.64亿元，增长21%，比计划目标高6个百分点；城镇居民家庭人均可支配收入14609元，增长11.4%，比计划目标高1.4个百分点；农村居民家庭人均纯收入2806元，增长17.9%，比计划目标高4.9个百分点；城镇登记失业率控制在3.5%，比计划目标低1个百分点；人口自然增长率控制在6.9‰；单位生产总值能耗下降4.4%，控制在计划目标以内；居民消费价格指数上涨3.7%，超出控制目标0.7个百分点。除居民消费价格指数外，州十二届人大六次会议确定的主要预期目标如期实现。

“十一五”期间，全州地区生产总值年均增长13.3%，其中第一产业增加值年均增长6.1%，第二产业增加值年均增长19.1%，第三产业增加值年均增长13.5%；全社会固定资产投资年均增长26.9%；地方财政一般预算收入年均增长25.5%；社会消费品零售总额年均增长21.9%；外贸进出口总额年均增长34.5%，城镇居民人均可支配收入和农民人均纯收入年均分别增长10.9%和15.5%；

单位地区生产总值能耗下降15%。除第二产业增加值受林浆纸产业发展和铝土矿开发未能按照既定目标完成等因素影响，未能完成规划目标外，其余任务均较好地完成。

农业农村经济在大灾之年实现稳中有升。坚持“小春损失大春补，粮食损失经济作物补、种植业损失养殖业补”的思路，认真落实强农惠农政策，加大对农业的扶持投入，加强农村基础设施建设，积极调整农业内部结构，扎实开展抗灾救灾工作，农业农村经济克服特大灾害影响，实现平稳增长。全州农业总产值123.8亿元，增长5.5%；农村经济总收入95.43亿元，增长11.1%。建成各类水利工程6.34万件，新增蓄水0.7亿立方米，新增有效灌溉面积5万亩，实施中低产田（地）改造20.22万亩，治理水土流失面积140平方公里，解决了农村26.63万人安全的饮水问题；新建和改造农村公路1670.9公里，新建成农村客运站10个，乡镇公路通畅率达95%，行政村等级公路通达率达98%；实施农村电网改造2.37万户，基本解决了全州无电人口的用电问题。粮食总产量127579.2万公斤，农民人均有粮407公斤，分别比上年增长3.3%和2.8%。完成烤烟种植40.8万亩，建成20.59万亩现代烟草农业示范项目，收购烟叶51.32万担，烟农收入8.17亿元，比上年增长2.3%；完成三七种植8.42万亩，辣椒种植105.9万亩，木本油料种植50.24万亩。粮经种植比例由去年的69.5∶30.5调整到68.3∶31.7。全州生猪存栏315.89万头、出栏406.36万头，大牲畜存栏142.13万头、出栏47.71万头，肉类总产量41.25万吨，畜牧业总产值48.1亿元，增长9.1%。

工业经济快速增长。及时制定并落实稳定和促进工业发展的各项政策措施，加大工业经济运行指导，加强煤电油运调节，支持非公经济和中小企业发展，实现工业经济总量快速增长，效益和运行质量明显提高。全州工业总产值250.89亿元，比上年增长20.7%，是2005年的2.8倍；工业增加值90亿元，比上年增长16%，是2005年的2.3倍。规模以上工业总产值180.8亿元，增长23.8%，增加值80.4亿元，增长16.1%，其中，轻工业增加值26亿元，增长20%；重工业增加值54.3亿元，增长14%。冶金、三七制药、电力、烟草、建材、煤炭、化工等重点行业成为工业增长的主导力量。非公经济和乡镇企业平稳发展，非公经济增加值163.2亿元，增长22.5%，占全州生产总值的49.2%；乡镇企业总产值101.29亿元，增长2%，增加值24.99亿元，增长4.4%。

第三产业持续发展。以生产性服务业为重点，加快重点物流园区及重点物流项目建设，积极发展金融、信息等服务业；继续实施“万村千乡市场工程”，落实好家电下乡、汽车、摩托车下乡政策，保持消费需求的稳定增长；规范房地产市场秩序，积极引导房地产健康发展；加强旅游基础设施建设，完善服务体系，推动旅游业健康发展。全年建成重点物流项目3个，“万村千乡市场工程”网点250个，新增金融网点8个。年末金融机构存款余额387.36亿元，贷款余额271.85亿元，分别年初增加28.1%和17.3%。发放家电12.4万台（件）、汽车和摩托车6.3万辆“下乡”补贴8147.82万元。建成政务信息服务网站55个，8县（市）政府、州属67个部门开通了门户网站，通讯网络建设进一步加强。全年接待游客486.06万人次，增长11.7%，旅游总收入34.84亿元，增长14.6%。全州社会消费品零售总额143.64亿元，比上年增长21%，比2005年增长169%，完成“十一五”规划目标108亿元的133%，年均增长21.9%，比规划目标增加6.9个百分点。第三产业增加值134.59亿元，比上年增长14%，比2005年增长89.2%，完成“十一五”规划目标100亿元的134.59%，年均增长13.6%，比规划目标增加4.6个百分点。

固定资产投资保持快速增长。积极贯彻落实“扩内需、保增长、保稳定”政策措施，认真落实重大项目挂钩联系制度和扩大内需联席会议制度，坚持固定资产投资运行分析月报制度，强化固定资产投资影响因素分析，继续实行“重大项目并联并行审批”、“重大项目限时办结”、“重大建设项目情况通报”五项制度，简化审批程序，减少审批手续，提高服务质量，继续抓好省“三个一百”、州“三个五十”重大项目建设，认真开展重大建设项目督查活动，确保重大项目、重点工程顺利推进。云桂铁路（文山段）、差黑海引蓄水、文山氯碱综合等重点建设项目顺利开工，三条四段二级公路、农村公路“两通”工程、德厚水库、布都河水库、农村校舍安全、中等职业学校搬迁建设、州精神病院、州中医院、80万吨氧化铝和中低产田地改造、新烟区建设、木本油料基地建设等一批重大项目和重点工程积极推进，普炭一级公路、清华洞水库二期、丰收水库除险加固等项目按期建成投入使用。扎实做好与国家、省的汇报衔接，最大限度争取上级支持，认真抓好投资环境改善和建设，积极调动各种资本，千方百计筹集资金投入建设，固定资产投资保持快速增长。2010年，全州发改系统共争取国家、省投资项目446个，资金16.3亿元，累计争取扩大内需项目732个，资金35.8亿元，位居全省前列。金融部门积极服务地方经济发展，全年新增贷款40.05亿元。全州完成全社会固定资产投资271.03亿元，比上年增长25.2%，是2005的3.3倍，完成“十一五”规划目标160亿元的169.3%，年均增长26.9%，比规划目标增加11.9个百分点。

社会事业全面发展。继续实施中小学危房改造、农村中小学寄宿制学校建设、农村初中校舍改造、农村中小学现代远程教育、职业教育基础能力和特殊教育学校建设等工程，完善农村义务教育经费保障机制，州属6所中等职业学校迁建、文山学院二期项目有序推进，民办三鑫职业技术学院一期工程建成招生，教育事业全面健康发展。全州新建、改扩建校舍24.54万平方米，排除学校危房39.55万平方米，小学阶段毛入学率达110.5%，初中阶段毛入学率达103.43%，高中阶段毛入学率达50.02%，人均受教育年限由2005年的6.46年提高到7年。强化农村公共卫生和基本医疗服务能力、农村计划生育服务能力建设，加快农村科技、文化、体育基础设施建设。州精神病院新建、州中医院以及八县（市）医院、部分乡镇卫生院迁建、改（扩）建项目顺利推进，新建农村卫生室34个，新建医疗业务用房9万平方米，新型农村合作医疗参合率达到95.5%，孕产妇住院分娩率提高到88.63%，覆盖县乡村三级医疗预防网络基本形成。落实计划生育奖励扶助、奖优免补政策，强化目标管理，全州人口自然增长率控制为6.9‰，比2005年下降1.57个千分点。文化、体育、广电基础设施建设得到改善，成功举办省第十三届运动会和州民运会，广播、电视覆盖率提高到93.6%和94.7%。生态建设稳步推进，全州森林覆盖率达41%，比上年提高1.3个百分点，比2005年增加3.4个百分点。安全生产实现“双降”，“平安创建”工作扎实推进，社会治安状况保持稳定。政府决策咨询、史志、残联、慈善、人防、地震、档案、新闻出版、气象等各项工作健康发展。

城乡居民生活进一步改善。新增城镇就业1.5万人，新增农村劳动力转移就业24.61万人。城镇参加基本养老保险人数增长5%，新增农村低保人数4.9万人。新型农村社会养老保险试点启动实施，参保率达90%以上。实施地震民居安全工程拆除重建400户，加固改造4000户，农村危房改造9680户；新建廉租房5242套26.21万平方米，解决了51473人低收入群众的住房困难，全州城镇、农村居民人均居住面积分别达到40.37平方米和50平方米。全州电话普及率达47%，比2005年提高29个百分点。山区综合开发建设全面加快，新三年“兴边富民工程”，平远、老山地区民族团结进步示范建设扎实推进，“山瑶”、“僰人”特殊困难群体扶持取得新进展。累计投入扶贫资金10.69亿元，实施整村推进扶贫开发项目788个，易地转移安置9100人，培训转移劳动力3.42万人，新增解决了10万贫困人口温饱问题。城乡居民收入较大提高，城镇居民人均可支配收入14609元，比上年增长11.4%，比2005年增长67.6%，“十一五”期间年均增长10.9%，比规划目标高3.9个百分点；农民人均纯收入2806元，比上年增长17.9%，比2005年增长108.2%，“十一五”期间年均增长15.4%，比规划目标高6.4个百分点。改革开放迈出新步伐。深化行政管理体制改革，州级政府机构改革稳步推进；做好事业单位人事制度改革试点工作，重点推进州医院、州图书馆、州农科所等试点单位改革。深化国有企业改革，鼓励非公有制经济参与国有企业改制。继续深化农村综合改革，在巩固集体林权制度改革成果的同时，积极推进乡镇机构、农村义务教育和县乡财政管理体制改革工作，全力抓好农村一事一议政策的落实。继续深化财税、金融和投资体制改革。继续推进水、电价格体制改革，严格行政事业性收费管理，规范收费行为。推进社会领域各项改革，农村小型水利工程管理、医药卫生体制、中小学教师绩效工资等各项改革顺利推进。紧抓全省实施“两强一堡”战略机遇，积极推进面向泛珠三角和东盟开放的新高地建设。全年完成外贸进出口总额14587万美元，比上年增长27%，增长46.7%；完成边境贸易进出口总额29.96亿元，增长11.4%。

【投资环境及招商引资】 一是具有较好的区位优势。文山州与越南的河江、老街两省山水相连，境内有国家级天保口岸1个，省级口岸3个，边民互市点24个，国境线长438公里。平远至天保公路是我国通往越南的主要通道之一，今后边境贸易将更令人瞩目。二是基础设施逐步完善。文山州现有水电装机155万千瓦，并与云南省电网相联；州府文山市城距昆明340公里，距广西南宁670公里，距越南河江市150公里；323国道穿境而过，为云南省通往沿海的主要通道。全州公路通车里程1.38万公里，公路密度每百平方公里为43.8公里，衡昆高速公路、文山民用机场建成营运，邮电通信实现了交换数字化和传输光缆化，开通900兆赫全球通移动电话，网络覆盖全部乡镇和交通干线、重要旅游景区和口岸；城市化水平达28.5%，国家已批准全州八县对外国人开放。三是文山地处边疆地区，通过以法治州和以德治州，社会秩序稳定，民族团结，边疆安宁，人民安居乐业。州委、州人民政府为提高对外商的服务水平，2003年已成立了文山州招商局以及外商投资服务中心，实行一个窗口对外，一站式审批，为外商提供高效快捷的办事效率，投资环境较为完善。四是招商引资工作取得主要成效。2010年，全州共完成国内合作项目189个（当年签约67个，往年结转122个），项目总投资121.18亿元，实际到位资金81.5亿元，同比增长10.4%。其中：省外实际到位资金36.8亿元，同比增长10.4%。全州累计完成实际利用外资559.1万美元，比上年增长14.%，其中，上报省新批外资企业1家，实际到位外资298.8万美元；已注册外资企业再投资260.3万美元。当年引进资金81.89亿元（含外资），安置劳动就业51215人。招商引资在全州经济社会发展中的重要作用和贡献更加显现出来。

【“十二五”规划】 总体目标。力争到“十二五”期末，地区生产总值、地方财政一般预算收入、全社会固定资产投资、社会消费品零售总额、农民人均纯收入五大经济指标实现翻番。经济持续较快增长。地区生产总值年均增长12%以上，人均生产总值比2000年翻3番。全社会固定资产投资年均增长20%以上，地方财政一般预算收入年均增长17%以上，社会消费品零售总额年均增长18%以上。结构调整成效显著。三次产业增加值比重调整为16∶45∶39，消费对经济增长的贡献率达到55%，城镇化率达到40%以上，非公经济占地区生产总值比重达到55%。基础设施建设步伐加快。公路总里程达到2.1万公里，新增蓄水库容2.6亿立方米，电力装机容量达到180万千瓦。科教水平显著提升。财政性教育经费支出占生产总值比重达8.07%，国民平均受教育年限达到7.5年，研究与试验发展经费支出占生产总值比重达到0.3%，每万人口发明专利授权数提高到0.03件。人民生活全面改善。人口自然增长率控制在6‰以内，五年新增城镇就业7.2万人，城镇登记失业率控制在4.5%以内，努力实现居民收入与经济发展同步，城镇居民人均可支配收入和农村居民人均纯收入年均分别增长12%和17%以上，城镇参加基本养老保险人数和新型农村社会养老保险参保人数分别达到11万人和75万人，五年累计新增城镇保障性住房超过4.8万套，净脱贫人数达到20万人。资源利用和环境保护效率明显提高。万元生产总值能耗降低1.2吨标准煤，单位生产总值二氧化碳排放量降低15%。

【重点建设项目】 2010年，文山州计划重点推进150个项目，至12月底累计完成投资136亿元，占重点项目计划投资126.7亿元的107.3%。

在建重点建设项目50项。50项在建项目总投资206.4亿元，其中2010年计划投资79.4亿元。完成投资90亿元，占年度计划的113%。具体为综合交通7项，总投资62亿元，2010年计划投资38亿元，完成投资45.5亿元，占年度计划的119.7%。能源3项，总投资5.9亿元，2010年计划投资1.5亿元，完成投资1.3亿元，占年度计划的86.7%。水利6项，总投资4.1亿元，2010年计划投资1.6亿元，完成投资1.6亿元，占年度计划的100%。工业12项，总投资74.6亿元，2010年计划投资24.8亿元，完成投资29.2亿元，占年度计划的117.7%。城市建设11项，总投资7.1亿元，2010年计划投资6亿元，完成投资4.7亿元，占年度计划的78.3%。商贸流通及通讯3项，总投资4亿元，2010年计划投资4572万元，完成投资6893万元，占年度计划的150.8%。社会事业8项，总投资48.8亿元，2010年计划投资6.9亿元，完成投资7.1亿元，占年度计划的102.9%。

新开工重点建设项目50项。2010年拟新开工的50项重点建设项目中，年底已开工45项，占计划的90%。新开工项目总投资404.6亿元，其中2010年计划投资47.3亿元。至12月底完成投资46.1亿元，占年度计划的97.5%。具体为综合交通3项，总投资337.6亿元，2010年计划投资25.4亿元，完成投资30.5亿元，占年度计划的120%。能源9项，总投资3.9亿元，2010年计划投资2.6亿元，完成投资9286.89万元，占年度计划的35.7%。水利4项，总投资2.3亿元，2010年计划投资1.7亿元，完成投资1.6亿元，占年度计划的94%。工业7项，总投资16.2亿元，2010年计划投资2.8亿元，完成投资3.65亿元，占年度计划的130%。城市建设11项，总投资11.6亿元，2010年计划投资6.6亿元，完成投资4.6亿元，占年度计划的70%。环保及资源循环利用3项，总投资1.6亿元，2010年计划投资1.3亿元，完成投资6004万元，占年度计划的37.5%。商贸流通及通讯5项，总投资17.4亿元，2010年计划投资2.5亿元，完成投资1.9亿元，占年度计划的76%。社会事业8项，总投资14亿元，2010年计划投资4.3亿元，完成投资1.8亿元，占年度计划的53%。

【经济技术协作和对口支援】 一是政府间协议援助力度逐年加大，帮扶效果明显。2006年上海援助文山州政府间协议帮扶项目81个、帮扶资金3180万元，2010年政府间协议帮扶项目达到108个，帮扶资金达到5690万元，分别比2006年增长25%和44 %，帮扶资金年均增长9%。5年间，上海市区共援助政府间协议帮扶8大类485个项目，援助协议内帮扶资金共计20100万元，在文山州8县实施了白玉兰扶贫开发重点村138个；整村推进新农村建设172个；扶持各类特色产业和经济发展项目54个，累计扶持发展各种特色产业种植50843亩；社会发展方面建设希望小学51所15937.5平方米，建设卫生室（院）53间5500平方米；实施人力资源开发项目5个，累计培训各类人员 6265 人次；实施其他帮扶项目 12 个。通过帮扶项目的实施，在有效改善项目区贫困群众基本生产生活条件的基础上，群众思想观念得到转变，发展信心得到增强。据不完全统计，两地政府间协议项目在全州 80% 以上乡镇的范围内实施，覆盖了全州所有少数民族，有 90068 户 391839 人直接和间接受益，帮扶效果十分明显。

2010 年援助协议帮扶资金 5690 万元。其中：援助资金 3720 万元，实施新农村建设项目 87 个（含“三个确保”重点村 41 个，僰人综合扶贫开发项目 6 个，华侨农林场整村推进 3 个）；援助 520 万元，实施产业发展项目 15 个；援助 350 万元，实施社会事业发展项目 3 个；2010 年 10 月上海市针对文山的山瑶、僰人特殊贫困群体，又新增政府间帮扶资金 1000 万元分别用于扶持富宁县山瑶发展 500 万元、用于扶持丘北县僰人发展 500 万元；通过省扶贫办安排上海扶持产业发展资金 100 万元，80 万元用于富宁县田蓬镇滚动扶持发展草果产业 1500 亩、20 万元用于砚山县干河乡滚动扶持发展辣椒产业。2010 年上海援助协议资金已全部到位，所有援建项目正有条不紊地推进。

二是政府间协议外（社会力量）帮扶发展迅速，取得重大突破。上海对口支援在安排项目、资金的同时，坚持每两年从对口区选调优秀干部到文山作为扶贫代表，分别在州政府、州发改委、州扶贫办、州招商局挂职，驻点开展帮扶协作工作。历届联络组成员到文山后，把文山作为第二故乡，在全力做好政府间协议帮扶项目的同时，勇于当好文山的“宣传员”和文山在上海的“代言人”，把文山的经济社会发展情况、贫困状况、资源优势等情况通过各种渠道反映到上海，动用所有关系和资源，积极为文山争取社会项目和资金，支持文山加快发展。2006 年协议外资金为 86.1 万元，2010 年达到了 1241.04 万元。“十一五”期间，历届联络组和上海有关领导共协调争取上海社会各界援助资金 2894.44 万元，实施各类援建项目 92 个，社会力量帮扶取得突破性增长。

2010 年，第 7 批联络组在抓好政府间协议项目落实的同时，把联系协调上海社会资金支援文山作为重要工作，积极协调上海各界倾心帮扶文山，使协议外帮扶项目取得了重大突破，帮扶项目和资金实现突破性增长，协议外帮扶项目达到 41 个，帮扶资金达到 1241.04 万元，意向性项目 1 个，意向项目建设资金 3000 万元。

三是两地间经济技术协作成效明显，发展态势喜人。“十一五”期间，上海文山两地各类经济实体按照“优势互补，共同发展，实现双赢”的原则，采取帮扶、合资、独资、合作、代理等形式，主动寻找合作伙伴，积极开展经济合作，取得明显成效。5 年间共实施经济技术合作项目 31 项，合作金额达到 55497 万元。特别是上海烟草集团与文山的合作更趋稳定，文山向集团提供优质烟叶逐步增加，文山的三七、辣椒、咖啡等特产与上海的技术优势合作进一步深化。

2010 年，在上海文山两地党委、政府的推动下和上海驻文联络组的协调引导下，两地间经济协作有了飞跃性发展。两地企业开展了 11 项经贸合作，合作金额达到 55264 万元。特别是在上海 2010 年对口支援地区特色商品迎春博览会上，文山州精心选择了油茶、核桃、辣椒、茶叶、红豆杉、三七产品加工等 10 个产业发展项目向上海企业推荐，寻找合作伙伴。文山州的文山盘龙山生态农业综合开发公司、文山苗乡三七有限公司、文山丰林花生油厂、文山华信三七专业合作社、文山天兴三七制品有限公司等 9 家从事农特产品生产与加工的龙头企业分别与上海齐鼎食品公司、昆山润华商业有限公司上海松江分公司、上海云无疆商贸有限公司、上海市药材公司、上海龙联贸易有限公司等企业签订了 2010 年项目合作协议，涉约资金 55060 万元。

四是双方互访交流活动正常开展，各种交流日趋活跃。“十一五”期间，双方政府间积极开展互访交流活动，通过开展互访交流，增进了友谊，加深了了解。5年来，上海党政及社会各界代表团90批900余人次到文山考察调研，签订帮扶协议，考察投资环境等活动；上海和其他周边地区赴文考察人员20批150人次。文山州、县党政代表团46批478人次到上海学习考察交流，双方交流日趋活跃。

云　南　省

红河哈尼族彝族自治州

【经济与社会发展】 2010年，红河哈尼族彝族自治州全年实现GDP 650.4亿元，全州经济社会发展呈现出以下几个方面的主要特点：一是发展速度加快，三次产业协调发展。同比增长11%，其中：第一产业104.4亿元，同比增长5.5%，第二产业345.2亿元，同比增长11%，第三产业201亿元，同比增长13.7%，三次产业结构比例为16:53.1:30.9。二是发展质量持续提高，自身发展能力进一步增强。完成财政总收入160.26亿元，同比增长14.2%，其中完成地方财政一般预算收入61.22亿元，同比增长17.7%。三是投资拉动作用初步显现，发展后劲进一步增强。完成全社会固定资产投资520亿元，同比增长28.5%，完成社会消费品零售总额153亿元，同比增长20%，完成进出口总额11亿美元，同比增长16.6%，单位生产总值综合能耗下降3.53%，超额完成节能减排目标。四是民生问题得以改善，社会更趋和谐。农民人均纯收入达3922元，增长13.8%，城镇居民人均可支配收入达13416元，增长13.9%。居民消费价格指数为3.4%，人口自然增长率为6.08‰，城镇登记失业率为3.7%，均在控制范围内。

固定资产投资保持较快增长。紧紧抓住国家进一步扩大内需的重大机遇，加速推进产业建设、基础设施建设、社会建设和生态文明建设。一是争取国家和省级资金支持27.5亿元；二是加强政银合作，融资28亿元，用于重大基础设施项目；三是成功发行投资类企业债券20亿元，为红河州扩投入、保增长注入了强大动力；四是强化目标责任制，推动重大项目建设，促进全州经济在金融危机、严重干旱等影响下的平稳较快增长。

农业和农村经济稳步发展。围绕农村发展、农业增产和农民增收，加大对“三农”的投入和扶持力度。加快农业产业结构调整，大力发展龙头企业、特色农业，推进山区综合开发，加大农畜产品基地、冬季农业开发及林产业建设等重点工作的力度，形成了23个种植规模10万亩以上的特色农林优势产业。农林牧渔业总产值完成174亿元，增长5.8%。完成粮食播种面积510.5万亩，同比增加1万亩；粮食总产量达到140.77万吨，再创历史新高；肉类总产量56万吨，同比增长9.8%，畜牧业产值72亿元，同比增长9.7%。农村劳务有新发展，全州新增转移农村劳力10.6万人，实现劳务总收入33.17亿元。新增有效灌溉面积3万亩，治理水土流失183.26平方公里，“五小”水利工程完成45385件，完成干支渠防渗120.66公里，完成中低产田改造21.5万亩，解决农村饮水困难和饮水安全28万人。

工业经济稳步快速增长。依托工业产业基础和资源优势，加快全州工业化进程。推进《红河州重点产业行动计划》、《红河州实现工业产值千亿元目标行动计划》的实施，工业经济规模扩张和质量提升进一步加速。2010年，全州工业总产值达853亿元，同比增长13.1%，工业增加值达296亿元，同比增长10.1%。烟草工业实现红云红河的整合，冶金工业建成红钢200万吨钢等一批重大项目，开工新建云锡10万吨铅和10万吨铜、云冶60万吨炭素阳极和20万吨锰系合金等重大工业项目，完成解化集团15万吨二甲醚及20万吨甲醇等一批重点技改项目。加强工业经济运行监测和协调，做好电煤供应、电力生产、物资运输、企业融资，保障工业经济恢复性增长。节能降耗目标责任体系初步建立，万元生产总值能耗、电耗均下降3.4%，生产技术水平明显提高。

以旅游为主的服务业快速发展。城乡消费需求旺盛，消费品零售总额高位增长，2010年实现消费品零售总额151亿元，同比增长18.7%。商贸餐饮、交通运输、文化康体、休闲度假等服务业发展较快，金融、证券、保险、通信等业务量保持较快增幅。房地产业发展迅猛，房地产开发投资完成57.8亿元，同比增长26.3%，商品房销售面积达232.68万平方米。乡村市场建设成效明显。旅游业培植力度加大，景区设施建设势头强劲，旅游市场进一步拓展，接待海内外游客1214万人次，实现旅游总收入69.1亿元，分别增长10.1%和19.2%。一批以运输、货场、仓储、配送为主的现代物流项目得到有效实施。第三产业对经济增长的贡献率逐步提高。

生态建设取得明显成效。坚持生态立州、环境优先发展战略。继续实施天然林保护、退耕还林、防护林建设、水土流失整治、石漠化综合治理等重点工程，使林业生态建设及林业产业发展稳步推进；城乡生态建设和环境保护工作力度加大，资源安全保障体系不断完善；异龙湖水污染综合治理取得新进展，州域内红河干流、南盘江干流重金属污染治理取得了成效；大力推进减排项目实施，全面完成省政府下达的二氧化硫、化学需氧量减排任务；大力推广新能源技术和产品，开工建设污水和垃圾处理设施项目，积极推行清洁生产，城乡环境质量进一步改善。

各项社会事业健康发展。全州教育、文化、卫生、科技等社会事业投入大幅增加，经济与社会的协调发展能力明显增强。“两基”教育通过国家检查验收，民办教育、职业教育、高等教育、现代信息技术教育发展加快，科技进步对国民经济增长的贡献率不断提高。“两馆一站”、农村文化惠民等工程顺利实施，群众性文化体育活动广泛开展。广播电视“村村通”工程有效推进，文化遗产申报保护工作有效开展，哈尼梯田被列入联合国粮农组织全球重要农业文化遗产，成功举办了首届国际哈尼梯田大会。基层医疗卫生服务网络不断健全，疾病预防控制、医疗救治、卫生执法监督、重大疫情信息网络等体系建设不断完善，新型农村合作医疗制度全面推行，覆盖面、参合率逐年提高。

改革开放水平不断提高。稳步推进经济社会各领域的改革，围绕体制机制创新，重点推进统筹城乡、经济管理体制、金融管理体制、社会管理体制、农村综合配套和行政管理体制等方面的改革已取得了阶段性成果。集体林权制度主体改革任务基本完成，启动了国有农垦体制改革。实施互利共赢的开放战略，全力推进国际大通道建设，积极推动中国红河—越南老街跨境经济合作区建设，实施了物流保障、产业支撑、进出口贸易等对外合作平台建设，红河综合保税区可研报告通过了省级评审。加快了出入境服务体系的构建，口岸基础设施不断改善，与越南地方政府和民间在多领域的合作更加紧密，“走出去”战略取得新突破。

民生保障力度不断加大。社会保障体系进一步完善，保险覆盖面稳步扩大，保障标准逐步提高，保障能力明显增强，城乡困难群众的基本生活得到有效保障。全州城镇新增就业岗位数2.59万个，累计培训农村劳动力4.55万人，转移就业13.06万人。实现了城乡近49万低保对象应保尽保。农村五保供养水平逐步提高，救灾救济、社会互助、特殊群体救助工作富有成效。加强对重要商品生产、供应和价格定期监测分析，加大价格及市场监督监管。确保市场供应充足稳定。加快保障性住房建设，建成廉租住房15.45万平方米，3090套。扶贫开发整村推进成绩突出，移民安置和后期扶持政策进一步落实，“兴边富民”、边疆解“五难”、以工代赈、农村民居地震安居房、城市廉租房、金平莽人综合扶贫开发等民生工程取得了显著成效。社会公共安全管理进一步加强，突发公共事件得到了有效预防和妥善处置，安全生产、防灾减灾、重大动物疫病防治、食品药品监管、社会矛盾纠纷的排查化解、社会治安综合治理、禁毒防艾等工作取得了新成绩。

【投资环境与招商引资】 一是资源优势突出。红河州地处云南三江、滇中、滇东南三大成矿带的交汇地，拥有丰富的矿产、光热、水能、生物、旅游等资源，目前已探明的矿产资源潜在价值7.5万亿元，占全省矿产资源总量的1/4，尚有70%的国土处于探矿空白区，找矿前景非常广阔，具备加速发展区域性冶金、煤化工等现代重化工业的资源条件；二是区位优势明显。红河与越南毗邻，州府蒙自距越南老街省会140公里、河口口岸至河内不到400公里、距海防港不到500公里，在中国—东盟自由贸易区和昆河经济走廊建成的背景下，具有加速发展外向型经济、国际物流、出口加工、口岸和转口贸易的良好条件，河口口岸进出口货运量连续七年居云南省13个国家级一类口岸之首；三是国际通道正在形成。目前，蒙河高速公路已经建成，石蒙高速公路、玉蒙、蒙河铁路加紧建设，云桂铁路（红河段）已经开工，红河机场开工在即，一批重大综合交通建设项目陆续启动，国际大通道的功能将得到全面发挥；四是滇南中心城市加快发展。滇南中心城市是紧邻“滇中城市经济圈”的又一城市经济圈，处于昆明、河内两大城市辐射的交汇点，是昆河经济走廊的核心腹地和重要增长极，也是我国陆路通往东南亚国家的重要门户和前沿。目前，城镇化水平已达到68%，半小时经济、生活圈已经形成，集聚功能和辐射带动能力明显增强，地位逐步显现，正向区域性国际化城市方向发展；五是产业发展基础雄厚。红河州具有较大规模、门类齐全的工业体系，形成了烟草及配套、冶金及新材料、能源、化工、建筑建材、生物资源加工、现代服务业等主导产业，是世界最大的锡、铟、砷生产和加工基地，是全国重要的优质烤烟和卷烟生产加工基地、有色金属生产加工出口基地；六是经济发展互补性强。红河州是云南近代工业的摇篮，有色金属、化工等产业集采、选、冶生产技术在国内或世界处于领先地位，承担着越南北方六省的送电任务，是中国向境外送电量最大的地区。越南等东南亚国家具有丰富的矿产资源、良好的出海港口和广阔的市场，但重化工业发展滞后，加工能力弱，双边实现经济社会交融互补前景十分广阔。红河州处于云南省桥头堡建设的前沿阵地和重要门户；七是招商引资有较大的突破。着力改善投资环境，充分利用当地资源，积极参与泛珠江三角区域合作，在招商上采取小分队招商、点对点招商、以商招商、委托招商、节会招商等方式，从而在引进资金、技术、人才和管理方面取得较大突破。

【经济技术协作与对口支援】 中央国家机关、上海市“四区”、省、州、县等挂钩单位，深入贫困村、农户调研6231人次，其中：厅级58人次、处级521人次、科级以下5653人次，各帮扶单位多方协调资金、发展生产，帮扶资金为10869.6万元（含物资折价），帮助引进资金4686.7万元，引进技术37项，引进人才68人，引进建设项目666个，修缮学校59所，资助困难学生3885名，进行各类培训1451期9.06万人，劳务输出16736人。上海市驻红河州挂职干部4人，支教教师26人，红河州派往上海市挂职8人。

【重点项目介绍】 云桂铁路项目：全线长745.747公里，投资预估算899.2亿元。经云南省境内438.768公里，红河境内67.731公里，项目工期为6年，于2009年12月27日开工，预计2015年建成通车。

昆明至蒙自城际铁路项目：该项目已列入云南省“十二五”铁路网建设规划，并拟定2012年实现开工建设，建设规模为Ⅰ级双线200公里，项目总投资180亿元，现已完成可研编制工作。

蒙自至文山至砚山高速公路项目：全长146.68公里（红河州境内长56公里），按双向四车道高速公路标准建设，总投资125.3亿元。预可研已通过国家发改委委托的中国国际咨询审查通过，待国家发改委批复。蒙自至文山至砚山高速公路是国道主干线“五纵七横”中的一段，是云南省规划的“三纵三横”，“九大通道”的重要组成部份，连接红河、文山两州的州府所在地，往东连接两广沿海发达地区，是滇南、滇东南经广西出海的大通道和运输大动脉，公路建成后，蒙自作为交通枢纽的地位将凸显出来。

元阳新街梯田旅游小镇项目：具有1300多年历史美丽壮观的哈尼梯田和“森林、村庄、梯田、水系”四素同构的生态系统，是红河哈尼梯田旅游核心区。目前，可研已批复，项目估算总投资12958.22万元。

泸西县风电场项目：泸西县属于云南省三大风能开发最佳区域，位于云南省三大风能开发最佳区域之一的玉溪南部至红河州中南部的泸西—通海—开远—蒙自—个旧—建水—红河—元江一带。分为三个风电场：李子箐风电场：分四期建设，装机16.8万千瓦，总投资15.68亿元。一期建设已完工，二、三期已开工建设，四期正在做可行性研究报告。永三风电场：分三期建设，装机14.4万千瓦，总投资13亿元。已经完成总体规划报告，并上报到州发改委请求评审。板桥风电场：装机7万千瓦，总投资6亿元。已签订投资开发协议，准备开展前期工作。

云南省
西双版纳傣族自治州

【经济与社会发展】 2010年，西双版纳傣族自治州全年实现GDP 161亿元，增长12.1%；全社会固定资产投资111.2亿元；社会消费品零售总额增长21.8%；对外经济贸易总额增长34.8%；城镇居民人均可支配收入13350元，增加1125元，增长9.2%；农民人均纯收入4354元，增加604元，增长16.1%；单位GDP能耗下降5.9%；接待国内外旅游者人数和旅游综合总收入分别为853万人次和80亿元；财政总收入19.2亿元，增长35.2%，地方财政一般预算收入11.3亿元，增长30.9%，地方财政一般预算支出42.4亿元，增长20.4%；金融机构存款余额256.9亿元，贷款余额145.3亿元，分别增长27.2%和20.9%；人口自然增长率、城镇登记失业率、居民消费价格指数等都有效控制在计划目标之内。

“三农”工作取得新成效。一是农业基础设施建设力度加大。景洪市流沙河治理防洪工程、勐海大型灌区、勐宋水库、打洛界河治理工程、全州水土保持项目和人畜饮水安全等水利项目的建设进程加快；景洪黄草岭水库、勐海曼满水库、小一型病险水库等项目相继开工。抓紧抓好中低产田地改造和天保工程，完成以工代赈和易地搬迁扶贫“十二五”规划编制，推进以工代赈、边境贫困乡和易地搬迁等扶贫工作。二是农业生产不断发展。克服异常气候对农业生产的影响，实现粮食丰产，畜牧渔业发展，农民增收。全年粮豆种植面积130.4万亩，增长3.2%；粮食总产量37.1万吨，增长3.7%；橡胶、茶叶生产止跌回升。干胶产量25.5万吨，增长7%，干毛茶产量2.8万吨，增长2.3%；畜牧业生产稳步增长。肉禽蛋产量2.7万吨，增长8.5%，水产品产量2.2万吨，增长6.9%。三是农村各项社会事业快速发展。开展“结对子、抓基础、强产业、促增收”活动，启动部分乡镇社会主义新社区基层组织和活动场所建设。认真做好边远、少数民族、贫困地区特困群体就地扶持发展规划。加大农民技能培训、农村能源建设和新兴产业培植等工作力度，积极开展各类农业先进技术推广、使用培训。着力抓好农民增收，城乡收入差距进一步缩小。

工业生产稳步增长。在国家一系列扩内需、保增长政策的有力推动下，全州工业主要产品价格迅速上扬，工业经济企稳回升。工业总产值增长17.4%；工业增加值增长9.8%。精制茶、蔗糖快速增长。精制茶产量2.3万吨，增长40.2%；蔗糖产量13.3万吨，增长10.8%。发电量和铁矿石产量平稳增长，涨幅分别为7.1%和0.6%；水泥和铁合金产量分别下降18.1%和17%。

固定资产投资高位运行。为落实、完成好全年投资目标，全州各级各部门认真学习并深刻领会国家宏观经济政策走向，把握发展机遇，超前谋划和做好重点项目储备工作，进一步加大招商引资力度，千方百计争取民间和社会投资，确保项目建设进度和实物工程量的实现，努力发挥投资对经济的拉动作用。全年施工项目360个，固定资产投资完成额111.2亿元，增长25.1%，超额完成年度投资计划，顺利实现省定目标111亿元目标。从投资构成看，城镇投资73.9亿元，增长29.8%；农村投资15.6亿元，增长21.9%；房地产投资21.7亿元，增长13.4%。

国内外经济贸易持续高速增长。继续贯彻中央扩大内需、刺激消费各项政策，全面落实“万村千乡市场工程”及“家电、农机、汽车、摩托车下乡”，增加对城镇低收入群体和农民的补贴，城乡居民收入的增加，促进了城乡消费需求，社会消费品零售总额继续保持两位数的增长势头，完成50.6亿元，增长21.8%。对外经济贸易日益繁荣，进出口业务发展迅速，全州对外经济贸易增势强劲，对外经济贸易总额实现10.3亿美元，增长34.8%。其中，进出口总值9.3亿美元，增长37.5%。

旅游业增势强劲。以全省旅游产业发展大会为契机，加大旅游硬软件项目建设力度，改造提升景区景点，扩大国内外旅游宣传促销力度，吸引国内外寻根、避寒、度假游客，推进旅游二次创业和转型升级，旅游经济快速发展。全州接待国内外旅游者突破800万人次，达853万人次，增长16.5%。其中，国内旅游者795.6万人次，增长16%；海外旅游者21.7万人次，增长42.8%；实现旅游综合总收入80亿元。

生态建设不断推进。继续实施“七彩云南·西双版纳保护行动计划”，认真落实节能减排和森林保护责任制，加强基本农田和森林资源保护，加快城镇污水和生活垃圾处理设施建设，抓好生态文明创建工作。抓住重点耗能企业，加大小胶厂、小水泥厂整治力度。认真做好各乡镇深化集体林权制改革后续各项工作，加强森林资源保护，严厉打击各种破坏森林资源的违法犯罪活动，坚决遏制集体林、有林轮歇地盲目开发流转。大力开展生态创建活动，景洪市荣获“国家园林城市”，勐罕镇被评为国家级生态乡镇，全州省级生态乡镇达到29个，占全州乡镇总数的94%。

社会事业全面协调发展。教育方面：认真做好“两基”迎国检各项工作，顺利通过国家验收。校安工程建设工作有序展开。以排危、集中办学和确定学校规划为工作重点的教育项目建设力度加大。州一中、二中和景洪市特殊教育学校项目建设前期工作稳步推进。全州农村初中校舍改造、景洪市职业中学学生食堂项目建设进程加快。卫生方面：以全州卫生三年发展规划的编制为基础，大力推进卫生事业基础设施项目建设。根据国家有关扩大内需项目建设要求，力促全州22个扩大内需项目按期开工建设；认真做好州人民医院医技综合楼、州精神病院、勐腊县人民医院医技楼、勐海县人民医院综合楼、勐海县中医院等项目的前期工作；完成勐龙镇、勐混镇、尚勇镇3个中心乡镇卫生院和勐海县20个村卫生室项目的申报工作。其它社会事业：景洪市残疾人综合服务中心、7个乡镇文化站、5个社区服务中心（站）项目建设进展顺利。

【投资环境与招商引资】 2010年，西双版纳在加快引进战略合作伙伴的同时，加强了对重大招商项目的跟踪服务，重点推进了世纪金源、香港华润集团、云南省投资控股集团公司等战略合作既定项目的落实工作。按照“贴身服务”的要求，对重大项目成立项目推进小组或指挥部，实行重点跟踪、重点服务、重点督办，及时有效的协调解决项目在洽谈、签约、建设、生产过程中遇到的困难和问题，特别是重点协调解决好项目用地、环保等关键环节，确保项目引得进、留得住、建得成、早见效。

进一步完善口岸软硬件设施，利用昆曼大通道做活边境贸易。利用“泼水节”、“边交会”、“昆交会”、“第八届东盟华商投资西南项目推介会”、“2010年中国（深圳）投资贸易洽谈会西双版纳项目推介会”、“云南省承接珠三角区域产业转移专题推介会”、“云南省现代服务业（上海）专题推介会”和“珠洽会”等各类重大节会开展招商引资，大力宣传我州投资环境，积极推介招商项目。成功引进世纪金源、大连万达等一批大企业，招商引资工作取得新成效。2010年共组织实施国内经济社会合作项目72项，项目协议总投资446.5亿元人民币，累计完成州外到位资金51.2亿元，同比增长86.1%（其中省外到位资金28.8亿元，州外省内到位资金22.3亿元），结转去年项目35个，今年新增37项（新增项目总投资244.4亿元，实际到位州外资金完成24.5亿元，省外到位资金完成11.6亿元）；审批外资项目3个，实际利用外资350万美元，对外经济贸易总额增长34.8%。外来投资项目涉及能源、商贸、物流、旅游、房地产等领域，外资结构明显优化，合作领域更加广泛，初步形成多层次、宽领域、全方位的招商引资格局，招商引资对促进全州经济社会发展的作用更加显现。

【经济技术协作与对口支援】 强化服务，发挥商会招商平台作用。先后成立了西双版纳浙江商会、重庆商会、四川商会和湖南商会4家商会组织，通过成立商会，建立起会员间“互通信息、广结良缘、资源共享、市场共拓、优势互补、互帮互助、共促发展”的平台。同时，利用商会活动，加强对商会成员的招商宣传和项目对接。为商会开发建设“西双版纳商会网”，加强各商会间、商会与政府之间的交流与合作，初步形成通力合作、资源共享、优势互补、联动发展的工作体系，促进以商招商和异地商会企业发展。

【“十二五”规划】 到2015年，全州生产总值年均增长10%以上，力争跨上300亿元台阶，实现地方财政一般预算收入、地方财政一般预算支出、全社会固定资产投资、社会消费品零售总额、对外经济贸易总额、旅游业总收入六个主要经济指标比2010年翻一番，人均生产总值接近4000美元，三次产业继续保持“三二一”发展格局。力争农民人均纯收入每年净增500元以上，保持在全省先进行列，城镇居民可支配收入从全省偏低转为全省中等水平。森林覆盖率达80%，确保2015年率先建成生态州，努力实现“生态经济发达、生态环境优美、生态文化繁荣、生态兴边睦邻”的目标。社会发展滞后于经济发展的局面得到较大改善，科技、教育、文化、卫生、体育等全面发展，适龄儿童入学率、高中阶段毛入学率、人均受教育年限等指标比“十一五”期末有较大提高，人口自然增长率、城镇登记失业率得到有效控制，社会保障体系进一步健全，城镇职工参加基本养老保险、基本医疗保险和新型农村合作医疗覆盖率大幅提高。实现"在全省率先建设生态州和平安和谐州、成为云南旅游二次创业的主战场和开放云南的主阵地、科教总体水平处于云南边疆地区领先地位和建设云南生物产业特色基地"的目标，把西双版纳建设成为更加富裕、民主、文明、和谐的民族自治州。

【重点项目介绍】 勐海县大型灌区水利设施建设。该项目建设期为2002—2010年，设计灌溉面积31.3万亩，新增面积1万亩，改善面积0.7万亩。渠道防渗加固6.5KM，总投资3.9亿元。景洪电站。装机175万千瓦，建设期是2003—2010年，投资规模100.6亿元。机场改扩建。本期按4D级规模建设，建设年限2008—2011年，投资规模9亿元。澜沧江景洪港勐罕作业区。150吨级船舶位2个，300吨级货运泊位4个。建设期是2009—2011年，投资规模1.6亿元。铁路建设。推进泛亚铁路中老通道玉溪—磨憨铁路（州内段）项目前期工作。华新红塔水泥（景洪）有限公司2000t/d水泥孰料技改配套低温余热利用项目。日产2000吨新型干法水泥熟料生产线，年产75万吨水泥，建设年限2009—2011年，投资规模3.8亿元。西双版纳瑞翔贸易有限公司年产5万吨燃料乙醇项目。年产5万吨燃料乙醇项目，建设年限2009—2011年，投资规模7.7亿元。西双版纳民族博物馆。建设综合馆、珍藏馆、可研馆及配套设施。建设年限2009—2010年，投资规模1.6亿元。西双版纳低海拔体育训练中心。占地1200亩，包括低海拔训练中心体育场及其配套设施、部分高尚住宅及其配套设施。建设年限2009—2012年，投资规模7.8亿元。景洪江心大沙坝湿地康体中心项目。项目总规划面积2900亩。建设康体中心，滨湖休闲生态区、五星级酒店等，年限2009—2012年，投资规模15亿元。告庄西双景项目。总建筑面积939516平方米，建设公共服务区、民族风情文化区、休闲酒店度假区。年限2009—2013年，投资规模20亿元。野象谷景区三期工程。高架巡护栈道、树上旅馆客房、高架栈道和商业点的改造提升等。年限2009—2012年，投资规模8.9亿元。嘎洒旅游小镇。嘎洒"傣"温泉养生旅游度假区一期温泉度假酒店—拟建高星级温泉度假酒店，规划面积184.6亩；西双版纳东盟国际商贸城—占地270亩，拟建机电市场、建材市场、商贸、家俱市场和旅游商品市场等。年限2009—2014年，投资规模60亿元。避寒山庄。占地面积2000亩，包括酒店会议区、贵宾接待区、温泉养生区、度假生活区、商业集庆区、山地康体健身区和户外拓展区。年限2009—2012年，投资规模18亿元。景洪新城区—"傣乡水城"基础设施建设项目。旧城改造、水系整理、市政道路、绿化、灯光、公共设施建设工程。年限2009—2016年，投资规模91亿元。景洪市北片区开发。规划建设总占地面积504亩，总建筑面积为46296平方米。年限2009—2011年，投资规模6亿元。

云南省
楚雄彝族自治州

【经济与社会发展】 2010年，楚雄彝族自治州全年实现GDP 404.44亿元，按可比价计算（下同），比上年增长11.3%。其中：第一产业增加值90.49亿元，增长3.0%，拉动经济增长0.6个百分点；第二产业增加值171.81亿元，增长15.0%，拉动经济增长6.2个百分点；第三产业增加值142.14亿元，增长12.2%，拉动经济增长4.5个百分点。第一、第二、第三产业对生产总值增长的贡献率分别为14.6%、54.9%和30.5%，分别比上年下降3.3个百分点、上升14.4个百分点和下降11.1个百分点。第一、第二、第三产业增加值占生产总值的比重为22.4∶42.5∶35.1；非公有制经济增加值168.42亿元，占GDP的比重为42.1%，比上年上升0.8个百分点（按省可比口径计算）；全年全社会固定资产投资280.62亿元，比上年增长34.9%；地方财政总收入86.49亿元，增长18%，地方财政一般预算收入30.7亿元，增长20%，地方财政一般预算支出完成108.58亿元，增长19.2%；农村居民人均纯收入3896元，比上年增加385元，增长11.0%，扣除物价因素，实际增长7.0%；城镇居民人均可支配收入15624元，比上年增加1305元，增长9.1%，扣除物价因素，实际增长5.2%；居民消费价格总水平上涨3.7%；实现社会消费品零售总额131.9亿元，增长20.2%；完成外贸进出口总额10843万美元，增长56.4%；城镇登记失业率为3.25%；人口自然增长率4.31‰；城镇化率达32.2%，比上年提高1.2个百分点；万元GDP能耗下降4.7%。

农村经济稳步增长。完成农村固定资产投资56.98亿元，增长32.2%。全州农业总产值达152.50亿元，按可比价计算，比上年增长3.6%。全年粮食种植面积346.48万亩，比上年增加32.74万亩，增长10.4%。经济作物种植面积187.11万亩，比上年增加18.84万亩，增长11.2%。粮食作物与经济作物种植比为64.9∶35.1，经济作物种植比重比上年提高0.2个百分点。全州有效灌溉面积177.87万亩，节水灌溉面积85.25万亩。全年粮食产量96.03万吨，比上年下降6.0%；全年肉类总产量33.28万吨，增长8.7%；各类农民专业合作经济组织发展到2300个，带动农户28万户，年产值上百万元的农业龙头企业达143户，投入财政资金6960万元，实施州级新农村试点村建设345个。

工业经济实力增强。坚持把引进战略合作伙伴促进产业升级、培植优势特色产业、调整优化工业布局、促进技术进步、落实节能减排作为推进新型工业化的着力点，组织实施“双五百亿元”工程，工业发展速度明显加快，质量明显提高。全年规模以上工业完成产值298.72亿元，比上年增长24.4%（现价）；实现增加值106.32亿元，增长14.4%。烟草制品业、医药制造业、冶金化工业（规模以上）实现增加值85.44亿元，增长13.6%，占全部工业增加值的60.8%，占规模以上工业增加值的80.4%。全州规模以上工业企业达187户，增加71户，规模以上工业企业实现利税总额68.43亿元，增长5.1%。烟草、冶金化工、天然药业、绿色食品、文化旅游业五大重点产业实现增加值192.85亿元，占GDP的47.7%。

城市建设全面推进。全面加快滇中楚雄特色大城市、县城、中心集镇、旅游小镇建设，城镇基础设施明显改善，城镇辐射和带动能力进一步增强。城乡规划工作取得突破性进展，组织开展了滇中楚雄特色大城市建设的研究和规划编制工作，完成了州域城镇体系规划。着力推进滇中楚雄特色大城市建设，楚雄市建成区面积达36平方公里，城镇人口28万人，城镇化率达44.5%，失地农民保障措施不断完善，建设滇中楚雄特色大城市的基础进一步夯实。城镇化步伐进一步加快，初步形成了以楚雄主城为核心，禄丰工业城市及8座县城为重点，特色小镇、旅游小镇为基础，一般城镇为依托，沿“三纵四横”交通干线聚集发展的四级城镇体系。

城乡消费快速增长。加快发展文化旅游、商贸物流等现代服务业，继续深化和扩大开放，经济外向度不断提高，消费拉动GDP增长的动力不断增强。积极推进“万村千乡市场工程”和“新网工程”，基本形成了以县级物流企业为龙头、乡镇店为骨干、村级店为基础的现代农村流通网络。围绕“两年打基础、三年成格局、五年成规模并借助2012年国际茶花大会走向世界”的目标，抓住云南旅游“二次创业”机遇，一批重点项目扎实推进。全年接待海内外游客964.36万人次，实现旅游业总收入31.07亿元，增长44.0%。社会消费品零售总额城镇实现95.7亿元，增长21.5%；乡村实现36.2亿元，增长17.0%。

基础建设加快推进。坚持大项目带动大建设、大建设促进大发展，抢抓机遇，举全州之力建成了一批事关全局和长远发展的重大基础设施建设项目，发展条件得到明显改善。重视项目工作，州级财政预算安排的项目前期费大幅增长，2010年达4540万元，抢抓机遇，积极主动争取支持，全年向上争取项目资金54.5亿元，增长11.5%。加强银政、银企合作，银行业金融机构年末存贷款余额分别达437.98亿元、265.22亿元，分别比年初增长17.4%、22.6%。水利、交通、城镇、电力、通信和重点社会事业等基础设施建设继续加强，发展基础进一步夯实。“十一五”期间累计开工建设175件重点水利项目，完成水利固定资产投资48.5亿元。2010年完成投资7.1亿元，改造中低产田地61万亩。到2010年末，全州库塘总库容12.4亿立方米，净增0.4亿立方米；全州公路里程达1.7万公里，新增2983公里，乡镇公路硬化率、通油率分别达100%、90%，村（居）委会公路通达率达98%，修通村组公路4024公里；水电总装机容量达37.5万千瓦，云广正负800千伏特高压直流输电项目建成运营，农村电网改造达85%以上，煤矿安全技改、中缅油气管网建设稳步推进，风能、太阳能等新能源建设取得突破。

社会事业全面发展。“两基”成果在巩固中提高，学前教育、职业教育、高等教育持续均衡发展。全州学龄儿童净入学率99.85%，小学毕业生升学率99.57%，初中毕业生升学率79.56%。初中学龄人口净入学率98.69%，高中学龄人口毛入学率70.58%。教育部门主管录取的大学生11205人，比上年增长3.0%；残疾儿童入学率98.84%。小学、初中、高中专任教师学历达标率分别为98.89%、99.56%和97.18%。加快科技进步，自主创新能力建设得到加强。全年列入州级以上科技计划项目69项，其中：国家级6项，省级25项，州级38项；全年获省部级科学技术进步奖3项，获地厅级41项；科技对国民经济增长的贡献率47.6%，比上年提高0.4个百分点；全年组织科技培训68.58万人次；受理专利申请163件，批准专利196件。文化事业繁荣发展。认真实施“万村千乡文化中心工程”、“文化资源共享工程”、“文化惠民工程”，年末共有专业艺术表演团体10个，图书馆11个，文化馆11个（含群艺馆1个），博物馆4个，文管所10个，乡镇文化站103个；全州有电视台1座，广播电台1座，电视覆盖率97.29%，广播覆盖率97.02%。医疗卫生发展加快，现有医院63所（含妇幼保健院），乡镇卫生院127所（含社区卫生服务中心），卫生监督所11个，疾病预防控制中心11个，诊所340个，其他卫生机构5个，有卫生技术人员10850人。卫生服务体系建设力度加大，县、乡、村卫生基础设施建设全面加强，新农合参合率达95.74%。体育事业蓬勃发展，全年体育健儿参加省级及以上体育竞技比赛获得奖牌84枚。其中：金牌27枚、银牌27枚、铜牌30枚。民生重点工作扎实推进，社会保障覆盖范围逐步扩大，改善民生取得新进展。

【投资环境与招商引资】　楚雄州全力贯彻实施“开放活州”、“引资兴州”战略，切实加强投资环境建设，继续营造“人人都是投资环境、处处关系开放形象”的氛围，牢固树立“环境招商、诚信招商、服务招商、产业招商、基础招商、项目招商”的理念，进一步优化和落实鼓励投资的政策措施。着力打造诚信楚雄，转变作风，优化环境，强化服务，继续深化行政审批制度改革，创新政务服务方式和机制，为招商引资营造良好的服务环境，搭建招商引资平台。2010 年，全州突出“重点产业招商、引进大项目带动”工作重点，加强项目开发、项目推介、项目落实和投资服务工作，项目领域不断深化，招商机制不断健全，合作空间不断拓展，招商引资保持强劲势头。努力实现招商引资从项目招商向产业招商、从依靠优惠政策招商向依靠综合优势招商转变，累计实施招商引资项目 931 项，协议总投资 736.5 亿元，实际引进州外国内到位资金 296 亿元，年均增长 46%，实际利用外资 1331 万美元，增长 2.9%。

【重点项目介绍】 2010 年，楚雄州继续坚持大项目带动大发展，切实抓好重点项目建设，打牢经济社会发展基础。加强与中国石化勘探南方分公司的合作，楚雄盆地石油天然气勘探前期工作有序推进；开展了一批太阳能、风能等新能源项目前期工作。以工业园区建设为平台，加强与大企业、大集团的合作，滇中有色金属有限公司年产 10 万吨粗铜、新立公司年产 8 万吨高钛渣、昆钢 2 万吨/年工业钛材生产技术开发项目和 20 万吨民用钢结构制造等项目建成投产；云冶 6 万吨钛白粉和 1 万吨海绵钛、楚雄卷烟厂技改搬迁、楚雄世界和平园、云南旅游产业城、中国云南南华野生菌现代特色物流加工出口基地、云南工投集团年产 10 万吨炭质还原剂生产线、茅粮酒业集团年产 30 万吨健康新型木瓜酒品工业园、浙商投资年产 30 万吨饲料磷酸盐生产线等项目稳步推进实施，产业建设成效显著。重点基础设施建设快速推进。元双二级公路、昆武高速公路、楚广高速公路、武禄高速公路、昆广铁路复线、广大铁路扩能建设等重大交通建设项目加快推进；姚安下口坝水库、禄丰西河水库等重点水源工程项目及一批病险水库除险加固工程进展顺利；元谋县城市基础设施建设、楚雄市第二水厂输水及配套管网工程、牟定县城供水管网改扩建二期建设、姚安县城东南片区城市道路建设、10 县市城市污水处理厂及配套管网工程、城市垃圾处理场等城市基础设施配套建设顺利推进。

云南省
大理白族自治州

【经济与社会发展】 2010 年，大理白族自治州全年实现 GDP 474.9 亿元，增长 13%，其中：一产完成 109 亿元，增长 5.4%；二产完成 188.3 亿元，增长 19.2%，三产完成 177.6 亿元，增长 11.5%。三次产业结构比例由 25.7∶36∶38.3 调整为 23.0∶39.6∶37.4。财政总收入完成 80.6 亿元，增长 19.2%。其中：地方一般预算收入 37.6 亿元，增长 19.2%。

农业基础地位进一步巩固。全州各级各部门积极应对百年不遇的特大旱灾，投入抗旱资金 4 亿多元，抗旱工作全面胜利。全年农村经济总收入 380.8 亿元，增长 10.8%。农业总产值 198.7 亿元，增长 12.5%。认真落实各种补贴政策，补助农业资金 5.6 亿元。改造中低产田 28.15 万亩。完成粮食作物播种面积 412 万亩，粮食总产 127 万吨。种植烟叶 54.2 万亩，收购烟叶 163.36 万担。新植核桃 156 万亩，总量达 800 万亩，被国家林业局经济林协会命名为“中国核桃第一州（市）”。水果、冬早蔬菜发展势头强劲，分别实现产值 12 亿元、26 亿元。畜牧业生产平稳发展，生猪出栏 364 万头，肉牛出栏 49 万头，肉羊出栏

128万只，肉类产量43.8万吨，牛奶总产量42.5万吨，畜牧业总产值达78.2亿元，增长11.3%。

农业设施不断改善。扎实推进农村民居地震安全和农村危房改造，建成“五小水利”工程4.1万件，全面完成小（二）型水库20座和小塘坝145座应急修复任务。新修8000口沼气池、1.3万口节能灶。培训农村富余劳动力14.11万人，新增转移农村富余劳动力14.75万人。以千村扶贫开发百村整体推进为主的新农村建设顺利推进。102个行政村“866”项目累计筹措各种扶贫资金45336.6万元，完成投资49919.53万元。新建安居房2545户，改造危房5438户，硬化农户院心20361户。修建水窖（池）5163个，库塘42个，完成人饮工程147件，新修乡村公路299千米，村内道路弹石路硬化42.76万平方米、水泥路硬化46.04万平方米，村容村貌进一步改善。异地开发扶贫项目全面实施，产业扶贫稳步推进，信贷扶贫效果明显。宾川县拉乌乡、祥云县米甸镇整乡推进试点项目有效实施。解决4万贫困人口温饱问题。

工业生产和销售逐步回升。全年工业现价总产值实现477.1亿元，增长27.5%，其中，规模以上工业完成产值323.2亿元，增长30%，规模以下工业完成产值153.9亿元，增长18.8%。主要产品产量大幅增长，其中，原煤331.5万吨，增长25%；乳制品18.9万吨，增长11.5%；啤酒16.7万千升，增长25.4%；水泥837.2万吨，增长22.1%；精制茶9214吨，增长39.2%；载货汽车4.7万辆，增长10.6%。规模以上工业产品产销率达94.1%。烟草、机械、矿冶、能源、建材、生物资源及优势农产品加工等六大工业产业实现产值340.4亿元，占工业总产值的71.3%。

工业园区软硬环境建设进一步加强，工业发展平台作用增强。大理创新、祥云财富、鹤庆兴鹤、剑川上兰、弥渡工业园区标准厂房建设积极推进。大理创新工业园区道路建设、鹤庆兴鹤工业园区基础设施建设（二期）、宾川福源工业园区加工制造片区道路建设等项目基本建成，工业园区基础设施不断改善。全州工业园区入驻企业达225户。59个重大工业发展项目中12个项目建成投产，其余项目顺利推进。祥云中天锑业公司年产1万吨精锑（一期）、大理药业公司醒脑静注射液技改等工业经济项目已基本建成。大理卷烟厂50万标箱就地技改扩建、云白药集团大理制造中心建设等项目顺利实施。严格落实节能目标责任制，能源审计、清洁生产、资源综合利用工作进一步加强。全年削减SO_2排放量975.14吨，削减COD 29吨。单位GDP能耗下降5.96%。

消费品市场繁荣。商品供给充裕，购销活跃，市场销售持续增长。完成社会消费品零售总额142.1亿元，增长18%。“家电下乡”继续推进，共备案742个销售网点，销售总量23万台。家电、汽车、摩托车“下乡”累计实现销售总额18.38亿元，补贴1.89亿元。适时开展价格监测，投放重要物资储备平抑物价，居民消费价格指数控制在103.3%以内。进出口总额达18449万美元，增长28.1%。旅游改革综合试点工作全面启动。接待国内外旅游者1337.7万人次，增长17.2%；旅游业总收入115亿元，增长24.9%。金融机构各项存款余额618.9亿元，比年初增长31.7%；金融机构各项贷款余额398.5亿元，比年初增长25.6%。“三农”贷款和中小企业贷款投放力度明显加大。

全社会固定资产投资完成282.8亿元，增长30.1%。年初确定的基础设施和基础产业160项重大建设项目动工140项。重大工程建设上，继续配合国家和省做好大瑞铁路、小湾电站、鲁地拉电站、龙开口电站、功果桥电站、苗尾水电站等项目建设。小湾电站建成发电，大丽高速公路全线开工建设。广大铁路扩能改造和中缅油气管道项目前期工作进展顺利。大理市上关至北五里桥公路、鸡足山旅游公路、祥姚公路和跃龙公路二级公路顺利推进，关巍公路建成通车。完成弥渡苴德公路等28个通乡油路229.1公里，完成通达工程

773.3公里。继续实施中西部农网完善工程及无电地区电力建设工程。洱源马鞍山风电场、罗坪山风电场建设进展顺利。初步选定宾川、弥渡、祥云、南涧、洱源5县34个太阳能光伏电站场址。剑川老君山、云龙包罗、巍山巍宝山、永平金河、弥渡大横箐、祥云青海湖等骨干水利工程进展顺利，洱源三岔河、永平大碱塘、南涧母子垦水库主体工程完工，祥云浑水海和16件小（一）型水库除险加固全面完工。各县市城市生活垃圾处理工程，污水处理厂及配套管网工程开工建设。祥云、鹤庆、弥渡3县生活垃圾处理场项目已通过县级初验，永平、剑川县生活垃圾处理场建设已基本完成。大理苍山大索道、鹤庆新华村、宾川鸡足山景区、《希夷之大理》实景演出、巍山古城、洱源地热国等一批项目正在抓紧建设。中小学校舍安全工程建设扎实推进，州特殊教育学校、巍山县职中综合楼、鹤庆县职中综合楼、宾川县职中教学实训楼、大理卫校教学实训楼、漾濞县职中综合楼、剑川县民族中学项目竣工并投入使用。基层医疗卫生服务体系建设进展顺利，鹤庆县医院、洱源县炼铁乡中心卫生院、剑川县沙溪中心卫生院、大理市喜洲中心卫生院等项目已竣工并投入使用。永平县、剑川县等县医院整体迁建工程正抓紧施工。州中医院、市医院改扩建工程进入扫尾阶段。

生态环境不断改善。继续实施洱海保护治理“六大工程”，洱海水污染防治8个重点集镇污水处理设施建设全部启动，下山口污水处理设施已通过验收，喜洲污水处理设施已完工。洱源生态文明示范县建设扎实推进，“百村整治”有效开展，建成15座小型垃圾焚烧炉和8165个简易农户庭院污水处理设施并投入试运行。洱源县被授予“国家首批绿色能源示范县”。洱海水质总体保持在Ⅲ类。“七彩云南保护行动”、滇西北生物多样性保护工作扎实开展。“森林大理”取得新成效，完成巩固退耕还林成果19.2万亩、封山育林和人工造林17.5万亩。完成小流域水土流失治理141.4平方公里。

城镇化建设迈出新步伐。《大理滇西中心城市总体规划》已经省政府批准，物流、教育、交通、医疗卫生、旅游5个专项规划通过省评审。海东新区1号路一期工程竣工验收，2号路、排水管网、污水处理厂、云南白药制造中心、太阳能非晶硅模板项目进展顺利。凤仪工业园区和物流园区基础设施建设不断完善，力帆大道绿化景观、三横一纵路灯安装等七个工程正在施工，物流园区1、2、3号路前期工作即将完成，工业园区标准厂房一期建设项目顺利推进，开工建设5万平方米标准厂房。巍山、宾川、南涧、云龙县城建设改造提升全面启动。特色集镇、旅游小镇建设得到加强。全州城市建成区面积达138.5平方公里，城镇化率达33%，建成区城市绿化覆盖率达到23.5%。

招商引资卓有成效。积极转变招商引资理念，出台新举措，制定新政策，打造良好的招商引资环境，推动了一批重点招商项目签约落地，培育壮大新型工业、现代农业、文化旅游业、商贸物流业、居住产业。2010年全州共引进国内经济合作项目259项，其中：当年新签约项目160项，往年结转项目99项。引进州外实际到位资金135亿元，增长82.7%，其中省外实际到位资金72.6亿元，增长83.5%。新批外商投资企业6户，实际利用外资2183万美元。先后成功引进了云南物流产业集团等大企业、大集团入驻大理。

各项社会事业发展加快。“两基”通过国检验收，高考六年蝉联全省第一，职业技术教育活力增强。中小学校舍安全工程建设快速推进，排除中小学D级危房43万平方米，新建校舍48.5万平方米，办学条件明显改善。大理滇西技师学院和大理农林职业技术学院建设工作进展顺利。校园安全得到有力维护，学校安全工作机制更加完善。医疗保障水平进一步提高。城镇居民基本医疗保险起付标准降低，统筹基金最高支付限额提高至2.5万元。全州新型农村合作医疗参合人数达286.99万人。

州医院、附属医院、市一院、祥云县医院急诊科开展“先救治、后付费”试点。以非公企业、个体工商户、灵活就业人员、农民工为重点的社会保险扩面工作有效开展。全州五项社会保险共参保57.98万人，其中：城镇职工基本养老保险、失业保险、工伤保险、生育保险、城镇居民基本医疗保险参保人数分别达到14.28万人、10.3万人、7.73万人、6.21万人、19.46万人。城乡居民最低生活保障金分别发放1.2亿元、1.9亿元。鹤庆县新农保试点扎实推进，被征地农民社会保障得到加强。就业再就业优惠政策全面落实，城镇新增就业人数2.19万人，城镇下岗失业人员再就业0.61万人，城镇登记失业率控制在4.08%以内。科技进步对国民经济增长的贡献率达48.8%。新建326个农家书屋、20个乡镇文化站。文艺精品创作、文化市场管理、文物保护和白族文化研究取得成效。广播电视村村通第二、三批工程全面完成，广播和电视覆盖率分别达96%和98.75%。第六次人口普查有序开展，人口和计划生育工作得到加强，全州年末户籍总人口352.6万人，人口自然增长率控制在6‰以内。食品药品安全监管工作加强，安全生产监管有力，无重特大安全生产事故。新开工廉租房建设6830套、34.2万平方米，低收入家庭住房困难得到进一步解决。人民生活水平稳步提高。城镇居民人均可支配收入达15801元，增长11.4%；农村居民人均纯收入达3902元，增长12.1%。农民增收幅度逐渐加大，城乡居民收入增长与经济增长更加协调。

【投资环境和招商引资】 2010年，大理州全州招商引资共实施国内经济合作项目259项，其中：当年新签约项目160项，往年结转项目99项。引进州外实际到位资金134.99亿元，同比增长82.6%，完成州政府下达年度目标任务（100亿元）的135%。其中省外实际到位资金72.61亿元，同比增长83.5%，完成省政府下达年度目标任务（42亿元）的172.9%。新批外商投资企业6户，实际利用外资2183万美元，完成省政府下达年度目标任务（1500万美元）的145.5%。引进内资、外资均实现较大幅度增长，超额完成了省、州政府下达的年度招商引资目标任务，全州招商引资实现了跨越式发展。

【经济技术合作】 2010年，大理州完成国内经济合作项目306项，投资总额达1926亿元人民币。其中，工业矿冶类项目53个、农业食品类39个、林业环保类26个、旅游文化类69个、能源交通类34个、城建地产类31个、商贸物流类37个、生物医药类17个。先后成功引进了中国石油化工集团公司、中国华能集团公司、中国华电集团公司、中国大唐集团公司、中国南方电网有限责任公司、四川新希望集团有限公司、重庆力帆控股有限公司、四川宏达（集团）有限公司、北京华彬集团、泰国国王食品公司、浙江城建建设集团、江苏五洲国际集团、昆钢集团、云南物流产业集团、云南省投资控股集团、云南世博集团等一批国内500强及大企业、大集团到大理投资兴业。

【“十二五”规划】 经济保持平稳较快发展。地区生产总值年均递增13%以上，力争实现翻一番，突破1000亿元；全社会固定资产投资年均递增20%以上，五年累计突破2500亿元；工业总产值年均递增18%以上，突破1000亿元；财政总收入年均递增15%以上，突破160亿元，实现翻一番，其中，地方一般预算收入年均递增15%以上；社会消费品零售总额年均递增16%以上；外贸进出口总额年均递增10%以上；价格总水平保持基本稳定。

转变经济发展方式和调整经济结构取得新突破。三次产业结构比例调整到19∶40∶41。新型工业化、特色城镇化和农业产业化水平显著提高。支柱产业群体做大做强。城乡、区域发展趋向协调，城镇化率达45%以上。非公经济增加值占地区生产总值的比重达50%以上。

基础设施进一步完善。公路通车里程达1.78万公里，辖区发电装机达1361万千瓦。

新增年供水量1.84亿立方米。

生态文明建设取得重大进展。资源综合利用显著提高，可持续发展能力明显增强。森林覆盖率达60%以上，活立木蓄积量达1亿立方米。耕地保有量447.75万亩以上。洱海水质总体保持Ⅲ类，争取主要水质指标达到Ⅱ类标准。单位生产总值能耗降低14%，单位生产总值二氧化碳排放量降低15%。主要污染物排放总量显著减少，化学需氧量排放总量（计新增排放量）在2010年基础上削减6.0%、氨氮削减7.5%、二氧化硫削减0.1%、氮氧化物削减0.0%。

各项社会事业进一步协调发展。覆盖城乡居民的基本公共服务体系逐步完善，各民族的思想道德素质、文化科学素质和健康素质不断提高。九年义务教育巩固率稳定在95%。高中阶段教育毛入学率达85%以上。总人口控制在367万人以内，人口自然增长率控制在6.6‰以内。

城乡居民生活水平稳步提高。社会保障体系进一步完善，就业人口持续增加，城镇登记失业率控制在4.5%以内，城镇居民人均可支配收入年均递增10%以上，农村居民人均纯收入年均递增10%以上。人民群众物质文化生活明显改善。

【重点项目介绍】 功果桥电站。总装机容量90万千瓦，年发电量40.4亿千瓦时。工程总投资89.03亿元，总工期5年零5个月（65个月）。于2009年5月26日经国家发改委核准同意建设（发改能源〔2009〕1352号），计划2011年首台机组发电，2012年全部建成。

鲁地拉电站。总装机容量216万千瓦，年发电量99.57亿千瓦时。工程总投资219.46亿元，总工期87个月。于2007年8月获得国家发改委同意开展前期工作（发改办能源〔2007〕1944号），计划2012年首台机组发电，2015年全部建成。

龙开口电站。总装机容量180万千瓦，年发电量82.7亿千瓦时。工程总投资172.13亿元，总工期76个月。于2007年8月获得国家发改委同意开展前期工作（发改办能源〔2007〕1944号），计划2012年首台机组发电，2013年全部建成。

大丽高速公路。全长259.18公里。其中主线长191.77公里（大理州境内段137公里），路基宽24.5米，设计速度为每小时80公里；同步建设的连接线共计67.41公里，其中大理深长村连接线12.03公里，丽江连接线12.42公里，松园桥连接线24.74公里；全线共有特大桥4座，长15273米；有隧道8座，长37822米；桥隧比为30.5%。全线共设12处互通式立交，11处分离式立交，4个服务区，3个停车区。概算总投资188亿元。

云南省

德宏傣族景颇族自治州

【经济与社会发展】 2010年，德宏傣族景颇族自治州全年实现GDP 140.63亿元，增长15.1%，比计划目标高2.1个百分点，完成年计划的106.3%。其中：第一产业27.25亿元，增长7.1%；第二产业47.62亿元，增长25%；第三产业55.76亿元，增长13.6%。全社会固定资产投资131.32亿元，增长30.1%，完成年计划的100.1%。社会消费品零售总额54.36亿元，增长22.1%，按新统计口径完成年计划的100%。外贸进出口总额完成11.39亿美元，增长49.3%，比计划目标高37.3个百分点，完成年计划的133.2%。地方财政一般预算收入13.24亿元，增长34.6%，比计划目标高21.7个百分点，完成年计划的118.8%。城镇居民人均可支配收入13788元，增长9.8%，比计划目标高1.8个百分点，比上年增收1230元。农村居民人均纯收入3368元，增长19%，比计划目标高7个百分点，比上年增收537元。城镇登记失业率控制在4%以内，比计划目标低0.4个百分点。人口自然增长率7.3‰，比计划控制目标低0.2个千分点。居民消费价格涨幅为3.5%，比计划目标高0.5个百分点。万元GDP能耗由2009年的1.527吨标准煤/万元下降为2010年的1.4733吨标准煤/万元，下降3.5%。

农村经济快速发展。在扎实推进新农村建设中，多措并举抗旱灾，积极应对特大干旱带来的不利影响，在大灾之年夺丰收，连续7年保持粮食增产。2010年完成农林牧渔业总产值55.8亿元，增长8.2%；粮食总产量60.3万吨，增长10%；甘蔗总产量400.3万吨，增长9.5%；茶叶总产量1.32万吨，增长8.5%；肉蛋奶总产量8.5万吨，增长8.3%。冬季农业开发令人振奋，冬农播种面积、开发产值、开发区人均开发收入均有大幅度提高。马铃薯、烟叶收获面积分别达9.32万亩、9.74万亩，增长12%、87%；产值分别达1.36亿元、1.75亿元，增长88%、62%。特色生物产业有新发展，2010年种植特色生物产业面积53.35万亩，其中：竹子、咖啡、柠檬、坚果、油茶、核桃、番麻产业种植面积累计达到152.02万亩。拥有各类涉农企业111户，其中：国家级、省级、州级农业产业化重点龙头企业分别为1户、12户和30户；以无公害食品、绿色食品、有机食品为主的"三品"认证工作取得新进展，"三品"获证单位达到15户，认证产品达到28个，获无公害生产基地认证69.8万亩；农民专业经济合作组织增加到81个。产业化水平有新提高。

农村基础设施不断加强。2010年实施中低产田改造1.83万亩，建成"五小水利"工程10088件，完成干支渠37.5公里，解决农村饮水不安全人口5.69万人，治理水土流失面积42平方公里；盈江回龙河、瑞丽芒林2座中型水库进展顺利；陇川红卫、芒市蚌相、大草坝等一批小（一）型病险水库除险加固任务基本完成。

工业总量增加，企业效益增长。2010年完成现价工业总产值102.03亿元，增长39.5%。其中：规模以上工业产值72.5亿元，增长40.6%；制糖工业总产值18.9亿元，增长38.4%；电力生产和供应业总产值28.8亿元，增长44.7%；有色金属冶炼业总产值12.2亿元，增长35%。

重点工业项目稳步推进，畹町源洋1万吨木薯淀粉生产线、东方硅谷3万吨金属硅等一批重大项目建成投产。芒市弘安水泥和畹町乔瑞水泥两条日产2500吨熟料生产线、后谷咖啡10000吨速溶咖啡生产线、永利发30万立方米工业用板等项目进展顺利。

企业效益和主要工业品产量有所增长，全年规模以上工业实现主营业务收入75.6亿元，增长42%；利税总额23亿元，增长1.8倍，其中：利润总额16亿元，增长3.2倍。十二种主要工业产品产量九升三降，发电量、水泥、机制纸及纸板、锡金属含锡量、酒精、精制茶、塑料制品、饮料酒、工业硅、电解铝等工业品有不同程度的发展，其中发电量、水泥、工业硅等产品产量增长较快，分别增长36.6%、22.6%、27.4%；食糖、原煤、精制茶三种工业产品产量有所下降。

固定资产投资快速增长，重点建设项目进展顺利。2010年完成全社会固定资产投资131.32亿元，增长30.1%。重点建设项目稳步推进。腾陇、潞梁两条二级公路建设进展迅速，完成投资24.3亿元。中小水电站建设进展顺利，完成水电投资11.69亿元，实现新增装机容量40.88万千瓦。芒市金孔雀大街、金塔大街北段、团结大街北段、瑞丽瑞江路、江边广场道路、瑞章路、盈江允燕路、允罕路、陇川龙凤路等一批重点市政道路建设进程加快，完成投资5.61亿元。城市生活垃圾处理、城市污水处理及配套管网改造、城市供水管网改造等一批重大城市基础设施建设进展顺利。

争取资金和招商引资成效显著。2010年，仅从国家和省发改委争取到建设项目266项，上级补助资金8.25亿元，其中：中央补助资金5.72亿元，省级补助资金2.53亿元。全州新签订51个招商引资项目，协议引资241.17亿元。实际到位资金40.56亿元，增长26.9%。

金融运行平稳。财政一般预算收入完成13.2亿元，增长34.6%，再创历史新高。财政一般预算支出完成58.1亿元，增长18.8%，财政保障能力进一步提高，公共安全、社会保障、医疗卫生、环境保护、农林水事务等支出增长较快，其中，教育、公共安全、医疗卫生和农林水事务支出分别增长18.7%、17.1%、27.2%和79.3%。

紧紧抓住建设中国面向西南开放重要桥头堡、深入实施西部大开发战略机遇，努力推动外经贸发展，2010年完成外贸进出口总额11.39亿美元，同比增长49.3%，在云南省排列第二，其中：出口增长49.9%，进口增长47.4%。着力实施“走出去”战略，不断加强对外经济技术合作。执行对外承包工程项目25项，合同总额7745万美元；执行对缅投资项目4项，投资总额1425万美元；完成对韩国投资项目1项。

注重改善民生，社会各项事业有新进展。德宏州城镇居民人均可支配收入和农村居民人均纯收入分别达到13788元、3368元，增长9.8%和19%。积极推进就业再就业，加强社会保障工作，建立健全社会保障体系。新增城镇就业2504人，城镇登记失业率控制在4%以内。困难群体临时救助制度全面启动，灾害应急救援体系进一步完善。

积极争取国家和省财政资金支持，争取中央和省预算内资金1.7亿元，用于教育、卫生、儿童福利、旅游等36个项目建设。科技对经济社会发展的支撑引领作用进一步增强。教育事业健康发展，各项义务教育保障政策得到较好落实。基层农村卫生服务体系、重点中医院项目逐步实施，医药卫生体制改革启动实施，芒市正式执行国家基本药物制度，凡是政府举办的基层医疗卫生机构全部配备使用基本药物目录药品，并实行零差率销售。禁毒防艾工作取得新成绩。文化、广电、计生基础设施建设进展顺利，乡镇综合文化站得到顺利实施，数字电视整体平移和“村村通”完成年度目标，全民健身运动深入开展，计划生育利益导向机制逐步完善。旅游基础设施建设得到加强，旅游产业持续发展，接待国内外游客470.12万人次，实现旅游总收入46.2亿元，分别增长13.7%和19.9%。

推进节能降耗工作，生态环境保护得到加强。加大节能降耗工作力度，确保德宏州载能产业健康发展。为实现节能降耗目标，采取措施，完成了轩岗糖厂、龙江糖厂、勐养糖厂“采用真空吸滤机及酒精废醪液生产PSB光合菌有机肥”减排技术改造工作。全面加强节能、节水、节电、节材和资源综合利用，坚决淘汰落后产能，关停了高耗能高污染水泥生产线，并拆除相关设备。严格整治社会影响恶劣的环境污染，推进城市垃圾无害化处理。万元GDP能耗下降3.5%，化学需氧量、二氧化硫排放量分别削减到1600吨和2815吨，城市污水集中处理率、城市垃圾无害化处理率分别达到46%和29%。

正确处理好保护与开发的关系，坚持产业发展生态化、生态建设产业化，深入实施“七彩云南德宏保护行动”，自然保护区建设、天然林保护工程、退耕还林等各项工作有序推进。共完成48.19万亩特色林产业种植任务，完成退耕还林荒山荒地造林2万亩，巩固退耕还林成果项目种植业9.02万亩，中低产林改造50.23万亩，义务植树138.66万株；完成3364口沼气池建设，推广节柴灶1479户，有效保护了天然林资源。森林覆盖率达到

67.07%，高于全省、全国平均水平，城市绿化覆盖率、绿地率分别达到23.48%和20.2%，碳汇能力不断增强。编制完成了《云南省德宏州国家级公益林分级区划报告》。环境保护工作和生态建设取得了新成绩，资源节约型和环境友好型社会得到加强，可持续发展能力明显增强。

【投资环境与招商引资】 投资环境。德宏州有一个3C级机场，于1990年正式通航，开通了德宏—昆明—广州的航线；德宏公路四通八达，公路通车里程达到6976.32公里，公路密度达到60.52公里/每百平方公里，现有二级公路441.45公里，2004年在全省率先实现通乡公路路硬化（乡乡通柏油路或弹石路）。建成了高等级的320国道德宏段，实现环州经济干线网络高等级化，在云南省率先实现了村村通公路，目前，提高公路等级的潞梁路、腾陇路德宏段正在施工。邮电通讯发展迅速。德宏州电信建成了交换程控化，传输数字化的现代化电信网络，实现了乡乡通光缆，村村通电话。建成开通了CDMA无线市话网络，拥有从网络规模、技术层次到业务提供等一系列完善的通信服务体系，德宏移动交换机容量已突破60万线，在网运行基站超过400个，网络信号覆盖了全州所有城区、乡镇、通商口岸、主要风景区和95%以上的公路沿线。在城市建设方面，以道路建设为主，加快自来水厂和垃圾处理厂、污水处理厂的改造、扩建和新建小城镇建设，使德宏州市容市貌有了较大改观。服务设施建设：州内建有四星级宾馆1个、三星级宾馆3个、二星级宾馆19个，目前正在申报五星级的2个，能够满足外来商人及旅客的需要。口岸的基础设施已初具规模。现有瑞丽、畹町两个国家一类口岸和陇川章凤、盈江两个国家二类口岸，有5个边贸货场，全国唯一实施“境内关外”特殊管理模式的边境特区瑞丽市姐告边境贸易区的正式运行。政策方面：中发［2010］11号文件《中共中央、国务院关于深入实施西部大开发战略的若干意见》和国家桥头堡战略的实施，确定了云南省是桥头堡建设的前沿，德宏是桥头堡建设的黄金口岸，德宏州还制定了《德宏州人民政府鼓励投资办法（试行）》、《德宏州关于发展旅游产业若干优惠政策的规定》，《德宏州委州人民政府进一步加强招商引资工作的决定》和《德宏州委州政府关于加强软环境建设的实施意见》。

招商引资。2010年，德宏州利用在昆交会、珠洽会、厦洽、东盟华商会等会展招商的基础上，坚持多措并举，拓宽招商渠道，一批大项目相继落户德宏。一是外资项目新批3个，增资项目1个。德宏宝旺珠宝合同外资88万美元；盈江勐郎河水电有限责任公司合同外资109万美元；德宏洪安电力发展有限公司合同外资292.92美元；芒市卓信硅业有限公司合同协议增资1596万美元。二是引进上亿元的内资项目共有23个，其中省内投资项目15个，省外投资项目8个。主要的项目是：与广东奥城地产集团有限公司合作，投资潞西芒别康体休闲温泉度假区60亿元；与美籍华人陈伟合作，投资潞西市孔雀湖旅游开发项目10亿元；与云南亚豪木业有限公司合作投资潞西市亚豪木业1.7亿元；与云南康丰糖业集团有限公司合作投资梁河康丰旅游综合开发项目3亿元；与西安西骏新材料有限公司合作，投资陇川油茶种植及产品精深加工项目1亿元；盈江勐乃河那邦水电站引进资金9.6亿元；畹町勐垅沙生态园引进资金10亿元。招商引资不仅成为德宏州应对全球金融危机、推动经济增长的新引擎，并在保增长、保稳定、保民生等方面发挥了积极作用。

【经济技术协作与对口支援】 德宏州以网络招商、以商招商、联合社会团体招商、专题招商、小分队招商等招商方式得到迅速推进，并取得实效。一是开展中介招商。与云南省青年联合会、上海文成商会等社会团体加强合作，开展了招商推介和委托招商活动；二是开展小分队招商。组织到昆明、上海、杭州、福州、厦门、深圳、广州、成都、重庆、温州等地开展了专题招商推介活动；三是开展网上招商。

与北京、上海、深圳等3家知名招商专业网站签定合作协议，开展了网络代理招商。四是开展了以桥头堡黄金口岸建设相关专题内容的学习活动，进一步把握好工作的主动权；五是在“十二五”招商规划项目编制布局中，突出口岸物流、旅游服务、优势产业等项目服务于桥头堡建设；六是召开了桥头堡黄金口岸建设全州异地商会、行业协会招商引资恳谈会，集思广益；七是多次组员到沿海沿江开放发达地区城市开展的招商引资专题推介活动，加强与长三角、珠三角等地区知名企业的对接，推动我州经济结构和产业结构的优化和转型；八是积极承接和邀请有关商会企业家到德宏州考察推介活动。北京天润新能有限公司与梁河县就风力发电达成了初步的投资意向；云南福建总商会、昆明工商联宁德商会、昆明温州总商会、世界五百强企业台湾台塑世界集团、贵州商会、湖南商会、广东商会、上海商会等对推介的矿冶、工业园区基础设施建设、旅游景区景点建设以及投融资项目表达了初步的投资意向，表示将组团到德宏项目所在县市进行了实地考察。

2010年德宏州共实施国内经济合作项目124项，其中：上年结转63项，新增项目61项。项目协议总投资464.7亿元，2010年实施项目实际到位资金55亿元，同比增加16亿元增长53.19%。完成德宏州政府下达引进州外资金43亿目标任务的127.54%，其中：省内到位资金19.3亿元，占到位资金的35.16%；省外到位资金35.7亿元，占到位资金的64.84%，超额完成省下达引进省外资金22亿元目标任务的162.45%。实施国外经济合作项目4项，合同利用外资2382万美元。来自缅甸、日本、泰国、新加坡、马来西亚、美国、加拿大和西班牙等9个国家和中国香港和台湾地区及国内绝大部分省区数千名投资商已成为德宏能源、农业、生物产业、旅游开发等行业的生力军，落户德宏的招商项目涉及农业、林业、畜牧业、矿业、旅游业、加工业、电力、批发零售业、房地产业等24个行业。共招商引资在册国内外来投资企业140户，注册资金22.98亿元。其中：省外投资企业注册资金14.3亿元，省内投资企业注册资金8.7亿元。已开工项目实现营业收入9.95亿元，增加工业产值8.6亿元，征收税金1.4亿元，增加就业岗位6748个。

【重点项目介绍】 潞西至梁河公路是德宏州芒市、梁河、盈江三县市的州内腹心干线公路，其特点是：在德宏公路建设史上，等级标准最高、投资额最大、建设工期最紧、项目启动和建设推进最快、沿线地质地形复杂施工难度大。项目起于芒市立交桥，止于梁河县城接腾瑞线，路线全长111公里，全线按路基宽12米（起点段6.82公里路基宽49.5米）、行车时速60公里/小时二级公路标准建设，工程投资概算21.7亿元。主要工程数量为：全线设隧道2424米/2座，桥梁10996.9米/98座，桥隧比重为12.1%；有挖方1055.667立方米，填方315.7万立方米，涵洞6461米/349道，防护工程24.79万立方米，排水工程15.06万立方米，沥青混凝土路面124.4万平方米。该项目由德宏州人民政府组建建设指挥部负责实施，沿线各县市成立指挥部负责公路建设用地征用，全线共分6个施工标段、2个监理标段、2个沿线管理用房标段、3个绿化标段、1个隧道机电设施标段和2个检测单位进行施工、监理和质量检测。工程于2009年12月26日开工建设。项目涉及的工可、用地预审、环评、水土保持、矿产压覆、地灾评估、文物考古、地震安全性评价、使用林地、初步设计、施工图设计等11个方面的审查和审批工作已经完成，取得了省级相关部门的批复。全线共完成征用土地8060.803亩，拆迁房屋95224.32平方米，迁移坟墓225冢，迁移各类杆线1178根，公路用地的征拆工作已经全部完成。截至2010年12月底，共到位资金8.1244亿元，累计完成投资11.5亿元，占工程投资概算总金额21.7亿元的50.6%。路基土石方1211.67万立米、涵洞4964米/326道、排水防护工程13.7万立米，桥梁下部桩基15858米/625棵，梁板预制602片，隧道掘进1624米，隧道衬砌1098米。路面工程已完成底基层35.27万米，水泥稳定层7.41平方米，沥青面层6.7平方米。工程预计2011年6月底完工。

瑞丽大道是连接瑞丽和畹町两个国家级口岸的国际大通道建设重要交通枢纽，全长6.85公里，宽88米，是城市二级主干道，双向6车道，设计车速40公里/小时，总投资3.62亿元。工程于2009年3月6日开工，2010年4月完工。工程的建设进一步提升瑞丽“东方珠宝城”的城市内涵和“国际商贸旅游城市”的城市品位，也是改善民生、加强中缅边境经贸合作的基础性工程。

云南后谷咖啡有限公司1万吨速溶加工厂建设项目是德宏后谷咖啡有限公司速溶咖啡扩大生产线项目。德宏后谷咖啡有限公司作为全国咖啡行业唯一的国家级重点龙头企业，为进一步将公司打造成为国际一流的咖啡专业化企业，制定并实施了“扩大咖啡原料种植基地，实现咖农纯收入10亿元；加快咖啡深加工产品开发，实现咖啡粉出口100亿元目标；实施品牌战略，实现国内咖啡销售突破1000亿元目标”的三大发展战略。在原3000吨速溶加工生产线的基础上增加建设1万吨速溶咖啡生产线项目。该项目占地面积240亩，总投资4.63亿元，建设后产值达8亿元，项目主要是建设3条速溶咖啡生产线，形成年产1万吨速溶咖啡生产规模。

云　南　省
怒江傈僳族自治州

【经济与社会发展】 2010年，怒江傈僳族自治州全年实现GDP 54亿元，比上年增长13%，完成年度计划的100.2%。三次产业结构调整为12∶40∶48，经济结构进一步优化，其中：第一产业增加值完成6.48亿元，同比增长4.67%；第二产业增加值完成21.6亿元，同比增长6.14%；第三产业增加值完成25.92亿元，同比增长21.04%。全社会固定资产投资完成60亿元，同比增长50%，完成年度计划的120%；全社会消费品零售总额14.9亿元，同比增长18.2 %，完成年度计划的102.1%；地方财政一般预算收入完成5.8亿元，同比增长24%，完成年度计划的137.3%；居民消费价格指数控制在103.5以内；粮食总产量17.7万吨，比上年增长1.43%，完成计划数的101.4%；农民人均纯收入2005元，同比增长17%，完成计划数的103.9%；城镇登记失业率控制在5%；人口自然增长率控制在9‰以内；单位生产总值能耗下降3.3%；净脱贫人数2万人。

【投资环境与招商引资】 旅游服务业活力进一步增强。以丙中洛精品景区为龙头，进一步加快景点景区设施建设，不断优化服务，完善功能，提高综合服务接待能力。成功举办“2010傈僳‘阔时’文化旅游节暨首届中国怒江皮划艇野水国际公开赛”，怒江大峡谷生态旅游品牌知名度和美誉度得到较大提升。全年共接待海外游客1.54万人次，接待国内游客145.3万人次，实现旅游业总收入6.98亿元，同比增长50.4%。

【“十二五”规划】 总体目标。构建怒江国家级水电基地、国家级有色金属基地、国家级多元民族文化及生物多样性基地，打造怒江大峡谷世界知名生态旅游品牌的“三基地、一品牌”战略目标进程明显加快。到2015年，全州经济总量有较大提升，全面实现第二步发展战略目标；资源开发利用效率显著提高，基本建立起电、矿、旅游、生物支柱产业；以交通为代表的基础设施明显改善，可持续发展后劲明显增强；城镇承载能力和服务水平极大提升；人民生活进一步改善，就业岗位持续增加，社会保障体系比较健全，贫困人口持续减少，城乡居民收入水平和生活质量普遍提高；节能减排取得新进展，生态环境明显改善；教育、文化、科技、卫生和民生保障等各项社会事业进一步发展，基本公共服务能力进一步提高，社会保障体系基本覆盖城乡，人口自然增长率继续保持在较低水平；体制机制创新取得新进展，开放型经济发展格局基本形成；民主法制建设和精神文明建设取得新进展，构建和谐社会取得新进步，民族团结、社会和谐、边疆稳定的局面进一步巩固。

经济持续较快增长。生产总值年均增长18%左右，人均生产总值比2010年翻一番。全社会固定资产投资五年累计达到460亿元以上。地方财政收入年均增长11%以上。

结构调整成效显著。三次产业增加值比重调整为5:55:40，工业对经济增长的贡献率达到50%以上，城镇化率达到35%以上。

基础设施建设步伐加快。公路总里程达到6988公里，电力装机总量达到285万千瓦。

科教水平显著提升。人均受教育年限达到8.5年，科教经费支出占地方财政支出比重20%。

人民生活全面改善。人口自然增长率控制在9‰以内，五年新增城镇就业2万人，城镇登记失业率控制在5%以内。努力实现居民收入与经济发展同步，城镇居民人均可支配收入和农村农民人均纯收入年均增长12%以上。城镇参加基本养老保险人数和新型农村社会养老保险参保人数分别达到2万人和24万人。五年累计新增城镇保障性住房超过6090套。净脱贫人数达到10万人。

资源利用和环境保护明显提高。单位生产总值能耗和主要污染物排放总量控制在省下达的指标内，城镇建成区绿化率达到35%以上，森林覆盖率提高到75%以上。

积极推进重点项目建设，实现投资拉动对经济增长的推动作用。根据国家2010年新增长4000亿元中央投资计划的部署，结合怒江州客观实际，经过反复筛选，编制了怒江州2010年扩大内需项目计划，该计划共计75个项目，总投资27.78亿元，请求中央、省补助14.89亿元，其中：交通项目10项，能源项目20项，市镇基础设施建设项目10项，社会事业项目19项，农业农村项目15项，经贸流通1项。2008年底以来，国家和省共安排怒江州扩大内需一至四批中央投资及省配套资金5.91亿元，涉及项目185个（其中：第一批2.84亿元，54个项目；第二批1.165亿元，25个项目；第三批0.777亿元，27个项目；第四批1.12亿元，79个项目）。目前，所有项目地方配套资金均已落实，全部项目顺利开工建设，已竣工161项，共完成投资11.16亿元。

【重点项目介绍】 抓住国家实施积极财政政策和适度宽松货币政策的重大机遇，积极组织申报扩大内需中央投资项目，并多次向省发展改革委汇报，争取省和国家加大对怒江州的支持力度。2010年共争取国家和省建设资金7.17亿元。其中：中央投资5.11亿元，省投资2.06亿元。全年预计完成投资60亿元，同比增长50%。

大力推进重点项目建设，是做好我州固定资产投资工作、实现投资拉动作用的关键。从固定资产投资完成情况看，支撑我州固定资产投资增长的核心仍然是重点建设项目。2010年，重点项目完成投资26.17亿元，占完成固定资产投资的52.87%。

六库怒江大桥及交通环线工程：项目拟按一级公路六车道标准建设，桥宽为33米（行车道宽29米，人行道2米×2），设计速度：80公里/小时，全桥长255m（155+100m混凝土独塔斜拉桥，两侧均无引桥），两岸引道共长2.476公里。估算总投资2.32亿元。工程于10月份正式开工建设，完成投资4000万元。

贡德旅游环线：公路起于迪庆州德钦县永支乡，止于怒江州贡山县捧打乡，全长95.225公里，设计等级四级，概算总投资4.8亿元（其中贡山段长50.724公里，投资27337.1万元），2008年5月13日正式动工，累计完成投资5260万元。

六库新区开发：总规划面积2.508平方公里，在建1.7平方公里。主要建设水、电、路、办公、商住房等设施建设。2010年份完成投资3.96亿元。

两江支流中小水电开发：全州境内拥有怒江、澜沧江支流183条，水能理论蕴藏量达284万千瓦，可开发量达200万千瓦以上。目前，全州四县与47家投资开发商签订并经州人民政府批准开发的河流共65条，规划建设电站102座，规划总装机容量195.73万千瓦。截止2010年6月，全州在网电站共83座（含03年以前建成电站及保山市、缅甸等临近地区部分电站），累计在网装机84万千瓦。预计完成投资3.6亿元。

沘江河流域综合治理：兰坪县人民政府委托云南省环境科学院已编制完成《沘江流域（兰坪段）水污染防治规划》，省人民政府已批复了《沘江流域（兰坪段）水污染防治规划》，正启动规划中的七个子项目可研编制等相关前期工作。

黄木水库：拟建于兰坪县通甸镇，水库坝址位于通甸镇黄木村西部1公里处，距县城40公里，水库开发以灌溉、农村饮水、企业生产用水为主，改善通甸河生态用水。总库容为1525万立方米。项目建议书已通过省发改组织审查，正在开展项目可行性研究阶段的工作。

云南省
迪庆藏族自治州

【经济与社会发展】 2010年，迪庆藏族自治州全年实现GDP 77.1亿元，增长19.5%，比计划目标高3.5个百分点；全社会固定资产投资完成134亿元，增长43.2%，比计划目标高13.2个百分点；财政一般预算收入完成5.97亿元，增长36.91%，比计划目标高16.91个百分点；社会消费品零售总额完成20.99亿元，增长23.8%，比计划目标高5.8个百分点；城镇居民人均可支配收入完成15996元，增长9.57%，比计划目标高1.57个百分点；农民人均纯收入完成3347元，增长14%，比计划目标高4个百分点；城镇登记失业率控制在3.7%以内，完成计划目标；人口自然增长率为4.27‰，比计划目标低0.73个千分点。居民消费价格指数4.4%，单位GDP产值能耗下降2%，完成计划目标。

2010年主要宏观调控目标的实现，确保了“十一五”规划主要目标全面完成或超额完成。“十一五”期间，全州生产总值年均增长19.91%，超过规划4.91个百分点；全社会固定资产投资年均增长33.48%，超过规划14.48个百分点；地方财政一般预算收入年均增长33.82%，社会消费品零售总额年均增长25.46%，超过规划15.46个百分点；城镇居民人均可支配收入和农民人均纯收入年均分别增长10.3%和18.62%，分别超过规划4.3和8.62个百分点；人口自然增长率年平均为4.8‰；三次产业比重由“十五”末的19.07

：35.68：45.25 调整为 2010 年的 9.51：38.28：52.21，实现了预期目标。“十一五”是迪庆州经济社会发展较快、较好的时期之一。

【投资环境和招商引资】 根据国家产业政策及我州经济社会发展思路及产业重点，为进一步加快扩大对内对外开放的步伐，尽快形成全方位、多层次、宽领域的对内对外开放新格局，促进经济发展和社会进步。

基础设施。加强基础设施建设，提高投资环境条件。在交通设施方面，全州以香格里拉县城为中心，已初步形成四通八达的公路立体交通网络，国道 214 线纵观全境。全州通车里程达 4500 公里，农村通里程 3500 公里，实现了乡乡通公路，建制村通车率达到 98%，全年客运量 340 万人次，客运周转量近 10 亿人公里，货运周转量 170000 万吨公里。迪庆香格里拉机场距城区 3.5 公里，现已开通了香格里拉到昆明、拉萨、上海、成都、广州等九条航线；在邮电通讯方面，全州邮电服务机构遍布城乡，并形成了强大网络，所有乡镇及重点景区景点覆盖移动通讯信号，可确保国际、国内电话、电传、传真、数据通信等业务的正常运转；供水供电方面，全州城市日供水能力 2 万立方米，日供水量 15000 吨，城市自来水给水覆盖率达 96%。州内电力设施完备，电力供应充裕，供电设施完全能满足人们生产、生活和外向型经济发展的需要。

优惠政策。迪庆州人民政府制定出台了《迪庆藏族自治州人民政府关于进一步扩大对内对外开放的若干暂行规定》、《迪庆州招商引资奖励暂行办法》等政策，全面优化投资软环境，把招商引资优惠政策落到实处，树立“你发财我发展”的观念，加大招商引资和对外开放力度。在税收方面，一是新办交通、电力、水利、邮政、广播电视企业，给予减免企业所得税的优惠政策。第一至二年免征企业所得税，第三至五年减半征收企业所得税。外商投资企业经营期在 10 年以上的，自获利年度起，第一至二年免征企业所得税，第三至五年减半征收企业所得税。二是公路国道、省道建设用地，比照铁路、民航建设用地，免征耕地占用税。三是内资鼓励类产业，外商投资鼓励类产业的项目在投资总额内进口自用设备，除国家规定不予免税商品外，免征关税和进口环节增值税；在土地方面，一是投向我州鼓励发展的重点产业项目，一次性投资在 5000 万元人民币以上者，除法定收费以外在政府土地出让金中给予优惠。二是投向生态旅游建设项目用地，除永久性建筑用地外，其他用地可以进行租赁，租赁年限最长可到 50 年。经批准，也可用国有或集体土地使用作价入股、作价出资的方式提供土地使用权。三是对投资“两高一优”的农业项目，可采用“保全出租”的方式提供用地。四是土地统一管理，供地、用地公开、公平、公正。以出让方式取得土地使用权后，政府在土地出让金的纯收益中酌情给予优惠，让利给投资者。五是州外在迪投资重点项目或优势产业发展项目，单项投资在 5000 万元人民币或以上并形成固定投资的，征用大宗土地，土地出让金等有偿使用费一次性缴纳有困难的，经协商批准可在 3－5 年内分期缴纳。六是鼓励利用宜林宜草荒山荒地造林种草，利用农村集体所有的荒地、荒山等未利用地进行造林、种草等生态建设的，通过承包、租赁、拍卖等方式取得土地使用权，可以减免土地出让金，实行土地使用权 50 年不变；达到出让合同约定的投资金额并符合生态建设条件的，土地使用权可以依法转让、出租、抵押；土地使用权期限满后，可以申请延续；在矿业开发方面，一是在迪庆州勘查、开采矿产资源，符合政策规定，可依法申请减缴或免缴探矿权使用费、采矿权使用费、采矿权价款。二是外来投资勘查获得具有开采价值的矿产地后，可依法优先获得采矿权，对于国家已出资探明矿产的矿点进一步进行风险勘查的，可按有关规定依法向国家申请减免探矿权价款。三是积极培育矿业权市场，地方政府可以采取适当方式在矿业权出让金收取方面给予优惠。探矿权人、采矿权人可以采取出售、作价出资、合作勘查或开采、上市等方式依法转让探矿权、采矿权，也可以按有关规定出租、抵押探矿权、采矿权。

招商引资成果。目前，迪庆州共有140多家外来投资企业，投资商主要来自北京、上海、浙江、山西、福建、山东、广西、湖南、重庆、四川、广东、江苏、香港、台湾等10多个省区市以及韩国、新加坡、加拿大、美国、澳大利亚、开曼群岛、尼泊尔等国家。圆满完成省、州下达的全年招商引资任务。2010年实际引进州外资金65.72亿元，比上年同期增长49.47%，实际引进省外到位资金49.07亿元，比去年同期增长85.73%，完成省政府年初下达考核目标27亿元的181.7%；利用外资项目9项，实际利用外资8706万美元，比去年同期增长1287%，完成省政府年初下达考核目标500万美元的1741%，内资引进首次突破60亿元大关。外来投资对全州经济社会的贡献进一步加大，对促进迪庆经济又好又快发展的积极作用更加显著。

【经济技术协作和对口支援】 迪庆州省内主要与昆明市经济技术协作，迪庆州三县（开发区）及11个州级部门分别与昆明市3个国家级开发（度假）区、4个主城区及9个市属部门签署了社会合作项目，项目涉及教育、农业、卫生、文化、体育、旅游、科技、环保、助残等领域。

2010年，上海市投入计划内帮扶资金3460万元，计划外资金1656万元，其中整村推进建设资金1400万元，全州实施上海帮扶资金建制村整村推进项目三大类47项，共安排6个建制村覆盖6个乡（镇），51个村民小组。建设内容为：建设进村（组）道路101.32千米，村内道路硬化30.7千米；新建防洪挡墙100米、新建活动场所6个（球场）、新建10个公厕及新建垃圾池37个、为农牧民安装709套太阳能；实施安居工程1216户；修建4个饮水水池，安装38.28千米水管，新修13.4千米沟渠；完成200亩中低改农田的改造；新建3座河桥；建成10个蔬菜大棚；进行劳动力技能培训20期3000人；完成400亩经济林种植和200亩核桃改良；结合帮扶乡村的具体情况，加强对养殖业的扶持。

为进一步加强沪滇（迪庆）对口帮扶工作，推进两地间的交流与合作，切实加大上海对迪庆帮扶的工作力度，今年上海市政府合作交流办的领导和嘉定区、宝山区党政代表团先后到迪庆互访，主要了解对口帮扶情况，指导帮扶项目。我州也组织党政代表团专程到上海市合作交流办及宝山区、嘉定区人民政府汇报沪滇对口帮扶工作。通过几年来的对口帮扶工作，已基本形成多层次、宽领域、多渠道的帮扶机制，不仅在资金和物资上的帮扶，而且在技术、人才等方面的帮扶。为进一步提高帮扶实效，全面实施上海帮扶项目，在第12次沪滇对口帮扶工作联席会议上提出，“十二五”期间，上海市将在对口帮扶工作中更加注重制度建设，注重改善民生，注重帮扶当地长远发展，积极探索符合云南实际的帮扶模式，加大对云南藏区的扶持力度，力争实现扶贫项目在资金上、机制上有新的突破，从而为努力实现双边共赢发展创造了条件。

【重点项目介绍】 2010年，迪庆州全社会固定资产投资完成134亿元，同比增长43.2%。州十一届人大六次会议确定的全州57个重点建设项目中，香德二级公路、德维（塔）二级公路路基工程基本完成，犁地坪水库、游牧民定居、香格里拉县城集中供热、迪庆州藏医院迁建、香格里拉松赞林寺景区、虎跳峡景区、德钦县城供水、维西县市政综合基础设施等项目进展顺利；全州集中规模办学、通村公路、维西县医院迁建、无电地区电力建设、农村电网完善等10个项目开工建设。重点建设项目完成投资102亿元，占全州完成固定资产投资总额的76%。积极推进香格里拉县城仁安路延长线、龙潭湖亮化等25个“两节”献礼项目，有力地支撑了固定资产投资的较快增长。紧紧抓住国家大力支持藏区经济社会发展的机遇，按照国家产业政策和资金安排的重点，积极开展项目前期工作并组织项目申报，共上报藏区项目59项，其中虎跳峡景区公路、康巴语译制中心、香格里拉县仁安路延长线、维西体育馆、德钦体育馆、德钦县医院门诊楼、州幼儿园、州公安局业务用房等38个项目得到了国家支持，到位藏区专项资金5.8亿元。丽香铁路、小中甸水利枢纽、康思水库、迪庆州直新校区、高原病防治中心、梅里雪山景区、澜沧江里底电站和乌弄龙电站、金沙江梨园电站、骨干电网送出等一大批重大建设项目前期工作取得重大进展。

青海省
海北州藏族自治州

【经济与社会发展】 2010年，海北州藏族自治州全年实现GDP 54.53亿元，按可比价计算（下同），比上年增长19.5%，增速为1965年以来46年最高。其中：第一产业增加值10.42亿元，增长4.4%，第二产业增加值27.49亿元，增长36.3%，第三产业增加值16.62亿元，同比增长7.3%。三次产业对GDP的贡献率分别为4.08%、81.84%和14.08%，拉动经济增长0.8、15.95和2.75个百分点。第一产业增加值占GDP的比重为19.1%，第二产业增加值占GDP的比重为50.4%，第三产业增加值占GDP的比重为30.5%。全州人均GDP达19358元，比上年增加4097元，增长18.5%。

全州农作物总播种面积78.93万亩，比上年增长0.16%；存栏各类牲畜335.58万头（只）。全部工业增加值18.24亿元，按可比价计算，比上年增长43.1%。工业投资达21.06亿元、增长30.2%，占全社会投资比重由53.4%增加到54.6%。地区固定资产投资39.48亿元，比上年增长33.2%。其中：州县属投资38.19亿元，增长33.8%。全年社会消费品零售总额9.5亿元，比上年增长23.1%。全年公路运输业完成客运量495万人次，比上年增长21.3%。全年完成邮电业营业收入14187万元，增长6.9%。

全年地方一般预算收入22073万元，同比增长54.3%，增速为“十一五”时期最高。财政一般预算支出291619万元，增长66.2%；年末全部金融机构存款余额52.9亿元，增长46%；全年保险企业完成保险费收入2631万元，比上年增长11.8%。

全年普通小学（含教学点）140所，在校生29567人。全年组织实施22个科技项目，落实省级资助经费617万元，比上年增长99.7%。年末全州共有艺术表演团体1个，群艺馆1个，文化馆4个，公共图书馆5个，文物局1个，博物馆2个，文物管理所3个；电视台1座，有线电视用户1.3万户，电视综合人口覆盖率达到97.06%；广播电视转播台（站）4座，广播综合人口覆盖率达到71.5%。卫生和体育。年末全州各类卫生机构61个，床位数917张。

全州总户数80327户，人口283230人，其中，非农业人口68255人，非农业人口比重为24.1%。全年城镇居民可支配收入15843元，增长12.1%；农牧民人均纯收入4813元，增长19.6%。全年城镇新增就业2056人，农牧区劳动力实现流动就业5.4万人次；城镇登记失业率控制在3.51%。全州参加基本养老保险统筹的单位431家，年末参保职工14885人。新型社会养老保险参保率达80%。

【投资环境与招商引资】 投资环境。国家西部大开发战略实施以来，海北的各项基础设施已经有了很大改善，交通、电力、通讯等均能满足海北经济发展的需求。境内有国道315线、227线等主要公路干线。境内青藏铁路线192公里；有地方支线铁路海晏至西海、哈尔盖至热水、热水至木里铁路。在西海和哈尔盖均有货运站台。2010年供电量为10亿千瓦时，最大负荷为152.755兆瓦。截至2010年底，海北电网现有水火电厂26座，总装机431.2兆瓦。中国电信、移动、联通、铁通相继在海北开展各项电讯业务，服务网络基本覆盖所有乡村。

招商引资。2010年，海北州新建、续建、招商项目共37项，其中新建项目14项，续建项目23项。全州上下按项目建设时间进度狠抓落实。圆满完成“青洽会”各项工作任务。“青洽会”集中签约和海北专场签约项目共21项，签约总金额达57亿元，项目涉及能源、矿产资源、旅游资源开发、农畜产品加工、新型材料、人才培养合作等方面。这是海北州自2000年参加“青洽会”以来招商引资签约项目和金额最多的一年，也是海北州对外开放成果最丰硕的一年。制定出台了《海北州招商引资管理办法》。

【经济技术协作与对口支援】 2010年，完成了《山东省及中央部（委、局）、中央企业对口支援青海省海北藏族自治州专项规划》，将海北四县一大批目前国家没有明确投向但亟需建设的项目纳入对口援建的整体规划中。规划期内，山东省、国家人力资源和社会保障部、中国五矿集团、中国神华集团、中国铝业公司对口支援海北州项目共165项，投资156.30亿元。其中，援建项目共76项，投资28.19亿元；经济技术协作项目共67项，投资128.11亿元；人才支援项目共22项。为进一步落实与支援方的具体帮扶措施，深化交流合作，促进共同发展，海北州先后21次与山东省、中央国家部门及企业开展交流互访和实地考察，经过沟通进一步加深了援受双方彼此了解，增强了互信，增进了友谊，取得了显著成效，对口支援工作走在了全省前列。截至2010年底，与山东省达成无偿援建项目5项：投资1200万元建设现代生态畜牧业示范工程，分别投资900万元在海北州、门源县各建设标准化幼儿园一所。山东省威海市无偿援助资金200万元用于学校、幼儿园建设，山东省威海市下辖的文登市无偿援助祁连县100万元。另外，达成合作意向项目5项：山东省荣城市普利姆皮革有限公司在门源县意向投资1000万元的獭兔养殖项目；山东省威海市海马地毯有限公司在门源县意向投资3000万元的羊毛洗选项目；山东省乳山长城水泥厂投资4亿元与青海亿能公司合作开发150万吨水泥生产线项目；山东省威海市与海晏县达成300名劳务人员赴山东省就业的合作意向；中国五矿集团意向投资2亿元开发祁连县旅游资源，正在着手编制规划。

【“十二五”规划】 地区经济继续保持快速平稳增长，经济总量实现翻一番；资源综合开发利用水平显著提升，生态农牧业、特色工业和生态旅游业发展规模、效益实现双提升；城乡居民收入持续增长，贫困人口全面实现脱贫，基本达到全面小康社会目标；城镇化水平不断提高，城乡一体化发展取得重大进展；教育、科技、医疗、文化等社会事业发展水平大幅提升，社会保障体系进一步完善，城乡基本公共服务均等化进程加快；生态环境恶化趋势得到有效遏制，区域可持续发展能力不断增强；重点领域和关键环节的改革取得新进展，保障跨越发展、绿色发展、和谐发展、统筹发展的体制机制和法律政策进一步完善；民族团结和谐，人民安居乐业，社会繁荣进步，富裕文明和谐新海北建设进入新的发展阶段。

主要经济发展目标实现“四个翻一番”，即地区生产总值年均增长16%，达到115亿元，比2010年翻一番；地方财政一般预算收入达到5亿元，年均增长18%，比2010年翻一番；全社会固定资产投资年均增长25%，达到120亿元，比2010年翻1.6番，社会消费品零售总额年均增长15%，达到19.1亿元，比2010年翻一番。城镇居民人均可支配收入年均增长 12%，达到 27921 元；农牧民人均纯收入年均增长 16%，达到 10109 元，接近或达到西部省区平均水平。

【重点项目介绍】 2010 年，全州固定资产投资项目 346 项，确定重大项目 85 个，总投资 728531 万元，年度计划投资 231183 万元，全年实际完成投资 161681 万元，占年度投资计划的 69.93%。20 项重大项目已按期建成或部分建成投用，开始发挥经济社会效益。青海湖流域周边地区生态环境综合治理项目已完工；青海湖流域生态环境与综合治理工程（退化草地综合治理）已完工；刚察县哈尔盖镇供水系统工程，项目已完工，正在验收阶段；门源县青克公路、门源县种马场场区公路改造工程、门源县寺沟口至三道峡公路等 8 条公路已完成并交付使用；全州 2009 年廉租房建设已完工并交付使用；海晏县人民医院住院医技急救楼建设项目等部分社会事业项目已完工，部分已交付使用；门源县青石嘴镇街道整治商业街建设项目已完工，正在验收阶段；海晏县污水处理厂已完工，正在验收阶段。

32 项新开工项目顺利开工建设，增强了全州经济发展后劲。刚察县城至哈尔盖镇公路正在施工；正远矿业 200 万吨原矿铁选矿项目、唐湖电力公司技能改造项目、祁连山半野生鹿业公司 2000 吨冷却肉项目、门源县三福粮油公司 6 万吨配套设施项目、大通河水电开发公司石头峡水电站、西海煤炭公司 45 万吨先锋井、60 万吨默勒三矿、30 万吨默勒三矿、90 万吨斜井扩建项目、20 万吨高寒地区 SBR 复合型沥青项目等工业项目正在施工，工程进展顺利。海北州广播电视基础设施建设项目、海北州公安维稳中心业务用房建设项目等项 33 项社会事业建设项目正在开展项目前期工作。

青海省
黄南藏族自治州

【经济与社会发展】 2010 年，黄南藏族自治州全年 GDP 突破 40 亿元大关，达到 43.68 亿元，同比增长 12.6%。其中：第一产业实现增加值 12.81 亿元，同比增长 4.1%；第二产业实现增加值 17.62 亿元，同比增长 18.3%；第三产业实现增加值 13.25 亿元，同比增长 12%。全社会固定资产投资突破 20 亿元大关，达到 22.53 亿元，同比增长 25.15%。实现社会消费品零售总额 4.37 亿元，同比增长 23.66%。

全州农牧业总产值达到 15.54 亿元，同比增长 4.47%。加大生态环境保护与建设力度，完成三江源生态保护与建设工程投资 1324 万元。完成退牧还草补播 5.39 万亩，黑土滩综合治理 8.27 万亩，人工造林 1.08 万亩，封山育林 12.8 万亩。全年实现工业增加值 14.44 亿元，同比增长 19.7%。

地方一般预算收入突破亿元大关，达到 1.21 亿元，同比增长 22.98%。全社会消费品零售总额达到 4.37 亿元，同比增长 23.66%。城镇居民人均可支配收入达到 14603 元，同比增长 10.04%。农牧民人均纯收入突破 3000 元大关，达到 3032 元，同比增长 15.14%。

大力发展文化旅游业，精心打造热贡文化、坎布拉、青海最美草原三大旅游品牌，全力推进热贡文化生态实验区建设，加大品牌外宣促销力度，使文化旅游事业得到快速发展。全年共接待国内外游客 154.28 万人（次），同比增长49.8%；旅游收入突破3亿元大关，达到3.15亿元，同比增长33.5%。

全面启动中小学布局调整和校舍安全工程，撤并中小学9所，顺利实现“两基”攻坚目标，“两基”人口覆盖率达到100%，适龄儿童入学率达到99.78%。全州广播、电视覆盖率分别达到80.86%和85.74%。年末全州城镇职工参加基本养老保险、医疗保险、失业保险和工伤保险人数分别达到8215人、17354人、8935人和8329人。农牧区社会养老保险试点参保率达70.55%。农牧民新型合作医疗参合率达到98%。

城镇居民人均可支配收入和农牧民人均纯收入分别达到14603元和3032元，同比增长10.04%和15.14%。

【投资环境与招商引资】 投资环境。一是区位相对优越。黄南州地处西宁和“大九寨”旅游经济圈的过渡地带，北距省会西宁市180公里，南接213国道，距九寨沟景区610公里。二是文化旅游资源得天独厚。黄南是青海省国家非物质文化遗产和古文化遗存最为集中、文化旅游资源最丰富的地区之一，有国家级旅游景点和文物保护单位7处，省级旅游景点和文物保护单位87处。三是自然资源相对富集。黄河流经自治州南北边缘，理论水能蕴藏量345万千瓦，已建成李家峡、康杨、直岗拉卡等3座大中型水电站；矿产资源丰富，岩金、铜、铅锌等矿藏具有良好的开发前景。四是特色农牧业资源潜在优势明显。南部泽库、河南两县属三江源国家自然保护区，为高寒纯牧业区，拥有全国最大的有机畜牧业生产基地，全州可利用草原面积2271.34万亩，存栏各类牲畜218万头只，

招商引资。2010年黄南州继续优化招商引资环境，进一步加大招商引资力度。组团参加“青洽会”、“青海国际清真食品博览会”等重大经贸文化活动，成功举办国际“唐卡博览会”黄南分会场，积极创新招商引资机制，提升发展开放型经济的水平。通过各类节会和考察，签约24个招商引资项目，到位资金6.2亿元。

【经济技术协作与对口支援】 全州经济技术协作与对口支援工作稳步推进。黄南州与天津市签订了《天津市人民政府和黄南藏族自治州人民政府关于进一步加强合作交流的框架协议》；天津大学建筑设计规划研究总院就黄南州教育园区规划、同仁县城市建设规划等达成框架协议；两地公安机关签订《关于切实加强两地警务合作交流框架协议》；选派州直和四县有关单位的15名优秀干部参加了“天津·西部地区项目管理研修班”；落实支援黄南州干部培训经费10万元；落实天津市对口支援专项资金300万元，争取到市工商联援助黄南州教育事业建设费用160万元，为同仁县加吾乡小学教学用电脑20台。天津聚成公投资6000万元对托叶玛乡曲海矿泉水进行开发，天津洪基房地产开发有限公司捐助我州10万元用于教育事业。华能向尖扎县射箭赛捐赠了10万元。在天津大学举办了“唐卡艺术走进天津大学”活动。

【“十二五”规划】 总体目标。把国家级热贡文化生态保护实验区建设成为在全国具有重要影响力的热贡生态文化产业园区，把坎布拉国家森林地质公园建设成为5A级生态文化旅游圣地，着力打造文化黄南；继续把保护生态环境作为立州之本，全面推进三江源生态保护综合实验区建设步伐，把以河南县为重点辐射全州的有机畜牧业建设成为全省重要的发展基地，着力打造生态黄南；进一步改善民生，发展社会事业，加强民族团结，维护社会稳定，着力打造和谐黄南。到“十二五”末，全州在城市化进程、基础设施建设、城乡居民收入和产业结构转型方面实现跨越发展；在生态环境保护、有机畜牧业发展、清洁能源产业、碳汇交易方面实现绿色发展；在改善民生、加强公共服务建设、维护社会稳定和民族团结方面实现和谐发展；在农牧区协调互动、城乡一体化、对外开放和人口资源环境方面实现统筹发展，使全州经济社会发展综合水平迈上新台阶，全面实现更好更快更大

发展。

主要目标。全州地区生产总值年均增长12%以上，到2015年达到77亿元左右。财政一般预算收入年均增长10%以上，达到1.95亿元。社会消费品零售总额年均增长16%以上，达到9.2亿元。五年累计完成全社会固定资产投资180亿元以上，年均增长17%以上。城镇居民可支配收入年均增长12%，达到25700元；农牧民人均纯收入年均增长13%，达到5580元；城镇登记失业率控制在4.5%以内；五年新增城镇就业5000人，农牧区劳动力转移14万人（次）；养老医疗最低生活等社会保障基本实现全覆盖

【重点项目介绍】 2010年，全年落实各类建设项目402个，完成全社会固定资产投资22.53亿元。热贡文化生态保护实验区、李家峡南干渠、隆务河防洪工程、州医院整体搬迁、扎毛水库公路改线、河南县光伏电站等一批重大、重点项目开工建设。黄河河南县段水电站、泽库风力发电等重大项目前期工作有序推进。扎毛水库、保障性安居工程、城镇供排水、教育、卫生、基层政权建设等项目进展顺利。同时，强化政府投资项目监管，出台了政府投资重大项目公示和责任追究等制度，进一步增强了项目建设的落实力、执行力。加大项目的稽察和检查力度，积极配合国家、省项目稽查组开展扩大内需项目、工程建设领域突出问题专项治理工作，确保了工程建设进度、质量和项目资金安全。

青 海 省
海南藏族自治州

【经济与社会发展】 2010年，海南藏族自治州全年实现GDP 69.9亿元，比上年增长17.7%，超计划5.7个百分点。其中：一产增长4.8%，二产增长28%，三产增长12.4%。地方一般预算收入达3.03亿元，增长24.5%。完成地区固定资产投资69.2亿元，增长8.7%，其中州属固定资产投资39.9亿元，增长31.1%，超计划11.1个百分点。引进省外到位资金6.9亿元，超计划0.9亿元。城镇居民人均可支配收入达到12555元，增长9.6%，超计划1.6个百分点。农牧民人均纯收入达到4490元，增长17.5%，超计划7.5个百分点。社会消费品零售总额14.4亿元，增长19.6%，超计划4.6个百分点。城镇登记失业率控制在3.5%以内，人口自然增长率控制在9.56‰以内，旅游总人数达到87万人（次），增长30.8%，完成旅游收入0.93亿元，增长49.8%。

【投资环境与招商引资】 投资环境。海南州积极搭建产业发展平台，正在共和、贵德两县规划建设青海恰卜恰工业发展园区和贵德文化产品加工贸易区，同时着力建设“诚信海南”、“平安海南”，大力开展“优化服务年”活动，全方位提升服务水平，营造良好的招商投资环境。目前州内年发电量为61亿千瓦时；大工业电价平均0.3466元/千瓦时，可满足经济和社会发展对能源的需求。海南州是通向青南和西藏的交通要冲，境内青藏、青康、宁果3条国道、省道贯穿南北。目前，以国道、省道为横轴线，以县乡村地方道路为补充，连接黄河两岸五县，36个乡镇“三横四纵”的公路网络四通八达。到2010年底．全州公路通达里程达8980多公里，基本形成了以州府恰卜恰为中心、贯通各县的“三小时公路圈”

和通达各乡（镇）、辐射各村的乡村公路网络。通讯网络覆盖面不断扩大，累计投资1.2亿元，逐步建成了覆盖全州城乡、通达国内的全数字、大宽带、高速率的现代化电信网络，无线市话覆盖全州36个乡镇及273个行政村，互联网覆盖全州5县36个乡镇，以光缆为主体，微波、卫星为辅的基础传输网络基本形成。

招商引资。2010年全州各地区、各部门组织实施招商项目40个，涉及新能源、新型建材、农牧业、轻工纺织、矿产、旅游、基础设施建设、房地产等10大类。项目总投资36.795亿元。其中：新建项目25个，总投资18.32亿元；续建项目15个，总投资18.475亿元；累计完成项目投资7.8亿元，实际引进省外到位资金6.9亿元，完成省下达计划6亿元的115%，完成州下达任务6.6亿元的104.6%。同比增长15%，提前并超额完成了省、州政府下达的考核目标任务，招商引资工作成效显著。

【经济技术协作与对口支援】 2010年，全面完成了《江苏省及中央部委、央企对口支援海南藏区自治州专项规划》。对口支援项目主要是以民生改善、社会事业发展、生态保护、基础设施建设为主要内容，以改善民生、长治久安为目标，经过认真研究、反复筛选，江苏省等对口支援单位援助的项目共有7大类219个，投资规模为38.39亿元。其中：农牧业生产类13项，投资规模为1.45亿元；基础设施类建设项目102项，投资规模为13.98亿元；公共服务类建设项目79项，投资规模为9.44亿元；扶贫类建设项目5项，投资规模为9.94亿元；生态环境类建设项目9项，投资规模为1.76亿元；服务体系类建设项目2项，投资规模为0.87亿元；市场流通类建设项目9项，投资规模为0.96亿元。

【“十二五”规划】 全州经济年均保持14%的增长速度，比“十一五”末翻一番，生产总值增速走在全省六州前列，人均GDP达到27400元；地方财政一般预算收入年均增长14%，到2015年达到5.8亿元，比“十一五”末翻一番；全社会固定资产投资累计达到540亿元，年均增长15%以上，比“十一五”末翻一番；城镇居民人均可支配收入年均增长12%，农牧民人均纯收入年均增长12%；社会消费品零售总额年均增长18%以上，到2015年达到32亿元以上，比“十一五”末翻一番；旅游收入年均增长50%以上。

到2015年，基本建成黄河上游防风防沙生态屏障，全州新增森林面积216.4万亩，治理沙化土地面积570万亩，自然保护区面积1468.6万亩，国家级湿地公园面积4.8万亩，国家级公益林面积586.75万亩，耕地保有量115.88万亩，森林覆盖率由6.78%提高到10.02%。城镇空气中二氧化硫含量达到国家一级标准，城镇污水、生活垃圾、工业固体废物基本实现无害化处理。加强环境污染综合防治，强化企业管理，淘汰落后产能，万元GDP能耗、规模以上工业企业综合能耗均控制在省政府下达的计划指标以内。综合实施三江源生态治理和保护、青海湖流域生态综合治理工程，使生态恶化的趋势基本得到遏制，局部地区有明显改善，生态环境质量逐步好转。

按照发展“两市三县十八镇”的目标，城镇化率达到45%。高中入学率达到80%，基本普及十五年基础教育，职校规模达到5000人。广播电视综合覆盖率达到90%以上。城镇职工参加基本养老保险人数达到1.4万人，城镇职工基本医疗保险人数达到2.8万人，城镇居民基本医疗参保人数达到5.3万人。失业保险参保人数达到1.7万人。新型农村养老保险参保人数达到17万人，新型农牧区合作医疗参合率达到98%以上，人人享有初级卫生保健，人均寿命达到71岁。全州总人口控制在47.5万人，人口自然增长率控制在9.5‰以内。

落实各项惠民政策，城镇登记失业率控制在4.5%以内，五年累计安排城镇就业1.5万人，每年农牧区劳动力向非农产业转移2万人，年均减少贫困人口1.9万人，80%的贫困人口实现脱贫。

【重点项目介绍】 2010年，海南州47个重点项目开工率为100%，完成投资21.9亿元，占年度投资的77%。从建设性质看：续建项目26项，年度计划投资16.21亿元，完成投资14.19亿元；新建项目21项，年度计划投资12.23亿元，完成投资7.68亿元，完成年计划的63%。从行业看：海南州游牧民定居工程、三江源自然保护区生态保护和建设工程等农林水利项目11项，年度计划投资7.05亿元，完成投资6.76亿元，完成计划的96%。共和县城恰让输水管网工程、贵南县城道路改扩建工程等城镇基础设施建设项目6项，年度计划投资1.72亿元，完成投资1.11亿元，完成计划的65%。同德公路、贵南县南山公路等公路交通项目6项，年度计划投资2亿元，完成投资1.86亿元，完成计划的93%。海南州二期教育布局调整项目、州医院门诊综合楼建设项目等文教卫生项目3项，年度计划投资2.24亿元，完成投资1.49亿元，完成计划的67%。兴海尕曲电站、同德县风能建设项目等工业项目10项，年度计划投资5.96亿元，完成投资5.87亿元，完成计划的99%。海南州棚改廉租住房、同德巴塘家园建设项目等行政及其他项目9项，年度计划投资6.29亿元，完成投资3.7亿元，完成计划的59%。

青　海　省
果洛藏族自治州

【经济与社会发展】 2010年，果洛藏族自治州全年实现GDP 204302万元，同比增长17.4%。其中：第一产业完成增加值44013万元，增长2.3%；第二产业完成增加值85193万元，增长48.3%；第三产业完成增加值75096万元，增长5.9%；人均地区生产总值12547元，同比增长34.57%。三次产业比由上年的26.68∶28.95∶44.37转变为21.54∶41.70∶36.76。

全州实现农牧业总产值52044.96万元，同比增长2.50%，实现农牧业增加值44012.84万元，同比增长2.33%。农作物播种面积8975亩，同比增长1.63%。

2010年三江源工程总投资19910.44万元，其中结转投资9922.73万元，新下达投资9987.71万元。全年共完成三江源生态保护和建设投资17690万元，其中完成结转投资9921万元，完成新下达投资7769万元。

全州完成工业增加值65500.20万元，同比增长65.50%，其中规模以上工业完成增加值64217.30万元，同比增长68%；规模以下工业完成增加值1282.90万元，同比增长14.80%。全州完成全社会固定资产投资165956万元，同比增长52.54%。其中：完成州属固定资产投资162645万元，同比增长56.43%。

全州实现社会消费品零售总额26814万元，同比增长16.32%。完成地方财政一般预算收入8472万元，同比增长34.14%。财政支出217595万元，同比增长58.48%；年末金融机构各项存款余额284655万元，同比增长34.83%。

全州通车里程7272公里；全州邮政局（所）10个，邮政业务总量571.94万元，同比下降8.08%；全州电信局（所）8个，电信业务总量8570万元（含移动和联通），同比增长12.02%；全州有移动电话用户11.07万户。来州旅游的人数14.78万人次，同比增长98.92%，旅游总收入6056.14万元，同比增长78.12%。

全州共有各类学校68所。在校学生32393。全州学龄儿童入学率99%，同比提高0.35个百分点，其中：牧民子女入学率99%，同比提高0.55个百分点。全州有文化事业单位15个，广播覆盖率80.09%，电视覆盖率78.55%。全州共有卫生机构79个（不含诊所等），全州有病床501张。2010年末，参加农村牧区合作医疗的农牧民13.01万人，参合率98.68%。

城镇居民人均可支配收入13759.8元，同比增长12.11%，城镇居民人均消费性支出13199.25元，同比增长10.31%。农牧民人均纯收入2629.41元，同比增长8.23%。

【投资环境与招商引资】 2010年，果洛州加快基础设施建设步伐，不断改善投资环境，结合本地实际，制定各项优惠政策，加大资源推介和招商力度，优势资源项目推介工作取得实质性成效。青洽会期间，共组织和推介项目40个，与客商在水电、太阳能资源等七大项达成意向性开发协议，签约资金达27.22亿元。积极提升特色产业发展水平，通过不懈努力，州雪域珍宝有限公司、州格萨尔藏药有限公司和甘德县肉食品有限公司等企业分别列入青海省百户重点企业名单范围和规模以上企业培育范围。落实中小企业发展资金、西部外经贸、商品流通企业发展等资金共652万元。加快探索果洛特色旅游发展模式，加强特色旅游推介宣传，全州旅游资源开发稳步推进，2010年，共接待游客14.78万人，实现旅游收入6056.14万元。

【经济技术协作与对口支援】 经济技术协作与对口支援工作在客观分析全州经济社会发展现状的基础上，按照依托地方优势资源，加强经济技术协作，积极发展特色产业，增强自我发展能力，推动地区经济发展的目标，编制完成了《上海市、国家（部）委、中央企业对口支援发展规划》。经多次与上海市对口支援与合作交流办的沟通衔接，初步确定了首批支援项目，总投资达5097万元，2011年先期落实启动资金2500万元。

【“十二五”规划】 “十二五”时期，全州经济社会发展总体目标概括为“上四个新台阶”：一是综合经济实力再上新台阶。地区生产总值年均增长12%；州属固定资产投资年均增长20%，五年累计达到149亿元；财政一般预算收入年均增长10%；社会消费品零售总额增长10%。二是转变发展方式再上新台阶。第一产业年均增长3%；第二产业年均增长18%；第三产业年均增长9%。生态畜牧业产业化、集约化、规模化水平进一步提高，特色旅游业、加工业发展壮大，非公有制经济和服务业从业人员比重明显提高。到2015年，三次产业比重分别占GDP的14.17%、53.74%、32.08%。农牧区人口向城镇和非农产业转移速度加快，从事二、三产业的就业人员占全社会就业人员的比重提高，城镇化率达到40%以上。三是改善人民生活再上新台阶。农牧民人均纯收入年均增长12%，到2015年达到4634元（按2010年价格计算，下同）；城镇居民人均可支配收入年均增长10%，到2015年达到22160元；全面实现“两基”目标，民族教育实现跨越式发展，人均受教育年限达到全省平均水平。城乡社会保障体系进一步完善，社会就业比较充分，城镇登记失业率控制在4.5%以内。公共服务和社会管理体系进一步加强和完善，扶贫开发取得重要进展，城乡卫生、文化、体育、基础设施等社会公共产品的供给水平进一步提高。民族团结、社会稳定、民主法制健全。四是可持续发展再上新台阶。全州人口自然增长率控制在11.5‰以内，出生人口政策符合率达到95%以上。绿色发展取得积极进展，城镇垃圾、生活废水、废物处理率分别达65%以上，草原退化和荒漠化扩大的趋势得到初步遏制。

【重点项目介绍】 2010年，全州施工项目278个，新开工项目188个，完成州属固定资产162645万元。重点项目有8项，总投资85468.48万元，已完成总投资的75%，其中完工的3个项目（总投资41257.5万元）为：果洛州游牧民定居工程，玛沁、玛多、班玛三县退牧还草围栏工程，久治、班玛、玛沁、玛多四县建设养畜配套工程；在建的5个项目（总投资44210.98万元，完成投资22968.47万元）是：果洛州保障性住房完成总工程量的35%，大武镇城区防洪工程完成工程量的34%；班玛县赛来塘镇流域综合治理工程完成工程量的16%；达日县人民医院医技楼完成工程量的32%；果洛州基层公路建设完成工程量的62%。

青　海　省

玉树藏族自治州

【经济与社会发展】 2010年4月14日，玉树藏族自治州遭遇了历史罕见的强烈地震灾难。灾难面前，在党中央、国务院的亲切关怀下，在省委、省政府的坚强领导下，在全国各族人民的倾力支持和无私援助下，玉树州，抗震救灾取得全面胜利，受灾群众得到妥善安置，灾后重建取得初步成效，总体上2010年玉树州灾后的经济和社会发展恢复进度好于预期。玉树州生产总值完成31.86亿元，比2009年同期增长20.4%（按2005年可比价计算）。其中：第一产业完成增加值17.98亿元，增长2.1%；第二产业完成增加值7.28亿元，增长89.2%；第三产业完成增加值6.6亿元，增长18%。全社会固定资产投资完成50.1亿元，同比增长182.8%。完成地方财政一般预算收入8386万元，同比增长60.5%；财政支出114.24亿元，同比增长457%。城镇居民人均可支配收入16305.9元，同比增长25.1%。农牧民人均纯收入3663元，同比增长56.8%。实现社会消费品零售总额34055万元，同比减少13.9%。人口自然增长率控制在5.1‰。

【投资环境和招商引资】 近年来在玉树州境内符合国家和青海省以及玉树州鼓励类产业的企业，在2010年以前，其主营业务收入占企业总收入70%以上的企业，减按15%的税率征收企业所得税。新办生产性企业（国家明令限制的除外）、商贸流通企业，自生产经营之日起，5年内免征企业所得税，期满后减按15%的税率征收企业所得税5年。新办交通、电力、水利、邮政、广播电视基础产业的企业5年内免征企业所得税，期满后减半征收企业所得税5年。新建基础设施、生态环境建设和高新技术项目（单独核算），自该项目生产经营之日起，8年内免征企业所得税，期满后减半征收企业所得税2年等各项优惠政策。

【经济技术协作与对口支援】 对口支援工作进展顺利。北京市对口支援玉树州前期工作从2010年6月正式启动。北京市对口支援玉树州，每年从北京市财政收入中拿出0.8‰的资金用于援助玉树州，2010年已安排资金1.6亿元。北京市对口支援不仅对推动玉树州灾后重建起到很大的作用，还将给玉树州带来了先进的管理理念，帮助加快人才培养、改善基础条件、促进产业发展提供了新的动力，在青海省相关部门的安排部署下，积极完成了北京市对口支援玉树州的各项援建相关工作，及时成立了州、县两级对口支援工作机构，积极开展各项相关工作。7月完成了《玉树州对口帮扶专项规划》。9月玉树州与北京市委对口支援工作领导小组办公室进行了积极衔接，编制完成了《北京市对口支援青海省玉树州专项规划》征求意见稿，草拟了《北京市对口支援青海省玉树州框架协议》。为玉树州“十二五”时期正式开展北京市对口支援奠定了基础。

【重点项目介绍】 灾后重建有序推进。党中央、国务院投资316.5亿元用于地震灾后重建。按照“新玉树”和“上两个大台阶”的灾后重建方针，以“苦干三年，跨越二十年”的坚定决心，三年基本完成玉树灾后恢复重建工作。2010年，共开工建设各类灾后重建项目298项，完成投资50.1亿元，主要包括城乡住房、基础设施、公共服务、和谐家园、特色产业及服务业等五大类项目。

非灾区建设项目总体进展顺利。年内共争取续建和新开工项目137项，总投资达19.99亿元。第一，交通基础设施加快完善。全力协助支持机场工作，扩建巴塘机场。全面实施了国家农村公路建设项目，实施了总投资约6.7亿元的道路交通建设，累计施工建设68条通乡村、寺院油路、四级水泥、砂路，57座桥梁。第二，能源建设取得新突破。完成了通天河流域水电规划工作；查隆通电站进展顺利；实施了总投资8.06亿元的无电地区通电工程，包括续建囊谦县觉拉小水电代燃项目、称多县浦口小水电代燃项目和玉树州天电地区“金太阳”示范项目等通电项目。第三，政权基础设施建设项目进展顺利。年内完成了15个项目的招投标等前期工作，总投资约2亿元，玉树州曲麻莱县人民法院审判业务用房、政府业务用房、人民武装部业务用房、公安局业务技术用房和玉树州杂多县、囊谦县乡镇基层政权建设等8个项目已开工建设。第四，三江源生态移民后续产业扶持资金得到进一步落实。2010年玉树、称多、囊谦三县，共下达三江源生态移民创业扶持资金950万元。2010年玉树州固定资产投资完成50.1亿元，完成计划任务的182.8％。

【灾后经济发展】 农牧业生产大灾之年少减产无大疫，计划内农牧业项目稳步推进。“4.14”特大地震灾害给玉树州农牧业经济造成重大损失，玉树州上下积极开展生产自救，最大限度降低减产程度，努力做到了大灾之年农牧业生产尽可能的减少自然灾害因素减产，杜绝重大农牧业疫情发生。畜牧业全年共产各类仔畜105.63万头只；牲畜出栏率、商品率分别为35.68％和27.01％；年末存栏牲畜258.92万头只（匹）。农业粮食总产量达到17253吨，比上年减少9.61％，油料总产量达到57.4万公斤，比上年减产17万公斤。通过进一步调整农牧业经济结构，特色产业稳步发展。2010年玉树州通过建设生态畜牧示范村和生态畜牧启动村等各种生态畜牧业发展形式，生态畜牧业发展总体建设扎实推进，农牧业经济发展取得明显进展。

生态建设和环境保护成效明显。“4.14”地震后，玉树州始终把生态保护建设放在突出位置，积极促进生态保护和经济建设协调发展。2010年三江源生态保护工程完成投资45165.59万元，其中结转项目完成投资11666.39万元，新下达项目完成投资33499.2万元。一是退牧还草工程取得积极成效。2008年度的退牧还草建设项目已全面完成；2010年度黑土滩综合治理工程21.73万亩，年底已全面完成建设任务。二是生态移民工程稳步实施。小城镇建设2010年总投资2855万元，完成2338.2万元；2010年度建设养畜综合配套项目总投资18711万元，完成17933.25万元；生态移民2010年下达任务1237户、47220平方米，完成移民定居点建设任务的94％。三是林业生态工程建设效果明显。认真实施了2010年封山育林、沙漠化治理、湿地保护三个林业项目和完成江西、东仲、白扎三个核心区管护站基础设施续建任务，完成了2010年林业项目实施工作。四是环境保护监管力度不断加大。严格执行了环境影响评价和“三同时”制度等各项环境保护法律法规，全面控制建设项目新增污染物排放总量，资源保护和可持续利用能力不断增强。同时，深入推进城镇环境“脏、乱、差”综合整治和乱采砂石、乱取土专项治理，进一步治理“白色污染”，区域生态环境建设取得明显进展。

工业生产逐渐得到恢复，交通运输邮电业稳步增长。积极做好工业恢复重建规划，全面开展电站、电网的抢修和恢复重建工作，实现工业恢复性增长。2010 年实现工业销售产值（现价）9806 万元，实现工业增加值（现价）4525 万元。主要产品产量：发电量 9850 万度，比 2009 年多生产 405 万度，同比增长 4.3%；生产原盐 2900 吨，于 2009 年基本持平。

2010 年客运量达到 19.88 万人次，比 2009 年增长 120.9%，完成电信业务总量 5356.8 万元，比 2009 年增长 6.4%；完成邮政业务总量 1268.77 万元，比 2009 年增长 27.7%；移动公司业务总量 7789 万元，比 2009 年增长 34.7%。

市场消费逐步恢复活力 。“4.14”地震后，各相关部门积极建立多个应急流动市场，并组织流动售货服务车、帐篷售货和板房售货等形式，促进了灾区的商品供应。结古镇区 3000 多个商业、邮政、金融等服务网点全面恢复，但由于受地震影响，消费品市场萎缩，民众消费需求明显下降。2010 年实现社会消费品零售总额 34055 万元。

努力保障和改善民生，人民生活水平稳步提高。2010 年玉树州始终把保障和改善民生作为各项工作的出发点和落脚点，大力实施社会主义新农村建设，加快推进社会事业发展。第一，城乡居民收入稳定增长。2010 年城镇居民人均可支配收入 16305.9 元，比 2009 年增长 25.1%。农牧民稳定增收，2010 年玉树州农牧民人均纯收入达 3663 元，比 2009 年增长 56.8%。第二，社会事业全面发展。科教文卫设施建设重点推进。“两基”攻坚确定的各项任务全面完成，并已通过省级验收。小学适龄儿童入学率达到 98.5%，积极推进投资 3.4 亿元的寄宿制学校建设工程，15 所学校相继竣工。组织 110 名校长、272 名学科教师在青海师大进行了脱产培训。近 500 名教师接受了灾后康复培训。基层医疗卫生服务体系进一步完善，扩大基本医疗保障覆盖面，玉树州农牧民参合人数达到 264068 人，参合率达到 97.85%，比 2009 年提高了 1.75 个百分点。文化、科技等社会事业也开始步入恢复性发展轨道。村村通等工程项目加快推进，广播、电视人口综合覆盖率预计分别达到 85.5% 和 73.3%。城镇新增就业 0.075 万人，城镇登记失业率控制在 4.2% 以内。社会保障事业全面发展，各项社会保险制度进一步完善，覆盖面进一步扩大，保障水平不断提高。第三，扶贫工作取得积极进展。重点实施了覆盖玉树州 5 个县 29 个贫困村 6796 户，受益人数达 31575 人的整村推进项目。落实国家以工代赈资金 590 亿元，国家易地扶贫搬迁试点项目资金 1704 万元，安排了一批贫困地区的乡村道路、人畜饮水、设施农牧业等项目建设，2010 年 1 万农牧民实现稳定脱贫。第四，保障性安居工程建设加快。农村危旧房改造工程取得积极进展，开工建设 450 万户，完成 450 万户；实施了投资 2.6 亿元、5430 户的游牧民定居点建设工程，2 万多牧民群众直接收益；廾工建设廉租房和棚户区改造等城镇保障性住房 780 套，超额完成 2010 年初确定的开工建设目标任务。

青　海　省

海西蒙古族藏族自治州

【经济与社会发展】 2010 年，海西蒙古族藏族自治州全年实现 GDP 365.49 亿元，按可比价计算，比上年增长 18.3%，“十一五”时期 GDP 年均增长 17.2%，其中：第一产业增加值10.28亿元，增长19.7%；第二产业增加值288.97亿元，增长20.3%；第三产业增加值66.24亿元，增长10%，“十一五”时期第一、第二、第三产业增加值年均增长率分别为8.8%、18.7%、13%，三次产业结构由“十五”末的3.33∶74.53∶22.14转变为2.8∶79.1∶18.1。全年第一、第二、第三产业对GDP的贡献率分别为2.4%、86.8%、10.8%。

全年全地区财政一般预算收入90.06亿元，比上年增28.3%，“十一五”时期全地区一般预算收入年均增长34.9%，高于“十五”时期5.4个百分点。全年财政一般预算支出61.82亿元，比上年增长40.9%。年末全州就业人员21.89万人，比上年增长0.3%，年末城镇登记失业率为2.82%。

全年农作物总播面积38.71万亩，比上年增长6.6%。年末各类牲畜存栏242.89万头（只）。全年实现工业增加值260.03亿元，增长20.3%。州属工业增加值117.47亿元，增长33.1%，增速高于地区工业12.8个百分点，全年建筑业增加值28.93亿元，比上年增长20.5%。全年全社会固定资产投资230.35亿元，比上年增长15%，五年累计投资844.3亿元，是“十五”时期累计投资的2.5倍。

全年全社会消费品零售总额43.17亿元，比上年增长20.1%。年末公路通车里程11869公里，比上年增长3.8%。全年邮电业务总量4.86亿元，比上年增长15.5%。

全州共有中小学校（不包括青海油田子弟学校）119所，在校学生65965人。全州共实施科技项目83项，其中：国家级8项，省级44项，州级31项。投入科技经费4216万元。年末全州拥有各类卫生机构118所，其中医院17所，疾控中心9个，乡镇卫生院35所。

全年城镇居民人均可支配收入16758.64元，比上年增长11.2%，“十一五”年均增长14%；农牧民人均纯收入5433.95元，比上年增长19.6%，“十一五”年均增长18.7%。

【投资环境与招商引资】 2010年，海西州形成以格尔木、德令哈为中心，以109线、315线、215线三条国道和305线、209线、303线、210线、302线六条省道为主骨架的公路网络；完成青藏铁路电气化改造，德令哈机场开工建设。同时，也注重软环境的建设。2010年，国务院批复《青海省柴达木循环经济试验区总体规划》，对柴达木循环经济试验区在产业准入、资源配置、税收、价格等方面给予10条优惠政策。青海省政府出台了《青海省人民政府关于加快推进柴达木循环经济试验区发展的若干意见》、《柴达木循环经济试验区循环经济产业发展指南》、《青海省循环经济发展专项资金管理办法》、《青海省增强循环经济试验区科技创新能力的若干政策措施》等相关优惠政策措施，自治州投资软环境有了明显提升。

招商引资方面。2010年，海西州先后组织参加第十四届中国东西部合作与投资贸易洽谈会、广州博览会、第十四届中国国际投资贸易洽谈会、中国（宁夏）国际投资贸易洽谈会、第十一届中国西部国际博览会，重点介绍了海西州地区优势资源、优势产业、名优特色产品及本地区投资环境、优惠政策、合作项目。在杭州举办了，2010中国柴达木循环经济试验区杭州推介会。2010年全州共签约项目53个，签约金额为688.01亿元，截至年底共有24个项目开工建设，完成投资26.83亿元，29个项目正在进行前期工作，开工率达45%。全年共完成招商引资到位资金78.56亿元。

【经济技术协作与对口支援】 2010年，海西州各地区及相关部门主动出击，大力实施“走出去”战略，取得了明显成效。对外开放向多层次、多形式、多领域、全方位拓展，与北京海淀区等友好地区的合作交流与融合互动全面加强。浙江省、铁道部、工信部、科技部、国土资源部、中石化、中石油、中国国电、中化集团分别对口支援海西州及所属市县行委，全面启动国家部委、中央企业、浙江省对口支援工作。为了便于协调、沟通和推动工作，促进对口支援工作的开展，成立了海西州对口支援藏区发展协调工作领导小组、海西州对口支援办公室。同时，浙江省在选派9名援青干部的基础上，增派5人成立浙江省对口支援青海省海西州指挥部，充实浙江省对口支援工作力量。各地区相应成立工作领导小组，落实了具体办事机构，统一安排对口支援的各项工作。为了更好地开展对口支援工作，编制对口支援规划。编制完成《浙江省及中央部委局、央企对口支援海西蒙古族藏族自治州专项规划对口支援规划》（初稿），重点在民生、产业发展、人才和经济技术合作四个方面提出近期对口支援和帮扶项目387个，远期对口援助和帮扶项目93个，同时，结合农牧民脱贫致富的技能学习以及海西产业发展对人才的需求提出了开展人才支援、培训和扶持的重点方向及年度需求，积极与浙江省对接5年规划。海西州落实了德令哈天文科普馆、都兰县敬老院等浙江省援助建设项目。

【"十二五"规划】 总体目标。打造"两个"示范区，建成"三个"中心，构建"六大"产业体系，实现"五个"率先发展。到2015年，综合经济实力实现跨越发展，基础设施趋向完善，循环经济特色产业体系基本形成，建成全国循环经济发展示范区；统筹城乡建设实现跨越发展，基本公共服务能力大幅提升，在西部地区率先实现基本公共服务均等化，建成全省统筹城乡一体化示范区；人民生活水平和质量实现跨越发展，城乡居民收入加快增长，社会保障水平稳步提高，建成西部地区人民群众幸福指数最高的地区；生态环境保护和建设实现跨越发展，重点生态区综合治理取得突破性进展，生态文明水平显著提高，建成资源节约与环境友好发展的先行区。

主要目标。生产总值年均增长18%以上，达到1000亿元；工业增加值年均增长20%以上，达到800亿元；五年累计全社会固定资产投资达到3000亿元；地区财政一般预算收入年均增长21%以上，其中地方财政一般预算收入年均增长21%以上。城乡居民收入大幅提高，年均分别增长12%和16%左右，分别达到29500元和11400元。

【重点项目介绍】 2010年，全州共实施各类项目462个，确定重点项目51个，完成投资106.05亿元，占全社会固定资产投资的46%。其中，建成青海中航资源公司氯化钾改造、青海百事特镁业格尔木氧化镁联产氯化钙项目一期、当金山至大柴旦高速公路、游牧民定居、农村危房改造、全州年度高标准防风固沙林和巴音河河岸绿化等项目；基本建成110千伏甘森至冷湖大盐滩输变电工程。积极推进青海盐湖集团盐湖综合利用项目二期工程、青海盐湖海虹10万吨ADC发泡剂一体化项目一期5万吨工程、察尔汗至格尔木等5条高速公路、海西州公安局特警支队营房、州职业学校新校园等项目建设。开工建设盐湖集团金属镁一体化、西部镁业公司10万吨高纯氢氧化镁、青海锂业盐湖卤水高技术产业化示范工程、中盐青海氯碱化工40万吨聚氯乙烯、50MW光热发电示范电站以及德令哈支线机场、廉租房、校舍安全、州蒙藏医院住院楼、统筹城乡经济社会发展一体化示范工程、巴音河格尔木桥以南河道综合治理工程等项目。全面完成格尔木至敦煌铁路、海西州行政和便民服务中心建设项目前期工作；基本完成义海能源公司德令哈200万吨焦化配套20万吨甲醇、青海中航资源公司金属硅、青海鸿鑫矿业四角羊—牛苦头50万吨有色金属、花土沟支线机场等项目前期工作；全面开展蓄集峡水电枢纽工程前期工作。

【循环经济发展】 2010年3月15日，国务院批复《柴达木循环经济试验区总体规划》，试验区建设由地方发展战略上升为国家发展战略，试验区盐湖化工、石油天然气化工、煤化工、冶金和有色金属、特色生物、新能源六大循环经济主导产业体系建设开始起步，特色优势产业培育初见成效。以格尔木、德令哈、东部、西部循环经济工业园为主的工业产业布局加快形成，纯碱、氯化钙、碳酸锂、高纯镁砂、硫化碱、焦炭、甲醇产品项目以及盐湖资源综合利用、ADC发泡剂配套联二脲、金属镁一体化、炼油扩建、粗铅冶炼、铁矿采选、煤炭开发、枸杞与脱毒马铃薯种植基地及深加工、太阳能光伏电站等一批支撑循环经济产业发展的重大项目相继实施或建成投产，主要产品产能大幅上升。成功举办全国知名专家走进柴达木科技服务活动。编制完成《海西国家盐湖特色材料高新技术产业化基地规划实施方案》。组织实施科技项目 83 项，争取、安排资助资金 4216 万元；全年共获得省级科技成果 15 项。投入矿产资源勘查经费 5.1 亿元，重点对格尔木塔温查汉、牛苦头多金属矿、尕林格磁铁矿等成矿带开展了详查工作，探明昆北亿吨级整装油田并通过国家储委审查，祁漫塔格有色金属矿区列入国土资源部“矿产资源调查评价工程”特大型矿床和国家资源接替基地。以州发展投资公司为主体，成功申办茫崖柴水沟西金多金属矿、冷湖黄矿山地区铜多金属矿、乌兰布拉格金多金属矿等 25 个矿权，为下一步捆绑项目招商奠定了资源基础。

新疆维吾尔自治区
克孜勒苏柯尔克孜自治州

【经济和社会发展情况】　2010 年，克孜勒苏柯尔克孜自治州全年实现 GDP 38.88 亿元，“十一五”年均增长 11.5%；人均生产总值 7202 元，年均增长 8.8%；工业总产值 12.82 亿元，年均增长 24.7%；五年累计完成全社会固定资产投资 94.23 亿元，年均增长 29.3%；社会消费品零售总额 8.33 亿元，年均增长 16.9%；地方财政收入 3.79 亿元，年均增长 32.1%。

结构调整步伐加快，特色优势产业渐成规模。以设施农业、现代畜牧业、特色林果业为特色的“戈壁产业”带动农业和农村经济稳步发展；以能源和矿产资源开发为重点的工业经济取得历史性突破；以对外经济贸易、旅游为重点的第三产业加快发展；三次产业结构比例由 2005 年的 28.6∶16.2∶55.2 调整为 20.1∶23.4∶56.5。

“两基”攻坚圆满完成，“双语”教学稳步推进，民汉合校顺利实施，“小学办到乡村，初中办到县”的目标基本实现，“高中办到州”的目标稳步推进，初中毕业生升高中段教育比例达到 54%，教育扶贫工程取得阶段性成效。

医疗卫生服务体系进一步完善，公共卫生服务能力进一步提高，城市社区卫生服务工作逐步推进，乡镇卫生院实现全覆盖，农村新型合作医疗参合率稳定在 98% 以上，城镇居民基本医疗保险工作进展顺利。

文化体育和广播电视事业蓬勃发展，广播电视“村村通”、“西新”、“东风”等工程深入实施，广播、电视人口覆盖率达 92.79% 和 92.39%；柯尔克孜史诗《玛纳斯》成功入选联合国教科文组织“人类口头非物质文化遗产代表作”名录，柯尔克孜库姆孜艺术等四项入选“国家级非物质文化遗产代表作”名录；基层文化阵地进一步巩固完善，乡镇文化站实现全覆盖。

2010 年争取国家、自治区直接用于民生领域基本建设投资达 9 亿元以上，力度之大、项目之多前所未有。集中力量建设一批民生工程，让广大人民群众得到了实惠。安居富民、定居兴牧工程相继启动，民生工程建设呈现新气象。新建抗震安居房 14290 户，开工建设游牧民定居房 430 户，新建廉租住房 1586 户；启动城市公共租赁房建设，国有林场棚户区住房改造工程建设进展顺利；新建农村沼气池

2625户；解决了近4万人的饮水安全问题；新修和节水改造各级防渗渠道78.5公里；新增节水灌溉面积1.2万亩；新打机电井42眼，改造配套机井66眼；新建农村公路220公里。加强贫困地区农村基础设施建设，完成了3054户、13420人贫困农牧民脱贫任务。

【招商引资】2010年，克州全社会固定资产投资完成30.42亿元，较上年同期增长21.49%，完成全年目标任务的105.6%，其中：城镇以上固定资产投资完成25.85亿元，增长30.43%，农村固定资产投资完成4.57亿元，下降12.4%。全州一、二、三产投资同步增长，第一产业完成投资3.3亿元，同比增长1.2倍；第二产业完成投资14.02亿元，增长25%，第三产业完成投资13.1亿元，增长6.1%。从产业投资构成看，三次产业比重由去年同期的5.87∶44.79∶49.34调整为10.84∶46.10∶43.06，第一、第二产业投资比重上升，分别提高了5和1.3个百分点，第三产业投资比重有所下降，下降6.3个百分点，三产中交通运输、仓储和邮政业完成投资2.55元，下降56.19%；住宿和餐饮业下降100%。从县（市）完成投资情况来看，各县（市）均有不同程度增长，其中：阿图什市完成投资9.3亿元，较上年同期增长7.35%；阿克陶县完成投资9.99亿元，增长34.96%；乌恰县完成投资4.61亿元，增长15.14%；阿合奇县完成投资6.21亿元，增长41.38%，由于盖孜河布仑口—公格尔水电站、托什干河别迭里水电站、布伦口—木吉国防公路、阿合奇县110千伏输变电工程等重大项目的顺利实施，阿克陶县和阿合奇县固定资产投资增长幅度较大。

2010年全州累计到位国家及自治区补助资金11.25亿元，较上年增加1.57亿元，为历年来最多。其中：中央预算内资金7.25亿元，自治区预算内资金1.29亿元，自治区政府债券资金1.46亿元。

【重点项目介绍】 2010年，克州确定重点建设项目77个，年度计划投资36.18亿元，开工项目63个，其中已完工项目16个，完成投资26.33亿元，占年度投资计划的72.78%。政府投资重点建设项目方面：共安排建设项目50个，年度计划投资15.21亿元，其中，中央、自治区预算内资金8.17亿元，已实施项目41个，其中12个项目完工，完成投资11.22亿元，占年度投资计划的74%；对口援疆试点项目方面：共安排建设项目11个，年度援助资金计划3.48亿元，项目均开工建设，其中2个项目完工，完成投资1.51亿元；招商引资重点建设项目方面：共安排建设项目16个，年度计划投资17.49亿元，已实施项目11个，其中2个项目完工，完成投资13.6亿元，占年度投资计划的77.74%。重点建设项目完成投资占全社会固定资产投资的88%，对拉动经济增长发挥了重要作用。

【对口援疆工作】 按照克州党委、人民政府的安排部署，精心组织，周密安排，全力做好了对口支援的衔接、协调和服务工作，全面配合江苏省、江西省对口援疆综合规划的初步论证和对接，为规划在更高层面的论证奠定基础。积极协助对口援助省市推进了对口援疆试点项目建设，全年11个对口援建试点建设项目全部开工建设，项目涉及保障性住房、社会发展、基础设施、特色优势产业等方面，其中2个项目完工，完成投资1.51亿元。克州发改委高度重视并积极协调配合江苏省城市规划设计研究院做好《克州发展战略规划》编制工作。

为抓住中央新疆工作座谈会和全国对口援疆工作会议的历史发展机遇，在自身财力有限的情况下，各县市积极加大项目前期工作投入，2010年共筹措项目前期费3612万元，其中：争取自治区项目前期费三批共1232万元，县市自筹前期费2380万元。全年完成了克州国民经济和社会发展第十二个五年规划思路研究、指标体系、规划纲要和17个专项规划，以及88个重点项目前期工作，认真落实规划、选址、土地、环评等项目建设条件，积极做好申报工作，最大限度争取中央、自治区投资支持。加强对口援疆规划沟通对接，2010年对口支援省市及企业共投入项目前期费4554万元。

新疆维吾尔自治区 巴音郭楞蒙古自治州

【经济与社会发展】 2010年，巴音郭楞蒙古自治州全年实现GDP 640.14亿元，同比增长7%，其中第一产业108.15亿，增长7.2%；第二产业413.17亿，增长6.6%；第三产业118.81亿，增长7.9%。全社会固定资产投资360.42亿元，比上年增长17.3%，其中，地方完成投资169.76亿元，增长23.9%。完成全口径财政收入98.0亿元，增长46.5%，其中，地方财政收入43.6亿元，增长29.3%。完成地方财政支出96.64亿元，增长30.2%。

2010年，巴州农林牧渔业增加值108.15亿元，比上年增长7.6%。全州农作物总播面积517.12万亩，比上年减少1.94万亩。农业生产呈现如下特点：粮食种植有所减少。种植粮食比较效益下降，农民种植粮食作物的积极性降低。2010年，全州粮食种植面积为103.47万亩，比上年减少10.36万亩；小麦种植面积67.94万亩，比上年减少7.46万亩。棉花种植面积增加。棉花价格上涨，农民种植棉花积极性较高。2010年，全州棉花种植面积为266.29万亩，比上年增加13.14万亩，棉花单产139公斤/亩，单产与上年持平，是新疆第三大产棉区。特色农作物种植面积继续增加，内部结构有所调整。2010年，蔬菜种植面积77.13万亩，比上年增加1.54万亩，其中：工业番茄种植面积30.14万亩，比上年减少5.33万亩，工业辣椒种植面积32.37万亩，比上年增加5.71万亩。特色林果业快速发展。2010年全州林果面积180万亩，比上年增加23.41万亩，总产量81.32万吨，比上年增长22.9%。全州牲畜存栏363.96万头（只），比上年增长0.1%；肉类总产量11.52万吨，比上年增长12.5%。

巴州水果资源丰富。库尔勒香梨是巴州特有的产品，具有含糖量高、香味浓郁、果肉细嫩、酥脆多汁和耐储藏等特点，远销美国、中国香港及东南亚一些国家和地区，已形成69.03万亩、总产61.21万吨的规模。轮台小白杏是巴州的又一特色产品，它以肉厚、核饱、含糖量高而闻名国内外，2010年杏种植面积达28.32万亩，“轮南小白杏”被国家有关部门评为优质农产品。若羌红枣作为中国优质红枣，其种植面值已达11.14万亩，产量3.3万吨，来自红枣的收入占若羌县农牧民人均纯收入的80%以上。葡萄产业是巴州极具发展潜力的又一特色产业，2006年为加快农业结构调整步伐，巴州州委提出在焉耆、和静、和硕、博湖四县施行“推白扩红”战略，即减少棉花种植面积、扩大葡萄、工业番茄等红色作物种植面积。目前，北四县已完成60万亩的酿酒葡萄基地建设规划，2010年全州葡萄种植面积20.01万亩。

2010年，全州工业企业完成增加值361.15亿元，比上年增长7.2%。主要工业产品产量中，生产原油562.1万吨、天然气183.88亿立方米、原煤288.8万吨、钢材84.92万吨、钾盐41.96万吨、发电量45.74亿千瓦时，分别比上年增加0.1%、1.5%、2.6%、21%、9.9%和5.8%。2010年全州规模以上工业企业经济效益综合指数达到

828.05%，比上年提高77.17点，企业盈利能力稳步回升。重大项目相继建成投产，工业增长潜力增加。塔里木大化肥、乌苏啤酒顺利投产，金特钢铁二期技改、巴州西姆莱斯石油专用管、国投罗钾10万吨钾镁肥实验厂投入试运行，美克化工二期开工奠基。矿业勘探"358"项目成果显著，勘探矿体42个，新增铁矿资源2.8亿吨，镍60余万吨。和静工业园区、若羌工业园升级为自治区级工业园，库尔勒经济技术开发区正申报国家级园区。

消费市场繁荣活跃。2010年社会消费品零售总额73.86亿元，增长17.1%。居民消费价格指数104.5%。全年接待游客365万人次，实现旅游收入15.2亿元，分别增长30.5%、32%。

重点领域和关键环节的改革取得新进展。《库尔勒市统筹城乡综合配套改革总体方案》上报自治区人民政府待批。农村义务教育"普九"债务清理化解工作顺利通过了国家验收。加快行政权力运行监控机制建设，在库尔勒市、和静县和7个州直单位率先开展廉政风险防范试点。妥善解决26户、111名破产国有企业离休干部及遗孀待遇问题。医疗卫生体制五项改革顺利推进，6县市建立基本药物制度，八县一市实现"门诊+住院"统筹补偿模式，新农合筹资标准提高到150元，参合率稳定在97%以上。库尔勒市、轮台县开展了国家基本药物制度试点工作，实施网上招标、统一配送，全州30%基层医疗机构实行了药品零差率销售。

扩大对外开放广度和深度，全年落实招商项目253个，到位资金128亿元，增长44.5%。对外贸易出现复苏，全年实现进出口总额1.2亿元美元，与上年基本持平。其中出口1.1亿美元，增长27%。

人民生活明显改善。城乡居民收入持续增加，其中城镇居民人均可支配收入达13809元，增长10.5%，农牧民人均纯收入达8890元，较上年增长1768元。人民币储蓄存款余额增加到282亿元。城镇居民人均住房建筑面积增加到38.9平方米，农村居民人均居住面积增加到27.55平方米。

扶贫工作成效显著。以南部阿尔金山、昆仑山和北部巴音布鲁克草原等山区、牧区为重点，重点抓好整村推进、产业化扶贫、劳动力培训转移三项工作，有效改善贫困地区生产生活条件。巴州50个村列入自治区新一轮扶贫开发重点村。培训贫困农牧民3878人次，搬迁农牧民723户、2808人，全州965户3306人贫困人口越过低收入贫困线。

"安居富民"和"定居兴牧"两大工程加快推进，新建农村富民安居工程12439户、开工建设廉租房5744套、棚户区改造10200户。和静县356户游牧民定居工程住房和河北新村一期500套生态移民搬迁住房主体全部完工。

加快实施科技兴州。20个乡镇获得自治区科技进步先进乡镇称号，承担和实施各类科技项目79项。坚持教育优先发展。石油中学和梨香中学建成招生，17所学前"双语"幼儿园、4个农村校舍改造工程、8个中小学校舍安全工程及巴州师范"双语"基地等项目加快建设。民汉合校在校学生占全州中小学在校生总数的72%，95%少数民族适龄学前儿童接受"双语"学前教育。文化事业加快发展。州图书馆电子阅览室、少儿图书馆、若羌博物馆项目建成投用，和硕、轮台博物馆、全州剩余39个乡镇综合文化站基本完工，巴州博物馆进行布展准备。全年完成农家书屋100个，新增3个国家级非物质文化遗产保护项目和1名国家级传承人。医疗卫生服务体系更加完善。巴州燕赵蒙医院开业接诊，河北援建库尔勒市第三人民医院主体完工。6个县级医院、10个中心乡镇卫生院、库尔勒市3个社区卫生服务中心等项目稳步推进。扎实开展"千名医师支援农村卫生工程"等活动。全面推进5项重大公共卫生服务和9项基本公共卫生服务项目，开展城市居民健康、儿童和孕产妇保健建档立卡工作。完善计划生育目标责任制和计划生育家庭奖励扶助政策，人口自然增长率控制在11‰以内。体育、广播电视事业蓬勃发展。成功举办自治州第七届“东归那达慕节”少数民族传统体育运动会等体育赛事。完善城乡公共体育设施，建成12个县市级精品健身广场工程和140个行政村农牧民健身工程。6县市完成有线电视网络改造。劳动和社会保障工作取得新成效。382户“零就业家庭”动态清零，农业富余劳动力转移就业7.69万人，全年实现就业再就业3.43万人，全年城镇登记失业率控制在3%以内。“五七工”、“家属工”、失地农牧民纳入社保范围，养老保险实现异地转移接续，各类参保人数达到96.5万人，城镇职工和城镇居民医保参保率分别达到90%和95%。4.8万城镇居民和5.1万农村居民享受最低生活保障。新农保试点工作效果显著，轮台、若羌县两县新农保参保率分别达到94%、50%。

【投资环境】 巴州不断改善投资软环境，先后出台了《自治州加快实施工业强州战略的意见》和《自治州加快工业发展有关问题的指导意见》两个文件。成立了行政办公服务大厅，进一步转变政府职能，减少审批事项，实行服务承诺制、手续代办制和审批时限制。坚持把第三产业和非公有制经济发展作为优化经济结构、增加就业的重要突破口。餐饮、批发、零售、运输、仓储和商贸流通等服务业发展强劲，建成一批各具特色的市场。资本、产权、土地、技术和劳动力市场加快发展。现代流通和营销方式不断拓展，金融、保险、社区、房地产等现代服务业快速发展。继续清理各类收费项目，取消不合理收费项目20项，通过取消项目和降低标准可减轻社会各方面的负担4396.7万元。

基础设施建设日臻完善。巴州地理位置重要，是进入南疆的门户和开发南疆的“桥头堡”，在新疆经济社会发展中，具有“承北启南”的特殊地位。巴州能源，交通、通信等基础产业和基础设施较为完备，交通运输已经形成了公路、铁路、航空、管道齐备的立体运输网，新疆有7条省道、国道，其中有5条穿越巴州境内，呈“三横两纵”状态贯穿巴州。库尔勒电网是新疆南疆地区最大的电网，电力总装机容量已达103万千瓦。近年来，巴州继续加大基础设施建设步伐，国道314线和硕—库尔勒高速公路建成通车，国道218线、315线改造基本完成，南疆铁路二线、库尔勒—阿克苏铁路二线、库尔勒—库车高速公路开工建设，库尔勒新机场正式通航。察汗乌苏水电站、哈尔莫墩水电站、塔什萨依燃气电站投入运营，柳树沟水电站、小山口水电站、塔什店火电四期开工建设，国电、华能、华电热电项目前期工作稳步推进，吐鲁番—库尔勒750千伏、轮台—塔中220千伏联网工程建成投运，基本形成220千伏主电网构架。开孔河、迪那河、车尔臣河三大灌区改造项目进展顺利，建成了焉耆水源地、博湖东泵站等一批骨干水利设施。塔河治理巴州段工程进展顺利，巴音布鲁克草原和博斯腾湖生态治理得到加强，全州森林覆盖率和绿洲森林覆盖率分别达到1.94%和19.93%。

【对口支援】 根据全国对口支援新疆工作会议精神，双方成立了工作机构，完善了工作制度。编制完成河北省对口支援总体规划和城镇建设规划、产业发展规划、教育事业规划、卫生事业规划、人才智力支撑规划五个专项规划，并经过审批。确定试点项目三个，分别为：库尔勒市河北医院（维吾尔医医院）、库尔勒市河北社会福利院项目、和静县巴音布鲁克生态移民搬迁工程（燕赵新村）3个试点项目，目前三个项目均以竣工并交付使用。在此基础上，确定了第一、二、三批援疆项目和基层组织建设、干部人才培训62个项目，援助资金10.7亿多元，涵盖了教育、卫生、文化、棚户区改造、城市基础设施、村级及社区阵地建设、党政干部人才交流、少数民族大学生培训等众多领域，其中：第一批项目13个，已全部启动；第二批项目13个，和静县莫呼查汗牧区水库工程已经开工建设；第三批项目7个，基层组织阵地建设项目18项，干部人才培训项目10项，转移就业培训项目1项，将于“十二五”期间陆续开工。产业援疆成效突出，河北与巴州在矿产资源开发、天然气加工、新型建材、纺织、农副产品深加工等领域签订产业合作意向50多项，合同金额近400亿元。由河北省投资建设的河北工业园占地8平方公里，已进入实质性操作阶段。智力援疆全面展开，河北省先后选派三批次50名医疗专家到巴州支医。巴州选派50名乡镇干部、50名医务人员、100名养老护理员和儿童育婴员、136名富余劳动力前往河北省接受培训，安排30名职业院校及中小学校长、骨干教师到河北挂职锻炼。河北高校与巴音职业技术学院签订对口帮扶协议，首批试点的150名普通高校毕业生已赴河北省培训学习。河北理工大学与巴音学院合作开班工程硕士班，35名学员完成了第一阶段的学习课程。河北省帮助编制完成《铁门关景区旅游开发总体规划》和《新疆博斯腾湖旅游开发总体规划》。开通石家庄—库尔勒航线。

【“十二五”规划】 全州生产总值（GDP）年均增长10%，达到1000亿元以上；全社会固定资产投资年均增长15%以上，五年累计完成2800亿元；全口径财政收入达到268亿元，年均增长22%，地方财政收入达到110亿元，年均增长20%，一般预算收入达到95亿元，年均增长22%，力争突破百亿元；外贸进出口总额年均增长20%以上；社会消费品零售总额年均增长17%以上。城镇居民人均可支配收入达到2.4万元，年均增长12%；农牧民人均纯收入达到1.3万元，年均增长8%以上。人口自然增长率控制在11‰以内。

【重点项目介绍】 2010年，全州确定2009年巴州安排重大项目58项，其中收尾项目7项，续建项目34项，新开工10项，预备7项，计划总投资140.52亿元。重点项目总体进展顺利。

收尾项目中：国道315线若羌至依吞布拉克公路、若羌—罗中公路、轮台至塔中输电线路工程、吐鲁番—巴音郭楞750千伏输变电线路工程建成投用，巴州瑞兴化工公司二期6万吨二硫化碳项目进入试生产。

续建项目中：开工农村饮水安全工程15处，7.3万人饮水安全问题得到解决。新增沼气用户5060户，27%的农村住户用上清洁沼气。新定植经济林9.85万亩。轮台五一水库正在进行导流洞、明渠、发电洞施工。柳树沟水电站工程联合进水口基本完成，泄洪洞进水塔浇筑完成。小山口水电站完成导流洞和发电洞的建设工作。塔什店火电四期完成五通一平和附属综合办公楼工程主体及招标工作。美克化工二期开工奠基，巴州西姆莱斯石油专用管投入试运行，富丽达二期年产20万吨差别化粘胶短纤维项目土建、设备订购基本完成，

新开工项目中：小山口二级电站已开工，华能轮台热电厂项目申请报告上报国家发改委待批。和静备战铁矿正在进行办公楼、进场道路、电力等建设。

新疆维吾尔自治区
昌吉回族自治州

【经济与社会发展】 2010年，昌吉回族自治州全年实现GDP 557亿元，较上年增长16%，完成“十一五”规划目标（500亿元）的111%，比“十五”末（251.7亿元）翻一番。其中第一产业完成163亿元，增长7.2%；第二产业完成236.7亿元，增长28.6%；第三产业完成157.4亿元，增长11.8%；第一、第二、第三产业由“十五”

末的31.5∶37.3∶31.2调整到29.3∶42.5∶28.2；人均地区生产总值达到34817元。

新型工业化主导地位进一步凸显，质量和效益明显提高。2010年实现工业增加值189.3亿元，同比增长27%，较2005年增长1.8倍。实现州属工业增加值117.5亿元，同比增长31.8%。“六大支柱产业”快速发展，全州规模以上企业达到350家，新增21家，比“十五”末增加191家。昌吉高新技术产业开发区升级为国家级园区，准东、玛纳斯、呼图壁工业园区升格为自治区级工业园区。

现代农牧业加快发展，农村经济稳步增强。现代农牧业已跨入基本实现阶段，形成了适应于现代农牧业发展的番茄、葡萄、小麦、棉花、制种、乳业、设施农业等优势主导产业，种植业基地建设成效显著，生产效益不断提高；畜牧业占大农业比重达到50%；州级以上农业产业化龙头企业达到123家，农民专业合作社发展到710家，带动辐射农户11.5万户；农业综合机械化程度达到83.9%。

现代服务业蓬勃发展，层次和水平进一步提升。实现社会消费品零售总额113亿元，增长18%。实现旅游收入35亿元，增长39%。房地产业健康发展，商品房销售面积166.5万平方米，增长25%。自治州以旅游、商贸流通、餐饮娱乐、交通运输、金融保险、房地产等为主的现代服务业发展体系初步形成。

固定资产投资增势强劲。2010年完成全社会固定资产投资230亿元，增长44%，“十一五”累计完成673亿元，完成“十一五”规划目标（600亿元）的112%，比“十五”时期（330亿元）翻一番。

金融信贷继续增长，财政收入大幅增加。2010年年金融机构各项存款余额562亿元、贷款余额347亿元，同比分别净增128亿元和96亿元，上海浦发银行、交通银行等金融机构入驻昌吉州，金融环境显著改善。财政收入快速增长，地方财政一般预算收入达到32.7亿元，增长35.6%，净增8亿元，完成“十一五”规划目标（23.89亿元）的137%，比“十五”末（11.7亿元）增长1.8倍，年均增长28.9%，七县市全部实现过亿元。

社会各项事业蓬勃发展，人民生活水平大幅度提高。2010年昌吉州坚定不移的推进科教兴州和人才强州战略，企业科技投入和创新力度不断加大，人才队伍建设进一步加强。教育“两基”工作顺利通过国家验收，农村义务教育阶段中小学生“两免一补”政策全面落实，学前教育、中小学“双语”教育、职业教育扎实推进。医疗卫生体系进一步健全，新型农牧区合作医疗实现全覆盖，公共医疗卫生条件不断改善。文体基础设施建设全面推进，乡镇文化站建站率达100%，村级文化室建室率达98%。北庭故城遗址成为国家考古遗址公园。广播、电视覆盖率分别达到99%和97%。人口自然增长率控制在6.71‰。城乡居民收入持续快速增长。城镇居民人均可支配收入13691元，增长12.6%；农牧民人均纯收入8806元，比上年增加1472元，完成“十一五”规划目标（7200元）的122.3%，较“十五”末增加3645元。就业规模不断扩大，安置城镇就业2.73万人，城镇登记失业率控制在3.5%以内。社会保障体系逐步完善，基本保障能力不断增强，城镇居民五项保险总人数达到96万人；64.3万人次享受农村低保待遇。“十一五”期间累计完成抗震安居工程14.5万户，游牧民定居4583户，廉租房4152套，解决了40.3万人饮水安全、1.2万人的用电问题。

【投资环境与招商引资】 2010年，昌吉州执行招商引资项目309个，落实到位资金270亿元，同比增长45.16%，完成年初205亿元预期目标的131.67%。项目履约率达88.2%，较上年提高了7.1个百分点；资金到位率57.92%。招商引资固定资产投资占全社会固定资产投资达75%。落实区外项目214个，落实到位资金216.05亿元，同比增长46.02%，其中外省市到位资金165亿元，完成自治区下达97亿元目标任务的170%，同比增长52.36%。

积极引进培育产业集群发展的龙头骨干。2010年新引进了中冶集团、豫煤集团、伊利集团、龙煤集团、渝三峡、亚宝药业、中信集团、晋煤中能化工、浦发银行、庞大集团、交通银行、西部牧业等中国500强、上市公司12家，完成年初10家预期目标的120%。执行亿元以上的项目129个，完成年初100家预期目标的129%；执行5亿元以上的项目20个，完成年初20家预期目标的100%。

为承接东部沿海产业转移引进创造条件。梳理出东部地区12省市可能转移的18个行业类别项目；编制了106个产业转移招商项目目录；筛选出具备产业转移潜力的内地服装类企业23家、机电类企业26家、建材类企业23家作为重点招商引资对象；向县市推介有项目转移意向并成功落地的福建亚通、四川光友、瑞尔通石油化工、华林蔬菜、钦驰石材等企业。

积极搭建会展招商平台。2010年参加“四会”企业262家，较上年210家增加了52家，增长24.7%。参加“四会”共签约项目240个，签约金额450.03亿元，其中合同223个，合同签约金额258.47亿元。执行福建项目24个，较上年增加10个，增长71.4%，到位资金18.19亿元，较上年增加16.73亿元，增长11.45倍。与山西省同煤集团、太重集团、太钢集团等大企业大集团进行了对接交流。引进了亚宝药业红花加工、宏盛源一期30万吨精密铸件、朝阳铸造年产35万吨精密铸造等一批项目。执行山西项目12个，到位资金8.02亿元。

【经济技术协作与对口支援】 2010年，昌吉州共有73家企业有进出口经营业绩，其中州属企业43家，兵团企业30家。州属企业中，昌吉市企业30家，占企业总数69.77%，实现进出口总额5.09亿美元，占州属总额94.61%，发挥了重要的拉动作用；呼图壁县2家，出口123万美元；阜康市1家，出口97万美元；吉木萨尔县1家，进口1万美元；奇台县6家，实现进出口1735万美元；其他县市企业3家。2010年昌吉州进出口额排在前十位的国家有：哈萨克斯坦、吉尔吉斯斯坦、阿塞拜疆、塔吉克斯坦、韩国、日本、苏丹、德国、巴基斯坦、意大利。另外，乌兹别克斯坦、俄罗斯、美国、巴西、波兰、土耳其、泰国、菲律宾、马来西亚等也成为自治州出口较多的国家。昌吉州进出口主要商品有：服装、机电、农产品、化工建材、鞋帽、钢材及其他金属制品、纺织品、文化体育用品、箱包及其他皮革制品、家俱等。其中，服装类出口较2009年同期下降32.95%，在进出口总额中所占的比重由46%下降为33.91%；农产品出口下降18.75%，所占比重下降2个百分点；机电产品则同比增长了63.20%，所占比重较2009年上升5个百分点。

2010年，中央新疆工作座谈会和全国对口支援新疆工作会议，确定福建省继续对口支援昌吉州的玛纳斯县、呼图壁县、昌吉市、吉木萨尔县、奇台县和木垒哈萨克自治县，新增山西省对口支援昌吉州州阜康市和兵团农六师五家渠市。2010年完成承接福建省对口支援的十年、五年规划框架征求意见稿、2011年重点项目实施计划和卫生、教育、农村基础设施建设、干部人才等四个专项子规划。阜康市协助山西省完成了“1+7”的规划编制工作。

2010年福建省对口昌吉州援疆项目176个，资金总规模16.02亿元（含2010年试点项目8701万元）。其中富民安居工程10项，合计援建资金46869万元；教育强基工程，援建项目38个，援建资金23865万元。产业兴州工程，共计15个，援疆资金13027万元，智力支持工程，援疆资金共计划17190万元。

2010年山西省对口昌吉州援疆项目42个资金总规模3.9亿元。游牧民定居项目3项，山西援助资金4784.5万元；棚户区改造项目3项，山西援助资金8220万元；教育项目3项，山西援助资金5325.5万元；卫生项目11项，山西援助资金6604万元；民政项目3项，山西援助资金1200万元；设施农业项目4项，山西援助资金8370万元；中心村建设项目4

项，总投资9450万元，山西援助资金2000万元；党建及村级（社区）阵地项目9项，山西援助资金1646万元。

【“十二五”规划】 经济实现跨越式发展。地区生产总值比2010年翻一番、力争提前突破1000亿元大关、年均增长16%以上，第一产业、第二产业、第三产业的比重为19∶54∶27，人均GDP达到67900元、达到西部地区先进水平；地方财政一般预算收入翻一番以上、年均增长25%以上，全社会固定资产投资5年累计投入2700亿元以上、年均增长30%以上，社会消费品零售总额达到290亿元、年均增长20%，外贸进出口总额年均增长20%以上，综合经济实力、市场竞争力和抵御风险能力登上一个新台阶。

现代产业体系初步构建。新型工业化、农牧业现代化、新型城镇化发展水平明显提高，“六大支柱产业”集群化发展，服务业取得突破性发展，文化软实力显著增强，基础设施承载力大幅度提升，科技进步对经济发展的贡献率明显提高，经济发展进入创新驱动、内生增长的轨道。

重点园区带动作用凸显。准东煤电煤化工产业园区产业项目投资达1000亿元，昌吉国家高新技术产业开发区产业项目投资200亿元，年均增速分别达到60%和45%，在东西两翼培植形成引领全州经济跨越式发展的重要增长极。昌吉国家农业科技园区集聚、孵化、辐射和示范带动作用明显，建成全疆乃至西部地区重要的现代农牧业示范区，实现国内领先、新疆一流目标。

城乡居民收入普遍较快增加。到2013年昌吉州农牧民年人均纯收入超万元，“十二五”末达到14840元，年均增长11%以上；城镇居民人均可支配收入超2万元，年均增长11%以上，逐步实现城乡居民收入增长与经济发展同步，劳动报酬增长和劳动生产率提高同步，城乡居民收入和人均基本公共服务能力达到西部地区平均水平。

区域发展协调性显著增强。昌吉市、阜康市、奇台县区域带动能力进一步增强。东三县与西四县市之间、城乡之间、牧区与农区之间发展差距逐步缩小。乌昌经济一体化深入推进。兵地、油地融合型经济发展更加紧密。

“两个可持续”得到有效落实。循环经济快速发展，资源利用效率明显提高，单位地区生产总值能耗大幅下降，二氧化碳与化学需氧量等主要污染物排放总量得到有效控制，生态环境质量持续好转。

社会建设和管理取得新的进展。覆盖城乡的基本公共服务达到西部地区平均水平。群众思想道德素质、科学文化素质、健康素质进一步提高。城镇登记失业率控制在3.5%以内，人口自然增长率控制在8‰以内。社会管理更加完善。民族团结明显加强。社会稳定明显巩固。

【重点项目介绍】 2010年昌吉州安排重点建设项目90项，其中续建项目43项，新开工项目47项，完成投资110亿元。完成投资118.9亿元，完成计划的108%；规划储备项目2456个，完成全州储备项目任务目标1000个的245.6%；开工项目824个，完成全州开工项目任务目标700个的117.7%；竣工项目601个，完成全州竣工项目任务目标500个的120.2%。主要为：阜康中泰化学有限公司160万吨PVC、120万吨离子膜烧碱项目完成投资10.1亿元；神华集团五彩湾煤矿完成投资8.4亿元；新疆华电昌吉新热电项目完成投资11.1亿元；鲁能奇台准东大井矿区2号矿井项目已完成投资6.8亿元；新疆宜化矿业有限公司年产40万吨合成氨60万吨尿素项目完成投资6.5亿元；华能阜康热电联产项目完成投资4亿元。

新疆维吾尔自治区
博尔塔拉蒙古自治州

【经济与社会发展】 2010年，博尔塔拉蒙古自治州全年实现GDP 128.27亿元，比上年增长11.9%。其中地方生产总值100.74亿元，增长11.4%。按三次产业划分，第一产业增加值31亿元，增长11.7%；第二产业增加值20.1亿元，增长29%；第三产业增加值49.64亿元，增长5.7%。地方三次产业结构为31∶20∶49。地方人均生产总值28156元，按可比价格计算，增长11.0%，以当年平均汇率折算，约合4159美元/人。

农林牧渔业总产值54.43亿元，增长14.7%。其中，种植业产值42.55亿元，增长16.3%；林业产值0.63亿元，增长22.7%；畜牧业产值9.12亿元，增长6.9%；农林牧渔服务业产值2.1亿元，增长46.1%。农作物总播种面积180.57万亩，增长9.5%。其中，粮食播种面积76.71万亩，增长5.7%，总产量53.68万吨，比上年增长14.4%；棉花播种面积66.34万亩，增长22.3%，皮棉总产9.44万吨，增长24.3%；油料播种面积14.33万亩，下降18.9%，总产2.72万吨，下降17.9%；甜菜播种面积4.81万亩，增长3.6%，总产18.71万吨，下降2.2%；枸杞播种面积10.75万亩，增长10.0%，总产1.23万吨，增长7.9%。年末牲畜存栏头数109.79万头（只），增长0.8%。其中，羊存栏96.42万只，与上年持平；牛存栏6.69万头，增长2.8%；猪存栏4.77万头，增长15.2%。

全部工业增加值11.5亿元，增长36.0%。乡及乡以上工业企业增加值10.92亿元，增长39.7%，其中：轻工业增加值3.86亿元，增长34.8%；重工业增加值7.06亿元，增长42.4%。

全社会固定资产投资52.31亿元，增长46.2%。按三次产业划分，第一产业投资4.3亿元，增长89.7%；第二产业投资21.23亿元，增长87.5%，其中，工业投资20.1亿元，增长1倍；第三产业投资26.77亿元，增长20.6%。

全社会社会消费品零售总额18.3亿元，增长13.1%。按城乡划分，城市消费品零售额15.2亿元，增长13.5%；农村消费品零售额3.1亿元，增长10.8%。按行业划分，批发零售贸易业零售额15.7亿元，增长13.8%；住宿和餐饮业零售额2.6亿元，增长8.3%。

全口径财政收入11.05亿元，比上年增长31.2%。地方财政收入8.08亿元，增长34.8%。地方财政一般预算收入6.3亿元，增长29.8%。地方财政支出33.61亿元，增长27.8%。地方财政一般预算支出31.53亿元，增长26.6%。年末金融机构各项存款余额156.02亿元，增长26.7%。

进一步加大科技投入，科技对经济贡献率进一步提高。教育教学条件明显改善，“两基”成果进一步巩固提高，华中师大一附中博乐分校办学模式成为新疆典范，学前和小学一年级“双语”教学全覆盖，教育教学质量稳步提升。医药卫生体制改革五项重点工作扎实推进，公共卫生均等化水平不断提高。新型农牧区合作医疗运行平稳，参合率达96%，新型农村社会养老保险试点工作稳步推进，博乐市、温泉县新农保参合率分别达到88%和

63%，提前超额完成全年任务。稳定低生育水平，人口自然增长率为7.97‰，顺利完成了第六次全国人口普查工作。文化体育事业繁荣发展，广泛开展了形式多样的群众文化体育活动。积极推进广播电视数字化进程，无线数字电视用户突破2万户，广播综合覆盖率达98.5%，电视综合覆盖率达98%。着力提高就业服务水平，积极开展公共就业服务专项活动，累计提供就业岗位8043个，转移农村富余劳动力6.3万人次，全年实现就业和再就业1.68万人，城镇登记失业率为3.8%。城镇居民收入水平继续提高，城镇在岗职工年平均货币工资25910元，增长15.4%。

【投资环境与招商引资】 阿拉山口口岸全年进出口货物2524.13万吨，增长8.6%。进出口贸易总额118.72亿美元，增长39.8%。上缴关税及代征进口环节增值税103.66亿元，增长49.8%。全州注册企业进出口贸易总额6.1亿美元，下降44.5%。全州公路完成货运量937万吨，增长7.7%，公路货物周转量13.01亿吨公里，增长8.8%。邮政业务收入3620万元，增长11.8%。通信企业实现业务收入3.01亿元，增长7.5%。年末固定电话用户12.22万户，下降14.6%。移动电话36.04万部，增长2.6%。接待国内外游客108.18万人次，增长30.4%，旅游收入1.78亿元，增长49.5%。

2010年，博州招商引资开工工业项目77个，项目数同比增长60%，到位资金19.83亿元，同比增长38%，完成全年招商引资目标任务的132.26%。其中：新建工业项目40个，到位资金7.18亿元；续（扩）建工业项目37个，到位资金12.64亿元。

【经济技术协作】 进一步加大了招商引资推介力度，成功参加第十四届“西洽会”、第十九届“乌洽会”，凸显口岸特色和区位资源优势，提高会展招商的综合效应。“西洽会”期间积极与内地相关企业进行预约洽谈撮合，并根据会前策划的外出招商方案，积极组织小分队上门招商，与4家企业签订了金额为9.1亿元的招商项目，“乌洽会”实现14个合同类项目签约。

【对口支援】 根据中央和自治区的要求，编制了《2011—2015年湖北省对口援博项目安排及产业援博方案》（送审稿），共编入申请湖北省援助项目133个，总投资53亿元。配合、协助湖北省编制完成《湖北省对口援博总体规划》，规划项目98个，总投资44.3亿元，其中申请湖北援助12.67亿元（按湖北省计划援助8.68亿元的1.5倍安排，含2010年试点项目）。《湖北省对口援博总体规划》顺利通过了专家评审，得到了自治区好评。2010年湖北省对口援博试点项目华中师大一附中博乐分校二期工程、300户定居兴牧工程按计划有序推进。《精河湖北工业园区规划》、《阿拉山口综合保税区规划》、《温泉县旅游业发展控制性详细规划》正在编制中。援疆干部人才实现了整体轮换。根据中央关于新一轮援疆干部提前进疆工作的部署和要求，积极做好第四批援疆干部和第五批援疆干部整体轮换工作。第五批援疆干部按照“好中选优，优中选强”的原则，组成了一支充满生机与活力的第五批援疆干部人才队伍。

【重点工程介绍】 2010年，博州重点建设项目30项，计划总投资20亿元，全年完成投资28.71亿元，完成年度计划的143 %。

续建项目10项：博州“定居兴牧”工程，总投资9661万元，开工620户，完成520户，完成年度投资7500万元；博州城市天然气通县工程，总投资1.5亿元，入户安装已完成7200户，完成年度投资7200万元；博乐民用飞机场建设项目，可研批复总投资2.98亿元，完成年度投资1.35亿元，已竣工投入使用；博州广电传媒中心项目，建筑面积8607平方米，总投资3642万元，主楼主体已全部完工，完成年度投资2300万元，2011年初完工；博州保障性安居住房建设项目，总投资7171万元，完成年度投资4070万元；博州职工统一集资建房项目，规划总建筑面积29.7万平方米，滨河、锦绣一期项目已完工，完成年度投资3.88亿元；阿拉山口口岸城市基础设施建设与环境保护工程利用亚行贷款项目，总投资4.69亿元，除供水、供暖及生态防护林工程外，其余项目已全部完工，完成年度投资1.36亿元；博州公安局通讯指挥中心工程，建筑面积8654平方米，总投资3790万元，完成年度投资2276万元，项目完工；S205线博乐火车站—敖包二级公路改建工程，建设里程49.4公里，总投资2.23亿元，完成年度投资6990万元，项目基本完工；博州天然草原退牧还草工程，计划实施面积290万亩，总投资4950万元，完成年度投资1300万元。

新建项目20项：新农村建设项目（包括危房改造、村卫生室建设、饮水安全、广播电视村村通、一池三改建设），总投资10.51亿元，完成年度投资4.36亿元；博州农业高效节水建设项目，总投资5.14亿元，已完成滴灌面积18.17万亩，完成年度投资1.02亿元；S205线五台—敖包—博河大桥一级公路改建工程，总里程27.4公里，总投资2.56亿元，完成年度投资2.09亿元；国电三、四期阿拉山口风电项目，总投资10亿元，装机容量99兆瓦，前期工作基本完成；龙源阿拉山口风电一、二期项目，总投资10亿元，装机容量99兆瓦，机组已安装完毕，完成年度投资5.68亿元；大型灌区四期续建配套与节水改造工程。博河：总投资4999万元，完成年度投资730万元；精河：总投资4999万元，完成年度投资641万元；博州图书馆暨廉政教育基地建设项目，总投资3000万元，总建筑面积10000平方米，正在办理前期手续；博州农村初中校舍改造工程，总投资6800万元，项目投资计划已下达，目前正在进行招投标等前期开工准备工作；博州农村公路建设工程，建设里程64.5公里，计划总投资4718万元，完成年度投资6740万元（增加两条公路，增加投资），超额完成当年任务；新疆天业集团精河县晶羿矿业有限公司石灰石深加工一期工程，年生产能力40万吨，完成年度投资1亿元；龙源公司220千伏升压站送出工程，总投资5000万元，完成年度投资2200万元；兰新电气化铁路博州段输变电工程，建设输变电线路470公里，总投资1.17亿元，完成年度投资2.19亿元（调整概算，增加投资）；博州烟草综合楼工程，建筑面积7550平方米，计划总投资2500万元，完成年度投资1000万元；博州自然保护区科研宣教综合楼工程，建筑面积6500平方米，计划总投资1940万元，完成年度投资1050万元；博州畜牧兽医科教服务楼工程，建筑面积5500平方米，计划总投资1600万元，完成年度投资800万元；博阿220千伏输变电工程，建设输电线路81公里，总投资8190万元，完成年度投资6114万元；博州影剧院工程，建筑面积3000平方米，总投资3800万元，正在办理前期手续；博州游泳馆工程，建筑面积2500平方米，总投资1600万元，正在办理前期手续；博州中等职业技术学校基础设施建设项目，计划总投资1.66亿元，正在办理前期手续；博州城镇棚户区改造项目，年度完成500套，完成投资6990万元。

新疆维吾尔自治区
伊犁哈萨克自治州

【经济与社会发展】 2010年，伊犁哈萨克自治州全年实现GDP 891.37亿元，比上年增长14.9%。其中第一产业246.89亿元，增长7.7%；第二产业335.26亿元，增长22.7%；

第三产业309.22亿元，增长12.6%。伊犁州直完成生产总值410.43亿元，比上年增长16%。其中第一产业增加值97.2亿元，增长8.4%；第二产业增加值150.14亿元，增长25.2%；第三产业增加值163.09亿元，增长12.1%。伊犁州三次产业比重由2009年的28.8∶35.3∶35.9调整到27.7∶37.6∶34.7，伊犁州直三次产业比重由2009年的24.2∶34.4∶41.4调整到23.7∶36.6∶39.7。伊犁州人均生产总值19316元，增长12.9%，州直人均生产总值15696元，增长14%。伊犁州居民消费价格比上年上涨5.2%。伊犁州直居民消费价格比上年上涨5.3%。

2010年，伊犁州农林牧渔业总产值315.95亿元，比上年增长7.55%。伊犁州直农林牧渔业总产值134.79亿元，增长7.92%。伊犁州农作物播种面积1578.89万亩，比上年增加110.11万亩。其中：粮食播种面积903.23万亩，增加118.78万亩；棉花播种面积156.36万亩，增加16.29万亩；油料播种面积215.02万亩，增加25.02万亩；甜菜播种面积42.56万亩，增加4.18万亩；麻类播种面积2.25万亩，减少0.83万亩。伊犁州直农作物播种面积690.77万亩，比上年增加39.43万亩。其中：粮食播种面积502.21万亩，增加1.55万亩；棉花播种面积15.18万亩，减少2.82万亩；油料播种面积83.03万亩，减少1.12万亩；甜菜播种面积35.21万亩，增加4.2万亩；麻类播种面积2.25万亩，减少0.83万亩。

2010年，伊犁州农业机械总动力348.29万千瓦，比上年增长10.7%。大中型拖拉机57635台，增长23.7%；小型拖拉机80670台，增长0.7%；农村用电量61031万千瓦时，增长2.54%；化肥施用量（折纯）26.67万吨，增长18.38%。年末有效灌溉面积1230.76万亩，增长7.09%。伊犁州直农业机械总动力126.61万千瓦，比上年增长14.3%。大中型拖拉机20888台，增长35.59%；小型拖拉机27297台，增长0.71%；农村用电量20112万千瓦时，下降3.47%；化肥施用量（折纯）9.71万吨，增长7.05%。2010年年末有效灌溉面积441.66万亩，增长7.9%。大力发展现代畜牧业，2010年完成牧民定居3738户，新建高标准养殖小区68个，新增优质奶牛4.98万头；新增千头优质奶牛乡25个、百头优质奶牛村70个、十头优质奶牛户1280个，分别达到77个、305个和5693个；新增万头育肥乡13个、千头育肥村33个，分别达到31个和89个，畜牧业在农牧民人均增收中的比重达34.6%。强势发展特色林果业，2010年新增特色林果67.9万亩，总面积突破160万亩，比2005年增长2.6倍，林果业占农牧民人均增收的比重达7.1%。

2010年，伊犁州工业增加值228.74亿元，比上年增长24.8%。其中规模以上工业增加值168.96亿元，增长22.47%。伊犁州直工业增加值84.66亿元，增长25%。其中规模以上工业增加值68.26亿元，增长25.8%。

2010年，伊犁州规模以上工业企业主营业务收入370.21亿元，增长38.6%；盈亏相抵实现净利润43.19亿元，增长75.33%；亏损企业亏损额4.21亿元，下降30.6%；实现利税74.07亿元，增长50.3%。经济效益综合指数297.7%，比上年提高12.7个百分点。其中总资产贡献率23.86%，下降0.25个百分点；资本保值增值率121.6%，提高3.31个百分点；资产负债率59.77%，提高0.09个百分点；流动资产周转率1.39次/年，减缓0.3次；成本费用利润率7.13%，下降3.93个百分点。州直规模以上工业企业主营业务收入167.73亿元，增长34.99%；盈亏相抵实现净利润16.95亿元，增长81.72%；亏损企业亏损额2.46亿元，下降11.4%；实现利税36.47亿元，增长39.5%。经济效益综合指数269.8%，比上年提高48.4个百分点。其中总资产贡献率13.54%，提高1.84个百分点；资本保值增值率119.82%，下降3.18个百分点；资产负债率62.11%，下降1.16个百分点；流动资产周转率1.44次/年，加快0.04次；成本费用利润率11.9%，提高3.26个百分点。

2010年，伊犁州实现建筑业总产值63.02亿元，比上年增长26.3%；建筑企业房屋施工面积748.97万平方米，增长59.7%；房屋竣工面积257.15万平方米，下降5.7%。伊犁州直实现建筑业总产值34.59亿元，比上年增长29.5%；建筑企业房屋施工面积360.94万平方米，增长29.9%；房屋竣工面积117.99万平方米，下降18.7%。伊犁州完成固定资产投资524.08亿元，比上年增长45.56%。其中城镇投资435.94亿元，增长39.8%。伊犁州直完成固定资产投资268亿元，比上年增长48%。其中城镇投资223.38亿元，增长47.7%。

2010年，伊犁州房地产开发投资44.68亿元，比上年增长78.4%。房屋施工面积531.44万平方米，增长48.4%。竣工面积106.55万平方米，下降12.9%。商品房销售面积234.74万平方米，增长13.7%，销售额54.87亿元，增长30.1%。商品房空置面积33.05万平方米，下降37.7%。伊犁州直房地产开发投资29.34亿元，增长73.76%。房屋施工面积341.55万平方米，增长41.6%。竣工面积62.63万平方米，下降23.7%。商品房销售面积167.8万平方米，增长20.7%，销售额39.94亿元，增长40.1%。商品房空置面积21.59万平方米，下降50.8%。

2010年，伊犁州完成对外贸易进出口总额622143万美元，比上年增长24.1%。其中进口200457万美元，增长94.8%；出口421686万美元，增长5.9%。伊犁州直完成对外贸易进出口总额488392万美元，比上年增长31.1%。其中进口187853万美元，增长86.2%；出口300539万美元，增长10.6%。

2010年，伊犁州新增审批利用外资项目7个，投资总额7919.31万美元，合同利用外资3104.27万美元，实际利用外资4653万美元，比上年下降43.4%。伊犁州直新增审批利用外资项目7个，投资总额7919.31万美元，合同利用外资3104.27万美元，实际利用外资3818万美元，比上年增长22.6%。

2010年，伊犁州高等教育招生13653人，在校生29964人，其中少数民族在校生11258人，毕业生8446人。中等职业教育招生8639人，在校生19702人，其中少数民族在校生15381人，毕业生5391人。伊犁州直高等教育招生6693人，在校生15789人，其中少数民族在校生7317人，毕业生5013人。中等职业教育招生5089人，在校生10843人，其中少数民族在校生8335人，毕业生3624人。

2010年，伊犁州“两基”人口覆盖率100%。小学学龄儿童入学率99.85%；初中阶段适龄少年入学率98.65%，比上年提高0.09个百分点；初中毕业升入普通高中升学率60.03%，提高2.32个百分点。伊犁州直“两基”人口覆盖率100%。小学学龄儿童入学率99.9%；初中阶段适龄少年入学率99.62%，比上年提高0.1个百分点；初中毕业升入普通高中升学率52.99%，提高0.97个百分点。

2010年年末，伊犁州共有艺术表演团体27个，文化馆24个，群众艺术馆3个，乡镇文化站219个，公共图书馆27个，公共图书馆图书藏量217.92万册，档案馆27个，开放档案85724卷，46699件。

2010年，伊犁州拥有卫生机构1211个；卫生机构床位数14862张；卫生技术人员2.23万人。伊犁州直拥有卫生机构713个；床位数9303张；卫生技术人员1.29万人。

2010年，伊犁州直共接待游客574.9万人次，实现旅游总收入12.2亿元，分别增长57%、68%。通信、金融、商贸物流、房地产等服务业迅速发展，在建和建成的商贸物流项目30余个，伊东工业园规划的9条铁路专用线4条已开工建设，现代服务体系逐步完善。

【投资环境与招商引资】 伊犁素有“塞外江南”之美誉，是亚欧大陆干旱地区中的一块“湿岛”，2008年2月被《中国国家地理》杂志评为十大“新天府”之一，是新疆极具开发潜力的宝地。伊犁是新疆的丰水区，伊犁河流域地表水年径流量167亿立方米，占新疆地表水资源总量的20.3%，人均占有水量为全国人均的4倍。地下水总补给量36.81亿立方米/年，可开采量14.72亿立方米/年。年径流量大于4亿立方米的河流水能蕴藏量706.2万千瓦，约占全疆的18.5%；经济开发量327.4万千瓦，约占全疆的21%；年发电量135.49亿千瓦时，约占全疆的19.8%，是新疆重要的水能产地之一。伊犁河谷土地总面积8422.32万亩，其中可耕地面积约1800万亩，已开垦利用耕地678万亩，待开发利用1100万亩。草原总面积5390万亩，其中可利用的草原面积4656万亩。森林面积799.6万亩，森林覆盖率10%。全年日照数2462—2960小时，无霜冻期平均152—168天，最长达187天。伊犁河谷在海拔800米—1250米高度，秋冬季形成逆温层，在盆地边缘形成逆温地带，逆温较强区域约550万亩。伊犁州直是伊犁马、新疆褐牛、中国美利奴羊、新疆细毛羊等优良畜种的主要培育和生产基地，是历史上著名的“天马之乡”。盛产苹果、杏、桃、梨、西瓜、红地球葡萄，有“瓜果之乡”的美称。野生动植物繁多，现属国家重点保护的珍稀野生动物约60余种，野生经济植物大约在700种以上，药用植物已查明400余种，近年来人工种植贝母、枸杞、当归、甘草、麻黄、党参、红花等，取得了较好的经济效益。已发现矿种9大类86种、441个矿产地，具有矿床规模的矿产地达87处，其中大型矿床20处、中型矿床18处，另有矿点及矿化点340处。黄金、铀矿、蛇纹岩储量居新疆首位，锰矿储量居新疆第二位。铁矿预测资源量7.6亿吨，已查明资源量2971万吨。煤炭预测资源量3009亿吨（也有资料为6000亿吨），现已初步探明的煤炭资源326.46亿吨。国家《煤化工产业中长期发展规划》已将伊犁列为全国七大煤化工产业基地之一。

伊犁州直是新疆旅游资源富集区之一，是中国西部理想的旅游目的地。这里既有长河落日、大漠孤烟的北国壮美，又有桃红柳绿、渔舟唱晚的江南毓秀；既有天山的雄奇，又有伊犁河谷的旖旎；既有闻名遐迩的那拉提、唐布拉、库尔德宁等草原风光，又有神奇迷人的赛里木湖、果子沟等湖光山色；既有乌孙古墓、草原石人、惠远古城、八卦城等底蕴深厚的历史遗存，又有姑娘追、叼羊、麦西来甫、贝伦舞等风情浓郁的民俗文化。当今世界旅游业追求的阳光、水域、沙滩、绿色、空气五大要素应有尽有，地理景观、水体景观、生物景观、文物古迹、民俗风情、休闲健身等六大旅游资源类型一应俱全。

伊犁州直与哈萨克斯坦接壤，边境线长475公里，是全国向西开放的重要门户和西北的战略屏障。沿边有霍尔果斯、都拉塔、木扎尔特等3个国家一类口岸。霍尔果斯口岸是西北地区最大的公路口岸，具有年过货能力200万吨、过境人数300万人次通关能力。伊宁市是经国务院批准的沿边开放城市，并设有国家级边境经济合作区。奎屯市和霍城县设有自治区级经济技术开发区。中央新疆工作座谈会召开后，在伊犁设立霍尔果斯特殊经济开发区。大那拉提、大喀纳斯旅游格局逐步形成，冬季旅游快速发展，是中国西部理想的旅游目的地。矿产资源丰富，特别是黑色、有色金属资源富集，资源转换和产业培育已经有了良好开端。随着勘探步伐加快，煤炭、铜、铁、黄金、铍、铬等资源开发前景广阔，为跨越式发展提供了重要保障。

2010年中央新疆工作座谈会后，出台了包括财政、税收等一揽子政策。中央投资继续向新疆倾斜，天山北坡经济带战略上升到国家层面，成为新的重要经济增长极。该战略所带来的优惠政策和资金支持将有力推进新型工业化、新型城市化发展。

全国对口经济援疆、干部援疆、人才援疆、教育援疆、科技援疆在伊犁州全方位推进。江苏省、辽宁省、吉林省、黑龙江省对口支援力度加大，并由原来的干部援疆推进成为经济、干部、资金、人才、教育、科技的全面援疆。已建成伊犁河南岸干渠、哈拉布拉水库、精伊霍铁路、奎北铁路、喀纳斯机场、那拉提机场、清伊高速公路等一大批基础设施项目，伊犁州基础设施日趋完善。基础产业支撑力不断增强，支柱产业轮廓基本形成，产业发展后劲明显增强，已具备了支撑经济社会加快发展的物质基础。

2010年，已入驻知名企业150余家，其中全国500强33家，现代煤化工产业取得实质性进展。落实招商引资项目217个，到位资金173.62亿元，其中新引进项目144个，到位资金69.03亿元；开工和在建的亿元以上重大工业项目87个，投资总额达2761亿元，完成投资188.8亿元，其中2010年新开工项目43个，完成投资57.3亿元。在招商引资过程中，强化环保意识，对招商引资项目严把环境评价关、核准审批关，不断推进以水电、煤电并举的能源电力工业，以煤化工为主导、石油化工同时发展的化工工业，以钢铁为主导的冶金工业，以食品工业为主导的传统工业以及外向型产业的发展，特别是强势推进以煤电煤化工为中心的新型工业化建设，同时进一步加大生态环境保护和建设力度，不断提升资源开发规模和档次，新型工业化建设取得显著成效。

【经济技术协作与对口支援】 2010年，伊犁州直共执行招商引资项目217个，合同总金额1042.28亿元，比上年同期（798.09亿元）增长30.60%，到位资金173.62亿元，比上年同期（134.74亿元）增长28.86%（其中新开工项目144个，合同总金额608.12亿元，到位资金69.03亿元，占到位资金总额的39.76%），完成全年目标任务（110亿元）的157.84%。执行项目中，区外项目155个，到位资金163.81亿元，比上年同期（123.08亿元）增长33.09%，占到位资金总额的94.35%，其中外省项目128个，到位资金133.77亿元，比上年同期（100.61亿元）增长32.96%，占到位资金总额的77.04%；区内项目62个，到位资金9.82亿元。

2010年，伊犁州以“西洽会”（西安第十二届中国东西部合作与投资贸易洽谈会）、“乌洽会”、“西博会”为契机，共签订项目40项，总投资509.91亿元。

2010年第六批援疆工作成果丰硕，落实和参与招商引资项目129个，到位资金32亿元；争取国家和自治区项目资金8212万元、江苏省无偿援助资金2.28亿元；霍城县援疆试点工作取得新的明显成效。新一轮援疆工作全面铺开，江苏省投资8300万元的4个试点项目开工建设。

【“十二五”规划】 到2015年，伊犁州城乡居民收入和基本公共服务能力达到西部平均水平，基础设施条件明显改善，自我发展能力明显提高，民族团结明显加强，社会稳定明显巩固。到2020年促进伊犁州区域协调发展、人民富裕、生态良好、民族团结、社会稳定、边防巩固、文明进步，确保与全疆全国同步实现全面建设小康社会的奋斗目标。

【重点项目介绍】 2010年，伊犁州直新开工项目725个，比2009年增加115个，其中亿元以上项目32个，完成投资38.6亿元。精伊霍铁路正式运营，伊宁—墩麻扎高速公路开工建设，伊宁机场改扩建工程和赛里木湖—果子沟、奎屯—克拉玛依高速公路、独库公路改造、则克台—巩留旱田二级公路加快推进，新建农村公路638公里，立体交通运输网络已经形成。城市道路、供气、供热、供水、污水处理、垃圾处理等基础设施进一步完善，城镇化率由的36%提高到42.3%。

庆华集团年产55亿立方米煤制气一期项目2011年10月建成投产，中电投公司察布查尔年产60亿立方米煤制气一期、新汶集团年产100亿立方米煤制气一期项目开工建设，中电投公司霍城年产60亿立方米煤制气项目已奠基，前期工作加快推进；伊泰集团年产540万吨煤制油、中煤集团年产180万吨甲醇转制60万吨烯烃和40亿立方米煤制气、国电平煤集团年产60万吨煤制烯烃和40亿立方米煤制气、国投公司年产60万吨煤制烯烃和40亿立方米煤制气、新汶集团年产180万吨甲醇转制60万吨烯烃、庆华集团年产600万吨甲醇转制200万吨烯烃、河南煤化年产100万吨煤制乙二醇等项目前期工作加快推进。锦疆“4070”、潞安“3052”煤制化肥项目积极推进；瑞祥年产90万吨煤焦化一期工程建成投产、二期工程基本完工，伊力特年产95万吨煤焦化一期工程具备点火条件，国投宝地年产90万吨煤焦化项目开工建设，伊泰年产98万吨煤焦化项目完成可研；永宁南岗年产12万吨PVC项目预计2011年建成投产，新汶、庆华、国投、潞安、开滦等煤矿项目加快建设。水电煤电产业加快发展，14个在建水电项目完成投资56亿元，建成和在建的水电装机达到250万千瓦；国投2×30万千瓦热电联产项目开工建设，中电投、国电、鲁能、新汶、大唐、华电、国投等7个火电项目前期工作加紧推进；伊宁—凤凰、伊犁—库车两条750千伏输变电线路已获国家发改委“路条”。石油化工产业取得较大进展，中石油提供的16种136万吨化工原料得到落实，蓝山屯河EPS树脂、登煌管业PE管材、环能工业脱硫剂等项目建成投产，科源高分子合成材料聚合催化助剂、金玛依重油加工等项目加快建设，宁夏宝塔年产800万吨重油制烯烃、山东巨力年产15万吨TDI和30万吨MDI等一批重大石油化工项目前期工作正加紧推进。首钢伊犁钢铁年产500万吨技改项目获得自治区核准；伊犁钢铁年产100万吨技改项目加快建设；玉龙年产10万吨钢管、25万吨油气焊管项目一期建成投产，西姆莱斯年产100万吨合金钢项目、阿舍勒尾矿综合利用、新疆有色伊犁循环经济工业园一期黄金综合加工项目开工建设，鑫光新材料10万吨金属镁项目即将开工建设；松湖铁矿年产50万吨铁精粉、玉金矿业年产30万吨铁精粉项目竣工投产，南方矿业、联华矿业、神东天隆3个日处理4000吨铜选厂项目建设顺利。沪新、鑫疆2个百万吨水泥项目加快建设，新正泰年产120万吨水泥和金龙、天山股份两个200万吨水泥项目开工建设；加洲硅业、通利硅业、伊强硅业、金晶硅业、龙海硅业、麦斯特碳化硅等11个硅产业项目建成投产；嘉格森金属硅二期、鼎新四高碳化硅、晶维克金属硅、新路标硅业等4个硅产业项目加紧建设，已形成800万吨水泥、20万吨硅的规模。

专题研究篇

先行先试　谋海富国
全国海洋经济发展试点工作的有关情况

我国是海洋大国，提高海洋开发、控制、综合管理能力，事关经济社会发展全局。推进海洋经济发展，全面提升我国海洋经济综合实力，是贯彻落实科学发展观、加快转变经济发展方式和制定实施国家海洋发展战略的重要举措。党中央、国务院始终高度重视发展海洋经济。党的十六大、十七大分别提出“实施海洋开发”和“发展海洋产业”的战略部署。2009年，胡锦涛总书记在两次视察山东时明确指出，“要大力发展海洋经济，科学开发海洋资源，培育海洋优势产业”。党的十七届五中全会强调要坚持陆海统筹，制定和实施海洋发展战略。国家“十二五”规划纲要单列一章，对推进海洋经济发展作出了一系列重大部署。

经请示国务院同意，自2010年4月以来，我委会同有关部门和地方组织开展了全国海洋经济发展试点工作，着力探索一条有利于促进海洋经济科学发展的创新之路。

一、开展全国海洋经济发展试点工作的背景

改革开放以来，我国海洋经济持续快速发展，日益成为增强国民经济总体实力、提升综合竞争力的新生力量，也成为拉动东部地区加快发展、促进区域协调发展的有力支撑。据统计，1978年全国主要海洋产业总产值仅为60多亿元，2010年全国海洋生产总值已达3.8万亿元。“十五”以来全国海洋生产总值年均增速14.7%，高于同期国民经济增速0.7个百分点；海洋生产总值占全国国内生产总值的比重，由2001年的8.7%提高到2010年的9.7%。

虽然海洋经济取得了突出成绩，但与世界发达国家相比，我国海洋经济发展与沿海地区开发开放都还存在一些突出问题：一是海洋经济总体实力不强、规模不大、产业层次不高，科技支撑能力不够，海洋资源开发利用水平和管理水平偏低，经济发展对海洋生态环境的影响较为严重，与海洋经济强国的差距仍然较大；二是沿海地区整体竞争力有待提升，产业结构优化升级仍有较大空间，大部分沿海地区仍处于经济要素集聚阶段，对中西部地区大规模的产业扩散和转移尚需时日；三是陆海统筹协调的体制机制尚未建立，涉及资源开发、环境保护、海上执法等方面的部门职能交叉较大，实施海洋综合管理任重道远，陆海统筹发展的思路和路径仍不明确。上述问题制约了海洋经济对东部沿海地区经济发展的带动能力，阻碍了海洋经济和沿海地区在国民经济中战略作用的发挥，对我国整体上推进现代化和全面建设小康社会也带来诸多不利影响。

2009年，山东、浙江、广东三省先后向国务院报送请示，希望国家对其发展海洋经济给予支持。按照要求，我委会同国务院有关部门对上述问题进行了认真研究，并向国务院报送了请示，建议开展全国海洋经济发展试点工作，并将上述三省确定为试点地区。2010年4月，国务院同意了上述建议。以此为标志，全国海洋经济发展试点工作正式启动。

根据国务院的要求，开展全国海洋经济发展试点工作，旨在围绕海洋经济发展这一主题，国家在战略规划、重大政策、项目安排等方面给予必要支持，努力将试点地区尽快建设

成为我国海洋经济率先发展区、高新海洋产业密集区、海洋科技成果高效转化区、海洋生态文明示范区和海陆关系协调区，积极探索出一条符合国情的海洋经济发展之路，为全国海洋经济科学发展提供示范、积累经验。

二、开展全国海洋经济发展试点工作的重大意义

开展全国海洋经济发展试点工作，对进一步拓展国民经济发展空间、推进发展方式转变、促进资源可持续利用、完善海洋综合管理体制具有重大意义。

1. 开展全国海洋经济发展试点工作，是积极拓展国民经济发展空间，培育新的经济增长极的必然要求。海洋是人类赖以生存发展的资源宝库，是国际贸易和国际交往的重要通道，是全球气候环境的重要调节器，更是国际政治、经济、科技和军事竞争与合作的重要平台。古希腊海洋学者狄米斯托克利在2500多年前就曾断言："谁控制了海洋，谁就控制了世界"，18世纪美国海权论者马汉指出："国家兴衰的决定因素在于海洋控制"。作为海陆兼备的大国，我国除了拥有960万平方公里陆域国土外，还拥有300万平方公里主张管辖海域，在国际海底区域拥有7.5万平方公里的多金属结核矿区。随着经济全球化、区域一体化趋势增强以及国民经济的快速发展，大力推进海洋国土开发、积极争取国家海洋权益是大势所趋，也是拓展国民经济发展空间的必然选择。从资源保障来看，海洋可为国民经济和社会发展提供持久的资源供应，在食物、能源、矿产、水、空间等战略资源保障方面具有强大的支撑作用。随着科学技术的迅速发展和我国海洋综合开发能力的快速提升，海洋资源的供应和保障能力将会继续加强。从重要通道来看，海洋是我国开放型经济持续快速发展的重要支撑。经过改革开放30多年的发展，我国已基本建立起高度依赖海洋的开放型经济。目前，我国对外贸易90%的运输量是通过海上运输完成的，我国港口货物和集装箱吞吐量均居世界第一位，我国拥有世界上最大的集装箱船队，商船队航迹遍布世界1200多个港口。山东、浙江、广东三省区位条件优越，海洋资源丰富，海洋经济实力雄厚，在我国拓展对外贸易、完善海洋综合运输体系等方面承担着重要职责，开展海洋经济发展试点，有利于提高综合运输能力、优化沿海地区发展格局、提高资源开发效率、增强海洋经济实力，进一步提高海洋对我国经济发展的支撑能力；有利于推进实施国家海洋发展战略，加快海洋强国建设。

2. 开展全国海洋经济发展试点工作，是推动发展方式转变，优化经济结构的有效途径。

加快经济发展方式转变是我国经济领域的一场深刻变革，是增强我国抵御国际市场风险能力、提高可持续发展能力的必然要求。海洋经济具有知识密集、资本密集和技术高端、产品高端等新特点，是国家战略性新兴产业的重要组成部分。开展海洋经济发展试点工作，除了直接有利于海洋经济自身发展外，还可以进一步提高海洋经济在国民经济中的地位，增强海洋产业对国民经济的带动作用，为我国加快转变经济发展方式、保持经济平稳较快发展提供强劲动力。与世界发达国家相比，我国海洋经济整体上仍处于粗放发展阶段，海洋科技支撑能力不够，海洋科技成果转化率偏低，海洋产业对生态环境的影响还比较严重。目前，发达国家和地区海洋经济科技进步贡献率已达到80%左右，而我国仅约为30%。从总体规模来看，广东、山东、浙江三省均为海洋经济大省，但从总体竞争力和产业结构来看，都谈不上海洋经济强省。开展海洋经济发展试点工作，有利于探索加快海洋科技创新和高新技术产业化的最优模式，积极培育海洋新兴产业，加快实现传统海洋经济向现代海洋经济的转变，整体提升海洋产业结构和综合竞争力；有利于实现海洋资源的科学开发，大力推进海洋循环经济和高效生态经济，推动海洋经济发展方式由粗放型、高耗能、高污染型向集约型、

环境友好型、质量效益型转变。

3. 开展全国海洋经济发展试点工作，是推进海洋资源可持续利用与海洋生态环境保护的重大举措。海洋是潜力巨大的资源宝库。随着陆上资源逐步枯竭，海洋将成为提供国民经济发展所需战略资源的最重要基地。据统计，目前我国海产品产出蛋白质410万吨，占全国肉蛋产出蛋白质的36%；海洋石油资源探明储量约246亿吨，天然气资源探明储量约16万亿立方米，分别占全国总量的23%和30%；淡化海水在我国北方沿海城市成为淡水补充水源，在有居民海岛成为第一水源。但受传统开发理念、开发方式以及管理体制等方面的影响，海洋开发还存在一些突出问题，如近海渔业资源破坏严重，部分海域、海岛、岸线开发秩序混乱，围填海规模过大，海上作业风险增多，陆源、内生污染加重，防灾减灾压力加大等。未来20年，是我国工业化、城镇化快速发展的关键时期，保持资源的持续供给，是实现现代化宏伟战略目标的基本前提。树立科学的海洋资源开发理念，倡导科学的海洋资源开发方式，提高海洋对国民经济的持续保障能力，已成为实现我国现代化宏伟战略目标的特殊要求。山东、浙江、广东既是海洋资源储量大省、利用大省，也是海域环境保护压力较大的省份，推进海洋经济发展试点工作，有利于在坚持科学发展、资源节约、环境保护的开发理念下，积极探索资源综合开发利用的有效途径，最大程度提高资源利用与配置效率，不断积累促进海洋经济可持续发展的成功经验，为提高海洋对国民经济的持久支撑能力发挥积极作用。

4. 开展全国海洋经济发展试点工作，是积极探索海洋综合管理模式，建立适应海洋经济发展体制机制的客观需要

实施海洋综合管理，完善陆海统筹机制，是保障海洋经济健康发展的重要基础，也是实施国家海洋发展战略的体制保障。近年来，随着我国海洋事业的快速发展，涉海事务多头管理、部门职能重叠、协调机制不健全、应对突发事件反应慢、科研教育力量过度分散等问题日益突出，不仅制约了海洋经济的健康发展，也严重损害了国家整体利益。近年来，山东、浙江、广东三省在涉及海洋综合管理、陆海统筹发展方面开展了一些工作，也取得了一定的经验。因此，我们要通过试点工作的深入展开，积极探索出一条符合省情、国情、海情的海洋综合管理新途径，建立适应海洋经济科学发展的体制机制，进一步强化海域资源规范使用、海岛保护利用、海洋生态环境保护、科技创新与成果转化、防灾减灾、联合执法等方面的工作力度，推进建立以生态系统为基础的区域海洋综合管理模式，为其他沿海地区的海洋综合管理改革和创新提供示范。

三、全国海洋经济发展试点涉及的重点领域

根据全国海洋经济发展的阶段性特点，试点将着重围绕六个领域开展相关工作，允许先行先试：

一是海洋产业结构优化升级与战略性新兴产业培育。针对当前我国海洋产业层次不高的实际情况，引导试点地区结合自身比较优势和市场需求情况，将促进海洋产业结构优化升级作为试点工作的首要任务和目标。围绕产业结构优化升级，在产业规划、战略性新兴产业选择、产业配套政策等方面开展相关工作。

二是临海产业和临港产业的优化布局。针对沿海地区产业重构、空间布局不合理、海域滩涂等资源开发利用不可持续等问题，科学界定临海产业、临港产业的内涵及其与海洋产业的关系，通过制定区域规划、主体功能区规划、产业规划，调整城乡规划、土地利用规划等方式，积极探索临海产业、临港产业合理布局与空间资源科学配置的有效途径和方法，优化地区结构，提升发展的整体效益。

三是促进海洋科技与教育事业发展。针对当前海洋科技创新能力不强、成果转化率偏低、人才教育支撑不够等问题，将提高海洋科技研发能力、提高科技成果转化能力、加强海

洋科技人才培养、提高海洋教育水平等作为推进海洋经济发展试点的一项重要任务，在完善相关体制机制和配套政策等方面开展工作。

四是海洋资源综合利用与生态环境保护。针对海洋资源开发无序、综合利用水平不高、对生态环境破坏严重等问题，从科技应用、循环经济、产业政策、管理体制等方面入手，积极探索海洋资源可持续利用的有效途径，寻求开发利用海洋资源和保护海洋生态环境之间的动态平衡。

五是海洋服务保障能力建设与区域海洋综合管理。针对涉海事务日益增多、维护国家海洋权益任务不断加重背景下，海洋服务保障能力较弱、国际海域开发保障能力不强、综合管理水平不高等方面的实际问题，提出加强海洋公益服务保障能力建设的基本思路与具体措施，探索建立有利于海洋经济又好又快发展的区域海洋综合管理体制。

六是规划跟踪与政策实施评价体系建设。针对规划工作重编制、轻实施以及政策保障措施不系统、难落实的普遍问题，建立健全海洋经济发展基础信息与动态监测评估系统、规划与政策实施评价的长效机制和试点工作绩效考核体系，积极引入公众参与机制，为研究制定促进海洋经济发展的相关政策积累经验。

四、全国海洋经济发展试点工作进展情况

自全国海洋经济发展试点工作启动以来，国家发改委会同山东、浙江、广东三省积极推进战略规划和试点方案的编报工作。今年以来，国务院相继批复了《山东半岛蓝色经济区发展规划》、《浙江海洋经济发展示范区规划》、《广东海洋经济综合试验区发展规划》，同意设立了浙江舟山群岛新区。这些以海洋经济为主题的国家区域发展战略，是我国区域发展从陆域经济向海洋经济延伸、加快推进陆海统筹、拓展国民经济发展空间的重大战略举措，标志着全国海洋经济发展进入全面实施的新阶段。

自上述战略规划批复以来，山东、浙江、广东三省省委、省政府高度重视、精心组织、广泛动员，建立了高效有力的领导体制和工作机制，出台了相关指导意见和配套政策，启动了一批产业项目和重点工程，试点工作迈出实质性步伐并取得了阶段性成果。

山东省根据《山东半岛蓝色经济区发展规划》有关部署，扎实推进有关工作。一是建立了高效有力的领导体制和工作机制。成立了由姜异康书记任组长，姜大明省长和省委、省政府有关负责同志任副组长，省直各部门负责同志为成员的山东半岛蓝色经济区建设领导小组，负责全面部署推进试点工作，加强重大事项的综合协调和督促检查。成立了11个协调推进组，明确了牵头部门和组成部门，负责抓好各专项重点工作的协调推进和督促落实。沿海各市县相应成立了蓝色经济区建设办公室，为经济区建设提供了高效有力的体制机制保障。出台了《关于贯彻落实〈山东半岛蓝色经济区发展规划〉的实施意见》，对规划确定的各项重点任务进行了细化分解，并提出了阶段性目标和具体时间要求。二是形成了各方推进蓝色经济区建设的广泛共识。2011年1月14日，山东省委、省政府召开蓝色经济区建设工作动员大会，对推进经济区建设作出全面部署；2月18日，在北京举办了经济区建设恳谈暨项目推介会，集中宣传推介了经济区优势条件和重点项目；6月24日，在青岛举办了“蓝色经济大家谈”活动，沿海各市县领导、企业代表和专家学者共商海洋经济发展大计；10月28日，举办了中国·青岛蓝色经济发展国际高峰论坛，邀请国内外专家围绕“产业发展与科技创新”主题展开讨论。经过上述活动，广泛凝聚共识，为推进试点工作和经济区建设营造了良好氛围。三是夯实了高效启动蓝色经济区建设的工作基础。编制了包括26个专项规划和7个城市发展规划在内的一批配套规划。山东省级财政落实了10亿元的经济区建设专项资金，明确第一批专项资金集中扶持重点产业、重大科技创新平台及科技示范推广、特色教育与高端人才培育等方面重点

项目，争取到国家海洋公益性科研专项经费1.5亿元。四是实现了海洋产业集群化发展的良好开局。集中力量培育特色海洋经济园，加快建设海洋经济新区和中外合作园区，认真筛选近期启动的重点项目。

浙江省按照《浙江海洋经济发展示范区规划》有关部署，精心组织，示范区建设迈出坚实步伐。一是加强领导，健全机制。成立了由省长吕祖善同志任组长的省海洋经济工作领导小组和由常务副省长陈敏尔同志任组长的省海洋经济发展试点工作协调推进小组，统筹协调并解决海洋经济发展示范区建设中的重大问题。成立了浙江省海洋经济工作办公室，作为省海洋经济工作领导小组和省海洋经济发展试点工作协调推进小组的办事机构。二是细化政策，务实合作。浙江省委、省政府正式印发了《关于加快发展海洋经济的若干意见》，明确了今后一个时期支持海洋经济加快发展的政策措施。浙江省政府先后与交通运输部、国家海洋局、国土资源部等签署了支持示范区建设省部战略合作协议；与国家开发银行、中国农业银行、中国交通银行、中国工商银行、中国银行等28家金融机构签署了金融支持浙江海洋经济发展合作协议。三是扩大招商，强化引导。组织编印了《浙江省“十二五”海洋经济发展重大建设项目规划》。今年6月上旬，成功举办了第十三届“浙洽会”，达成了一大批与海洋经济有关的项目合作意向。省财政每年安排10亿元专项资金，重点支持海岛基础设施、海洋科技研发、海洋新兴产业、公共服务平台和海洋生态环境保护等项目建设；建立了10亿元省海洋产业基金，引导社会资金投向海洋新兴产业、涉海现代服务业、临港先进制造业和现代海洋渔业等领域。四是新区获批，再创优势。今年6月30日，国务院正式批复同意设立浙江舟山群岛新区，这是国务院批准的我国首个以海洋经济为主题的国家战略层面功能区。舟山群岛新区的批复建设，也为示范区建设确立了新的政策优势，注入了强劲动力。

广东省按照《广东海洋经济综合试验区发展规划》的有关部署，稳步推进有关工作。一是推进建立工作机制。经省政府主要领导批示同意，正在积极筹建实施海洋经济综合试验区规划建设组织领导机构，以期对实施战略规划进行统筹管理。二是推动签署省部合作协议。与国家海洋局签署了《关于促进广东海洋经济强省建设的框架协议》，就推进海洋经济发展有关重大事项达成一致意见。三是出台相关规范性文件。推进细化试点工作方案，抓紧研究起草关于努力打造海洋经济强省的有关文件。出台了《人工鱼礁建设验收办法》和《广东省休闲渔业管理办法》。四是加大舆论宣传和项目推进力度。举办了广东省首届海洋经济博览会，搭建了一个全方位的海洋经济、科技、贸易新平台，现场签约458亿元，取得了良好成效。积极开展前期基础性工作，加快推进涉海基础设施等重大项目建设。

五、全国海洋经济试点下一步工作安排

下一阶段，国家发展改革委将继续组织推动全国海洋经济发展试点工作，重点开展如下三项工作：

一是密切关注试点地区规划实施情况，组织开展规划执行的督促检查工作。会同有关部门适时到试点地区进行专题调研，检查各项规划任务的执行情况和规划目标的落实情况，帮助协调解决工作中的重大问题，推进细化试点工作方案。抓紧编制舟山群岛新区等专项发展规划，协调有关部门，细化落实有关政策措施，积极营造有利于规划实施和试点工作推进的政策环境。

二是在试点的基础上，会同国家海洋局等部门开展全国海洋经济调查，全面掌握海洋经济运行数据，加强对全国海洋经济发展形势，特别是海洋产业优化升级等方面情况的监测与评估。深入开展海洋经济发展与宏观调控政策互动机制等方面的研究，充分发挥海洋经济对国民经济发展的提升带动作用。

三是及时总结试点地区的有益经验，结合其他沿海地区的发展经验和实际需求，在认真听取有关部门和公众意见的基础上，抓紧组织编报《全国海洋经济发展规划》；同时，组织起草促进全国海洋经济发展的政策文件，提出进一步促进全国海洋经济科学发展的指导思想、基本原则、重点任务和保障措施，充分发挥规划、政策对全国海洋经济发展的指导和保障作用。

国家发展改革委地区经济司

促进中部地区崛起战略实施五年来的成效及政策建议

一、实施促进中部地区崛起战略以来取得的主要成效

自2006年《中共中央国务院关于促进中部地区崛起的若干意见》（中发［2006］10号）印发以来，在国家的大力支持下，中部六省把握机遇、开拓进取，经济社会全面进步，在全国区域发展格局中的地位进一步提升。

（一）经济实力显著增强

“十一五”期间，中部地区生产总值年均增长13%，比“十五”时期加快2个百分点。2010年，中部六省实现生产总值8.5万亿元，占全国的比重由2005年的18.8%提高到19.7%。其中，河南省生产总值突破2万亿元，湖南、湖北和安徽省超过1万亿元，山西、江西省生产总值也接近1万亿元。2010年，中部地区人均生产总值达到2.4万元，占全国平均水平的比重由2005年的67.1%提高到72%；全社会固定资产投资、社会消费品零售总额、财政总收入分别是2005年的4倍、2.3倍和2.5倍，占全国的比重也分别提高了4.7、0.2、0.5个百分点。

（二）粮食生产基地地位不断巩固

2010年，中部六省粮食产量达到16721万吨，比2005年增长13%，连续7年实现增产，占全国粮食总产的比重由2005年的30.5%提升到30.7%，其中河南省粮食产量连续5年超过1000亿斤，连续11年居全国第一位；油料、蔬菜、水果、肉、蛋、奶、水产品等主要农产品产量比2005年分别增长了11.3%、8.7%、25.3%、12.2%、6.3%、59.3%、40%。

（三）工业发展水平大幅提升

“十一五”期间，中部地区第二产业增加值年均增长20.9%，高出全国平均增幅4.5个百分点，2010年达到4.5万亿元，第二产业在三次产业结构中的比重由2005年的46.7%提升到52.7%。能源基地建设稳步推进，2009年中部地区原煤产量10.6亿吨，比2005年增长15.1%；电力装机容量达到2.2亿千瓦，是2005年的1.9倍。原材料工业快速发展，现代装备制造和高技术产业发展迈出新步伐，轨道交通、大型机械、新材料、新能源、航空航天等产业发展迅猛。

（四）综合交通枢纽建设成效显著

铁路方面，“十一五”完成基本建设投资5076亿元，是“十五”期间的7.4倍；铁路营运里程2010年增加到2.1万公里，与2005年相比，新增铁路3142公里，新增复线3038公里，新增电气化铁路7130公里。公路方面，2010年通车里程达到110万公里，比2005年新增17.2万公里。其中，高速公路通车里程突破2万公里，比2005年增加一倍，以高速公路为骨架的干线公路网初步形成。民航方面，民用运输机场达到25个，形成了以长沙、武汉、郑州机场为区域枢纽，南昌、合肥、太原等干线机场及一批支线机场为支撑的机场网络体系。水运方面，实施了长江及主要支流航道整治工程，航道条件明显改善，建设了一批集装箱、大宗散货、汽车滚装等专业化泊位。

（五）重点地区发展迈出新步伐

武汉城市圈、中原城市群、长株潭城市群、皖江城市带、鄱阳湖生态经济区、太原城市圈等重点经济区加快发展，2009年实现生产总值占中部地区的56%，对区域的辐射带

动作用不断增强。老工业基地改造取得重要进展，主要经济指标增速高于全国平均水平。资源型城市转型发展取得新突破，资源型产业“一业独大”的局面有所改变。革命老区、民族地区和贫困地区发展速度加快，国家扶贫开发工作重点县农民人均纯收入从 2005 年的 1896 元增加到 2010 年的 3381 元，贫困人口从 2005 年底的 1904 万人减少到 713 万人（扶贫标准 1196 元以下），贫困发生率从 6.7% 下降到 2.5%。

（六）可持续发展能力显著提高

一是节能工作取得明显成效。2010 年，山西、安徽、江西、河南、湖北、湖南省万元 GDP 能耗相比 2005 年分别下降了 22.7%、20.4%、20%、20.1%、21.7%、20.4%，均超额完成“十一五”能耗降低任务。二是环境治理工作取得重要进展。截止到 2010 年底，中部地区重点流域水污染防治专项规划治污工程项目完成率超过 75%，工业烟尘、工业粉尘、化学需氧量和二氧化硫排放量分别比 2005 年降低 34%、32.6%、10% 和 14.3%。三是生态建设成绩突出。五年完成造林面积 519.3 万公顷，森林覆盖率达到 33.3%，净增 3.10 个百分点。累计治理水土流失面积 1.7 万多平方公里，国家水土保持重点工程区全面实现了封育保护，水土流失得到有效遏制。

（七）民生得到进一步改善

城乡居民收入大幅增长。2010 年，中部地区城镇居民人均可支配收入和农民人均纯收入达到 15958 元和 5500 元，5 年间年均分别增长 10% 和 13.2%。教育事业稳步发展，全面实现免费九年义务教育，初中毛入学率达到 100%，高中毛入学率达到 82.5%，高等教育质量不断提高，15 岁以上人口平均受教育年限达到 9 年以上。就业人数不断增长，2009 年增加到 2.04 亿人，4 年增加 1351 万人，第一产业就业比重下降到 44.7%。医疗卫生条件大幅改善，基层医疗卫生体系不断健全，基本实现了对城乡全体居民的医保制度全覆盖。社会保障覆盖面和保障水平不断提高。

（八）体制改革和扩大开放取得新进展

国有企业改革和国有经济战略性调整全面推进，安徽省基本完成省属企业公司制改造，河南省基本实现了国有工业企业投资主体多元化。扩权强县改革试点稳步推进，江西省在所有 80 个县市实行“省直管县”财政体制改革。资源节约和环境友好的体制机制逐步建立，武汉城市圈和长株潭城市群“两型”社会建设综合配套改革加快实施，山西资源型经济转型综合配套改革试验区建设顺利启动。地方金融改革创新不断发展，农村综合体制改革深入推进。对外开放水平不断提高，外贸进出口总额 2010 年达到 1167 亿美元，比 2005 年增长了 1.81 倍。

二、进一步促进中部地区崛起的政策建议

尽管中部地区发展取得了显著成绩，但与其他区域相比，特别是与中部地区在全国区域发展格局中的重要地位相比，中部六省发展依然相对缓慢，制约长远发展的体制性矛盾还较为突出，加快发展的巨大潜力还没有得到充分发挥。今年是促进中部地区崛起战略实施 5 周年，面对新形势、新任务，有必要认真总结促进中部地区战略实施 5 年来的主要经验，研究制定新时期促进中部地区崛起的政策文件，在继续大力支持“三基地、一枢纽”建设的基础上，在以下方面进一步加大支持力度。

（一）支持粮食主产区加快发展

近年来，国家加大了对中部粮食主产区投入力度，但仍未能扭转经济发展滞后的局面。根据河南省对粮食生产核心区中的 52 个产粮大县的调查，2000—2008 年，产粮大县贫困人口占全省比重由 69.4% 上升到 78.9%，农民人均纯收入由全省平均水平的 91.9% 下降到 86.1%，人均财政支出仅相当于全省平均水平的一半。粮食主产区发展滞后，已经严重影响到种粮农民和地方政府发展粮食生产的积极性。为此，有必要进一步加大对粮食主产区投入，研究探索对粮食主产区利益补偿的长效机制，大幅度提高种粮农民收入和产粮大县财

力保障水平，尽快扭转谁种粮、谁吃亏的不利局面。同时，要加快产粮大县县域经济发展步伐，积极推进农业产业化，不断优化产业结构，切实改变粮食主产区的落后面貌。

（二）支持城镇化健康发展

中部地区农村人口占全国的近1/3，是东部沿海发达地区农民工的主要输出地。2009年，中部地区城镇化率为42.3%，比全国平均低4.3个百分点，严重滞后于工业化进程。作为“十二五”时期全国城镇化的重心区，中部地区城镇化进程关系到全国扩大内需战略的顺利实施，关系到能否有效疏解沿海发达地区日益增加的人口压力，同时也关系到中部地区农业现代化和新型工业化进程。当前，中部地区城镇化面临着土地和资金两大瓶颈。从土地来看，城镇化与工农业发展争地的矛盾越来越突出。从资金来看，根据国务院发展研究中心对武汉、郑州等4个城市农民工市民化成本进行的测算，仅包括教育、保障性住房等政府短期支出的城镇化成本每人在7.7万到8.5万元之间。按照目前的城镇化速度，“十二五”期间中部地区将新增城镇人口约2000万人，需要政府支付的短期成本在2万亿元以上，相当于2010年中部六省地方财政收入的5—6倍，远远超出地方政府的可承受能力。为此，有必要根据中部地区实际，着眼于破解土地和资金瓶颈，提出切实可行的思路和政策，促进中部地区城镇化健康有序发展。

（三）支持大力承接产业转移

“十一五”是中部地区工业大发展时期，工业增加值占全国的比重从2005年的17.4%提高到2010年的20%。中部地区正处于工业化加速发展时期，工业发展还具有相当大的潜力。当前，东部地区部分产业正加速向中西部地区转移，中部地区依靠其独特的区位优势处于承接产业转移的前沿，国务院批复的唯一一个国家级承接产业转移示范区皖江城市带就在中部，中部工业面临重大发展机遇。为了深入落实《国务院关于中西部承接产业转移的指导意见》（国发〔2010〕28号），加快中部地区承接产业转移步伐，要支持中部有条件的地方有序承接东部沿海和国际产业转移，不断实化细化支持承接产业转移的各项政策措施，为中部地区经济结构调整和转变经济发展方式注入强大动力。

（四）支持重点经济区率先发展

《促进中部地区崛起规划》明确要培育壮大武汉城市圈、长株潭城市群等六大城市群（圈、带），形成具有较强辐射和带动作用的增长极。全国主体功能区和全国“十二五”规划纲要也把武汉城市圈、中原经济区、长株潭城市群、皖江城市带、鄱阳湖生态经济区和太原城市圈列为重点开发地区和重点城镇化地区。这些地区是中部地区经济发展的菁华所在，在整个区域发展中发挥着关键作用。要把这些地区的发展摆在更加突出的位置，继续加大政策支持力度，推动开发开放步伐，加快培育成为全国重要的经济增长极。同时，还要进一步支持老工业基地改造和资源枯竭城市转型发展，加大对原中央苏区和武陵山区、吕梁山区、大别山区、罗霄山区等集中连片特殊困难地区的扶持力度，不断增强自我发展能力。

（五）支持保障和改善民生

中部地区的发展差距不仅体现在经济发展水平上，更体现在与群众息息相关的民生领域。2009年，中部地区人均教育经费相当于全国平均水平的73%，人均卫生事业支出不足全国平均水平的70%，每百万人医院机构相当于全国平均的90%，均是四大地区中最低的，部分省份的一些民生指标在全国处于倒数，城乡基本公共服务差距十分明显。坚持和谐发展、保障和改善民生是促进中部地区崛起的根本落脚点。为此，要立足于中部地区经济社会发展全局，把促进基本公共服务均等化、缩小城乡区域基本公共服务差距摆在突出重要位置，加大支持力度，加快建设覆盖城乡居民的公共服务体系，维护中部地区社会和谐稳定。

（六）支持深化改革和扩大开放

改革开放是推动中部地区实现科学发展、

促进全面崛起的强大动力和重要保障。“十二五”时期，做好促进中部地区崛起工作仍然必须坚持以改革促发展，以开放促改革，鼓励和支持中部地区大胆探索、先行先试，坚定不移地推进各领域改革和全方位对内对外开放，努力破解瓶颈制约和发展难题。要深入推进国有经济战略性调整，积极支持非公有制经济发展，培育发展各类要素市场，健全社会主义市场经济体制。要以综合配套改革试验区建设为契机，建立有利于中部地区又好又快发展的体制机制。要进一步加强区域合作，扩大对内对外开放，着力打造对外开放平台，大力发展内陆开放型经济。

国家发展改革委地区经济司

“十一五”时期促进中部地区承接产业转移的主要措施和成效

“十一五”期间，有关部门积极引导和支持中部地区有序承接产业转移，在政策实施和体制创新等方面给予指导和支持，进一步完善合作机制，优化发展环境，规范发展秩序，推动中部地区承接产业转移工作健康发展。五年来，中部地区解放思想、抢抓机遇，充分发挥区位、资源、市场、劳动力等优势，积极承接国际和东部沿海地区产业转移，取得了明显成效。

一、促进中部地区承接产业转移的主要措施

（一）出台指导中部地区承接产业转移的政策文件

2010年8月31日，《国务院关于中西部地区承接产业转移的指导意见》（国发［2010］28号）正式印发，明确了中西部地区承接产业转移的指导思想、基本原则、承接重点、支持政策等。《指导意见》着眼于新形势下促进中西部地区又好又快发展、推进经济结构战略性调整和转变经济发展方式的需要，着重从引导、支持和规范的角度，强调了中西部地区承接产业转移的指导思想和基本原则，明确了六个方面的重点任务，并提出了相应的支持政策，是当前和今后一个时期指导中西部地区承接产业转移的纲领性文件。为全面落实国发［2010］28号精神，2011年1月，国务院办公厅印发了《贯彻落实国务院关于中西部地区承接产业转移指导意见重点工作分工方案》（国办函［2011］10号）。国家发展改革委积极推动有关部门贯彻落实文件精神，各项工作正有序开展。国家开发银行发挥开发性金融优势，进一步完善信用、市场、风险控制机制建设，加强金融产品和融资模式创新，运用投、贷、债、租等多元化融资手段，支持实施一批承接产业转移重大项目，积极探索适合产业发展特点的开发性金融融资模式，加大对中西部地区承接产业转移的支持力度。

（二）推进中部地区承接产业转移示范区建设

针对东部沿海地区企业组团式、产业链整体转移趋势日益明显的特点，有关部门围绕高起点打造承接产业转移平台，积极推进中部地区承接产业转移示范区建设。2010年1月12日，国务院批准实施《皖江城市带承接产业转移示范区规划》（以下简称《规划》），将皖江城市带承接产业转移示范区建设正式纳入国家发展战略。《规划》是我国第一个为促进中西部地区承接东部沿海地区和国外产业转移而专门制定的规划，从国家战略层面，明确了皖江城市带承接产业转移示范区发展的总体思路、重点任务和政策措施，为当前和今后一个时期皖江城市带加快发展指明了方向，对于充分发挥中西部地区比较优势，挖掘发展潜力，探索承接产业转移新途径和新模式，在全国范围内推进形成更加合理的区域产业分工格局，加快转变经济发展方式，保持经济平稳较快发展，具有十分重大的意义。国务院有关部门也从政策、规划、资金和项目等方面对示范区建设给予了大力指导和支持。国家发展改革委批复了《皖江城市带承接产业转移示范区产业发展指导目录》，国务院法制办、工商总局等相继出台了支持示范区建设的专项政策，商务部、建设部、人力资源社会保障部、质检总局、新闻出版总署、国家开发银行等先后与安徽省签署了合作备忘录，国土部、环保部、交通部等也提出了支持示范区建设的指导意见。

与此同时，国家发展改革委按照国发［2010］28号文件要求，在中部地区选择若干条件成熟、基础较好的地方设立承接产业转移示范区，指导地方加强规划编制，规范产业园区管理，总结推广好做法和好经验，发挥示范带动作用，确保中西部地区承接产业转移工作健康有序开展。

（三）推动建立健全承接产业转移合作机制

有关部门指导和推动中部地区围绕承接产业转移，建立和完善政府间交流合作机制，支持中部地区举办“中国中部投资贸易博览会”等大型投资贸易会展活动，指导各类区域合作组织开展多领域的经贸合作，协调指导各类行业协会、商会的桥梁和纽带作用，积极搭建产业转移促进平台，探索产业转移新机制。2010年12月26日，国家发展改革委在安徽省马鞍山市召开推进皖江城市带承接产业转移示范区建设工作座谈会，研究进一步推动长三角地区产业向示范区有序转移、深化泛长三角区域发展分工有关工作。会上，上海、江苏、浙江、安徽四省市人民政府负责同志签署了《关于共同推进皖江城市带承接产业转移示范区建设合作框架协议》，就引导和推进产业有序转移、加快交通基础设施对接、加强资源开发利用、进一步开放要素市场、推进园区合作共建、构建信息互通平台、加强人才交流合作、建立工作推进机制等达成共识。江西省与福建、湖南、广东、广西、海南、四川、贵州、云南及香港、澳门两个特别行政区（简称“9+2”）共同签署了泛珠三角区合作框架协议，明确在基础设施、产业与投资、商务与贸易、旅游、农业、劳务、科教文化、信息化建设、环境保护、卫生防疫等十个领域共同推进合作。湖北省在昆山、顺德等地建立承接产业转移基地，密切与当地政府的联系。通过政府间合作机制建立，进一步提升了三省与长三角、珠三角、环渤海地区的融合度，促进了这些地区产业优先向三省的转移。

（四）支持中部地区改善承接产业转移环境

国家工商总局围绕做好承接产业转移工商登记衔接工作，不断创新服务方式，提升服务水平，切实加强协调衔接，营造公平透明、便捷高效的市场主体准入环境，积极配合相关部门完善承接产业转移的政府管理与服务，建立健全服务承接产业转移的长效机制。交通运输部进一步强化中部地区承东启西、连南接北的高速公路网和普通国道网布局，提高主要通道能力配置和服务水平，支持各省加快国家高速公路特别是省际“断头路”项目的前期工作进度，加强技术指导，协调有关部委加快项目审批。加大对中部国省干线公路改造的投资力度，提高投资额度和补助标准。加快推进中部地区国家公路运输枢纽总体规划的审查和审批工作，安排专项资金支持中部地区国家公路运输枢纽客货运站场建设。推进武汉长江中游、重庆长江上游航运中心建设。加大对中西部地区内河主要港口和部分地区重要港口专业化、规模化、现代化港区建设的支持力度，指导推进北部湾沿海港口资源整合。加强主要港口铁路、公路集疏运通道建设，发展多式联运。加快建成现代化内河水运体系，推动沿江产业带的发展。开展集装箱海铁联运示范工程，大力促进港口集装箱和大宗货物的水铁联运。推进主要港口向货物中转基地、大宗货物交易中心发展，促进主要港口逐步建成综合货运枢纽，加快港口物流发展。鼓励依托港口建设物流园区，拓展港口服务功能，促进现代物流发展。

二、中部地区承接产业转移取得的主要成效

“十一五”期间，中部地区紧紧抓住国际国内产业分工深刻调整的机制，积极承接产业转移，承接产业转移规模不断扩大、形式多样化、集群化发展态势明显、层次不断提高，有力地推动了中部地区新型工业化和城镇化进程，增强了经济发展的动力和活力。

（一）承接产业转移取得快速增长

“十一五”期间，河南省利用省外资金

9276.7 亿元，是“十五”引进省外资金的 6 倍多，年均增长 39.9%，有 128 家国内 500 强企业来豫投资。2010 年共签订国内合作项目 5337 个，合同引进省外资金 7100.1 亿元，实际到位省外资金 2743.4 亿元，分别同比增长 50.5% 和 24.6%，相当于全省全社会固定资产投资的近 1/5，全省实际利用省外资金居中部第 2 位。2010 年，安徽省合同引进亿元以上大项目 4366 个，实际到位资金 4051.5 亿元，同比增长 82.9%；利用省外境内资金额居中部地区第一位，达 6387.6 亿元，实际利用外资 53.4 亿元。2010 年，山西省利用省外资金 1460 亿元，同比增长近 30%；实际利用外资 15 亿美元，同比增长 11%。江西省 2010 年合同引进省外亿元以上大项目 441 个，实际到位资金 1001.2 亿元，分别是 2005 年的 2.6 倍和 3.5 倍。2010 年，湖北全省共引进省外资金项目 2662 个，同比增长 35.2%；实际到位省外资金 1986 亿元，同比增长 75%。湖南省 2010 年引进省外境内资金 1733.1 亿元，同比增长 20.1%；实际利用外资 51.84%，同比增长 12.8%；成功引进了富士康、欧姆龙等世界 500 强企业；全省承接产业转移项目 2795 个，其中国际产业转移项目 531 个，区域产业转移项目 2264 个；承接转移项目新增税收 22.86 亿元，新增就业人数 27 万人。据有关方面统计，2008 年 2 月至 2010 年 2 月，我国通信、计算机和其他电子设备制造行业雇佣人数，沿海地区减少了 2.8%，内陆地区增加了 28.4%；仪器仪表和机械制造行业的雇佣人数，沿海地区减少了 2.6%，内陆地区增加了 26.4%，皮革、家具、造纸、印刷等行业的雇佣人数也呈东部地区减少、中西部地区增加的态势。

（二）承接产业转移项目规模不断扩大

“十一五”期间，中部地区承接产业转移项目的规模进一步扩大，产业园区已成为中部地区承接产业转移的重要平台，通过引进和发挥龙头企业的带动作用，有效带动了整个产业链转移和相关行业投资，极大地促进了特色产业集群的发展。目前，湖北拥有国家级、省级开发区 15 个，市县开发区 90 多个，建成了深圳工业园、台资工业园等多个园区，形成一批外资密集、内外资结合、带动力强的承接产业转移重要载体。如武汉经济开发区通过引进日产、本田、雪铁龙世界三大汽车巨头，汇集了神龙、东风本田、东风电动等 7 家整车生产企业、160 多家零部件生产企业以及一批汽车销售企业和配送中心，逐步形成了较为完善的汽车产业集群，成为国内汽车产业集中度高的区域之一；武汉东湖新技术开发区突破性发展光电子信息产业，引进富士康建立全球最大的台式电脑生产基地；与中芯国际签订合资协议，建设中部最大、最先进的芯片制造基地；天马微电子 4.5 代 TFT - LCD 项目正式投产；华为、中兴通讯研发中心等一批重点项目纷纷落户，东湖新技术开发区光电子产业实现集群化发展。安徽合肥市通过引进美的、格力、京东方、彩虹蓝光等家电巨头，吸引相关配套企业跟进投资，形成了平板显示和家电集群。江西省高安市围绕陶瓷产业，通过引进新中源、百顺等多家区域龙头，带动包装、机械、物流、模具等配套服务企业同步转移，形成了较为完善的陶瓷产业集群。河南省产业集聚区和特色园区到位资金 1362.9 亿元，占全部到位资金 90%，其中 180 个省级产业集聚区到位资金 1088.1 亿元，上海绿地、江苏雨润、深圳华强、厦门合一、东方希望、东方光大、美的等国内知名企业和集团纷纷投资河南，促成了一批投资规模大、质量高的项目落户，2010 年全省利用省外投资 10 亿元以上项目达 81 个，合同利用省外资金 1541.9 亿元，已到位 318.5 亿元。

（三）承接产业转移的层次进一步提升

过去，东部沿海发达地区到中西部地区投资，主要以能源和劳动密集型产业为主。近年来，中部地区一些科技实力雄厚的省份，吸引高新技术产业转移的能力逐步增强，汽车、电子、家电等资本密集型产业转移加速，高新技术产业、服务业逐步成为中部地区承接产业转移的重要行业。2004—2009年，中部地区汽车产量占全国比重由27.3%上升到33%，家电产量由15%上升到30%，仅安徽汽车和家电的产量占全国的比重就上升到7%和15%，而同期东部沿海地区汽车和家电的比重则分别下降4%和15%。在高新技术产业方面，湖北省武汉东湖新技术开发区先后引进一批涉及激光、消费电子、集成电路、环保、电气设备等领域的高科技制造企业，重点发展光电子信息、生物医药、能源环保、现代装备制造和高科技农业等五大产业，集中推动新材料、物联网、文化创意等产业发展，打造成为具有可持续发展能力的科技新城；2010年，江西省引进十大战略新兴产业资金已达680.5亿元，占全省引进资金总额的35.6%。在服务业方面，2010年，湖北全省服务业引进省外资金项目398个，实际到位资金765亿元，占全省引进省外资金总额的38.5%；安徽省皖江城市带承接产业转移示范区共引进服务业项目1851个，占示范区总项目的33.8%。

（四）承接产业转移的积极效应日益显现

通过积极承接产业转移，为中部地区经济社会发展注入了新的活力，不仅带动了中部地区经济快速发展，而且有力地促进了产业结构优化升级。《安徽省皖江城市带承接产业转移示范区规划》的出台和实施，带动了全省9个市59个县的快速发展，2010年，皖江示范区实现生产总值8224亿元，同比增长16.3%，高出全省1.8个百分点，较2005—2009年该区域平均增幅高出1.3个百分点。湖北省黄冈市，近年来通过引进一些大型知名企业、大项目，有利推动了黄冈市经济发展，使该市主要经济指标增幅连续三年居全省各市前列。中部地区注重在承接中发展、在发展中提升，实现了承接产业与本地主导产业、优势产业的有机结合，推动了产业结构调整，培育壮大了一批优势产业和知名品牌。江西省鹰潭市通过产业转移实现了粗铜加工向精深加工的转型升级，拥有了特种漆包线、超薄铜板带、皮青铜板带等一大批具备国内顶尖水平的拳头产品；高安市以广东“南陶北上”为契机，依托资源优势和产业基础，积极引进陶瓷生产企业和相关配套企业，使陶瓷产业得到了快速发展，产能已占到全国的1/15，年可实现利税20亿元。湖北省武汉东湖高新区通过产业转移使光电子产业技术水平大幅提升，光谷的光纤、光缆生产规模全球第一，激光产品国内市场占有率保持在50%左右，成为全国著名的光电子信息产业基地；仙桃市依托产业优势，积极引进食品加工企业和配套企业，促进了食品加工业快速壮大，目前，仙桃市食品加工产业规模已接近100亿元，初步形成了从原材料生产、产品加工、物流配送的完整产业链。

国家发展改革委地区经济司

我国省级开发区升级的现状和政策建议

2009年以来，国务院先后启动省级经济技术开发区和高新技术产业开发区的升级工作，对于应对国际金融危机冲击、提升对外开放水平、发展战略性新兴产业、促进循环、低碳和绿色经济发展具有重要的战略意义。

一、近来我国省级开发区升级情况及区域分布

截至2010年底，全国省级开发区升级为国家级开发区的数量为95家，加上原批准设立的国家级经济技术开发区（简称经开区）和高新技术产业开发区（简称高新区）国家级开发区达到202家，全国省区市均有分布。

（一）省级经开区升级情况及分布

2009年，国务院启动省级经开区升级工作，明确提出省级开发区升级必须符合"三不涉及"（不涉及新增土地、不涉及土地总体利用规划和城市总体规划调整、不涉及财税政策调整）、符合国家有关方针政策和区域发展战略规划、坚持精简高效管委会体制等方面的审核原则，制订了包括经济发展、科技创新、集约节约、生态环保及社会责任等5个方面共18个大类的审核标准，先后共批准同意68家省级经开区升级为国家级经开区。

新升级的68家经开区分布在东部、中部、西部和东北地区四大区域的数量分别有26家、20家、14家、8家，主要集中在东部和中部地区。东部地区除了北京、上海、海南3个省份之外，其他省份均有经开区升级，数量最多的江苏有8家，浙江和山东分别有6家和5家。中部地区6省均有经开区升级，数量最多的江西有5家。西部地区除了内蒙、青海、西藏3个省区外，其他省份均有经开区升级，且数量大都是1—2家，分布较为平均。东北地区辽宁有2家、吉林、黑龙江各有3家经开区升级（见表1）。

表1　截至2010年国务院批准的省级经开区升级分布

区域	省份	经济技术开发区
东部地区（26）	河北省（2）	廊坊经济技术开发区、沧州临港化工产业园区
	山东省（5）	日照经济技术开发区、潍坊滨海经济技术开发区、东营经济技术开发区、邹平经济技术开发区、临沂经济技术开发区
	江苏省（8）	扬州经济技术开发区、徐州经济技术开发区、镇江经济技术开发区、吴江经济技术开发区、常熟经济技术开发区、淮安经济技术开发区、江宁经济技术开发区、盐城经济技术开发区
	浙江省（6）	绍兴袍江工业园区、嘉兴经济技术开发区、湖州经济技术开发区、金华经济技术开发区、长兴经济技术开发区、宁波镇海化学工业园区
	福建省（2）	漳州招商局开发区、泉州经济技术开发区
	广东省（1）	广东增城工业园区
	天津市（2）	武清经济技术开发区、西青经济技术开发区

续表

区　域	省　份	经济技术开发区
中部地区（20）	安徽省（4）	马鞍山经济技术开发区、安庆经济技术开发区、铜陵经济技术开发区、滁州经济技术开发区
	湖北省（3）	襄樊经济技术开发区、黄石经济技术开发区、武汉吴家山台商工业园
	湖南省（3）	岳阳经济技术开发区、常德德山经济技术开发区、宁乡经济技术开发区
	江西省（5）	井冈山经济技术开发区、赣州经济技术开发区、九江经济技术开发区、上饶经济技术开发区、萍乡经济技术开发区
	河南省（4）	漯河经济技术开发区、鹤壁经济技术开发区、开封经济技术开发区、许昌经济技术开发区
	山西省（1）	大同经济技术开发区
西部地区（14）	陕西省（2）	陕西航空经济技术开发区、陕西航天经济技术开发区
	甘肃省（2）	金昌经济技术开发区、天水经济技术开发区
	云南省（1）	曲靖经济技术开发区
	四川省（2）	德阳经济技术开发区、广安经济技术开发区
	贵州省（1）	遵义经济技术开发区
	重庆市（2）	万州工业园区、长寿化工产业园
	广西（1）	钦州港经济技术开发区
	新疆（2）	库尔勒经济技术开发区、玺屯—独山子经济技术开发区
	宁夏（1）	石嘴山工业园区
东北地区（8）	辽宁省（2）	锦州经济技术开发区、大连长兴岛临港工业区
	吉林省（3）	吉林经济技术开发区、四平红嘴工业园区、长春汽车区
	黑龙江省（3）	宾西经济技术开发区、海林经济技术开发区、哈尔滨利民开发区

（二）省级高新区升级情况及分布

2010年，国务院批准省级高新区升级工作正式启动，按照2005年国务院出台的《国家高新区扩区、改变区和省级高新区升级的审批原则和审批程序》，坚持布局集中、产业集聚、用地集约、特色鲜明、规模适度、配套完善的基本原则，立足加快科学发展、着力自主创新、完善体制机制的根本要求，着眼于建设成为提升自主创新能力的重要载体、高新技术企业“走出去”的服务平台、抢占世界高新技术产业制高点的前沿阵地、带动经济结构调整和发展方式转变的强大引擎等方面的功能定位，制定了一套相对完整的升级程序和制度，先后分两次共批准27家省级高新区升级为国家级高新区。

27家新升级的高新区在东部、中部、西部和东北地区的分布数量分别为10家、7家、6家、4家，四大区域间数量相差不大。东部地区北京、天津、上海、海南4个省市没有高新区升级，其他省份均有高新区升级，升级数量最多的广东省有3家。中部地区山西、湖南没有高新区升级，其他省份均有1—2家高新区升级。西部地区陕西、甘肃、宁夏、新疆、青海、广西6个省份均有1家高新区升级，其他省份均没有高新区升级。东北地区辽宁有2家、吉林和黑龙江分别有1家高新区升级（见表2）。

表 2　　截至 2010 年国务院批准的省级高新区升级分布

区　域	省　份	高新技术产业开发区
东部地区（10）	河北省（2）	唐山高新区、燕郊高新区
	山东省（2）	烟台市新区、济宁市高新区
	江苏省（1）	昆山市高新区
	浙江省（1）	绍兴市高新区
	福建省（1）	泉州市高新区
	广东省（3）	东莞市高新区、肇庆市高新区、江门市高新区
中部地区（7）	安徽省（2）	芜湖市高新区、蚌埠市高新区
	湖北省（1）	宜昌市高新区
	江西省（2）	新余市高新区、景德镇市高新区
	河南省（2）	安阳市高新区、南阳市高新区
西部地区（6）	陕西省（1）	渭南市高新区
	甘肃省（1）	白银市高新区
	新疆（1）	昌吉市高新区
	宁夏（1）	银川市高新区
	青海省（1）	青海高新区
	广西（1）	柳州市高新区
东北地区（4）	辽宁省（2）	营口市高新区、辽阳市高新区
	吉林省（1）	延吉市高新区
	黑龙江省（1）	齐齐哈尔市高新区

（三）升级后国家级经开区和高新区分布

目前，全国国家级经开区和高新区数量分别达到 118 家和 84 家，31 个省、市和自治区均有分布。其中，东部地区国家级经开区、高新区数量分别为 51 家和 37 家，中部地区分别为 27 家和 17 家，西部地区分别为 26 家和 19 家，东北地区分别为 14 家和 11 家。拥有国家级经开区数量最多的省份是江苏省，有 12 家；其次，分别是浙江省 10 家、山东省 8 家；数量最少的 5 个省份北京、海南、青海、内蒙古、西藏各有 1 家。国家级高新区数量最多的省份是广东省，有 9 家；其次，江苏省和山东省均有 7 家；全国只有西藏目前尚没有国家级高新区。国家级经开区和高新区的区域分布数量与区域经济发展水平呈现明显的相关性（见表 3）。

表 3　截至 2010 年底全国国家级经开区和高新区的区域分布

区　域	省　份	国家级经开区数量	国家级高新区数量
东部地区：51 个经开区 37 个高新区	北京市	1	1
	上海市	3	1
	天津市	3	1
	河北省	3	4
	山东省	8	7
	江苏省	12	7
	浙江省	10	3
	福建省	5	3
	广东省	5	9
	海南省	1	1
中部地区：27 个经开区 17 个高新区	山西省	2	1
	河南省	5	4
	湖北省	4	3
	湖南省	4	3
	江西省	6	3
	安徽省	6	3
西部地区：26 个经开区 19 个高新区	陕西省	3	4
	甘肃省	3	2
	宁夏	2	1
	青海省	1	1
	新疆	4	2
	内蒙古	1	1
	云南省	2	1
	贵州省	2	1
	四川省	3	2
	重庆市	3	1
	广西	2	3
	西藏	1	0
东北地区：14 个经开区 11 个高新区	辽宁省	5	5
	吉林省	4	3
	黑龙江省	4	3
合　计	31	118	84

二、升级后国家级开发区发展存在的问题与建议

经过 20 多年的发展，开发区已成为我国走新型工业化道路的承载地和先进制造业集中区，在改善投资环境、发展开放型经济、促进科技进步和产业升级、推动工业化和城镇化进程等方面发挥了重要作用，同时也存在着产业

同构、一区多园、政策实施不规范、管理体制不顺、资源不能共享等问题。下一步要认真贯彻国务院有关规范开发区发展的政策措施，促进开发区持续健康发展。

（一）防范产业结构同构和不良竞争

目前，我国的经开区和高新区已经存在一定程度的产业结构雷同，大多数经开区和高新区都是以装备制造、电子信息、生物医药、新材料等为主导产业，也有一部分经开区和高新区房地产、行政管理、餐饮娱乐等服务业占有一定比重，很多地方和城市的经开区和高新区产业结构没有明显的区别，并且相互间在招商引资、项目布局等方面存在恶性竞争。省级开发区升级后，我国国家级开发区数量大幅度增加，108 家国家级经开区和 84 家国家级高新区在东、中、西、东北四大区域及 31 个省份均有分布，特别是一些东部沿海发达省市分布有多家国家级开发区。

在目前国家加强战略性新兴产业培育和发展、进一步优化产业结构、解决产能过剩等新形势下，必须更加重视省级开发区升级后国家级经开区和高新区之间面临的产业同构和不良竞争问题。建议依托各类各级开发区，充分发挥其特色和比较优势，坚持存量优化和增量引导相结合，加强规划约束、准入严控和政策激励，促进开发区分工合作、良性竞争和错位发展。

（二）规范园区扩区和“一区多园”

改革开放以来，开发区保持快速发展，发达省市的开发区内已经布满了各类项目，空间接近饱和，中西部欠发达地区的一些开发区仍存在土地闲置、利用率低的现象。不少开发区采取扩大范围或者区外建设“一区多园”的方式，直接或变相扩大开发区的面积。对规划面积相对较小或者区内非工业用地比重过高、确实难以适应产业集聚和升级需求的开发区，适当扩大开发区面积是合理可行的。但是，也存在一些开发区为了圈占土地、享受有关优惠政策和权益而随意扩大范围或将周边的其他园区并入开发区，造成土地资源浪费和开发区之间的盲目攀比。

省级开发区升级后，要提防一些开发区借升级之名，进行扩区或大搞“一区多园”。建议对开发区扩区和“一区多园”实行严格规范的评估、论证和审批，开发区扩区必须符合土地利用规划、城市总体规划及有关专项规划的要求，收并其他园区必须考虑园区与开发区之间的区位通达和产业关联程度，同时要依照开发区现有土地的开发强度、投资强度、产出和利税强度等主要指标，科学论证开发区扩大面积的必要性和可行性。

（三）细化整合针对不同开发区的分类政策

目前，国家级经开区主要享受以下几方面的优惠政策：一是根据授权行使地市级人民政府行政审批、经济协调与管理等职能；二是具有省级商务部门外商投资企业审批权限，有权批准 3 亿美元以下鼓励类、允许类外商投资项目；三是土地使用和重大项目立项更容易得到国家的支持；四是基础设施建设可申请中央财政贷款贴息。国家级高新区在 2008 年新企业所得税法实施后，原来享有的高新企业所得税减半征收、新办高新企业免征 2 年所得税等优惠政策扩展到高新区以外的全部高新技术企业，区域性优惠政策已经取消，目前主要在争取银行信贷、上市融资、财政贴息、招商引资等方面具有品牌和信用优势。另外，各地方针对不同级别和类型开发区的发展也制定了名目繁多的各类优惠政策。

总体上看，国家对于开发区的优惠政策比较原则，各地方对于开发区的优惠政策则相对杂乱和不规范，大批省级开发区升级后必然对政策提出更高、更迫切的需求，容易造成政策的竞相攀比和恶性竞争。建议细化整合开发区的各类政策，对于国家过于原则的政策要细化，制定便于操作和执行的政策细则；对于地方相对杂乱的政策要整合，明确政策制定的原则、标准和优惠限度，加快构建开发区灵活有效、类型多样、动态调整的政策体系。

（四）探索建立和完善合理可行的管理体

制

我国开发区大多实行地方政府派驻的党工委领导下的管委会体制，管理机构和职能相对精简，为开发区高效开发、建设和运行提供制度保障。目前，开发区管委会体制大致有三种模式：一种是比较常见的独立的管委会模式，国家级开发区管委会一般享受地市级经济管理权限，行政级别设置为副地市级；第二种是开发区与行政区一体化的管理模式，即开发区和所在城市行政市辖区设立统一的党委和政府机构，如大连经开区、株洲高新区等；第三种是“多区合一”管理体制，即针对一个城市的多家开发区设立统一的管委会，对全市所有开发区实行集中管理，如广州、哈尔滨等城市的开发区。

省级开发区升级后，国家级开发区的数量明显增加，特别是一些省会城市及沿海发达城市拥有多家国家级开发区和省级开发区，建议根据所在城市的经济发展水平、开发区的类型、数量及开发建设阶段，选择适宜的开发区管理模式。同时，结合省级开发区升级后面临的新形势，探索建立有利于开发区升级发展的土地、财税、金融、投资、人才、社保等领域的灵活体制，加快发展成为带动体制改革和创新的先行示范区。

（五）加强人才、技术和市场等相关资源的共建共享

目前，全国开发区之间存在一定的相互封闭、分割和盲目竞争现象，尚未建立完整有效的资源要素流动、配置体系和机制。国家层面对于开发区的统计和指导主要针对国家级开发区，目前相关的经济指标统计和业务指导并不完整，而且分属商务部、科技部等不同部门，不利于国家级各类开发区之间的资源共享和要素流动。上千家省级开发区由省、市政府进行管理和统计，部分省级政府设立了开发区管理的专门机构，但是仍有不少省级政府缺少对全省开发区的有效监管，造成不同省份之间、不同城市之间甚至同一城市不同开发区之间的封闭和分割，难以实现开发区之间各类资源要素的有效配置。

省级开发区升级后，开发区发展面临新的竞争和压力，加强各级各类开发区的信息统计、运行监管和政策指导尤为重要。建议中央和省级政府要加快推进和完善针对国家级和省级开发区的信息数据库建设，及时全面掌握国家级和省级开发区的人才、投资、技术、市场供求等基础信息，为开发区实现供求对接、要素流动和资源配置提供基本支撑。同时，加快建立开发区之间对口支援、技术合作、产业链合作、实习培训、任职挂职、岗位轮调等形式多样的区际合作，促进开发区之间资源共享和优势互补。

国家发展改革委地区经济司

“十二五”时期我国区域政策的导向分析

改革开放以来我国经济发展取得了非凡的成绩，GDP 由 1978 年的 3624.1 亿元增长到 2008 年的 30.4 万亿元。但与这种快速增长相伴随的是，我国区域发展存在着显著的差距。诚然，由于不同区域的资源禀赋、地理位置、市场化发展程度等条件相异，不可能在相同时间内具有完全相同的增长速度，但是如果区域差距长期存在势必影响到我国整体经济效率的提高和我国长期的可持续发展，也比势必影响到我国全面建设小康社会和让各地区居民共享改革开放成果的战略目标实现。

因此，如何有效地促进区域协调发展是我国当前经济社会发展中面临的突出问题，也是异常紧迫的战略任务。本文在对改革开放以来我国区域发展战略简要回顾的基础上，分析了当前我国区域发展的特点，界定了区域协调发展的基本内涵，并提出了“十二五”时期促进我国区域协调发展的政策建议。

一、改革开放以来我国区域发展战略简要回顾

改革开放以来，我国区域发展战略的演变大体经历了两个不同阶段，即改革开放初期至 20 世纪 90 年代中期推行的向沿海地区倾斜的不平衡发展战略阶段和从 20 世纪 90 年代中后期，特别是进入新世纪以来的推进区域协调发展战略阶段。不同的区域发展战略对我国区域差距的演变产生了重要影响。

（一）改革开放初期至 20 世纪 90 年代中后期是沿海地区率先发展的不平衡发展战略实施阶段

党的十一届三中全会作出了将全党的工作重点转移到以经济建设为中心的社会主义现代化建设上来的重大决策，我国经济社会发展进入一个新的阶段。当时，区域发展战略要优先解决的问题是，如何通过扩大开放，加快发展。根据邓小平同志关于“让一部分地区、一部分人先富起来，逐步实现共同富裕”的战略思想，国家投资布局和区域政策强调效率目标，向条件较好的沿海地区倾斜，推动沿海地区率先发展，实行不平衡的发展政策，具体体现在：

第一，区域经济发展指导方针的转变。从“六五”计划开始，我国生产力布局和区域经济发展的指导方针，由过去主要强调备战和缩小地区差别，逐步转移到以提高经济效益为中心，向沿海地区倾斜。《国民经济和社会发展第六个五年计划》明确指出：要积极利用沿海地区的现有基础，“充分发挥它们的特长，带动内地经济进一步发展”；1988 年，中共中央、国务院还提出了以沿海乡镇企业为主力、“两头在外，大进大出”为主要内容的沿海地区经济发展战略。第二，国家投资布局重点逐步东移。1978—1995 年，沿海地区吸引外资占全国吸引外资总额的 84.7%，基本建设投资占全国的比重也明显提高，沿海地区的生产总值年均增长 11.6%，比内地高 2.1 个百分点。第三，实施沿海对外开放政策。党的十一届三中全会确定了我国实行对外开放、对内搞活经济的重大战略方针。1979 年 7 月，中共中央、国务院正式批准广东、福建两省，在对外经济活动中，实行特殊政策、灵活措施。1980 年以来，国家又相继设立了深圳、珠海、汕头、厦门和海南 5 个经济特区，1984 年以后，国家又决定进一步开放大连等 14 个沿海港口城市，设立了大连、秦皇岛等 14 个经济技术开发区，实行类似经济特区的政策。之后，国家又相继把长江三角洲、珠江三角洲、

闽南厦漳泉三角地区、辽东半岛、胶东半岛等开辟为沿海经济开放区，并设立了福建台商投资区。1990 年 6 月，中共中央、国务院正式批准上海市开发和开放浦东新区，实行某些经济特区的优惠政策。由此就形成了一条从南到北沿海岸线延伸的沿海对外开放地带。

沿海地区的率先发展，加快了我国改革开放进程，使我国的经济实力迅速上升，缩小了与发达国家之间的差距，为 20 世纪末实现国内生产总值比 1980 年翻两番的战略目标，以及人民生活达到小康水平作出了巨大贡献。但是，与此同时我国区域间发展差距也日益呈现扩大趋势，反映我国区域间发展差距的泰勒指数从 1978 年 0.044 上升至 1995 年的 0.075，上升了 71.4%。

（二）20 世纪 90 年代中后期开始特别是进入新世纪后是区域协调发展战略全面实施阶段

20 世纪 90 年代中期，针对地区差距带来的突出矛盾，根据邓小平同志关于“两个大局”的构想，党中央审时度势，统揽全局，适时作出了完善区域发展战略的重大决策。1995 年 9 月，中共十四届五中全会通过的《中共中央关于制定国民经济和社会发展“九五”计划和 2010 年远景目标的建议》，明确把“坚持区域经济协调发展，逐步缩小地区发展差距”作为今后 15 年经济和社会发展必须贯彻的重要方针之一。1997 年 9 月，江泽民同志在中共十五大报告中特别强调，要“从多方面努力，逐步缩小地区发展差距”，“促进地区经济合理布局和协调发展”。特别是从 20 世纪末开始，国家先后制定和实施了西部大开发战略（1999 年）、振兴东北地区等老工业基地战略（2002 年）和促进中部地区崛起战略（2004 年）等，将缩小区域差距、促进区域协调发展放到了区域政策的更加重要和更加核心的位置上，并初步形成了“东、中、西、东北”四大板块各有侧重的区域发展总体战略，即“深入推进西部大开发，全面振兴东北地区等老工业基地，大力促进中部地区崛起，积极支持东部地区率先发展，实现相互促进、共同发展”。总体而言，20 世纪中后期特别是进入新世纪末以来，我国的区域发展战略属于一种区域协调发展战略。

二、当前我国区域发展的主要特点

伴随着区域协调发展战略的推进，近年来我国区域经济格局出现了一些积极的变化，区域差距呈现缩小态势，区域发展的协调性也有所增强，但总体来看，与新时期、新阶段的要求相比，区域差距大、发展不协调的问题没有根本解决，促进区域协调发展面临的任务依然十分艰巨。

（一）区域差距有所缩小，但发展不平衡性问题仍比较突出

在区域协调发展战略的推进下，近年来我国区域差距呈现缩小趋势。反映区域差距的各省之间人均 GDP 的基尼系数从 1990 年到 2003 年在经历了 13 年的不断扩大后，从 2003 年开始，一直到最近的 2008 年，呈现了逐年下降的态势。各省人均 GDP 的基尼系数从 2003 年的 0.317 下降到 2008 年的 0.293。

尽管近年来我国区域差距呈现缩小的趋势，但是地区发展不平衡性问题仍比较突出，特别是区域之间居民的生活和福利水平、各地居民所享有的基本公共服务水平差距较大。如，2008 年，城镇家庭人均可支配收入浙江最高，为 22727 元，甘肃最低，为 10969 元，前者是后者的 2 倍多；农村居民家庭人均纯收入也是浙江最高，为 9257 元，甘肃最低，为 2723 元，前者是后者的 3 倍多；全体居民消费水平广东最高，为 14390 元，西藏最低，为 3504 元，前者是后者的 4 倍。更为重要的是，由表 1 可见，从各地“人均教育支出基尼系数”“人均社保就业支出基尼系数”“人均医疗卫生支出基尼系数”等多项指标来看，不同地区之间在基本公共服务财政支出方面也存在相当大的差距。值得指出的是，表中的人均基本公共服务支出都是按照常住人口来计算的，事实上，当前各个地区财政中基本公共服

务支出的受益对象绝大部分是本地户籍人口，尤其是在教育、医疗卫生和社保领域。因此在现实中，各个地区之间基本公共服务的差距远比表中所反映的差异显著，不同地区间居民所享受的基本公共服务差距过大已经成为目前制约区域进一步协调发展的关键问题。

表 1　　我国各省间不同指标不平衡程度的比较

基尼系数	2008 年
人均 GDP	0.292
城镇居民人均收入	0.129
城镇居民人均消费支出	0.124
农村居民人均收入	0.214
农村居民人均消费支出	0.192
人均财政收入	0.417
人均财政支出	0.276
其中：人均教育支出	0.222
人均社保就业支出	0.279
人均卫生医疗支出	0.261

数据来源：《中国统计年鉴 2009》和作者计算。

（二）产业集聚水平有所提高，但是生产力和人口空间布局与环境生态承载力存在不协调的问题

改革开放以来，随着政府放权、国内市场一体化发展和面向国际市场的逐步开放，我国产业经历了较为显著的空间重组变化过程，产业地理集中度明显提高，反映了资源配置效率的提高。以制造业为例，反映制造业空间分布特征的区位基尼系数算术平均值和加权平均值分别从 1980 年的 0.515、0.517 上升到 2008 年的 0.61、0.587。

尽管改革开放以来我国产业集聚程度明显提高，但是目前我国在区域分割的发展模式下，主要由各个地方自身来承担发展本地经济、提高当地居民生活水平和福利水平的重任，同时由于区域规划协调不足、环保政策执行不力，由此造成了生产力布局和各地环境承载力不匹配，表现为：一方面，有些环境承载力高的地区，经济活动聚集度不够高；另一方面，有些环境承载力弱的地区，却过多地承载了经济活动。这既造成了资源和要素配置效率的损失，也带来了严重的环境污染和生态问题。这种情况不仅表现在大的区域板块之间，也表现在一些区域板块内部。

（三）区域经济一体化持续推进，但仍存在大量阻碍一体化发展的因素制约资源在区域空间上的配置效率提高

区域经济一体化是一国经济发展中必然经历的过程，是经济发展和经济空间作用的必然结果。改革开放以来，我国区域经济一体化持续推进具体表现在以下三个方面：一是区域基础设施一体化，特别是区域交通一体化持续进行。如在长江三角洲地区，交通一体化已经进入实质阶段，沪高速公路形成 10 个通道对接江浙，并正逐步实现公交系统的对接以及轨道交通的畅通。在京津冀地区，京津城际客运铁路专线已经建成，基本上实现了京津一小时互通。二是区域市场一体化深入发展。市场一体化是推动区域经济一体化发展的另一个动因，它是区域生产要素顺畅流通和经济一体化的重要保障。我国区域市场一体化正在政府作用与市场作用的合力下深入发展，并出现整体推进和部分先行两种模式。如长三角地区市场一体化总体推进特征明显，苏浙沪致力于打造

“三个统一”的大市场格局，包括统一的市场准入政策、统一的市场执法标准和统一的市场法制环境。而珠三角地区和京津冀地区则为部分先行，旅游市场一体化得到了深入发展，其中珠三角市场一体化合作范围已延伸至泛珠三角地区。三是区域产业一体化形态初现。产业一体化是区域经济一体化的重要表现形式和关键点。目前，我国区域内及区域间产业垂直分工逐渐成形，产业统一布局正成为一体化的重要突破口。在长三角地区，市场主导的产业的分工协作正在形成，上海与江浙的分工，总体上是创新先导、产业龙头与生产基地的协作配套关系，上海侧重发展高科技产业和高端服务业，江浙主要发展先进制造业和现代服务业。京津冀产业一体化表现为产业转移的双向对接。北京和天津的连线是未来两城市的产业带和发展带。北京与河北区域分工也在产业转移中得到体现，除了首钢，包括北京焦化厂在内的一大批老企业完成了从北京到河北的迁移。

尽管，我国区域经济一体化发展取得了显著地进展，但是必须看到当前仍存在大量阻碍区域经济一体化发展的因素，制约资源在区域空间上的配置效率提高。突出表现在三个方面：①要素流动不畅导致效率损失。由于地方保护主义行为的存在以及由于户籍、社保、基本公共服务等方面的制度性缺陷，要素（特别是劳动力要素）在空间上的流动不畅，影响了资源配置效率的优化。②区域优惠政策“碎片化”导致价格信号扭曲，影响资源配置效率的提高。由于区域倾斜性优惠政策名目繁多，使区域政策存在一定程度的碎片化倾向，加之各地为吸引投资竞相出台各种优惠政策，势必扭曲价格信号，导致资源难以真正按照效率最优的原则进行配置。③行政区划和管理体制限制要素合理配置。由于行政区划限制，使得区域之间在发展规划、基础设施和基础产业发展等方面往往缺乏必要的协调与合作，造成大量的重复建设和资源浪费现象。与此同时，由于受到行政区划和管理体制的限制，区域之间在经济发展的相关政策上也缺乏有效协调，往往形成底线竞争局面，使得整体利益受损。

（四）地区间专业化水平有所提高，但地区间产业重复建设问题仍比较突出

改革开放以来我国地区间专业化水平总体明显提高。以制造业为例，我国各地区制造业专业化指数算术平均值由1980年的0.247上升到2008年的0.379，升幅为53.4%。其中，东部地区专业化指数由1980年的0.169上升到2008年的0.208，上升幅度23.1%；而东北地区和中西地区分别由1980年的0.376、0.236、0.206上升到2008年的0.509、0.329和0.469，升幅分别为35.4%、39.4%和127%。

尽管伴随着市场化的推进我国地区间专业分工水平有所提高，但是当前我国地区间产业重复建设问题仍非常突出。如水泥产业。目前水泥产能过剩3亿吨，而在建水泥生产线超过200条，将新增产能超过2亿吨。又如平板玻璃产业。平板玻璃2008年产量为5.74亿重量箱，连续19年居世界第一，已拥有的203条生产线，在2008年金融危机影响下，停产近30条，但是在新一轮建设中，又有一批玻璃生产线在大干快上。据不完全统计，2009年在建的玻璃生产线有近120条，一旦建成，产能又会大幅过剩。再如光伏产业，2007年，我国从事光伏组件生产企业共计200多家，但至2008年这个数字剧增至近400家。而这一数字还在逐月递增。有统计数据显示，2008年我国的光伏产能首次超过德国，位居世界第一。以河南为例，仅在2009年6月份一个月期间，河南欧美亚光伏太阳能有限公司100MW太阳能单晶硅及切片生产线投产、河南新能光伏有限公司年产40MW非晶硅薄膜太阳能电池举行投产仪式，林州中升半导体硅材料有限公司3000吨多晶硅生产线点火投产。同样的新能源投资热潮，在湖北、江苏甚至新疆、内蒙古等地也有发生。据统计，2007年之前，我国只有3家企业生产多晶硅，产量不过600吨，但2008年上半年却有近20家企业生产多晶硅，产能高达5万吨以上，几乎占全

世界90%以上的产能。

（五）各地区节能减排意识增强，主体功能区划分日益成为各地区促进发展的新理念，但节能减排的长效机制尚未形成，推进主体功能区实施的补偿机制、干部政绩评价机制等尚未建立

近年来我国各地区节能减排意识明显增强，出台了一系列促进节能减排的政策和措施，有力地推动了我国节能减排任务的完成。我国单位GDP能耗改变了2002年以来持续上升的态势，2006年、2007年、2008年、2009年单位GDP能耗分别下降了1.83%、5.15%、5.20%和2.2%；二氧化硫和化学需氧量在2007年首次实现排放总量双下降，分别下降4.66%和3.14%，2008年下降的幅度更大，与2007年同期相比分别下降了5.83%和4.45%。

但是，目前我国促进各地区节能减排的长效机制尚未建立，主要是依靠节能减排指标的层层分解来约束地方政府，基于市场机制的政策虽然有不少出台，但总体来看还不够，节能减排指标的分解如何与各省市的经济发展阶段、财政能力和社会发展目标的相协调尚缺乏科学的方法；一刀切式的淘汰落后生产能力，付出的经济代价过大；淘汰落后生产能力与新建项目的时间衔接（如新建人电厂的前提是已炸掉小电厂）等方面，都需要改进和完善。

同时，伴随着国家“十一五”规划纲要正式提出主体功能区，各地区发展过程中日益重视优化国土空间布局，注重推进主体功能区划分，主体功能区建设取得了一定成绩。但是对应于承担不同功能的地区，仍未制定相应的干部考核指标体系；对于禁止开发区的补偿机制也尚未建立。

三、“十二五”时期促进我国区域协调发展的政策取向

（一）区域协调发展的基本内涵界定

根据国际经验和我国实践，在贯彻落实科学发展观、构建和谐社会的新形势下，新时期促进区域协调发展应充分体现科学发展观的要求，服务于国家现代化建设，有利于增强国家综合实力和综合竞争力，有利于社会福利的普遍增长，有利于社会的融合，有利于人与自然关系的和谐；要以建立和谐社会和最终实现共同富裕为目标。现阶段我国在这方面的主要任务是，遏制地区间人均生产总值扩大的趋势，使之保持在一定的限度内，逐步缩小不同地区居民所享受的公共产品的差距；要以国民经济整体效益为依归，以发挥地区比较优势为基础，形成合理的区际产业分工格局；要以扩大合作为目的，以加强地区之间战略协调为途径，实现区际良性互动；要消除地区壁垒，建立全国统一市场；要使各地区人与自然的关系处于协调和谐状态。

（二）促进区域协调发展的政策取向

根据我国当前区域发展的主要特点及区域协调发展的基本内涵，“十二五”时期促进我国区域协调发展的政策应重点突出以下几个方面：

第一，进一步完善国土功能分区，优化经济产业布局。我国幅员辽阔，各地区的自然生态状况、水土资源承载能力、区位特征、环境容量、现有开发密度、经济结构特征、人口集聚状况、参与国际分工的程度存在显著的差别。因此，必须高度重视区域分工，完善国土功能分区，优化经济产业布局。近年来，我国政府一直高度重视统筹区域协调发展、调整经济产业布局，2009年至今更是先后批复了十余个区域发展规划。但是侧重于从全国高层面优化资源空间配置，完善国土功能分区和优化经济产业布局的工作却较为迟缓。

“十二五”期间要积极推进国土功能分区规划，要摸清各地区开发现状、资源禀赋、资源环境承载力等基本条件，确定各地区的地位和功能，明确各地区的发展思路和重点方向；促进形成以各地区资源禀赋和生态条件为基础，以国民经济整体效益为依归，发挥各地区的比较优势的区域经济产业分工格局，使各地区的经济和人类活动与其资源环境承载力相适

应。

第二，进一步提高经济活动集聚度和完善城市间分工水平，提高资源利用效率。进一步提高经济活动集聚度，首先要充分认识到区域协调发展不等同于“区域平衡发展”，更不是“区域同等增长”。纵观各国特别是发达国家工业化进程的历史，空间格局演变的最突出的特征之一，就是人口、要素和经济活动向部分地区集中。而经济活动空间聚集所造成各地的经济不平衡增长与各地区之间和谐发展二者并不总是矛盾的，而是可以很好地协调一致。一方面，要素和经济活动在空间上的集中是经济发展的客观趋势和要求，不仅有利于提高效率和增强国家均衡各地福利水平的能力，也有利于节约资源（特别是土地资源）和保护环境；另一方面，通过人口的有效流动和政府合理的财政转移支付，可以保障在人口和经济活动不断集中的同时，各地居民享受到大体相当的生活水平和福利水平。试图通过人为干预和阻碍经济活动集聚来缩小区域差距，不仅会导致效率损失，区域之间的公平性最终也难以得到保障。试图通过人为干预和阻碍经济活动集聚来缩小区域差距，不仅会导致效率损失，区域之间的公平性最终也难以得到保障。

其次，进一步提高经济活动集聚要以城市化为载体。东部地区要促进城市连绵带发展，中部地区要促进城市群发展，西部地区要发挥城市极的带动作用。

最后，进一步提高经济活动集聚要以分工为基础。经济发展的过程，实际上也就是效率高者存在和发展，效率低下者不断被淘汰出局的过程。而合理的分工协作则是提高经济效率的重要基础。城市群的形成与发展固然受制于地理区位，但城市间的分工协作带来的城市圈效率最大化同样是一个城市圈形成和发展的决定性因素。要进一步完善大中小城市分工体系，大城市特别是特大城市要大力发展生产性服务业，发挥辐射带动作用；中小城市应按照专业化特点集中发展制造业，形成专业化集群；小城镇应发挥统筹城乡发展，提高农民公共服务水平的功能。

第三，进一步培育欠发达地区的内生增长能力，促进可持续发展。进入新世纪以来我国中西部的内蒙古、湖南等中西部省份经济增长迅速，但是中西部之所以能够保持强劲的增长态势，主要原因在于：第一，在财政收入激增的推动下，中西部各地区上马了很多项目工程，城镇固定资产投资增长迅速；第二，在资源价格攀升的情况下，资源型开发生产大规模增加。目前，中西部省份经济高速增长是典型的投资驱动型增长，经济增长中70%是依靠投资拉动的。从2003年起中部的投资增长速度超过了东部，从2005年起西部投资增长速度超过东部。而中西部地区在产业配套、科技创新、市场化改革、公共服务供给等诸多方面同东部地区仍存在较大差距，因此，“十二五”时期促进中西部地区经济持续增长，除了进一步加大对中西部地区的基础设施建设力度外，关键是提高中西部地区科技创新能力、产业配套能力、公共服务供给能力和体制创新能力。

第四，推进基本公共服务均等化，促进发展成果共享。推进基本公共服务均等化，一是要明确界定基本公共服务的范围，并伴随经济社会发展水平提高而相应调整。要分轻重缓急，把保障公民的基本生存权、健康权、劳动权、发展权作为当前我国基本公共服务的主体内容。

二是要完善基本公共服务均等化的评价指标体系、标准和信息公开制度。短期内均等化评价的重点应该放在投入指标上，而从中长期看，测评的重点应该逐步向“产出”与“结果”转变，以不断提高公共服务均等化的实效。要设立全国统一的各类基本公共服务的最低标准，并作为强制性标准在全国各地实行。

三是要明确划分各级政府提供基本公共服务方面的事权，保证责任归属清晰、合理。要改变过去那种仅仅按照事务隶属关系来划分的做法，以基本公共服务受益范围及其特性为主要依据来确定各级政府的责任。

四是要合理调整政府间财权配置，扩大地方税基。应当赋予地方政府更多的税权，将地方税的实施办法、政策解释、税目税率调整、税收减免等权限逐步下放给地方政府，以调动地方政府理财的积极性。

五是要按照基本公共服务均等化的要求，完善财政转移支付制度。要优化财政转移支付结构，减少税收返还、扩大一般性转移支付、清理合并专项转移支付。

第五，清理各种限制要素流动的政策，促进区域一体化发展。从法律上明令禁止地方政府、特别是大中型城市政府以各种方式、各种名义制定的地方保护主义政策，比如在就业方面对外地居民和农村居民的歧视性政策，在市场准入方面对外地企业和外地产品的歧视性政策。明确禁止地方政府出台限制人口流动、歧视性就业和有损公平竞争环境的法规。要加强执法力度，对近年来各地政府采取的限制和妨碍要素和人口正常流动、违反公平竞争原则的地方性政策进行必要的清理。可以考虑设立较高层次的执法机构，专门负责维护统一市场、制止地方保护主义行为的执法工作。

联动改革户籍制度和社会保障制度。完善户籍制度承担的户政和人口信息采集管理职能，以及作为居住、就业地备案的职能，简化备案手续，并规定迁移者变更长期居住地后的备案责任。社会保障获取资格，以及劳动力市场准入资格，要与户籍制度脱钩，促进人口自由流动。

本文作者：李善同，国务院发展研究中心；吴三忙，清华大学，中国发展规划研究中心。

统计资料篇

表 1

2010 年各地区生产总值

地区	地区生产总值（亿元）		占地区合计比重（%）		占地区合计比重位次		同比增长速度（%）		增长速度位次		增减幅度	
	2010 年	2009 年	2010 年	2009 年	2010 年	2009 年	2010 年	2009 年	2010 年	2009 年	±百分点	位次
北京	14113.58	12153.03	3.23	3.33	13	13	10.3	10.2	30	23	0.10	29
天津	9224.46	7521.85	2.11	2.06	20	20	17.4	16.5	1	2	0.90	22
河北	20394.26	17235.48	4.67	4.72	6	6	12.2	10.0	26	25	2.20	8
山西	9200.86	7358.31	2.11	2.01	21	21	13.9	5.4	14	31	8.50	1
内蒙古	11672.00	9740.25	2.67	2.67	15	15	15.0	16.9	6	1	-1.90	31
辽宁	18457.27	15212.49	4.22	4.16	7	7	14.2	13.1	11	10	1.10	18
吉林	8667.58	7278.75	1.98	1.99	22	22	13.8	13.3	16	8	0.50	24
黑龙江	10368.60	8587.00	2.37	2.35	16	16	12.7	11.1	19	21	1.60	17
上海	17165.98	15046.45	3.93	4.12	9	8	10.3	8.2	31	29	2.10	9
江苏	41425.48	34457.30	9.48	9.43	2	2	12.7	12.4	20	13	0.30	26
浙江	27722.31	22990.35	6.34	6.29	4	4	11.9	8.9	27	28	3.00	4
安徽	12359.33	10062.82	2.83	2.75	14	14	14.6	12.9	8	12	1.70	14
福建	14737.12	12236.53	3.37	3.35	12	12	13.9	12.0	15	16	1.90	10
江西	9451.26	7655.18	2.16	2.10	19	19	14.0	13.1	13	11	0.90	21
山东	39169.92	33896.65	8.96	9.28	3	3	12.3	11.9	23	17	0.40	25
河南	23092.36	19480.46	5.28	5.33	5	5	12.5	10.7	21	22	1.80	12
湖北	15967.61	12961.10	3.65	3.55	11	11	14.8	13.2	7	9	1.60	15
湖南	16037.96	13059.69	3.67	3.58	10	10	14.6	13.6	9	6	1.00	19
广东	46013.06	39482.56	10.53	10.81	1	1	12.4	9.5	22	27	2.90	5

续表

地区	地区生产总值（亿元）		占地区合计比重（%）		占地区合计比重位次		同比增长速度（%）		增长速度位次		增减幅度	
	2010 年	2009 年	2010 年	2009 年	2010 年	2009 年	2010 年	2009 年	2010 年	2009 年	±百分点	位次
广西	9569.85	7759.16	2.19	2.12	18	18	14.2	13.9	12	5	0.30	27
海南	2064.50	1654.21	0.47	0.45	28	28	16.0	11.7	3	18	4.30	3
重庆	7925.58	6530.01	1.81	1.79	23	23	17.1	14.9	2	3	2.20	7
四川	17185.48	14151.28	3.93	3.87	8	9	15.1	14.5	5	4	0.60	23
贵州	4602.16	3912.68	1.05	1.07	26	26	12.8	11.2	18	20	1.60	16
云南	7224.18	6169.75	1.65	1.69	24	24	12.3	12.1	24	15	0.20	28
西藏	507.46	441.36	0.12	0.12	31	31	12.3	12.4	25	14	-0.10	30
陕西	10123.48	8169.80	2.32	2.24	17	17	14.6	13.6	10	7	1.00	20
甘肃	4120.75	3387.56	0.94	0.93	27	27	11.8	10.0	28	26	1.80	13
青海	1350.43	1081.27	0.31	0.30	30	30	15.3	10.1	4	24	5.20	2
宁夏	1689.65	1353.31	0.39	0.37	29	29	13.5	11.6	17	19	1.90	11
新疆	5437.47	4277.05	1.24	1.17	25	25	10.6	8.1	29	30	2.50	6
全国	401202.00	340902.80					10.3	9.2			1.10	
地区合计	437041.99	365303.69					13.0	11.7			1.30	
西部地区	81408.49	66973.48	18.63	18.33			14.2	13.5			0.70	
东北地区	37493.45	31078.24	8.58	8.51			13.6	12.7			0.90	
中部地区	86109.38	70577.56	19.70	19.32			13.8	11.8			2.00	
东部地区	232030.67	196674.41	53.09	53.84			12.3	10.9			1.40	

注：1. 数据来源：《2011 中国统计年鉴》（表中数字不含港、澳、台地区）。2. 本表绝对数按当年价格计算，增长速度按可比价格计算。

表 2

2010 年各地区第一产业总值综合分析表

地区	第一产业增加值（亿元）		占地区合计比重（%）		占地区合计比重位次		同比增长速度（%）		增长速度位次		增减幅度	
	2010 年	2009 年	2010 年	2009 年	2010 年	2009 年	2010 年	2009 年	2010 年	2009 年	± 百分点	位次
北京	124.36	118.29	0.31	0.34	29	28	-1.6	4.6	30	17	-6.20	31
天津	145.58	128.85	0.36	0.37	27	26	3.3	3.4	27	24	-0.10	18
河北	2562.81	2207.34	6.32	6.25	3	5	3.5	3.3	25	25	0.20	14
山西	554.48	477.59	1.37	1.35	24	24	6.1	4.2	5	20	1.90	3
内蒙古	1095.28	929.60	2.70	2.63	17	18	6.1	2.3	6	29	3.80	1
辽宁	1631.08	1414.90	4.02	4.01	11	11	5.8	3.1	9	27	2.70	2
吉林	1050.15	980.57	2.59	2.78	19	17	3.7	2.8	23	28	0.90	5
黑龙江	1302.90	1154.33	3.21	3.27	14	14	6.2	5.2	3	5	1.00	4
上海	114.15	113.82	0.28	0.32	30	29	-6.6	-1.1	31	31	-5.50	30
江苏	2540.10	2261.86	6.27	6.41	4	3	4.9	4.5	11	18	0.40	11
浙江	1360.56	1163.08	3.36	3.30	13	13	3.2	2.3	29	30	0.90	6
安徽	1729.02	1495.45	4.27	4.24	9	9	4.6	5.0	15	8	-0.40	20
福建	1363.67	1182.74	3.36	3.35	12	12	3.3	4.7	26	16	-1.40	29
江西	1206.98	1098.66	2.98	3.11	15	15	4.0	4.5	22	19	-0.50	22
山东	3588.28	3226.64	8.85	9.14	1	1	3.6	4.2	24	21	-0.60	23
河南	3258.09	2769.05	8.04	7.85	2	2	4.5	4.2	18	22	0.30	13
湖北	2147.00	1795.90	5.30	5.09	8	8	4.6	5.2	13	6	-0.60	24
湖南	2325.50	1969.69	5.74	5.58	6	7	4.3	5.0	20	9	-0.70	25
广东	2286.98	2010.27	5.64	5.70	7	6	4.5	4.9	17	11	-0.40	21

续表

地区	第一产业增加值（亿元）		占地区合计比重（%）		占地区合计比重位次		同比增长速度（%）		增长速度位次		增减幅度	
	2010 年	2009 年	2010 年	2009 年	2010 年	2009 年	2010 年	2009 年	2010 年	2009 年	±百分点	位次
广西	1675.06	1458.49	4.13	4.13	10	10	4.6	5.3	14	4	-0.70	26
海南	539.83	462.19	1.33	1.31	25	25	6.3	7.2	2	1	-0.90	27
重庆	685.38	606.80	1.69	1.72	21	21	6.1	5.5	4	3	0.60	9
四川	2482.89	2240.61	6.13	6.35	5	4	4.4	4.0	19	23	0.40	12
贵州	625.03	550.27	1.54	1.56	22	22	4.7	4.8	12	14	-0.10	16
云南	1108.38	1067.60	2.73	3.02	16	16	4.2	5.2	21	7	-1.00	28
西藏	68.72	63.88	0.17	0.18	31	31	3.2	3.3	28	26	-0.10	17
陕西	988.45	789.64	2.44	2.24	20	19	5.8	4.9	8	12	0.90	8
甘肃	599.28	497.05	1.48	1.41	23	23	5.5	4.9	10	13	0.60	10
青海	134.92	107.40	0.33	0.30	28	30	5.9	5.0	7	10	0.90	7
宁夏	159.29	127.25	0.39	0.36	26	27	7.4	7.2	1	2	0.20	15
新疆	1078.63	759.74	2.66	2.15	18	20	4.5	4.8	16	15	-0.30	19
全国	40533.60	35226.00	100.00				4.3	4.2			0.10	
地区合计	40532.83	35297.00	100.00				4.4	4.3			0.10	
西部地区	10701.31	9198.50	26.40	26.06			4.9	4.5			0.40	
东北地区	3984.13	3549.70	9.83	10.06			5.3	3.7			1.60	
中部地区	11221.07	9726.00	27.68	27.55			4.5	4.7			-0.20	
东部地区	14626.32	12822.70	36.09	36.33			3.7	4.1			-0.40	

注：绝对额按现价计算，增长速度按不变价计算。区域增长速度按可比价计算。

表 3

2010 年各地区第二产业总值综合分析表

地区	第二产业增加值（亿元）		占地区合计比重（%）		占地区合计比重位次		同比增长速度（%）		增长速度位次		增减幅度	
	2010 年	2009 年	2010 年	2009 年	2010 年	2009 年	2010 年	2009 年	2010 年	2009 年	±百分点	位次
北京	3388.38	2855.55	1.54	1.60	23	23	13.7	9.7	26	26	4.00	12
天津	4840.23	3987.84	2.20	2.23	19	18	20.2	18.2	5	5	2.00	22
河北	10707.68	8959.83	4.87	5.01	6	6	13.4	10.5	27	24	2.90	16
山西	5234.00	3993.80	2.38	2.23	16	17	18.3	2.3	11	31	16.00	1
内蒙古	6367.69	5114.00	2.89	2.86	14	13	18.2	21.4	12	2	-3.20	30
辽宁	9976.82	7906.34	4.53	4.42	7	7	16.8	15.6	16	12	1.20	26
吉林	4506.31	3541.92	2.05	1.98	21	20	18.8	16.7	10	10	2.10	21
黑龙江	5204.11	4060.72	2.36	2.27	17	16	14.5	13.0	24	17	1.50	24
上海	7218.32	6001.78	3.28	3.35	12	11	16.8	3.1	17	30	13.70	2
江苏	21753.93	18566.37	9.89	10.37	2	3	13.1	12.5	28	20	0.60	28
浙江	14297.93	11908.49	6.50	6.65	4	4	12.4	6.8	31	29	5.60	6
安徽	6436.62	4905.22	2.92	2.74	13	14	20.7	16.8	3	9	3.90	13
福建	7522.83	6005.30	3.42	3.36	10	10	18.1	12.9	14	18	5.20	7
江西	5122.88	3919.45	2.33	2.19	18	19	18.2	17.1	13	8	1.10	27
山东	21238.49	18901.83	9.65	10.56	3	2	12.8	13.7	29	15	-0.90	29
河南	13226.38	11010.50	6.01	6.15	5	5	14.8	12.2	22	21	2.60	18
湖北	7767.24	6038.08	3.53	3.37	9	9	20.2	16.0	6	11	4.20	11
湖南	7343.19	5687.19	3.34	3.18	11	12	20.2	18.9	7	4	1.30	25
广东	23014.53	19419.70	10.46	10.85	1	1	14.7	8.7	23	28	6.00	5

续表

地区	第二产业增加值（亿元）		占地区合计比重（%）		占地区合计比重位次		同比增长速度（%）		增长速度位次		增减幅度	
	2010 年	2009 年	2010 年	2009 年	2010 年	2009 年	2010 年	2009 年	2010 年	2009 年	±百分点	位次
广西	4511.68	3381.54	2.05	1.89	20	22	20.5	17.6	4	7	2.90	17
海南	571.00	443.43	0.26	0.25	30	30	19.2	12.6	9	19	6.60	4
重庆	4359.12	3448.77	1.98	1.93	22	21	22.7	17.8	1	6	4.90	9
四川	8672.18	6711.87	3.94	3.75	8	8	22.0	19.5	2	3	2.50	19
贵州	1800.06	1476.62	0.82	0.83	27	27	16.6	12.0	18	22	4.60	10
云南	3223.49	2582.53	1.46	1.44	24	24	15.8	13.6	20	16	2.20	20
西藏	163.92	136.63	0.07	0.08	31	31	14.1	21.7	25	1	-7.60	31
陕西	5446.10	4236.42	2.47	2.37	15	15	18.0	14.7	15	13	3.30	15
甘肃	1984.97	1527.24	0.90	0.85	26	26	15.3	10.4	21	25	4.90	8
青海	744.63	575.33	0.34	0.32	29	29	19.3	11.3	8	23	8.00	3
宁夏	827.91	662.32	0.38	0.37	28	28	16.0	14.4	19	14	1.60	23
新疆	2592.15	1929.59	1.18	1.08	25	25	12.6	9.0	30	27	3.60	14
全国	187581.40	157638.80					12.2	9.9			2.30	
地区合计	220064.77	178958.70					16.1	12.7			3.40	
西部地区	40693.90	31860.80	18.49	17.80			18.9	16.4			2.50	
东北地区	19687.24	15234.00	8.95	8.51			16.6	15.3			1.30	
中部地区	45130.31	35374.50	20.51	19.77			18.4	13.9			4.50	
东部地区	114553.32	96489.30	52.05	53.92			14.2	10.8			3.40	

注：绝对额按现价计算，增长速度按不变价计算。区域增长速度按可比价计算。

表 4

2010 年各地区第三产业总值综合分析表

地区	第三产业增加值（亿元）		占地区合计比重（%）		占地区合计比重位次		同比增长速度（%）		增长速度位次		增减幅度	
	2010 年	2009 年	2010 年	2009 年	2010 年	2009 年	2010 年	2009 年	2010 年	2009 年	± 百分点	位次
北京	10600.84	9179.19	6.01	6.20	5	5	9.3	10.3	30	27	-1.00	20
天津	4238.65	3405.16	2.40	2.30	14	16	14.2	15.1	2	1	-0.90	17
河北	7123.77	6068.31	4.04	4.10	7	7	13.1	11.4	6	17	1.70	7
山西	3412.38	2886.92	1.93	1.95	19	20	9.4	10.3	29	26	-0.90	18
内蒙古	4209.02	3696.65	2.39	2.50	15	14	12.4	15.0	8	2	-2.60	29
辽宁	6849.37	5891.25	3.88	3.98	8	8	12.5	12.1	7	16	0.40	12
吉林	3111.12	2756.26	1.76	1.86	22	21	10.7	12.7	23	9	-2.00	26
黑龙江	3861.59	3371.95	2.19	2.28	17	17	11.8	10.1	14	28	1.70	8
上海	9833.51	8930.85	5.57	6.04	6	6	5.7	12.6	31	11	-6.90	31
江苏	17131.45	13629.07	9.71	9.21	2	2	13.3	13.6	5	6	-0.30	14
浙江	12063.82	9918.78	6.84	5.70	4	4	12.3	12.5	10	12	-0.20	13
安徽	4193.68	3662.15	2.38	2.47	16	15	10.1	11.1	27	19	-1.00	21
福建	5850.62	5048.49	3.32	3.41	13	13	10.6	12.5	24	13	-1.90	24
江西	3121.40	2637.07	1.77	1.78	21	22	11.2	10.7	20	24	0.50	10
山东	14343.14	11768.18	8.13	7.95	3	3	13.5	10.7	4	23	2.80	3
河南	6607.89	5700.91	3.75	3.85	9	9	11.4	10.9	18	22	0.50	11
湖北	6053.37	5127.12	3.43	3.46	11	12	11.3	12.3	19	15	-1.00	22
湖南	6369.27	5402.81	3.61	3.65	10	10	11.7	11.0	15	20	0.70	9
广东	20711.55	18052.59	11.74	12.20	1	1	10.6	11.0	25	21	-0.40	15

续表

地区	第三产业增加值（亿元）		占地区合计比重（%）		占地区合计比重位次		同比增长速度（%）		增长速度位次		增减幅度	
	2010 年	2009 年	2010 年	2009 年	2010 年	2009 年	2010 年	2009 年	2010 年	2009 年	±百分点	位次
广西	3383.11	2919.13	1.92	1.97	20	20	11.1	13.8	21	5	-2.70	30
海南	953.67	748.59	0.54	0.51	28	28	20.1	14.1	1	3	6.00	1
重庆	2881.08	2474.44	1.63	1.67	24	24	12.4	13.3	9	8	-0.90	19
四川	6030.41	5198.80	3.42	3.51	12	11	10.2	12.4	26	14	-2.20	28
贵州	2177.07	1885.79	1.23	1.27	25	25	12.1	12.6	11	10	-0.50	16
云南	2892.31	2519.62	1.64	1.70	23	23	11.5	13.4	17	7	-1.90	25
西藏	274.82	240.85	0.16	0.16	31	31	13.7	10.3	3	25	3.40	2
陕西	3688.93	3143.74	2.09	2.12	18	18	12.1	14.1	12	4	-2.00	27
甘肃	1536.50	1363.27	0.87	0.92	27	27	9.9	11.3	28	18	-1.40	23
青海	470.88	398.54	0.27	0.27	30	30	12.1	9.8	13	29	2.30	5
宁夏	702.45	563.74	0.40	0.38	29	29	11.6	9.4	16	30	2.20	6
新疆	1766.69	1587.72	1.00	1.07	26	26	10.8	8.3	22	31	2.50	4
全国	173087.00	147642.10	98.10				9.5	9.6			-0.10	
地区合计	176444.36	147977.00	100.00				11.0	12.0			-1.00	
西部地区	30013.27	25808.30	17.01	17.44			11.3	13.1			-1.80	
东北地区	13822.08	11773.00	7.83	7.96			11.6	11.9			-0.30	
中部地区	29757.99	25036.80	16.87	16.92			10.4	11.3			-0.90	
东部地区	102851.02	85358.90	58.29	57.68			11.0	11.9			-0.90	

注：绝对额按现价计算，增长速度按不变价计算。区域增长速度按可比价计算。

表 5

2010 年各地区规模以上工业增加值综合分析表

地区	工业增加值（亿元）		占地区合计比重（%）		占地区合计比重位次		同比增长速度（%）		增长速度位次		增减幅度	
	2010 年	2009 年	2010 年	2009 年	2010 年	2009 年	2010 年	2009 年	2010 年	2009 年	± 百分点	位次
北京	2763.99	2156.30	1.43	1.60	23	21	15.0	9.10	29	25	5.9	10
天津	4410.85	3520.68	2.28	2.51	18	13	23.7	22.8	1	2	0.9	29
河北	9554.05	6110.60	4.94	4.53	6	7	16.5	13.4	22	17	3.1	19
山西	4657.97	3509.60	2.41	2.60	15	14	23.2	2.5	8	31	20.7	1
内蒙古	5618.4	3450.25	2.91	2.55	13	15	19.0	24.2	14	1	−5.2	31
辽宁	8789.27	6603.10	4.55	4.89	7	6	17.8	16.8	18	11	1.0	27
吉林	3929.31	2491.28	2.03	1.85	20	19	19.9	16.8	12	10	3.1	20
黑龙江	4608.27	3444.80	2.38	2.55	16	16	15.2	12.1	26	19	3.1	21
上海	6536.21	5649.60	3.38	4.19	10	8	18.4	3.0	17	30	15.4	2
江苏	19277.55	14758.95	9.97	10.94	2	3	16.0	14.6	24	15	1.4	26
浙江	12657.78	8083.00	6.55	5.99	4	4	16.2	6.2	23	29	10.0	4
安徽	5407.4	3259.70	2.80	2.42	14	17	23.6	22.6	4	3	1.0	28
福建	6397.71	4139.06	3.31	3.07	11	10	20.5	13.0	11	18	7.5	7
江西	4286.76	2323.52	2.22	1.72	19	20	21.7	20.1	9	7	1.6	25
山东	18861.45	16718.80	9.76	12.39	3	1	15.0	14.9	27	12	0.1	30
河南	11950.88	7305.00	6.18	5.41	5	5	19.0	14.6	15	14	4.4	15
湖北	6726.53	3842.33	3.48	2.85	9	11	23.6	20.1	5	6	3.5	17
湖南	6305.11	3570.85	3.26	2.65	12	12	23.4	20.5	7	5	2.9	22
广东	21462.72	15272.84	11.10	11.32	1	2	16.8	8.9	19	26	7.9	6

续表

地区	工业增加值（亿元）		占地区合计比重（%）		占地区合计比重位次		同比增长速度（%）		增长速度位次		增减幅度	
	2010 年	2009 年	2010 年	2009 年	2010 年	2009 年	2010 年	2009 年	2010 年	2009 年	±百分点	位次
广西	3860.46	1976.42	2.00	1.46	21	22	23.7	18.2	2	9	5.50	11
海南	385.21	297.61	0.20	0.22	30	30	18.5	7.5	16	27	11.00	3
重庆	3697.83	1830.00	1.91	1.36	22	23	23.7	18.5	3	8	5.20	12
四川	7431.45	4939.30	3.84	3.66	8	9	23.5	21.2	6	4	2.30	24
贵州	1516.87	1051.30	0.78	0.78	27	27	15.8	10.6	25	24	5.20	13
云南	2604.07	1803.62	1.35	1.34	24	24	15.0	11.2	28	20	3.80	16
西藏	39.73	26.34	0.02	0.02	31	31	14.0	10.8	30	22	3.20	18
陕西	4558.97	2988.07	2.36	2.21	17	18	19.7	14.8	13	13	4.90	14
甘肃	1602.87	1135.17	0.83	0.84	26	26	16.6	10.6	21	23	6.00	9
青海	613.65	438.83	0.32	0.33	29	29	20.6	11.0	10	21	9.60	5
宁夏	643.05	485.08	0.33	0.36	28	28	16.8	14.3	20	16	2.50	23
新疆	2161.39	1727.35	1.12	1.28	25	25	13.6	7.2	31	28	6.40	8
全国	160867.00	135239.90					15.7	11.0			4.70	
地区合计	193317.84	134909.35										
西部地区	34348.74	21851.73	17.77	16.20			20.3	17.40			2.90	
东北地区	17326.85	12539.18	8.96	9.29			17.8	16.00			1.80	
中部地区	39334.65	23811.00	20.35	17.65			21.9	16.90			5.00	
东部地区	102307.60	76707.44	52.92	56.86			16.7	11.70			5.00	

注：1. 数据来源：《2011 中国统计年鉴》（表中数字不含港、澳、台地区）。2. 本表绝对数按当年价格计算，增长速度按可比价格计算。

表 6

2010 年各地区城镇固定资产投资综合分析表

地区	固定资产投资（亿元）		占地区合计比重（%）		占地区合计比重位次		同比增长速度（%）		增长速度位次		增减幅度	
	2010 年	2009 年	2010 年	2009 年	2010 年	2009 年	2010 年	2009 年	2010 年	2009 年	±百分点	位次
北京	4916.50	4616.90	2.10	2.11	23	23	6.5	17.9	22	29	-11.4	5
天津	5896.50	4738.20	2.51	2.17	20	22	24.4	40.1	3	7	-15.7	12
河北	12922.70	12269.80	5.51	5.61	5	6	5.3	40.3	23	6	-35.0	29
山西	5526.60	4943.20	2.36	2.26	21	21	11.8	41.2	18	2	-29.4	26
内蒙古	8688.00	7336.80	3.70	3.35	10	12	18.4	34.1	11	13	-15.7	13
辽宁	15106.30	12292.50	6.44	5.52	3	5	22.9	30.7	4	19	-7.8	3
吉林	7395.20	6411.60	3.15	2.93	15	14	15.3	29.7	14	21	-14.4	9
黑龙江	6292.70	5028.80	2.68	2.30	18	20	25.1	40.0	2	8	-14.9	10
上海	4630.50	5043.80	1.97	2.31	24	19	-8.2	7.1	30	31	-15.3	11
江苏	17416.50	18949.90	7.42	8.66	2	2	-8.1	22.9	29	24	-31.0	28
浙江	8438.10	10742.30	3.60	4.91	12	8	-21.4	13.8	31	30	-35.2	30
安徽	10281.30	8990.70	4.38	4.11	8	9	14.4	33.5	15	15	-19.1	18
福建	7385.80	6231.20	3.15	2.85	16	16	18.5	20.6	10	26	-2.1	1
江西	7856.90	6643.10	3.35	3.04	13	13	18.3	38.9	13	10	-20.6	20
山东	18844.40	19034.50	8.03	8.70	1	1	-1.0	23.2	26	23	-24.2	23
河南	13934.80	13704.50	5.94	6.26	4	3	1.7	31.3	25	17	-29.6	27
湖北	9405.60	7866.90	4.01	3.60	9	10	19.6	39.5	8	9	-19.9	19
湖南	8618.00	7703.40	3.67	3.52	11	11	11.9	41.0	17	4	-29.1	25
广东	12599.30	12933.10	5.37	5.91	6	4	-2.6	18.5	27	28	-21.1	22

续表

地区	固定资产投资（亿元）		占地区合计比重（%）		占地区合计比重位次		同比增长速度（%）		增长速度位次		增减幅度	
	2010 年	2009 年	2010 年	2009 年	2010 年	2009 年	2010 年	2009 年	2010 年	2009 年	±百分点	位次
广西	6383.30	5237.20	2.72	2.39	17	17	21.9	41.0	5	5	-19.1	17
海南	1257.50	988.30	0.54	0.45	29	29	27.2	41.1	1	3	-13.9	7
重庆	6170.60	5214.30	2.63	2.38	19	18	18.3	30.7	12	20	-12.4	6
四川	11061.40	11371.90	4.71	5.20	7	7	-2.7	42.4	28	1	-45.1	31
贵州	2609.40	2412.00	1.11	1.10	27	26	8.2	26.8	20	22	-18.6	16
云南	5052.60	4526.40	2.15	2.07	22	24	11.6	32.6	19	16	-21.0	21
西藏	405.00	378.30	0.17	0.17	31	31	7.1	21.2	21	25	-14.1	8
陕西	7569.90	6246.90	3.23	2.85	14	15	21.2	37.4	6	11	-16.2	14
甘肃	2808.60	2363.00	1.20	1.08	26	27	18.9	37.4	9	12	-18.5	15
青海	840.00	798.20	0.36	0.36	30	30	5.2	34.1	24	14	-28.9	24
宁夏	1292.80	1075.90	0.55	0.49	28	28	20.2	31.1	7	18	-10.9	4
新疆	3065.10	2725.50	1.31	1.25	25	25	12.5	19.4	16	27	-6.9	2
全国	241430.90	193920.40					24.5	30.5			-6.0	
地区合计	234671.90	218819.10					7.2	29.8			-22.6	
西部地区	55946.70	49686.40	23.84	22.71			12.6	35.0			-22.4	
东北地区	28794.20	23732.90	12.27	10.85			21.3	32.3			-11.0	
中部地区	55623.20	49851.80	23.70	22.78			11.6	36.5			-24.9	
东部地区	94307.80	95548.00	40.19	43.67			-1.3	23.0			-24.3	

注：1. 数据来源：《2011 中国统计年鉴》（表中数字不含港、澳、台地区）。2. 地区合计为 31 个省份之和，不包括不分地区数据。

表 7　　2010 年各地区城镇建筑安装工程投资综合分析表

地区	建筑安装工程投资（亿元）		占地区合计比重（%）		占地区合计比重位次		同比增长速度（%）		增长速度位次		增减幅度	
	2010 年	2009 年	2010 年	2009 年	2010 年	2009 年	2010 年	2009 年	2010 年	2009 年	±百分点	位次
北京	1782.60	1647.80	1.23	1.41	26	25	8.2	4.9	30	31	3.3	4
天津	3485.80	2546.50	2.41	2.19	22	23	36.9	37.8	4	10	-0.9	10
河北	8293.60	6487.70	5.73	5.57	5	6	27.8	49.7	15	2	-21.9	30
山西	3601.60	2829.80	2.49	2.43	20	19	27.3	41.4	17	5	-14.1	22
内蒙古	5785.60	4852.50	4.00	4.17	9	9	19.2	34.2	24	18	-15.0	24
辽宁	9775.50	7473.40	6.76	6.42	3	3	30.8	35.2	8	13	-4.4	16
吉林	3976.20	3442.50	2.75	2.96	18	15	15.5	30.1	27	21	-14.6	23
黑龙江	4124.90	3047.50	2.85	2.62	16	18	35.4	46.3	5	4	-10.9	20
上海	2500.80	2659.60	1.73	2.28	23	22	-6.0	13.4	31	30	-19.4	27
江苏	9797.80	8205.70	6.77	7.04	2	2	19.4	23.6	23	25	-4.2	14
浙江	4888.90	4356.90	3.38	3.74	13	11	12.2	15.7	29	28	-3.5	13
安徽	6519.40	5215.40	4.51	4.48	8	8	25.0	36.0	19	12	-11.0	21
福建	4012.00	3137.70	2.77	2.69	17	17	27.9	19.8	14	27	8.1	1
江西	4525.90	3512.10	3.13	3.02	14	14	28.9	34.5	13	15	-5.6	18
山东	11336.00	9256.90	7.84	7.95	1	1	22.5	22.0	20	26	0.5	9
河南	8302.20	7243.70	5.74	6.22	4	4	14.6	32.3	28	19	-17.7	26
湖北	5708.30	4334.00	3.95	3.72	10	12	31.7	39.6	7	7	-7.9	19
湖南	5381.70	4459.80	3.72	3.83	11	10	20.7	41.4	21	5	-20.7	28
广东	8173.20	6803.70	5.65	5.84	6	5	20.1	24.5	22	24	-4.4	15

续表

地区	建筑安装工程投资（亿元）		占地区合计比重（%）		占地区合计比重位次		同比增长速度（%）		增长速度位次		增减幅度	
	2010 年	2009 年	2010 年	2009 年	2010 年	2009 年	2010 年	2009 年	2010 年	2009 年	±百分点	位次
广西	3842.40	2721.80	2.66	2.34	19	21	41.2	36.9	2	11	4.3	3
海南	882.10	684.00	0.61	0.59	28	28	29.0	46.6	12	3	-17.6	25
重庆	4137.30	3181.60	2.86	2.73	15	16	30.0	32.0	11	20	-2.0	11
四川	7467.50	5848.00	5.16	5.02	7	7	27.7	50.5	16	1	-22.8	31
贵州	1579.60	1340.50	1.09	1.15	27	27	17.8	38.9	25	9	-21.1	29
云南	3557.50	2735.30	2.46	2.35	21	20	30.1	35.2	10	13	-5.1	17
西藏	345.40	295.10	0.24	0.25	31	31	17.0	14.2	26	29	2.8	5
陕西	5286.10	4006.50	3.65	3.44	12	13	31.9	34.5	6	15	-2.6	12
甘肃	1940.30	1370.70	1.34	1.18	25	26	41.6	34.4	1	17	7.2	2
青海	652.60	500.50	0.45	0.43	30	30	30.4	29.5	9	22	0.9	8
宁夏	855.50	607.70	0.59	0.52	29	29	40.8	39.3	3	8	1.5	6
新疆	2118.30	1677.50	1.46	1.44	24	24	26.3	25.2	18	23	1.1	7
全国	148601.30	119780.40					24.1	32.6			-8.5	
地区合计	144636.60	116482.40					24.2	31.80			-7.6	
西部地区	37568.10	29137.70	25.97	25.01			28.9	36.70			-7.8	
东北地区	17876.60	13963.40	12.36	11.99			28.0	36.10			-8.1	
中部地区	34039.10	27594.80	23.53	23.69			23.4	36.80			-13.4	
东部地区	55152.80	45786.50	38.13	39.31			20.5	25.00			-4.5	

注：1. 数据来源：《2010 中国统计年鉴》（表中数字不含港、澳、台地区）。2. 地区合计为 31 个省份之和，不包括不分地区数据。

表 8

2010 年各地区城镇设备、工器具购置投资综合分析表

地区	设备、工器具购置投资（亿元）		占地区合计比重（%）		占地区合计比重位次		同比增长速度（%）		增长速度位次		增减幅度	
	2010 年	2009 年	2010 年	2009 年	2010 年	2009 年	2010 年	2009 年	2010 年	2009 年	± 百分点	位次
北京	598.80	374.00	1.20	0.91	24	26	60.1	-30.8	2	31	90.9	1
天津	1097.60	926.20	2.19	2.25	20	20	18.5	38.0	19	8	-19.5	26
河北	2793.30	2589.10	5.58	6.30	5	5	7.9	22.0	27	20	-14.1	25
山西	1133.40	1000.80	2.26	2.44	18	19	13.2	20.8	23	22	-7.6	18
内蒙古	2035.60	1606.90	4.06	3.91	11	10	26.7	35.7	12	9	-9.0	20
辽宁	3477.10	2813.50	6.94	6.85	4	4	23.6	26.2	17	18	-2.6	12
吉林	2691.10	1892.80	5.37	4.61	6	6	42.2	34.1	3	11	8.1	9
黑龙江	1452.70	1140.60	2.90	2.78	14	16	27.4	33.0	11	12	-5.6	16
上海	824.40	725.10	1.65	1.76	21	21	13.7	-0.7	22	30	14.4	5
江苏	4612.90	3857.10	9.21	9.39	2	2	19.6	28.8	18	16	-9.2	21
浙江	1221.10	1239.40	2.44	3.02	17	14	-1.5	7.0	31	27	-8.5	19
安徽	2141.30	1525.00	4.28	3.71	8	12	40.4	30.1	4	15	10.3	8
福建	1381.80	1183.50	2.76	2.88	15	15	16.8	20.8	20	22	-4.0	14
江西	2191.30	1672.60	4.38	4.07	7	7	31.0	44.5	9	5	-13.5	24
山东	4900.60	4240.20	9.79	10.32	1	1	15.6	27.2	21	17	-11.6	23
河南	3918.60	3146.10	7.82	7.66	3	3	24.6	30.7	15	13	-6.1	17
湖北	2079.50	1572.60	4.15	3.83	9	11	32.2	34.6	8	10	-2.4	11
湖南	1651.20	1261.50	3.30	3.07	13	13	30.9	30.6	10	14	0.3	10
广东	2079.00	1657.20	4.15	4.03	10	8	25.5	1.7	14	29	23.8	4

续表

地区	设备、工器具购置投资（亿元）		占地区合计比重（%）		占地区合计比重位次		同比增长速度（%）		增长速度位次		增减幅度	
	2010年	2009年	2010年	2009年	2010年	2009年	2010年	2009年	2010年	2009年	±百分点	位次
广西	1355.00	1016.10	2.71	2.47	16	18	33.4	44.7	6	4	-11.3	22
海南	190.70	138.50	0.38	0.34	29	29	37.7	24.0	5	19	13.7	6
重庆	674.20	616.60	1.35	1.50	22	22	9.3	14.4	26	24	-5.1	15
四川	1790.40	1623.30	3.58	3.95	12	9	10.3	39.9	24	7	-29.6	28
贵州	359.90	338.40	0.72	0.82	27	27	6.4	9.6	29	26	-3.2	13
云南	579.00	575.70	1.16	1.40	26	23	0.6	21.2	30	21	-20.6	27
西藏	48.50	19.20	0.10	0.05	31	31	152.6	107.6	1	1	45.0	2
陕西	1125.20	1023.00	2.25	2.49	19	17	10.0	48.5	25	3	-38.5	31
甘肃	584.10	462.30	1.17	1.12	25	25	26.3	56.7	13	2	-30.4	29
青海	117.90	109.70	0.24	0.27	30	30	7.5	40.8	28	6	-33.3	30
宁夏	308.10	248.70	0.62	0.61	28	28	23.9	10.7	16	25	13.2	7
新疆	664.00	500.80	1.33	1.22	23	24	32.6	2.6	7	28	30.0	3
全国	51692.60	42333.80					22.1	26.80			-4.7	
地区合计	50078.30	41096.50					21.9	26.00			-4.1	
西部地区	9641.90	8140.70	19.25	19.81			18.4	32.30			-13.9	
东北地区	7620.90	5846.90	15.22	14.23			30.3	30.00			0.3	
中部地区	13115.30	10178.60	26.19	24.77			28.9	32.30			-3.4	
东部地区	19700.20	16930.30	39.34	41.20			16.4	18.60			-2.2	

注：1. 数据来源：《2011中国统计年鉴》（表中数字不含港、澳、台地区）。2. 地区合计为31个省份之和，不包括不分地区数据。

表 9 **2010 年各地区商品房销售额**

地区	商品房销售额（亿元）		占地区合计比重（%）		占地区合计比重位次		同比增长速度（%）		增长速度位次		增减幅度	
	2010 年	2009 年	2010 年	2009 年	2010 年	2009 年	2010 年	2009 年	2010 年	2009 年	±百分点	位次
北京	2915.36	3259.70	5.53	7.35	7	5	-10.56	96.60	29	6	-107.2	29
天津	1246.48	1094.90	2.36	2.47	16	13	13.84	45.40	25	25	-31.6	18
河北	1650.00	968.00	3.13	2.18	12	14	70.45	51.80	2	20	18.7	3
山西	411.71	279.98	0.78	0.63	27	27	47.05	17.70	8	30	29.3	2
内蒙古	1076.55	767.23	2.04	1.73	17	18	40.32	23.20	13	29	17.1	5
辽宁	3063.32	2168.59	5.81	4.89	5	7	41.26	41.00	12	27	0.3	8
吉林	868.80	567.18	1.65	1.28	22	23	53.18	36.00	5	28	17.2	4
黑龙江	1011.95	653.60	1.92	1.47	18	20	54.83	55.00	3	17	-0.2	10
上海	2981.01	4330.22	5.65	9.76	6	4	-31.16	125.90	30	2	-157.1	31
江苏	5540.32	5106.36	10.51	11.51	1	1	8.50	100.90	27	5	-92.4	26
浙江	4459.04	4333.90	8.46	9.77	3	3	2.89	129.70	28	1	-126.8	30
安徽	1746.92	1378.39	3.31	3.11	10	10	26.74	67.80	21	11	-41.1	23
福建	1611.32	1477.82	3.06	3.33	13	9	9.03	107.40	26	4	-98.4	28
江西	776.41	602.80	1.47	1.36	23	22	28.80	63.40	19	14	-34.6	20
山东	3665.12	2459.10	6.95	5.54	4	6	49.04	49.00	7	23	0.0	9
河南	1658.79	1155.89	3.15	2.61	11	12	43.51	54.90	10	18	-11.4	15
湖北	1313.20	960.00	2.49	2.16	15	15	36.79	64.80	14	12	-28.0	17
湖南	1406.39	941.59	2.67	2.12	14	16	49.36	54.00	6	19	-4.6	11
广东	5480.77	4598.52	10.40	10.37	2	2	19.19	58.80	24	15	-39.6	22

续表

地区	商品房销售额（亿元）		占地区合计比重（%）		占地区合计比重位次		同比增长速度（%）		增长速度位次		增减幅度	
	2010 年	2009 年	2010 年	2009 年	2010 年	2009 年	2010 年	2009 年	2010 年	2009 年	±百分点	位次
广西	995.19	777.17	1.89	1.75	19	17	28.05	55.60	20	16	-27.5	16
海南	746.61	351.45	1.42	0.79	24	26	112.44	73.20	1	9	39.2	1
重庆	1846.94	1377.76	3.50	3.11	9	11	34.05	72.20	15	10	-38.1	21
四川	2647.34	2094.05	5.02	4.72	8	8	26.42	87.70	22	8	-61.3	24
贵州	581.01	475.00	1.10	1.07	25	24	22.32	120.20	23	3	-97.9	27
云南	934.60	653.50	1.77	1.47	21	21	43.01	48.40	11	24	-5.4	12
西藏	5.58	15.50	0.01	0.03	31	31	-64.00	-77.80	31	31	13.8	6
陕西	973.69	672.12	1.85	1.52	20	19	44.87	50.60	9	22	-5.7	13
甘肃	230.14	173.53	0.44	0.39	29	29	32.62	42.80	16	26	-10.2	14
青海	84.44	54.57	0.16	0.12	30	30	54.74	50.90	4	21	3.8	7
宁夏	309.22	239.53	0.59	0.54	28	28	29.09	91.00	18	7	-61.9	25
新疆	483.04	366.26	0.92	0.83	26	25	31.88	64.20	17	13	-32.3	19
全国	52721.24	44355.17					18.86	75.50			-56.6	
地区合计	52721.26	44354.21					18.86	75.50			-56.6	
西部地区	10167.74	7666.22	19.29	17.28			32.63	64.20			-31.6	
东北地区	4944.07	3389.37	9.38	7.64			45.87	42.70			3.2	
中部地区	7313.42	5318.65	13.87	11.99			37.51	57.90			-20.4	
东部地区	30296.03	27979.97	57.46	63.08			8.28	88.30			-80.0	

注：1. 数据来源：《2011 中国统计年鉴》（表中数字不含港、澳、台地区）。2. 本表绝对数按当年价格计算，增长速度按可比价格计算。

表 10

2010 年各地区商品房销售面积

地区	商品房销售面积(万平方米)		占地区合计比重（%）		占地区合计比重位次		同比增长速度（%）		增长速度位次		增减幅度	
	2010 年	2009 年	2010 年	2009 年	2010 年	2009 年	2010 年	2009 年	2010 年	2009 年	±百分点	位次
北京	1639.53	2362.25	1.56	2.49	23	17	-30.59	76.90	29	3	-107.5	31
天津	1514.52	1590.02	1.45	1.68	25	24	-4.75	27.00	25	25	-31.7	22
河北	4662.10	2966.61	4.45	3.13	8	12	57.15	27.70	1	24	29.5	1
山西	1180.59	1034.20	1.13	1.09	26	26	14.15	2.00	16	30	12.2	3
内蒙古	3057.38	2581.68	2.92	2.72	13	15	18.43	2.80	14	29	15.6	2
辽宁	6800.45	5375.52	6.49	5.67	4	6	26.51	31.40	9	23	-4.9	11
吉林	2382.10	1944.30	2.27	2.05	20	22	22.52	15.10	12	27	7.4	5
黑龙江	2720.95	2016.98	2.60	2.13	16	21	34.90	35.60	3	19	-0.7	8
上海	2060.96	3372.45	1.97	3.56	21	11	-38.89	44.20	30	12	-83.1	29
江苏	9485.47	10248.20	9.05	10.82	1	1	-7.44	62.90	27	6	-70.3	26
浙江	4816.53	5538.13	4.60	5.84	7	5	-13.03	84.70	28	1	-97.7	30
安徽	4154.26	4030.92	3.97	4.25	11	8	3.06	45.50	24	10	-42.4	24
福建	2575.62	2723.23	2.46	2.87	18	13	-5.42	67.50	26	5	-72.9	27
江西	2469.73	2280.91	2.36	2.41	19	18	8.28	32.00	18	22	-23.7	18
山东	9293.88	7016.35	8.87	7.40	2	2	32.46	25.90	5	26	6.6	6
河南	5452.23	4335.09	5.20	4.58	6	7	25.77	35.90	10	17	-10.1	13
湖北	3508.61	2718.05	3.35	2.87	12	14	29.09	40.00	7	13	-10.9	14
湖南	4469.98	3513.72	4.27	3.71	9	10	27.22	32.30	8	21	-5.1	12
广东	7321.76	7060.03	6.99	7.45	3	3	3.71	45.00	23	11	-41.3	23

续表

地区	商品房销售面积(万平方米)		占地区合计比重（%）		占地区合计比重位次		同比增长速度（%）		增长速度位次		增减幅度	
	2010 年	2009 年	2010 年	2009 年	2010 年	2009 年	2010 年	2009 年	2010 年	2009 年	±百分点	位次
广西	2793.92	2383.76	2.67	2.52	15	16	17.21	34.80	15	20	-17.6	16
海南	854.73	561.36	0.82	0.59	28	29	52.26	50.50	2	8	1.8	7
重庆	4314.39	4002.89	4.12	4.22	10	9	7.78	39.40	20	14	-31.6	21
四川	6396.92	5967.69	6.11	6.30	5	4	7.19	68.20	21	4	-61.0	25
贵州	1730.69	1653.05	1.65	1.74	22	23	4.70	78.30	22	2	-73.6	28
云南	2959.43	2229.95	2.82	2.35	14	19	32.71	35.70	4	18	-3.0	9
西藏	19.28	63.26	0.02	0.07	31	31	-69.52	-78.60	31	31	9.1	4
陕西	2590.18	2086.92	2.47	2.20	17	20	24.11	37.90	11	16	-13.8	15
甘肃	756.51	698.82	0.72	0.74	29	28	8.26	11.50	19	28	-3.2	10
青海	281.04	216.82	0.27	0.23	30	30	29.62	47.60	6	9	-18.0	17
宁夏	935.98	775.29	0.89	0.82	27	27	20.73	50.60	13	7	-29.9	20
新疆	1564.90	1406.55	1.49	1.48	24	25	11.26	39.10	17	15	-27.8	19
全国	104764.65	94755.00					10.56	42.10			-31.5	
地区合计	104764.62	94755.00					10.56	42.10			-31.5	
西部地区	27400.62	24066.68	26.15	25.40			13.85	40.20			-26.3	
东北地区	11903.50	9336.80	11.36	9.85			27.49	28.70			-1.2	
中部地区	21235.40	17912.89	20.27	18.90			18.55	34.80			-16.3	
东部地区	44225.10	43438.63	42.21	45.84			1.81	49.90			-48.1	

注：1. 数据来源：《2009 中国统计年鉴》（表中数字不含港、澳、台地区）。2. 本表绝对数按当年价格计算，增长速度按可比价格计算。

表 11

2010 年各地区房地产开发投资完成额

地区	房地产开发投资完成额（亿元）		占地区合计比重（%）		占地区合计比重位次		同比增长速度（%）		增长速度位次		增减幅度	
	2010 年	2009 年	2010 年	2009 年	2010 年	2009 年	2010 年	2009 年	2010 年	2009 年	± 百分点	位次
北京	2901.07	2337.71	6.01	6.45	6	5	24.10	22.50	23	14	1.6	25
天津	866.64	735.18	1.80	2.03	21	21	17.88	12.50	29	22	5.4	22
河北	2264.94	1520.04	4.69	4.19	7	10	49.01	39.90	6	4	9.1	18
山西	592.24	477.27	1.23	1.32	24	24	24.09	46.10	24	1	-22.0	30
内蒙古	1119.99	815.46	2.32	2.25	18	17	37.34	9.60	11	25	27.7	7
辽宁	3465.76	2640.56	7.18	7.29	3	3	31.25	28.10	19	11	3.2	24
吉林	921.01	756.67	1.91	2.09	19	19	21.72	18.00	28	18	3.7	23
黑龙江	843.12	563.92	1.75	1.56	22	23	49.51	28.20	5	10	21.3	11
上海	1980.68	1462.07	4.10	4.03	11	11	35.47	2.00	13	27	33.5	3
江苏	4299.38	3338.50	8.91	9.21	1	1	28.78	1.00	22	28	27.8	6
浙江	3025.43	2254.27	6.27	6.22	5	6	34.21	11.40	17	23	22.8	9
安徽	2251.80	1669.83	4.67	4.61	8	7	34.85	22.40	15	15	12.5	17
福建	1818.86	1136.35	3.77	3.14	12	14	60.06	0.60	2	30	59.5	1
江西	706.82	634.52	1.46	1.75	23	22	11.39	15.90	30	19	-4.5	28
山东	3249.37	2428.73	6.73	6.70	4	4	33.79	19.10	18	16	14.7	16
河南	2114.08	1553.76	4.38	4.29	10	9	36.06	28.80	12	9	7.3	19
湖北	1618.24	1200.44	3.35	3.31	14	13	34.80	34.50	16	6	0.3	26
湖南	1469.07	1084.58	3.04	2.99	15	15	35.45	13.50	14	21	22.0	10
广东	3659.69	2961.32	7.58	8.17	2	2	23.58	0.40	25	31	23.2	8

续表

地区	房地产开发投资完成额（亿元）		占地区合计比重（%）		占地区合计比重位次		同比增长速度（%）		增长速度位次		增减幅度	
	2010 年	2009 年	2010 年	2009 年	2010 年	2009 年	2010 年	2009 年	2010 年	2009 年	±百分点	位次
广西	1206.22	813.68	2.50	2.25	16	18	48.24	29.70	8	8	18.5	13
海南	467.87	287.96	0.97	0.79	26	26	62.48	44.30	1	2	18.2	14
重庆	1620.26	1238.91	3.36	3.42	13	12	30.78	25.00	20	12	5.8	21
四川	2194.63	1588.37	4.55	4.38	9	8	38.17	9.30	10	26	28.9	5
贵州	556.69	371.25	1.15	1.02	25	25	49.95	18.80	4	17	31.2	4
云南	900.44	737.46	1.87	2.03	20	20	22.10	32.20	27	7	-10.1	29
西藏	8.96	15.75	0.02	0.04	31	31	-43.11	14.40	31	20	-57.5	31
陕西	1159.47	941.63	2.40	2.60	17	16	23.13	23.80	26	13	-0.7	27
甘肃	266.41	204.14	0.55	0.56	28	28	30.50	9.90	21	24	20.6	12
青海	108.19	72.85	0.22	0.20	30	30	48.51	42.30	7	3	6.2	20
宁夏	254.37	162.74	0.53	0.45	29	29	56.30	38.40	3	5	17.9	15
新疆	347.72	235.88	0.72	0.65	27	27	47.41	1.00	9	28	46.4	2
全国	48259.40	36241.81					33.16	16.10			17.1	
地区合计	48259.42	36241.80					33.16	16.10			17.1	
西部地区	9743.35	7198.12	20.19	19.86			35.36	19.00			16.4	
东北地区	5229.89	3961.15	10.84	10.93			32.03	26.10			5.9	
中部地区	8752.25	6620.40	18.14	18.27			32.20	25.10			7.1	
东部地区	24533.93	18462.13	50.84	50.94			32.89	10.40			22.5	

注：1. 数据来源：《2011 中国统计年鉴》（表中数字不含港、澳、台地区）。2. 本表绝对数按当年价格计算，增长速度按可比价格计算。

表 12

2010 年各地区社会消费品零售总额综合分析表

地区	社会消费品零售总额（亿元）		占地区合计比重（%）		占地区合计比重位次		同比增长速度（%）		增长速度位次		增减幅度	
	2010 年	2009 年	2010 年	2009 年	2010 年	2009 年	2010 年	2009 年	2010 年	2009 年	± 百分点	位次
北京	6229.3	5309.9	3.97	4.00	10	10	17.3	14.3	27	29	3.00	7
天津	2902.6	2430.8	1.85	1.83	23	23	19.4	16.9	2	2	2.50	18
河北	6821.8	5764.9	4.35	4.35	8	8	18.3	15.5	20	25	2.80	13
山西	3318.2	2809.0	2.11	2.12	18	18	18.1	16.0	25	16	2.10	27
内蒙古	3384.0	2855.3	2.16	2.15	17	17	18.5	15.9	13	17	2.60	14
辽宁	6887.6	5812.6	4.39	4.38	7	7	18.5	15.5	14	23	3.00	8
吉林	3504.9	2957.3	2.23	2.23	16	16	18.5	16.0	15	13	2.50	19
黑龙江	4039.2	3401.8	2.57	2.56	15	15	18.7	16.2	10	8	2.50	20
上海	6070.5	5173.2	3.87	3.90	11	11	17.3	13.0	28	31	4.30	2
江苏	13606.8	11484.1	8.67	8.66	3	3	18.5	15.9	16	18	2.60	15
浙江	10245.4	8622.3	6.53	6.50	4	4	18.8	14.5	8	28	4.30	3
安徽	4197.7	3527.8	2.67	2.66	14	14	19.0	15.8	3	20	3.20	6
福建	5310.0	4481.0	3.38	3.38	13	13	18.5	15.9	17	19	2.60	16
江西	2956.2	2484.4	1.88	1.87	21	21	19.0	16.0	4	9	3.00	9
山东	14620.3	12363.0	9.31	9.32	2	2	18.3	16.0	21	14	2.30	23
河南	8004.2	6746.4	5.10	5.08	5	5	18.6	16.0	12	12	2.60	17
湖北	7013.9	5928.4	4.47	4.47	6	6	18.3	16.0	22	15	2.30	24
湖南	5839.5	4913.7	3.72	3.70	12	12	18.8	16.4	9	6	2.40	22
广东	17458.4	14891.8	11.12	11.22	1	1	17.2	14.7	29	27	2.50	21

续表

地区	社会消费品零售总额（亿元）		占地区合计比重（%）		占地区合计比重位次		同比增长速度（%）		增长速度位次		增减幅度	
	2010 年	2009 年	2010 年	2009 年	2010 年	2009 年	2010 年	2009 年	2010 年	2009 年	±百分点	位次
广西	3312.0	2790.7	2.11	2.10	19	19	18.7	16.5	11	3	2.20	26
海南	639.3	537.5	0.41	0.41	28	28	18.9	16.0	6	10	2.90	11
重庆	2938.6	2479.0	1.87	1.87	22	22	18.5	15.5	18	24	3.00	10
四川	6810.1	5758.7	4.34	4.34	9	9	18.3	16.5	23	5	1.80	29
贵州	1482.7	1247.3	0.94	0.94	25	25	18.9	16.0	7	11	2.90	12
云南	2500.1	2051.1	1.59	1.55	24	24	21.9	16.2	1	7	5.70	1
西藏	185.3	156.6	0.12	0.12	31	31	18.3	20.5	24	1	-2.20	31
陕西	3195.7	2699.7	2.04	2.03	20	20	18.4	16.5	19	4	1.90	28
甘肃	1394.5	1183.0	0.89	0.89	26	26	17.9	15.6	26	22	2.30	25
青海	350.8	300.5	0.22	0.23	30	30	16.8	15.7	30	21	1.10	30
宁夏	403.6	339.3	0.26	0.26	29	29	19.0	14.9	5	26	4.10	4
新疆	1375.1	1177.5	0.88	0.89	27	27	16.8	13.1	31	30	3.70	5
全国	156998.4	132678.4					18.3	15.5			2.80	
地区合计	156998.3	132678.6										
西部地区	27332.5	23038.7	17.41	17.36								
东北地区	14431.7	12171.7	9.19	9.17								
中部地区	31329.7	26409.7	19.96	19.91								
东部地区	83904.4	71058.5	53.44	53.56								

注：1. 数据来源：《2011 中国统计年鉴》（表中数字不含港、澳、台地区）。2. 本表绝对数按当年价格计算，增长速度按可比价格计算。

表 13

2010 年各地区进出口总额综合分析表

地区	进出口总额（亿美元）		占地区合计比重（%）		占地区合计比重位次		同比增长速度（%）		增长速度位次		增减幅度	
	2010 年	2009 年	2010 年	2009 年	2010 年	2009 年	2010 年	2009 年	2010 年	2009 年	±百分点	位次
北京	3017.23	2147.33	10.15	9.73	4	4	40.5	-20.9	16	20	61.4	15
天津	821.00	638.30	2.76	2.89	8	8	28.6	-20.6	27	19	49.2	22
河北	420.60	296.20	1.41	1.34	10	10	42.0	-22.9	15	22	64.9	13
山西	125.76	85.70	0.42	0.39	22	21	46.7	-40.6	11	30	87.3	4
内蒙古	87.30	67.70	0.29	0.31	25	25	29.0	-24.1	26	24	53.1	19
辽宁	807.12	629.30	2.71	2.85	9	9	28.3	-13.1	29	11	41.4	28
吉林	168.45	117.50	0.57	0.53	19	19	43.4	-11.9	14	9	55.3	18
黑龙江	255.15	162.30	0.86	0.74	13	13	57.2	-29.9	8	25	87.1	5
上海	3689.51	2777.13	12.41	12.58	3	3	32.9	-13.8	24	13	46.7	24
江苏	4657.99	3387.39	15.66	15.34	2	2	37.5	-13.6	17	12	51.1	20
浙江	2535.35	1877.30	8.53	8.50	5	5	35.1	-11.1	23	8	46.2	25
安徽	242.73	156.77	0.82	0.71	14	14	54.8	-22.5	9	21	77.3	8
福建	1087.83	796.49	3.66	3.61	7	7	36.6	-6.1	19	5	42.7	27
江西	216.19	127.78	0.73	0.58	15	18	69.2	-7.0	4	6	76.2	9
山东	1891.56	1390.53	6.36	6.30	6	6	36.0	-12.3	21	10	48.3	23
河南	178.32	134.76	0.60	0.61	16	17	32.3	-23.1	25	23	55.4	17
湖北	259.32	172.51	0.87	0.78	12	12	50.3	-16.8	10	16	67.1	12
湖南	146.56	101.49	0.49	0.46	20	20	44.4	-19.1	12	18	63.5	14
广东	7848.96	6110.94	26.39	27.68	1	1	28.4	-10.8	28	7	39.2	29

续表

地区	进出口总额（亿美元）		占地区合计比重（%）		占地区合计比重位次		同比增长速度（%）		增长速度位次		增减幅度	
	2010年	2009年	2010年	2009年	2010年	2009年	2010年	2009年	2010年	2009年	±百分点	位次
广西	177.39	142.54	0.60	0.65	17	15	24.4	7.5	30	2	16.9	31
海南	86.49	48.81	0.29	0.22	26	26	77.2	6.3	3	3	70.9	10
重庆	124.27	77.12	0.42	0.35	23	24	61.1	-19.0	7	17	80.1	7
四川	326.94	241.68	1.10	1.09	11	11	35.3	9.6	22	1	25.7	30
贵州	31.47	23.04	0.11	0.10	28	28	36.6	-31.6	18	26	68.2	11
云南	134.30	80.47	0.45	0.36	21	23	66.9	-16.4	5	15	83.3	6
西藏	8.36	4.02	0.03	0.02	30	31	108.0	-47.5	1	31	155.5	1
陕西	121.02	84.05	0.41	0.38	24	22	44.0	0.9	13	4	43.1	26
甘肃	74.03	38.65	0.25	0.18	27	27	91.5	-37.3	2	28	128.8	2
青海	7.89	5.80	0.03	0.03	31	30	36.0	-14.9	20	14	50.9	21
宁夏	19.60	12.00	0.07	0.05	29	29	63.3	-36.0	6	27	99.3	3
新疆	171.30	139.40	0.58	0.63	18	16	22.9	-37.8	31	29	60.7	16
全国	29739.98	22075.30					34.7	-13.9			48.6	
地区合计	29739.99	22075.00					34.7	-13.9			48.6	
西部地区	1283.87	916.47	4.32	4.15			40.1	-14.3			54.4	
东北地区	1230.72	909.10	4.14	4.12			35.4	-16.4			51.8	
中部地区	1168.88	779.01	3.93	3.53			50.0	-21.7			71.7	
东部地区	26056.52	19470.42	87.61	88.20			33.8	-13.3			47.1	

注：1. 数据来源：《2011 中国统计年鉴》（表中数字不含港、澳、台地区）。2. 本表绝对数按当年价格计算，增长速度按可比价格计算。

表 14

2010 年各地区出口总额综合分析表

地区	出口总额（亿美元）		占地区合计比重（%）		占地区合计比重位次		同比增长速度（%）		增长速度位次		增减幅度	
	2010 年	2009 年	2010 年	2009 年	2010 年	2009 年	2010 年	2009 年	2010 年	2009 年	±百分点	位次
北京	554.36	483.79	3.51	4.03	7	7	14.6	-15.9	31	10	30.5	29
天津	374.85	298.93	2.38	2.49	9	9	25.4	-29.0	28	19	54.4	21
河北	225.56	156.89	1.43	1.31	10	10	43.8	-34.6	15	22	78.4	13
山西	47.03	28.37	0.30	0.24	23	24	65.8	-69.3	8	31	135.1	3
内蒙古	33.34	23.15	0.21	0.19	25	25	44.0	-35.5	14	24	79.5	12
辽宁	430.99	334.15	2.73	2.78	8	8	29.0	-20.5	25	14	49.5	23
吉林	44.76	31.25	0.28	0.26	24	23	43.2	-34.4	17	21	77.6	15
黑龙江	162.81	100.82	1.03	0.84	12	13	61.5	-40.0	9	25	101.5	5
上海	1807.14	1417.96	11.45	11.80	3	3	27.4	-16.1	26	11	43.5	26
江苏	2705.39	1991.99	17.15	16.58	2	2	35.8	-16.3	20	12	52.1	22
浙江	1804.65	1330.13	11.44	11.07	4	4	35.7	-13.8	21	7	49.5	24
安徽	124.13	88.86	0.79	0.74	16	15	39.7	-21.8	19	15	61.5	19
福建	714.93	533.19	4.53	4.44	6	6	34.1	-6.4	22	4	40.5	27
江西	134.16	73.68	0.85	0.61	14	17	82.1	-4.7	4	3	86.8	9
山东	1042.26	794.91	6.61	6.62	5	5	31.1	-14.7	24	8	45.8	25
河南	105.29	73.45	0.67	0.61	17	18	43.3	-31.5	16	20	74.8	16
湖北	144.42	99.79	0.92	0.83	13	14	44.7	-14.8	13	9	59.5	20
湖南	79.56	54.92	0.50	0.46	19	19	44.9	-34.7	12	23	79.6	11
广东	4531.91	3589.55	28.72	29.87	1	1	26.3	-11.5	27	6	37.8	28

续表

地区	出口总额（亿美元）		占地区合计比重（%）		占地区合计比重位次		同比增长速度（%）		增长速度位次		增减幅度	
	2010 年	2009 年	2010 年	2009 年	2010 年	2009 年	2010 年	2009 年	2010 年	2009 年	±百分点	位次
广西	96.03	83.75	0.61	0.70	18	16	14.7	14.0	30	1	0.7	31
海南	23.20	13.09	0.15	0.11	26	27	77.2	-17.6	5	13	94.8	8
重庆	74.89	42.80	0.47	0.36	21	21	75.0	-25.2	6	16	100.2	6
四川	188.41	141.69	1.19	1.18	11	11	33.0	7.8	23	2	25.2	30
贵州	19.20	13.57	0.12	0.11	27	26	41.5	-28.6	18	18	70.1	17
云南	76.06	45.13	0.48	0.38	20	20	68.5	-9.4	7	5	77.9	14
西藏	7.71	3.75	0.05	0.03	30	30	105.6	-46.9	2	29	152.5	2
陕西	62.08	39.88	0.39	0.33	22	22	55.7	-25.9	11	17	81.6	10
甘肃	16.38	7.36	0.10	0.06	28	29	122.6	-54.1	1	30	176.7	1
青海	4.66	2.52	0.03	0.02	31	31	84.9	-40.1	3	26	125.0	4
宁夏	11.70	7.43	0.07	0.06	29	28	57.5	-41.0	10	27	98.5	7
新疆	129.69	109.35	0.82	0.91	15	12	18.6	-43.9	29	28	62.5	18
全国	15777.54	12016.12					31.3	-16.0			47.3	
地区合计	15777.55	12016.10					31.3	-15.90			47.2	
西部地区	720.15	520.38	4.56	4.33			38.4	-20.60			59.0	
东北地区	638.56	466.22	4.05	3.88			37.0	-26.40			63.4	
中部地区	634.59	419.07	4.02	3.49			51.4	-29.00			80.4	
东部地区	13784.25	10610.43	87.37	88.30			29.9	-14.50			44.4	

注：1. 数据来源：《2011 中国统计年鉴》（表中数字不含港、澳、台地区）。2. 本表绝对数按当年价格计算，增长速度按可比价格计算。

表 15

2010 年各地区进口总额综合分析表

地区	进口总额（亿美元）		占地区合计比重（%）		占地区合计比重位次		同比增长速度（%）		增长速度位次		增减幅度	
	2010 年	2009 年	2010 年	2009 年	2010 年	2009 年	2010 年	2009 年	2010 年	2009 年	± 百分点	位次
北京	2462.85	1663.54	17.64	16.87	2	2	48.0	-22.3	11	25	70.3	8
天津	446.15	339.39	3.20	3.44	7	7	31.5	-11.4	26	22	42.9	19
河北	195.04	139.38	1.40	1.41	10	9	39.9	-3.4	16	12	43.3	17
山西	78.73	57.32	0.56	0.58	18	18	37.4	11.2	22	6	26.2	29
内蒙古	53.95	44.59	0.39	0.45	25	21	21.0	-16.3	29	23	37.3	22
辽宁	376.13	295.19	2.69	2.99	8	8	27.4	-2.9	28	11	30.3	26
吉林	123.69	86.17	0.89	0.87	12	11	43.5	0.6	14	8	42.9	18
黑龙江	92.35	61.47	0.66	0.62	15	15	50.2	-2.8	10	10	53.0	13
上海	1882.37	1359.18	13.48	13.79	4	4	38.5	-11.1	19	21	49.6	15
江苏	1952.60	1395.40	13.98	14.15	3	3	39.9	-9.5	17	16	49.4	16
浙江	730.70	547.18	5.23	5.55	6	6	33.5	-3.7	23	13	37.2	23
安徽	118.60	67.91	0.85	0.69	13	13	74.6	-23.5	5	26	98.1	4
福建	372.90	63.30	2.67	0.64	9	14	489.1	-5.4	1	14	494.5	1
江西	82.03	54.10	0.59	0.55	16	19	51.6	-10.0	9	20	61.6	10
山东	849.31	595.63	6.08	6.04	5	5	42.6	-8.8	15	15	51.4	14
河南	73.02	61.31	0.52	0.62	19	16	19.1	-9.9	30	19	29.0	27
湖北	114.90	72.72	0.82	0.74	14	12	58.0	-19.4	8	24	77.4	7
湖南	67.00	46.57	0.48	0.47	20	20	43.9	12.7	13	4	31.2	25
广东	3317.05	2521.39	23.76	25.57	1	1	31.6	-9.7	25	17	41.3	20

续表

地区	进口总额（亿美元）		占地区合计比重（%）		占地区合计比重位次		同比增长速度（%）		增长速度位次		增减幅度	
	2010 年	2009 年	2010 年	2009 年	2010 年	2009 年	2010 年	2009 年	2010 年	2009 年	±百分点	位次
广西	81.36	58.79	0.58	0.60	17	17	38.4	-0.5	20	9	38.9	21
海南	63.28	35.73	0.45	0.36	21	23	77.1	19.2	4	3	57.9	11
重庆	49.38	34.32	0.35	0.35	26	25	43.9	-9.8	12	18	53.7	12
四川	138.53	99.99	0.99	1.01	11	10	38.5	12.3	18	5	26.2	28
贵州	12.27	9.48	0.09	0.10	28	28	29.4	-35.3	27	30	64.7	9
云南	58.24	35.34	0.42	0.36	23	24	64.8	-24.0	7	27	88.8	6
西藏	0.65	0.27	0.00	0.00	31	31	140.7	-54.2	2	31	194.9	2
陕西	58.93	44.17	0.42	0.45	22	22	33.4	49.8	24	1	-16.4	30
甘肃	57.65	31.30	0.41	0.32	24	26	84.2	-31.3	3	29	115.5	3
青海	3.23	3.35	0.02	0.03	30	30	-3.6	24.2	31	2	-27.8	31
宁夏	7.90	4.60	0.06	0.05	29	29	71.7	-26.0	6	28	97.7	5
新疆	41.61	30.13	0.30	0.31	27	27	38.1	3.0	21	7	35.1	24
全国	13962.44	10059.23					38.8	-11.2			50.0	
地区合计	13962.40	9859.21					41.6	-11.3			52.9	
西部地区	563.70	396.33	4.04	4.02			42.2	-4.40			46.6	
东北地区	592.17	442.83	4.24	4.49			33.7	-2.30			36.0	
中部地区	534.28	359.93	3.83	3.65			48.4	-11.10			59.5	
东部地区	12272.25	8660.12	87.89	87.84			41.7	-11.90			53.6	

注：1. 数据来源：《2011 中国统计年鉴》（表中数字不含港、澳、台地区）。2. 本表绝对数按当年价格计算，增长速度按可比价格计算。

表 16

2010 年各地区财政收入

地区	财政收入（亿元）		占地区合计比重（%）		占地区合计比重位次		同比增长速度（%）		增长速度位次		增减幅度	
	2010 年	2009 年	2010 年	2009 年	2010 年	2009 年	2010 年	2009 年	2010 年	2009 年	±百分点	位次
北京	2353.93	2026.81	5.80	6.22	6	6	16.14	10.30	30	26	5.84	26
天津	1068.81	821.99	2.63	2.52	15	15	30.03	21.60	8	5	8.43	22
河北	1331.85	1067.12	3.28	3.27	10	10	24.81	12.90	17	18	11.91	12
山西	969.67	805.83	2.39	2.47	17	17	20.33	7.74	28	29	12.59	11
内蒙古	1069.97	850.86	2.63	2.61	14	13	25.75	31.00	14	1	-5.25	31
辽宁	2004.83	1591.22	4.94	4.83	7	7	25.99	17.30	13	14	8.69	20
吉林	602.41	487.09	1.48	1.49	24	24	23.68	15.20	22	16	8.48	21
黑龙江	755.58	641.66	1.86	1.97	23	21	17.75	10.90	29	24	6.85	24
上海	2873.58	2540.30	7.08	7.79	3	3	13.12	7.70	31	30	5.42	27
江苏	4079.86	3228.78	10.05	9.90	2	2	26.36	18.20	12	11	8.16	23
浙江	2608.47	2142.51	6.42	6.57	5	5	21.75	10.80	27	25	10.95	17
安徽	1149.39	863.92	2.83	2.65	12	12	33.04	19.20	5	8	13.84	8
福建	1151.49	932.43	2.84	2.86	11	11	23.49	11.90	23	22	11.59	13
江西	778.09	581.30	1.92	1.78	21	23	33.85	19.00	4	10	14.85	7
山东	2749.38	2198.63	6.77	6.74	4	4	25.05	12.30	16	21	12.75	10
河南	1381.32	1126.06	3.40	3.45	9	9	22.67	11.60	25	23	11.07	15
湖北	1011.23	814.87	2.49	2.50	16	16	24.10	12.70	20	20	11.40	14
湖南	1081.69	847.62	2.66	2.60	13	14	27.61	16.90	11	15	10.71	18
广东	4517.04	3649.81	11.12	11.19	1	1	23.76	10.20	21	27	13.56	9

续表

地区	财政收入（亿元）		占地区合计比重（%）		占地区合计比重位次		同比增长速度（%）		增长速度位次		增减幅度	
	2010年	2009年	2010年	2009年	2010年	2009年	2010年	2009年	2010年	2009年	±百分点	位次
广西	772.00	620.99	1.90	1.90	22	22	24.32	19.70	19	7	4.6	28
海南	270.99	178.24	0.67	0.55	28	28	52.04	22.90	1	3	29.1	1
重庆	952.08	655.17	2.34	2.01	19	20	45.32	18.10	2	12	27.2	2
四川	1561.67	1174.59	3.85	3.60	8	8	32.95	12.70	6	19	20.3	4
贵州	533.73	416.48	1.31	1.28	25	25	28.15	19.20	10	9	9.0	19
云南	871.18	698.25	2.15	2.14	20	19	24.77	13.80	18	17	11.0	16
西藏	36.65	30.09	0.09	0.09	31	31	21.80	20.90	26	6	0.9	30
陕西	958.21	735.27	2.36	2.26	18	18	30.32	24.10	7	2	6.2	25
甘肃	353.59	286.59	0.87	0.88	27	27	23.38	8.20	24	28	15.2	6
青海	110.21	87.74	0.27	0.27	30	30	25.61	22.50	15	4	3.1	29
宁夏	153.56	111.58	0.38	0.34	29	29	37.62	17.40	3	13	20.2	5
新疆	500.57	388.78	1.23	1.19	26	26	28.75	7.70	9	31	21.1	3
全国	83101.51	68518.30					21.28	11.70			9.6	
地区合计	40613.03	32602.58					24.57	13.80			10.8	
西部地区	7873.42	6056.39	19.39	18.58			30.00	17.90			12.1	
东北地区	3362.82	2719.97	8.28	8.34			23.63	15.40			8.2	
中部地区	6371.39	5039.60	15.69	15.46			26.43	14.10			12.3	
东部地区	23005.40	18786.62	56.65	57.62			22.46	12.30			10.2	

注：1. 数据来源：《2011 中国统计年鉴》（表中数字不含港、澳、台地区）。2. 本表绝对数按当年价格计算，增长速度按可比价格计算。